事実認定体系

物権編

[編著]

村田 渉

第一法規

はしがき

　民事裁判実務を担当していると、適正な事実認定は、法適用の前提をなすものであり、民事裁判の生命線であると実感することが多い。ところが、近時は、以前にも増して民事裁判における事実認定の重要性が再認識されるようになっている割には、法律実務家の中には、事実認定に関する基礎的知識や手法の習得が十分でなく、裁判例の読込みと検討がやや疎かになっているのではないか、そのために判断に必要な事実が把握できていないのではないかと感じることが少なくない。

　そのような問題意識から、民法の条文ごとに裁判例等を分類整理して、そこに表れた各種の事実認定のルールや手法、要件判断に必要な事実、事実認定のポイント・判断基準等を明らかにする著作が必要ではないかと考え、平成27年5月に、『事実認定体系〈契約各論編〉』（全2巻）を刊行したところ、幸いにして、多くの読者に好評をもって迎えられた。

　本書『事実認定体系〈物権編〉』は、〈契約各論編〉に続く事実認定体系シリーズの第2弾である（本書では、第1章　総則から第6章　地役権まで（175条〜294条）を扱っている）。当初は、もっと早く刊行するはずであったが、近時の債権法改正の動きの影響を受けない分野であるとはいえ、執筆に際して改めて検討すべき膨大な量の裁判例と格闘（調査検討）するうちに、あっという間に時間が過ぎてしまったというのが多くの執筆者の実感である。このような各執筆者の多大な苦労により出来上がった本書であるので、多くの読者にとって、類書の少ない民事事実認定の逐条解説書として、示唆に富み、有益で役立つものとなっているものと期待している。

　本書の執筆者は、契約各論編と同様、いずれも司法研修所教官として民事事実認定教育に携わった経験を有し、民事裁判実務等の第一線で活躍している裁判官である。ご多忙にもかかわらず、本務の合間を縫ってご協力いただいたことに対し、編者として改めて感謝の意を表したい。

　また、本書刊行にあたっても契約各論編に引き続き、第一法規の企画マーケティング室、編集第一部各位、特に萩原有人部長、宮川裕香さん、田中信

(1)

行さん、村木大介さんに大変お世話になった。これらの方々の本書刊行に対する熱意と支援、時宜を得た督促と激励がなければ、本書が世に出ることはなかったであろう。改めて厚くお礼を申し上げる次第である。

　本書の執筆動機や問題意識、特色及び対象読者などは、既刊『事実認定体系〈契約各論編〉』と同様であるので、以下に引用することとしたい。

＊　＊　＊

　民事裁判の生命は、適正な事実認定と適切な法の解釈適用にある。事実認定が適正でなければ、どんなに法の解釈適用が適切であっても、その判断は前提を欠き、正義にかなうものとはいえない。また、民事裁判において事実認定の対象となる事実は、訴訟当事者にとっては、現に体験した事実が多いから、事実認定が正しいかどうかは容易に分かることである。民事裁判に対する国民の信頼を維持するためには、もとより裁判手続の適正や適切な法の解釈適用も大切ではあるが、適正な事実認定がとりわけ重要である。

　しかし、適正な事実認定を行うことは、必ずしも簡単なことではない。事実認定は、個別具体的な事件や争点ごとに多様であるため、法律実務家は、実際の事件を通じて、自己研さんにより、あるいは先輩法曹の力を借りながら、事実認定のスキルやマインドを修得するための努力を続けることになる。そこでは、裁判官は、どうすれば正しい事実認定ができるかについて考え、弁護士は、どうすれば主張事実を効果的に立証できるか、どうすれば裁判官による正しい事実認定が行われるかを考え、適正な事実認定のための技法や考え方を習得しようと努力を重ねている。

　これまで最高裁判例をはじめとする多くの裁判例があるが、それらは法律実務家が実際に事実認定に悩み、考えたことの結晶である。裁判例を読んで、そこに表れた各種の事実認定の手法等を学ぶことは、事実認定のスキルとマインドを磨くために、また事実認定の質を向上させるために、大変重要な作業である。ところが、近時、特に若手の法律実務家の中に、裁判例の読み込みや検討をやや疎かにしているのではないかと感じられることがあるのは残念なことである。

本書は、このような問題意識から、民法の条文ごとに、事実認定の対象となる法律要件とともに、事実認定における問題点を概括した上で、個々の裁判例を検討してその内容と位置づけを明らかにし、裁判例の中から、当該条文の法律要件に関する事実認定で何が重要であるか、何がメルクマールとなるか等を整理・分析し、そこに表れた各種の事実認定のルールや手法、事実認定のポイントと留意点を提示しようと試みるものである。これにより、読者は、民法の当該条文の意義・法律要件・法律効果（あるいは要件事実）とともに、その内容を、裁判例を通じてより具体的に知ることができ、当該条文について考える際の基本的な指針を得ることができるであろう。これらの情報は、弁護士にとって、日常的な法律相談や民事裁判における主張立証方針検討の際の参考となるであろうし、裁判官にとっても、当該条文の、裁判例からみた事実認定上の留意点等を知ることは、効果的・効率的な訴訟指揮や合理的な事実認定の助けとなるものと思う。

　本書の特色を述べると、次のようになる。
　第1に、取り上げた契約類型について、民法の条文ごとに、事実認定の対象等として、意義・法律要件・法律効果等（更に要件事実について解説している条文もある。）を分析した上、当該条文に関する事実認定における問題点として法律要件を踏まえた項目立てを行い、問題点ごとに関連する裁判例の要旨とポイントについて説明をし、事実認定のルールや手法、事実認定のポイントや留意点、裁判例の位置付けについて解説を行った。
　第2に、分析・検討の対象とした裁判例は、原則として第一法規株式会社の「D1-Law.com 判例体系」に収録された裁判例（最高裁、高裁、地裁、簡裁、大審院の各裁判例）であるが、このほかにも、「最高裁民事破棄判決の実情」（判例時報）や「民事訴訟における事実認定」（司法研修所編）、後藤勇著「民事裁判における経験則」、「続・民事裁判における経験則」（判例タイムズ社）に登載されたもの、下級審の裁判例は各種判例雑誌等に登載されたものをも対象とした。
　第3に、裁判例の解説にあたっては、具体的な事実への法のあてはめという点を特に重視し、民法の条文ごとに、法律要件事実の認定について、どの

(3)

ような間接事実や証拠が考慮され、どのような経験則が適用されたかを具体的に説明しようと試みることにより、法律実務家が具体的な事実に法をあてはめる際、関係者等からヒアリングをする際、あるいは事実を主張立証する際などに必要・有益な情報が得られるようにした。ただし、紙幅等の都合もあり、裁判例の紹介と解説は簡潔で分かりやすい記載を心掛けたため、読者には、本書を手掛かりに引用裁判例本文を読み、自らの頭でもう一度その内容・位置付け等について考えることをお勧めしたい。

　第4に、裁判例の分析・検討にあたっては、法律要件や事実認定に関する重要な法解釈が示された最高裁判決等のリーディングケースだけでなく、下級審の裁判例であっても、事実認定のルールや手法、裁判例の考え方等を検討する上で有効・有益と思われるものであれば、それらも分析・検討の対象とし、裁判例の分類にあたっては、原則として時系列によることとしたが、これは、そのほうが裁判例の動きや傾向、大きな裁判例の流れといったものや現在の裁判例の状況が理解しやすいであろうと考えたことによる。

　なお、本書は、裁判例を素材として事実認定の手法等を学ぶことを目的とするものであり、条文の理解を深めることや、判例・学説上の解釈論を展開することを主たる目的とするものではないが、意義・法律要件・法律効果についての裁判例や学説であっても、当該条文の理解のために必要と思われるものは、参考裁判例等として紹介している。

　本書の読者として想定しているのは、法律実務家である裁判官、弁護士のほか、民法と事実認定に関心を持たれている研究者、司法修習生、法科大学院生、司法書士である。本書が多くの方々に受け入れられ、民事事実認定についての理解と議論が更に進むことがあれば幸いである。

　平成29年6月

村田　渉

編集・執筆者一覧

2023年7月現在

編集代表

村田　渉（むらた・わたる）　　　　中央大学大学院法務研究科教授・
弁護士

執筆者

桃崎　剛（ももさき・つよし）　　　東京地方裁判所判事（部総括）
175〜187条

野田　恵司（のだ・けいじ）　　　　大阪地方家庭裁判所堺支部長
188〜205条

森　健二（もり・けんじ）　　　　　東京高等裁判所判事
206、207、233〜238、265〜269条
の2

鈴木　謙也（すずき・けんや）　　　東京地方裁判所判事（部総括）
208〜213、270〜279条

関根　澄子（せきね・すみこ）　　　東京地方裁判所判事（部総括）
214〜232条

徳増　誠一（とくます・せいいち）　大阪地方裁判所判事（部総括）
239〜248条

上拂　大作（うえはらい・だいさく）福岡高等裁判所事務局長
249〜264条

中俣　千珠（なかまた・ちず）　　　仙台地方裁判所判事（部総括）
280〜294条

凡　例

1．民法の内容現在について

平成29年7月1日現在の内容によった。

2．裁判例の書誌事項の表示について

裁判例には、原則として判例情報データベース「D1-Law.com 判例体系」

（https://www.d1-law.com）の検索項目となる判例 ID を［　　］で記載

した。

例：最判平成26年2月25日民集68巻2号173頁［28220780］

判例出典略語

民録	大審院民事判決録
民集	大審院民事判例集、最高裁判所民事判例集
刑集	大審院刑事判例集、最高裁判所刑事判例集
裁判集民	最高裁判所裁判集民事
高裁民集	高等裁判所民事判例集
高裁刑集	高等裁判所刑事判例集
行裁例集	行政事件裁判例集
下級民集	下級裁判所民事裁判例集
新聞	法律新聞
評論	法律学説判例評論全集
新報	法律新報
裁判例	大審院裁判例
家裁月報	家庭裁判月報
判タ	判例タイムズ
判時	判例時報
金融法務	金融法務事情

金融商事	金融・商事判例
東高民時報	東京高等裁判所判決時報（民事）
ジュリ	ジュリスト

文献略語

司研・要件事実(1)

　　司法研修所『増補民事訴訟における要件事実第一巻』（1986年）

司研・新問題研究

　　司法研修所編『新問題研究 要件事実』法曹会（2011年）

司研・類型別

　　司法研修所編『紛争類型別の要件事実——民事訴訟における攻撃防御の構造〈改訂〉』法曹会（2015年）

最判解説

　　「最高裁判所判例解説 民事篇」法曹会

大江・要件事実(2)

　　大江忠『要件事実民法(2)物権（第4版）』第一法規（2015年）

村田＝山野目・30講

　　村田渉＝山野目章夫編著『要件事実論30講（第3版）』弘文堂（2012年）

伊藤＝加藤編・判例から学ぶ

　　伊藤眞＝加藤新太郎編『［判例から学ぶ］民事事実認定』有斐閣（2006年）

西村編・注釈民法(11)

　　西村信雄編『注釈民法(11)債権(2)』有斐閣（1965年）

谷口＝石田編・新版注釈民法(1)

　　谷口知平＝石田喜久夫編『新版注釈民法(1)総則(1)〈改訂版〉』有斐閣（2002年）

舟橋＝徳本編・新版注釈民法(6)

　　舟橋諄一＝徳本鎮編『新版注釈民法(6)物権(1)』有斐閣（2009年）

川島＝川井編・新版注釈民法(7)

　　川島武宜＝川井健編『新版注釈民法(7)物権(2)』有斐閣（2007年）

幾代＝広中編・新版注釈民法(15)

　　幾代通＝広中俊雄編『新版注釈民法(15)債権(6)〈増補版〉』有斐閣（1996
　　年）

我妻・民法講義Ⅳ

　　我妻榮『新訂債権総論〈民法講義Ⅳ〉』岩波書店（1964年）

川島・民法総則

　　川島武宜『民法総則』有斐閣（1965年）

我妻＝有泉・民法講義Ⅱ

　　我妻榮＝有泉亨補訂『新訂物権法〈民法講義Ⅱ〉』岩波書店（1983年）

広中・物権法

　　広中俊雄『物権法〔第二版増補〕』青林書院（1987年）

遠藤＝鎌田編・基本法コメ

　　遠藤浩＝鎌田薫編『基本法コンメンタール物権〈第5版新条文対照補訂
　　版〉』日本評論社（2005年）

能見＝加藤編・論点民法2

　　能見善久＝加藤新太郎編『論点体系　判例民法2物権〈第2版〉』第一
　　法規（2013年）

我妻＝有泉＝清水＝田山編・コメ

　　我妻榮＝有泉亨＝清水誠＝田山輝明編『我妻・有泉コンメンタール民法
　　─総則・物権・債権　〈第4版〉』日本評論社（2016年）

目　　次

はしがき

編集・執筆者一覧

凡　例

第2編　物　権

第1章　総　則―――――――――――――――――――――――1

第175条　（物権の創設）………………………………………………1

 1　建物の同一性が認められるかどうか　5

 2　どのような場合に権利又は利益の侵害が認められるか　10

第176条　（物権の設定及び移転）……………………………………13

第177条　（不動産に関する物権の変動の対抗要件）………………17

 1　不動産の取得者等が本条の第三者に該当するかどうか（背信的悪意者に該当するか）　37

 2　通行地役権について本条の第三者に該当するかどうか　46

第178条　（動産に関する物権の譲渡の対抗要件）…………………49

第179条　（混同）………………………………………………………53

第2章　占有権―――――――――――――――――――――――57

第1節　占有権の取得―――――――――――――――――――――57

第180条　（占有権の取得）……………………………………………57

第181条　（代理占有）…………………………………………………61

第182条　（現実の引渡し及び簡易の引渡し）………………………63

第183条　（占有改定）…………………………………………………66

第184条　（指図による占有移転）……………………………………68

第185条　（占有の性質の変更）………………………………………71

 1　所有の意思の表示があったか否か　74

(9)

目　次

　　　2　他主占有者の相続人による占有が新権原に該当するか否か　76

　第186条　（占有の態様等に関する推定）………………………………83

　　　他主占有事情の成否　86

　第187条　（占有の承継）…………………………………………………88

第2節　占有権の効力───────────────────────91

　第188条　（占有物について行使する権利の適法の推定）……………91

　第189条　（善意の占有者による果実の取得等）………………………95

　第190条　（悪意の占有者による果実の返還等）………………………97

　第191条　（占有者による損害賠償）……………………………………99

　第192条　（即時取得）………………………………………………… 102

　　　取得者に「過失」があったといえるか　108

　第193条　（盗品又は遺失物の回復）………………………………… 127

　第194条　　　　　………………………………………………………… 130

　第195条　（動物の占有による権利の取得）………………………… 132

　第196条　（占有者による費用の償還請求）………………………… 134

　第197条　（占有の訴え）……………………………………………… 139

　　　法人の代表者が法人の機関としてだけでなく、個人のためにも物を所持す

　　　ると認めるべき「特別の事情」　142

　第198条　（占有保持の訴え）………………………………………… 145

　第199条　（占有保全の訴え）………………………………………… 148

　第200条　（占有回収の訴え）………………………………………… 150

　第201条　（占有の訴えの提起期間）………………………………… 154

　第202条　（本権の訴えとの関係）…………………………………… 156

第3節　占有権の消滅───────────────────────157

　第203条　（占有権の消滅事由）……………………………………… 157

　　　占有者の所持の喪失　159

　第204条　（代理占有権の消滅事由）………………………………… 161

(10)

第4節　準占有─────────────────────**163**

　　第205条　　　　　……………………………………… 163

第3章　所有権────────────────────────**167**

第1節　所有権の限界───────────────────**167**

第1款　所有権の内容及び範囲───────────**167**

　　第206条　（所有権の内容）………………………………… 167

　　　　　1　不動産の所有権の帰属が争点となり、登記簿・家屋台帳等の記載によ

　　　　　　る不動産所有権の帰属の推認の可否が問題となったもの　169

　　　　　2　不動産の所有権の帰属が争点となり、公図等の記載により土地所有権

　　　　　　の帰属が推認されるかが問題となったもの　177

　　　　　3　動産の所有権の帰属の有無が問題となったもの　182

　　　　　4　所有権の濫用の成否が問題となったもの　184

　　第207条　（土地所有権の範囲）………………………………… 194

第2款　相隣関係─────────────────────**196**

　　第209条　（隣地の使用請求）………………………………… 196

　　第210条　（公道に至るための他の土地の通行権）………………… 200

　　　　　1　袋地に当たるか否か　203

　　　　　2　準袋地に当たるか否か　204

　　第211条　　　　　………………………………………………… 207

　　　　自動車による囲繞地通行権の成否　209

　　第212条　　　　　………………………………………………… 217

　　第213条　　　　　………………………………………………… 218

　　第214条　（自然水流に対する妨害の禁止）………………………… 220

　　第215条　（水流の障害の除去）………………………………… 222

　　第216条　（水流に関する工作物の修繕等）………………………… 224

　　第217条　（費用の負担についての慣習）………………………… 226

　　第218条　（雨水を隣地に注ぐ工作物の設置の禁止）………………… 227

(11)

目　次

　　土地の工作物の所有者が、本条に違反して雨水を直接隣地へ注いだことに
　　よって、隣地所有者が損害を被ったといえるかどうか　228

第219条　（水流の変更）………………………………………………………230

第220条　（排水のための低地の通水）………………………………………232

　　通水する土地や排水設備のために損害が最も少ない場所及び方法といえる
　　かどうか　233

第221条　（通水用工作物の使用）……………………………………………241

第222条　（堰の設置及び使用）………………………………………………243

第223条　（境界標の設置）……………………………………………………245

　　1　境界確定の判断において境界標の存在等をどのように考慮すべきか
　　247

　　2　境界標の設置を求めることの当否と設置方法の具体的態様　251

第224条　（境界標の設置及び保存の費用）…………………………………253

第225条　（囲障の設置）………………………………………………………255

　　1　本条2項の制限を超える囲障が設けられた場合に、その除去を求める
　　ことができるか　256

　　2　本条2項の制限を超える囲障の設置が認められるかどうか　257

第226条　（囲障の設置及び保存の費用）……………………………………259

第227条　（相隣者の1人による囲障の設置）………………………………260

第228条　（囲障の設置等に関する慣習）……………………………………261

第229条　（境界標等の共有の推定）…………………………………………262

第230条　　　　　………………………………………………………………264

第231条　（共有の障壁の高さを増す工事）…………………………………265

第232条　　　　　………………………………………………………………266

第233条　（竹木の枝の切除及び根の切取り）………………………………267

第234条　（境界線付近の建築の制限）………………………………………269

　　隣地所有者の請求が権利濫用となるか否か　272

第235条　　　　　………………………………………………………………277

　　1　目隠しの設置請求が認められたもの　281

(12)

目　次

　　　2　目隠しの設置請求が認められなかったもの　282

　第236条　（境界線付近の建築に関する慣習）……………………………284

　　　係争地付近において、234条1項の定める50cm より距離を

　　　狭めて接境建築する習慣があるかどうか　285

　第237条　（境界線付近の掘削の制限）……………………………………289

　第238条　（境界線付近の掘削に関する注意義務）………………………291

第2節　所有権の取得 ——————————————————293

　第239条　（無主物の帰属）…………………………………………………293

　　　1　無主物の該当性　295

　　　2　占有の有無　298

　第240条　（遺失物の拾得）…………………………………………………300

　　　遺失物か否かの判断　302

　第241条　（埋蔵物の発見）…………………………………………………303

　　　1　埋蔵物の該当性　305

　　　2　発見したかどうか　306

　第242条　（不動産の付合）…………………………………………………307

　　　1　土地に対する付合の有無　310

　　　2　建物に対する設備等の付合の有無　312

　　　3　建物に対する増改築部分の付合の有無　314

　第243条　（動産の付合）……………………………………………………321

　　　動産の付合の有無　322

　第244条　　　　……………………………………………………………324

　第245条　（混和）……………………………………………………………326

　第246条　（加工）……………………………………………………………330

　第247条　（付合、混和又は加工の効果）…………………………………333

　第248条　（付合、混和又は加工に伴う償金の請求）……………………335

第3節　共　有 ——————————————————————336

(13)

目　次

第249条　（共有物の使用）………………………………………… 336

　　1　共有関係の成否　342

　　2　共有物の使用収益に係る合意の成否・内容　346

　　3　共有者による共有物の使用収益が排斥される場合　347

　　4　事実認定に関するその他の参考裁判例　349

第250条　（共有持分の割合の推定）……………………………… 351

　　具体的な事情に即した共有持分の割合　352

第251条　（共有物の変更）………………………………………… 354

　　1　共有物の変更に当たるとされたもの　355

　　2　共有物の変更につき共有者全員の同意が欠けた場合の法律関係　361

　　3　共有者全員の同意による共有物の変更があった場合の法律関係　363

第252条　（共有物の管理）………………………………………… 365

　　1　共有物の管理行為に当たるとされたもの　368

　　2　共有物の保存行為に当たるとされたもの　372

第253条　（共有物に関する負担）………………………………… 375

　　「管理の費用」又は共有物の「負担」に当たるか否か　377

第254条　（共有物についての債権）……………………………… 379

　　共有物についての「債権」に当たるか否か　380

第255条　（持分の放棄及び共有者の死亡）……………………… 383

第256条　（共有物の分割請求）…………………………………… 386

　　共有物分割請求が権利濫用に当たるとされたもの　389

第257条　………………………………………………………………… 394

第258条　（裁判による共有物の分割）…………………………… 395

　　1　「共有者間に協議が調わないとき」の意義　400

　　2　現物分割の具体的な方法　401

　　3　全面的価格賠償の方法による分割の適否　405

第259条　（共有に関する債権の弁済）…………………………… 412

第260条　（共有物の分割への参加）……………………………… 415

第261条　（分割における共有者の担保責任）…………………… 416

目　次

第262条　（共有物に関する証書）……………………………………418

第263条　（共有の性質を有する入会権）……………………………420

　　　共有の性質を有する入会権の成立とその消滅　425

第264条　（準共有）……………………………………………………427

第4章　地上権 ―――――――――――――――――――――433

第265条　（地上権の内容）……………………………………………433

　　　1　設定契約によって取得された土地使用権が地上権であるか否か　436

　　　2　地上権の内容・範囲　444

　　　3　時効取得の成否　446

第266条　（地代）………………………………………………………449

第267条　（相隣関係の規定の準用）…………………………………455

第268条　（地上権の存続期間）………………………………………457

　　　「無期限」との定めが「永久」を意味するのか「存続期間の定めのない」

　　　ことを意味するのか　460

第269条　（工作物等の収去等）………………………………………463

第269条の2　（地下又は空間を目的とする地上権）………………466

第5章　永小作権 ―――――――――――――――――――――469

第270条　（永小作権の内容）…………………………………………469

　　　永小作権に基づくものか、賃借権に基づくものか　471

第271条　（永小作人による土地の変更の制限）……………………473

第272条　（永小作権の譲渡又は土地の賃貸）………………………475

第273条　（賃貸借に関する規定の準用）……………………………477

第274条　（小作料の減免）……………………………………………479

第275条　（永小作権の放棄）…………………………………………481

第276条　（永小作権の消滅請求）……………………………………483

第277条　（永小作権に関する慣習）…………………………………486

第278条　（永小作権の存続期間）……………………………………487

(15)

目　次

第279条　（工作物等の収去等）……………………………………… 489

第6章　地役権 ——————————————————————491

第280条　（地役権の内容）…………………………………………… 491

　　1　地役権設定契約の成否　495

　　2　地役権設定登記の欠缺を主張する正当な利益を有する第三者に当たる

　　　か否か　512

第281条　（地役権の付従性）………………………………………… 515

第282条　（地役権の不可分性）……………………………………… 517

第283条　（地役権の時効取得）……………………………………… 519

　　通行地役権における「継続」の要件該当性　522

第284条　………………………………………………………………… 526

第285条　（用水地役権）……………………………………………… 529

第286条　（承役地の所有者の工作物の設置義務等）……………… 531

第287条　………………………………………………………………… 533

第288条　（承役地の所有者の工作物の使用）……………………… 535

第289条　（承役地の時効取得による地役権の消滅）……………… 537

第290条　………………………………………………………………… 539

第291条　（地役権の消滅時効）……………………………………… 541

第292条　………………………………………………………………… 544

第293条　………………………………………………………………… 546

第294条　（共有の性質を有しない入会権）………………………… 548

　　1　入会権の存否　551

　　2　入会地の地盤所有権の帰属　554

　　3　入会権者としての地位の存否　556

　　4　入会権の消滅　557

事項索引……………………………………………………………………… 559

判例索引（年月日順・審級別）………………………………………… 565

(16)

第2編　物　権
第1章　総　則

（物権の創設）

**第175条　物権は、この法律その他の法律に定めるもののほか、創設する
ことができない。**

事実認定の対象等

■■ 意義

　本条は、物権法定主義を定める強行規定である。すなわち、①契約当事者
間の合意によって、民法その他の法律に規定のない物権を設定することがで
きず、②民法その他の法律に定められた物権を設定する場合でも、法律の規
定とは異なる内容を契約で定めても、それは効力を有さない。したがって、
民法その他の法律で定められた物権以外の設定・移転又は内容などを主張し
ても、それは、原則として主張自体失当となる（舟橋＝徳本編・新版注釈民
法(6)〔徳本鎮〕220頁、大江・要件事実(2)5頁）。

　また、物権的請求権とは、物権の円満な物支配の状態が妨害され、又はそ
のおそれがある場合に、その相手方に対してあるべき物支配の回復、又は妨
害の予防措置を求める請求権である。物権的請求権の態様としては、占有訴
権（197条以下）における①占有回収の訴え（200条）、②占有保持の訴え
（198条）、③占有保全の訴え（199条）に対応して、①他人の占有によって物
権が侵害されている場合の物権的返還請求権、②他人の占有以外の方法によ
って物権が侵害されている場合の物権的妨害排除請求権、③物権侵害のおそ
れがある場合の物権的妨害予防請求権を認めるのが通説である（舟橋＝徳本
編・新版注釈民法(6)〔好美清光〕113頁、司研・類型別45頁）。

■■ 法律要件及び法律効果等

1 法律要件

物権的返還請求権の法律要件は、

① 原告に物権が帰属すること

② 被告の占有により原告の物権が侵害されていること

の2つであり、物権的妨害排除請求権の法律要件は、

① 原告に物権が帰属すること

② 被告の占有以外の方法によって原告の物権が侵害されていること

の2つであり、物権的妨害予防請求権の法律要件は、

① 原告に物権が帰属すること

② 被告の行為又は状態によって原告の物権が侵害されるおそれがあること

の2つである。

物権的返還請求権の法律要件に該当する具体的な要件事実は、例えば、A
が自己所有の甲土地をBが木材を置いて占有していることを理由に、甲土
地の所有権に基づく返還請求権としてBに対して甲土地の明渡しを請求す
る場合には、

① Aは、甲土地を所有している

② Bは、甲土地に木材を置いて占有している

などと記載することになり（村田＝山野目・30講31頁、司研・類型別47頁）、
物権的妨害排除請求権の法律要件に該当する具体的な要件事実は、例えば、
Aが自己所有の甲土地についてAから被告への不実の所有権移転登記がさ
れていることを理由に、甲土地の所有権に基づく妨害排除請求権としてB
に対して前記所有権移転登記の抹消登記手続を求める場合には、

① Aは、甲土地を所有している

② 被告名義の所有権移転登記が存在する

などと記載することになり（村田＝山野目・30講366頁、司研・類型別65頁）、
物権的妨害予防請求権の法律要件に該当する具体的な要件事実は、例えば
Aが自己所有の甲土地が、Bが隣接地の土砂を掘削したことにより崩落の危
険が生じていることを理由に、甲土地の所有権に基づく妨害予防請求権とし

てBに対して隣接地の掘削の差止めを求める場合には、

① Aは、甲土地を所有している

② Bが甲土地の隣接地の土砂を掘削したことにより甲土地が崩落の危険が生じている

などと記載することになる。

なお、いずれも①は、事実でなく権利関係であり、これをBが認めている場合には、権利自白が成立し、①の事実を主張・立証すれば足りる。これをBが否認する場合には、①は、AB間で過去の一定時点におけるAの甲土地の所有に争いがなければ、この時点での甲土地のAの所有について権利自白が成立し、その時点以降のAの所有権喪失の事実が主張・立証されない限り、Aの甲土地の所有権は現在も存続しているものと扱われるから、AB間で争いのない過去の一定時点におけるAの甲土地の所有の事実を主張・立証することになる。AB間で過去の一定時点におけるAの前主等の甲土地の所有について争いがなければ、この時点でのAの前主等の甲土地の所有について権利自白が成立することになるから、過去の一定時点におけるAの前主等の甲土地の所有の事実及びその前主からAへの所有権移転に係る具体的事実を主張・立証することになる（村田＝山野目・30講31頁、司研・類型別47頁、遠藤浩ほか監修『民法注解財産法第2巻物権法』青林書院（1997年）〔難波孝〕20頁）。

2　法律効果

物権的請求権の法律効果は、①物権的返還請求権においては、当該目的物について被告の占有を排除し、原告の占有を回復することができること、具体的には、前記事例の場合には、Aは、Bに対して、甲土地上の木材の除去を求め、甲土地の占有を回復することができること、②物権的妨害排除請求権においては、当該目的物について被告の物権の侵害を排除することができること、具体的には、前記事例の場合には、Aは、甲土地について、B名義の所有権移転登記の抹消登記手続を得て、所有名義を回復することができること、③物権的妨害予防請求権においては、当該目的物について被告の侵害

のおそれを排除することができること、具体的には、前記事例の場合には、Aは、Bに対して、隣接地の掘削の差止めを求め、甲土地の崩落の危険を免れることができること、である（舟橋＝徳本編・新版注釈民法(6)〔好美清光〕113頁、司研・類型別45頁）。

■■ 参考裁判例

1 物権の目的物に関する参考裁判例

　物権の目的物に関する参考裁判例としては、物権の目的物の特定性について、構成部分の変動する集合動産についても、その種類、所在場所及び量的範囲を指定するなど何らかの方法で目的物の範囲が特定される場合には、1個の集合物として譲渡担保の目的となり得る（最判昭和54年2月15日民集33巻1号51頁［27000210］）。

　物権の目的物の独立性の有無について、立木に関する法律による所有権保存登記を経ていない立木であっても、その生立する土地と独立して取引の目的とされ、その権利変動は明認方法により公示され得るのであるから、これを土地と別個に強制執行の対象とすることを妨げないものと解すべきであり、このことは、立木が独立の取引価値を有するものである限り、既に明認方法が施されているか否か、あるいは土地と立木とが所有者を異にするか否かに関わりがない（最判昭和46年6月24日民集25巻4号574頁［27000629］）。

2 物権的請求権に関する参考裁判例

　物権的請求権の請求権者について、譲渡担保は、債権担保のために目的物件の所有権を移転するものであるが、当該所有権移転の効力は債権担保の目的を達するのに必要な範囲内においてのみ認められ、担保権者は、債務者が被担保債務の履行を遅滞したときに目的物件を処分する権能を取得し、この権能に基づいて目的物件を適正に評価された価額で確定的に自己の所有に帰せしめ又は第三者に売却等することによって換価処分し、優先的に被担保債務の弁済に充てることができるにとどまり、他方、設定者は、担保権者が当該換価処分を完結するまでは、被担保債務を弁済して目的物件についての完

全な所有権を回復することができるのであるから、正当な権原なく目的物件を占有する者がある場合には、特段の事情のない限り、設定者は、前記のような譲渡担保の趣旨及び効力に鑑み、当該占有者に対してその返還を請求することができる（最判昭和57年9月28日裁判集民137号255頁［27431997］）。

物権的請求権の相手方について、建物の所有権を有しない者は、たとえ、所有者との合意により、建物につき自己のための所有権保存登記をしていたとしても、建物を収去する権能を有しないから、建物の敷地所有者の所有権に基づく請求に対し、建物収去義務を負うものではない（最判昭和47年12月7日民集26巻10号1829頁［27000524］）。他方、他人の土地上の建物の所有権を取得した者が自らの意思に基づいて所有権取得の登記を経由した場合には、たとい建物を他に譲渡したとしても、引き続き当該登記名義を保有する限り、土地所有者に対し、当該譲渡による建物所有権の喪失を主張して建物収去・土地明渡しの義務を免れることはできない（最判平成6年2月8日民集48巻2号373頁［27817763］）。

事実認定における問題点

これまでの裁判例では、本条又は物権的請求権に関する事実認定として、1　物権の目的物に関連して、建物の同一性が認められるかどうか、2　妨害排除請求権の要件に関連して、どのような場合に請求権が認められるか（どのような場合に権利又は利益の侵害が認められるか）が問題となったものがある。

事実認定についての裁判例と解説

1　建物の同一性が認められるかどうか

この点に関する近時の判例・裁判例は、以下のとおりである。

［裁判例］

❶　最判昭和44年3月25日裁判集民94号629頁［27431093］

5

本件は、自己所有の甲建物を被告に賃貸していた原告が、賃料不払を理由に賃貸借契約を解除し、甲建物の明渡しを請求した事案である。これに対して、被告は、甲建物に被告が改造を施した結果、改造前の甲建物とは同一性がなくなったから、原告被告間には現在存在する建物については賃貸借契約は存在しないとしてこれを争った。本判決は、甲建物と乙建物とは、ともに木造平家建1棟の居宅であって、甲建物は、その相当部分が取り壊されたが、その主要部分である8畳間と押入は一部改造されたものの、元の場所に存置され、甲建物を支えていた柱も8畳間の四囲にあった相当数のものが残って乙建物の支柱となっており、甲建物の残存部分は、乙建物の主たる構成部分を形成しているという事実関係の下においては、甲建物とこれに工事が加えられた結果の乙建物とが社会通念上同一性を有するものと判示した。

❷　最判昭和50年7月14日裁判集民115号379頁［27431514］

本件は、自己所有の甲建物を被告に賃貸していた原告が、賃料不払を理由に賃貸借契約を解除し、甲建物の明渡しを請求した事案である。これに対して、被告は、甲建物に被告が改造を施した結果、改造前の甲建物とは同一性がなくなったから、原告被告間には現在存在する建物については賃貸借契約は存在しないとしてこれを争った。本判決は、建物につき改造が施され、物理的変化が生じた場合、新旧の建物の同一性が失われたか否かは、新旧の建物の材料、構造、規模等の異同に基づき社会観念に照らして判断すべきであり、同建物の物理的変化の程度によっては、新旧の建物の同一性が失われることもあり得るのであり、このことは、賃貸借の目的物である建物につき改造が施された場合にその同一性を判断するに当たっても同様であるところ、原判決が、原告が被告に対して賃貸した甲建物につき改造が施されはしたが、その改造による物理的変化いかんにかかわらず建物の同一性は失われず、同建物を目的とする賃貸借契約が引き続き存続しているものと判断したうえ、甲建物の賃料の不払を理由として当該契約を解除し、同建物の明渡しを求め得るとしたのは、甲建物につき施された改造による物理的変化の程度に関して審理不尽等の違法があるとして原審に差し戻した。

❸　仙台高判昭和52年4月21日判タ357号264頁［27431647］

第175条

　本件は、Aが甲建物に根抵当権を設定した後、これに接着して乙建物を増築したうえ、甲建物とともに被告に譲渡した。被告が自己名義で乙建物の表示登記、保存登記をしたところ、甲建物を競落した原告が、乙建物をも競落により取得したとして、被告に対し、乙建物の保存登記の抹消登記手続を請求した事案である。本裁判例は、甲建物、乙建物を通じて水道、浄化槽工事事業の事務所、ガレージ、従業員宿泊所として利用されていたこと、甲建物、乙建物はいずれも2階建で、階段は甲建物、乙建物を通じて乙建物だけにあるが、これは、もともと甲建物にあった階段を取り壊し、甲建物の2階床面の階段口をふさいだことによるものであって、乙建物の新築に加えてことさら甲建物にも改築を加えた結果であること、甲建物、乙建物の敷地はいずれもAの所有であったことから、原告が買い受けたことに徴すれば、乙建物は、甲建物と一体として利用され、かつ取引されるべき状態にあり、その結果、甲建物に付合し、甲建物とともに1個の所有権に服するとともに、甲建物の根抵当権に服するものというべきであるとした。

❹　東京高判昭和52年5月31日判タ359号222頁［27404726］

　本件は、原告が被告$_1$に対して本件土地を賃貸し、被告$_1$が本件土地上に仮設的な建物を建築して所有していたが、被告$_1$から同建物を賃借した被告$_2$が、被告$_1$の承諾を得て2階建の建物を建築したところ、原告が、被告らに対して、本件土地の無断転貸を理由に、被告$_1$との間の本件土地の賃貸借契約を解除し、被告らに対し、本件土地上の建物の収去及び本件土地の明渡しを求めた事案である。本裁判例は、被告$_2$が建築した建物は、被告$_1$から借り受けた既存建物の一部に2階を継ぎ足し、内部を改装したにとどまるものではなく、既存建物とは別個に、構造的には木造2階建住居用建物としてある程度恒久的な耐久性と安全性のある建物を建築し、その際既存建物の当該部分の構造を形作っていたもので障害になるものは除去し、障害にならないものは名目的に残しておき、その残存部分は前記2階建建物の一部を兼ねるとともに、これをもって同建物の補強温存に役立てたもので、その結果同建物が建ち上がった頃においては、既存建物の当該部分はむしろ名目的にその痕跡をとどめるのみで既にその実体はなく、このようにして建築され

7

た建物は、既存建物の残余の表側に近い約3分の2部分とも構造上区分され
ていて、独立して住居の用に供し得るものであると認められるから、同建物
は、既存建物と付合したものとは認め難く、同建物はこれを建築した被告₂
の所有に帰したものと判断するのが相当であるとして、無断転貸を理由とす
る原告の本件土地の賃貸借契約の解除の意思表示を有効であるとした。

❺ 東京高決平成13年2月8日判タ1058号272頁〔28060726〕

　本件は、競売物件である本件土地の買受人である原告の亡夫Aが、本件
土地に本件賃借権を有し、本件土地上に木造瓦葺平屋建て、床面積29.75m²
の甲建物を建築所有し、これについて表示登記を経由していたが、その後、
本件土地の譲渡及びAの死亡により、本件賃借権が原告と本件土地所有者
Bとの間に存続していたところ、原告が、その後、甲建物を木造瓦葺2階建、
床面積1階43.93m²、2階37.18m²の乙建物とする本件工事（甲建物の一部
取壊しを含む）をしたが、建物の表示登記をそのままにしていたところ、そ
の後、本件土地の所有権を売買により取得したCが、平成3年4月15日、
本件抵当権を設定し、同月16日付けで、その旨登記し、原告が、同月26日付
けで、乙建物について、本件工事による新築を原因として保存登記を経た後、
平成3年5月13日付けで、所有権保存登記を行った。その後、本件抵当権に
基づく申立てにより本件土地について競売手続が開始され、執行裁判所は、
本件賃借権は対抗要件を具備していないので、買受人に対抗できないとして
売却を実施し、原告は自ら買受人となったうえで、売却許可決定に対して、
本件賃借権は買受人に対抗できるもので売却不許可事由があるとして執行抗
告を提起した。本裁判例は、本件工事は、甲建物の一部（6畳間1室）を残
したまま、他の部分を取り壊し、その部分に甲建物の残部分に接続させて新
たな建物部分を築造して、平家建の甲建物を2階建の乙建物に増築したもの
であるが、甲建物床面積に対する6畳間の割合は約3分の1であるから、物
理的にも甲建物の約3分の1は残っているものであり、本件工事によって甲
建物が滅失したとはいえず、甲建物とこれの増築後の乙建物の間に建物の同
一性が失われているとはいえないことなどから、乙建物の表示登記としては
旧表示登記の変更登記によることができたものであり、変更登記を経由しな

いままの旧表示登記をもって乙建物に係る登記（借地権の対抗要件としての登記）ということができるというべきであるとした。

❻ 横浜地判平成15年３月５日訟務月報50巻８号2297頁［28092467］

　本件は、原告らが独立の新築建物として保存登記をした甲建物につき、その後、被告登記官が、第三者の申請により、既存の乙建物の増築としてその表示登記の変更登記及び乙建物の表示登記の抹消登記をしたため、原告らが、被告登記官に対して、主位的に前記変更登記及び抹消登記の各行為の無効確認を、予備的にこれらの登記行為の取消しを求めた事案である。本裁判例は、新たに築造された建物（あるいは部分）につき、１個の独立した建物と評価するか、既存建物の増築部分と評価するかの判断は、両建物（あるいは部分）の物理的構造を基本とし、それぞれの種類、構造、面積、造作、周辺の建物との接着性の程度、周辺の状況等の客観的事情に当該建物に当該登記がされるに至った所有者側の事情を総合し、これに加えて、当該築造建物ないし部分が既存の建物から独立して取引の対象とされるか、あるいは効用上一体として利用され得るかの点から判断されるべきであるとしたうえ、甲建物は、物理的構造上は乙建物から完全に独立した建物であるとはいえず、乙建物を除去した場合において、甲建物が独立して存続するためには、甲建物の２階の張出し部分を支えるために少なくとも新たに柱等を設置する等の工事をすることが必要となることがうかがわれるうえ、住居・倉庫としての機能の面でも、甲建物は乙建物と独立して使用することは一応可能であるものの、相互に行き来して一体として使用することができるような間取り・構造となっており、建築当初の所有者の意思も一体としての効用を意図したもので、現に、一体として使用されてきたという経緯があり、取引の対象としても一体のものとして扱うことが可能であることから、甲建物は、独立した１個の建物というよりは、乙建物の増築部分と評価すべきであるとした。

　解説

　「建物の同一性が認められるかどうか」に関して、前記の裁判例は、両建物の材料、種類、構造、規模、造作、周辺の建物との接着性の程度、周辺の状況等の客観的事情を中心としながら、当該建物の所有者の主観的事情、さ

らには、新築建物が既存建物と独立して取引の対象とされるか、新築建物と既存建物が効用上一体として利用され得るか否か等を総合的に判断しているが、特に新築建物と既存建物の構造上の一体性及び利用状況が重要であり、判決❶、❺、❻はいずれも主として物理的構造上の一体性を理由に、判決❸は主として利用状況の一体性及び取引上も一体として取り扱われることを理由に、建物の同一性を認め、判決❹は主として物理的構造上の独立性を理由に建物の同一性を否定している。もっとも、建物の同一性が問題となる場面は、①賃貸借の目的物たる建物の同一性の判断（判決❶、❷）、②所有権、抵当権等の目的物たる建物の同一性の判断（判決❸、❹）、③登記の目的物たる建物の同一性の判断（判決❺、❻）の３つのパターンが考えられる。

2　どのような場合に権利又は利益の侵害が認められるか

この点に関する近時の裁判例は、以下のとおりである。

［ 裁判例 ］

❶　東京高判平成13年12月26日判時1785号48頁［28071899］

被告らが共有する被告土地に隣接する原告土地を所有する原告らは、同土地上に存する原告建物に、被告土地及び同土地上に存在して被告らが居住する被告建物を観望し得る窓を設けた。被告らは、被告建物の内部や庭が原告らによって観望されると危惧し、被告土地と原告土地との間に高さ約5.5mの金属製の本件フェンスを設置した。本件は、原告らが、本件フェンスが存在することにより採光、通風、眺望等を阻害されていると主張し、被告らに対し、所有権等に基づく妨害排除請求として、本件フェンスの撤去等を求めた事案である。第一審は、被告らの本件フェンス設置により原告らに対し相当の圧迫感を与え、採光、通風を遮ることも甚だしく、その設置による原告らの被害は受忍限度を超えるとして原告らの本件フェンス撤去に係る妨害排除請求を認容した。本裁判例は、長さ約16m、最も高い部分の高さが約5.5m（この高さとなっている部分の長さが約12m）という巨大な本件フェンスの設置により、原告建物の採光が阻害され、日中でも電気をつけなければならないほどになり、また、通風も悪くなっているうえ、強風時には、本

件フェンスが音を立てて揺れるなどしており倒壊の可能性があることも否定できず、これが原告らにもたらす心理的圧迫感及び恐怖感は極めて強いこと、原告らは、そのような本件フェンスを毎日見なければならないものであり、眺望を遮られる以上にその苦痛は大きいものであることを考慮すると、本件フェンスの設置により原告らの被る被害・不利益は相当深刻かつ重大であり、また、原告らは、被告らの要望に応えて、原告建物の窓に目隠し用のフィルムを貼り付け、原告土地の本件境界線に沿って高さ1.6mの塀を設置するなど相隣関係上相当の誠意ある対応策を講じていること、被告建物は、本件境界線から約15mも離れたところに建っており、原告建物も本件境界線から1m前後離れているので、これらの窓から被告土地や被告建物を見れば被告土地や被告建物がその視野に入るものの、詳細な視認までは相当困難であることを考慮すると、被告らが本件フェンスを設置したことは、社会通念上相当と認められる範囲・限度を逸脱した行動といわざるを得ないことなどを考慮すると、原告らの被害は、その受忍限度を超えるものと認められ、被告らによる本件フェンスの設置は、原告らの受忍限度を超える部分について、原告ら建物についてのそれぞれの所有権を侵害する違法行為といわなければならず、その被害を防止するには本件フェンスのうち原告らの受忍限度を超える部分を除却する以外に適当な方法がないと認められるとして、被告らに対して、本件フェンスのうち被告ら土地の地盤水準から高さ2mを超える部分の撤去を認めた。

❷ 東京高判平成25年3月13日判時2199号23頁〔28210889〕

　本件は、原告らが所有する建物の南側に、被告₁が、被告₂の請負工事により建物を建築し、その屋根に太陽光発電用ソーラーパネルを設置したところ、北側屋根に設置したソーラーパネルに太陽光が反射して、原告らが所有する建物にその反射光が差し込んだため、原告らが、被告₁に対して、建物所有権に基づく妨害排除として当該ソーラーパネルの撤去を求めた事案の控訴審であり、原審が、ソーラーパネルの撤去請求を認容したところ、本裁判例は、前記ソーラーパネルの反射光によるまぶしさの強度が通常の晴天時のまぶしさの4,000倍以上になるという原告の主張を裏付ける証拠が存在せず、

ソーラーパネルと屋根材のまぶしさを比較すると、ソーラーパネルによる反射光が、太陽光の入射角度によっては相当まぶしいものであることはうかがわれるものの、その強度が屋根材と比べてどの程度のものであるかについてこれを明らかにする証拠は存在しないこと、反射光が原告らの建物に差し込む時間の長さは、春分の日において2階部分にのみ2時間程度、秋分の日において2階部分の一部にのみ1時間程度、冬至の日において1階部分の一部において30分程度であり、夏至の日においては0分であり、窓の位置や、反射光の差し込む角度、反射光の照射する範囲等を考慮すると、実質的に原告ら建物に反射光が差し込んでいると評価できる時間はこれよりもさらに相当短くなると考えられること、まぶしさの回避措置等について、レースのカーテンによっても相当透過を妨げることができ、厚手のカーテンによればほぼ透過を妨げることができることを総合すると、前記ソーラーパネルの反射光による原告らの被害は、それが受忍限度を超えるものであると直ちに認めることができないとした。

> 解説

　妨害排除請求において「どのような場合に妨害排除請求権が認められるか（どのような場合に権利又は利益の侵害が認められるか）」に関して多くの裁判例は、社会生活におけるいわゆる受忍限度が問題となるような事案では、人格権に関する判例（最判平成6年3月24日裁判集民172号99頁［27825535］、最判平成22年6月29日裁判集民234号159頁［28161754］等）を含めて、法律上保護される権利又は利益が侵害されると当然に「権利又は利益の侵害が認められる」とするのではなく、受忍限度論に従って利益考慮を行い、被害が受忍限度を超える場合に「権利又は利益の侵害が認められる」として妨害排除請求を認めている。そして、受忍限度を超えるか否かの判断に際しては、権利又は利益が侵害される程度、侵害の態様、侵害の時間、権利又は利益の侵害の回避措置の存否、加害者が権利又は利益の侵害の回避措置を講じたか否か及び講じた程度等を総合考慮している。

　　　　　　　　　　　　　　　　　　　　　　　　　（桃崎　剛）

第176条

（物権の設定及び移転）

第176条　物権の設定及び移転は、当事者の意思表示のみによって、その効力を生ずる。

事実認定の対象等

■■ 意義

本条は、物権変動につき意思主義を採用し、意思表示のみが物権の設定、移転等物権変動の成立要件であるとする。したがって、物権変動を主張するものは、請求原因において、物権変動をもたらす意思表示のみを主張・立証すれば足り、登記等対抗要件の具備を主張・立証する必要はない。なお、本条の意思表示については、物権変動を目的とする意思表示をいうのか、それとも債権行為を原因とする物権変動については債権行為のみの意思表示で足りるかについて、物権行為の独自性の有無が問題となるが、判例・通説は、物権行為の独自性を否定し、債権行為と別に物権変動を目的とする意思表示は不要であると解している（大江・要件事実(2)10頁）。

■■ 法律要件及び法律効果

本条は、前記のとおり、物権変動につき意思主義を採用したから、物権変動を生ずる法律行為の法律要件及び法律効果については、売買契約等の法律行為及びその効果によることとなり、本条から導き出すことはできない（舟橋＝徳本編・新版注釈民法(6)〔山本進一〕231頁）。例えば、ＡがＢから平成○年○月○日、甲土地を代金500万円で購入したにもかかわらず、Ｂが甲土地の占有を続けＡに甲土地を引き渡さないことから、Ｂに対して、甲土地の所有権に基づく返還請求としてＢに対して甲土地の引渡しを求める場合には、

①　Ｂは、平成○年○月○日当時、甲土地を所有していた

13

②　Aは、平成○年○月○日、Bから、甲土地を代金500万円で購入した

③　Bは、甲土地を占有している

などと物権変動の原因となる法律行為及びこの法律行為の当時原告の前主が当該物件について所有権等物権を有していたことを記載することとなる。

■■ 参考裁判例

　(1)　特定物の売買契約における物権変動の効力発生時期に関する参考裁判例としては、次のものがある。

　特にその所有権の移転が将来なされるべき約旨に出たものでない限り、買主に対して直ちに所有権移転の効力が生じる（最判昭和33年6月20日民集12巻10号1585頁［27002653]）。もっとも、倉庫業者に寄託してある特定商品の売買で、売主が受寄者宛ての荷渡依頼書を買主に交付し、代金を期日までに支払わないときは契約は失効する旨の条件が付されているときは、その商品の所有権は契約と同時に買主に移転しない（最判昭和35年3月22日民集14巻4号501頁［27002481]）。売主が第三者所有の特定物を売り渡した後同物件の所有権を取得した場合には、買主への所有権移転の時期・方法について特段の約定がない限り、同物件の所有権は、何らの意思表示がなくても、売主の所有権取得と同時に買主に移転する（最判昭和40年11月19日民集19巻8号2003頁［27001252]）。

　(2)　不特定物の売買契約における物権変動の効力発生時期に関しては、特段の事情のない限り、目的物が特定した時に買主に所有権が移転するとするのが判例である（最判昭和35年6月24日民集14巻8号1528頁［27002437]）。

　(3)　代物弁済における物権変動の効力発生時期について、改正前の482条に関する判例では、不動産所有権の譲渡をもってする代物弁済による債権消滅の効果は、単に当事者がその意思表示をするだけでは足りず、登記その他の引渡行為を完了し、第三者に対する対抗要件を具備したときでなければ生じないが、そのことは所有権移転の効果が意思表示と同時に生じることを妨げるものではないとされていた（最判昭和35年10月28日裁判集民45号535頁［27430505]、最判昭和57年6月4日裁判集民136号39頁［27405770]）。代物

弁済契約が諾成契約か、要物契約かについては学説上争いがあり、前記判例は諾成契約説に親和的なものと考えられていたが、改正後の482条では、代物給付を目的とする契約（代物弁済契約）が諾成契約であることを明示するとともに、代物が給付されたときに債権が消滅することが規定された。

(4)　未完成建物の贈与契約の物権変動の効力発生時期に関する参考裁判例として、甲が乙名義で建物を建設し、出来上がりと同時に乙に贈与するという契約の場合には、建物完成と同時に、所有権は、甲から乙に移転するとするものがある（最判昭和31年1月27日民集10巻1号1頁［27002953］）。

(5)　所有権移転予約形式の仮登記担保権者が予約完結権を行使した場合の物権変動の効力発生時期に関しては、所有権移転予約形式の仮登記担保権を有する債権者が債務者の履行遅滞を理由として予約完結権を行使した場合でも、債権者において清算金を支払う必要があり、債務者においてその支払があるまで目的不動産についての本登記手続義務の履行を拒み得るときは、目的不動産の所有権は、同予約完結権の行使により直ちに債権者に移転するものではないとされている（最判昭和50年7月17日民集29巻6号1080頁［27000364］）。

(6)　請負契約の物権変動に関する効力発生時期に関する参考裁判例として、次のものがある。

請負人が材料を全部提供した場合に、明示又は黙示の合意により、引渡し又は請負代金完済の前でも建築した建物が完成と同時に注文者の所有に帰する（最判昭和46年3月5日裁判集民102号219頁［27403631］）。また、建物の注文者が請負人に対し全工事代金の半額以上を棟上げのときまでに支払い、なお工事の進行に応じ残代金の支払をしてきたという事実関係では、特段の事情のない限り、建築された建物の所有権は引渡しを待つまでもなく完成と同時に原始的に注文者に帰属する（最判昭和44年9月12日裁判集民96号579頁［27403384］。なお、大判昭和7年5月9日民集11巻824頁［27510305］は、注文者が建築材料の主要部分を供給した場合は、特約のない限り、建物の所有権は原始的に注文者に帰属するとしていた）。

15

事実認定における問題点

本条に関する事実認定が問題となった裁判例は見当たらない。

（桃崎　剛）

第177条

（不動産に関する物権の変動の対抗要件）

第177条　不動産に関する物権の得喪及び変更は、不動産登記法（平成16
年法律第123号）その他の登記に関する法律の定めるところに従いその
登記をしなければ、第三者に対抗することができない。

事実認定の対象等

■■ 意義

　本条は、物権変動について意思主義を採用して意思表示のみが成立要件で
あるとする176条を前提に、第三者対抗要件として登記を要求し、登記がな
ければ意思表示で生じた物権変動を第三者に対抗できない旨を定めたもので
ある（我妻＝有泉・民法講義Ⅱ146頁）。

　「対抗することができない」とは、一般に、ある法律事実や法律効果が発
生していても、その事実や効果を他人に向かって積極的に主張することがで
きないことをいう。あくまで、物権変動を第三者に向かって主張できないも
のとするだけであり、物権変動そのものがなかったとされるわけではないか
ら、第三者の方から登記が具備されていない物権変動を認めることはできる。
また、「第三者」に該当しない者に対しては、登記がなくても物権変動を対
抗することができる（佐久間毅『民法の基礎2　物権』有斐閣（2006年）54
頁）。

　意思表示のみで物権変動の成立を認めながら、登記がなければこの物権変
動を第三者に対抗できないことの理論構成については、①物権変動は登記が
あるまで完全な効力が生じないとする不完全物権変動説、②登記のない物権
変動は第三者においてこれを否認することができるとする否認権説、③不動
産の二重譲渡において、第一譲渡により第一譲受人が所有権を取得し、譲渡
人は無権利者となるが、不動産取引の安全の見地から、第二譲受人が譲渡人
名義の登記を真実に合致するものと信じて取引に入った場合に、登記に公信

17

力を認めて、本条により第二譲受人が所有権を取得するとする公信力説等見解が分かれているが（佐久間・前掲54頁）、不完全物権変動説を採用した判例（最判昭和33年10月14日民集12巻14号3111頁［27002619］）が存在する。

■■ 法律要件及び法律効果等

(1)ア　例えば、AがBから平成○年○月○日、甲土地を代金500万円で購入したにもかかわらず、Cが甲土地の占有を続けAに甲土地を引き渡さないことから、Cに対して、甲土地の所有権に基づく返還請求としてCに対して甲土地の引渡しを求める場合には、176条の法律要件で検討したとおり、請求原因事実として、

① 　Bは、平成○年○月○日当時、甲土地を所有していた

② 　Aは、平成○年○月○日、Bから、甲土地を代金500万円で購入した

③ 　Cは、甲土地を占有している

などと物権変動の原因となる法律行為及びこの法律行為の当時原告の前主が当該物件について所有権等物権を有していたことを記載することとなる。

　イ　これに対して、Cは、Aと本条にいう第三者の地位にあることを理由に、Aが所有権移転登記をするまで所有者とは認めない旨の対抗要件の抗弁を主張することが考えられる。ここに本条にいう「第三者」とは、当事者及びその包括承継人以外の者で不動産に関する物権の得喪及び変更の登記の欠缺を主張する正当な利益を有する者をいい（大判明治41年12月15日民録14輯1276頁［27521286］）、善意・悪意を問わない（最判昭和32年9月19日民集11巻9号1574頁［27002767］）。

　この対抗要件に関する主張・立証責任は誰が負うべきか、どのような要件事実を主張すべきかについては、見解が分かれている。①第三者の側で対抗要件の欠缺を主張し得る正当な利益を有する第三者であることのみを主張・立証すれば足りるとする第三者抗弁説、②第三者の側で対抗要件の欠缺を主張し得る正当な利益を有する第三者であることに加えて、対抗要件を具備しないことまで主張・立証する必要があるとする事実抗弁説、③第三者の側で対抗要件の欠缺を主張し得る正当な利益を有する第三者であることに加えて、

対抗要件の有無を問題としてこれを争うとの権利主張をすることが必要であるとする権利抗弁説がある。第三者抗弁説に対しては、第三者の側で対抗要件の有無を問題として主張する趣旨でなかったにもかかわらず、対抗要件の抗弁が当然に主張されたことになるため、妥当でないとの批判がある。また、事実抗弁説に対しては、対抗要件を具備していないという消極的事実の主張・立証を要求することになり、登記以外の対抗要件の事案では、公平の見地から妥当でないとの批判がある。他方、権利抗弁説に対しては、本条は、その文言上、権利抗弁を規定したものとはみられないとの批判があるが、現在の実務は、おおむね権利抗弁説によっている（司研・類型別56頁、司研・新問題研究73頁、村田＝山野目・30講363頁）。

　権利抗弁説によれば、対抗要件の抗弁の法律要件は、

①　対抗要件の欠缺を主張し得る第三者の地位に立つことを基礎付ける事実

②　対抗要件を具備するまでは権利者であることを認めない旨の権利主張

であり、対抗要件の抗弁の法律要件に該当する具体的な要件事実は、例えば、Ｃが、平成△年△月△日、Ｂから、甲土地を代金450万円で購入した場合には、

①　Ｃは、平成△年△月△日、Ｂから、甲土地を代金450万円で購入した

②　Ａが所有権登記を具備するまで、Ａの所有権取得を認めない

などと記載することになる。

　対抗要件の抗弁の法律効果は、例えば、前記事案において、Ｃの対抗要件の抗弁が認められれば、ＡとＣは対抗関係に立つため、Ａは、対抗要件を具備するまで、甲土地の所有権取得の法律効果を第三者であるＣに対抗できず、請求原因による所有権に基づく返還請求権としての土地明渡請求権は発生しないこととなるから、障害の抗弁として機能することとなる。

　ウ　これに対して、Ａは、対抗要件具備の再抗弁を主張することが考えられ、その法律要件は、

①　Ａが対抗要件を具備したこと

であり、その法律要件に該当する具体的な要件事実は、例えば、前記事案で、Ａが、Ｂから、平成○年○月○日、前記売買契約に基づき、甲土地につき所

有権移転登記手続を受けた場合には、

① Bは、Aに対し、平成○年○月○日、前記売買契約に基づき、甲土地に
つき所有権移転登記手続をした

などと主張することになる。

対抗要件具備の再抗弁の法律効果は、例えば、前記事案において、Aの
対抗要件具備の再抗弁が認められれば、Aは、甲土地の所有権取得の法律
効果を第三者であるCに対抗できることとなり、対抗要件の抗弁による法
律効果の発生を障害して、請求原因による所有権による甲土地の所有権に基
づく返還請求権としての土地明渡請求権を復活させるから、障害の再抗弁と
して機能することとなる。

(2)ア また、前記請求原因に対して、Cは、対抗要件具備による所有権喪
失の抗弁を主張することが考えられ、その場合の法律要件は、

① Aの前主Bから第三者への所有権取得原因事実

② ①に基づく第三者の対抗要件具備

であり（司研・類型別49頁、司研・新問題研究80頁、村田＝山野目・30講39
頁）、その法律要件に該当する具体的な要件事実は、例えば、Dが、Bから
平成△年△月△日、甲土地を代金450万円で購入し、同日、これに基づき、
甲土地につき所有権移転登記手続を受けた場合には、

① Dは、平成△年△月△日、Bから、甲土地を代金450万円で購入した

② Dは、平成△年△月△日、①の売買契約に基づき、甲土地につき所有権
移転登記手続を受けた

などと記載することになる。

対抗要件具備による所有権喪失の抗弁の法律効果は、例えば、前記事案に
おいて、Dの対抗要件具備による所有権喪失の抗弁が認められれば、Aと
Dは対抗関係に立つところ、所有権移転登記を具備したDが確定的に所有
権を取得し、その反射的効果として、AはBから甲土地の所有権を取得し
なかったことになり、請求原因による所有権に基づく返還請求権としての土
地明渡請求権は発生しないこととなるから、障害の抗弁として機能すること
となる。

イ　対抗要件具備による所有権喪失の抗弁に対しては、背信的悪意者の再抗弁を主張することが考えられる。背信的悪意者に対しては、登記なくして物権変動を対抗できることになるから、再抗弁として機能することになる。ここに「背信的悪意者」とは、物権変動があったことについて悪意であり、かつ、同物権変動についての登記の欠缺を主張することが信義に反するものと認められる事情がある者をいう（最判昭和43年8月2日民集22巻8号1571頁［27000934］）。背信的悪意者の再抗弁の法律要件は、

①　両立しない物権変動についての悪意

②　悪意者が自己への物権変動を主張することの背信性

である（村田＝山野目・30講367頁、村田渉＝桃崎剛「土地引渡・明渡請求の要件事実とその主張・立証」滝澤孝臣編著『最新裁判実務大系4　不動産関係訴訟』青林書院（2016年）239頁）。②の背信性は、規範的要件であり、判例による背信性の評価根拠事実として、(i)第三者が実質的に当事者と同視される地位にあるという事情、(ii)不動産登記法5条の該当者に準じる者とみられる事情、(iii)第三者が不当に利益を上げる目的や他人の利益を害する目的で不動産を取得しようとすること、(iv)第三者が第一譲受人の権利取得を前提とする行動をしながら、後にそれと矛盾する主張をすること、が挙げられている（佐久間毅『民法の基礎2　物権』有斐閣（2006年）79頁）。

　前記法律要件に該当する具体的事実としては、例えば、前記事案で、DがAB間の売買契約を仲介しながら、Aに高値で甲土地を売りつける目的で、Bから甲土地を取得した場合、

①　Dは、Bから甲土地を購入した際、AB間の土地の売買契約の事実を知っていた

②　Dは、AB間の土地の売買契約を仲介した

③　Dは、Bから甲土地を購入した際、Aに対して甲土地を高値で売りつける目的を有していた

などと記載することになる。

　背信的悪意者の再抗弁の法律効果は、例えば、前記の事案において、Aの背信的悪意者の再抗弁が認められれば、Dは背信的悪意者として登記の欠

缺を主張する正当な利益を有する第三者に当たらないことになり、Aは、D
に対しては登記なくして甲土地の所有権所得という物権変動を対抗できるこ
とになり、Dが対抗要件を具備しても、Dが甲土地の所有権を所得すること
にはならず、Aが甲土地の所有権を喪失することにはならないから、対抗
要件具備による所有権喪失の抗弁の発生を障害し、請求原因による甲土地の
所有権に基づく返還請求権としての土地明渡請求権を復活させるから、障害
の再抗弁として機能することとなる。

　ウ　背信的悪意者の再抗弁に対して、Cは、甲土地の所有権をDから転
得したとして、転得者の再々抗弁を主張することが考えられる。すなわち、
背信的悪意者の排除の効果は、相対的なものであるから（最判平成8年10月
29日民集50巻9号2506頁［28011420］）、Dは、Bから甲土地の所有権を取得
するが、背信的悪意を理由にAに対してその所有権取得を「主張できない」
にすぎず、Dからの転得者Cは、Dから甲土地の所有権を取得したことに
より、BD間の甲土地売買及び基づく登記によるAの所有権喪失の効果を主
張できるとの法的構成を採っているものと考えられるから、転得者であるC
は、Dから甲土地の取得原因事実を主張するだけで、BD間の甲土地売買及
び基づく登記によるAの所有権喪失を援用し得ることになり、Dからの甲
土地の取得原因事実は、Dの背信的悪意の再抗弁に対する再々抗弁となる
（村田＝桃崎・前掲243頁）。

　転得者の再々抗弁の法律要件は、転得者Cの甲土地の所有権取得原因事
実であるから、例えば、Cが、Dから平成×年×月×日、甲土地を代金500
万円で購入した場合には、

①　Cは、平成×年×月×日、Dから、甲土地を代金500万円で購入した
などと記載することになる。

　転得者の再々抗弁の法律効果は、前記のとおり、背信的悪意者の排除の効
果は相対的なものであるから、例えば、前記の事案において、Dからの転得
者Cは、Dから甲土地の所有権を取得したことにより、BD間の甲土地売買
及び基づく登記によるAの所有権喪失の効果を主張できることとなり、転
得者であるCは、Dから甲土地の取得原因事実を主張するだけで、BD間の

甲土地売買及び基づく登記によるＡの所有権喪失を援用し得ることになり、背信的悪意者の再抗弁の発生を障害し、対抗要件具備による所有権喪失の抗弁の法律効果を復活させることとなるから、再々抗弁として機能することとなる。

エ　転得者の再々抗弁に対して、Ａは、転得者Ｃが背信的悪意者に当たるとして、転得者の背信的悪意者の再抗弁を主張することが考えられる。すなわち、背信的悪意者の排除の効果は相対的であるとする前掲最判平成８年10月29日の考え方によれば、転得者Ｃの前主Ｄが善意であるか悪意であるかにかかわらず、転得者Ｃが背信的悪意者として登記の欠缺を主張する正当な利益を有する第三者に当たらない場合、Ａは、Ｃに対して登記なくして物権変動を対抗できることになり、ＡＣ間においては、Ｄが対抗要件を具備しても、Ｄに甲土地の所有権が帰属することにならず、Ａが甲土地の所有権を喪失することにならないから、Ａが甲土地の所有権を喪失するという対抗要件具備による所有権喪失の抗弁の効果の発生を障害させ、請求原因による甲土地の所有権に基づく返還請求権としての土地明渡請求権を復活させるから、ＢＤ間の甲土地売買及び基づく登記による所有権喪失の抗弁に対する再抗弁となる（村田＝桃崎・前掲244頁）。

転得者の背信的悪意者の再抗弁の法律要件は、

①　転得者の両立しない物権変動についての悪意

②　転得者が自己への物権変動を主張することの背信性

である（村田＝桃崎・前掲246頁）。転得者が背信的悪意者の場合の背信性の評価根拠事実の内容については、争いがあるが、前掲最判平成８年10月29日の考え方を敷衍すれば、転得者は前主である第二譲受人の地位を承継するものではなく、その背信性は転得者独自に判断することになり、転得者自身が登記を経ていない第一譲受人に対してその登記の欠缺を主張することがその取得の経緯等に照らして信義則に反して許されないと認められない限り、転得者が背信的悪意者に該当することはないし、背信的悪意者排除論は、単なる悪意を超えて信義則上両立しない物権変動に基づく譲受人の登記の欠缺を主張することが許されないような背信性を有する者を本条の第三者から排除

しようとする競争秩序違反に対するサンクションであり、転得者自身がこのようなサンクションを受けるに足る背信性を有することが要求されるはずであるから、転得者が、前主が背信的悪意者であることについて悪意であるだけでは足りず、転得者自身が自己への物権変動を主張することの背信性を有することが必要であると考えられる（七戸克彦「背信的悪意者からの転得者と民法177条の第三者」民商法雑誌117巻1号（1997年）104頁、村田＝桃崎・前掲246頁）。したがって、例えば、Ｃが、AB間の甲土地の売買の事実及びＤがAB間の土地の売買契約を仲介しながら、Ａに対して甲土地を高値で売りつける目的でＢから甲土地を購入した事実を知りながら、自らＡに高値で甲土地を売りつける目的で、Ｄから甲土地を取得した場合、

① Ｃは、平成×年×月×日、Ｄから、甲土地を代金500万円で購入した

② Ｃは、①の際、AB間の土地の売買契約の事実を知っていた

③ Ｃは、①の際、Ａに対して甲土地を高値で売りつける目的を有していた

④ Ｃは、①の際、ＤがAB間の土地の売買契約を仲介したことを知っていた

⑤ Ｃは、①の際、ＤがＡから甲土地を購入した際、Ａに対して甲土地を高値で売りつける目的を有していたことを知っていた

などと記載することになる。

　転得者の背信的悪意者の再抗弁の法律効果は、背信的悪意者の排除の効果は相対的であるから、例えば、前記の事案において、転得者Ｃが背信的悪意者として登記の欠缺を主張する正当な利益を有する第三者に当たらない場合、Ａは、Ｃに対して登記なくして物権変動を対抗できることになり、AC間においては、Ｄが対抗要件を具備しても、Ｄに甲土地の所有権が帰属することにならず、Ａが甲土地の所有権を喪失することにならないので、Ａが甲土地の所有権を喪失するという対抗要件具備による所有権喪失の抗弁の効果の発生を障害させ、請求原因による甲土地の所有権に基づく土地明渡請求権を復活させることになるから、BD間の甲土地売買及び基づく登記による所有権喪失の抗弁に対する再抗弁として機能することとなる。

第177条

■■ 参考裁判例

1　対抗要件具備及び対抗要件具備の効力に関する参考判例

　工場抵当法3条に規定する供用物件につき、抵当権者が第三者に対してその抵当権の効力を対抗するには、同条の目録に同物件が記載されていることを要する（最判平成6年7月14日民集48巻5号1126頁［27824763］）。また、不動産質権はこれを登記しなければ第三者に対抗することができないから、登記のない限り、質物を留置する効力も第三者に対抗することができない（最判昭和31年8月30日裁判集民23号31頁［27430239］）。

2　登記を必要とする物権変動の範囲に関する参考判例

(1)　相続に関するもの

　甲乙両名が共同相続した不動産につき乙が勝手に単独所有権取得の登記をし、さらに第三取得者丙が乙から移転登記を受けた場合、甲は乙、丙に対し自己の持分を登記なくして対抗できる（最判昭和38年2月22日民集17巻1号235頁［27002049］）。相続財産中の不動産につき、遺産分割により権利を取得した相続人は、登記を経なければ、分割後に当該不動産につき権利を取得した第三者に対し、法定相続分を超える権利の取得を対抗することができない（最判昭和46年1月26日民集25巻1号90頁［27000652］）。相続人は、相続の放棄をした場合には、相続開始時に遡って相続開始がなかったと同じ地位に立ち、当該相続放棄の効力は、登記等の有無を問わず、何人に対してもその効力を生ずべきものと解すべきであって、相続の放棄をした相続人の債権者が、相続の放棄後に、相続財産たる未登記の不動産について、同相続人も共同相続したものとして、代位による所有権保存登記をしたうえ、持分に対する仮差押登記を経由しても、その仮差押登記は無効である（最判昭和42年1月20日民集21巻1号16頁［27001122］）。遺言により法定相続分を下回る相続分を指定された共同相続人の1人が、遺産を構成する特定不動産に法定相続分に応じた相続登記がされたことを利用し、同登記に係る自己の持分権を第三者に譲渡し、同持分の移転登記が経由されたとしても、同第三者が取得する持分は、同共同相続人の指定相続分に応じた持分にとどまる（最判平成

25

5年7月19日裁判集民169号243頁［27826921］）。特定の遺産を特定の相続人に「相続させる」趣旨の遺言によって、同相続人が取得した不動産又は共有持分権は、登記なくして第三者に対抗することができる（最判平成14年6月10日裁判集民206号445頁［28071576］）。甲が、不動産について、共同相続によって持分しか取得しなかったにもかかわらず、自己が単独相続をしたとしてその旨の所有権移転登記を経由したうえ乙と同不動産について抵当権設定契約を締結し、その旨の登記を経由したときは、甲は、乙に対し、自己が取得した持分を超える持分についての抵当権が無効であると主張して、その抹消（更正）登記手続を請求することは、信義則に照らして許されない（最判昭和42年4月7日民集21巻3号551頁［27001093］）。

(2)　**取得時効に関するもの**

　時効完成前の第三者に関するものとしては、不動産の取得時効完成前に原所有者から所有権を取得し時効完成後に移転登記を経由した者に対し、時効取得者は、登記なくして所有権を対抗することができる（最判昭和41年11月22日民集20巻9号1901頁［27001142］、最判昭和42年7月21日民集21巻6号1653頁［27001057］）。売買予約上の買主の地位は、第三者の目的不動産に対する取得時効完成により消滅するものであるから、土地所有者との間に売買予約を締結した甲がその旨の仮登記を経由した後、同土地を時効取得した乙は、甲から売買予約上の買主たる地位を譲り受け仮登記につき付記登記を得た丙に対し、時効による所有権の取得を登記なくして対抗できる（最判昭和56年11月24日裁判集民134号261頁［27431938］）。

　時効完成後の第三者に関するものとしては、時効により不動産の所有権を取得しても、その登記がないときは、時効完成後旧所有者から所有権を取得し登記を経た第三者に対し、その善意であると否とを問わず、所有権の取得を対抗できない（最判昭和33年8月28日民集12巻12号1936頁［27002634］）。不動産の取得時効が完成しても、その登記がなければ、その後に所有権取得登記を経由した第三者に対しては時効による権利の取得を対抗し得ないが、第三者の同登記後に、占有者がなお引き続き時効取得に要する期間占有を継続した場合には、その第三者に対し、登記を経由しなくても時効取得をもっ

て対抗し得る（最判昭和48年10月5日民集27巻9号1110頁［27000476］）。時
効取得者と取得時効の完成後に抵当権の設定を受けてその設定登記をした者
との関係は対抗問題となるが、不動産の取得時効の完成後、所有権移転登記
がされることのないまま、第三者が原所有者から抵当権の設定を受けて抵当
権設定登記を了した場合において、前記不動産の時効取得者である占有者が、
その後引き続き時効取得に必要な期間占有を継続したときは、前記占有者が
前記抵当権の存在を容認していたなど抵当権の消滅を妨げる特段の事情がな
い限り、前記占有者は、前記不動産を時効取得し、その結果、前記抵当権は
消滅する（最判平成24年3月16日民集66巻5号2321頁［28180551］）。

　賃借権の時効取得に関するものとしては、不動産賃借権を有する者がその
対抗要件を具備しない間に、当該不動産上に抵当権が設定され、その旨の登
記がなされた場合には、前記の賃借人は、競売又は公売により同不動産を買
い受けた者に対し、自己の賃借権をもって対抗することができず、抵当権設
定登記後も継続的に同不動産を用益するなどしてさらに賃借権を時効取得し
たと主張し、この賃借権をもって対抗することもできない（最判平成23年1
月21日裁判集民236号27頁［28170130］）。

(3)　**契約等の解除・取消しに関するもの**

　不動産売買契約が解除され、その所有権が売主に復帰した場合、売主はそ
の旨の登記をしなければ、同不動産に予告登記がなされていても、契約解除
後に買主から不動産を取得した第三者に対し、所有権の取得を対抗できない
（最判昭和35年11月29日民集14巻13号2869頁［27002376］）。甲所有の不動産
につき、いったん、国税滞納処分による公売に基づき落札者乙のために所有
権取得の登記がされた後、その公売処分が取り消された結果、甲の所有権が
復帰した場合であっても、その登記がないときは、甲は落札者から公売処分
取消し後その不動産を譲り受けた丙に対して、その所有権の復帰を対抗する
ことができない（最判昭和32年6月7日民集11巻6号999頁［21008892］）。

(4)　**その他**

　不動産が譲渡担保の目的とされ、設定者から譲渡担保権者への所有権移転
登記が経由された場合において、被担保債権の弁済等により譲渡担保権が消

滅した後に目的不動産が譲渡担保権者から第三者に譲渡されたときは、譲渡
担保設定者は、登記がなければその所有権を同第三者に対抗することができ
ない（最判昭和62年11月12日裁判集民152号177頁［27801182］）。建物所有を
目的とする土地賃貸借において、賃借人は賃借権を譲渡し又は賃借物を転貸
することができる旨の特約があり、かつその賃借権の設定及び同特約につい
て登記がされているときは、賃貸人が同賃借権の消滅を第三者に対抗するた
めには、本条の規定の類推適用により、その旨の登記を経由しなければなら
ない（最判昭和43年10月31日民集22巻10号2350頁［27000903］）。

3　対抗関係の優劣に関する参考判例

　死因贈与が贈与者において自由に取り消すことができないものであるから
といって、このことから直ちに、贈与者は死因贈与の目的たる不動産を第三
者に売り渡すことができないとか、又はこれを売り渡しても当然に無効であ
るとはいえず、受贈者と買主との関係はいわゆる二重譲渡の場合における対
抗問題によって解決されることになる（最判昭和58年1月24日民集37巻1号
21頁［27000058］）。被相続人が生前不動産をある相続人に贈与するとともに、
他の相続人にもこれを遺贈した後、相続の開始があった場合、同贈与及び遺
贈による物権変動の優劣は、対抗要件たる登記の具備の有無をもって決する
（最判昭和46年11月16日民集25巻8号1182頁［27000604］）。不動産の死因贈
与の受贈者が贈与者の相続人である場合において、限定承認がされたときは、
死因贈与に基づく限定承認者への所有権移転登記が相続債権者による差押登
記よりも先にされたとしても、信義則に照らし、限定承認者は相続債権者に
対して不動産の所有権取得を対抗することができない（最判平成10年2月13
日民集52巻1号38頁［28030503］）。

4　本条の「第三者」該当性に関する参考判例

(1)　当事者・包括承継人に関するもの

　乙ほか5名共有の土地が一方甲に譲渡され、他方丙を経て乙に譲渡された
場合、乙が所有権取得登記を経由しても、土地の共有者であった乙は売買契

約の当事者の１人というべきであるから甲は、登記なくして乙に対し同土地の所有権取得を対抗することができる（最判昭和42年10月31日民集21巻８号2213頁［27001028］）。被相続人が不動産の売主である場合において、買主が相続人に対し不動産の所有権を主張するためには、所有権移転登記を経由する必要はない（最判昭和50年10月24日裁判集民116号375頁［27431532］）。

(2)　二重譲渡等に関するもの

　不動産の共有者の一員が、自己の持分を他の共有者に譲渡した場合における譲受人以外の他の共有者は、本条にいう第三者に該当する（最判昭和46年６月18日民集25巻４号550頁［27000631］）。

(3)　相続に関するもの

　被相続人が不動産の譲渡をした場合、その相続人から同一不動産の譲渡を受けた者は、本条にいう第三者に該当する（最判昭和33年10月14日民集12巻14号3111頁［27002619］）。

(4)　差押債権者に関するもの

　甲が登記簿上乙の所有名義になっている甲所有の建物を丙に譲渡した後、丙の所有権取得登記前に、甲の債権者丁が同建物についてなした乙より甲への代位による所有権移転登記並びに甲を債務者とする仮差押えの登記はいずれも有効で、同仮差押えの登記後丙の所有権取得登記がなされても、丙は建物所有権取得をもって丁に対抗することができない（最判昭和38年３月28日民集17巻２号397頁［27002038］）。甲からその所有不動産の遺贈を受けた乙がその旨の所有権移転登記をしない間に、甲の相続人の１人である丙に対する債権者丁が、丙に代位して同人のために前記不動産につき相続による持分取得の登記をなし、ついでこれに対し強制競売の申立てをなし、その申立てが登記簿に記入された場合においては、丁は本条にいう第三者に該当する（最判昭和39年３月６日民集18巻３号437頁［27001933］）。不動産を譲り受けた者がその旨の登記を経由しないうちに、同不動産について、第三者から、譲渡人を仮処分債務者とする処分禁止の仮処分が執行された場合においても、譲受人が登記なくして仮処分債権者にその権利取得を対抗し得る地位にあったときは、同譲受人は、同仮処分の執行後も、仮処分債権者に対してその所

有権の取得を対抗することができる（最判昭和43年11月19日民集22巻12号
2692頁［27000890］）。

(5) **所有権と他物権の抵触に関するもの**

抵当権の実行により法定地上権が設定されたものとみなされた後、未登記
建物及び同地上権を取得した者は同建物につき所有権保存登記を経由したこ
とによって、同地上権の取得を土地の競落人に対抗することができる（最判
昭和44年4月18日裁判集民95号157頁［27431101］）。

(6) **抵当権に関するもの**

抵当権の設定を受けた債権者がその登記を経由していない場合には、同抵
当権設定をもって破産債権者に対抗することができない（最判昭和46年7月
16日民集25巻5号779頁［27000621］）。

(7) **取得時効に関するもの**

取得時効の完成前に原所有者との間で不動産につき売買予約を締結し、所
有権移転請求権保全の仮登記を経由した甲から、取得時効完成後に乙が同売
買予約上の買主たる地位を譲り受け、同仮登記につき移転の付記登記を経由
した場合には、甲が有していた買主たる地位がそのまま乙の地位となり、乙
のため仮登記により保全されていた同買主たる地位は丙につき取得時効が完
成したことにより消滅したものと解すべきであるから、買主である乙は同時
効の当事者であって、本条にいわゆる第三者に該当するものではない（最判
昭和56年11月24日裁判集民134号261頁［27431938］）。

(8) **賃貸借に関するもの**

甲乙丙と順次譲渡された土地の上に、丁が甲所有当時同人との間に締結し
た賃貸借契約に基づき建物を建設所有しているが、その建物保存登記は同土
地につき乙名義の所有権取得登記がなされた後初めてなされたものであると
きは、丁は、丙の土地所有権取得登記の欠缺を主張し得べき正当な利益を有
する第三者に当たらない（最判昭和36年11月24日民集15巻10号2554頁
［27002237］）。他人に賃貸中の家屋を譲渡した場合に、譲受人がまだその所
有権移転登記を経由していないときは、賃借人に対し賃貸人たる地位の承継
を主張できないが、賃借人がこの事実を認め、譲受人に対して同承継後の賃

30

料を支払う場合には、その支払は有効で、譲渡人は同賃料の支払を妨げることはできない（最判昭和46年12月3日裁判集民104号557頁［27403775］）。賃貸中の宅地を譲り受けた者は、その所有権の移転につき登記を経由しない限り、賃貸人たる地位の取得を賃借人に対抗することができない（最判昭和49年3月19日民集28巻2号325頁［27000444］）。

(9)　無権利者又は無権利者からの承継人に関するもの

ある土地につき実質上地上権を有しない者から同地上権を譲り受けたとする者は、その土地につき時効によって地上権を取得した者に対し、その登記の欠缺を主張する正当な利益を有しない（最判昭和24年9月27日民集3巻10号424頁［27003554］）。仮装売買のため、不動産につき実質上所有権を有せず、登記簿上所有者として表示されているにすぎない者は、実体上の所有権を取得した者に対して、登記の欠缺を主張することはできない（最判昭和34年2月12日民集13巻2号91頁［27002594］）。甲が乙の承諾の下に乙名義で不動産を競落し、丙が善意で乙からこれを譲り受けた場合においては、甲は、丙に対して、登記の欠缺を主張して同不動産の所有権の取得を否定することはできない（最判昭和44年5月27日民集23巻6号998頁［27000816］）。甲が自己所有の土地につき、登記簿上誤って他人名義とした場合、この土地に権原のない者が土地に立ち入り、立木伐採等を行ったときに、甲の相続人乙に登記が欠けているとして所有権の帰属につき本条を適用することは許されない（最判昭和44年6月12日裁判集民95号485頁［27431115］）。

(10)　不法行為者の場合

何らの権原なく家屋を不法占有する者は、本条の第三者に該当しない（最判昭和25年12月19日民集4巻12号660頁［27003498］）。

(11)　立木に関するもの

立木の所有権を自己に移転させる債権を有するにすぎない者も、同一立木の所有権を譲り受けた他の者の対抗要件（明認方法）の欠缺を主張する正当な利益を有する第三者に該当する（最判昭和28年9月18日民集7巻9号954頁［27003282］）。

5 背信的悪意者の該当性等に関するもの

「事実認定についての裁判例と解説」を参照されたい。

6 実体関係と符合しない登記の有効性に関する参考判例

(1) 中間省略登記に関するもの

不動産の所有権が甲・乙・丙と順次移転したのに、登記名義は依然として甲にある場合には、丙が甲に対し直接自己に移転登記を請求することは、甲及び乙の同意がない限り許されない（最判昭和40年9月21日民集19巻6号1560頁［27001270］）。中間省略登記が中間取得者の同意なしにされた場合、同登記が現実の実体関係に合致するときは、中間者が同中間省略登記の抹消登記を求める正当な利益を有するときに限り、同抹消登記を求めることができるにとどまり、中間取得者でない者は、同登記の無効を主張して、その抹消登記手続を求めることはできない（最判昭和44年5月2日民集23巻6号951頁［27000819］）。不動産の所有権が、元の所有者から中間者に、次いで中間者から現在の所有者に、順次移転したにもかかわらず、登記名義がなお元の所有者の下に残っている場合において、現在の所有者が元の所有者に対し、元の所有者から現在の所有者に対する真正な登記名義の回復を原因とする所有権移転登記手続を請求することは許されない（最判平成22年12月16日民集64巻8号2050頁［28163510］）。

(2) 他人名義登記に関するもの

他人名義の登記は、特段の事情のない限り、登記に符合する実体上の権利を欠くものとして無効な登記である（最判昭和59年12月20日裁判集民143号467頁［27433033］）。土地賃借人は、該土地上に自己と氏を同じくしかつ同居する未成年の長男名義で保存登記をした建物を所有していても、その後該土地の所有権を取得した第三者に対し、建物保護ニ関スル法律1条により、該土地の賃借権をもって対抗することができない（最判昭和41年4月27日民集20巻4号870頁［27001192］）。

(3) 当初実体関係と符合しなかったが後に実体関係に符合するに至った場合のもの

債務者が期限に債務を弁済しないときは、債権者は債務者に対する一方的
意思表示によって代物弁済として債務者所有の抵当不動産を取得すべき旨の
契約をした場合に、同意思表示前、代物弁済による所有権移転登記手続がな
されても、債権者がその後同意思表示をして所有権が移転すれば、その登記
は有効となる（最判昭和23年7月20日民集2巻9号205頁［27003610］）。仮
装売買によって不動産の所有権移転登記を受けた者が、その後有効に同不動
産を買い受けたときは、その時以後同登記は有効となり、同所有権の取得を
第三者に対抗することができる（最判昭和29年1月28日民集8巻1号276頁
［27003217］）。不動産の贈与を予定し、受贈者たるべき者の関与なくして同
不動産について同人名義の所有権取得登記手続がなされた場合でも、後日同
不動産の贈与が行われたときは、受贈者は、同不動産所有権の取得をもって
第三者に対抗することができる（最判昭和41年1月13日民集20巻1号1頁
［27001236］）。

(4)　建物の同一性に関するもの

　建物がその後の移築、改造等によって構造坪数等に変更を生じたため、そ
の登記簿上の表示と符合しなくなった場合においても、その同一性が認めら
れる以上、有効な登記と認められる（最判昭和31年7月20日民集10巻8号
1045頁［27002894］）。滅失建物の登記をその跡地に新築された建物の所有権
保存登記に流用することは、許されない（最判昭和40年5月4日民集19巻4
号797頁［27001304］）。

(5)　その他の実体関係と符合しない登記の有効性に関するもの

　貸金債権担保のために債務者所有の不動産に抵当権設定登記がなされた後、
債務者においていったん同債権の元利金全額を弁済し、債権及び抵当権は消
滅したが、さらに翌日同一債権者より同一金額を、弁済期の点以外はすべて
旧債権と同一の条件で借り受け、その担保として同一不動産につき抵当権を
設定し、当事者間の合意によって、旧債権につきされていた前記抵当権設定
登記をそのまま後の抵当権のために流用することにした場合には、たとえ不
動産物権変動の過程を如実に反映しなくても、同登記が現実の権利状態に吻
合する限り、第三者に対する関係にしばらく置き、当事者間においては、債

務者は自ら同流用登記の無効を主張するにつき正当の利益を有しない（最判昭和37年3月15日裁判集民59号243頁［27430600]）。1棟の建物のうち構造上区分され独立して住居等の用途に供することができる建物部分のみについて賃借権を設定したにもかかわらず、合意に基づき同建物全部について賃借権設定登記がされている場合において、同登記は、同建物部分に関する限り有効である（最判平成7年1月19日裁判集民174号1頁［27826371]）。

7　登記請求権者に関するもの

　登記簿上の所有名義人がその不動産を第三者に譲渡し、現在は所有名義人でない場合には、その不動産の真正の所有者は、同不動産が自己の所有であるとの理由だけで、同旧登記名義人に対し所有権移転登記の請求をすることはできない（最判昭和29年8月20日民集8巻8号1505頁［27003141]）。未登記建物の譲受人は譲渡人に対し移転登記の請求をすることができる（最判昭和31年6月5日民集10巻6号643頁［27002916]）。不動産の所有権者でない者が所有権保存登記手続をして登記簿上所有名義人となったときは、真正の所有権者は、同名義人に対し移転登記手続を求めることができる（最判昭和32年5月30日民集11巻5号843頁［27002810]）。甲乙間でされた甲所有不動産の売買が契約の時に遡って合意解除された場合、既に乙からこれを買い受けていたがいまだ所有権移転登記を得ていなかった丙は、同合意解除が信義則に反する等特段の事由がない限り乙に代位して、甲に対し所有権移転登記を請求することはできない（最判昭和33年6月14日民集12巻9号1449頁［27702660]）。組合員の1人は、単独で、組合財産である不動産につき不法に保存登記をした登記簿上の所有名義者たる者に対して登記の抹消を求めることができる（最判昭和33年7月22日民集12巻12号1805頁［27002642]）。真正なる不動産の所有者は、所有権に基づき、登記簿上の所有名義人に対し、所有権移転登記を請求することができる（最判昭和34年2月12日民集13巻2号91頁［27002594]）。甲は当該不動産を乙名義で競落したが、丙はその所有権を甲から譲り受けた場合には、丙は乙に対し移転登記の請求をすることができる（最判昭和35年1月22日民集14巻1号26頁［27002508]）。甲が乙から

宅地を買い受けその旨の所有権取得登記を経由した後、乙の債務不履行を原因として同売買契約が解除された場合には、甲は乙に対し同登記の抹消登記手続を求めることができる（最判昭和36年11月24日民集15巻10号2573頁［27002236］）。不動産につき、甲・乙・丙と順次所有権が移転したものとして順次所有権移転登記がなされた場合において、各所有権移転行為が無効であるときは、甲が乙、丙に対し各所有権移転登記の抹消登記請求権を有するほか、乙もまた丙に対し所有権移転登記の抹消登記請求権を有する（最判昭和36年4月28日民集15巻4号1230頁［27002303］）。未登記建物の贈与が不法原因給付であってその所有権が受贈者に帰属した場合において、贈与者が同建物につき所有権保存登記を経由したときは、受贈者が贈与者に対し建物の所有権に基づいて同所有権保存登記の抹消登記手続を請求することは、不動産物権に関する法制の建前からいって許される（最大判昭和45年10月21日民集24巻11号1560頁［27000684］）。甲乙丙3者間において中間省略登記の合意が成立した場合においても、中間者乙は当然には甲に対する移転登記請求権を失うものではない（最判昭和46年11月30日民集25巻8号1422頁［27000596］）。通行地役権の承役地の譲受人が地役権設定登記の欠缺を主張するについて正当な利益を有する第三者に当たらず、通行地役権者が譲受人に対し登記なくして通行地役権を対抗できる場合には、通行地役権者は、譲受人に対し、同権利に基づいて地役権設定登記手続を請求することができ、譲受人はこれに応じる義務を負う（最判平成10年12月18日民集52巻9号1975頁［28033490］）。①被相続人の生存中に売買を原因として相続人の1人に対する所有権移転登記がされた場合、被相続人の死亡後に、同登記を、相続を原因とするものに改めるとの更正登記手続をすることはできない。②被相続人の生存中にその所有する不動産につき共同相続人の1人である甲に対し架空の売買を原因として所有権移転登記がされ、甲が第三者乙のために抵当権設定登記をした場合には、被相続人の死亡後、他の相続人は、甲に対しては真正な登記名義の回復を原因とする持分の移転登記手続を、乙に対しては甲の持分についての抵当権設定登記に改める更正登記手続を請求することができる（最判平成11年3月9日裁判集民192号65頁［28040531］）。

8 登記義務者に関するもの

　不動産の登記簿上の所有名義人は、真正の所有者に対し、その所有権の公示に協力すべき義務を有するものであるから、真正の所有者は所有権に基づき所有名義人に対し、所有権移転登記の請求をし得るものに該当する（最判昭和30年7月5日民集9巻9号1002頁［27003028］）。順次なされた所有権移転登記の中間取得者のみを被告とし、当該被告よりさらに移転登記を受けた者を共同被告としない抹消登記手続請求も許される（最判昭和36年6月6日民集15巻6号1523頁［27002289］）。甲所有の不動産について、乙のためにされた抵当権設定登記及び停止条件付代物弁済契約を原因とする所有権移転請求権保全の仮登記につき、それぞれ丙に対する権利移転の付記登記が経由された場合において、甲が丙に対する抵当債務の弁済を理由に抵当権設定登記の抹消登記手続を求め、また同停止条件付代物弁済契約の無効を理由に同仮登記の抹消登記手続を求めるためには、丙のみを被告とすれば足り、乙を被告とすることを要しない（最判昭和44年4月22日民集23巻4号815頁［27000825］）。

9 「第三者に対抗することができない」ことに関するもの

　仮処分債権者は本案訴訟で勝訴し実体法上の権利が確定しない限り、単なる仮処分債権者である地位に基づいては処分禁止の仮処分登記後に所有権を取得して登記を得た者に対し所有権を主張できない（最判昭和37年6月8日民集16巻7号1283頁［27002138］）。単なる仮処分債権者である地位だけでは登記の欠缺を主張するにつき正当な利益を有する第三者に対し所有権を対抗することができない—処分禁止の仮処分の登記後に所有権取得登記を得た者に対し、仮処分債権者は本案訴訟で実体法上の権利が確定しない限り所有権を主張できない（最判昭和40年2月23日裁判集民77号549頁［27430811］）。

事実認定における問題点

　これまでの裁判例では、本条に関する事実認定として、1　不動産の取得

者等が本条の第三者に該当するかどうか（背信的悪意者に該当するか）、2 通行地役権について本条の第三者に該当するかどうかが問題となったものがある。

事実認定についての裁判例と解説

1 不動産の取得者等が本条の第三者に該当するかどうか（背信的悪意者に該当するか）

[裁判例]

❶ 最判昭和32年6月11日裁判集民26号859頁［28196325］

Aが、昭和22年1月、Bに対し、元バラック素建の倉庫で未登記の本件建物を売却し、Bは、同年10月15日、Cに対し、本件建物を代金8万5,000円で売り渡し、Cは、本件建物を20万円以上の費用をかけて11戸の棟割住宅に改造し、昭和23年1月、被告らに売却した。Aは、昭和23年5月、Dに対し、本件建物を高くとも10万5,000円で売却し、Dは、同日、原告に対し、本件建物を転売し、Aは、同月18日、本件建物について、元妻名義で保存登記をしたうえ、原告に対し、所有権移転登記手続をした。本件は、原告が被告らに対して本件建物の明渡し等を請求した事案である。

本判決は、D及び原告は、本件建物がCに譲渡され、Cらによって、前記のように改造され、価格も数倍に上がっており、その家屋に被告ら多数の者が入居している事実を十分に知悉しながら、自己に不当に利益を得るとの企図の下にAと通謀して本件建物の売買をし、前記のような登記を経由したものであるから、原告は、登記の欠缺を主張する正当な利益を有しないとした。

❷ 最判昭和36年4月27日民集15巻4号901頁［27002309］

本件は、所有者BがAに対して本件山林を譲渡後、この譲渡について悪意のCが、Bの相続人Dから本件山林を買い受けて所有権移転登記を取得したところ、AがCに対して本件山林の所有権移転登記の抹消登記手続を求めた事案である。

本判決は、ＡがＢから本件山林を買い受けその引渡しを受けて20数年を経た後に、同事実を熟知していたＣが、Ａの所有権取得登記が未了であることに乗じ、Ａに対する別の紛争につき復讐しようとし、Ｂの相続人Ｄに対しその意図を打ち明け、「本件山林についてのＡの権利は時効にかかっている、訴訟になっても自分が責任を持つ」などとして本件山林の売却方を懇請し、少なくとも150万円の価格を有する本件山林をわずか13万円という低廉な価格で同人から買い受け、本件山林につきＡによりされていた処分禁止の仮処分の登記をＤの依頼なく保管中のＤの印章を利用して仮処分の取消決定を得て、本件山林につき所有権移転登記を取得したものの、後にＡの処分禁止の仮処分の登記は回復され、ＣＤは共謀のうえＡ所有の本件山林を横領したとの嫌疑で刑事訴追を受けている等の事情があったときは、ＣＤ間の売買は民法90条により無効で、Ｃは本条にいわゆる第三者に該当しないとした。

❸ 最判昭和40年12月21日民集19巻９号2221頁 [27001240]

本件は、Ａが地主Ｃから賃借中の本件土地上に所有する本件家屋をＢに贈与し、これを前提に、ＢＣ間に本件土地の賃貸借契約が締結された後、Ｃが本件家屋をＡから買い受けてその旨の移転登記を受けところ、ＢがＣに対して本件家屋の所有権移転登記の抹消登記手続を求めた事案である。

本判決は、Ａが地主Ｃから賃借中の本件土地上に所有する本件家屋をＢに贈与し、同事実を前提として、Ａも自ら責任を持つ旨口添えをしてＢＣ間に該土地の賃貸借契約が締結され、以来その関係が９年余にわたって継続してきた等の事実があったとしても、その間に、本件家屋の贈与契約に付随してＢからＡに支払う旨の約定があった本件家屋の移転登記費用をＢが提供しないため、同移転登記がされず、Ｂの地代の一部滞納によってＡが責任を負って代払したようなこともあり、ＡはＢにはもはや約束の費用提供の意思がないと判断し、また、所有権移転登記未了の間は所有権も移転しないと思っていたため、本件家屋の所有を継続してＢに迷惑をかけるよりむしろ他に売却するしかないと考えた結果、それらのことをＣに告げて本件家屋の買取りを求め、Ａの言を信じたＣがＡに同情して本件家屋を買い受けて所有権移転登記を受けたという事情があるときは、Ｃは同家屋についてＢの所有権取得登

記の欠缺を主張するにつき正当な利益を有する第三者に当たらない背信的悪意者とはいえないとした。

❹　最判昭和43年8月2日民集22巻8号1571頁［27000934］

本件は、所有者BからAに本件山林を譲渡後、この譲渡について悪意のCが、Bから本件山林を買い受けてAに買取りを求めたが拒絶されるとDに転売し、DがAに対して、本件山林の所有権がDに帰属することの確認訴訟を提起し、CがDから本件山林を買い戻し、訴訟参加をした事案である。

本判決は、Cは、AがBから本件山林を買い受けて23年余の間これを占有している事実を知りながら、本件山林につきAに対する所有権移転登記がされていないのを奇貨とし、Aに高値で売りつけて利益を得ることを企図し、本件山林の時価を120万円と評価した上、代金3万円で買い受け（後にさらに15万円を支払い）、Aに買取りを求めたものの拒絶されるとDに転売した等の事情がある場合には、Cは、背信的悪意者としてAの所有権取得について登記の欠缺を主張する正当な利益を有する第三者に当たらないとした。

❺　最判昭和43年11月15日民集22巻12号2671頁［27000891］

本件は、所有者AがBに贈与した本件山林に関し、AB間に、本件山林がBの所有に属することを確認し、Aは速やかにBに対しその所有権移転登記手続をする旨の和解が成立した場合において、この示談交渉に立会人として関与し、かつ、この和解条項を記載した書面に立会人として署名押印したCが、Aに対する債権を債務名義として、Aに対する強制執行として差し押さえた事案である。

本判決は、Cは、背信的悪意者に当たるとした。

❻　最判昭和43年11月21日民集22巻12号2765頁［27000886］

本件は、A所有の本件建物を競落して所有権移転登記手続を受けたBから本件建物を購入して所有権移転登記手続を受けたCが、同じくBとの間で売買契約を締結して本件建物を買い戻し、本件建物を占有しているAに対して、所有権に基づき、本件建物の明渡しを求めた事案である。

本判決は、AがBから本件建物を150万円で買い戻し、その代金の支払に充てるため、自己所有の土地をCに売却し、Cがその代金の支払を完了した

こと、Ｃが、Ａの代理人と称するＡの息子Ｄから、Ａが前記買戻代金を完済していないにもかかわらず、Ａが本件建物を買い戻したとして、本件建物及びその敷地の購入を求められ、Ｄとの間で本件建物及びその敷地を230万円で購入する売買契約を締結し、Ｄに対してその代金を交付したこと、ＡがＢに対して支払った前記買戻代金は70万円にすぎず、本件建物の所有権がＡに復帰していないことが判明し、Ｂから、ＡのＢに対する未払代金相当額としてＣが70万円を支払うときはＣに本件建物の所有権移転登記をする旨約したのでＣがＢに対して70万円を支払ったことという事情の下では、Ｃは背信的悪意者とはいえないとした。

❼　最判昭和44年１月16日民集23巻１号18頁［27000855］

　本件は、Ｂが、株式会社から、抵当権者をＣ、債務者を協同組合とする根抵当権設定登記がされている本件建物を購入したところ、協同組合の代表者理事Ｄが、前記根抵当権を被担保債権とともにＣから譲り受けたとして、その旨の根抵当権移転登記を受け、本件建物の競売の申立てをしたことから、Ｂが、前記根抵当権は既に消滅しているとして、Ｄを相手方として、根抵当権設定登記抹消登記手続及び根抵当権不存在確認を求めた事案である。

　本判決は、根抵当権設定者である株式会社の代表者Ａが、本件建物の譲受人Ｂを代理して根抵当権者丙の根抵当権放棄の意思表示を受領したこと、その被担保債権の債務者である協同組合の代表者丁が、ＡとともにＣとの交渉に当たり、その際同放棄の意思表示がされた事実を知りながら、その後に同根抵当権を被担保債権とともに譲り受けたことなどの事情の下では、Ｄは特段の事情がない限り、いわゆる背信的悪意者として、根抵当権の放棄による消滅についての登記の欠缺を主張する正当な利益を有する第三者に当たらないとした。

❽　最判昭和44年４月25日民集23巻４号904頁［27000822］

　本件は、ＡからＡ所有の本件土地建物の贈与を受けたＢが、Ａから本件土地建物を買い受けたとしてその所有権移転登記手続を受けているＣ及びＡに対して、本件土地建物の所有権に基づき、前記所有権移転登記の抹消登記手続を求めるとともに、Ａに対して、前記贈与を原因とする所有権移転登記手

続を求めた事案である。

本判決は、前記贈与を原因とする所有権移転登記手続が未了のため、Bが
Aを相手に処分禁止の仮処分をしている場合において、不動産周旋業者でA
及びBと永年交際し同建物を賃借しているCが、本件土地建物の所有権の帰
属につきAとBが係争中であることを知っているばかりでなく、Aから本件
土地建物の買取りを懇請され、前記仮処分登記の抹消を条件として買取りを
承諾し、AがBを欺罔して同仮処分の執行を取り消させ、土地建物がB名義
になることを妨げるにつき協力したうえ、Aから同土地建物を譲り受けたと
いう事情の下では、CはBの登記の欠缺を主張することができない背信的悪
意者に当たるとした。

❾ 最判昭和45年3月26日裁判集民98号505頁［27403609］

本件は、Aが、Bとの間で、自己所有の甲土地とB所有の乙土地との交
換契約を締結したが、Bの債務不履行により同契約を解除し、解除前にB
から甲土地の譲渡を受けたものの、その所有権移転登記を受けていなかった
Cに対して、甲土地の所有権に基づき、甲土地上の建物の収去及び甲土地の
明渡しを求めた事案である。

本判決は、Aは前記交換契約によってBから取得した乙土地を工場敷地
として自ら使用していること、Aは、前記交換契約当時、甲土地がBから
Cに譲渡されるものであることを了承しており、CがBから甲土地を買い
受けて病院敷地として使用するようになった後は、その権利移転を認め、C
が甲土地上の建物の建築許可申請手続に協力していたこと、A、B及びCの
三者間において、甲土地につき、中間登記を省略し、AからCに直接所有
権移転登記をする旨の合意がされていたこと、Aが、B及びCから、再三
にわたり甲土地につき分筆登記の上Cに対して所有権移転登記手続をすべ
き旨の請求を受けながら、自己の都合で同登記手続を遷延し、約4年が経過
するうち、乙土地についてBに対する滞納処分として差押え・公売がされ
て交換契約が履行不能となったことなどの事情の下では、Aが、Cの甲土地
の所有権取得につき、登記の欠缺を主張することは、信義則に反し許されな
いとした。

❿ 最判平成 8 年10月29日民集50巻 9 号2506頁［28011420］

　本件は、原告（市）がＡから道路用地として取得し、市道として通行の用に供していたが原告（市）に対する所有権移転登記手続がされていなかった本件土地を、Ｄ社が取得して所有権移転登記を経由し、次いで、Ｄ社からＥ社、Ｅ社からＦ社、Ｆ社から被告へと所有権移転登記が経由され、被告が本件土地上にプレハブ建物及びバリケードを設置したことから、原告（市）が、被告に対して、所有権に基づき、本件土地上の工作物及び真正名義の回復を原因とする所有権移転登記手続を求めた事案である。

　本判決は、Ｄ社の代理人Ｃは、現地を確認したうえ、当時道路でなければおよそ6,000万円の価格であった本件土地を、万一土地が実在しない場合にも代金の返還は請求しない旨の念書まで差し入れて500万円で購入したというのであるから、Ｄ社は、本件土地が私道敷地として一般市民の通行の用に供されていることを知りながら、原告（市）が本件土地の所有権移転登記を経由していないことを奇貨として、不当な利益を得る目的で本件土地を取得しようとしたものということができ、原告（市）の登記の欠缺を主張することができないいわゆる背信的悪意者に当たるとした。また、本判決は、転得者の背信的悪意者該当性について、「所有者甲から乙が不動産を買い受け、その登記が未了の間に、丙が当該不動産を甲から二重に買い受け、更に丙から転得者丁が買い受けて登記を完了した場合に、たとい丙が背信的悪意者に当たるとしても、丁は、乙に対する関係で丁自身が背信的悪意者と評価されるのでない限り、当該不動産の所有権取得をもって乙に対抗することができるものと解するのが相当である」とした。

⓫ 最判平成18年 1 月17日民集60巻 1 号27頁［28110274］

　本件は、被告が公道からの専用道路として使用占有してきた第三者Ｂ所有の本件土地について、これを時効取得した被告と、その取得時効の完成後にＢからその譲渡を受けて所有権移転登記を了した原告らとの間で、所有権取得の優劣が争われた事案である。

　本判決は、「甲が時効取得した不動産について、その取得時効完成後に乙が当該不動産の譲渡を受けて所有権移転登記を了した場合において、乙が、

当該不動産の譲渡を受けた時点において、甲が多年にわたり当該不動産を占有している事実を認識しており、甲の登記の欠缺を主張することが信義に反するものと認められる事情が存在するときは、乙は背信的悪意者に当たる」としたうえ、本件において、原告が被告による本件土地の時効取得について背信的悪意者に当たるというためには、まず、原告において、本件土地等の購入時、被告が多年にわたり本件土地を継続して占有している事実を認識していたことが必要であるというべきであるところ、原審は、原告が被告による多年にわたる占有継続の事実を認識していたことを確定せず、単に、原告が、本件土地等の購入時、被告が本件土地を通路として使用しており、これを通路として使用できないと公道へ出ることが困難となることを知っていたこと、原告が調査をすれば被告による時効取得を容易に知り得たことをもって、原告が被告の時効取得した本件道路の所有権の登記の欠缺を主張するにつき正当な利益を有する第三者に当たらないとしたのであり、この原審の判断には、判決に影響を及ぼすことが明らかな法令の違反があるとして、本件を原審に差し戻した。

制 解説

(1) 背信的悪意者一般

前記裁判例のうち、背信的悪意者に該当するとされたのは、判決❶、❷、❹、❺、❼～❿（もっとも、判決❶、❷、❼、❾は背信的悪意者という用語は用いていない）であり、これらを分類すると、①判決❶、❷、❹、❿が、第一譲受人に高値で売りつける目的や第一譲受人に復讐する目的で第二譲渡行為に及ぶなど不当な目的で対立する物権変動行為に及んだ事案、②判決❶、❷、❹、❿が、第二譲渡に係る当該不動産の価格が通常の価格に比して著しく低廉な事案、③判決❷、❽が、第一譲渡人が当該不動産に設定している処分禁止の仮処分の登記を不当な手段で抹消して第二譲渡に係る所有権移転登記を経るなど対立する物権変動につき対抗要件を具備するに際して不当な手段を用いた事案、④判決❺、❼、❾が、第一譲渡の仲介を行うなど対立する物権変動の実現に関与した事案又は対立する物権変動について自ら中間省略登記義務を負うなど対立する物権変動について対抗要件を具備するために責

任を負う事案である。③の事案は、第三者が不動産登記法５条１項該当者に類する地位にある場合ということができ、④の事案は、第三者が不動産登記法５条２項該当者に類する地位にある場合ということができる。したがって、訴訟の相手方が背信的悪意者に該当する旨主張する場合には、前記の各類型の該当する事実を主張・立証することが必要となる。また、①、②の類型においては、①の不当な目的という主観面と②の価格の低廉性という客観面の両者の要件を満たすことにより背信的悪意者に該当することが認定されているから、両者の事実を主張・立証することが必要である。

　なお、背信的悪意者の裁判例について分析した北川弘治「民法177条の第三者から除外される背信的悪意者の具体的基準(1)～(4・完)」判例評論120号121頁（判例時報538号）、121号105頁（判例時報541号）、122号111頁（判例時報544号）、123号107頁（判例時報547号）（1969年）によると、従来、判例で背信的悪意者が問題とされた事案は、二重譲渡に関するものと、第三者から差押え、滞納処分をしたもの等それ以外のものに大別することができ、その背信性の具体的基準としては、問題の第三者が、①譲渡人との身分関係や、最初の物権変動における役割等から、第一の取引の譲渡人に近接した地位を持つ結果、譲渡人が第二譲受人と実質的に同一の地位にあるとみられ第三者としての利益が発生しない場合、②自己の取引の前提として第一の物権変動を是認したため第三者としての利益を放棄したと認められる場合、③当該取引の動機・意図等において反倫理的である場合等に分けることができると論じている。

　また、鈴木重信「民法第177条と背信的悪意者」香川保一編『不動産登記の諸問題上巻』帝国判例法規出版社（1974年）495頁は、前記北川の分類を総括すれば、①譲渡人と第二譲受人との間の身分関係、②第二譲渡の対価、③目的不動産の占有利用関係、④第二譲受人の悪性の程度、⑤第一譲受人の権利の内容・種類及び保護の必要性の度合、⑥その他双方の側における法律の保護に値する種々の事情（この事情の中に第一譲受人の未登記の理由等も含まれる）としている。

　石田剛「財貨獲得をめぐる競争過程の規律に関する序説論的考察——背信

的悪意者排除論を手がかりに（上）」民事研修631号（2009年）11頁は、①第一物権変動を前提に行動した者又はその実現に助力すべき立場にある者、②第二譲渡に違法な手段を用いた者、③不当な利益追及や害意など違法な目的で第二譲渡に及んだ者、④譲渡人と密接な人的関係があり実質的に同一主体とみられる者等に分類され得るとしている。

さらに、舟橋＝徳本編・新版注釈民法(6)〔吉原節夫〕686頁による背信性に関する裁判例の分析によれば、①相手方の取引の代理人、仲介人、立会人等になったこと等相手方の物権変動の登記欠缺を主張することが自己の過去の行為に矛盾し信義則に反するもの、②第一譲受人の所有権取得が未登記であることを奇貨として廉価に二重買いをして不当な利益を上げようとするなどの悪意者側の権利取得が不当、不正な意図や動機によってなされたもの、③前主が第一譲受人への移転登記を不当に妨げたことに協力しておいて自ら第三者の立場を主張する者、④前主と夫婦、親子、兄弟姉妹などの親族関係や前主である法人とその代表者という特別関係にあり、当事者に準ずる立場にありながら第三者の立場を主張する者などの事情が挙げられている。

佐久間毅『民法の基礎2　物権』有斐閣（2006年）79頁は、判例による背信性の評価根拠事実として、①第三者が実質的に当事者と同視される地位にあるという事情、②不動産登記法5条の該当者に準じる者と見られる事情、③第三者が不当に利益を上げる目的や他人の利益を害する目的で不動産を取得しようとすること、④第三者が第一譲受人の権利取得を前提とする行動をしながら、後にそれと矛盾する主張をすること、を挙げている。

(2)　転得者の背信的悪意者

判決❿は、背信的悪意者の排除の効果について相対的無効説を採用し、第二譲受人が背信的悪意者であっても、第二譲受人からの転得者が当該不動産について所有権移転登記を完了した場合、転得者は、転得者自身が背信的悪意者と評価されない限り、当該不動産の所有権取得をもって、第一譲受人に対抗できるとした。したがって、二重譲渡事案において、訴訟の相手方が転得者の場合、転得者の前主が背信的悪意者であっても、転得者自身が背信的

悪意者に該当しない限り、登記なくして当該不動産の取得を転得者に対抗できないから、転得者自身が背信的悪意者に当たることを主張・立証することを要する。

(3) 対立する物権変動が取得時効の場合における背信的悪意者

　背信的悪意者の法律要件は、①両立しない物権変動への悪意、②悪意者が自己への物権変動を主張することの背信性であるが、両立しない物権変動が取得時効の場合、取得時効の要件は、(i)20年間の自主占有又は10年間の自主占有及び占有開始時の善意・無過失、(ii)占有が平穏公然であること、(iii)時効援用の意思表示であるが、(iii)の時効援用の意思表示については、時効取得が紛争前に時効の援用をすることは想定し難いうえ、(i)、(ii)の要件についても、その性質上、その認識、判断は、容易でないから、第三者がこれを正確に認識することは困難である（松並重雄・最判解説〈平成18年度〉54頁）。そのため、両立しない物権変動が取得時効の場合の悪意の対象が問題となるところ、判決❶は、悪意の対象として、時効取得者が多年にわたり当該不動産を占有している事実の認識を要するとして、時効取得者による多年にわたる占有継続の事実を認識していたことを確定せず、単に、時効取得者が当該不動産を通路として使用しており、これを通路として使用できないと公道へ出ることが困難となることを知っていたこと、調査をすれば時効取得者による時効取得を容易に知り得たことをもって足りるとした原審を破棄している。したがって、対立する物権変動が取得時効の場合において背信的悪意者の主張をする場合には、背信的悪意者が、取得時後者が多年にわたり当該不動産を占有している事実を認識していたことを主張・立証することが必要となる。

2　通行地役権について本条の第三者に該当するかどうか ──────

裁判例

　この点に関する判例は、以下のとおりである。

❶　最判平成10年2月13日民集52巻1号65頁［28030504］

　本件は、未登記の通行地役権を承役地の譲受人に対抗することができるか

どうかが争われた事案である。本判決は、通行地役権の承役地が譲渡された
場合において、譲渡の時に、承役地が要役地の所有者によって継続的に通路
として使用されていることがその位置、形状、構造等の物理的状況から客観
的に明らかであり、かつ、譲受人がそのことを認識していたか又は認識する
ことが可能であったときは、譲受人は、通行地役権が設定されていることを
知らなかったとしても、特段の事情がない限り、地役権設定登記の欠缺を主
張するについて正当な利益を有する第三者に当たらないと解するのが相当で
あるとした。

解説

　背信的悪意者とは、前記「法律要件及び効果等」(2)イのとおり、物権変動
があったことについて悪意であり、かつ、同物権変動についての登記の欠缺
を主張することが信義に反するものと認められる事情がある者をいうから、
通行地役権について背信的悪意者排除論を適用するためには、物権変動があ
ったこと、すなわち地役権が設定されていることについて悪意であることを
要する。しかしながら、通行地役権について明示の設定契約がされることは
まれであり、その多くは黙示の合意が認定されるにとどまるから、承役地の
譲受人等第三者が地役権が設定されているということにつき悪意であること
を認定し得るケースは必ずしも多くない。他方、二重譲渡の事案の場合には、
登記なくして対抗しようとする者の権利と第三者の権利とが両立しない関係
にあるから、登記がなければ対抗できないという原則の例外を認める範囲は
おのずと狭くなる。これに対して、不動産に対する制限物権を有する者が当
該不動産の所有権を承継した第三者に対して制限物権を対抗しようとする場
合には、両者の権利は両立するので、登記がなければ対抗できないという原
則の例外を認める範囲は、二重譲渡の場合に比して広く、信義則に照らして
その第三者に制限物権の負担を甘受させるべきかどうかを判断し、これによ
って対抗力の有無を決することも不当とはいえない。そこで、前記判例は、
①承役地が要役地の所有者によって継続的に通路として使用されていること
がその位置、形状、構造等の物理的状況から客観的に明らかであり、かつ、
②譲受人がそのことを認識していたか又は認識することが可能であった場合

には、承役地の譲受人は、通行地役権が設定されていることにつき善意であっても、地役権設定登記の欠缺を主張するについて正当な利益を有する第三者に該当しないとした。①が客観要件、②が主観要件であるが、①が満たされれば、通常②も満たされる（近藤崇晴・最判解説〈平成10年度（上）〉101頁）。したがって、承役地の譲受人に対して通行地役権を対抗するためには、①を中心に主張・立証する必要がある。他方、前記判例は、「特段の事情がある場合」には、承役地の譲受人は、地役権設定登記の欠缺を主張する正当な利益の第三者に該当することを認め、「特段の事情がある場合」の例示として、「承役地の譲受人が通路としての使用は無権限でされているものと認識しており、かつ、そのように認識するについては地役権者の言動がその原因の一半をなしているといった場合」を挙げているから、承役地の譲受人が通行地役権者に対して地役権設定登記の欠缺を主張するためには、このような事実を主張・立証していく必要がある。

　なお、担保不動産競売により通行地役権を負担する承役地が売却された場合でも、最先順位の抵当権の設定時に、既に通行地役権の設定を受けていた承役地が、要役地の所有者によって継続的に通路として使用されていることが、その位置、形状、構造等の物理的状況から客観的に明らかであり、かつ、最先順位の抵当権者がそのことを認識していたか又は認識することが可能であったときは、特段の事情がない限り、登記がなくとも、前記の売却によって通行地役権は消滅せず、要役地の所有者は、前記の売却による買受人に対し、当該通行地役権を主張することができる（最判平成25年2月26日67巻2号297頁［28210706］）。また、通行地役権の承役地の譲受人が地役権設定登記の欠缺を主張するについて正当な利益を有する第三者に当たらない場合には、地役権者は、譲受人に対して地役権設定登記手続を請求することができる（最判平成10年12月18日民集52巻9号1975頁［28033490］）。

（桃崎　剛）

第178条

（動産に関する物権の譲渡の対抗要件）

第178条　動産に関する物権の譲渡は、その動産の引渡しがなければ、第
三者に対抗することができない。

事実認定の対象等

■■ 意義

　本条は、物権変動について意思主義を採用して意思表示のみが成立要件で
あるとする176条を前提に、動産の譲渡につき第三者対抗要件として引渡し
を要求し、引渡しがなければ意思表示で生じた動産の譲渡に係る物権変動を
第三者に対抗できない旨を定めたものである。

　「動産」とは、一般に、不動産以外の物をいうが（86条2項）、公示方法と
して登記や登録などの制度が用意されている船舶、自動車や、不動産の従物、
金銭には適用されない。本条は、動産「物権の譲渡」、すなわち動産の所有
権及び質権の譲渡及び譲渡と同視すべき取消し又は解除による権利の復帰に
適用される（我妻＝有泉・民法講義Ⅱ186頁、佐久間毅『民法の基礎2　物
権』有斐閣（2006年）129頁）。「引渡し」とは「占有権の譲渡」のことであ
り、民法上、現実の引渡し（182条1項）、簡易の引渡し（同条2項）、占有
改定（183条）、指図による占有移転（184条）の4つの方法が定められてい
る。「対抗することができない」とは、一般に、ある法律事実や法律効果が
発生していても、その事実や効果を他人に向かって積極的に主張することが
できないことをいう（177条「意義」参照）。「第三者」とは、当事者及びそ
の包括承継人以外の者であって、引渡しの欠缺を主張する正当な利益を有す
る者である（大判大正5年4月19日民録22輯782頁［27522167］、最判昭和33
年3月14日民集12巻3号570頁［27002694］）。

49

■■ 法律要件及び法律効果

(1)ア　例えば、AがBから平成○年○月○日、絵画を代金300万円で購入したにもかかわらず、Cが本件絵画は自己の所有物であるとしてその占有を続けAに本件絵画を引き渡さないことから、Cに対して、本件絵画の所有権に基づく返還請求としてCに対して本件絵画の引渡しを求める場合には、請求原因事実として、

①　Bは、平成○年○月○日当時、本件絵画を所有していた

②　Aは、平成○年○月○日、Bから、本件絵画を代金300万円で購入した

③　Cは、本件絵画を占有している

などと物権変動の原因となる法律行為及びこの法律行為の当時原告の前主が当該物件について所有権等物権を有していたことを記載することとなる（司研・類型別109頁、司研・新問題研究135頁）。

イ　これに対して、Cは、Aと本条にいう第三者の地位にあることを理由に、Aが引渡しを受けるまで所有者とは認めない旨の対抗要件の抗弁を主張することが考えられる。この対抗要件に関する主張・立証責任は誰が負うべきか、どのような要件事実を主張すべきかについては、177条「法律要件及び法律効果」の解説のとおり見解が分かれているが、権利抗弁説によれば、対抗要件の抗弁の法律要件は、

①　対抗要件の欠缺を主張し得る第三者の地位に立つことを基礎付ける事実

②　対抗要件を具備するまでは権利者であることを認めない旨の権利主張

であり、対抗要件の抗弁の法律要件に該当する具体的な要件事実は、例えば、Cが、平成△年△月△日、Bから、本件絵画を代金250万円で購入した場合には、

①　Cは、平成△年△月△日、Bから、本件絵画を代金250万円で購入した

②　Aが引渡しを受けるまで、Aの所有権取得を認めない

などと記載することになる（司研・類型別117頁）。

対抗要件の抗弁の法律効果は、例えば、前記事案において、Cの対抗要件の抗弁が認められれば、AとCは対抗関係に立つため、Aは、対抗要件を具備するまで、本件絵画の所有権取得の法律効果を第三者であるCに対抗

第178条

できず、請求原因による所有権に基づく返還請求権としての動産引渡請求権は発生しないこととなるから、障害の抗弁として機能することとなる。

　(2)ア　また、前記請求原因に対して、Cは、対抗要件具備による所有権喪失の抗弁を主張することが考えられ、その場合の法律要件は、

①　Aの前主Bから第三者への所有権取得原因事実

②　①に基づく第三者の対抗要件具備

であり（司研・類型別118頁）、その法律要件に該当する具体的な要件事実は、例えば、Dが、Bから平成△年△月△日、本件絵画を代金250万円で購入し、同日、これに基づき、本件絵画の引渡しを受けた場合には、

①　Dは、平成△年△月△日、Bから、本件絵画を代金250万円で購入した

②　Dは、平成△年△月△日、①の売買契約に基づき、本件絵画の引渡しを受けた

などと記載することになる。

　対抗要件具備による所有権喪失の抗弁の法律効果は、例えば、前記事案において、Dの対抗要件具備による所有権喪失の抗弁が認められれば、AとDは対抗関係に立つところ、引渡しを受けたDが確定的に所有権を取得し、その反射的効果として、AはBから本件絵画の所有権を取得しなかったことになり、請求原因による所有権に基づく返還請求権としての動産引渡請求権は発生しないこととなるから、障害の抗弁として機能することとなる。

■■ 参考裁判例

　本条の第三者の範囲に関する参考判例として以下のものがある。

　動産の寄託を受け一時これを保管しているにすぎない者は、本条の第三者に該当しない（最判昭和29年8月31日民集8巻8号1567頁［27003136］）。甲所有の動産が乙の占有にある間に乙の債権者丙によって仮差押えがなされたとしても、丙は、甲から所有権を譲り受けた丁に対し、引渡しの欠缺を主張する正当の利益を有しない（最判昭和33年3月14日民集12巻3号570頁［27002694］）。

51

事実認定における問題点

本条に関する事実認定が問題となった裁判例は見当たらない。

（桃崎　剛）

第179条

（混同）

> **第179条** 同一物について所有権及び他の物権が同一人に帰属したときは、
> 当該他の物権は、消滅する。ただし、その物又は当該他の物権が第三者
> の権利の目的であるときは、この限りでない。
>
> 2　　所有権以外の物権及びこれを目的とする他の権利が同一人に帰属した
> ときは、当該他の権利は、消滅する。この場合においては、前項ただし
> 書の規定を準用する。
>
> 3　　前2項の規定は、占有権については、適用しない。

事実認定の対象等

■■ 意義

本条1項本文及び2項前段は、物権の混同に関する規定である。混同とは、
2つ以上の法律上の地位が同一人に帰属した場合において、双方を帰属させ
ておく意味がないときに、一方が他方に吸収されて消滅することをいう（佐
久間毅『民法の基礎2　物権』有斐閣（2006年）27頁）。本条1項ただし書
は、その物又は当該他の物権が第三者の権利の目的であるときは、混同が生
じないことを定めたものである。本条3項は、占有権は混同の例外であるこ
と、すなわち、占有権は本権との混同を生じても消滅しないことを定める。
占有権は、占有の事実状態の保護を目的とする特殊な物権であって、本権の
有無にかかわらず、占有権自体が存在することに意味があるからである（大
江・要件事実(2)152頁）。

■■ 法律要件及び法律効果

（1）　混同による所有権以外の他の物権が消滅を主張するための法律要件は、
①　同一物について所有権と他の物権が同一人に帰属すること
である。

53

例えば、Ａ所有の甲土地に抵当権の設定を受けているＢが、Ａの子Ｃが、平成○年○月○日、Ａから、Ａ所有の甲土地について抵当権の設定を受けていたが、Ａが、平成△年△月△日、死亡し、Ｃが甲土地を相続したことを理由に前記抵当権の消滅を主張するためには、

①　Ａは、平成○年○月○日、甲土地を所有していた

②　Ｃは、平成○年○月○日、Ａから、甲土地について抵当権の設定を受けた

③　Ａは、平成△年△月△日、死亡した

④　Ｃは、Ａの子である

などと記載することになる。

　混同による法律効果は、所有権と同一人に帰属した同一物に関する他の物権の消滅である。例えば、前記の事案では、Ｃが甲土地に有していた抵当権は混同により消滅することになる。

　(2)　同一物について所有権と他の物権が同一人に帰属しても、当該物権の対象物又は当該他の物権が第三者の権利の目的であるときは、混同の例外により、同一人に帰属した同一物に関する他の物権は消滅しないこととなる。この混同の例外により同一人に帰属した同一物に関する他の物権が消滅しないことを主張するための法律要件は、

①　当該物権の対象物又は当該他の物権が第三者の権利の目的となっていたこと

である。

　例えば、前記の事案において、Ｃが、甲土地について、ＣがＡから抵当権の設定を受けた後、Ｂが、平成×年×月×日、Ａから、抵当権の設定を受けていたことから、混同の例外に基づき、Ｃが有する抵当権が消滅しないことを主張するためには、

①　Ｂは、平成×年×月×日（平成○年○月○日以後）、Ａから、甲土地について抵当権の設定を受けた

などと記載することになる。

　前記混同の例外の法律効果は、同一物に関し所有権と他の物権が同一人に

帰属しても、同一人に帰属した同一物に関する他の物権が消滅しないことである。例えば、前記の事案では、Cが甲土地に有していた抵当権は、混同の例外により、消滅しないこととなる。

■■ 参考裁判例

　本条１項ただし書が規定する混同の例外に関する参考判例として以下のものがある。

　特定の土地につき所有権と賃借権とが同一人に帰属するに至った場合であっても、その賃借権が対抗要件を具備したものであり、かつその対抗要件を具備した後に当該土地に抵当権が設定されているときは、本条１項ただし書の準用により、賃借権は消滅しないものと解すべきであり、このことは賃借権の対抗要件が建物保護ニ関スル法律１条によるものであるときでも同様である（最判昭和46年10月14日民集25巻７号933頁［27000615］）。根抵当権者が、根抵当権の目的たる不動産につき譲渡担保権を取得したというだけでは同不動産の所有権が確定的に根抵当権者に移転しているということはできず、したがって、譲渡担保を原因とする同人への所有権移転登記があるからといって、根抵当権が混同により消滅したということはできない（最決平成17年11月11日裁判集民218号433頁［28102343］）。

事実認定における問題点

　本条に関する事実認定が問題となった裁判例は見当たらない。

（桃崎　剛）

第2章　占有権
第1節　占有権の取得

（占有権の取得）

第180条　占有権は、自己のためにする意思をもって物を所持することによって取得する。

事実認定の対象等

■■ 意義

　本条は、占有権の取得要件を定めた規定であり、①物の所持と、②自己のためにする意思の存在を占有権の取得要件と規定している。

　物の所持とは、ある者が物を支配していると評価することができる客観的状態をいい、物理的支配があるといえない場合にも認められる。例えば、建物の場合、そこに居住していなくても、施錠してその鍵を保管していれば所持があると認められる。

　自己のためにする意思（占有意思）とは、物の所持によって事実上の利益を受けようとする意思をいう。この意思の存在は、物の所持を生じさせた原因の性質等から客観的・外形的に判断する（以上につき、（我妻＝有泉・民法講義Ⅱ464頁、佐久間毅『民法の基礎2　物権』有斐閣（2006年）257頁）。

■■ 法律要件及び法律効果

　占有権を取得するための法律要件は、前記のとおり、

①　物の所持

②　自己のためにする意思

の2つであり、例えば、Ａが甲建物に住居として居住していることを理由

57

に甲建物の占有権の取得を主張する場合、

① Aは甲建物に住居として居住している

などと主張することになる。住居として居住しているという甲建物の所持の状況を明らかにすることにより、自己のためにする意思を示すことになる。

　法律効果は占有権の発生であり、例えば、前記の事案では、Aは甲建物の占有権を取得することとなる。

■■ 参考裁判例

1　占有権の取得に関する参考判例

　換地予定地の指定を受けた者は、これを使用収益すべき本権を取得するけれども、指定があっただけでは当然には占有権の変動移転を生ずるものではない（最判昭和27年5月6日民集6巻5号496頁［27003406］、最判昭和30年7月19日民集9巻9号1110頁［27003020］）。

2　所持の有無に関する参考判例

　家屋の所有者が、その家屋の隣に居住し常に同家屋の出入口を監視して容易に他人の侵入を制止できる状況にあるときには、所有者はその家屋を所持するものといえる（最判昭和27年2月19日民集6巻2号95頁［27003430］）。建物はその敷地を離れて存在し得ないのであるから、建物を占有使用する者はこれを通じてその敷地をも占有する（最判昭和34年4月15日裁判集民36号61頁［27430416］）。仮処分申請に基づき、裁判所の嘱託により家屋所有権保存登記がなされている場合であっても、仮処分前に家屋を未登記のまま第三者に譲渡し、その敷地を占拠していない当該保存登記名義人に対し、敷地所有者から敷地不法占有を理由として家屋収去請求をすることは許されない（最判昭和35年6月17日民集14巻8号1396頁［27002443］）。不動産の執行吏保管・占有移転禁止を命ずる仮処分決定に基づく執行を受けた仮処分債務者が、当該決定に違反して第三者に占有を移転した場合においても、仮処分債権者は、本案訴訟において、仮処分債務者の占有喪失を顧慮することなく、同人を被告として、不動産の引渡し又は明渡しを請求することができる（最

判昭和46年1月21日民集25巻1号25頁［27000654］）。共同相続人の1人が、単独に相続したものと信じて疑わず、相続開始と共に相続財産を現実に占有し、その管理・使用を専行してその収益を独占し、公租公課も自己の名でその負担において納付してきており、これについて他の相続人が何ら関心をもたず、異議も述べなかった等特別の事情の下においては、前記相続人はその相続の時から相続財産につき単独所有者としての自主占有を取得したものというべきである（最判昭和47年9月8日民集26巻7号1348頁［27000540］）。地方公共団体が、道路を一般交通の用に供するために管理しており、その管理の内容、態様によれば、社会通念上、当該道路が当該地方公共団体の事実的支配に属するものというべき客観的関係にあると認められる場合には、当該地方公共団体は、道路法上の道路管理権を有するか否かにかかわらず、当該道路を構成する敷地について占有権を有する（最判平成18年2月21日民集60巻2号508頁［28110553］）。

3　所持の主体に関する参考判例

家の所有者と共にその家に居住するその家族は、その所有者の占有補助者にすぎず、その家について独立の占有を有するものではない（最判昭和28年4月24日民集7巻4号414頁［27003322］）。株式会社の代表取締役が会社の代表者として土地を所持する場合には、当該土地の直接占有者は会社自身であって、代表者は、個人のためにもこれを所持するものと認めるべき特段の事情がない限り、個人として占有者たる地位にあるものといえない（最判昭和32年2月15日民集11巻2号270頁［27002835］）。他人の使用人として家屋に居住するにすぎない者に対しては、特段の事情のない限り、その不法占有を理由として家屋の明渡し並びに賃料相当の損害金の支払を請求することはできない（最判昭和35年4月7日民集14巻5号751頁［27002475］）。

4　自己のためにする意思に関する参考判例

賃貸人が賃借人のために一時管理したような場合、その所持について自己のためにする意思がないとはいえない（最判昭和27年2月19日民集6巻2号

95頁［27003430］）。15歳くらいに達した者は、特段の事情のない限り、不動産について、所有権の取得時効の要件である自主占有をすることができる（最判昭和41年10月 7 日民集20巻 8 号1615頁［27001158］）。

事実認定における問題点

本条に関する事実認定が問題となった裁判例は見当たらない。

（桃崎　剛）

（代理占有）

第181条　占有権は、代理人によって取得することができる。

事実認定の対象等

■■ 意義

　本条は、代理占有について規定したものである。代理占有とは、本人に代わって占有をする占有代理人を介した占有をいう。例えば、賃貸人Ａが賃貸借契約に基づき目的物を賃借人Ｂに引き渡した場合、賃貸人Ａは、目的物を、占有代理人Ｂを介して代理占有することになる（我妻＝有泉・民法講義Ⅱ474頁、佐久間毅『民法の基礎2　物権』有斐閣（2006年）259頁）。

■■ 法律要件及び法律効果

　代理占有が成立するための法律要件は、前記のとおり、

① 　占有代理人と本人との間の占有代理関係の存在

② 　占有代理人の所持

の2つであり、例えば、賃貸人Ａが賃借人Ｂに建物を賃借し、賃借人Ｂが甲建物を所持していることにより、Ａが甲建物の代理占有していることを主張するためには、

① 　Ａは、Ｂに対し、甲建物を賃借した

② 　Ｂは、賃借人として甲建物に居住している

などと記載することになる。

　法律効果は代理占有の成立であり、本人は、占有に基づく権利及び義務を取得する。例えば、前記の事案では、Ａは、甲建物を代理占有していることになり、Ａ建物の不法占有者Ｃに対して、占有回収の訴えを提起することができる（佐久間・前掲260頁）。

事実認定における問題点

本条に関する事実認定が問題となった裁判例は見当たらない。

（桃崎　剛）

第182条

（現実の引渡し及び簡易の引渡し）

第182条　占有権の譲渡は、占有物の引渡しによってする。

2　譲受人又はその代理人が現に占有物を所持する場合には、占有権の譲渡は、当事者の意思表示のみによってすることができる。

事実認定の対象等

■■ 意義

　本条は、占有権の譲渡が現実の引渡し（１項）、簡易の引渡し（２項）により生じることを定めたものである。現実の引渡しとは、占有物の引渡しによってなされる占有権の譲渡をいう。簡易の引渡しとは、既に占有権の譲受人又はその占有代理人が目的物を所持している場合に、譲渡人と譲受人又は占有代理人間の意思表示のみによってなされる占有権の譲渡をいう（我妻＝有泉・民法講義Ⅱ481頁、佐久間毅『民法の基礎2　物権』有斐閣（2006年）131、261頁、大江・要件事実(2)168頁）。

■■ 法律要件及び法律効果

　現実の引渡しが成立するための法律要件は、

① 譲渡人と譲受人間の目的物に関する占有権譲渡の契約

② 譲渡人の譲受人に対する目的物の引渡し

の２つであり、「目的物の引渡し」とは、目的物に対する物理的な支配を一方から他方へ移転することをいい、動産であれば、手渡すことに限られず、倉庫に保管中の動産の場合は倉庫の鍵を交付すれば足りる。例えば、譲渡人Ａと譲受人Ｂがパソコンの占有権を譲渡する旨の契約を締結し、ＡがＢに対して本件パソコンを引き渡したことにより、本件パソコンの占有権がＡからＢに移転したことを主張するためには、

① Ａは、Ｂに対し、本件パソコンの占有権を譲渡する旨の契約を締結した

63

②　Ａは、Ｂに対し、①の譲渡契約に基づき、本件パソコンを引き渡した
などと記載することになる。

　現実の引渡しの法律効果は、占有権の譲渡が認められ、その結果、前主の
占有の占有期間と通算することができる（187条。佐久間・前掲131、262頁、
大江・要件事実(2)169頁）。なお、占有権の譲渡契約（占有権譲渡の合意）は、
通常は、売買契約等の中に含まれていることが多く、これらの契約とは別に、
改めて占有権の移転のみについて合意することはまれであろう（司研・要件
事実(1)295頁参照）。このことは、183条、184条においても、同様である。

　簡易の引渡しが成立するための法律要件は、

①　譲渡人と譲受人又は占有代理人との間の目的物に関する占有権譲渡の契
　　約

②　譲受人又は占有代理人が目的物を①の契約に先立ち所持していること

の２つであり、例えば、譲渡人Ａが有するパソコンをＡから借りて所持し
ている譲受人ＢがＡから本件パソコンの占有権を譲り受ける旨の契約を締
結したことにより、　本件パソコンの占有権がＡからＢに移転したことを主
張するためには、

①　Ａは、Ｂに対し、本件パソコンの占有権を譲渡する旨の契約を締結した

②　Ｂは、本件パソコンを①に先立ち、所持していた

などと記載することになる。

　簡易の引渡しの法律効果は、占有権の譲渡が認められ、その結果、前主の
占有の占有期間と通算することができる（187条。佐久間・前掲131、262頁、
大江・要件事実(2)170頁）。

■■ 参考裁判例

　占有権は、相続によって相続人に移転し（最判昭和28年４月24日民集７巻
４号414頁［27003322］）、土地を占有していた被相続人が死亡し相続が開始
した場合には、特別の事情のない限り、被相続人の同土地に対する占有は相
続人によって相続される（最判昭和44年10月30日民集23巻10号1881頁
［27000778］）。

第182条

事実認定における問題点

本条に関する事実認定が問題となった裁判例は見当たらない。

（桃崎　剛）

（占有改定）

第183条 代理人が自己の占有物を以後本人のために占有する意思を表示したときは、本人は、これによって**占有権を取得する**。

事実認定の対象等

■■ 意義

本条は、占有権の譲渡が占有改定により生じることを定めたものである。占有改定とは、占有物の引渡しによってなされる占有権の譲渡をいう。占有改定とは、譲渡人が所持を譲受人に移転することなく、自ら譲受人の代理人となり、その者のために占有をなすべき意思を表示した場合をいう（我妻＝有泉・民法講義Ⅱ482頁、佐久間毅『民法の基礎2 物権』有斐閣（2006年）132頁、261頁、大江・要件事実(2)171頁）。

■■ 法律要件及び法律効果

占有改定が成立するための法律要件は、

① 譲渡人が目的物を所持していたこと

② 譲渡人と譲受人間の目的物に関する占有権譲渡の契約

③ 譲受人が目的物を以後譲受人のために占有する意思を表示したこと

の3つであり、例えば、譲渡人Aと譲受人Bがワインの占有権を譲渡する旨の契約を締結し、Aが本件ワインを以後Bのために占有する意思を表示したことにより、本件ワインの占有権がAからBに移転したことを主張するためには、

① Aは、本件ワインを所持していた

② Aは、Bに対し、本件ワインの占有権を譲渡する旨の契約を締結した

③ Aは、本件ワインを、以後Bのために占有する意思を表示した

などと記載することになる。

第183条

　占有改定の法律効果は、占有権の譲渡が認められ、その結果、前主の占有の占有期間と通算することができる（187条。我妻＝有泉・民法講義Ⅱ482頁、佐久間・前掲262頁、大江・要件事実(2)169頁）。

■■ 参考裁判例

　債務者が動産を売渡担保に供し、引き続きこれを占有する場合においては、債権者は契約の成立と同時に、占有改定によりその物の占有権を取得し、その所有権取得をもって第三者に対抗することができる（最判昭和30年6月2日民集9巻7号855頁［27003036］）。有体動産に対する債務者の占有権は、差押えによって失われるものではなく、その動産の占有改定による引渡しは、差押えの存続する間債権者に対抗できないにとどまる（最判昭和34年8月28日民集13巻10号1336頁［27002530］）。

事実認定における問題点

　本条に関する事実認定が問題となった裁判例は見当たらない。

（桃崎　　剛）

（指図による占有移転）

第184条　代理人によって占有をする場合において、本人がその代理人に
対して以後第三者のためにその物を占有することを命じ、その第三者が
これを承諾したときは、その第三者は、占有権を取得する。

事実認定の対象等

■■ 意義

本条は、占有権の譲渡が指図による占有移転により生じることを定めたも
のである。指図による占有移転とは、譲渡人と譲受人が占有移転の合意をし、
譲渡人が占有代理人にこの合意を通知することによってされる占有権の譲渡
をいう（我妻＝有泉・民法講義Ⅱ483頁、佐久間毅『民法の基礎2　物権』
有斐閣（2006年）132、261頁、大江・要件事実(2)173頁）。

■■ 法律要件及び法律効果

指図による占有移転が成立するための法律要件は、

①　占有代理人が譲受人のために目的物を所持していたこと

②　譲渡人と譲受人間の目的物に関する占有権譲渡の契約

③　譲渡人が譲受人に対し、以後目的物を譲受人のために占有すべき旨を命
じたこと

の3つであり、例えば、占有代理人Cを通じてワインを代理占有している
譲渡人Aが譲受人Bとの間で本件ワインの占有権を譲渡する旨の契約を締
結し、AがCに対して、本件ワインを以後Bのために占有すべき旨を命じ
たことにより、本件ワインの占有権がAからBに移転したことを主張する
ためには、

①　Cは、本件ワインをAのために所持していた

②　Aは、Bに対し、本件ワインの占有権を譲渡する旨の契約を締結した

③　Aは、Cに対し、本件ワインを、以後Bのために占有するよう命じた
などと記載することになる。

　指図による占有移転の法律効果は、譲受人が代理占有による自主占有の占
有権を取得し、その結果、前主の占有の占有期間と通算することができる
（187条。我妻＝有泉・民法講義Ⅱ483頁、佐久間・前掲262頁、大江・要件事
実(2)173頁）。

■■ 参考裁判例

　有体動産に対する占有権は、仮処分の執行として執行吏がこれを保管する
ことによって失われるものではないから、その動産の指図による占有移転は、
仮処分債権者に対抗できないにとどまり、その他の者に対する関係において
は有効である（最判昭和34年8月28日民集13巻10号1311頁［27002531］）。土
地賃貸人からの建物収去土地明渡しの請求において、建物所有者が借地法10
条により買取請求権を行使した場合に、その建物に賃借人があるときは、同
収去明渡しの請求には、建物の指図による占有移転を求める趣旨を包含する
（最判昭和36年2月28日民集15巻2号324頁［27002341］）。木場における木材
取引においては、荷渡指図書の交付なり呈示なりによって直ちに木材の引渡
が完成するとの慣習は確立されていないことなどからすると、貨物引換証、
倉庫証券、船荷証券とは異なり、このような荷渡指図書にはいわゆる物権的
効力はないものと解するのが相当であり、したがって、その交付又は筏屋に
対する呈示によって直ちに木材の占有移転があったと解することはできない
し、またその交付又は呈示に筏屋に対し買主に対する占有移転を指図する効
力があると解することもできない（最判昭和48年3月29日裁判集民108号533
頁［27411508］）。冷蔵倉庫業者に寄託中の売買の目的物である冷凍食肉を引
き渡す手段として、売主が受寄者である冷蔵倉庫業者宛てに目的物を買受人
に引き渡すことを依頼する旨を記載した荷渡指図書を発行し、その正本を同
冷蔵倉庫業者に、副本を買受人に交付し、同正本の交付を受けた冷蔵倉庫業
者は、寄託者たる売主の意思を確認するなどして、その寄託者台帳上の寄託
者名義を同荷渡指図書記載の被指図人である買受人に変更する手続がとられ

た場合、当時冷凍食肉販売業者間、冷蔵倉庫業者間において前記のような手続をとり、売買当事者間においては同名義変更によって目的物の引渡しが完了したものとして処理することが広く行われていたことからすると、買主は同寄託者台帳上の寄託者名義の変更により売主から売買の目的物につき占有代理人を同冷蔵倉庫業者とする指図による占有移転を受けたものというべきである（最判昭和57年9月7日民集36巻8号1527頁［27000076]）。

　なお、前掲最判昭和48年3月29日と前掲最判昭和57年9月7日はいずれも荷渡指図書による占有移転の効力に関する裁判例であるが、その結論が異なったのは、木場における木材取引と冷蔵倉庫における冷蔵品取引とでの荷渡指図書の効力に関する商慣習の差によるものと思われる。

事実認定における問題点

　本条に関する事実認定が問題となった裁判例は見当たらない。

（桃崎　剛）

第185条

（占有の性質の変更）

第185条 権原の性質上占有者に所有の意思がないものとされる場合には、その占有者が、自己に占有をさせた者に対して所有の意思があることを表示し、又は新たな権原により更に所有の意思をもって占有を始めるのでなければ、占有の性質は、変わらない。

事実認定の対象等

■■ 意義

　本条は、他主占有が自主占有に転換するための要件を定めた規定である。所有の意思の有無は、占有取得の原因（権原）の客観的性質によって判断され（最判昭和45年6月18日裁判集民99号375頁〔27433001〕）、占有取得の原因が、賃貸借、使用貸借など、その性質上、「所有の意思」がないとされる他主占有権原の場合、186条1項による所有の意思の推定が排除され、その占有は、所有の意思のない他主占有となるが、以下の場合には、他主占有が自主占有に転換するとした。第1に、他主占有者が、自己に占有させた者に対して、所有の意思のあることを表示した場合である。第2に、他主占有者が、自主占有権原を新たに取得して、この新権原に基づいて占有を開始したと外形的・客観的に認められる場合である（川島＝川井編・新版注釈民法(7)〔稲本洋之助〕45頁、佐久間毅『民法の基礎2　物権』有斐閣（2006年）277頁）。

■■ 法律要件及び法律効果等

　意思の表示により他主占有が自主占有に転換するための法律要件は、

① 他主占有者が自己に占有をさせた者に対して所有の意思のあることを表示すること

であり、例えば、賃貸人Aから土地を賃借しているBが意思の表示により

71

他主占有が自主占有に転換することを主張するためには、

① Bは、平成○年○月○日、Aに対して、本件土地について所有の意思を有することを通知した

などと記載することになる。

　意思の表示による他主占有から自主占有への転換の法律効果は、当該占有が自主占有となり、当該占有について所有の意思が認められることであり、所得時効の時効期間が進行を開始する（佐久間・前掲277頁）。

　新権原による占有の開始により他主占有が自主占有に転換するための法律要件は、

① 他主占有者が自主占有権原を新たに取得してこの権原に基づいて占有を開始すること

であり、例えば、賃貸人Aから本件土地を賃借しているBが本件土地を買い取ったことにより他主占有が自主占有に転換することを主張するためには、

① Bは、平成○年○月○日、Aから、本件土地を代金500万円で購入した

② Bは、平成○年○月○日、所有者として本件土地の占有を開始した

などと記載することになる。

　新権原による占有の開始により他主占有から自主占有への転換の法律効果は、当該占有が自主占有となって当該占有について所有の意思が認められることであり、所得時効の時効期間が進行を開始する（佐久間・前掲277頁）。

■■ 参考裁判例

1 意思の表示該当性に関する参考判例

　農地の小作人がいわゆる農地解放後に最初に地代を支払うべき時期にその支払をせず、これ以降、所有者は小作人が地代等を一切支払わずに同農地を自由に耕作し占有することを容認していたなどの事実関係の下においては、小作人は、遅くとも同時期に所有者に対して同農地につき「所有の意思」のあることを表示したものというべきである（最判平成6年9月13日裁判集民173号53頁［27826294］）。

2　自主占有権原該当性に関する参考判例

　占有が自主占有であるかどうかは、占有開始原因たる事実によって外形的客観的に定められるものであって、賃貸借によって開始された占有は他主占有である（最判昭和45年6月18日裁判集民99号375頁［27433001］）。相続人が被相続人の死亡により相続財産の占有を承継したばかりでなく、新たに相続財産を事実上支配することによって占有を開始し、その占有に所有の意思があるとみられる場合においては、被相続人の占有が所有の意思のないものであったときでも、相続人は本条にいう「新権原」により所有の意思をもって占有を始めたものというべきである（最判昭和46年11月30日民集25巻8号1437頁［27000595］）。共同相続人の1人が、単独に相続したものと信じて疑わず、相続開始とともに相続財産を現実に占有し、その管理・使用を専行してその収益を独占し、公租公課も自己の名でその負担において納付してきており、これについて他の相続人が何ら関心を持たず、異議も述べなかった等特別の事情の下においては、前記相続人はその相続の時から相続財産につき単独所有者としての自主占有を取得したものというべきである（最判昭和47年9月8日民集26巻7号1348頁［27000540］）。長期にわたり農地の管理人のように振る舞ってきた甲に対し小作料を支払い農地を小作してきた乙が、甲から同農地を買い受け登記を了した場合、実際は甲が代理権限を有していなかった時でも、乙は農地の移転登記の時に新権原により所有の意思をもって同農地の占有を始めたものということができ、かつ占有取得につき過失がなかったというべきである（最判昭和51年12月2日民集30巻11号1021頁［27000303］）。農地の賃借人が所有者から当該農地を買い受けた場合、いまだ農地調整法4条所定の許可又は承認を得るための手続がとられていなかったとしても、代金の支払があればその時から新権原により所有の意思をもって農地の占有を始めたものというべきである（最判昭和52年3月3日民集31巻2号157頁［27000291］）。被相続人が生前に土地建物の贈与を受けてこれを自己が相続したものと信じて、その登記済証を所持し、固定資産税を継続して納付しつつ、管理使用を専行してきた等の事実関係から、相続人らの同土地建物についての事実的支配は、外形的客観的にみて独自の所有の意思に

基づくものと解するのが相当である（最判平成 8 年11月12日民集50巻10号2591頁［28011515］）。

事実認定における問題点

　これまでの判例・裁判例では、本条に関する事実認定として、1　所有の意思の表示があったか否かが問題となったもの、2　他主占有者の相続人による占有が新権原に該当するかどうかが問題となったものがある。

事実認定についての裁判例と解説

1　所有の意思の表示があったか否か

裁判例

❶　東京地判昭和54年 4 月27日判夕392号108頁［27431785］

　買収された小作地が当該小作地を耕作している者に対し原則的に売渡しがされる状況下において本件土地が買収され、かつ A が本件土地を耕作していたこと、買収の頃以後 A は何人よりも異議を述べられることもなく、使用料の請求もされずに本件土地の耕作を継続してきたこと、反面、被告は買収により本件土地がその所有に帰したにもかかわらず、A の本件土地使用を黙認し、かつ、その対価を請求することなく、A に対し本件土地の売渡しを計画し、少なくともその時点では A に対し所有権を移転することを承認し、その後も、農業委員会の関係者らは A の嘆願に協力するなど売渡し自体を否定するような言動をとっていないことなどの事実を総合して判断すると、被告が A に対し本件土地の売渡しを計画した以降、被告は A の本件土地に対する占有が所有の意思をもった占有であることを認識し、これを認容していたものと認めるのが相当である旨判示した。

❷　名古屋高判昭和57年12月27日判時1075号127頁［27432009］

　亡父が死亡後、家督相続人 A が中国から引き揚げてきてさらに上京するまでの間の弟 B の本件土地、建物に対する占有は他主占有であったが、A

は、引揚げ後本件土地、建物に永住する意向を一時有しながら、Bがこれに
応じなかったことから、同意向を比較的容易に断念撤回し、Bに対し本件土
地、建物の返還を請求することもなく、その占有管理を特に委託することも
なく、Bの止めるのを振り切り、亡父の遺産の山林等をBに処分させて資
金を作り上京してしまったこと、上京後もBが引き続き本件土地、建物の
占有を継続独占し、公租公課の一切を納入しているにもかかわらず、それら
のことに全く無関心で何の意思の表明もAからBに対してなかったような
場合、所有者Aのこのような態度は、占有者Bをして所有の意思を抱かせ
てもやむを得ない客観的情勢を自ら作出したものというべく、他方、Bは前
記を契機としてますます実質上の当主としての意識を強め、完全に本件不動
産の占有・管理を支配するに至ったとみられるから、かかる状況は、占有者
BにおいてAに対し黙示に自主占有の意思を表明したと同一に評価できる。

❸ 東京高判昭和56年9月10日判夕455号106頁［27431927］

　本件土地を使用貸借により占有していたAに対して、固定資産税の滞納
により本件土地を差押公売に付する旨の通知が届き、Aがその旨をBに通
知したところ、Bが本件土地のCからBへの登記済権利証を持って、A方
を訪れ、Aの妻に対し、「Aのものなのに、すみませんでした」と述べて、
同権利証を差し出したので、Aの妻は、Bの当該言辞を当然のこととして了
承し、同権利証を受領し、Aにおいて当該滞納に係る金額を支払って差押
えの解除を受け、その後引き続き本件土地の公租公課を支払ってきたことか
らすれば、Aは、前記権利証の授受に際し、Aの妻がAに代わり、Bが今
後はAの所有であるとしてよいとの趣旨を述べたのを受けて、本件土地は
Aの所有である旨をBに対し表明したものと解することができるから、A
の占有は、この時から自主占有となったものというべきである。

❹ 最判平成6年9月13日裁判集民173号53頁［27826294］

　農地の小作人がいわゆる農地解放後に最初に地代を支払うべき時期にその
支払をせず、これ以降、所有者は小作人が地代等を一切支払わずに同農地を
自由に耕作し占有することを容認していたなどの事実関係の下においては、
小作人は、遅くとも同時期に所有者に対して同農地につき「所有の意思」の

あることを表示したものというべきである。

[解説]

　前記判例・裁判例によれば、所有の意思の表示があったと認められるためには、まず、①他主占有者の内心の意思が所有の意思に転換したと認められるような外形的客観的事情が必要である。次に、②所有者がこの外形的客観的状況を認識していたことが必要であり、所有の意思の表示による自主占有への転換を主張するためには、これらの事実を主張・立証する必要がある。

2　他主占有者の相続人による占有が新権原に該当するか否か ─────

[裁判例]

❶　札幌高判昭和43年3月5日判夕219号98頁 [27431023]

　本件土地は元A所有に係る甲土地の一部であったところ、大正7年11月13日頃、原告の先代Bのほか、C、Dが、本件土地を含む近隣一帯の土地をB、C、Dの順で海岸に沿って北から南へほぼ3分して買い受けた際、甲土地から分筆されてC名義に所有権移転登記がなされたものであるが、係争土地はB所有家屋のほぼ正面海岸寄りにある長い長方形の土地で、その一方は海岸国有地に接し、三方はBの買い受けたB所有地に囲まれた形になっており、B方から海へ出るには本件土地を通らなければまわり道をすることになるのに反し、C所有の土地から本件土地に至るにはB方の土地を通らなければならないいわゆるとび地であること、Bは、前記売買以前から本件土地を含む付近の土地を賃借して船揚場及び海産物干場として使用し、前記売買により本件土地付近の土地を買い受けた後も同様の目的で大正13年9月12日に死亡するまでその使用を継続し、Bの死亡後は原告が本件土地を前同様の目的で使用し、所有の意思をもって平穏かつ公然に占有したというのであるから、本件土地買受けの経過からみて、Bが当初から本件土地を所有の意思をもって占有していたとは認められないが、前記売買が行われてから相当の年月を経た後にBを相続した原告は、前記認定のような本件土地の位置、使用状況からみて自己の所有地と信じて占有を始めたものである。

❷　最判昭和46年11月30日民集25巻8号1437頁 [27000595]

Aは、かねて兄である被告から、その所有の本件土地建物の管理を委託されたため、本件建物の南半分に居住し、本件土地及び本件建物の北半分の賃料を受領していたところ、Aは昭和24年6月15日死亡し、原告らが相続人となり、その後も、Aの妻原告$_1$において本件建物の南半分に居住するとともに、本件土地及び本件建物の北半分の賃料を受領してこれを取得しており、被告もこの事実を了知しており、しかも、原告$_2$及び原告$_3$が、A死亡当時それぞれ6歳及び4歳の幼女にすぎず、原告$_1$はその母であり親権者であって、原告$_2$及び原告$_3$も原告$_1$とともに本件建物の南半分に居住していたという事実関係の下においては、原告らは、Aの死亡により、本件土地建物に対する同人の占有を相続により承継したばかりでなく、新たに本件土地建物を事実上支配することによりこれに対する占有を開始したものといえるが、原告$_1$が前記の賃料を取得したのは、被告からAが本件土地建物の管理を委託された関係もあり、Aの遺族として生活の援助を受けるという趣旨で特に許されたためであり、原告$_1$は昭和32年以降同37年まで被告に本件家屋の南半分の家賃を支払っており、原告$_1$らがAの死亡後本件土地建物を占有するにつき所有の意思を有していたとはいえない。

❸ 最判昭和47年9月8日民集26巻7号1348頁［27000540］

昭和15年12月28日Aの死亡により同人所有の本件土地について、遺産相続が開始し、B、C、原告$_1$、原告$_2$、原告$_3$の5名が共同相続をしたが、そのうちCが昭和18年2月1日死亡したので、G、H、I、J、Kの5名が同人の遺産相続をしたものであるところ、BはA死亡当時同家の戸主であったので、当時は家督相続制度の下にあった関係もあり、家族であるAの死亡による相続が共同遺産相続であることに想到せず、本件土地は戸主たる自己が単独で相続したものと誤信し、自己が単独に所有するものとして占有使用し、その収益はすべて自己の手に収め、地租も自己名義で納入してきたが、昭和30年初頃長男である被告に本件土地を贈与して引き渡し、爾後、被告においてB同様に単独所有者として占有し、これを使用収益してきた。一方、前記C、原告$_1$、原告$_2$、原告$_3$らは、いずれもそれぞれAの遺産相続をした事実を知らず、B及び被告が前記のように本件土地を単独所有者として占有

し、使用収益していることについて全く関心を寄せず、異議を述べなかったというのであるから、B、被告は本件土地を自主占有してきたものというべきである。

❹　東京高判昭和50年2月19日判タ326号216頁［27431487］

　原告が昭和26年12月10日Aを相続したところ、Aの本件土地の占有がBらから管理を委任されたことに基づいたものであり、原告は、前記相続により本件土地を占有し始めた後も、本件土地の所有者である被告らが東京にいることを知っており、本件土地の公租公課をBの納税代理人として納付し、本件土地の登記簿上の所有名義人がBであることを知っていたものであり、その占有中Bや被告らに対し自ら所有の意思あることを表示したことのないことが認められ、原告が前記相続の際新権原によって本件土地の占有を始めたことについてはなんらの主張も立証もないから、原告の本件土地の占有が自主占有に転換したものとはいえない。

❺　東京地判昭和51年2月27日判時844号57頁［27431560］

　所有者Aから建物の管理を委任され、これに居住するようになったBが、当初A名で税金・地代を出捐していたが、その後Aから何の音沙汰もなく、所在も不明であり、Aが建物に住むつもりのないことを知っていたので、建物はAから贈与されたものであると考えるに至り、自分たちのものとして住むことを決めた場合に、Aにも当時既に建物返還請求の意思を捨て、Bが税金・地代を納め続けているにもかかわらず何の連絡もなかったのであり、占有者をして所有の意思を抱かせてもやむを得ない客観情勢を自ら作出したものであるときは、いわば新権限の付与に準じて、BがAに対し、所有の意思あることを特別に表示しなくても、当該時点よりBの占有は、自主占有に変更されたと認めるのが相当である。

❻　東京高判平成元年5月24日判タ725号158頁［27806428］

　本件土地は、原告の父Aが所有していたが、大正14年2月同人により分筆され、被告の祖父Bは同分筆後間もない頃、本件土地の耕作を始め、昭和8、9年頃までには、同土地上に土盛りをし、隣地との境界線に沿って石垣を築いたうえ、本件土地上で野菜の栽培を行い、さらに同土地上に物置小

78

屋を建築し、間もなく棟上祝いをして近隣に披露したうえで同建物を隠居の
ための住宅に改築し、以後昭和28年1月26日死亡するまで当該住宅に居住し
ていたこと、本件土地をBがAから買い受けて所有しており、Bの相続財
産と思っていた同人の子のCは、Bの死亡直後、それまで居住していたC
家の旧母屋から家族とともにBの居住していた本件土地上の建物に移り住
み、間もなく同建物の約半分を取り壊して増改築するとともに、新たに納屋
を建て、以後昭和56年10月26日同人が死亡するまで継続して本件建物に居住
し本件土地を占有していたこと、被告は家族とともに本件建物に居住して成
長したが、Cの死後、遺産分割協議により同人の権利を相続して本件建物に
居住しており、Cの相続人である被告らも本件土地はCにおいて買い受け
所有していたものと信じていたこと、A及び同人から本件土地の贈与を受
けた原告とB、C及び被告との間において、前記Bの占有開始から現在に
至るまでの長年月の間に本件土地につき賃料が授受されたことは全くなく、
A及び原告は、本件土地の占有状況を十分に認識していたが、BやCとの
間において、前記建物の建築及び大巾増改築による本件土地の使用について
特段の紛争が起きたことはなかったこと、原告は、Cが本件土地を占有して
いた間、同人に対し本件土地の明渡しや賃料の支払を請求したことがなく、
同人の死後も本訴提起のころまで、C家の者に対し自ら能動的に当該明渡し
等を働きかけたことはなかったことによれば、Bの子Cは、本件土地はB
が買い受け所有していたものであり、同人の死亡により相続人である自己が
その所有権を取得したと信じて、Bの死亡直後他から本件土地上の建物に移
住し、同建物に大改築を施したのであり、同人は相続を契機に新たに相続財
産を事実上支配することによって占有を開始し、同人の前記占有には所有の
意思があるとみられるときに当たる。

❼　大阪高判平成3年2月28日判時1392号86頁［27809250］

　原告は、父Aが昭和51年11月16日に死亡したことによりAの占有を承継
したのみでなく、自ら本件建物に居住しこれを現実に支配し占有を始め、そ
の後10年以上にわたり平穏かつ公然に同建物の占有を継続していたこと、A
の財産のすべてを長男である原告が相続することにつき相続人間で異議はな

く、母B、長女被告（本件建物の所有者でありBの叔母であるEの養女）、二女C、三女Dはいずれも原告の相続財産につき相続分がない旨の証明書を作成提出していること、原告は当時本件建物はAの相続財産に属するものと信じていたこと、Aは昭和40年8月本件建物の敷地を第三者から買い受けて所有権移転登記を了し、原告は相続を原因として同敷地につき同52年6月6日に所有権移転登記を了しているところ、Aや原告が被告に対し本件建物の敷地についての賃料を請求したことは1度もないし、また、Eの権利義務を相続により承継した被告がAや原告に対し本件建物につき所有権を主張したり家賃の請求をしたことは本訴提起前の昭和62年頃までは全くなかったこと、Aの死後は原告が本件建物の固定資産税を納付し、本件建物の修理を自己の費用で行い、同建物につき損害保険契約を自己の名で締結し保険料を負担していること、A及び原告は甲野家の仏壇等祭祀財産を承継し、これまでDらの法要を営んできたことが認められ、以上の事実によれば、原告は、Aの死亡により同人の相続財産の全部を相続して本件建物の占有を承継したのみでなく、自ら同建物に居住しこれを現実に事実上支配して占有を開始したものであり、その占有の態様からすれば、Aの占有には所有の意思がないものであっても、原告の占有は所有の意思がある自主占有であると認めるのが相当である。

❽ 最判平成8年11月12日民集50巻10号2591頁［28011515］

　Aが所有しその名義で登記されている本件土地建物について、Aの子であるBがAから管理を委ねられて占有していたところ、Bの死亡後、その相続人であるBの妻子（原告ら）がBが生前にAから本件土地建物の贈与を受けてこれを自己が相続したものと信じて、その登記済証を所持し、固定資産税を納付しつつ、管理使用を専行し、賃借人から賃料を取り立てて生活費に費消しており、A及びその相続人（被告ら）は原告らが前記のような態様で本件土地建物を事実的支配をしていることを認識しながら、異議を述べていないばかりか、原告らが本件土地建物につき原告ら名義への所有権移転登記手続を求めた際に、被告らはこれを承諾したり、異議を述べなかったりするなどの事実関係があるときは、原告らが、本件土地建物がAの遺産

として記載されている相続税の申告書類の写しを受け取りながら格別の対応をせず、Bの死亡から約15年経過した後に初めて本件土地建物につき所有権移転登記手続を求めたという事実があるとしても、原告らの本件土地建物についての事実的支配は、外形的客観的にみて独自の意思に基づくものと解するのが相当である。

❾ 大阪高判平成25年11月12日判時2217号41頁 ［28222364］

　Aは、昭和29年10月以前から、本件土地を含む土地から徒歩で約10分のところに所在する自宅に居住し、本件土地を含む土地を田として耕作し、原告は、Aと同居していたが、昭和38年頃、前記自宅を出て居住するようになり、収穫期などに本件土地を含む土地での農作業を手伝うことはあったが、Aが主となって稲作をしており、原告は、Aが昭和55年9月29日に死亡した翌日以降、Aが被告に本件土地を売却する本件契約がされたことを知らないまま、本件土地を含む土地が相続財産であると信じて、本件土地を含む土地で稲作を行っており、出勤の前後や休日に本件土地に赴き、単独で農作業に当たり、昭和60年、本件土地により近い肩書住所地に転居し、20年か25年前、本件土地を含む土地を、1人で田から畑に転換し、その後は、地上に耕耘機を置いたり、物置を設置したりして、各種の野菜を栽培していたが、平成15年頃、本件土地を含む土地での野菜の栽培をやめたこと、Aや被告が前記のように本件土地を使用していることについて被告が異議を述べたことはなく、原告は、平成22年頃、本件土地を含む土地が本件土地と別番地の土地に分かれており、本件土地は被告が所有名義人であることを教えられて、これらの事実を知ったことなどによると、原告は、本件土地について、Aの相続人として、Aの占有を観念的に承継したのみならず、A死亡後、新たに自ら田として耕作するなどして現実に占有を開始しており、その占有は、外形的客観的に見て独自の所有の意思に基づくものと認められる。

　解説

　前記判例・裁判例によれば、他主占有者の相続人による占有が新権原に該当するためには、①他主占有者の相続人が目的物を現実に使用収益するなどして所有者らしく振る舞うこと、②占有者の①の振舞いが外部に表示されて、

権利者が知り得る状態にあることが必要であり、他主占有者の相続人による占有が新権原に該当することを主張するためには、これらの事実を主張・立証する必要がある。

（桃崎　剛）

第186条

> **（占有の態様等に関する推定）**
>
> **第186条　占有者は、所有の意思をもって、善意で、平穏に、かつ、公然と占有をするものと推定する。**
>
> **2　前後の両時点において占有をした証拠があるときは、占有は、その間継続したものと推定する。**

事実認定の対象等

■■ 意義

　本条1項は、占有の態様のうち過失を除いた4態様、すなわち、占有者の所有の意思（自主占有）、占有者の善意、占有の平穏性、占有の公然性について、「推定」する旨規定するものである。本項の「推定」とは、占有の立証があると、その占有が、所有の意思があるものであり、善意であり、平穏であり、公然であるものと当然にされ、これを覆すためには、その占有が所有の意思がないことなどその反対事実の主張・立証を要することになり、通常の法律上の推定と異なることから、暫定真実と呼ばれている（佐久間毅『民法の基礎2　物権』有斐閣（2006年）276頁、大江・要件事実(2)181頁）。

　本条2項は、占有者がA時点とB時点に目的物を占有したことを主張・立証した場合には、占有者がA時点からB時点まで目的物の占有を継続していた事実を「推定」する旨規定するものである。本項の「推定」は、A時点及びB時点の占有という前提事実が主張・立証された場合に両時点間の占有の継続という事実を推定するものであるから、法律上の事実推定を定めたものである。この推定がなされると、これを争う者が、占有が継続しなかった事実を主張・立証しなければならない（大江・要件事実(2)186頁）。

■■ 法律要件及び法律効果等

　(1)　162条1項は、長期取得時効の要件として、

83

① ある物について、20年間占有が継続したこと

② その占有について、占有者に「所有の意思」があること

③ その占有の態様が、「平穏、かつ、公然と」であること

を規定しているが、本条1項により、占有の事実が立証されると、前記②、③の事実は当然に認められることになり、取得時効を争う側で、②、②の反対事実（他主占有権原・他主占有事情、強暴、隠避）を主張・立証する必要がある。

　また、本条2項により、ある時点の占有とこの時から20年経過時の占有を主張・立証すれば、20年間占有が継続したことが推定されることになる。したがって、長期取得時効の法律要件は、

① ある時点における目的物を占有していたこと

② ①の時から20年経過した時点での目的物を占有していたこと

③ 援用権者が相手方に対し時効援用の意思表示をしたこと

であり（司研・類型別68頁）、例えば、Aが長期取得時効を理由に所有者Bに対して、甲土地の所有権を取得したことを主張する場合、

① Aは、平成5年1月1日、甲土地を占有していた

② Aは、平成25年1月1日、甲土地を占有していた

③ Aは、平成25年2月1日、Bに対して、時効援用の意思表示をした

などと主張することになる。

　(2)　本条1項により占有者には所有の意思が推定されるから、この点について取得時効を争う者は、抗弁として、原告に「所有の意思」がないことを主張・立証しなければならない。そして、「所有の意思」の有無は、占有者の内心の意思によってではなく、外形的客観的に決せられ、「所有の意思がないこと」については、他主占有権原として、

① その性質上所有の意思がないものとされる占有取得の権原

　又は、他主占有事情として、

① 外形的客観的に見て占有者が他人の所有権を排斥して占有する意思を有していなかったものと解される占有に関する事情を示す具体的事実

のいずれかを主張・立証することになる（最判昭和58年3月24日民集37巻2

号131頁［27000054］、司研・類型別70頁）。例えば、前記の事案において、Bは、他主占有権原として、

① Bは、Aに対し、平成5年1月1日、甲土地を、期間の定めなく、無償で貸し渡した

などと主張することになり、また、他主占有事情として、

① Aは、本件土地のブロック塀が壊れた際、その修理費用を負担しなかった

② Aは、本件土地の固定資産税を負担しなかった

などと主張・立証することになる。他主占有権原、他主占有事情の法律効果は、本条1項による占有者の所有の意思の推定が覆されることになる。

■■■ 参考裁判例

自主占有の推定に関する参考判例として、以下のものがある。

占有者がその性質上所有の意思のないものとされる権原に基づき占有を取得した事実が証明されるか、又は占有者が占有中、真の所有者であれば通常はとらない態度を示し、若しくは所有者であれば当然とるべき行動に出なかったなど、外形的客観的にみて占有者が他人の所有権を排斥して占有する意思を有していなかったものと解される事情が証明されるときは、本条1項の所有の意思の推定は、覆される（最判昭和58年3月24日民集37巻2号131頁［27000054］）。所有の意思は、占有者の内心の意思によってではなく、占有取得の原因である権原又は占有に関する事情により外形的客観的に定められるべきものであるから、占有者の内心の意思のいかんを問わず、占有者がその性質上所有の意思のないものとされる権原に基づき占有を取得した事実が証明されるか、又は占有者が占有中、真の所有者であれば通常はとらない態度を示し、若しくは所有者であれば当然とるべき行動に出なかったなど、外形的客観的にみて占有者が他人の所有権を排斥して占有する意思を有していなかったものと解される事情（他主占有事情）が証明されてはじめて、その所有の意思を否定することができるものというべきである（最判平成7年12月15日民集49巻10号3088頁［22008511］）。

事実認定における問題点

　これまでの判例・裁判例では、本条に関する事実認定として、他主占有事情の成否が問題となったものがある。

事実認定についての裁判例と解説

他主占有事情の成否

[裁判例]

❶　最判平成 7 年12月15日民集49巻10号3088頁［22008511］

　Ａは、それまで借家住まいであったが、昭和30年10月頃、本件土地に建物を建築し、妻子とともにこれに居住し始めたこと、Ａは、昭和38年頃、本件土地の北側角に同建物を移築したこと、Ａは、昭和40年 8 月頃、移築した同建物の東側に建物を増築した、原告₁と結婚していた原告₂は、昭和42年 3 月頃、Ａが移築し、増築した建物の東側に隣接して作業所兼居宅を建築したこと、原告₂は、昭和60年、Ａが移築し、増築した建物と原告₂が建築した作業所兼居宅とを結合するなどの増築工事をして現在の建物としたこと、本件土地の当初の所有者Ｃ又はＣの長男でＡの死亡後本件土地の所有名義人となったＥは、以上のＡ又は原告₂による建物の建築等について異議を述べたことがなかったことが認められるところ、ＡはＣの弟であり、いわばＡ家が分家、Ｃ家が本家という関係にあって、当時経済的に苦しい生活をしていたＡ家がＣ家に援助を受けることもあったという事実に加えて、前記事実をも総合して考慮するときは、Ａ及び原告らが所有権移転登記手続を求めなかったこと及び固定資産税を負担しなかったことをもって他主占有事情として十分であるということはできない。

[解説]

　判決❶は、最判昭和58年 3 月24日民集37巻 2 号131頁［27000054］が、所有者が「所有の意思」を有することの抗弁として他主占有事情を認めて以降、多くの裁判例が、占有者が所有者に対して占有している土地について所有権

移転登記手続を求めなかったこと及び占有している土地について固定資産税を負担しなかったことをもって他主占有事情としてきたことを戒めるものであり、「占有者が所有権移転登記手続を……求めない事実は、基本的には占有者の悪意を推認させる事情として考慮されるものであり、他主占有事情として考慮される場合においても、占有者と登記簿上の所有名義人との間の人的関係によっては、所有者として異常な態度であるとはいえないこともある」と判示している。また、固定資産税を負担しないことについても、「所有権移転登記手続を求めないことと大筋において異なるところはなく、当該不動産に賦課される税額等の事情によっては、所有者として異常な態度であるとはいえないこともある」と判示している。

　したがって、占有者において占有者が所有権移転登記手続を求めない事実を他主占有事情に当たる具体的事実として主張・立証しようとする者は、占有者と登記簿上の所有名義人の人的関係にも留意し、所有権移転登記手続を求めないことが所有者として異常な態度であることを示す事情も併せて主張・立証する必要がある。また、占有者において固定資産税を負担しないことを他主占有事情に当たる具体的事実として主張・立証しようとする者は、少なくとも、登記簿上の所有名義人に対していつからどの程度の金額が賦課されていたのか、占有者においていつそれを知ったのかを主張・立証する必要がある（田中豊・最判解説〈平成７年度（下）〉1061頁）。

（桃崎　　剛）

（占有の承継）

第187条　占有者の承継人は、その選択に従い、自己の占有のみを主張し、又は自己の占有に前の占有者の占有を併せて主張することができる。

2　前の占有者の占有を併せて主張する場合には、その瑕疵をも承継する。

事実認定の対象等

■■ 意義

本条1項は、取得時効の援用の際に占有の一定期間の継続を主張する場合に、自己の占有の継続のみを主張するか、前自主占有者（前主）の占有と自己の占有を併せて1個の占有が継続したことを主張するかの選択を許す規定である。「前の占有者」とは、直接の前占有者のみを指称するものではなく、占有の承継によってつながるすべての占有者を含み、任意の占有者から現占有者までの占有を1個の占有として援用することができる（大判昭和9年5月28日民集13巻857頁［27510050］）。本条1項の「承継」には、特定承継のみならず相続など包括承継も含まれる（最判昭和37年5月18日民集16巻5号1073頁［27002151］。川島＝川井編・新版注釈民法(7)〔稲本洋之助〕77頁）。

本条2項は、本条1項により前主の占有も併せて主張する場合には、前主の占有の瑕疵も承継することを定めたものである。ここにいう「瑕疵」は、自主占有性、平穏・公然性、又は善意・無過失性を欠くことをいう（大判昭和13年4月12日民集17巻675頁［27500379］）。

■■ 法律要件及び法律効果等

(1)　本条1項により前主の占有と併せて長期取得時効を主張する場合の法律要件は、

①　ある時点においてAが目的物を占有していたこと

②　①の時点以降20年経過前のある時点においてAが目的物を占有してい

たこと

③　②の時点においてＢが目的物を占有していたこと

④　①の時から20年経過した時点でＢが目的物を占有していたこと

⑤　ＢがＡの占有承継人であること

⑥　援用権者が相手方に対して時効援用の意思表示をしたこと

であり（村田渉＝桃崎剛「土地引渡・明渡請求の要件事実とその主張・立証」滝澤孝臣編著『最新裁判実務大系4　不動産関係訴訟』青林書院（2016年）236頁）、例えば、Ｂが相続により承継した父Ａの占有と併せて、長期取得時効により、所有者Ｃに対して、甲土地の所有権を取得したことを主張する場合、

①　Ｂは、平成5年1月1日、甲土地を占有していた

②　Ｂは、平成15年1月1日、甲土地を占有していた

③　Ｂは、平成15年1月1日、死亡した

④　Ａは、Ｂの子である

⑤　Ａは、平成25年1月1日、甲土地を占有していた

⑥　Ａは、平成25年2月1日、Ｃに対して、時効援用の意思表示をした

などと主張することになる。

　（2）　本条2項により前主の占有を併せて主張する場合には、前主の瑕疵も承継するから、取得時効を争う者は、抗弁として、前主の他主占有権原として、

①　その性質上所有の意思がないものとされる前主の占有取得の権原

を主張・立証することができる。例えば、前記の事案において、Ｃは、前主Ｂの他主占有権原として、

①　Ｃは、Ｂに対し、平成5年1月1日、甲土地を、期間の定めなく、無償で貸し渡した

などと主張することになる。他主占有権原の法律効果は、186条1項による占有者の所有の意思の推定が覆されることになる。

■■ 参考裁判例

瑕疵の承継に関する参考判例として、以下のものがある。

甲から乙、丙へと占有が承継された場合に、甲、丙が瑕疵のない占有で乙が瑕疵ある占有のとき、丙の取得時効を主張するについては、甲の占有開始の時点で判定すれば足りる（最判昭和53年 3 月 6 日民集32巻 2 号135頁［27000254]）。

事実認定における問題点

本条に関する事実認定が問題となった裁判例は見当たらない。

（桃崎　剛）

第2節　占有権の効力

> **（占有物について行使する権利の適法の推定）**
>
> 第188条　占有者が占有物について行使する権利は、適法に有するものと推定する。

事実認定の対象等

■■ 意義

　本条は、占有者が物を占有する事実をもって占有すべき正当な権利を有することを推定する。

　本条の法的性質について、通説である実体法説によれば、占有の権利表章的機能（占有が本権関係における支配状態を顕現すること）に基づくもので、占有者の多くは適法な権利者でもあるという蓋然性を基礎としており、このことにより占有者の本権の困難な証明を免れさせ、占有という表章をもって取引の目標とさせようとする趣旨によるものと理解されている（川島＝川井編・新版注釈民法(7)〔田中整爾〕86、97頁）。

　この立場からは、本条は法律上の権利推定を定めたものであると理解されている。法律上の権利推定とは、法が、ある権利ないし法律効果Bの発生を容易にする目的で、A事実があるときは権利ないし法律効果Bがあると推定する旨の規定を置く場合である（司研・要件事実(1)26頁、兼子一「立証責任」『民事法研究(3)』酒井書店（1969年）145〜146頁、岩松三郎＝兼子一編『法律実務講座［第2編］第4巻』有斐閣（1961年）113頁）。

■■ 法律要件及び法律効果等

1　法律要件

　占有者が占有物について権利を行使することである。

　占有物には動産のほか不動産も含まれる。しかし、不動産は登記が権利変動の対抗要件であること（177条）により、登記が権利状態に符合する蓋然性が高いと考えられるため、登記した不動産については登記の推定力が認められる（最判昭和34年1月8日民集13巻1号1頁［27002601］、最判昭和38年10月15日民集17巻11号1497頁［27001974］）。そのため、学説は、既登記不動産については本条の推定は排除され、未登記不動産についてだけ推定が及ぶとし（我妻＝有泉・民法講義Ⅱ490頁、舟橋・物権法213頁など）、あるいは、既登記不動産についても本条の推定は及ぶものの、登記の推定力が占有の推定力より強力であって優先するから、占有の権利表象的機能は強く働かないとして（柚木馨＝高木多喜男補訂『判例物権法総論〔補訂版〕』有斐閣（1972年）357～358頁、内田・民法Ⅰ440頁など）、登記の推定力を優先している。

　「占有物について行使する権利」には、所有権、質権などの物権に限らず、賃借権や受寄者の権利などの債権的権利を含め、占有を正当化するすべての権利が含まれる。

　権利の推定を受けようとする占有者は、①物を占有する事実を主張・立証し、②行使する権利の内容を主張（特定）する必要がある。

2　法律効果

　占有者が占有すべき正当な権利を有することが推定される。

　本条を法律上の権利推定と考えると、占有の事実が立証され、本条の推定がいったん成立すると、反対事実を証明（本証）しない限り、本条の適用は排除されないことになり、相手方が、推定される権利の発生原因事実として可能性のあるものの不存在又は消滅原因事実の存在を主張・立証する必要があることになる。しかし、それでは推定覆滅はほとんど不可能となって不当な結果が生じることから、判例・学説は、具体的適用において、次のような

対応をしている。

第1は、解釈により立証の程度を軽減している。

問題となった原因事実（占有者が主張する占有を基礎付ける本権の取得原因事実）の不存在の証明と他の原因事実（他に考えられるあらゆる原因事実）の不存在の一応の証明により、推定の排除を認める（兼子一「推定の本質及び効果について」『民事法研究Ⅰ』弘文堂書店（1940年）327頁）、あるいは、何らかの事実を通して推定される権利状態と相いれない権利状態を証明できれば、権利推定を排除することができる（三ケ月章『民事訴訟法〈法律学全集35〉』有斐閣（1959年）417頁）などと解釈している。

第2は、解釈により適用場面を限定している。

例えば、所有者と用益権を有すると主張する者との間で、その用益権の存否が争われる場合には、用益権を主張する者が自己の用益権を立証しなければならず、本条の推定は働かないと解釈されている（最判昭和35年3月1日民集14巻3号327頁［27002492］）。

また、「推定する」とは、占有者がある権利ないし法律効果を有しないことが立証されるまでは正当なものとされるという消極的な効果を有するにとどまり、本条の推定を根拠に登記の申請などの積極的な権利主張をすることはできないと解釈されている（大判明治39年12月24日民録12輯1721頁［27521052］）。

3　要件事実

Xが自己の所有する本件動産をYが占有しているとして、その返還を求める場合、Xは、請求原因として、次の①②を主張・立証することになる。

① Xが本件動産を所有していること

② Yが本件動産を占有していること

この場合、本条の推定規定の適用があるとすれば、Yは適法に占有していることになるため、

③ Yが占有権原を有しないこと

をXが主張・立証しなければ主張自体失当ということになりそうであるが、

前記2のとおり、そのようには解されておらず、

③′ Yが占有権原を有すること（その取得原因事実）

を、Yが抗弁として主張・立証することになる（司研・新問題研究57〜59
頁）。

事実認定における問題点

本条に関する事実認定が問題となった裁判例は見当たらない。

（野田恵司）

第189条

（善意の占有者による果実の取得等）

第189条　善意の占有者は、占有物から生ずる果実を取得する。

　　2　善意の占有者が本権の訴えにおいて敗訴したときは、その訴えの提
　　起の時から悪意の占有者とみなす。

事実認定の対象等

■■ 意義

本条1項は、一般不当利得（703条）に対する特則として、果実収取権を
含む本権があると誤信している善意占有者は、物の返還に際して果実の返還
義務を負わないことを定めたものである。

本条2項は、善意占有者も、本権の訴え（202条）に敗訴すると、訴え提
起の時から悪意占有者とみなされることを定めたものである。

■■ 法律要件及び法律効果等

1　本条1項

(1)　要件は、「善意の占有者」であることである。

「善意の占有者」とは、果実を収取する権利がある本権（所有権、地上権、
賃借権、不動産質権など）を有すると誤信する者をいい、果実収取権のない
本権（動産質権、留置権など）を有すると誤信する者は含まない。過失の有
無は問わない。

売買の取消し、競売の無効、賃貸借の解除における買主、競落人、転借人
も善意の占有者とするのが通説である（売買の取消しにつき、大判大正14年
1月20日民集4巻1頁［27510836]）。

(2)　効果は、果実の返還義務を負わないことである。

「果実」には、天然果実、法定果実のほか、物の使用利益もこれに含まれ
ると解されている（前掲大判大正14年1月20日）。

95

金銭の運用利益は、果実ではないから、本条ではなく703条により解決される（最判昭和38年12月24日民集17巻12号1720頁［27001962］）。

収取された果実が現存するか否かを問わない（前掲大判大正14年1月20日）。

2 本条2項

(1) 要件は、善意占有者が本権の訴えに敗訴したことである。

本権の訴えについては、202条の解説参照。

(2) 効果は、本権の訴え提起の時から悪意とみなされることである。

本条2項は悪意とみなされる時期を定めたものであり、悪意と擬制されたからといって、直ちに訴え提起の時から不法行為責任を負うことにはならない（大判昭和18年6月19日民集22巻491頁［27500053］、最判昭和32年1月31日民集11巻1号170頁［27002842］）。不法行為の成否は、その要件に照らして個別的に検討される。

事実認定における問題点

本条に関する事実認定が問題となった裁判例は見当たらない。

（野田恵司）

第190条

（悪意の占有者による果実の返還等）

第190条　悪意の占有者は、果実を返還し、かつ、既に消費し、過失によって損傷し、又は収取を怠った果実の代価を償還する義務を負う。

2　前項の規定は、暴行若しくは強迫又は隠匿によって占有をしている者について準用する。

事実認定の対象等

■■ 意義

　本条は、悪意の占有者（1項）、暴行、強迫又は隠匿による占有者（2項）は、収取して現存する果実の返還義務を負い、かつ、収取して費消し、過失によって毀損し、又は収取を怠った果実の代価の償還する義務を負うことを定める。

■■ 法律要件及び法律効果等

1　法律要件

①　悪意の占有者、又は、暴行、強迫若しくは隠匿による占有者であること

②　果実が現存すること、又は、収取した果実を費消し、過失によって毀損し、若しくは収取を怠ったこと

　「果実」については、189条の解説参照。

　悪意とは、果実収取権のある本権がないことを知り、又は、このような本権の有無について疑いを持っていることである。

2　法律効果

①　果実が現存する場合には、その果実の返還すべき義務を負う。

　売買目的物の果実の帰属については、575条が適用され、本条の適用は排除される（大連判大正13年9月24日民集3巻440頁［27510980］）。なぜなら、

97

575条は、売主は目的物を引き渡すまでは果実を収取して管理費用を負担し、買主は代金の利息の支払を要しないとして公平を図り、かつ、売主と買主との間に生ずる複雑な権利関係の簡易な解決を図ろうとしたもので、本条の適用を排除するのがその趣旨に適うからである。

　なお、悪意の占有者が果実に関して負担した費用のうち、必要費は占有物を返還する時に、有益費については回復者の請求により相当の期限を付して償還される（196条）。

②　果実が現存しない場合には、収取して費消し、過失によって毀損し、又は収取を怠った果実の代価を償還する義務を負う。

　本条1項後段は、占有者に果実の収取権を積極的に認めたものではなく、占有者が代価を支払えば、果実を収取できるわけではない。

　したがって、不法行為の要件を満たす場合には、悪意の占有者は競合して不法行為責任を負う場合がある（大判昭和18年6月19日民集22巻491頁［27500053］）。

事実認定における問題点

　本条に関する事実認定が問題となった裁判例は見当たらない。

（野田恵司）

第191条

（占有者による損害賠償）

第191条　占有物が占有者の責めに帰すべき事由によって滅失し、又は損傷したときは、その回復者に対し、悪意の占有者はその損害の全部の賠償をする義務を負い、善意の占有者はその滅失又は損傷によって現に利益を受けている限度において賠償をする義務を負う。ただし、所有の意思のない占有者は、善意であるときであっても、全部の賠償をしなければならない。

事実認定の対象等

■■ 意義

　本条は、回復すべき物が滅失・毀損した場合の占有者の損害賠償責任について定めたものである。本条の責任は不法行為による損害賠償の性質を有し、要件・効果の一部が不法行為の一般法理の特則となるものであるから、本条と抵触しない不法行為規定、例えば、過失相殺（722条2項）や時効（724条）は、その適用がある。

■■ 法律要件及び法律効果等

1　悪意の占有者

　他人の物を所有の意思をもって占有する悪意の占有者は、その占有物をその責めに帰すべき事由によって滅失又は損傷した場合には、損害の全部を賠償しなければならない（本条本文前段）。

　「悪意」については190条の解説参照。

　「責めに帰すべき事由」とは、故意又は過失と同義である。

　「滅失又は毀損」には、返還不能の場合を含む（大判大正11年9月19日評論11巻民法937頁［27538897］、大判昭和2年2月16日評論16巻商法485頁［27550385］）。

99

「損害の全部」とは、善意占有者の場合における「現に利益を受けている限度」での賠償との対比で規定されたものであり、不法行為の一般法理による場合と同様の範囲で賠償すべきとの趣旨である。

2　善意の占有者

所有の意思ある善意の占有者は、現に利益を受けている限度において損害賠償義務を負う（本条本文後段）。

「善意」については189条の解説参照。

善意の占有者は、過失があっても現に利益を受けている限度において損害賠償義務を負うにとどまる反面、過失がなくても同範囲で損害賠償義務を負う点で、不法行為の一般法理とは異なる。不当利得の703条の返還義務と同様の範囲で賠償義務を認め、同条と均衡を図ったものと解される。

3　所有の意思のない占有者

所有の意思のない占有者は、善意であっても悪意占有者と同じ範囲で損害賠償義務を負う（本条ただし書）。

例えば、賃借人のように他人の物と認識して占有している以上、滅失又は毀損について、不法行為の一般法理による場合と比べて前記2のような有利な扱いを受ける理由がないから、前記1と同様に損害の全部について賠償義務を負うこととされたものである。

4　要件事実

以上の要件・効果を主張・立証責任の観点から整理すると、次のようになる（大江・要件事実(2)203、204頁）。

（1）　XがYに対し、本条に基づき損害賠償請求をする場合、Xが次の要件に当たる事実を主張・立証すれば、損害全部の賠償請求ができる。

①　Xが目的物の回復者（本権者）であること

②　Yが目的物を占有していたこと

③　Yが目的物を占有中、Yの責めに帰すべき事由により滅失又は損傷させ

たこと

④ ③による損害の発生と数額

(2) Yは、(1)に対し、次の要件に当たる事実を主張・立証すれば、賠償範囲を現存利益額の限度に止めることができる。

① Yは、目的物の所有権が自己に属すると信じていたこと

② Yの下にある現存利益額

(3) Xは、(2)の①②にかかわらず、(1)の①～④に加えて次の要件に当たる事実を主張・立証すれば、損害全部の賠償請求ができる。

⑤ Yが所有の意思のない占有者であること

事実認定における問題点

本条に関する事実認定が問題となった裁判例は見当たらない。

（野田恵司）

（即時取得）

第192条　取引行為によって、平穏に、かつ、公然と動産の占有を始めた
　　者は、善意であり、かつ、過失がないときは、即時にその動産について
　　行使する権利を取得する。

事実認定の対象等

■■ 意義

　本条は、動産の占有に公信力を認めて、これを信頼して行われた動産取引
の安全を確保する趣旨の規定である。

■■ 法律要件及び法律効果等

1　法律要件

　即時取得の法律要件は、取引行為によって、平穏かつ公然に動産の占有を
始めた者が、善意・無過失であることである。以下、分説する。

(1)　目的物が動産であること

　本条が適用されるのは、目的物が動産である場合に限られる。

　(ア)　動産であっても、登記又は登録によって権利が公示されるものは、登
記又は登録名義を調べることで権利関係を確認できるので、即時取得の対象
とならない。例えば、船舶（商法684条、686条、687条）、航空機（航空法3
条の3、航空機抵当法5条）、建設機械（建設機械抵当法7条）、自動車（道
路運送車両法5条、自動車抵当法5条）などである（登録自動車につき、最
判昭和62年4月24日裁判集民150号925頁［27800204］、判タ642号169頁
［27800204］）。

　登記又は登録を公示方法とする動産でも、登記を要しない総トン数20t未
満の船舶（最判昭和41年6月9日民集20巻5号1011頁［27001187］）、道路運
送車両法による登録を要しない軽自動車、未登録自動車及び抹消登録を受け

102

た自動車（最判昭和45年12月4日民集24巻13号1987頁［27000669］）には、本条の適用がある。

　(ｲ)　手形・小切手等の有価証券は、善意取得制度が設けられている（商法519条、手形法16条、小切手法21条）から、それらが適用され、本条は適用されない。有価証券に表章された動産でも、証券によらずに倉庫業者・運送業者から引渡しを受けて無権利者がした処分には、本条が適用される（大判昭和7年2月23日民集11巻148頁［27510274］）。

　(ｳ)　不動産の一部を構成する動産の即時取得が問題となったものとして、立木と稲立毛がある。

　山林に生育する立木（無権利者から不動産を買い受けた後に伐採した立木）につき、判例の中には即時取得の可能性を前提とするものがある（大判明治40年12月6日民録13輯1174頁［27521168］、大判大正10年2月17日民録27輯329頁［27523207］）。しかし、他の判例は、本条は現に動産であるものを占有した場合の規定であり、本来不動産の一部を組成するものを事実上の行為により動産として占有した場合に適用すべきものではないと述べて、これを否定しており（大判大正4年5月20日民録21輯730頁［27521940］、大判昭和7年5月18日民集11巻1963頁［27510311］ほか）、判例は否定説に立つものと解されている（川島＝川井編・新版注釈民法(7)〔好見清光〕142頁）。

　分離前の稲立毛につき、即時取得を認めた判例がある（大判昭和3年8月8日法律新聞2907号9頁［27551121］）。しかし、稲立毛は動産ではなく、対抗要件も明認方法に限られ、占有に依拠して取引されることは少ないことなどを理由に、即時取得を否定するのが通説である（川島＝川井編・注釈民法(7)〔好見清光〕144頁）。

　なお、不動産の一部が無権利者からの買受け時点で、不動産から分離されていた場合には、即時取得の適用があるのは当然である。

　(ｴ)　不動産とともに処分された従物たる動産につき、判例（大判昭和8年7月20日法律新聞3591号13頁［27542462］）・通説は即時取得を認める。

　(ｵ)　工場の土地建物に設定された抵当権は、工場財団を組成しない機械・器具等の動産に及ぶが、それらが分離されて取引された場合には、即時取得

が認められる（工場抵当法5条2項）。また、工場財団に属する機械・器具等の動産は、財団が1個の不動産と擬制され、譲渡が禁止されるなど、権利制限が厳しく（工場抵当法11条、13条2項、14条2項など）、即時取得の可否について明文はないが、これについても分離後に取引により取得されたときは即時取得が認められるとするのが判例（最判昭和36年9月15日民集15巻8号2172頁［27002258］）・通説である。

　　(カ)　金銭は、占有の移転により所有権が移転する特殊な性質を有するから、本条の適用はない（最判昭和39年1月24日裁判集民71号331頁［27430727］）。

(2)　前主による目的物の占有又は所持

　　即時取得は、前主の占有に公信力を与え、前主を権利者と信じて取引した者を保護する制度であるから、前主が動産について占有を有することが必要である。

　　前主の占有又は所持の種類を問わない。前主は占有補助者でもよい。

(3)　前主が無権利者ないし無権限者であること

　　実体法上は、即時取得の適用には前主が無権利者ないし無権限者であることが前提となるが、前主が権利者又は権限者であればその権利を承継取得することになり、即時取得の適用を持ち出すまでもないという消極的な意味合いを持つにすぎないから、即時取得を主張する者が前主の無権利ないし無権限を積極的に主張・立証する必要はない。

(4)　取引行為

　　(ア)　即時取得は取引の安全を保護する制度であるから、即時取得を主張する者の占有の承継は、取引行為に基づくことが必要である。

　　例えば、売買、贈与、消費貸借（大判昭和9年4月6日民集13巻492頁［27819096］）のほか、弁済、代物弁済（大判大正元年10月2日民録18輯772頁［27521619］）、競売（最判昭和42年5月30日民集21巻4号1011頁［27001073］）も本条の取引行為に当たる。これに対し、例えば、相続財産に他人の物が含まれていた場合、他人の遺失物を拾得した場合、他人の山林を自己の所有と信じて立木を伐採して搬出した場合などは、取引行為による場合でないから、本条の適用はない。

（イ）　取引行為は有効なものであることが必要である。有効でないならその取引の安全を保護する必要はないからである。したがって、無効、取消し、解除等によって当該取引の効力が障害され又は消滅した場合には、本条の適用はない。この取引の無効等の主張・立証責任は、即時取得を主張する者の相手方に属する。

　なお、前主が無権代理人である場合は、本人に有効に効果が帰属しないため、即時取得者は保護されない。この場合には即時取得者において、代理権の授与、無権代理の追認、表見代理等の要件事実を主張・立証することが必要となる。

(5)　平穏、公然、善意、無過失

（ア）　平穏、公然の意義については、186条の解説を参照されたい。

（イ）　本条にいう善意、無過失とは、動産の占有を始めた者において、取引の相手方がその動産につき無権利者でないと信じ、そのように信ずるにつき過失がなかったことを意味する（最判昭和26年11月27日民集5巻13号775頁［27003444］）。したがって、権利者であることを疑っていた場合（半信半疑）は悪意である。

（ウ）　善意・無過失の存在時期は、引渡し時である。

（エ）　前記各要件の主張・立証責任については、平穏、公然、善意は、186条1項により推定される。無過失は、同項では推定されないが、188条により占有者が占有物の上に行使する権利はこれを適法に有するものと推定される結果、即時取得の適用に際しては、前主の占有を信じたことに過失がないと推定される（最判昭和41年6月9日民集20巻5号1011頁［27001187］、最判昭和45年12月4日民集24巻13号1987頁［27000669］）。したがって、即時取得を主張する者の相手方が、即時取得を主張する者の強暴、隠秘、悪意又は有過失を主張・立証する必要がある。

　過失の有無は、前主の処分権限についての調査確認義務の存在とその懈怠にかかっており、その際には、取引の実情ないし慣行、商慣習、従来の当事者の諸関係などが総合的に考慮される。過失が肯定される具体的場面としては、業界の取引慣行や従来の当事者間の具体的事情等から前主の権利を疑う

べき場合において前主の権利について調査を怠ったときなどが挙げられる（川島＝川井編・新版注釈民法(7)〔好美清光〕185頁、司研・新問題研究142頁）。この点は、後記「事実認定についての裁判例と解説」でさらに検討する。

　(オ)　法人の代表機関が代理人によって取引した場合には、善意・無過失の有無はその代理人について判断される（最判昭和47年11月21日民集26巻9号1657頁〔27000528〕）。

(6)　即時取得者の占有取得

　即時取得の成立には引渡し、すなわち占有の移転を要する。

　(ア)　現実の引渡し、簡易の引渡し及び指図による占有移転が含まれる。指図による占有移転について、判例は、当初、即時取得を否定したが（大判昭和8年2月13日新聞3520号11頁〔27542060〕、大判昭和9年11月20日民集13巻2302頁〔27510109〕）、その後、寄託者が発行した荷渡指図書の呈示とこれに伴う倉庫業者の寄託者台帳上の名義書換によって指図による占有移転された場合について肯定した（最判昭和57年9月7日民集36巻8号1527頁〔27000076〕）。

　(イ)　占有改定について、学説は分かれているが、判例は、占有取得の方法が従来の外観上の占有状態に変更を来さないから、本条の引渡しには該当しないとしている（前掲大判昭和9年11月20日、最判昭和32年12月27日民集11巻14号2485頁〔27002723〕、最判昭和35年2月11日民集14巻2号168頁〔27002499〕）。

(7)　要件事実の主張・立証責任

　以上を踏まえて、要件事実の主張・立証責任を整理すると、次のとおりである。

　(ア)　即時取得を主張する者は、①前主が動産を占有していたこと、②前主との間に取引行為があること、③即時取得者が②に基づいて動産の占有を取得したことを主張・立証すれば足りることになる。

　(イ)　これに対し、即時取得を否定しようとする者は、取得者において、前主が無権利であると信じていなかったこと（悪意）、又は、前主が無権利で

あると信じたことに過失があったことの評価根拠事実（有過失）を主張・立証することになる。

(ウ)　これに対してさらに、即時取得を主張する者が、前記過失の評価障害事実を主張・立証することになる。

2　法律効果

即時にその動産について行使する権利を取得する。

本条によって取得される権利は、所有権又は質権である。賃借権や留置権はこれに含まれない。

取得者は動産についての権利を原始取得する。その結果、動産について存した制限も原則として消滅する。

なお、即時取得者は、原権利者に対して不当利得返還義務を負わない（大判昭和13年11月12日民集17巻2205頁［27500442]）。

事実認定における問題点

実務上、本条の適用に関しては、取得者の「過失」の有無が問題となることが多い。

この点に関する裁判例は多数に及ぶが、これを目的物の種類によって整理すると、以下のように大別される。

(1)　建設機械、工作機械、印刷機械等の高額な機械類

(2)　未登録又は不登録の自動車、登録不要の軽自動車及び総トン数の小さい登記不要船舶

(3)　その他の動産（書籍、刀剣、冷凍たこ等）

そして、それぞれにつき、過失が肯定されたものと否定されたものがあるところ、過失判断を行ううえで参考になるものを中心に整理すると、以下のようなものが挙げられる。

事実認定についての裁判例と解説

取得者に「過失」があったといえるか ———————

[裁判例]

(1) 建設機械、工作機械、印刷機械等の高額な機械類

ア 過失肯定例

❶ 大阪地判昭和38年1月24日判タ145号76頁［27430657］

多額の債務を負い重要財産のほとんどが担保に入れられ、手形の不渡りが避けられない状態にある会社から機械を購入しようとする取引人は、その機械につき同会社と元の売主との間の所有権留保特約の存否、現在までの手形による代金支払の遅滞の有無、取引の相手方への所有権の帰属の有無に疑いを持つのが当然で、特別の調査もせず、前記機械を同会社の所有と信じてその引渡しを受けたときは、過失があるとしたもの

❷ 大阪地判昭和40年2月10日判タ176号190頁［27430809］

AからBが建設機械を割賦販売の方法で所有権留保の特約を付して買い受けたが、Bが代金支払を怠ったため、所有権はAにあったところ、Bは自己の所有であると称してCに売り渡した場合、Cが建設機械の販売商でもないBから高価な機械を買い受けるに当たって、Bが完全に所有権を取得したかどうかにつき、当然強い疑念を抱くべき状況にあるのに、Aに売買契約の内容、代金支払等の問合せ等をしないで、漫然とBの言のみを信じて買い受けたときは、過失があるとしたもの

❸ 最判昭和42年4月27日裁判集民87号317頁［27430967］

従来土木建設機械を取り扱っており、土木建設機械の売買は通常所有権留保の割賦販売方法によることが多いという事情に通じている古物商が、前記のような機械を買い受けるに当たっては、売主の所有権の有無について調査すべきで、少し調査するとその有無を容易に知り得るにかかわらず、このような措置をとらなかったときは、過失があるとしたもの

❹ 神戸地判昭和48年7月23日下級民集24巻5=8号494頁［27431407］

強制競売により競落したブルドーザーショベルについて、競落人は土木建

築業を営む会社に勤務し、建設機械売買の実情について知識を持っていたで
あろうし、900万円もの金員を支出して競落しようとした場合には、競売物
件の所有関係及び競売に至った事情を調査すべきであり、容易に調査し得る
地位にあったのにこれをしないで競落したときは、過失があるとしたもの

❺　東京高判昭和49年12月10日下級民集25巻9＝12号1033頁［27431475］

　大型ブルドーザーのような建設機械を取引の対象とする土木建設業者は、
通常の注意を払えばその所有権が販売会社に留保されている蓋然性が高いこ
とに気づき、これを譲り受けるに当たり、販売会社に照会してその権利関係
を調査することは可能かつ容易であり、かかる調査をしなかったときは、過
失があるとしたもの

❻　福岡高宮崎支判昭和50年5月28日金融商事487号44頁［27431504］

　建設機械は、比較的高価額のため所有権留保の割賦払契約によるのが取引
の常態であるから、その使用占有者からこれを買い受ける場合に、建設業に
従事する者としては、その所有権の有無につき一応疑問を抱き、取得の経緯、
代金完済の有無などについて、譲渡証明書や売買契約書、領収証その他の関
係書類の呈示を求め、あるいはその者の買受先に対し代金支払の有無を確認
するなどの方法により調査すべき注意義務があり、これを尽くさずに建設機
械を買い受けて占有を取得したときは、過失があるとしたもの

❼　東京地判昭和52年5月31日判時871号53頁［27431655］

　価格の高い設備機械は、所有権留保約款付で、代金は割賦払の約定で売買
されるのが通常であるから、このような機械を取得するについては、売主の
所有権帰属を調査するため、売買契約書、代金領収証の提出を売主に求める
べきで、それなしで売主の所有と信じたときは、過失があるとしたもの

❽　千葉地判昭和54年11月29日判タ409号127頁［27431813］

　通常割賦販売でかつ所有権留保の形式で取引されている建設・運搬機を購
入するに当たり、これが新品同様でほとんど使用した形跡がなく、また、売
主がこれを誰からどのようにして取得したかを詳らかにする資料がないにも
かかわらず、プレートに社名が記載されていた製造会社への照会等はもちろ
ん、売主がこれを取得するに至った経緯やその代金が完済済みであったかど

うか等の点について何ら調査等をしていないときは、過失があるとしたもの

⑨ 名古屋地判昭和55年7月11日判夕426号184頁［27431849］

所有権留保付で割賦販売された工作機械を取得した第三者が、工作機械類の販売を業とする大手の専門商社で取引の実情に通じているにもかかわらず、留保買主から納品書と確実性のない領収書の呈示を受けただけで、それ以上の所有関係を調査しなかったときは、過失があるとしたもの

⑩ 東京地判昭和55年12月12日判時1002号103頁［27431873］

所有権留保付で割賦販売された大型印刷機を取得した転買人が、リース業を営む業者であるにもかかわらず、当該機械を取得するに際して、その入手先も聞かず、売買契約書や代金の領収書の提出を求めて、その所有権の帰属について調査することを全くしなかったときは、過失があるとしたもの

⑪ 大阪高判昭和58年5月31日判夕504号98頁［27424062］

建設機械の取引一般の実情からすると、同一の建設機械について所有権留保方式の割賦販売方式による売買が反復される可能性が高く、機械製造後の経過年数の長短を問わず常にメーカー又は再販業者らの割賦金債権が残存しているおそれが多分にあるといえるから、中古建設機械を専門に取り扱う業者としては、製造後相当年数を経過した機械を購入する場合であっても、特にユーザー又はこれに準ずる者から買い受けるときには、前記のような割賦金の残存の有無について常に留意し、売主の所有権の存否を調査確認すべき一般的な注意義務を負うにもかかわらず、製造後4年11か月が経過していることを確認し、売主の信用調査をしたのみで、それ以上前記のような調査義務を尽くすことなく安価で機械を買い受けたときは、過失があるとしたもの

⑫ 千葉地判昭和59年3月23日判時1128号56頁［27432046］

AがBから所有権留保付建設機械の譲渡を受けた際、Bから割賦代金債務の一部が残っていることを知らされたときは、機械の所有権がBに移転されているかどうかを確認すべきであり、また、Bに対し譲渡証明書の交付を要求してその所有権の帰属を確認すべきであるのに、それらをしなかったときは、Aに過失があるとしたもの

⑬ 大阪高判昭和60年5月31日金融商事727号27頁［27433058］

建設機械の売買において、買主が、売主にその物件の譲渡証明書や契約書の所持の有無、その取得先など所有関係を確認せず、かつ、ディーラー等への物件照会などもしないまま、時価の2分の1程度の代金額でこれを購入したなどの事情の下では、前記物件を売主の所有であると信じた買主に過失があるとしたもの

⓮　東京地判昭和61年11月27日金融商事774号46頁［27800259］

古物商は専門業者として、建設機械の売買が所有権留保の割賦販売方式によるのが取引の通例であることを当然に了知しているものと考えられるから、建設機械を転買した古物商が製造者からの転得者を順次追跡調査せず、また、社団法人日本産業機械工業会制定の譲渡証明書の交付を受けていなかった場合には、当該古物商は専門業者としての調査確認義務を尽くしておらず、過失があるとしたもの

⓯　東京地判平成7年9月25日判夕915号126頁［28011223］

Aから高額な機械を買い受けたBが、当該機械にはCの所有権留保が付されていたことを知らなかったとしても、Bはこれを十分知り得たし、この点につきAに確認すべきであったとして、これを怠ったBには過失があるとしたもの

⓰　東京高判平成8年12月11日判夕955号174頁［28031189］

高価な建設機械については、そのほとんどが所有権留保特約付で取引されており、機械を転売する際にはメーカーの発行する譲渡証明書を付けて取引される慣行となっていることなどから、所有権留保付で売買された建設機械の買受人には過失があるとしたもの

⓱　大阪地判平成21年7月16日判夕1323号199頁［28161833］

中古建設機械の取扱業者において、購入しようとする中古の建設機械の来歴等について不審な点がある場合には、前主に対し、譲渡証明書や契約書の提示を含めて所有権の取得経緯等を尋ねることは、ブローカー等の専門業者であれば、当然かつ期待されるべき取引行動というべきであり、このような直接確認もせず、前主の言を鵜呑みにした場合には、前主の権利について調査を怠った過失があるというべきところ、本件では、大型パワーシャベルが

車体に比してネームだけが新しい点や稼働時間を示すアワーメーターが製造年時に比して明らかに低いこと等から、中古建設機械の取扱業者において通常の注意を払えば取引の不自然性を見抜けたはずであり、売主に譲渡契約書や契約書の提示を求め、また、メーカー等に問合せをするべき調査義務を怠った過失があるとしたもの

イ　過失否定例

⓲　広島地呉支判昭和47年11月27日判時705号93頁［27424615］

　買主は売主との間に相当の取引があるほか、売主は相当大手の商社であり、従前の取引において目的物の所有権の帰属が問題となったことは1度もなかった等の事情の下では、買主が機械の製造元へ所有権の帰属について照会せず、売主がその前主から所有権を取得したものと信じたことにつき、過失があるとはいえないとしたもの

⓳　大阪高判昭和54年8月16日判時959号83頁［27411894］

　所有権留保付割賦販売に係る機械を購入する際に、所有権留保特約が付されていないかどうかまでを疑い、仕入先の氏名の問合せ、契約書の閲覧の請求等をしなかったからといって過失があるとはいえないとしたもの

⓴　大阪地判昭和56年2月24日金融商事639号34頁［27431884］

　所有権留保付で割賦販売された印刷機械を買い受けた第三取得者が、留保売主作成の代金見積書及び領収書の提示を受け、留保買主が代金を完済しているものと信じ、かつ、留保売主が留保買主以外の者に使用を許しているのに所有権留保の表示を何ら行っていない等の事情がある場合には、第三取得者が留保買主に前記機械の所有権があると信じたことに過失があるとはいえないとしたもの

㉑　東京地判昭和58年5月12日判夕506号106頁［27432024］

　建設機械は大部分が製造業者又は販売業者から使用者らに対して割賦販売方式によって売り渡され、代金完済まで所有権が売主に留保される例が多いが、他方で、主として中古建設機械等を扱う販売業者間においては大部分が代金一括払いで取引されていること、社団法人日本産業機械工業会制定の譲渡証明書による建設機械の取引慣行はいまだ取引業界に充分定着し実行され

ているものと即断することはできないこと、中古建設機械の販売業者間においては取引における前主の所有権の確認調査は、製造後３年を経過しているものについては売主たる販売業者が所有権を取得していることを信頼せざるを得ず、その信用状態等に特段の不安を感じない以上、これといった調査手段を講じていないことなどからすれば、製造後３年以上経過して建設機械を殊更安価とはいえない取得価格で買い受けるに際し、売主が前記譲渡証明書を所持していなかったからといって、買主においてその所有権の帰属につき調査すべきであったとはいえず、前主の占有が所有権に基づくものと信じた点に過失があるとはいえないとしたもの

㉒ 福岡高判昭和59年３月21日判タ527号111頁［27432045］

所有権留保付割賦販売された建設機械につき、一般的に新品あるいは製造後２、３年以内の場合、割賦払期間が長期にわたることが予想される高価品の場合、ディーラーから直接購入している場合には、ディーラー等に対する問合せ等により所有権留保の有無を調査する必要があるが、それ以外の場合には、相手方に直接確認するだけで足りるとして、過失があるとはいえないとしたもの

㉓ 旭川地判平成元年７月31日判タ718号130頁［27805769］

債権担保の目的で工作機械を売り渡し、その買主から当該機械を賃借していた会社が倒産した場合において、同倒産会社の代理人として債務整理に当たっていた弁護士から当該機械を買い受けた者が、同弁護士から当該機械が前記会社の所有であるとの説明等を受け、また、当該機械のメーカーに所有権留保のなされていないことを確認している等の経緯に鑑み、当該機械を買い受けた者に過失があるとはいえないとしたもの

⑵ 未登録又は不登録の自動車、登録不要の軽自動車及び総トン数の小さい登記不要船舶

ア 過失肯定例

㉔ 東京高判昭和31年11月26日下級民集７巻11号3360頁［27430258］

自動車の売買において、道路運送車両法33条所定の譲渡証明書を授受しないなど、自動車の所有者を確かめる処置をしなかった場合には、過失がある

113

としたもの

❷❺　東京高判昭和35年4月27日下級民集11巻4号937頁［27430478］

　質屋営業者が、新品同様の軽自動車の所持人が代金完済まで売主に所有権留保附月賦販売の方法で購入していることを調査しないで当該車両を質受けした場合には、過失があるとしたもの

❷❻　仙台地判昭和36年12月26日下級民集12巻12号3227頁［27430588］

　質屋兼古物商が、標識交付証明書に表示された所有名義人の記載と自己が権利者である旨の相手方の言を信頼して、新品同様の原動機付自転車を譲り受けた場合において、簡便な取引の要請と税務上所有名義人が納税義務者とされていることからすると、関係官庁への届出の関係においては買主を所有名義人とすることが慣行として行われており、前記業者としては、前記標識交付証明書を調査することのみをもって十分取引上の注意を払ったとは言い難く、少なくとも当該物件の売主を調査してその所有権の所在を明らかにすべきであるとして、過失があるとしたもの

❷❼　最判昭和44年11月21日裁判集民97号433頁［27431152］

　質屋営業及び金融業を営む者は、自動車（軽）について所有権留保の割賦販売が広く行われていることは熟知しているはずであるから、知人の紹介を受けたほかに何らの調査もしなかったときは、過失があるとしたもの

イ　過失否定例

❷❽　東京地判昭和31年4月28日下級民集7巻4号1079頁［27430219］

　未登録の自動車について、登録された場合に買うとの約束があり、陸運局の検査に合格して売主がその登録を完了し、当該自動車の引渡しを受けた場合には、過失があるとはいえないとしたもの

❷❾　大阪地判昭和31年11月30日下級民集7巻11号3488頁［27410366］

　商法第4編の適用のない船舶について、償却資産課税台帳を調査すればその所有者がわかったとしても、そのようなことは取引上一般に行われないから、調査をしなかったとしても過失があるとはいえないとしたもの

❸❿　東京地判昭和31年12月22日訟務月報3巻2号38頁［27401013］

　船舶の売買に当たって、売主の所有であると信じ、買受けに際して船体の

114

点検をしても原所有者の所有に属するような何の徴表もみられなかった場合
には、過失があるとはいえないとしたもの

㉛　最判昭和41年6月9日民集20巻5号1011頁［27001187］

　総トン数20t未満の不登記船舶をBが競落したものの、その競売手続には
瑕疵があったため、当該船舶の所有権を取得できなかったところ、執行吏に
よって船舶の競売手続がされるような場合、船舶の所有権が競落人に移転す
るものと信ずるのは通常であるから、Bから船舶を買い受けたAにおいて、
Bが無権利者であったことを知らなかったことにつき過失があるとはいえな
いとしたもの

㉜　東京地判平成4年9月24日判時1468号108頁［27816503］

　億単位の高価な輸入自動車の所有権移転のための引渡しに当たり、譲渡証
明書も通関証明書も受け取らなかった場合には、特別の事情がない限りは過
失があるといえるが、本件では、売買代金が既に支払済みであったこと、自
動車が特別注文の輸入特殊車両であって輸入後に検査基準に合格するように
整備したうえで登録手続を経なければならず、そのために売主が登録手続に
必要な通関証明書や譲渡証明書を保管すると買主に告げており、買主もこれ
を信じていたことなどの事実から、前記特別の事情が存在するとして、買主
に過失があるとはいえないとしたもの

㉝　最判平成14年10月29日民集56巻8号1964頁［28072742］

　未登録の外国車（輸入車）の取引について、盗品を扱っている業者である
との不審を抱かせるような事情が認められない業者であるA社から、個人
消費者であるBが前記自動車を購入する際に、新規登録に必要な適式の書
類はすべて調っているのに、最後の登録国における所有関係を証する書面の
存在を確認していないから同人に過失があるという判断は、中古車取引に不
必要な危険をもたらし、取引の安全を著しく阻害するものといわざるを得な
いとして、車両証書等外国の製造者又は真正な前所有者による権利確認書の
提示ないし写しの交付を伴う譲渡証明書等、あるいはこれを確認した旨の国
内業者の信用し得る証明書等の書面を譲受人Bが取引時に確認しなくても、
過失があるとはいえないとしたもの

（同最判の原審である東京高判平成12年2月3日民集56巻8号2056頁［28051319］は、高額な外国自動車を輸入し、日本での登録が未了の状態で国内に販売しようとする販売業者は、車台番号、エンジン番号及びその他の部品番号の確認並びにそれらの番号の偽造や改ざんの有無などの技術的点検を十分にすべき取引上の注意義務があり、少なくとも当該自動車が盗品でないことを確認しなければ、輸出者が当該自動車につき無権利者でないと誤信したことについて無過失であるとはいえないとして、我が国内での取引における未登録の外国車の譲渡人の所有権の確認は、車両調書等外国の製造者又は真正な前所有者による権利確認書の提示ないし写しの交付を伴う譲渡証明書等、あるいはこれを確認した国内業者の信頼し得る証明書等によってされるべきであり、これらの書類を欠く取引については、譲受人についても無過失であるとはいえないとしていた）

㉞　東京地判平成18年3月17日判夕1221号283頁［28112367］

　中古自動車販売業者は、中古自動車を購入する際に、自動車登録ファイルの保存記録ファイルの履歴情報を入手し、最終の登録名義人に直接連絡を取るなどして、売主の同一性、処分の権限及び意思の有無を確認すべきであるとはいえず、中古自動車販売業者に対してそうした調査を行うことまで求めることは相当ではないから、一時抹消登録がされた中古自動車を購入した中古自動車販売業者が、抹消登録証明書及び譲渡証明書を所持していた売主を権利者であると信じたことについて過失があるとはいえないとしたもの

(3)　その他の動産（書籍、刀剣、冷凍たこ等）

ア　過失肯定例

㉟　大判大正7年11月8日民録24輯2138頁［27522743］

　質屋営業者が、相手方が加工業者としての紺屋業者であることを知りながら木綿類を受け取るのは、過失があるとしたもの

㊱　大判昭和5年5月10日法律新聞3145号12頁［27551810］

　ともに運送店を経営するAが、Bに対する債務の代物弁済として、処分権限がないのにその占有する玄米をBの代理人（Bの店員）に引き渡した場合、代理人が少しの思慮をめぐらせば、運送店経営の普通の業態に鑑み、

特別の事情のない限り玄米がＡの所有品でないことを容易に知り得るとして、Ｂには過失があるとしたもの

㊲ 大判昭和17年５月９日法学12巻133頁［27547615］

鉄工場備付けの旋盤の競売につき、競落人が県庁又は巡査派出所に問い合わせればその所有者が容易にわかり、かつ、このような設備を有する鉄工場の所有者が強制執行の基本となった僅少の債権の支払に窮し、そのうえ、経営の生命とも称すべき旋盤を差し押さえられても意としないようなことは普通の状態でないから、債務者がその所有者であるか否かに疑いを持つのが当然であり、それについて調査しなかった場合には過失があるとしたもの

㊳ 鳥取地判昭和24年12月16日下級民集１巻１号121頁［27430008］

公売処分によってＡ所有の金庫を買い受けたＢが、その引取りにＡのところに赴いたところ、その営業所に同居していたＣが引渡しを拒否したことがあった場合に、金庫の鍵と暗号とをＡから渡されていたＤからその金庫をＣが買い取るに際し、金庫及び鍵の所有関係についてＢに問い合わせて調査することを怠った場合には、過失があるとしたもの

㊴ 函館地判昭和25年２月３日下級民集１巻２号150頁［27410006］

従来の複数回の取引において不履行を繰り返すなどの不誠実であった者と漁船による代物弁済をするに当たって、船鑑札及び漁船登録票の存否の確認等、細心の注意をもって同船の真の所有者の調査をする義務があり、これを怠った場合には過失があるとしたもの

㊵ 東京高判昭和28年８月24日高裁民集６巻８号421頁［27430097］

当事者双方にとって従来の取引（特殊工業用薬品類、繊維製品や主食品等の生活用品の売買）からすれば珍しい品の取引（ダイヤモンド指輪の質入れ及び代物弁済）をしようとする場合には、占有者の権限について、通常の場合に比べて、より強い不審の念を起こすのが普通であるから、この場合には、強い不審が解けたのも無理がないとみられる資料、合理的に考える能力があり相当な生活経験のある者でもこのより強い不審を解消したであろうとみられる資料を見たうえで、なお権利があると信じたのでなければ過失があるとしたもの

❹ 仙台地判昭和29年10月11日下級民集 5 巻10号1697頁［27430149］

差押えの表示がたんすの引出しの中に貼付されていた場合に、わずかの注意を用いて同たんすを調査すればその表示を発見することができたにもかかわらず、それをしないで引渡しを受けたときは過失があるとしたもの

❷ 大阪地判昭和34年 7 月22日下級民集10巻 7 号1519頁［27430429］

くぎが統制品で配給割当証明書がなければ所有権が移転しないとされていた場合、占有者が証明書を所持していないことを知っている以上、過失があるとしたもの

❸ 東京地判昭和41年 2 月24日金融法務437号 6 頁［27430880］

会社代表者が自己の債務の担保として、会社が所有しかつ会社が使用中の機械を譲渡担保に供するときは、何ら特段の事情なく会社代表者個人の所有と信じたことに過失があるとしたもの

❹ 東京高判昭和41年 4 月27日訟務月報12巻 7 号1045頁［27430894］

盗品である麦500俵を買い受けるに際し「肥料代金を回収するために取得したものである」と告げられたのみで、それ以上麦の出所につき調査をせずに買い受けた場合には、過失があるとしたもの

❺ 東京地判昭和50年 6 月26日下級民集26巻 5 ＝ 8 号500頁［27404381］

書籍の取次販売会社 A と小売店 B の間の書籍の取次販売契約が 1 回限りで、かつ買切り扱いであっても、これに使用された取引約定書中の継続的取引を予定する所有権留保特約条項は、契約内容として当事者を拘束するとして、B に対する売掛代金の回収のため、前記書籍を売却処分した書籍取次会社 C の即時取得の主張につき、C も同様式の約定書を使用しており、前記特約の存在する事実を知っていたと認めるべきであるから、C には過失があるとしたもの

❻ 大阪地判昭和56年 1 月29日判夕448号135頁［27431879］

鋼材取引において、その取引の高、形態、決済方法が通常の継続的取引の枠にはまらない異例のものであったにもかかわらず、買主が当該物件の仕入先に対する問合せ等の措置をとらず、売主を権利者と信じたことには過失があるとしたもの

第192条

❹ 福岡高判平成9年12月25日判タ989号120頁［28031261］

　極めて大量かつ高価格な冷凍たこを集合物譲渡担保として取得した者につき、債務者の帳簿（在庫台帳等）を参照すること等により相応の調査をすべき義務があるにもかかわらず、何らの調査もせずに、譲渡担保権設定者の説明をたやすく信用したことには過失があるとしたもの

❹ 名古屋高判平成14年9月10日判時1810号73頁［28080087］

　古物商は、古物営業法上、盗品等不正品の疑いがある物の警察官に対する申告義務、取引相手の確認義務、取引内容の帳簿記載義務等の注意義務を負っていること等を考慮し、骨董品の取引につき、所有者とされた者の所有権の存在について情報を得るか、少なくとも所有者から売却を任されたとする者の話が信用できるものであることの情報、すなわちその職業や身元等について確実な情報とこれを裏付ける資料を得るべき注意義務があったのに、これを怠り、贓品である骨董品を水商売風の人物から安価に仕入れた古物商には過失があるとしたもの

❹ 東京地判平成23年3月17日判時2121号88頁［28174192］

　銃砲刀剣所持等取締法14条に基づいて登録を受けた刀剣の売買につき、刀剣の売買等の取引を行う場合に現物とともに登録証原本を交付するという取扱いは、刀剣を扱う業界において厳守され、商慣習ともいえるもので、このことは被告も十分に認識していたこと、売主が、本件売買の際に本件刀剣の登録証原本を所持していなかったこと、売主は被告に対し、刀剣を買戻条件付で売り渡し、その買戻期限に次の刀剣を同じく買戻条件付で売り渡し、前者の代金等を返済して前者の刀剣の返還を受けるという取引を繰り返していたものであり、被告としては、売主が資金繰りに窮する状況にあったであろうと容易に想定できる状況にあったこと、被告としては、売主が本件刀剣の所有権ないしは処分権限を正当に有しているかどうかについて強く疑うべきであったといえるから、何らしかるべき調査等も行わずに本件刀剣を買い受けた場合には、過失があるとしたもの

イ　過失否定例

❺ 大判昭和6年2月2日新聞3232号8頁［27540443］

119

会社の創立趣意書及び会社財産目録に会社の所有である旨の記載があり、営業に使用している物件を譲り受けた会社の債権者及び株主には過失があるとはいえないとしたもの

❺❶　東京高判昭和26年12月４日下級民集２巻12号1390頁［27430047］

工作物（浅草仲店）内の物件を譲渡した者が、従来それを使用して営業し、その者の周囲の者もその者を当該物件の権利者と信じている場合に、譲受人がその者を権利者と信じたとしても過失があるとはいえないとしたもの

❺❷　東京高判昭和28年９月21日高裁民集６巻10号633頁［27430100］

ラジウムについて質入の権限のない者が、所有者と表示し、がん研究所の品質鑑定書まで備えている場合には、その者を所有者と信じて質権の設定契約をした者には過失があるとはいえないとしたもの

❺❸　東京地判昭和30年９月10日民集15巻８号2179頁［27410273］

工場財団の組成物である機械を買い受けるに際し、その機械の差押標識も消散していると考えられる場合には、我が国では機械類の取引において進んで登記まで調査するということは一般に行われていないから、それをしなかったとしても過失があるとはいえないとしたもの

❺❹　東京地判昭和33年１月31日判夕77号72頁［27430342］

ジュークボックスの売買に当たり、買主のＡが、Ｂ（Ｃの支配人）から、Ｃ（外人）の所有物である当該物件（実はＤの所有であるのをＣが借りていたもの）をＣの多額の債務の支払に充てるため処分するものである旨の説明を聞き、その旨の説明文書の呈示を受け、当該物件が国内に稀有な物品であることから推してＣの所有に属するものと信じて買い受けた場合には、過失があるとはいえないとしたもの

❺❺　最判昭和39年５月29日民集18巻４号715頁［27001911］

動産の強制競売において代金が執行吏に交付されてその集計点検をしていた際に、競売物件につき所有権を主張する第三者が現われたが、執行吏がこれを取り上げず、そのまま代金の授受を終わり、競落物件の引渡しがされた等の事情がある場合には、競落人がたとい当該主張のあった事実を知っていて、競落人において当該動産の所有権者を確認するための調査をしなかった

としても、特段の事情のない限り、過失があるとはいえないとしたもの

❺❻ 東京地判昭和46年2月24日判時636号68頁［27431248］

　動産の仮処分執行によって公示書が貼付されていても、その動産譲受人が買い受けて占有を取得したときには公示書が存在しなかった以上、公示書貼付の事実をもって188条による無過失の推定を覆すことはできないとしたもの

❺❼ 広島地判昭和51年11月30日判時855号101頁［27431621］

　担保として刀剣の引渡しを受けた美術商が、刀剣類をあまり取り扱わず、その引渡しに際し、その所有者（刀剣商）の名を明かさず、それを怪しまなかったとしても、借金を申し込む者が外聞をはばかり、名を明かしたくないということにも一理あり、また、大量の刀剣類を担保として運用し得る刀剣商が誰であるかにつき疑問を持たなかったという点も、従来刀剣商と取引をしていなかったことからみて、過失があるといえないとしたもの

> 解説

　本条の「過失」の判断については、前記「法律要件」1(5)(エ)に挙げたような分析がされているが、実務において過失の有無を判断する観点から、もう少し子細にみると、次のような整理が可能である。

　裁判例によれば、本条にいう「過失」の内容は、前主の権利ないし権限についての調査確認義務とその違反（懈怠）と理解されている。

(1)　調査確認義務の存在と内容

　調査確認義務がどのような場合に発生するかについては、大別すると、次の2つの場合があると考えられる。

　(1)　第1に、商慣習ないし取引慣行が存在し、取得者がそれを認識し又は認識し得た場合である。

　すなわち、まず、当該取引一般において、一定の調査確認を行う商慣習ないし取引慣行が存在したかが問題となり、次に、取得者において当該取引の際に取引慣行等の存在を認識し又は認識することができたかが問題となる（それぞれを客観的要件、主観的要件と理解することが可能である）。その両

者が認められる場合には、他に調査確認義務の発生を妨げるべき事情がない限り、調査確認義務が発生するといえる。

　商慣習ないし取引慣行の存在を根拠に、調査確認義務を肯定した裁判例としては、土木建設機械等の取引（前記(1)）や自動車の取引（前記(2)）において、一般に所有権留保付きで売買される慣行があることを理由として、過失を肯定したものが多くある（判決❶〜❸、❺〜⓬、⓮〜⓰、⓲〜㉒、㉗、㉘。もっとも、判決⓲は前記取引慣行があることだけでは調査義務は生じないとするようである）。また、刀剣の売買等の取引を行う場合に現物とともに登録証原本を交付するという取扱いは、刀剣を扱う業界においては厳守されていて商慣習ともいえるとし、これと異なる態様での取引に過失があるとしたもの（判決㊾）がある。

　反対に、調査確認義務を発生させるような商慣習ないし取引慣行が存在しないことを根拠に、調査確認義務を否定した裁判例としては、商法第4編の適用のない船舶につき、償却資産課税台帳を調査することは取引上一般に行われないと説示したもの（判決㉙）がある。

　その他、前記のような商慣習ないし取引慣行があることは肯定しつつ、他方で、留保売主作成の代金見積書及び領収証の提示を受けたこと、留保売主が留保買主以外の者に使用を許しているのに所有権留保の表示を行っていない等の事情があることを踏まえ、過失を否定したもの（判決⓴）、所有権留保割賦販売に係る建設機械につき、一般的に新品又は製造後2、3年以内の場合、割賦払期間が長期にわたることが予想される高価品の場合、ディーラーから直接購入している場合には、ディーラー等に対する問合せ等により、所有権留保を調査する必要があるが、それ以外では相手方に直接確認するだけで足りるとして、過失を否定したもの（判決㉒）、工場財団の組成物である機械の売買に関し、我が国では機械類の取引において進んで登記まで調査することは一般に行われていないとして、過失を否定したもの（判決㊾）がある。

　取得者の取引慣行等の認識可能性については、取得者が当該取引にどの程度精通しているかが問題となり、その点で、取得者の業種や属性が重要とな

122

る。この点に着目して調査確認義務を肯定した裁判例では、古物商（判決❸、⓮）、土木建築会社に勤務していた者（判決❹）、土木建設業者（判決❺）、建設業に従事する者（判決❻）、工作機械類の販売を業とする大手の専門商社（判決❾）、リース業者（判決❿）、中古建設機械の取扱業者（判決⓫、⓱）、質屋営業者等（判決㉕〜㉗、㉟）、中古車販売業者（判決㉞）は、建設機械や自動車の取引に通じていて所有権留保売買が多いとの実情について知識を持っていたといえるとしている。

反対に、調査確認義務を否定した裁判例としては、未登録の自動車（輸入車）を購入した個人消費者のケース（判決㉝）がある。

(2)　第2は、前主に不審事由がある場合である。

一般的な商慣習や取引慣行がない場合であっても、前主の権利ないし権限に疑念を生じさせる事情（不審事由）がある場合には、取得者としては、その疑念を払拭する措置を講じたうえで取得すべきものといえるから、当該不審事由の内容・程度に応じて、その不審ないし疑念を払拭するための調査確認義務が発生すると考えられる。

どのような事項について、どの程度の疑念を抱き、どのような調査確認を行うべきかは、具体的な事案ごとに確定することになるが、裁判例を概観すると、不審事由として着目すべき事由ないし要素としては、①従前からの当事者の関係、②取引の性質（目的物の種類、金額、規模、取引態様）、③取引の相手方（前主）の業種、属性及びそれらと当該取引における動産の種類との関係、④取引の相手方（前主）が無権利ないし無権限であることを疑わせるその他の事情、⑤前主の権利ないし権限に疑念を抱かせる目的物の外観や表示などを挙げることができる。

①の従前からの当事者の関係については、前主が従前の取引において不履行を繰り返すなど不誠実であった場合（判決㊴）などである。反対に、売主が大手の商社であり、相当回数にわたる従前の取引において目的物の所有権の帰属が問題となったことはなかった場合（判決⓲）には、調査確認義務は生じない。

②の取引の性質（目的物の種類、金額、取引の規模・数量、取引態様等）

については、当該動産が相当高額の場合（判決❹）、時価の2分の1程度の価格で取引される場合（判決⓭）、麦500俵という大量の取引をする場合（判決㊹）、鋼材取引の高、形態、決済方法が通常の継続的取引の枠にはまらない異例のものであった場合（判決㊻）などがある。

　③の取引の相手方（前主）の業種、属性及びそれらと当該取引における動産の種類との関係については、前主が建設機械の販売商ではない前主から高価な機械を購入する場合（判決❷）、前主が当該機械の販売業者である場合（判決㉑）、前主である倒産会社の代理人として債務整理に当たる弁護士から購入した場合（判決㉓）、質屋営業者が加工業者である紺屋業者から本来の取扱商品ではない木綿類を受け取る場合（判決㉟）、運送店を経営する者が玄米を取引する場合（判決㊱）、従来の取引からすれば珍しい品の取引をしようとする場合（判決㊵）などがある。

　④の取引の相手方（前主）が無権利ないし無権限であることを疑わせるその他の事情については、前主の資産状況が悪化している場合（判決❶）、建設機械の販売業者ではない者から高価な同機械を買い受ける場合（判決❷）、従前の取引状況から前主が資金繰りに窮する状況であったことが容易に想定できる場合（判決㊾）などがある。

　⑤の前主の権利ないし権限に疑念を抱かせる目的物の外観や表示については、機械のプレートに社名が記載されていた場合（判決❽）、機械の車体に比してネームだけが新しい場合や稼働時間を示すアワーメーターが製造年時に比して明らかに低い場合（判決⓱）、差押えの表示がタンスの引出しの中のわずかに注意すれば発見することができる場所に貼付されていた場合（判決㊶）などがある。反対に、買受けに際して船体の点検をしても原所有者の所有に属するような何らの徴表もなかった場合（判決㉚）、過去に動産仮処分執行の公示書が貼付されていても、占有取得時にはこれが存在しなかった場合（判決㊶）については、調査確認義務は生じない。

　なお、一定の不審事由（評価根拠事実）が存在したとしても、他方でそれを減殺する事由（評価障害事実）も存在した場合には、それらの諸事由を総合評価して、調査義務が発生するかどうかを判断することになる。この観点

からの裁判例として、億単位の高価な輸入自動車の引渡しまでに譲渡証明書及び通関証明書を受け取らなかった場合でも、売買代金が既に支払済みであったうえ、自動車が特別注文の輸入特殊車両であって輸入後に検査基準に合格するように整備したうえで登録手続を経なければならず、そのために売主が登録手続に必要な通関証明書や譲渡証明書を保管すると買主に告げ、買主もこれを信じていた場合（判決㉜）がある。

(2) 調査確認義務の内容

　調査確認義務の内容は、前記1の前提となる取引慣行等や不審事由の内容に応じて、具体的に定まることになる。裁判例が挙げるところを整理すると、次のとおりである。

　多くの裁判例は、建設機械や自動車の売買につき、前主に売買契約書及び代金の領収証を提示させて確認することを調査確認義務の内容としている（判決❷、❻、❼、❽、❿、⓭、⓳）。これに加えて、前々主に前主との間の売買契約の内容、前主からの代金受領（完済）の有無を確認すべきであるとするもの（判決❺、❻）、メーカーやディーラーに問合せ等して所有関係を調査すべきであるとするもの（判決⓭、⓮、⓲、㉒、㉓）がある。さらに加えて、譲渡証明書を確認することも調査確認義務の内容となるとするもの（判決⓬、⓮、⓰、⓱、㉔）がある。

　その他、競売物件である建設機械につき、同物件の所有関係及び競売に至った経緯の調査確認義務があるとしたもの（判決❹）、漁船の取引につき、船鑑札及び漁船登録票の存否の確認等により所有関係の調査義務があるとしたもの（判決㊴）、鋼材取引の高、形態、決済方法が通常の継続的取引の枠にはまらない異例のものであった場合につき、同物件の仕入先に対する問合せ等の措置をとる義務があるとしたもの（判決㊻）、大量かつ高価な冷凍たこの集合物譲渡担保の設定につき、債務者の帳簿（在庫台帳等）を参照することにより相応の調査をすべき義務があるとしたもの（判決㊼）、古物商が骨董品の取引をするにつき、売主の職業や身元等について確実な情報と裏付け資料を得るべき義務があるとしたもの（判決㊽）がある。

反対に、一定の調査確認義務がないことを判示したものとして、商法第4編の適用のない船舶の取引につき、償却資産課税台帳の調査義務はないとしたもの（判決㉙）、未登録の外国車（輸入車）の取引につき、車両証書等外国の製造者又は真正な前所有者による権利確認書の提示ないし写しの交付を伴う譲渡証明書等、又はこれを確認した旨の国内業者の信用し得る証明書等の書面を確認する義務はないとしたもの（判決㉝）、中古自動車販売業者が中古自動車を購入する際に、自動車登録ファイルの保存記録ファイルの履歴情報を入手し、最終の登録名義人に直接連絡を取るなどして売主の同一性、処分の権限及び意思の有無を確認すべき義務はないとしたもの（判決㉞）、工場財団の組成物である機械を買い受けるに際し、その機械の差押標識も消散していると考えられる場合には、我が国では機械類の取引において進んで登記まで調査する義務はないとしたもの（判決㊼）がある。

(3)　調査確認義務の懈怠

　前記(1)のような事情から前記(2)のような調査確認義務の存在と内容が具体的に確定すれば、その内容たる調査確認を行わなかったことが義務の懈怠（不履行）となる。

　過失があるとされた裁判例では、何らの調査も行わなかった場合が比較的多いが、一定の調査を行っているものの、具体的に確定された調査義務の内容との対比で、取得者が実際に行った調査だけでは不十分であったと評価されたものがある。例えば、納品書と領収証の呈示のみで前主の権限を信じた場合（判決❾）、機械や自動車の売買等において、譲渡証明書まで確認しなかった場合（判決⓬、⓭、⓮、⓰、㉜、㉝）などである。

（野田恵司）

（盗品又は遺失物の回復）

第193条 前条の場合において、占有物が盗品又は遺失物であるときは、被害者又は遺失者は、盗難又は遺失の時から2年間、占有者に対してその物の回復を請求することができる。

事実認定の対象等

■■ 意義

本条は、盗難又は遺失によって所有者の占有を離脱した動産について、所有者の利益を保護するために192条の例外を定め、盗難又は遺失の時から2年間は回復請求ができるとしたものである。

■■ 法律要件及び法律効果等

1 法律要件

192条により取得した占有物が盗品又は遺失物であることである。

(1) 本条にいう「前条の場合において」とは、192条の要件を備える者が所有権又は質権を即時取得した場合と解すべきか、それとも単に192条の性質を有する占有を取得した者がある場合と解すべきかについて争いがある。判例は後者の解釈をとる（大判昭和4年12月11日民集8巻923頁［27510606］、最判昭和59年4月20日裁判集民141号565頁［27432047］）。

(2) 「盗品」とは、窃盗又は強盗によって所持を奪われた物であり、「遺失物」とは、占有者の意思によらないでその所持を離れた盗品以外の物である。

有価証券については、取引の安全を保護すべき必要性が一般の動産に比べてさらに大きく、かつ、それらが盗品又は遺失物であることを識別することは不可能であることが多い。そこで、判例は、有価証券のうち商法282条〔平成17年改正前・現行商法519条〕所定のものは、それが無記名債権であって動産とみなされる場合（民法86条3項）にも、手形と同一の保護を受ける

と解しており（大判大正 6 年 3 月23日民録23輯392頁［27522380］）、本条の
適用はない。

金銭は、占有の移転により所有権が移転するから、本条の適用はない。

2　法律効果

被害者又は遺失者は、盗難又は遺失の時から 2 年間は、占有者に対して回
復を請求することができる。

(1)　「被害者又は遺失者」とは、占有を奪われた者又は占有を失った者で
ある。賃借人又は受寄者が盗難に遭い又は遺失した場合は、これらの者が本
条の返還請求権を有する（大判大正10年 7 月 8 日民録27輯1373頁
［27523295］、前掲大判昭和 4 年12月11日、最判昭和59年 4 月20日裁判集民
141号565頁［27432047］）。なお、質権者は、353条があるので、本条の権利
を有しない。

(2)　「盗難又は遺失の時から」について、例えば、山林の伐採において、
伐採行為時（盗難時）か山林からの搬出時（占有離脱時）かで見解が分かれ
ているが、判例は前説である（大判大正15年 3 月 5 日民集 5 巻112頁
［27510762］）。

(3)　「 2 年間」は除斥期間である。

(4)　「占有者」とは、盗品又は遺失物について192条の取引行為によって取
得し占有する者である。しかし、直接に192条の適用を受ける占有者に限ら
ない（前掲最判昭和59年 4 月20日）。例えば、転得者も本件の回復請求を受
ける。遺失物を拾得して占有している者に対する返還請求権は、本条の制限
を受けない。

なお、回復請求の前に物が滅失したときは、原権利者の権利は消滅し、回
復に代わる賠償も請求できない（最判昭和26年11月27日民集 5 巻13号775頁
［27003444］）。

(5)　「回復を請求することができる」の意義につき、判例（大判大正10年
7 月 8 日民録27輯1373頁［27523295］）は、盗品又は遺失物の所有権は、 2
年間は原所有者に帰属し、被害者又は遺失者がこの期間内に回復請求しない

ときにはじめて、取得者がその物の上に行使する権利を取得する趣旨である
とする。これに反対し、取得者が即時に所有権を取得すると解する学説も有
力である（舟橋諄一『物権法〈法律学全集⑱〉』有斐閣（1960年）253頁、我
妻＝有泉・民法講義Ⅱ232頁）。

事実認定における問題点

　本条に関する事実認定が問題となった裁判例は見当たらない。

（野田恵司）

第194条　占有者が、盗品又は遺失物を、競売若しくは公の市場において、又はその物と同種の物を販売する商人から、善意で買い受けたときは、被害者又は遺失者は、占有者が支払った代価を弁償しなければ、その物を回復することができない。

事実認定の対象等

■■ 意義

本条は、192条の例外である193条の回復請求権を制限することによって、即時取得者を保護するものである。すなわち、即時取得者が競売や公の市場で、又は商人から占有物を購入した場合には、即時取得者を保護する要請が強いため、被害者又は遺失者が即時取得者に代価を弁償しない限り193条による回復請求ができないとしたものである。

■■ 法律要件及び法律効果等

1　法律要件

占有者が盗品又は遺失物を競売若しくは公の市場において、又はその者と同種の物を販売する商人から、善意で買い受けたことである。

「競売」とは、民事執行法上の競売に限らず、私的な競売でもよい。

「公の市場」とは、公設の市場に限らず、広く一般の店舗を意味する。

「商人」とは、店舗を有しないで同種の物を販売する商人、例えば、行商人を指す。

2　法律効果

193条で回復請求権を行使しようとする被害者又は遺失者は、即時取得者が支払った代価を弁償するのでなければ、その物を回復することができない。

第194条

　本条では、即時取得者の代価弁償請求権（回復者の代価弁償義務）の有無は明記されていない。古い判例（大判昭和4年12月11日民集8巻923頁［27510606］）は、本条は即時取得者に抗弁権を認めたものにすぎないとし、即時取得者が任意目的物を原権利者に返還したときは代価の弁償を請求することはできないとしていたが、その後、判例が変更され（最判平成12年6月27日民集54巻5号1737頁［28051365］）、被害者が弁償による返還を選択した場合には、占有者は目的物を返還した後も代価の弁償を請求することができるとされた。

　本条により占有者が返還を拒む場合、占有者は代価の弁償があるまでは目的物の使用収益権を有するので、その間の使用について不当利得返還義務も損害賠償義務も負わない（前掲最判平成12年6月27日）。

　なお、古物商、質屋などが本条における善意の買受人である場合には、盗難又は遺失の時から1年内は、回復者は代価の弁償義務を負わない（古物営業法21条、質屋営業法22条、公益質屋法15条1項。古物営業法21条が194条の特則であることにつき、東京高判昭和57年2月25日判時1039号75頁［27423822］）。

事実認定における問題点

　本条に関する事実認定が問題となった裁判例は見当たらない。

（野田恵司）

131

（動物の占有による権利の取得）

第195条　家畜以外の動物で他人が飼育していたものを占有する者は、その占有の開始の時に善意であり、かつ、その動物が飼主の占有を離れた時から1箇月以内に飼主から回復の請求を受けなかったときは、その動物について行使する権利を取得する。

事実認定の対象等

■■ 意義

　本条は、家畜以外の動物については、無主物であるのが通常であり、飼主がいて逃げ出した可能性も全くないとはいえないが、通常であれば無主物として捕まえるので、そのような信頼を保護し、所有者による回復を認めないという趣旨である。192条から194条の後に規定されているが、前主の占有を通じて権利の存在を信頼した者の取引安全の確保とそれに関連する利害調整を図ろうとする192条から194条の趣旨とは異なる。家畜以外の動物について、遺失物拾得（240条）と無主物先占（239条1項）との中間的な保護を与えたものといえる。

■■ 法律要件及び法律効果等

1　法律要件

　家畜以外の動物で他人が飼育していたものを占有する者が、その占有開始時に善意であり、その動物が飼主の占有を離れた時から1か月以内に飼主から回復請求を受けなかったことである。

　「家畜以外の動物」とは、野生の動物であり、人の支配に属しないで生活するのを常態とする動物を指す。その判断はその地方における扱いを標準とする。九官鳥は日本では家畜以外の動物には当たらない（大判昭和7年2月16日民集11巻138頁［27510273］）。

占有取得者の取得原因は、自分で捕獲した場合でなく、捕獲した者から譲り受けた場合を含む。

野生の動物であっても、他人が飼いならしたことが明らかな場合（例えば、首輪をつけている、人になついている等）は、善意であるとはいえない（前掲大判昭和7年2月16日）。

「1か月」は除斥期間である。

「回復の請求」とは、動物の飼主（賃借人、受寄者を含むと解される）がその動物の所有権に基づき返還を請求することである。

2　法律効果

その動物について行使する権利を取得することである。

取得する「権利」は所有権である。捕獲者が所有権を取得することにより、飼育者の所有権は消滅する。

事実認定における問題点

本条に関する事実認定が問題となった裁判例は見当たらない。

（野田恵司）

（占有者による費用の償還請求）

第196条　占有者が占有物を返還する場合には、その物の保存のために支出した金額その他の必要費を回復者から償還させることができる。ただし、占有者が果実を取得したときは、通常の必要費は、占有者の負担に帰する。

2　占有者が占有物の改良のために支出した金額その他の有益費については、その価格の増加が現存する場合に限り、回復者の選択に従い、その支出した金額又は増価額を償還させることができる。ただし、悪意の占有者に対しては、裁判所は、回復者の請求により、その償還について相当の期限を許与することができる。

事実認定の対象等

■■ 意義

　本条は、占有者が占有物について費用を支出した場合に、占有物を返還するに当たり、権利者に対して費用の償還を求めることができることを定める。1項が必要費、2項が有益費について定める。

　契約に基づく占有の場合には、費用について個別の規定がある（595条、608条、650条、665条）から、本条は、契約関係がない場合についての規定である。

■■ 法律要件及び法律効果等

1　必要費償還請求

　(1)　占有者が必要費を支出したときは、回復時にその償還を請求できる（本条1項本文）。

　必要費とは、物の保存又は管理のために要する費用である。保存費用としては、他人の犬の飼養料、他人の家屋の修繕費（例えば、屋根の葺き替え・

土台入替えの費用。大判大正14年10月5日新聞2521号9頁［27539901］）、道路より低い宅地に雨水が停滞するのを防ぐために支出した地盛の費用（大判昭和12年11月16日民集16巻1615頁［27500546］）などが、管理費用としては公租公課（大判大正15年10月12日新聞2631号14頁［27550222］）などがこれに当たる。

占有者の善意悪意、所有の意思の有無を問わず、償還請求ができる。

果実の返還義務とは独立の請求権であり、悪意占有者であっても果実の返還義務との差額しか請求できないわけではない（前掲大判大正15年10月12日）。

(2)　果実を収取したときは、通常の必要費は占有者の負担となる（本条1項ただし書）。

「通常の必要費」とは、例えば、家屋の小修繕費、租税の負担（前掲大判大正15年10月12日）のように、平常の保管に必要な費用である。その範囲は、善意の占有者が収取した果実（使用利益を含む）の返還を免れること（190条）とのバランスを考慮しつつ、社会通念によって決せられる。

2　有益費償還請求

(1)　占有者が有益費を支出したときは、その価格の増加が現存する場合に限り、回復者の選択に従い、支出額又は増加額の償還を請求することができる（本条2項本文）。

有益費とは、物の価値を客観的に増加させる費用である。物の利用・改良のために支出した費用は有益費である。例えば、店頭の模様替えのための表入口を改装し、雨戸を新調した費用（大判昭和7年12月9日裁判例6巻民334頁［27541934］）、家屋が面する道路のコンクリート舗装工事費及び花電灯設置費（大判昭和5年4月26日新聞3158号9頁［27551794］）、建物に付加して一体となったガレージの建築費用（大阪地判昭和61年4月22日判タ629号156頁［27801830］）などがこれに当たる。占有者の個人的な好みに基づくもので、物の価値を客観的に高めるものでない場合には、「奢侈費」といわれ、有益費に当たらない。

135

請求を認めるには、価格の増加が現存することが必要である。返還前に増加価値が消滅すると、有益費償還請求権は消滅する。このことは、有益費償還請求権を行使した後、返還以前に、増・新築部分が減失した場合でも同様であるとされる（最判昭和48年7月17日民集27巻7号798頁［27000485］）。

回復者の選択する支出額又は増加額を請求できる。判例は、ここでの回復者の選択権は選択債権ではないとして、408条の適用を認めない（大判明治35年2月22日民録8輯2巻93頁［27520309］）。理由として、支出額と増価額との間には単に金額の差があるにすぎず、別異の給付を目的とする数個の債権が存在するわけではないとする。これに対し、これを選択債権と解し、選択権の移転を認める下級審の裁判例（東京地判昭和43年4月19日判時525号63頁［27403171］、東京高判昭和61年9月17日金融商事760号12頁［27801840］）があり、多数の学説も一種の選択債権と解している（川島＝川井編・新版注釈民法(7)〔田中整爾〕239頁）。

(2)　悪意の占有者も、善意の占有者と同様に償還請求ができるが、裁判所は、回復者の請求によって、その償還につき相当の期限を許与することができる（本条2項ただし書）。

本条の必要費及び有益費は、物に関して生じた債権であるから、占有者に留置権が成立する（295条1項本文）。本条の費用償還請求権は、「占有物を返還する場合に」行使できるものとされるから、占有物の返還時に履行期（295条1項ただし書）が到来して留置権が成立することになる。これに対し、本条2項ただし書は、悪意の占有者が多額の有益費を支出して留置権を主張し、回復者の返還請求権の行使を困難にさせる弊害を防止する趣旨で、裁判所は、回復者の請求により有益費の償還につき相当の期限の許与することができるとした。これにより期限が許与されると、費用償還請求権の弁済期が到来していないことになり、占有者は留置権を行使できなくなる（295条1項ただし書）。

■■ 参考裁判例

(1)　占有者が費用を支出した当時の目的物の所有者と、占有が回復される

時点の所有者が、特定承継により交替した場合に、いずれに対して必要費又
は有益費償還請求ができるかが問題となった裁判例として、次のようなもの
がある。

　(ア)　有益費支出後、賃貸人が交替したときは、特段の事情のない限り、新
賃貸人において旧賃貸人の権利義務を一切承継し、新賃貸人は償還義務者た
る地位をも承継するとして、回復時の所有者に対する償還請求を認めたもの
（最判昭和46年2月19日民集25巻1号135頁［27000650］）。

　(2)　本条にいう必要費又は有益費に当たるものとして償還請求ができるか
否かが問題となった裁判例として、次のようなものがある。

　(ア)　家屋の前占有者でその敷地につき借地権を有したＡが数年間延滞し
た借地料を、Ａよりその家屋を競落したとしてこれを占有するに至ったＢ
が支払ったとしても、その当時より実際家屋の所有者であったＣがこの支
払によって借地権を取得するものではなく、敷地の所有者たるＤはいつで
もＣに対し不法占拠を理由として家屋の収去及び土地の明渡しを請求し得
たものであるから、このＢの支払をもって家屋の保存費であるということ
はできないとしたもの（大判昭和14年6月24日評論29巻民法3頁
［27819301］）。

　(イ)　売主が受領した売買代金の内金について課せられた財産税納付後に、
売買契約が合意解除されてその内金を買主に返還したとしても、内金は支払
と同時に売主の所有に帰し、売主がそれにつき他人の物の占有者ではなくそ
の所有者であることは、売買契約の合意解除により影響されるものではない
から、本条の適用又は準用の余地はないとしたもの（最判昭和28年1月8日
民集7巻1号1頁［27003350］）。

事実認定における問題点

　事実認定としては、どのようなものが必要費（通常の必要費、特別な必要
費）及び有益費に当たるかが問題となる。

　これについての判断基準及び裁判例は、前記「法律要件及び法律効果等」

に記載した。なお、608条に関する裁判例（村田渉編著『事実認定体系〈契約各論編〉2』〔上拂大作〕191頁以下）も参照されたい。

（野田恵司）

第197条

> （占有の訴え）
>
> **第197条** 占有者は、次条から第202条までの規定に従い、占有の訴えを提起することができる。他人のために占有をする者も、同様とする。

事実認定の対象等

■■ 意義

1 占有訴権

「占有の訴え（占有訴権）」とは、占有をそれ自体として、占有すべき権利（本権）の有無とは関係なく、保護する制度であり、ローマ法のポセッシオの系統を引くものである。その実体法上の性質は、占有状態の維持回復と損害賠償請求又は担保請求を内容とする一種の物権的請求権である。

占有の訴えは、占有保持の訴え（198条）、占有保全の訴え（199条）、占有回収の訴え（200条）の３種に分かれる。その区別は、占有を「奪われた」場合が占有回収の訴えであり、占有を奪われる以外の方法で「妨害された」場合が占有保持の訴えであり、占有を奪われ又は妨害される「おそれがある」場合が占有保全の訴えとなる。

本条は、占有者に占有訴権が認められることを宣明するものである（本条前段）。それは他人のために占有する者にも認められる（本条後段）。

2 自力救済

占有の訴えは、本権者の占有に関する自力救済を原則として禁ずることの裏返しとして、簡易・迅速な手段で占有秩序を回復することを認めたものとされる。

139

■■ 法律要件及び法律効果等

1　法律要件

　(1)　占有者が198条〜200条の要件を満たすことである（本条前段）。

　「占有者」には、直接占有者のほか、間接占有者（代理人による占有者。例えば、賃貸人、質権設定者）も含まれる。また、自己のための占有者（自主占有者）のほか、他人のために占有する者（他主占有者。例えば、賃借人、質権者、保管者、拾得物の拾得者）も含まれる（本条後段）。

　占有補助者は独立の占有訴権を有さず、原告適格はない。占有補助者とは、法人や家族など一定の団体的関係の成員が物に対して直接的支配を行っているにもかかわらず、その内部的関係や地位のゆえに、団体外との関係で物に対する独立の所持を有しないとされる者をいう。営業主と使用人、親と子、団体と理事などの関係における後者がこれに当たる。

　法人の代表者について、判例は、代表者が法人の業務として行う物の所持は、法人の機関としてその物を占有するもので、法人自体が直接占有を有し、代表者個人は、特別の事情がない限りその物の占有するわけではないから、占有の訴えを提起できない（最判昭和32年2月22日裁判集民25号605頁[27430288]）が、代表者が法人の機関として物を所持するにとどまらず、代表者個人のためにもこれを所持するものと認めるべき特別の事情がある場合には、代表者は個人としての占有をも有することになるから、占有の訴えを提起できるものと解するのが相当であるとする（最判平成10年3月10日裁判集民187号269頁[28030597]、最判平成12年1月31日裁判集民196号427頁[28050209]。ここにいう「特別の事情」につき、後記裁判例参照）。

　(2)　占有訴権の相手方は、占有の侵害者であり、故意・過失の有無は問わない。

　占有補助者の相手方（被告適格）について、判例の見解は後記(ア)〜(ウ)のように必ずしも一致しておらず、学説の多数説はこれを否定している（篠塚昭次＝前田達明編『新・判例コンメンタール民法3（物権）』三省堂（1991年）〔月岡利男〕183頁）。

(ア)　大判大正10年6月22日民録27輯1223頁[27523279]

建物の賃貸人Ａから建物所有権を取得した原告は、建物の賃借人Ｂの使用人（出張所主任）として居住していた被告に対し、所有権に基づく返還請求としての建物退去と不法占有を理由とする賃料相当損害金の支払を求めた訴訟で、建物退去義務を肯定する一方、賃料相当損害金の支払義務を否定した。被告は代理占有者にすぎず、不法占拠により原告の利用を妨げているのはＢであり、被告が居住するがために生じた損害ではないことを理由とする。

(イ)　最判昭和31年10月23日民集10巻10号1275頁［27002876］

原告が地上権を有する土地を不法占有するＡからＡ所有建物の各一部を賃借する被告らは、直接原告の使用収益を妨げているとはいえないから、特段の事情（例えば、Ａが建物収去土地明渡を実行しようとするのを被告が妨害する等）のない限り、原告の損害と被告の行為との間に相当因果関係はないとして、被告の原告に対する建物退去義務は肯定する一方で、賃料相当損害金の支払義務を否定した。原告が土地を使用収益できないのは、Ａ所有建物が存在するからであって、被告が建物の各部分を占有使用しているからではないことを理由とする。

(ウ)　最判昭和31年12月27日裁判集民24号661頁［27430273］

建物明渡請求訴訟の被告が、自己の建物占有を否定し、賃借人である組合Ａの使用人として建物に居住するにすぎないと主張する場合、使用人である被告に建物占有の正権原がないことを理由として明渡しを命じるのは、理由不備の違法があるとした。ここでは、被告が使用人として建物を占拠する場合は、賃借人Ａの占有補助者であって独立の占有を有しないから、被告に対する明渡請求は否定されるとの見解を前提とすると解される（判タ68号81頁〔大場茂行調査官〕）。

2　法律効果

198条〜202条の効果に従って、占有物について生じた侵害の排除と損害賠償又は担保を請求することができる。

■■ 参考裁判例

占有訴権と関連する自力救済の禁止について、判例（最判昭和40年12月7日民集19巻9号2101頁［27001246］）は、次のように判示して一定の例外を許容している。

「私力の行使は、原則として法の禁止するところであるが、法律に定める手続によったのでは、権利に対する違法な侵害に対抗して現状を維持することが不可能又は著しく困難であると認められる緊急やむを得ない特別の事情が存する場合においてのみ、その必要な限度を超えない範囲内で、例外的に許されるものと解することを妨げない」。

なお、多くの学説も、旧秩序が侵害され新秩序が確立するまでの攪乱期において実力による救済を認めることは、占有制度の本旨に適合するとして、自力救済の例外的行使を許容している（明石三郎『自力救済の研究〔増補版〕』有斐閣（1978年）271頁以下）。

事実認定における問題点

本条では、前記「法律要件及び法律効果等」で掲記した判例にいう、法人の代表者が法人の機関としてだけでなく、個人のためにも物を所持すると認めるべき「特別の事情」として、どのようなものがこれに当たるかが問題となる。

事実認定についての裁判例と解説

法人の代表者が法人の機関としてだけでなく、個人のためにも物を所持すると認めるべき「特別の事情」

［裁判例］

❶　最判平成10年3月10日裁判集民187号269頁［28030597］

❷　最判平成12年1月31日裁判集民196号427頁［28050209］

判決❶、❷とも、同一宗教法人の僧侶の擯斥処分の有効無効に関する争い

第197条

に派生した訴訟における判断である。

判決❶は、原告が当初は被告の代表者として当該寺院の所持を開始し、被告の上部団体から擯斥処分を受けたことに伴い当該寺院の占有権原を喪失したとしてその明渡しを求める別件訴訟を提起されたときにも、擯斥処分の効力を争うとともに、被告の代表者として当該寺院を占有し得る旨主張していた。別件訴訟提起後、原告と被告は、当該寺院に関して被告が申し立てた仮処分申請事件の手続中で和解をし、原告がAを占有補助者として当該寺院を占有していることを確認し、別件訴訟の帰すうに従って当該寺院を占有すべき者を決め、その者に占有させることに合意した。和解後も当該寺院の占有が被告に移転するまで、原告は、被告との間の別件訴訟を争いつつ、Aを通じ、あるいは自ら直接当該寺院を所持していた。これらの事実関係を前提として、原告は、別件訴訟が決着をみるまでは原告自身のためにも本件建物等を所持する意思を有し、現にこれを所持していたということができるのであって、前記「特別の事情」がある場合に当たると解される、と判示したものである。

判決❷は、原告が当初は被告の代表者として旧寺院の所持を開始し、その後新寺院に転居した後も旧寺院の管理を継続して、これを所持していた。別件訴訟（被告から原告に対する新寺院の明渡しを求める訴訟と、原告が上部団体から受けた擯斥処分の無効を理由に被告の代表役員・責任役員の地位にあることの確認を求める訴訟）の係属中及びその終了後においても、Aらを通じ、あるいは自ら直接旧寺院を所持していた。別件訴訟終了後にされたBとの間での旧寺院建物の撤去についての話合いの際にも、原告が旧寺院を管理、所持していることを前提として、建物撤去後の敷地の占有継続を主張するなどしていた。これらの事実関係を前提として、原告は、原告自身のためにも旧寺院を所持する意思を有し、現にこれを所持していたといえるのであって、前記「特別の事情」がある場合に当たると解される、と判示したものである。

解説

法人の代表者は、通常、法人の機関として物を所持する立場にあり、物を

143

所持することについて個人として独立の利益を有しないから、独立の占有を
有するとは解されていない。しかし、判決❶、❷では、当初、法人の機関と
して所持を開始した後に、法人の上部団体から擯斥処分を受けたため、その
無効確認と自己が代表者であることの地位確認を求める訴訟をするなど被告
との間で紛争が生じており、原告にとっては当該寺院の所持を継続すること
が自己の個人的利益を守るためにも必要といえる状況が発生していた。また、
原告と被告は判決❶では和解をし、判決❷では話合いをしており、その際に
原告が自己のためにも当該寺院を所持しているとの意思を被告に対して明示
又は黙示に表示していたと評価できる事情がある。これらを総合すると、原
告による寺院の所持は単に法人の機関として法人のために所持しているにと
どまらず、原告個人の利益のためにも所持しているとみることのできる客観
的状況にあったと考えられるのであって、判決❶、❷はこのような事情を考
慮して、前記「特別の事情」がある場合に当たると判断したものと思われる。
やや特殊な事例における判断であるが、法人の機関の占有の性質を検討する
うえで参考になると思われる。

（野田恵司）

第198条

（占有保持の訴え）

第198条　占有者がその占有を妨害されたときは、占有保持の訴えにより、その妨害の停止及び損害の賠償を請求することができる。

事実認定の対象等

■■ 意義

本条は、占有の奪取以外の方法による妨害に対する救済として、占有保持の訴えについて規定する。

■■ 法律要件及び法律効果等

1　法律要件

占有者が、占有を奪われる以外の方法で、占有を妨害されていることである。

妨害とは、占有侵奪以外の方法による、占有の部分的な侵害である。例えば、占有する土地に隣の樹木が倒れている、他人の物が放置されている、隣地の崖が崩れて土砂が流れ込んできているといった場合である。判例は、他人の土地の耕作使用は、占有の侵奪ではなく妨害であることが多いが（大判昭和10年2月16日新聞3812号7頁［27543505］）、無断建築は、妨害ではなく工事着工の時から占有の侵奪となる（大判昭和15年10月24日新聞4637号10頁［27546904］）とする。

妨害というためには、社会生活上受忍すべき限度を超えるものでなければならない。

妨害は、当初から妨害と評価すべきものであることが必要である。例えば、隣地の工事のための資材を自己の占有地に置くことを許諾していた者が、工事終了後に資材の堆積が意思に反することになったとしても、除去を請求し得ない（大判昭和7年4月13日新聞3400号14頁［27541417］）。

145

占有に対する妨害が口頭弁論終結時に現存する必要がある。したがって、訴訟の進行中に妨害が停止されれば、損害賠償を除いて訴えの目的が消滅するから、占有訴権を失う。

妨害の停止を請求する相手方は、現在の占有侵害者である。その者の支配に属する物によって侵害状態が生じている場合には、その者が本条の訴えの相手方となる。その者の行為によって侵害状態が生じた場合に限らない。訴え提起後に妨害物件が第三者に譲渡されると、譲受人が被告となる（大決昭和5年8月6日民集9巻772頁［27510523］）。その者の故意・過失を問わない。

2　法律効果

妨害の停止及び損害の賠償を請求することができる。

妨害の停止とは、妨害状態を除去、復旧することである。そのための費用は妨害者の負担となる（大判大正5年7月22日民録22輯1585頁［27522250］）。

損害賠償請求権の性質は、不法行為に基づくものであり、便宜上、占有訴権の内容に加えられたものである。したがって、その成立要件及び効果は、不法行為の規定に従う（前掲大判大正5年7月22日、大判昭和9年10月19日民集13巻1940頁［27510099］）。例えば、大地震で隣地の樹木が倒れてきた場合には、故意・過失がないため、それによって生じた損害賠償を請求することができない。

本条での損害賠償の額は、占有の妨害によって生じた損害であって、侵害状態の復旧に要する費用ではない（前掲大判大正5年7月22日）。したがって、例えば、堤防の破壊に対する占有保持の訴えにおいて損害賠償として請求できるのは、復旧までに被った損害、例えば、田地賃借人の純益及び小作料相当額（前掲大判昭和9年10月19日）、船舶の交互侵奪のために生じた船舶使用上の利益（大判大正13年5月22日民集3巻224頁［27510949］）などに限られ、堤防の復旧の費用は請求できない（前掲大判大正5年7月22日）。

第198条

事実認定における問題点

本条に関する事実認定が問題となった裁判例は見当たらない。

（野田恵司）

（占有保全の訴え）

第199条　占有者がその占有を妨害されるおそれがあるときは、占有保全
の訴えにより、その妨害の予防又は損害賠償の担保を請求することがで
きる。

事実認定の対象等

■■ 意義

本条は、占有妨害のおそれがあるときの救済として、占有保全の訴えについて規定する。

■■ 法律要件及び法律効果等

1　法律要件

占有者が、その占有を妨害されるおそれがあることである。

占有の妨害については、198条の解説を参照されたい。

「おそれがあるとき」とは、例えば、樹木が倒れそうになっているとき、崖が崩れそうになっているときなどをいう。一般人がみて妨害を生ずる客観的危険性があると考えるだけの事由が必要で、単に占有者が主観的な危惧感を抱くだけでは足りない。判例には、隣接地に瓦礫が堆積したために雨水によって浸水するおそれが生じた場合（大判大正10年1月24日民録27輯221頁［27523197］）、電力会社の高圧電線のための上空の空間占有を妨害する建物を建築する場合（大阪高判昭和38年7月4日高裁民集16巻6号423頁［27430689］）に、妨害のおそれを認めたものがある。

占有の妨害のおそれは口頭弁論終結時に現存する必要がある。したがって、訴訟の進行中に妨害のおそれが消滅すれば、損害賠償を除いて訴えの目的が消滅するから、占有訴権を失う。

妨害の予防を請求する相手方は、現在妨害のおそれを生じさせている者で

第199条

ある。その者が妨害の危険を生じさせた場合に限らない。その者の支配に属する物によって妨害の危険が生じている場合には、その者が本条の訴えの相手方となる。訴え提起後に妨害物件が第三者に譲渡されると、譲受人が被告となる。相手方の故意・過失を問わない。

2 法律効果

妨害の予防又は損害賠償の担保を請求することができる。

予防とは、妨害のおそれを除去することである。例えば、樹木に支柱を施し、崖崩れに対する予防工事をするなどである。

費用は、妨害のおそれがある状態を支配している者が負担すべきである。

妨害の予防と損害賠償の担保は、「又は」とされ、選択的にしか請求できない。

損害の賠償については、198条の解説を参照されたい。

「担保」の種類に制限はなく、金銭を供託すること、保証人を立てること、担保物権を設定することなどを問わない。なお、損害賠償の「担保の請求」であるから、故意、過失などの不法行為の要件が備わっている必要はない。

事実認定における問題点

本条に関する事実認定が問題となった裁判例は見当たらない。

（野田惠司）

（占有回収の訴え）

第200条　占有者がその占有を奪われたときは、占有回収の訴えにより、その物の返還及び損害の賠償を請求することができる。

2　占有回収の訴えは、占有を侵奪した者の特定承継人に対して提起することができない。ただし、その承継人が侵奪の事実を知っていたときは、この限りでない。

事実認定の対象等

意義

本条は、占有を奪われた場合の救済として、占有回収の訴えについて規定する。

法律要件及び法律効果等

1　法律要件

占有者が、占有を奪われたことである。

「占有を奪われた」とは、占有者の意思に基づかずに占有を奪われることである。当初からそのように評価されるものであることが必要であるから、騙されて任意に引き渡した場合（大判大正11年11月27日民集1巻692頁［27511167］）、遺失した物を他人が拾った場合、賃貸借終了後に賃借人が不法占拠する場合（大判昭和7年4月13日新聞3400号14頁［27541417］）、強制執行によって占有を解かれた場合（最判昭和36年6月6日民集15巻6号1501頁［27002290］、最判昭和38年1月25日民集17巻1号41頁［27002060］）は、いずれもこれに当たらない。

なお、代理占有の侵奪は、占有代理人について判断される（前掲大判大正11年11月27日）。

占有に対する妨害が口頭弁論終結時に現存する必要がある。したがって、

第200条

訴訟の進行中に妨害が停止されれば、損害賠償を除いて訴えの目的が消滅するから、占有訴権を失う。

請求の相手方は、198条、199条の場合と異なり、占有を奪った者である。

ただし、占有を侵奪した者の特定承継人が侵奪の事実を知っていたときは、その者に対しても請求できる（本条2項）。

善意の特定承継人から占有を取得した悪意の特定承継人に対しては請求できない（大判昭和13年12月26日民集17巻2835頁［27500465］）。

侵奪者が奪った物を代理占有している場合には、侵奪者に対してはもちろん（大判昭和5年5月3日民集9巻437頁［27510497］）、悪意の占有代理人に対しても請求できる（大判昭和19年2月18日民集23巻64頁［27500003］）。占有代理人が善意であれば、代理占有関係の移転を請求し得るだけである。

占有代理人が直接占有をその意思に基づいて本人に移転したときは、本人が本条2項の特定承継人に当たる（広島高判昭和38年5月22日高裁民集16巻3号202頁［27430679］）。

占有者侵奪者が本権を有し、占有者に対して返還請求ができる者であってもよい（大判大正8年4月8日民録25輯657頁［27522825］）。

占有の交互侵奪における返還請求の当否について、これを肯定すると思われる判例がある（大判大正13年5月22日民集3巻224頁［27510949］。ただし、事案としては返還請求ではなく損害賠償請求を認めたもの）が、通説はこれを否定し、下級審判決も否定の傾向にある（東京地判昭和43年12月3日ジュリ437号3頁、名古屋地判昭和50年7月4日判タ332号318頁［27431511］など）。

2　法律効果

物の返還及び損害賠償を請求することができる。

返還の対象は侵奪された物自体であるが、目的物が仮処分命令によって換価された場合には、供託された換価金の引渡しを併せて請求できる（大判大正14年5月7日民集4巻249頁［27510866］）。

共同占有者の一方が他方の占有を奪った場合には、共同占有状態を回復し

151

得るにすぎず、侵奪前より利益のある状態にすることはできない（大判昭和3年2月8日新聞2847号12頁［27550865］）。

損害の賠償については、198条の解説を参照されたい。

本条での損害賠償の額は、占有を奪われたことによって生じた損害であるから、使用できなかったことによる損害を標準とすべきであり、物の価値によって定めるべきではない。

■■ 参考裁判例

占有者と占有補助者との関係について、「占有を奪われた」に当たるかどうかが問題となった判例として、最判昭和57年3月30日裁判集民135号553頁［27431959］がある。

これは、占有者（会社）が占有補助者（従業員ら）を通じて占有していた店舗について、従業員らが退職届を提出することにより、爾後、自ら店舗を占有する旨を表明した後は、従業員らは、自己のためにする意思をもって店舗の所持を取得し、これを継続したものというべきであり、反面、会社は、従業員らから前記占有の意思が表明された時点で、その意思に基づかないで店舗に対する所持を失ったといえるから、本条所定の占有を奪われたときに当たるとして、従業員らに対し店舗の返還を請求することができる、としたものである。

本条2項の「侵奪の事実を知っていた」の内容につき、単なる可能性のある事実としてではなく、具体的事実について認識していたことを要するとした判例として、最判昭和56年3月19日民集35巻2号171頁［27000148］がある。

これは、国鉄（当時）が委託を受けて輸送中に盗まれた株券の占有を取得した者に対して引渡しを請求する事案につき、占有の侵奪者の特定承継人が侵奪を知って占有を承継したということができるためには、当該承継人が少なくとも何らかの形で侵奪があったことについての認識を有していたことが必要であり、単に前主の占有取得が何らかの犯罪行為ないし不法行為によるものであって、これによっては前主が正当な権利取得者とはなり得ないもの

であることを知っていただけでは足りないことはもちろん、占有侵奪の事実
があったかもしれないと考えていた場合でも、それが単に1つの可能性につ
いての認識にとどまる限りは、いまだ侵奪の事実を知っていたものというこ
とはできないと解するのが相当である、としたものである。

事実認定における問題点

本条に関する事実認定が問題となった裁判例は見当たらない。

（野田恵司）

（占有の訴えの提起期間）

第201条　占有保持の訴えは、妨害の存する間又はその消滅した後１年以内に提起しなければならない。ただし、工事により占有物に損害を生じた場合において、その工事に着手した時から１年を経過し、又はその工事が完成したときは、これを提起することができない。

2　占有保全の訴えは、妨害の危険の存する間は、提起することができる。この場合において、工事により占有物に損害を生ずるおそれがあるときは、前項ただし書の規定を準用する。

3　占有回収の訴えは、占有を奪われた時から１年以内に提起しなければならない。

事実認定の対象等

■■ 意義

本条は、198条〜200条の占有の訴えについて、特別の出訴期間を定めたものである。

■■ 法律要件及び法律効果等

1　占有保持の訴え（本条１項）

妨害の停止は、妨害が消滅すれば、出訴できなくなる。

損害賠償は、妨害が消滅した後１年が経過すれば、出訴できなくなる。

ただし、工事により占有物に損害を生じた場合には、その工事に着手した時から１年が経過し、又は１年経過前でも工事が完成すれば、出訴できなくなる（本条１項ただし書）。これは、工事が有する社会経済上の意義に鑑み、速やかに占有訴権を提起すべきとする趣旨である。軽少な工事についてはこの制限は妥当しないという下級審判決がある（大阪地判昭和38年４月６日判タ145号83頁［27430672］、東京高判昭和50年11月27日判タ336号255頁

154

[27431540])。

2 占有保全の訴え（本条2項）

妨害の危険が存在しなくなれば、出訴できなくなる。

3 占有回収の訴え（本条3項）

占有を奪われた日から1年が経過すれば、出訴できなくなる。

事実認定における問題点

本条に関する事実認定が問題となった裁判例は見当たらない。

（野田恵司）

（本権の訴えとの関係）

> **第202条** 占有の訴えは本権の訴えを妨げず、また、本権の訴えは占有の訴えを妨げない。
> 2 占有の訴えについては、本権に関する理由に基づいて裁判をすることができない。

事実認定の対象等

■■ 意義、法律要件及び法律効果等

1項は、占有の訴えと本権の訴えとは、全く平面を異にする別個の訴えであることを規定する。その根拠、目的が異なるからである（大判大正4年5月5日民録21輯658頁［27521933]）。

2項のとおり、占有の訴えに対して、防御方法として本権の主張をすることはできず、本権に関する理由に基づいて判断してはならない。占有の訴えを本案とする仮処分申請の当否の判断（大判昭和11年11月9日民集15巻1959頁［27500659]、最判昭和27年5月6日民集6巻5号496頁［27003406]）や、本権の訴えを本案とする仮処分に対抗的に提起された占有回収の訴えの当否の判断（大判昭和8年4月25日民集12巻731頁［27510166]）についても、同じく本権に関する理由に基づいて判断してはならない。したがって、一方の判決の既判力が他方に及ぶこともない（大判大正4年5月5日民録21輯658頁［27521933]）。

これに対し、占有の訴えに対する反訴として、本権の訴えを提起することはできる（最判昭和40年3月4日民集19巻2号197頁［27001328]）。

事実認定における問題点

本条に関する事実認定が問題となった裁判例は見当たらない。

（野田恵司）

第3節　占有権の消滅

（占有権の消滅事由）

第203条　占有権は、占有者が占有の意思を放棄し、又は占有物の所持を失うことによって消滅する。ただし、占有者が占有回収の訴えを提起したときは、この限りでない。

事実認定の対象等

■■ 意義

本条は、自己占有（自主占有者による直接占有）の場合の占有権の消滅事由を定めた規定である。

■■ 法律要件及び法律効果等

1　占有権の消滅

占有者が、

①　占有の主観的要件である「占有の意思」を放棄すること

又は、

②　客観的要件である「所持」を失うこと

によって、占有権は消滅する（本条本文）。

⑴　占有意思の放棄

通説によれば、占有権取得の要件である「自己のためにする意思」（180条）は、所持による事実上の利益を自己に帰属させる意思であり、心理的には具体性・個別性を要せず、潜在的・一般的なもので足り、占有を生じさせた権原の性質により客観的に決まると解されている。したがって、占有意思

157

の放棄とは、自己のために占有する意思が主観的に失われただけでは足りず、所持を放棄する（それを通じて占有意思の放棄をする）か、そうでない場合は占有意思の放棄を積極的に表示する必要があり、それにより占有権の消滅を認める趣旨の規定と理解される。

(2) 所持の喪失

所持の喪失とは、事実上の支配を失うことである。

所持とは、物を事実上支配することであり、所持の存否は、人と物との関係に対する社会的評価によって認定される。したがって、所持の喪失についても、社会通念によって判断される（大判昭和5年5月6日新聞3126号16頁［27551807］）。

例えば、所持は継続的に直接の支配（物理的支配）をしていなくてもよいし、留守宅内で動産を見失っても、その物が屋内にある限り、所持は喪失しない（大判大正15年10月8日刑集5巻440頁［27550219］）。劇場内の売店を再三の督促にもかかわらず使用しないまま2年8か月が経過した場合は、その場所の所持を失う（最判昭和30年11月18日裁判集民20号443頁［27430197］）。借地人が地上の自己所有建物を賃貸している場合において、建物が滅失すると、借家人は建物の所持を失うとともに土地の所持も失い、土地について借地人の自己占有となる（大判昭和3年6月11日新聞2890号13頁［27551030］）。実体上違法な差押えによっては所持を失わない（大判昭和9年11月20日民集13巻2302頁［27510109］）。

2　占有継続の擬制

所持を失っても、占有回収の訴えを提起したときは、占有権は消滅しないとされる（本条ただし書）。すなわち、現実に占有しなかった間も占有を失わず継続していたものと擬制される。これにより、例えば、取得時効の要件である占有の継続があったことになる。

判例は、占有回収の訴えを提起しただけでは足りず、これに勝訴し、かつ、現実にその物の占有を回復したことを必要としている（最判昭和44年12月2日民集23巻12号2333頁［27000760］）。

第203条

事実認定における問題点

これまでの裁判例では、占有者の所持の喪失が問題となったものがある。

事実認定についての裁判例と解説

占有者の所持の喪失

[裁判例]

❶　東京地判平成6年8月23日判時1538号195頁［27827923］

　夫婦が婚姻後に取得した共有財産である建物に居住していたところ、①夫の不貞などによる心労等が重なって体調を崩した妻が、夫に無断でかつ行方を告げずに同建物を出て妻の実家に戻ったことで以後別居状態となったこと、②妻はその後も、必要に応じて同建物に立ち入って自己や子どもの物を持ち出していたこと、③夫は、妻が同建物に立ち入ったことで生活の平穏が害されるなどとして同建物の鍵を付け替えたこと、④妻は、弁護士に依頼して子の衣類や玩具、家電の一部などを搬出したこと、⑤夫が同建物から自己の所有物をほとんど搬出し、生活の拠点を他に移したこと、⑥その後も、同建物内には夫婦が使用していた家具や家電などの多くが残されており、夫の固有のものも一部あったが、他方、妻の固有の家具などもそのままあったこと、⑦その後、妻が同建物に住民登録を移したことなどの事実関係の下において、妻が同建物を出て実家に戻ったとしても、直ちに妻の同建物に対する法的な権限や占有が消滅したとは認められないとされたもの

❷　横浜地判平成20年6月27日判タ1289号190頁［28150217］

　①宅地造成工事の請負人が同土地の引渡しを受けて工事を完成した後も、工事代金の一部が未払であったために、工事に使用した資材や鉄板、フェンス等を同土地上から引き上げず、置いたままの状態としていたこと、②通常は目的物の引渡し時に交付される引渡完了証や擁壁の検査済証の原本を注文者に交付しなかったこと、③注文者も前記書類の原本の交付を請負人に求めなかったこと等の事情に照らすと、注文者への引渡しはいまだされておらず、

159

請負人の占有が継続していたとされたもの

解説

　前記「法律要件及び法律効果等」で述べたとおり、所持の喪失の認定は、人と物との関係に対する社会的評価による。その評価は、所持をめぐる諸事情を基礎として、社会通念に照らして判断されることになると考えられる。

　判決❶は、①妻が夫婦で居住していた共有建物を出て実家に帰ったものの、②従前使用していた家具や家財道具の多くはそのまま残置され、⑥それは夫が鍵を付け替えた後も同様で、②妻は時折、同建物内に立ち入って自己や子どもの物を持ち出していたというのであるから、従前からの事実上の支配がなお継続していると考えられる。もっとも、③夫が鍵を付け替えた後は、妻が同建物に入れなくなった時期があるが、④その際も、弁護士に依頼して子の衣類等を搬出するなど、なお支配の継続をうかがわせる行為に出ている。これらの事情を総合し、同建物に対する従前からの事実上の支配がいまだ失われていないと判断したものと思われる。

　判決❷は、①宅地造成工事の請負人が工事完成後も、工事に使用した資材や鉄板、フェンス等を同土地上に置いたままの状態としていたことからは、工事完成前と同様の事実状態が継続しているといえるし、②引渡完了証や検査済証の不交付の事実は、請負人が前記資材等を意図的に置いていること（引渡し後に不要物が残置されているような場合とは異なること）をうかがわせる事情であり、③注文者が前記書類等の交付を求めていないことは、前記①②の状態を注文者も容認していることをうかがわせる事情といえる。これらの事情を総合し、社会通念上、占有はいまだ喪失していないと判断したものと思われる。

（野田恵司）

第204条

（代理占有権の消滅事由）

第204条　代理人によって占有をする場合には、占有権は、次に掲げる事
由によって消滅する。

　一　本人が代理人に占有をさせる意思を放棄したこと。

　二　代理人が本人に対して以後自己又は第三者のために占有物を所持す
る意思を表示したこと。

　三　代理人が占有物の所持を失ったこと。

2　占有権は、代理権の消滅のみによっては、消滅しない。

事実認定の対象等

■■ 意義

本条は、代理人によって占有する場合（代理占有、間接占有）における占
有権の消滅を定めた規定である。

■■ 法律要件及び法律効果等

1　代理占有権消滅の効果が生じる要件

① 本人が代理人に占有させる意思を放棄したこと

② 代理人が本人に対して以後自己又は第三者のために占有物を所持する意
思を表示したこと

③ 代理人が占有物の所持を失ったこと

2　代理人による占有

代理人による占有については、181条の解説を参照されたい。

①と③は、203条の本人による占有権の消滅の要件に対応する。

①の意思は、占有代理関係を生じさせた事情によって客観的に判断すべき
ものと解されるところ、①の意思の放棄は、代理人の所持が継続する状況下

161

で占有代理関係を否定するものであるから、積極的に表示され、かつ、本人から代理人に対して表示される必要がある。

②の意思の放棄も、①の場合に準じて考えることができる。すなわち、この意思表示は積極的に表示され、かつ、本人に対して表示される必要がある。なお、代理占有意思の放棄は、本人の不利益を招くおそれがあるから、その意思表示は厳格に解すべきものと考えられる。代理人による占有意思の放棄に関する判例として、部屋の転借人が転貸人の入室を拒絶すると同時に、以後転貸人のためその部屋を占有しない旨の意思表示をすれば、転貸人の代理占有は消滅するとしたものがある（最判昭和34年1月8日民集13巻1号17頁[27002600]）。

③の所持の喪失は、203条の本人の所持について述べたところと同様である。

3　占有代理関係

代理占有が成立するには、本人と代理人との間に特別の法律関係（占有代理関係）が必要である（181条の解説を参照されたい）が、占有代理関係は客観的な事実関係であるから、外形的事実で足り、適法な権原に基づくことを要しない。したがって、占有代理関係に関する適法な権限が消滅しても、占有代理人であった者による事実的支配関係が継続する限り、代理占有は当然には消滅しない。例えば、賃貸借契約が終了したのに賃借人が目的物を返還しない場合がこれに当たる（大阪地判昭和47年9月14日判タ298号394頁[27441500]）。本条2項は、前記の趣旨を注意的に規定したものと理解される。

事実認定における問題点

本条に関する事実認定が問題となった裁判例は見当たらない。

（野田恵司）

第4節　準占有

第205条　この章の規定は、自己のためにする意思をもって財産権の行使
をする場合について準用する。

事実認定の対象等

■■ 意義

　本条は、物の占有を伴わない財産権についても、社会的事実として、ある
人がその権利者として行動し、一般の第三者もその者を権利者として考える
ような状態が成立することがあることに鑑み、これを財産の「準占有」と称
して、占有に関する規定をこれに準用することとしたものである。物に対す
る支配関係以外の財産関係においても、その事実的支配からなる社会秩序を
準占有として是認しようという趣旨である。

■■ 法律要件及び法律効果等

1　法律要件

　自己のためにする意思をもって、財産権の行使をすることである。

　準占有は、

① 　自己のためにする意思

② 　財産権の行使

によって成立する。

　「自己のためにする意思」については、180条の解説を参照されたい。

　「財産権の行使」は、物の占有における「所持」に対応するものであり、

163

権利者と認め得るような権利支配の外形的・客観的事実（権利行使の外観）があればよい（大判大正10年5月30日民録27輯983頁［27523263］）。権利行使に証書の所持は必要でない（大判明治38年6月7日民録11輯898頁［27520822］）。証書は偽造でもよい（大判昭和2年6月22日民集6巻408頁［27510707］）。代理人による準占有も認められる（最判昭和37年8月21日民集16巻9号1809頁［27002106］）。

　本条に基づいて準占有が成立する財産権は、物の所持を本質的な内容としないものである。したがって、財産権の行使によって本来の占有を伴う権利（所有権、地上権、永小作権、質権など）には準占有は成立しない。これらの権利を行使すれば、占有が成立することになるからである。その観点から賃借権について準占有の成立を否定するのが通説であるが、判例はこれを肯定する（大判明治32年6月15日民録5輯6巻69頁［27520046］、大判大正10年3月16日民録27輯541頁［27523226］）。

　権利行使に本来の占有を伴わない財産権は、原則として準占有が認められる。

　準占有が成立する財産権には、債権、先取特権・抵当権など占有を伴わない物権、著作権・特許権・商標権などの無体財産権がある。なお、無体財産権について準占有を認めるためには、その権利の特殊性からみて、違法に著作権等を侵害して製品を作る等だけでは足りず、権利を専有する状態の成立が必要と解される（最判平成9年7月17日民集51巻6号2714頁［28021330］）。

　取消権・解除権などの形成権は、準占有を肯定するのが通説であるが、否定説も有力である。

　地役権について、通説・判例（大判昭和12年11月26日民集16巻1665頁［27500550］）は、地役権における土地支配の程度は、地上権と比較して排他性がなく、地役権の内容に限られた利益の保障であるとして、占有ではなく準占有が成立すると解している。

　登記請求権は、物権の一作用であって本権と離れて準占有の客体とはならない（大判大正9年7月26日民録26輯1259頁［27523113］）。物権的請求権も同様である。

第205条

債権の準占有者の例として、表見相続人が預金債権を行使する場合（前掲大判大正10年5月30日）、表見賃貸人が賃料債権を行使する場合（前掲大判明治32年6月15日）、無効の転付命令によって債権を行使する場合（大判大正2年4月12日民録19輯224頁［27521666］、大判昭和3年5月30日新聞2892号9頁［27551016］、最判昭和40年11月19日民集19巻8号1986頁［27001253］）、偽造の領収書によって配当金債権を行使する場合（大判昭和2年6月22日民集6巻408頁［27510707］）、事実上譲り受けた指名債権を行使する場合（大判大正7年12月7日民録24輯2310頁［27522764］）などがある。

2 法律効果

占有に関する規定が準用される。しかし、その範囲については権利ごとに検討を要する。

権利推定規定（188条）、果実取得（189条、190条。ただし、法定果実に限る）、費用償還請求権（196条）、占有訴権（197条以下。通行地役権についての大判昭和12年11月26日民集16巻1665頁［27500550］）は、準用される。

即時取得（192～194条）は準用されない（電話加入権につき大判大正8年10月2日民録25輯1730頁［27522918］）。

通行地役権の取得時効につき、187条2項の適用を認めた裁判例がある（福岡地判昭和45年12月24日判タ260号294頁［27431240］）。

事実認定における問題点

本条に関する事実認定が問題となった裁判例は見当たらない。

（野田恵司）

165

第3章 所有権
第1節 所有権の限界
第1款 所有権の内容及び範囲

（所有権の内容）

　第206条　所有者は、法令の制限内において、自由にその所有物の使用、収益及び処分をする権利を有する。

事実認定の対象等

■■ 意義

　本条は、所有権を定義し、その効力の一般的内容を明らかにした規定である。

　所有権とは、人が物を自由に使用・収益・処分し得る物権を意味する（川島＝川井編・新版注釈民法(7)〔川井健〕300頁）。すべての権利は、法律の規律を受けるとともに、その権能の範囲において自由に行使されるが、本条が特に所有権についてこの理を宣言しているのは、所有権を絶対な自然の権利（国法以前の権利）だとする考え方に対して国法による制限の可能と必要とを言明することが必要だと考えた時代の思想の痕跡である（我妻＝有泉・民法講義Ⅱ270頁）。

　「使用、収益」とは、目的物を物質的に使用し、又は目的物からの果実を収取することをいう（我妻＝有泉・民法講義Ⅱ270頁）。「処分」とは、目的物を物質的に変形・改造・破壊することと、法律的に譲渡・担保設定その他の処分行為をすることを含む（我妻＝有泉・民法講義Ⅱ270頁）。

　本条の「法令」とは、憲法29条2項の下においては、法律を意味すると解され（川島＝川井編・新版注釈民法(7)〔野村好弘＝小賀野晶一〕314頁）、命

167

令（政令・省令・条例など）により得るのは法律から委任された場合に限られる（我妻＝有泉・民法講義Ⅱ271頁）。

所有権の内容を定める法令は多く、制限の態様に従って主なものを挙げると、①物の所持を制限・禁止するもの（銃砲刀剣類所持等取締法、覚せい剤取締法等）、②物の使用・生産・取引を制限するもの（通貨及証券模造取締法等）、③所有者の利用方法を制限するもの（文化財保護法、森林法、大気汚染防止法、都市計画法、建築基準法等）、④公共のための収用・使用を忍容すべきものとするもの（土地収用法、土地区画整理法等）、⑤取引などを制限するもの（農地法、薬事法、独占禁止法等）などがある（我妻＝有泉＝清水＝田山・コメ436頁）。

■■ 法律要件及び法律効果等

本条の「法令」の一例として、農地等の取引を制限する農地法がある。

農地法3条1項本文は、「農地又は採草放牧地について所有権を移転……する場合には、政令で定めるところにより、当事者が農業委員会の許可を受けなければならない」と規定し、原則として、売買契約等の成立前に農業委員会の許可を受けなければならない。

Xが農地の所有者Yから売買契約によりその所有権を取得するための法律要件は、

① XとYが農地の売買契約を締結したこと

② 農地所有者Yが、①の契約締結当時、当該農地を所有していたこと

③ ①の契約についての農業委員会の許可の存在

である。この場合、③の要件が必要となるのは、農地の売買契約等に係る農業委員会等の許可等は売買契約等の効力発生の法定（停止）条件であると解されているからである（最判昭和37年5月29日民集16巻5号1226頁[27002143]。司研・要件事実(1)141頁も参照）。

なお、土地が農地であるかどうかは、主観的な使用目的や不動産登記簿上の地目によって決まるものではなく、その土地の客観的使用状態によって決まる（現況主義、最判昭和35年3月17日民集14巻3号461頁[27002484]等）。

第206条

事実認定における問題点

これまでの裁判例では、1　不動産の所有権の帰属が争点となり、登記簿・家屋台帳等の記載による不動産所有権の帰属の推認の可否が問題となったもの、2　不動産の所有権の帰属が争点となり、公図等の記載により土地所有権の帰属が推認されるかが問題となったもの、3　動産の所有権の帰属の有無が問題となったもの、4　所有権の濫用の成否が問題となったものがある。

事実認定についての裁判例と解説

1　不動産の所有権の帰属が争点となり、登記簿・家屋台帳等の記載による不動産所有権の帰属の推認の可否が問題となったもの

裁判例

登記等の推定力を認めたうえで、その推定を覆す反証がない等とした裁判例には、次のものがある。

❶　最判昭和33年6月14日裁判集民32号231頁〔27430374〕

家屋台帳では所有者が上告人となっている係争建物の所有権の帰属について、原判決が、係争建物から退去する際にその監守を上告人でなく近隣者に託したこと、上告人は係争建物を使用せず、だいたいにおいてそのまま放置していたこと、係争建物は昭和19年4月に建築されたが、新築申告は昭和21年10月にされており、建築時期と申告との間には相当の隔たりがあることから、家屋台帳の記載にかかわらずAがその費用をもって係争建物を建築所有したと認定したのに対し、家屋台帳の記載上所有者が上告人となっている以上反証なき限りその記載が真実であると推定すべきものであり、昭和19年4月に建築されたものが昭和21年10月にその新築申告がされてその間相当の隔たりがあるというだけのことで、前記推定を覆すに足りる反証とすることはできない。

❷　最判昭和34年1月8日民集13巻1号1頁〔27002601〕

169

本件山林に被上告人（＝控訴人）所有名義の登記がされている事実から本件山林が被上告人の所有に属するものと推定される旨判示した原判決について、登記簿の記載から被上告人の所有を推定したことは正当であり、上告人（＝被控訴人）らの本訴請求を理由あらしめるには、上告人らにおいて、自己の主張事実を立証して当該推定を覆す責任を負担することになるが、原判決の判示によれば、上告人らは、本件山林を含む約20町歩の山林は、上告人らの先代亡Aが昭和22年7月28日にBから買い受けて所有していたものであるが、その不知の間にほしいままに本件3筆の山林が被上告人名義に登記されていると主張するけれども、いまだ当該主張を肯認することができない。

❸ 最判昭和46年6月29日判タ264号197頁［27431274］

上告人（被控訴人＝原告）は、本件土地は神戸市兵庫区有馬字峠堂180番の1の宅地184.29坪の一部であって上告人の所有であるところ、本件土地の一部分に建物を所有している被上告人ら（控訴人＝被告）に同部分の明渡しを求めたのに対し、被上告人らは、被上告人ら占有部分が149番地又は146番地の1でありその所有者から借りていると争った事案において、「登記はその記載事項につき事実上の推定力を有するから、登記事項は反証のないかぎり真実であると推定すべきである。ところで、被上告人らの居住しているところが神戸市兵庫区有馬町有馬字峠堂180番の1であることは、右地番の登記簿の附属図面に記載されているところであり、これに基づいて右登記簿は180番の1の面積を当時120坪から388.64坪に更正したものであることは、原審の適法に確定した事実である。そうすれば、反証のないかぎり、被上告人らの占有する本件係争地は180番の1に属し、上告人の所有に属すると推定すべきである。したがって、右反証のないかぎり、右係争地が上告人の所有に属するとして所有権に基づき被上告人らに対し各占有する土地部分の明渡しを求める上告人の本訴請求は理由があることになるので、右反証について更に審理すべきものといわなければならない。これと異なる原判決の判断は失当であり、論旨は理由があり、原判決は破棄を免れないものといわなければならない」として原判決を破棄したもの。

❹ 東京地判昭和53年3月30日判タ369号237頁［27431727］

第206条

国から本件土地の払下げを受けた者が、その登記簿の記載どおり被告であったのか、真実は原被告の母であったのかが争われた事案において、登記の推定力に関する原告の反証に詳細な検討を加えたうえで、原告の反証を排斥し登記簿記載どおり被告が払下げを受けたものと認定した。

他方、登記等の記載の推定力を覆すべき事情がある等とした裁判例には、次のものがある。

❺ 最判昭和39年1月23日裁判集民71号133頁［27430725］

もと国有地であった本件山林につき、明治9年5月頃、上告人の3代前の戸主Aに払い下げられてその所有となり、次いで、明治36年12月被上告人らの亡祖父又は亡父及び上告人とも計6名の共同名義で払い下げられ、昭和27年5月に当事者6名共有の所有権保存登記がされたこと、八幡宮及びその末社たる荒神の境内地を囲んで本件山林があり、合わせて1つの神域をなし、本件山林の払下げは、6名の者が荒太荒神の信徒総代名義をもってなした出願に基づいてなされたとの事実関係の下で、上告人が「八幡宮等は上告人方の私祭神で、その境内地も上告人方の所有地であることから、上告人が本件山林の、いわゆる縁故者としてその払下げを受けたもので、払下出願に当たり被上告人らの亡祖父・亡父らとともに荒神の信徒総代という共同名義を用いたのは便宜上したことである」と主張する事案において、係争山林が前記6名の共同名義で払い下げられ、次いで当事者6名共有の所有権保存登記がなされたとしても、そのことから被上告人ら主張のごとく係争山林が結局判示部落の所有に帰したとは容易に首肯できず、前記払下げと保存登記との間には約50年が経過し、その間の事情は漠としてとらえどころがないとしたうえで、登記は、その内容たる権利の存在を推定させる効力があるが、代金支払の領収書や納税の領収書を他の者が保存等していたという推定を覆す有力な事実が認められるのに、これらの事実について特に考慮しないのは理由不備であるとして、原判決を取り消した。

❻ 東京高判昭和58年8月30日判時1090号120頁［27406010］

係争建物の所有権を控訴人（＝原告）の被相続人か、被控訴人（＝被告）の被相続人のいずれが原始取得したかが争われた事案において、建物の所有

171

権の帰属が、家族以外の第三者との間で争われているような場合には、表示登記の存在することにより、家族中のいずれかの者の所有に属することを推定させるが、家族の構成員の中で所有権の帰属が争われているときは、表示登記の名義人に直ちに所有の推定力を認め得るものではないとし、建物が建築された当時が、いわゆる家の制度の下では、家族の生活又は営業の本拠となる家屋について、それが家族共同体に属するもの、いわば家産としてとらえ、その所有権は戸主に帰属するもので、棟上げ式に際して、戸主の名が記載された棟札が棟木に打ち付けられ、他にこれについて格別の異議もなかった等の事情のときは、建物の所有は戸主に帰属する。

❼ 東京地判平成28年7月20日平成27年㈠3131号公刊物未登載 ［29019231］

　原告が、原告の母A名義を用いて、マンション（区分所有建物）を買い受け、A名義で所有権移転登記をしていたところ、Aが死亡したことから、Aの法定相続人である原告（法定相続分は3分の1）と被告ら（法定相続分は各6分の1）との間で、Aが前記建物の所有権を有することの確認を求めるとともに、同所有権に基づき、被告らに対し、真正な登記名義の回復を原因とする所有権移転登記手続を求めたところ、前記建物には権利者としてA名義での登記があるから、反証のない限り、Aが買受人であると推定されるとしたうえで、Aは、本件建物の売買契約書が作成された当時91歳であり、認知症に加えて、障害が高度で常に監視介助が必要であり、回復の可能性がなかったものであり、高額な不動産である本件マンションを購入することについて、その利害得失を判断して意思を表示することは極めて困難な状態であったこと、原告夫婦は前記建物の購入準備をしていたこと、本件建物の売買契約書の「A」の署名は原告の妻が書いたもので、同書に押なつされたAの印影もAの印章によって顕出されたものとは認められないこと、Aが原告又はその妻に売買契約締結の代理権を委ねた事実も全くうかがえないことといった諸事情に照らし登記による前記推定を覆すに足りる事情が認められるから、B名義の登記があることから、Bが買主であると推定することはできない。

第206条

> 解説

　判例・学説ともに、登記がされている場合には、これに伴う実質的な権利があると推定すべきと解している（判決❷及び❸、我妻＝有泉・民法講義Ⅱ245頁、幾代通＝徳本伸一補訂『不動産登記法〈第4版〉』有斐閣（1994年）456頁等）。登記は、登記権利者と登記義務者との共同申請によってなされることになっており、かつ、登記申請には、一定の登記原因を証する書面等必要な書類を提出することが要求されているうえ、登記事務は、法務局という公の機関が管理しているから、一般的に、登記簿には客観的に真実の権利関係が記載されており、虚偽の記載がされていることはまれであること等を根拠とする（後藤勇『民事裁判における経験則―その実証的研究』判例タイムズ社（1990年）103頁。これに加え、占有に権利推定を認めた188条との均衡も根拠とする見解（幾代＝徳本・前掲456頁）もある）。登記の推定力については、法律上の推定か事実上の推定かで見解が分かれるが、判例（判決❷及び❸）は、事実上の推定の効力のみを認めるものと解される（司研・類型別73頁、伊藤＝加藤編・判例から学ぶ〔北川清〕133頁参照）。なお、判例は、登記簿上の現所有名義人は、前所有名義人から不動産所有権を取得したと主張する場合には、前所有名義人に対し、登記の推定力を援用し得ないとする（最判昭和38年10月15日民集17巻11号1497頁〔27001974〕）。

　昭和35年の不動産登記法の改正により、従来の土地台帳・家屋台帳は、それぞれ土地登記簿・建物登記簿に吸収・統合されたため、現在では、土地台帳・家屋台帳が証拠として提出されることはほとんどなくなってはいるが、土地台帳や家屋台帳が証拠として提出されれば、登記簿に準じて考えることができる（判決❶、後藤・前掲103頁）。また、不動産登記法は、平成16年にオンライン申請の導入等のため全面的に改正されたが（平成16年法律第123号）、旧不動産登記法と同様かそれ以上に登記簿の記載の正確性を確保する手当てがされており、旧不動産登記法の下と同様に登記簿の記載どおりの権利関係が存在する蓋然性は高いと考えられるので、改正後の不動産登記法の下でも、判決❶等の判例は依然その射程にあると考えられる（伊藤＝加藤編・判例から学ぶ〔北川清〕135頁）。

173

以上のように、土地に関していえば、登記の記載の推定力が問題となる事案は、現地における具体的な範囲として特定される土地が特定の地番の土地であることに当事者間に争いがなく（地番によって係争地が特定され、その範囲に争いがない）、単に、特定の地番の土地の所有権の帰属のみが争われる場合も少なくない（もちろん、土地の範囲自体が問題となる判決❸のような場合もある）。その点で、後記の「公図等の記載により土地所有権の帰属が推認されるかが問題となったもの」とはやや様相を異にする（山下寛＝田中俊次＝大竹昭彦ほか「訴訟類型に着目した訴訟運営(2)隣接紛争型土地所有権確認訴訟の審理」判例タイムズ1117号（2003年）22頁参照）。その点では、この種の事案における事実認定の問題としては、登記等の記載による推定を覆す反証の成否に（も）主眼が置かれることになる。そして、登記等の記載の推定力を覆すためには、一般的にいえば、例えば、登記が登記義務者の意思に基づかずに行われたことや登記簿に記載された登記原因の事実が存在しないこと等が必要となる（伊藤＝加藤編・判例から学ぶ〔北川清〕135頁）。具体的には、登記申請に用いられた印鑑が偽造であるとか、印鑑は本人のものであっても、登記原因となった法律行為を記載した契約書、登記申請書又は登記申請の委任状等が偽造であることが証明された場合や、このような偽造の疑いが極めて強くなった場合等が、推定を覆す場合といえよう（後藤・前掲104頁）。

　この点について、判決❶は、家屋台帳の記載に反して家屋所有権を否定した原審（名古屋高裁）の判断を違法とし、新築の申告が新築時から約2年半後にされたことで家屋台帳の記載の推定を覆すことはできないとしている。

　他方、判決❺は、明治期における山林の払下げ等が関連する事案であるが、保存登記の名義人（6名の共有者）に係争山林の払下げがされてから保存登記までの期間が50年を経過していたことも、登記の推定力を覆す事情の1つとして挙げている。判決❺は、「勿論不動産登記はその内容たる権利の存在を推定させる効力のあることは否定すべくもないが、本件においては、その推定を覆えす有力な事実が原判文上展開されているのである。すなわち、その一は、前示払下げ代金の支払者に関する点であり、その二は係争山林の納

税に関する点である。けだし、前示払下げ代金を上告人において納入し、且つその領収証が上告人の手裡に存し、また係争山林の税を上告人において納入しその納入書の一部が上告人の手許にあるものとすれば、係争山林の所有権は前示保存登記にかかわらず、一応上告人にあるものと認めるを相当とし、前示保存登記は別に理由あってなされたものと考察するを相当とせざるを得ないからである」として、係争山林の払下げ代金の領収証や税の納入書の一部を上告人が有することについて理由が判示されていない原判決には審理不尽、理由不備の欠陥があるとしており、反証の成否を検討するうえで参考となる視座を提供している。

判決❷の事案は、上告人ら（被控訴人＝原告）は、本件山林は、上告人らの先代 A が B から買い受けたが、譲渡した事実もないのに、被上告人（控訴人＝被告）名義に所有権移転登記がされているとして、被上告人に対し、被上告人名義の所有権移転登記の抹消登記手続を求めたのに対し、被上告人は、本件山林を B から A が買い受け、さらに A から被上告人（ないし被上告人の祖父 C）が買い受け、中間省略登記により直接被上告人名義に所有権移転登記をした旨主張した事案である。第一審（岡山地津山支判民集13巻1号11頁［27203935］）は、上告人らの請求を認容したが、原審（広島高岡山支判昭和32年12月25日民集13巻1号13頁［27203936］）は、本件山林については、被上告人の所有名義に登記されていることから、被上告人の所有に属するものと推定されるとしたうえ、B から中間省略登記により直接被上告人に所有権移転登記がされるに至った経緯を認定し、上告人らの全立証によっては本件山林が被上告人の所有に属することの推定を覆すことができないとして、第一審判決を取り消して上告人らの請求を棄却したところ、判決❷は、この原審の判断を是認したものである。

判決❸では、被上告人らの占有地（本件係争地）が上告人主張の地番の土地か被上告人ら主張の地番の土地かが争点となった事案であるが、上告人主張の地番の土地の登記簿の附属図面によって本件係争地は同土地に属するとの原審の事実認定を前提とすると、本件係争地は登記簿の記載どおり上告人の所有に属すると推定すべきとして、その推定を覆す事情があるかをさらに

審理すべきとしている。

　判決❹及び❼はいずれも、第一審レベルの判決として、登記の推定力の反証の成否につき比較的詳細に検討した事例である。

　判決❼は、登記原因となった法律行為を記載した契約書等が登記名義人の意思に基づかずに作成されたものというのであり、登記の推定力を覆す前記の典型的な場合といえる。判決❹の事案は、①国から払い下げられた係争地につき、昭和28年10月21日被告のために所有権移転登記がされ、次いで同月30日、同日の贈与を原因として原被告の母のために持分２分の１の所有権移転登記がされた、②国との間の昭和26年６月25日付国有財産売買契約書における買受人の氏名は被告とされた、③本件土地の払下げに関する一切の手続を担当したのは原被告の母であり、払下げ後も本件土地の登記済権利証等は昭和45、６年まで母が保管していた、④本件土地の払下代金は被告の給与によって賄われた可能性が最も大きい一方、払下代金の負担者を明白に確定するのは困難であること、⑤本件土地の固定資産税の支払手続を担当していたのは、昭和36年に被告が結婚するまでは母であり、その後は被告の妻であって、係争地の税金を実際に負担していたのは一家の生活を担っていた被告であったと推測されること、⑥昭和48年４月17日に作成された母の遺言公正証書には、「遺言者は本件土地の２分の１にあたる自己持分全部を原告に遺贈する」と記載されていたこと（すなわち、本件土地全部が母の所有であるとは記載されていなかったこと）といった事実に基づいて、係争地の払下げを受けた者が誰かについて検討し、前記遺言公正証書が作成された事情は必ずしも明らかでなく、結局のところ被告に対し所有権移転登記がされていること、売買契約書の買受人が被告とされていることを最も重視せざるを得ないとした。登記の推定力を覆しはしなかったが、登記の推定力のみをもって即断するのではなく、顕出された各種証拠を多角的に検討して結論を導く事実認定の手法には、参考となるものがある。

第206条

2 不動産の所有権の帰属が争点となり、公図等の記載により土地所有権の帰属が推認されるかが問題となったもの

裁判例

❶ 東京地判昭和49年6月24日判時762号48頁［27431449］

甲土地を所有する原告と甲土地の北側に隣接する乙土地を所有する被告₁との間で、甲乙両土地の境界につき争いがあり、被告₂が所有する建物の一部が原告主張の両土地の境界線を越えて甲土地上にあるとして、原告が、被告₁を相手方として両土地の境界確定及び被告₂に対する建物収土地明渡しを求めた事案において、「公図は土地台張の附属地図で、区割と地番を明らかにするために作成されたものであるから、面積の測定については必ずしも正確に現地の面積を反映しているとはいえないにしても、境界が直線であるか否か、あるいはいかなる線でどの方向に画されるかというような地形的なものは比較的正確なものということができるから、境界確定にあたって重要な資料と考えられる。したがって、公図と現況とを対照して境界をみる場合は、両者が一致するような線が境界としてより合理性があるということができる」として原告主張どおりの境界線を確定した（建物収去土地明渡請求については、被告₂による土地の時効取得を認めて棄却）。

❷ 東京高判昭和53年12月26日判時928号66頁［27650777］

控訴審である原審が、鑑定の結果によって認定された係争地の実測面積及び公簿上の面積の過不足を重視し、境界を直線と定めたことに対し、「公図は実測図と異なり、線の長さ、面積について正確を期待できないことはいうまでもないが、各筆の土地のおおよその位置関係、境界線のおおよその形状については、その特徴をかなり忠実に表現しているのが通常である」と判示し、公図上、境界が単純な1本の直線ではなく、2つの直角に近い屈曲点を持つZ字形の線として表示されているのに、特段の理由を付すことなく単純な1本の直線であると認定したことは、経験則違背又は理由不備の違法があるとして原判決を破棄差戻しとした。

❸ 東京高判昭和62年8月31日判時1251号103頁［27800476］

36番1の地番の土地を取得しその旨の登記を経由した原告が該当土地と主

177

張する場所に、被告₁が被告₂・被告₃から賃借し、その地上に住宅等を建て
てこれを占有してきたところ、被告らは、同土地は37番8及び37番2の土地
の一部であると争い、さらに、時効取得等の抗弁を主張した事案において、
原審（東京地判昭和57年8月31日下級民集34巻9＝12号1249頁［27405811]）
が、公図の記載により、本件土地は36番1に属すると判断したうえで、賃借
権の時効取得等の抗弁を容れて原告の請求を認めなかったのに対し、周辺の
境界等の状況、建築の際の建築確認、保存登記における敷地の位置及び建物
所在地の処理、A又はその前主からの異議等が全くなく、本件土地が36番
1として扱われたことはないとして、本件土地は36番1を取り込んでいない
と認定し、原審が重視した公図の記載については、「一般に『公図』と呼ば
れている旧土地台帳附属地図は、地租徴収の資料として作成されたという沿
革、作成当時における測量技術の未熟等にかんがみ、不正確なものであるこ
とはおよそ否定し難く、それ自体では係争土地の位置及び区画を現地におい
て具体的に特定する現地復元力を有しないものとされている。そこで、訴訟
の実際においては、かかる公図に加えて、筆界杭、畦畔等の物的証拠及び古
老や近隣の人の証言等の人的証拠によって、当該土地の位置や区域を特定し
ているのであるが、このことは裏を返せば、公図の証拠価値はかかる物的、
人的証拠によってはじめて決まるものであり、かかる物的、人的証拠がない
ときは、公図のみでは何の役にも立たず、本証としてはもちろんのこと反証
としてもその証拠価値を認めることができないことにならざるを得ない」と
判示した。

❹ 最判平成8年9月13日判時1598号19頁［28213678]

　被上告人が、本訴請求として、本件土地が被上告人の所有であることの確
認を求め、上告人らが、本件土地は上告人らが共有する土地（上告人ら所有
地）の一部で、仮に本件土地が被上告人所有地の一部であるとしても上告人
らが本件土地を時効取得したと主張し、予備的反訴として、本件土地につい
て時効取得を原因とする所有権移転登記手続を求めた事案において、原審は、
関係土地のうち公図上の位置関係が現地の位置関係と著しく異なることにな
るものがあることを考慮に入れず、また、公図上の道路が本件土地に接する

第206条

町道と一致するかどうかを確定することなく、さらに、被上告人所有地の登記簿上の面積と実測面積の関係について、証拠に基づくことなく、通常でない事実を認定しているものであって、これらの点のみからしても、原審の本訴請求に関する認定判断には、採証法則に違反する違法があり、ひいては理由不備ないし審理不尽の違法があるとした。

❺　福岡高判平成18年3月2日判タ1232号329頁［28130946］

　原告が被告に対し、隣接する原告所有地（山林）と被告所有地（畑）の境界付近の係争部分（現況山林、本件係争地）の所有権確認を求めたところ、原告は、昭和29年3月に当時の所有者から原告所有地を購入した原告の先代からその贈与を受けたところ、本件係争地は原告所有地の一部であると主張したのに対し、被告は、本件係争地はもともと被告所有地の一部であると主張して争った事案において、原審（熊本地宮地支判平成16年9月14日判タ1232号337頁［28130947］）が原告所有地及びその周辺に関する公図は正確性に欠けるなどとして所有権確認に係る原告の請求を棄却したのに対し、公図が正確性を欠くからといって、その証拠価値を全面的に否定するのは相当でない等として、原告主張と被告主張を対比のうえで前者の方が格段に合理的であるなどとして本件係争地が原告所有地の一部であると認定した。

[解説]

　現地での具体的な範囲として特定される土地が自己の所有に属すると主張し、相手方がこれを争うという訴訟においては、大きく、境界紛争型とでもいうべき場合と、所有権一部移転型とでもいうべき場合とがある。境界紛争型とは、原被告がそれぞれ特定の地番の土地全部を所有していることを前提として、係争部分がそのいずれの地番の土地に属するかが争われる場合であり、公法上の境界で画された範囲の土地と実質的な所有権の範囲が一致する。この場合、実質的には、境界確定訴訟と同様、両土地の境界の位置が実質的な争点となる。所有権一部移転型は、公法上の境界を基準にすれば係争部分が自己の所有する地番の土地の外に位置することになることは（仮定的にせよ）認めつつ、1筆の土地の一部について権利移転事由（実務的な典型例は時効取得である）が生じたことを主張し、公法上の境界外の部分についてそ

179

の所有権を取得したことを主張するものである。この主張は、境界紛争型の請求原因に対して予備的に主張される場合が多い。いずれの場合であっても、現地で具体的な範囲として特定される土地の所有権の存否が審理対象となるため、現地復元性のある図面による係争部分の特定が必須となる（その意味で、例えば、現地で特定される土地が特定の地番の土地であることに争いがなく、単に特定の地番の土地の所有権の帰属のみが争われるような場合とは異なる）。そして、境界の根拠となるファクターとしては、①原被告の主張する「自己所有地」の地番の土地の範囲の実測結果と登記簿上の各地積（公簿面積）との比較、②分筆の経緯、③公図等による土地の形状・位置関係、④境界を表す標識の存在、⑤係争部分の過去・現在の利用形態、⑥現地の形状、⑦関係者の占有状況、⑧紛争の経緯、⑨係争地付近に関する関係者間の合意等が挙げられる（以上、山下寛＝田中俊次＝大竹昭彦ほか「訴訟類型に着目した訴訟運営⑵隣接紛争型土地所有権確認訴訟の審理」判例タイムズ1117号（2003年）24〜33頁）。

　この点について、公図等の記載により土地所有権の帰属が推認されるかが問題となる訴訟は、境界紛争型の場合がほとんどであるといえよう。ここで、公図とは、旧土地台帳法施行細則（昭和25年法務府令第88号）2条1項の「登記所には、土地台帳の外に、地図を備える」との規定より、登記所が保管している旧土地台帳法所定の土地台帳附属地図のことである。そのうち大多数のものは、従来、税務署において租税徴収のための資料として保管していたものであるが、昭和25年に台帳事務が登記所に移管されたことに伴い、土地台帳とともに登記所に移されたものである（藤原勇喜『公図の研究〈4訂版〉』財務省印刷局（2002年）3頁。公図の沿革については、同書のほか、寶金敏明『境界の理論と実務』日本加除出版（2009年）65頁以下及び91頁以下を参照されたい）。

　公図の証拠価値については、「一般的に、各土地の形状や道路、河川との位置関係、土地の配列状況等の点についてはかなり精度が高く、距離、面積、方位、角度等の点については精度が低いといわれているが、どこまで信用できるかは、公図によって大きく異なる」ものとされる（伊藤＝加藤編・判例

から学ぶ〔大島眞一〕141頁）。したがって、「公図を証拠として、土地の境界を確定したりする場合には、当該公図に表示されている土地の所在位置や形状がおおむね現地の状況と一致するかどうかをまずは確認する必要がある」（後藤勇『続・民事裁判における経験則——その実証的研究』判例タイムズ社（2003年）87頁）ことになろう。判決❶及び❷は、当該公図の証拠価値は高いとした事例であり、判決❸及び❹は、当該公図の証拠価値は低いとした事例である。いずれにせよ、この種事案においては、前記各種ファクターを総合的に判断する中で、公図等は、その精度に相当のばらつきがあることを念頭に置きつつも、（当該公図等の証拠価値を高くみるにせよ低くみるにせよ）看過してはならない証拠資料であるということができよう（寶金・前掲94頁参照）。

　判決❺も、公図の証拠価値が問題となった事例ではあるが、事実認定の観点では、判決❶〜❹とやや趣きを異にする。判決❺の原審（前掲熊本地宮地支判平成16年9月14日）は、①原告土地及びその周辺の土地に関する公図は、各土地の形状、位置関係その他これらの土地の現況とは相当程度異なっており、正確性に欠けるといわざるを得ないから採用できない、②原告土地の公簿面積は、本件係争地の帰属につき、原告主張及び被告主張のいずれを前提としても実測と異なるところ、前者の方が実測面積との乖離がより大きい、③その他関係証言を検討しても原告主張を認めるには足りないなどとして、本件係争地が原告土地に含まれていることを認定するに足りる的確な証拠はないとしたのに対し、判決❺は、まず、本件係争地の帰属につき、原告の主張の当否のみを検討して結論に至った原審の判断過程は是認できないとしたうえ、本件は所有権確認訴訟ではあるが、その実質は土地の境界争いにほかならないところ、被告にも十分な主張・立証を尽くさせたうえで、証拠の全部を、全体的にバランスよく吟味し、いずれの主張が証拠の全体により合致し説得力があるかという観点から結論を導き出すべきであるとの判断枠組みを示した。そのうえで、①公図が正確性を欠くからといって、その証拠価値を全面的に否定するのは相当でない、②原告主張は、公図上の記載や各証言内容に符合する点がいくつか認められる、③他方、被告主張に沿う証拠は被

告の供述以外に見るべきものがないうえ、被告主張は、被告土地と公図上接するように描かれていない土地につき、これが接しているとするなど公図の記載と全く相容れない内容を含むほか、本件係争地に限った実測面積ですら、被告土地の公簿面積の5.4倍にも及ぶなど、重要な点で決定的な破綻が見られるといった事情を指摘し、原告主張と被告主張を対比した場合、前者の方が格段に合理的で、かつ、それに沿う証拠もそれなりに揃っているなどとして、本件係争地は原告土地の一部であると結論付けている。この種事案の事実認定の手法として1つの参考となろう（新堂幸司『新民事訴訟法〈第5版〉』弘文堂（2011年）607頁も参照）。

3　動産の所有権の帰属の有無が問題となったもの

> 裁判例

❶　東京高判平成12年9月28日判時1736号33頁［28060600］

　自治会から除名された控訴人が、同人の自治会費の納入袋は自治会の所有物であるとして自治会長らが控訴人の同納入袋の返還要求に応じなかったことについて、納入袋が控訴人の所有物であると主張し、その返還とこれを返還しなかったという不法行為により被った精神的苦痛に対する慰謝料10万円の支払を求めた事案において、その所有権はなお自治会に帰属しているとして、自治会を除名された者から自治会の会計担当役員らに対する所有権に基づく返還請求等を否定した。

❷　東京高判平成12年10月25日判時1759号71頁［28062380］

　ビルの建設により予想されるテレビ放送電波受信障害の改善に関する対策協定を周辺住民とビル建設を予定する会社との間で締結するのに際し、この締結を町内会会長に委任した住民が、協定が締結され委任状が相手方に交付された後で、委任契約の解除あるいは委任状の所有権に基づいて委任状を占有している相手方に対して委任状の返還を求めたのに対し、委任者から受任者に交付された委任状の所有権は、受任者から法律行為の相手方に交付された時点でその相手方に移転したことになると認定判断して、所有権に基づき当該委任状の返還を求めることはできないとした。

第206条

> 解説

　判決❶は、本件納入袋は本件自治会がその費用を負担して作成したもので、会計担当役員（被控訴人₁）が控訴人に対し、会費徴収の便宜のために交付したもので、その所有権は元来自治会に帰属しており、問題はその後その所有権が控訴人に移転したか否かであるとしたうえで、①本件自治会は、本件自治会の各会員から自治会費徴収のために、会費納入袋を作成して各自治会員に配付し、配付を受けた各自治会員はこれに当月分の自治会費を入れて会計担当者に提出し、会計担当者はこれに領収印を押したうえ、翌月分以降の会費徴収のためにこれを再び各自治会員に交付するということを繰り返し、領収印欄が全部埋まった段階で当該自治会員にその会費納入袋を渡し切りにしていること、②本件納入袋は、当該会費納入袋の1つであって、本件自治会員であった控訴人に対し控訴人用として配布され、平成11年4月分から7月分までの領収印が押なつされているが、その後平成12年3月までの分はまだ空白となっていること、③本件自治会において控訴人は除名したものであるとして、控訴人に対する交付を拒絶していることといった事実関係からすると、当該会費納入袋は、その領収印欄が全部埋まり、会計担当役員がこれを当該自治会員に渡し切りにするために任意に交付した段階で、これにより本件自治会がこれを領収書代わりに当該自治会員に交付したものとして、その所有権も当該自治会員に移転するものであると考えられるが、本件のようにいまだ領収印欄が全部埋まっていない段階では、その後の会費徴収のための使用目的が残っており、その使用目的を終わったものとして、本件自治会からこれを任意に渡し切りにしたものと解することはできないから、その所有権が控訴人に移転したものと認めることはできないとした。

　判決❷は、①控訴人ら（第一審原告）が本件委任状を作成した時点において、本件委任状の所有権が控訴人らにあったこと、②しかし、本件委任状は、町内会長Aの代理権を証明する書面であるから、その性質上、代理人であるAとビル建設を予定する会社被控訴人（第一審被告）らとの間で本件協定が締結された場合、本件協定の相手方である被控訴人らに交付され、被控訴人においてAの代理権を証明する書面として保管されるものであり、③

183

控訴人らも、そのことを知りながら本件委任状をAに交付したと推認することができることからすると、④控訴人らは、署名押印した本件委任状をAに交付したことにより、Aに対し、本件協定を締結する一切の権限を委任し、かつ、本件協定が成立した場合には、本件委任状を被控訴人らに交付し、その所有権を移転することも委任したと解するのが相当であるとして、本件委任状の所有権は、Aが控訴人らの代理人として被控訴人らと本件協定を締結し、被控訴人らが本件委任状の交付を受けたことにより、被控訴人らに移転したことになるから、遅くともその時点で、控訴人らは本件委任状の所有権を喪失したというべきであるとした。

　いずれの事案も、所有権の帰属について普段あまり考えることのない、やや特殊なものではあるが、当該動産の所有権の帰属を認定するに当たり、①まず、その原始的な所有権の帰属主体は誰かということを踏まえたうえで、②次に、その所有権が移転するのはいかなる場合かを具体的な事情に応じて認定しており、その認定手法は他の事案でも参考となるものがあるように思われる。

4　所有権の濫用の成否が問題となったもの

(1)　所有権の濫用を認めたもの

裁判例

❶　東京地判昭和25年11月6日下級民集1巻11号1751頁［27430029］

　道路共有者の夫であるAによる道路上の板塀の設置が、Aにとって必要が認められないのに対し、Bの営業を妨害し出入りを阻止するものである場合、Aの板塀設置は所有権行使の濫用であるとして、当該板塀の除去及び将来における板塀等工作物の設置の禁止を命じた仮処分決定を正当なものとした。

❷　東京地判昭和27年9月8日下級民集3巻9号1207頁［27400325］

　甲地の勝手口及び便所汲取口が隣接乙地に近接して備えられており、甲地居住者がそこへの出入りに乙地を通行使用することが黙認されて数年間何の紛争も生じなかった場合において、その後、乙地所有者が板塀・鉄線等で当該勝手口及び便所汲取口への出入りを不可能にして門を前方に移動したこと

は、甲地居住者の苦痛のみ重く乙地所有者の得るところが少ない権利濫用の行為であるとして、乙地所有者に対し、板塀・鉄線を撤去し甲地居住者の通行を妨害する一切の行使の禁止を命じた。

❸　広島高判昭和33年8月9日判時164号20頁［27430385］

　長男（控訴人）の家族とその父の後妻（被控訴人）の家族とが本宅と別棟に別居している場合に、両者間の不和のため、長男が後妻を困惑させるだけの目的で本宅と別棟との間に板垣を設けて通行を妨げるなど正常な使用状態を妨害することは、それが控訴人所有の土地であっても権利の濫用となるから、控訴人には、当該板垣を取り除いて家屋の正常な使用状態に復させる義務がある。

❹　最判昭和38年5月24日民集17巻5号639頁［27002024］

　AがBより土地を賃借した後、当該土地の所有権がB、C、Dと順次譲渡された場合において、CはBの実子であり、DはB、Cその他これと血族又は姻族関係にある者の同族会社であって、その営業の実態はBの個人営業をそのまま引き継いだものであり、Bがその中心となっていること、C、Dは、当該賃借権の存在を知悉しながらAを立ち退かせる企図をもって土地を買い受けたこと等の事情があるときは、Aの当該賃借権及びその所有の地上建物につき登記がなくても、Dにおいて、Aの当該賃借権が対抗力を有しないことを理由に建物収去、土地明渡しを求めることは、権利の濫用として許されない。

❺　仙台高判昭和49年12月25日判タ322号158頁［27431478］

　玄関口の存する建物に接し、隣接土地所有者がその境界線上に全長7.83m・高さ2.03m・幅0.15mのブロック塀を構築した結果、当該玄関から隣接土地への通行が不可能となったばかりでなく、当該塀と当該建物の壁との間隔が0.15mないし0.19mにすぎず、当該建物1階居宅部分北側の4畳半の出窓、店舗部分北側の窓はほとんど完全に採光や通風を遮られて窓の用を果たさず、殊に当該出窓はその引戸が当該塀に密着して開閉が不能であるような場合、当該建物の勝手口が公道から公道に出られるにしても、玄関は建物の構造、配置の面から重要であり、かつ、従来当該玄関から当該隣地を

通行して道路に出ていたのであるから、当該建物所有者は玄関から道路に出るため必要な限度で隣地を通行する権利があるので、当該ブロック塀で玄関口を塞ぐことは権利の濫用であり、玄関部分については全部、その余の部分については塀の高さは1mで足りこれを超える部分はこのような事情の下では違法な侵害行為であるから、これを収去すべきである（第二審である原審青森地判昭和46年7月13日判タ322号158頁は、被告の構築した塀の高さは少なくとも本年土地上から1mをもって足り、これを超える部分を存置するのは、原告が本件土地建物を所有して使用収益することへの違法な侵害行為であるとし、その限度で原告の権利濫用の主張を認めるにとどめ、その余の請求を棄却したのに対し、判決❺は、被告の塀構築によって本件土地上の建物の玄関前を塞ぎ、玄関の効用を全く失わせたのは権利の濫用に当たり、また、原告が玄関より隣接土地を通行するのを被告が拒否する正当な理由は存しないとして、原判決を破棄した）。

❻　東京地判昭和51年10月29日下級民集27巻9＝12号734頁 [27422873]

　川崎市内にある本件土地は、もとA所有であったが、昭和28年3月にBが、昭和47年11月に原告が順次買い受けてその所有権を取得したところ、本件土地の上空には古くから被告電力会社の高圧架空送電線が架設通過しているため、送電線直下地について建物等の建築が禁止・制限され、本件土地を完全かつ有効に使用することができない状況にあったため、原告が被告電力会社に対して本件土地の所有権に基づいて本件送電線の撤去及び損害賠償を求めた事案において、土地所有者原告から被告電力会社に対する高圧線の撤去請求が権利の濫用に当たるとして同撤去請求を否定した（高圧線の撤去に至るまでの損害賠償請求は認容）。

❼　福岡地久留米支判昭和52年12月5日判時885号157頁 [27431690]

　その所有地で焼肉店を経営していた原告が、公道から原告所有地までの道路の一部（本件土地）にブロック塀を設置した被告に対し、被告の通行妨害は権利の濫用ないし不法行為に当たるとして、ブロック塀の撤去・通行妨害禁止を求めた事案において、ブロック塀を設置した本件土地が私道として被告にその所有権が属していたとしても、その道路を利用する他の者の不利益

が大きく、設置者の利益が小さいときは、権利の濫用となるとした。

❽ 東京地判昭和56年6月17日判タ449号174頁 [27423696]

第一種住居専用地域・第一種高度地区の指定を受けた住宅地において、被告₁が旧家屋の改築に当たり、旧地盤に盛土をし、その上に建築基準法における日影規制に適合するぎりぎりの2階建住宅を築造したため、北側隣家の共有者原告らが、自宅への日照が阻害されるとして、建築元被告₁に対して当該2階建住宅の一部撤去を求めるとともに、被告₁及び建築業者被告₂に対して損害賠償等を求めるなどした事案において、①盛土の許容範囲について、土地所有者の自由にすべてなし得るものではなく、その衛生、安全、効率的土地利用などの正当事由があり、当該盛土によって周囲に与える影響などを総合判断してその限度を決めるべきであるとしたうえで、本件盛土は、土地の効率的利用を目的としたものであり、原告らの土地利用自体に影響を与えるものではないから許容限度内であるとしつつ、②安全面の必要からなされたものではなく、土地を専ら法の規定に触れないように最大限効率的に利用し、かつ経費を節約するために被告₁が盛土をしたという、その盛土の理由や、当該地域も、純然たる閑静な住宅地域で平家や2階建の家並みが続いた地域であって、盛土がなされる前と比較して日照阻害が認められる場合には、盛土をした上で家屋を建築した行為は、受忍限度を超えた日照侵害となり、権利の濫用に当たるとして、原告₁（隣家居住者）の被告₁被告₂に対する損害賠償を認容した。

❾ 最判平成9年7月1日民集51巻6号2251頁 [28021390]

甲乙筆の土地の借地権者Aが、ガソリンスタンドの営業のために、甲地上に登記されている建物を所有して店舗等として利用し、隣接する乙地には未登記の簡易なポンプ室や給油設備等を設置し、当該両地を一体として利用していて、乙地を利用することができなくなると当該営業の継続が事実上不可能となり、Aが当該ポンプ室を独立の建物としての価値を有するものとは認めず登記手続をとらなかったこともやむを得ないとみられ、他方、当該両地の買主Bには将来の土地の利用につき格別に特定された目的は存在せず、Bが売主の説明から直ちにAは使用借主であると信じたことについて

は落ち度があるなど判示の事情の下においては、Bが当該両地を特に低廉な価格で買い受けたものではなかったとしても、Bの乙地についての明渡請求は、権利の濫用に当たり許されないとして、Bの明渡請求が権利の濫用には当たらないとした原審の判断を違法とした。

❿ 東京地判平成24年11月26日判時2176号44頁［28211198］

東日本大震災に際し、電力会社の保有する福島第一原子力発電所から放出された放射性物質によって土地が汚染されたとして、土地の所有者が、土地所有権に基づく妨害排除請求権に基づき当該土地の除染を電力会社に求めることは、その土地を使用すべき差し迫った必要性がないことと比較して除染に伴う費用負担が圧倒的に大きいことなどから、権利の濫用に当たる。

⓫ 最判平成25年4月9日裁判所時報1577号7頁［28211163］

繁華街に位置する地上4階・地下1階の建物（本件建物）を平成22年4月に譲り受けた原告が、昭和39年頃から本件建物の地下1階部分（本件建物部分）でそば屋（本件店舗）を営み、かつ、1階の入口付近に看板、装飾及びショーケース（本件看板等）を設置している被告に対し、所有権に基づき、本件建物部分の明渡し及び賃料相当損害金の支払を求めるとともに、本件看板等の撤去をも求める事案（なお、原告の前記各請求のうち、本件建物部分の明渡し及び賃料相当損害金の支払を求める部分については、これを棄却すべきものとした原判決に対して原告からの不服申立てがなかったため、最高裁の審理判断の対象は、本件看板等の撤去を求める部分に限られている）において、繁華街に位置する建物の地下1階部分を賃借して店舗を営む者が建物の所有者の承諾のもとに1階部分の外壁等に看板等を設置していた場合、建物の譲受人が賃借人に対して当該看板等の撤去を求めることは、①前記看板等は、前記店舗の営業の用に供されており、建物の地下1階部分と社会通念上一体のものとして利用されてきたこと、②賃借人において前記看板等を撤去せざるを得ないこととなると、建物周辺の通行人らに対し建物の地下1階部分で上記店舗を営業していることを示す手段はほぼ失われ、その営業の継続は著しく困難となること、③前記看板等の設置が建物の所有者の承諾を得たものであることは、譲受人において十分知り得たこと、④譲受人に前記

看板等の設置箇所の利用について特に具体的な目的があることも、前記看板等が存在することにより譲受人の建物の所有に具体的な支障が生じていることもうかがわれないこと等の事情に照らすと権利濫用となるとして、これと異なる原審の判断を違法とした。

(2) **所有権の濫用を認めなかったもの**

裁判例

❶ 福井地判昭和25年10月18日下級民集１巻10号1663頁［27420026］

工場から17m余も離れている家屋の居住者は、当該工場から発する音響・振動である程度生活上の障害は受けるが、生活居住に堪え難い程度にまで達しているとは認め難いとして、音響振動の除去・予防の仮処分請求が認められなかった。

❸ 東京地判昭和28年３月31日下級民集４巻３号458頁［27400389］

土地について借地権の登記がなく、借地人の所有する家屋について保存登記がないことを確認して、当該土地の賃貸人より当該土地を買い受けた者が、地上建物収去土地明渡しを求めたとしても、胸部疾患のため移住し、生涯の生活の本拠とする目的で宅地を買い受けた場合、自己の利益もなく他人を害するためのみで所有権を行使するものではないから、権利の濫用とならない。

❹ 東京高判昭和28年９月28日東高民時報４巻４号132頁［27430101］

Ａ・Ｂそれぞれの居宅の家屋の間にＡが板塀を設置したため、Ｂが便所汲取や勝手口の出入りに不便を感ずるようになったとしても、出入りが絶対に不可能とならない限り、人家密集の東京においてはやむを得ず、たとえＢの不利益が権衡上重いといっても、これによりＡの所有権の濫用であるとすることはできない。

❺ 札幌地判昭和41年４月15日判夕189号180頁［27421487］

約１mの間隔で接する２つのビルの間に、一方のビルの所有者（控訴人＝被告）雪落しの際の便宜と観望の防止を目的に板塀を設置したため、他方のビル（その敷地も含め、所有者は被控訴人＝原告）の一部の通風・採光にある程度の支障を来したとしても、板塀撤去の許否による両者の不利益の程度が甲乙つけ難く、ビル街での採光・通風についての特殊状況をも考慮すれ

ば、当該板塀の設置によって被控訴人の被る不利益は社会共同生活において忍容しなければならない程度を超えたものとはいえず、被控訴人の所有物妨害排除請求権に基づく侵害除去請求としての板塀撤去の請求はできない。

⓰ 大阪地判昭和44年3月28日判タ238号240頁 [27431095]

　神社（本社）が所有する土地上に末社の社殿を建設し、本社より当該土地の占有管理を任せられていた末社が独立して法人格を取得し、合意により本社末社関係を廃止した場合、末社は、当該土地の占有権原を失ったものと認められるところ、本社末社関係をめぐって明治時代から紛争が絶えず、ついに昭和30年に同関係を廃止する決議がされるなどして末社が神社となったが、この間、本社末社両者間で再三にわたり交渉が重ねられていたとの本件紛争の原因・経緯に照らして、特に本社側のみを非難しなければならない理由も見当たらないこと、今日宗教の地縁性よりもむしろその精神性が重視されており末社側が本件土地にとどまらねばならない事情も見出し難いことからすれば、本社の末社に対する土地明渡請求は、権利の濫用とは認められない。

⓱ 東京高判昭和59年12月18日判時1141号83頁 [27490595]

　原告所有地はその一部をなす路地状部分（幅員1.36m・奥行22m）によって公道に通じる土地であるところ、同路地状部分の東側に隣接する被告所有地の一部と併せて幅員1.8mの本件通路として行動への通行に利用されていたところ、原告は、自家用自動車の利用等の必要性等に照らして、本件通路は原告所有地の用法に従った利用を確保するのに十分とはいえずこれを拡張すべき旨主張して、被告所有地中の該当部分地上に設置されているブロック塀等の収去を求めた事案において、私有地上の該ブロック塀設置は建築基準法42条2項の適用上違法ではあるが、民法上所有権の行使が権利の濫用に当たるか否かについては、単に建築基準法との関連からだけではなく、従前の通路部分の使用形態、いわゆる袋地の取得の経緯、いわゆる袋地所有者の通行の必要性と囲繞地所有者の被害の程度、地域の特殊性、その他諸般の事情を斟酌して判断するのを相当とするところ、該土地部分はブロック塀を現位置に設置したことによって従前より狭められたわけではないこと、袋地所有者は公道からの自動車の乗入れは不可能であることを知悉したうえで土地購

入をしたこと、該土地は新宿副都心に所在すること他諸般の事情を斟酌する
ときは、ブロック塀の設置が土地所有権の濫用になるということはできない。

⓲ 東京地判平成20年4月24日判タ1279号219頁〔28142174〕

　長年にわたり公衆の用に供されてきた本件土地の所有者である被告が、本
件土地上に建物とアルミ製門扉を設置して本件土地を封鎖して通行ができな
い状態にしたところ、本件土地の周辺に店舗や住居を構える原告らが、明示
又は黙示の通行地役権が設定された、本件土地は公衆用道路で通行自由権を
有する、被告の封鎖行為は所有権の濫用であるなどと主張して建物等の撤去
を求めた事案において、原告₁以外の原告らについては、本件土地の封鎖に
より日常生活が不便になったとか、通行人の減少により売上が減少したとか
いうことがあったとしても、そのことをもって被告の行為が所有権の濫用で
あるとまでは認めることができない（通行地役権侵害に基づく妨害排除請求
の認められた原告₁については所有権濫用の有無の判断はされなかった）。

解説

　所有者は、法令の制限内であれば全く自由に権利を行使することができる
わけではなく、Aの所有権の行使によってBの利益が重大な損害を被る場
合には、その甲の権利行為は許されないという「所有権の濫用」の法理が判
例法上発展してきた。この法理は、昭和22年改正民法1条3項に明文をもっ
て宣言されることになった（以上につき、川島＝川井編・新版注釈民法(7)
〔野村好弘＝小賀野晶一〕316頁）。このように明文の規定を得たことにより、
権利濫用法理の適用範囲は著しく広がったとされる（中田裕康＝朝見佳男＝
道垣内弘人編『民法判例百選Ⅰ総則・物権〈第6版〉』有斐閣（2009年）〔大
村敦志〕4頁。裁判例の詳細は、谷口＝石田編・新版注釈民法(1)改訂版〔安
永正昭〕168頁以下等を参照）。所有権の濫用が問題となる場面としては、谷
口＝石田編・新版注釈民法(1)改訂版〔安永正昭〕168〜192頁は、①所有権に
基づく使用・収益行為が濫用となる場合と、②所有権に基づく侵害排除請求
が権利濫用となる場合とに分類したうえ、さらに、①については、㋐工作物
の設置と通行等の妨害の場合、㋑ばい煙・騒音等による近隣妨害の場合（そ
の初期の判例として挙げられるのが、著名な信玄公旗掛松事件判決（大判大

正8年3月3日民録25輯356頁［27522799］）である）、㈼建物等の建築と日照・通風の妨害の場合（最判昭和47年6月27日民集26巻5号1067頁［27000552］）、㈽眺望利益の侵害の場合、㈾地下水・温泉の掘削利用が濫用となる場合等に、②については、㈿無権原占拠者に対する妨害排除・明渡請求権の濫用の場合、㊀対抗力なき借地人に対する土地譲受人の明渡請求の濫用の場合、㊁相続権のない内縁の配偶者などの居住の確保に関して権利濫用が問題となる場合、㊂仮換地について仮賃借地未指定の賃借権の処遇に関して権利濫用が問題となる場合等に分類している。

　前に掲げた判決❶〜⓲については、㈵工作物の設置と通行等の妨害の場合として、判決❶・❷・❸・❺・❼（権利濫用を認めたもの）、⓮・⓲（権利濫用を認めなかったもの）があり、㈶ばい煙・騒音等による近隣妨害の場合として、判決⓬（権利濫用を認めなかったもの）があり、㈼建物等の建築と日照・通風の妨害の場合として、判決❽（権利濫用を認めたもの）、⓯（権利濫用を認めなかったもの）があり、㈿無権原占拠者に対する妨害排除・明渡請求権の濫用の場合として、判決❻・❿・⓫（権利濫用を認めたもの）、⓰・⓱（権利濫用を認めなかったもの）があり、㊀対抗力なき借地人に対する土地譲受人の明渡請求の濫用の場合として、判決❹・❾（権利濫用を認めたもの）、⓭（権利濫用を認めなかったもの）があることになる。㈵の場合については、「権利濫用が認められる実質的根拠として害意ある点が重視されたものが目につく」との指摘がある（谷口＝石田編・新版注釈民法⑴改訂版〔安永正昭〕168頁）。もちろん、所有権者の害意があれば権利濫用が直ちに認められるというわけではない（権利濫用が否定された判決⓮・⓲参照）。

　なお、谷口＝石田編・新版注釈民法⑴改訂版〔安永正昭〕177〜180頁は、㈿無権原占拠者に対する妨害排除・明渡請求権の濫用の場合については、さらに、いわゆる越境建築の事例のほか、(i)権利行使者の害意・不当図利などの主観的な面が重視されるもの（例えば、いわゆる宇奈月温泉事件判決（大判昭和10年10月5日民集14巻1965頁［27500753］）が挙げられる）、(ⅱ)侵害排除を請求する所有者の主観を何ら問題とせず、双方当事者の利益の客観的比較衡量や、事業の有する公共的性格を前面に出して濫用の成否を認定するも

の（例えば、板付基地事件判決（最判昭和40年３月９日民集19巻２号233頁
[27001326]））がある、とする。

　既に述べたとおり、所有権の権利濫用に関する裁判例だけでも膨大なもの
があり、本稿においてこれを網羅的に摘示することは不可能であるが、権利
濫用の成否の認定判断においては、例えば、その点の判断が原審と分かれた
最上級審の判断である判決❾、⓫や、下級審のものであるが、❺、⓯などが
特に参考となるものと思われる。権利濫用を認めれば、相手方の権利を制限
することになるため、どの範囲でこれを認めるか、その具体的適用はかなり
バラエティーが生じ得るであろう。

（森　健二）

> **（土地所有権の範囲）**
>
> 第207条　土地の所有権は、法令の制限内において、その土地の上下に及ぶ。

事実認定の対象等

■■ 意義

本条は、土地所有権の及ぶ範囲を規定したものであり、一般法理としては、①地表、②地上（空間）、③地下（空間）に及ぶことを明らかにしている（能見＝加藤編・論点民法2〔松尾弘〕235頁）。

■■ 法律要件及び法律効果等

土地所有者は、その所有地の上空又は地下を法令の制限内で自由に利用することができ、当該土地を利用しようとする者は、土地所有者の同意を得る必要がある（能見＝加藤編・論点民法2〔松尾弘〕235頁）。

「法令の制限」は、基本的には206条と同様であるが、特に、大深度地下の公共的使用に関する特別措置法（平成12年法律第87号）が重要である。これは、政令で定める一定の対象地域（首都圏、近畿圏、中部圏の中の一定の地域）における同法4条が定める一定の事業のために、国土交通大臣又は都道府県知事が「使用の認可」を与えると、事業者は、政令が定める一定の深さ（大深度地下の公共的使用に関する特別措置法施行令1条により地表から40mとされた）以上の地下を、土地所有者の意思を問うことなしに使用できるとするものである。所有者は、事業により損失を被ったときは補償を請求することはできるが、使用それ自体を拒否することはできない（以上、我妻＝有泉＝清水＝田山・コメ438頁）。

土地所有の効果は、地表の水流及び地下水にも及ぶが、慣習法上、水利権（流水利用権）や温泉権（温泉占有権）が認められる場合には、土地所有者

は、これら物権による制限を受けることになる。

■■ 参考裁判例

愛知県の田原湾内の干潟の一部であり、明治時代から原告らの共有地として登記されていた本件係争地につき、田原湾一帯の埋立を計画する愛知県の要請に応じて本件係争地の共有登記名義人のうち一部の者が協力感謝金を受領して滅失登記申請をし、これに基づいて登記官が「年月日不詳海没」とする滅失登記処分をしたところ、原告らが、満潮時に海面下に没する干潟も所有権の客体たる土地に当たると主張して、前記滅失登記処分の取消しを求める訴訟において、最判昭和61年12月16日民集40巻7号1236頁［27100055］は、「現行法は、海について、海水に覆われたままの状態で一定範囲を区画しこれを私人の所有に帰属させるという制度は採用していないことが明らかである。しかしながら、過去において、国が海の一定範囲を区画してこれを私人の所有に帰属させたことがあったとしたならば、現行法が海をそのままの状態で私人の所有に帰属させるという制度を採用していないからといって、その所有権客体性が当然に消滅するものではなく、当該区画部分は今日でも所有権の客体たる土地としての性格を保持しているものと解すべきである」と判示した。

この点について、本判決が「水とその敷地（海床）とをもつて構成される統一体としての海」との表現を用いたのは、本条を論拠としていると推測される（寶金敏明『里道・水路・海浜——長狭物の所有と管理〈4訂版〉』ぎょうせい（2009年）169頁参照）。

事実認定における問題点

本条に関する事実認定が問題となった裁判例は見当たらない。

（森　健二）

第208条　削除〔平成16年12月法律147号〕

第2款　相隣関係

（隣地の使用請求）

第209条　土地の所有者は、境界又はその付近において障壁又は建物を築
造し又は修繕するため必要な範囲内で、隣地の使用を請求することがで
きる。ただし、隣人の承諾がなければ、その住家に立ち入ることはでき
ない。
2　前項の場合において、隣人が損害を受けたときは、その償金を請求す
ることができる。

事実認定の対象等

■■ 意義

本条は、隣地使用権について定める。

本条1項本文の隣地使用権の法的性質については、隣地の使用を許可すべ
きことを請求することができるにとどまり、承諾を得ることができない場合
には、裁判所に訴えて、承諾に代わる判決を求めなければならないと解する
請求権説と、隣地の使用を請求することにより、隣地使用者が当然に受忍義
務を負うと解する形成権説の争いがあるが、請求権説が相当である（我妻＝
有泉・民法講義II 286頁、広中・物権法378頁）。したがって、隣地の使用を
必要とする者が、隣地の使用を請求したにもかかわらず、隣地所有者（又は
地上権者等）がその請求に応じなかった場合には、隣地所有者（又は地上権
者等）の承諾に代わる判決が必要であり、判決の確定によって、確定時に被
告は承諾したものとみなされる（民事執行法174条1項）。

本条1項ただし書は、隣人の任意の承諾を要する趣旨であり（広中・物権

法379頁）、判決をもってその承諾に代えることはできない。

本条2項は、法定の損害賠償請求権であり、不法行為に基づく損害賠償請求権と異なり、故意・過失の主張・立証は不要である。

■■ 法律要件及び法律効果等

隣地使用権の法律要件は、

① 原告が甲土地を所有していること

② 原告が、甲土地と乙土地（隣地）の境界、又は乙土地の付近の甲地において障壁若しくは建物を築造し、又はこれらを修繕すること

③ 被告が乙土地（隣地）を占有していること

④ 原告が②のために乙土地（隣地）を使用する必要があること（原告が、②のために一定の範囲において乙土地（隣地）に立ち入る必要性があることを基礎付ける事実）

である。

なお、被告とされるべき者については、③のとおり、権原に基づいて隣地を現に占有・利用している者と解するのが相当である（広中・物権法378頁、高松高判昭和49年11月28日判タ318号254頁［27431472]）。

隣地使用権の法律効果は、隣人に対する隣地の使用を許可すべきことを請求する請求権の発生である。

■■ 参考裁判例

1 隣地使用権の主体及び相手方

(1) 隣地使用権の主体については、条文上、所有者のほか、地上権者も含まれるが（267条）、このほか、土地の賃借権者及び使用借権者にも類推適用される余地があるとする裁判例がある（貸借権者について東京地判昭和60年10月30日判タ593号111頁［27800129]、使用借権者について東京高判平成18年2月15日判タ1226号157頁［28130276]）。

(2) 隣地使用権に基づく請求の相手方は、現に隣地を利用してこれを占有している所有者、地上権者、賃借人等土地占有者であると解するのが相当で

あり、所有者であっても土地を他に賃貸して現に占有していない場合には、その相手方となる適格を欠くとした裁判例がある（高松高判昭和49年11月28日判タ318号254頁［27431472］）。

2　必要な範囲内

「境界又はその付近において障壁又は建物を築造し又は修繕するため必要な範囲」については、厳密に「障壁又は建物」の築造・修繕に限らず、それに類する行為のための土地利用上で必要な範囲も含むと解される（能見＝加藤編・論点民法2〔松尾弘〕241頁）。本条1項に列挙した使用目的は例示的列挙であると解されるから、同項に列挙した目的以外でも前記請求をすることができ、「必要な範囲内」か否かは、使用が必要となった経緯、使用態様、使用により隣地の所有権者が受ける不利益などを総合的に勘案して判断すべきであるとした裁判例があり（東京高判平成18年2月15日判タ1226号157頁［28130276］）、具体例として、排水溝工事、庭木・庭石の移動等の場合もこの要件を満たし得るとした裁判例がある（横浜地判昭和38年3月25日下級民集14巻3号444頁［27421082］）。

3　隣地使用権の法的性質

隣地使用権の法的性質については、隣地の使用を許可すべきことを請求することができるにとどまり、承諾を得ることができない場合には、裁判所に訴えて、承諾に代わる判決を求めなければならないと解する請求権説が相当であることは、前述のとおりであるが、この点に関して、本条は、文言上、隣地の使用を請求することができると規定しているにすぎず、本条に基づいて当然に妨害予防請求ができるわけではないとして、土地上にある壊れたフェンス付きブロック塀の修復工事に対する隣地所有者らによる妨害行為につき、土地所有者の隣地所有者らに対する本条に基づく隣地使用権に基づく妨害予防請求は認められないとした裁判例がある（東京地判平成25年3月26日判時2198号87頁［28213823］）。

198

第209条

4 「住家」への立入り

　立入りを必要とする隣地上の物件が「住家」に当たるか否かについて、高層ビル街にあるビルの外壁修理工事を行うために、隣接するビルの屋上及び非常階段への立入りのための承諾請求がされた場合、隣地ビルの屋上及び非常階段の利用が当該ビルの所有者又は利用者の平穏な生活やプライバシーを害するとはいえない以上、「住家」には当たらないとした裁判例がある（東京地判平成11年1月28日判タ1046号167頁［28042394］）。

事実認定における問題点

　本条に関する事実認定が問題となった裁判例は見当たらない。

（鈴木謙也）

（公道に至るための他の土地の通行権）

第210条　他の土地に囲まれて公道に通じない土地の所有者は、公道に至
るため、その土地を囲んでいる他の土地を通行することができる。
2　池沼、河川、水路若しくは海を通らなければ公道に至ることができな
いとき、又は崖があって土地と公道とに著しい高低差があるときも、前
項と同様とする。

事実認定の対象等

意義

本条は、ある土地が袋地（他の土地に囲まれて公道に通じない土地）であ
るとき、又は準袋地（池沼、河川、水路若しくは海洋又は著しい高低差のあ
る崖を通らなければ、公道に至ることができない土地）であるときは、その
袋地又は準袋地の所有者は、公道に至るため、その袋地又は準袋地を囲んで
いる他の土地（囲繞地）を通行することができることを定める。

法律要件及び法律効果等

囲繞地通行権の要件は、

①　ある土地が他の土地に囲まれて公道に通じることができないこと

又は、

②　池沼、河川、水路若しくは海を通らなければ公道に通じることができず、
又は崖があって土地と公道とに著しい高低差があること

である。

囲繞地通行権の内容は、公道に至るために囲繞地を通行することができる
ことである。

200

第210条

■■ 参考裁判例

1　囲繞地通行権を主張することができる者

　袋地の所有権を取得した者は、所有権取得登記を経由しなくても、囲繞地の所有者ないし利用権者に対して、囲繞地通行権を主張することができる（最判昭和47年4月14日民集26巻3号483頁［27000571］）。

　対抗力を有する袋地賃借権者にも囲繞地通行権が認められる（最判昭和36年3月24日民集15巻3号542頁［27002331］）。

2　袋地に当たるか否か

　平成16年法律第147号による改正前の本条の「公路」（前記改正により「公路」が「公道」に改められた）とは、公道に限らず、公衆が自由に通行し得る道路であれば足りる（東京高判昭和29年3月25日下級民集5巻3号410頁［27430122］）。道路法にいう一般国道等のみならず、私道でも、一般の交通の用に供されていれば、本条の「公道」に該当する（東京地判平成22年3月18日判タ1340号161頁［28170562］）。

　他方、公路とは、単に公法上公道となっているというのでは足りず、相当程度の幅員をもって自由安全容易に通行できる道路を意味すると解され（東京高判昭和48年3月6日判タ297号227頁［27431387］）、公路に通ずる通路が存在する場合であっても、その通路の形状、幅員等からしてそれが社会通念上その土地の利用にとって不十分なものでは足りず（東京高判昭和59年4月24日判タ531号158頁［27432049］）、公法上の道路であっても、相当程度の幅員をもって自由安全に通行できる通路でなければ、本条の「公道」には該当しない（東京地判平成22年3月18日判タ1340号161頁［28170562］）。

　また、公道に通じないか否かの判断に当たっては、袋地の用法、形状等の諸事情を考慮すべきである（川島＝川井編・新版注釈民法(7)〔野村好弘＝小賀野晶一〕334頁）。袋地所有者は、公道に通ずる径路があっても、自然の産出物を搬出し得ない地勢である場合には、搬出に必要な限度の囲繞地通行権を有するとした大審院判決がある（大判昭和13年6月7日民集17巻1331頁［27500401］）。

201

通行権者の必要の有無及び内容の判断に関して、公法上の規制を考慮に入れることができるか否かについて、最判昭和37年3月15日民集16巻3号556頁［27002179］は、土地が路地状部分で公路に通じており、既存建物所有者により当該土地の利用をするのに何らの支障がない場合、その路地状部分が東京都建築安全条例3条所定の幅員に欠けるとの理由で増築につき建築基準適合の確認がしてもらえないというだけでは、本条の囲繞地通行権は成立しないとして、建築法規上必要な幅員を確保するために囲繞地通行権を主張することは許されないとし、最判平成11年7月13日裁判集民193号427頁［28041220］は、本条と建築基準法43条1項本文は、その趣旨、目的等を異にしており、単に特定の土地がいわゆる接道要件を満たさないとの一事をもって、同土地の所有者のために隣接する他の土地につき接道要件を満たすべき内容の囲繞地通行権が当然に認められると解することはできないとした。

自動車の通行を前提とする本条1項所定の通行権の成否について、最判平成18年3月16日民集60巻3号735頁［28110763］は、前記通行権の成否及びその具体的内容は、公道に至るため他の土地について自動車による通行を認める必要性、周辺の土地の状況、前記通行権が認められることにより他の土地の所有者が被る不利益等の諸事情を総合考慮して判断すべきであるとした。

3　準袋地に当たるか否か

準袋地であるかは、一般に、土地の位置、形状、公路に至るまでの階段設置工事の難易、費用、この工事により土地が土地利用の面で被る影響、同一状況にある近隣の土地利用の状況、その他の諸事情を考慮して判断される（名古屋地岡崎支判平成8年1月25日判タ939号160頁［28021147]）。

事実認定における問題点

これまでの裁判例では、1　袋地に当たるか否か、2　準袋地に当たるか否かが問題となったものがある。

第210条

事実認定についての裁判例と解説

1 袋地に当たるか否か

[裁判例]

(1) 袋地に当たることを認めたもの

❶ 高松高判平成元年12月13日判時1366号58頁 [27807586]

農地に畦畔により人が通行できても、その農地での耕作に関する通常の方法として耕耘機を用いている場合にその耕耘機が通行できる幅員のある通路がなければ、その農地は袋地であるというのを妨げるものではないところ、被上告人が所有する田を耕作するに当たり、通常耕耘機を運転して本件係争地を通行しており、前記田から幅員約1mの畦畔があり人1人であればこれを通って公道に出られるが、畦畔は本来通路の用に供するものではないうえ、その幅員では耕耘機による通行ができないものであるから、前記田は袋地に当たるとしたもの

(2) 袋地に当たることを認めなかったもの

❷ 京都地判昭和58年7月7日判タ517号188頁 [27432030]

控訴人土地は面積が218m²で農地としては比較的狭く、かつ永年在来の農法により耕作してきたのであるから、これを農地として利用する際に控訴人主張のようなコンバイン等の車幅の大きな農業機械を使用しなければ農耕が不可能であって、農業経営上著しい支障を招来するものであるとは思われないとして、控訴人土地は袋地に当たらないとしたもの

❸ 札幌高判昭和58年6月14日判タ508号114頁 [27432028]

北側、西側、南側が他人の所有地に隣接する土地の東側に隣接する河川敷地が、従前は堤防となっていて道路としては完全なものではなかったが、その後前記河川敷地等に人車の通行し得る幅員3m余の舗装された道路が設置された場合には、前記土地は公路に面しているから袋地に当たらないとしたもの

❹ 東京地判平成22年3月18日判タ1340号161頁 [28170562]

土地の東側に接する私道は、いわゆる2項道路であり、東側私道は、原告

203

の前所有者であるＡ社が、使用・通行するに際して、それぞれの所有者の承諾を得ていること、東側私道のうち、セットバック部分については工事用自動車や重機の乗入れは禁止されているが、普通自動車の通行については承諾があること、Ａ社は東側私道を利用していたこと、東側私道の幅は、最も狭いところでも1.8m以上存し、車種によっては普通自動車が通行することは可能であることを総合すれば、東側私道は相当程度の幅員を有し、自由安全に通行できる通路であるということができるとして、本条１項にいう「公道」に該当し、原告土地が袋地に当たらないとしたもの

解説

　袋地（他の土地に囲まれて公道に通じない土地）には、通路が他に存しない場合のみならず、通路が他に存する場合でも、土地の形状、面積、用途などを考慮してその土地に相応した利用をすることが困難である場合も含まれると解するのが相当である。

　判決❶、❷は、ともに、農地について袋地に当たるか否かが問題となったものであり、使用状況について具体的に検討して、判決❶は袋地に当たることを認め、判決❷は袋地に当たることを認めなかった。判決❸は、具体的な通行可能性を検討して、袋地に当たることを認めなかった。判決❹は、公道に通じる通路がいわゆる２項道路であることのみならず、当該通路の具体的な利用可能性について検討して、袋地に当たることを認めなかった。

　裁判例においては、抽象的な利用可能性ではなく、当該事案に即した具体的な利用可能性が検討されているといえよう。

２　準袋地に当たるか否か

裁判例

(1)　準袋地に当たることを認めたもの

❶　大阪高判平成５年４月27日判時1467号51頁　[27816453]

　公道に至るためには、ロープウェイを利用するか、又は平均勾配50.4%の急勾配の索道敷部分を経るしかない山頂付近の土地は、歩行又は通常の車両による交通手段では通行不可能であることが認められるとして、準袋地に当

204

たるとしたもの

(2) **準袋地に当たることを認めなかったもの**

❷ 東京高判昭和54年 5 月30日下級民集30巻 5 ＝ 8 号247頁［27431790］

　公道との間に3.8mの高低差がある土地であっても、石造19段の階段を設
置すれば前記公道に出ることが可能である等の事情の下では、準袋地に当た
らないとしたもの

❸ 横浜地判昭和62年11月12日判時1273号90頁［27801778］

　原告土地は、公道との高低差が3.4mないし約 4 mで公道と接する部分の
長さが10m余ある崖状の土地をその北寄りに含み、その余は崖下の平坦地と
なっているところ、前記程度の高低差であれば相応の出費を伴う工事により
平坦部分から公道へ出入りするための階段を建設することが不可能ではない
と推認することができるとして、原告土地は準袋地に当たらないとしたもの

❹ 名古屋地岡崎支判平成 8 年 1 月25日判タ939号160頁［28021147］

　本件土地と国道 1 号線との高低差が約 4 mあるものの、そこに階段を設置
すれば公道に出入りできること、その工事自体は本件建物の位置関係から考
えてそれほど困難でないこと、付近に階段を設けている建物も存在すること、
原告ら自らも国道 1 号線側に玄関を設け、実際にも国道 1 号線側から出入り
していた時期もあることなどを勘案すれば、本件土地は準袋地には当たらな
いとしたもの

┌─────┐
│ 解説 │
└─────┘

　前述のとおり、準袋地に当たるか否かは、一般に、土地の位置、形状、公
路に至るまでの階段設置工事の難易、費用、この工事により土地が土地利用
の面で被る影響、同一状況にある近隣の土地利用の状況、その他の諸事情を
考慮して判断されることになる（名古屋地岡崎支判平成 8 年 1 月25日判タ
939号160頁［28021147］参照）。

　判決❶は、具体的な通行の困難性により準袋地に当たることを認めたが、
判決❷〜❹は、公路に至るまでの階段設置工事がそれほど困難ではないこと
などにより準袋地に当たることを認めなかった。

　裁判例においては、公路に至ることの困難性が、当該事案における具体的

な事情を踏まえて検討されているといえよう。

（鈴木謙也）

第211条　前条の場合には、通行の場所及び方法は、同条の規定による通
　　行権を有する者のために必要であり、かつ、他の土地のために損害が最
　　も少ないものを選ばなければならない。
　2　前条の規定による通行権を有する者は、必要があるときは、通路を開
　　設することができる。

事実認定の対象等

■■ 意義

　本条は、囲繞地通行の場所及び方法（１項）並びに通路開設権（２項）に
ついて定める。

■■ 法律要件及び法律効果等

　囲繞地通行権の要件は、

①　ある土地が他の土地に囲まれて公道に通じることができないこと

又は、

②　池沼、河川、水路若しくは海を通らなければ公道に通じることができず、
　　又は崖があって土地と公道とに著しい高低差があること

である（210条の解説参照）。

　囲繞地通行権の内容は、公道に至るために囲繞地を通行することができる
ことであるが（210条の解説参照）、通行の場所及び方法は、通行権者のため
に必要であり、かつ、囲繞地のために損害が最も少ないものを選ばなければ
ならず（本条１項）、他方、通行権者は、必要があるときは、通路を開設す
ることができる（本条２項）。

　囲繞地通行権を主張する側において、その主張する通行の場所及び方法が
本条１項の要件を満たすことを基礎付ける事実を主張・立証しなければなら

207

ない。

■■■ 参考裁判例

　通行の場所及び方法は、「社会通常の観念に照し、附近の地理状況、相隣地利用者の利害得失、その他諸般の事情を斟酌した上、具体的事例に応じて判断」（東京地判昭和38年9月9日判タ156号91頁［28233237］）されるべきであり（川島＝川井編・新版注釈民法(7)〔野村好弘＝小賀野晶一〕337頁）、囲繞地通行権に係る通路の幅員を決定する際の考慮事情には様々なものが含まれるが、特に、①建築基準関係法令の規制との関係、②自動車による通行の可否が問題となる。

　①建築基準関係法令の規制との関係については、土地が路地状部分で公道に通じており、既存建物所有により前記土地の利用をするのに何らの支障がない場合、その路地状部分が、建築基準法に基づき制定された東京都建築安全条例3条所定の所要幅員に欠けるため増築について建築確認をしてもらえないというだけでは、210条の囲繞地通行権は成立しないとされている（最判昭和37年3月15日民集16巻3号556頁［27002179］、最判平成11年7月13日裁判集民193号427頁［28041220］）。他方、最高裁の判決には、傍論としてではあるが、建築基準法の規制を考慮に入れられる可能性を示唆するもの（最判昭和43年3月28日裁判集民90号813頁［27431026］）、また、既存通路の縮幅に際して、囲繞地通行権の幅員を定めるのに建築基準法定の規定基準をその判断の一資料として考慮したからといって、210条の解釈適用を誤ったものと解することはできないとするもの（最判昭和49年4月9日裁判集民111号531頁［28201156］）があり、前掲最判平成11年7月13日の後においても、下級審の判決においては、建築基準関係法令の規制は囲繞地通行権に係る通路の幅員決定の事情とならないとするもの（東京高判平成11年12月22日判時1715号23頁［28051925］）と、建築基準関係法令の規制を考慮して幅員を決定したもの（東京地判平成11年7月27日判タ1077号212頁［28070367］）がある。

　②自動車による通行の可否については、自動車による通行を前提とする

210条1項所定の通行権の成否及びその具体的内容は、他の土地について自動車による通行を認める必要性、周辺の土地の状況、前記通行権が認められることにより他の土地の所有者が被る不利益等の諸事情を総合考慮して判断すべきであるとされている（最判平成18年3月16日民集60巻3号735頁［28110763］）。

事実認定における問題点

これまでの裁判例では、自動車の通行を前提とする囲繞地通行権（自動車による囲繞地通行権）が認められるか否かが問題となったものがある。

事実認定についての裁判例と解説

自動車による囲繞地通行権の成否

［裁判例］

⑴　**自動車による囲繞地通行を否定したもの**

❶　東京高判昭和43年2月27日判タ223号161頁［27431021］

控訴人が甲地、被控訴人が乙地を各所有するところ、市道は3尺（0.909ｍ）の幅を持ち、人の通行には差支えがなく、かつ、甲地は本来住宅敷地であること、前記市道は甲地から直線の最短距離で県道に通じていること、元来前記市道は里道として甲地への出入りのため設けられたものであることからすると、前記市道は一応甲地への相当な通路といい得るところ、甲地（182坪）及び乙地（50坪）の面積、甲地から県道への距離（21ｍ）などをも考えると、甲地への通路の幅が3尺では狭くて控訴人側に都合が悪いかもしれないものの、住宅地の場合、現状において人が徒歩で通行、出入りし得る通路が確保され公路に通じている限り、原則として袋地と解すべきではなく、法的強制力をもって、囲繞地所有者に負担を強いてまで囲繞地通行権を認めるのは相当でないとして、自動車による囲繞地通行を否定したもの

❷　東京高決昭和43年7月10日高裁民集21巻4号370頁［27431048］

都市計画で商業地域に指定されている袋地であっても、同袋地が本来その用途において相当の制約を受けるべき関係にあり、しかも、自動車の通行により囲繞地所有者の被る損害が甚大であると認められる場合においては、自動車で通行することが当該囲繞地通行権の内容をなすものとはいえないところ、前記国道に通ずる私道を自動車で通行することは、抗告人には建築資材や取引商品の運搬に便利であるこというまでもないが、他方、前記私道の幅員は、前叙のように3.63ｍ、しかも、両側からはみ出ている建物部分や電柱等によってその実効幅員が3.16ｍにすぎないという事実に徴すれば、これを抗告人が自動車で通行することによって相手方らが被る損害の甚大であることはみやすいところであるから、前記私道を自動車で通行することが、当該囲繞地通行権の内容をなすものとは認められないとしたもの

❸　東京地判昭和47年3月24日判時678号62頁［27431326］

　近隣の別荘地所有者らの土地利用の状況が、農道に自動車を停め各別荘までは歩いて行くのが普通であって、自動車で別荘の入口まで乗り入れている者は1人だけであるような利用状態、所有地を通路とされることによって被る通路所有者の不利益等を考慮すれば、袋地から公路に至る通路として通行を求めることのできる幅員は、徒歩で通行することのできる1ｍをもって相当とすべきであって、自動車による通行の可能な幅員の通路は認められないとしたもの

❹　東京高判昭和48年12月25日東高民時報24巻12号228頁［27431432］

　第一審原告所有地が住宅として使用されている限りにおいては、第一審原告所有地の所有者は、甲土地を通行することによって公道に出るための必要は十分に満たされているものというべきであって、第一審原告所有地の所有者に本件土地の通行権があるとすることは、本件土地の所有者である第一審被告に不当に不利益を課するものといわなければならず、袋地所有者が同地上の住宅を取壊し、その跡に事務所兼倉庫用の建物を建築するに至った結果、商品の搬出入のため従来通行していた公路に通ずる通路以外の他の場所について、通行のみならず自動車の乗入れの必要が生じたとしても、その便宜のために従来通行していた通路のほかに、又はこれに代えて、他の場所に歩行

210

又は自動車による通行権があるとすることは、許されないとしたもの

❺　福岡高判昭和58年12月22日判タ520号145頁［27432040］

　控訴人$_{1～3}$の袋地利用目的（居住用の建物所有目的）、控訴人$_4$が土地を購入した際の被控訴人の説明、本件通路の従来の利用状況、最近における自動車の普及状態、本件通路の形状と自動車通行の際の危険性等を総合して判断すれば、控訴人らの本件通路の囲繞地通行権には自動車による通行は含まれないとみるのが相当であるとしたもの

❻　東京地判昭和61年8月26日判時1224号26頁［27801838］

　原告は30年以上原告通路を使用して原告土地上で生活してきたものであり、原告通路は階段があって自動車の通行には適さないが、徒歩で通行するには十分な幅と設備を備えていることは明らかで、この状況は本件工事の前後を通じて何ら異なるところはなく、本件工事によって、原告土地が被告土地を含む本件道路と同じ高さになったからといって、被告土地上に原告の袋地通行権が発生することにはならない。また、袋地の利用状況、通路開設の経緯などから、袋地通行権として自動車による通行が認められる場合があるとしても、①原告土地は原告の居宅の敷地として利用されており、原告土地に自動車が入らなければ生活に困るような状況にはなく、事実、原告は旧建物当時から他に駐車場を借りて自動車を所有しているが、週1回程度遊びに使うくらいであること、②被告土地を含む本件道路は、原告とは全く無関係にA炭砿及びB工務店によって築造されたもので、本件工事まで原告土地と本件道路は全く隔絶した存在であったこと、③原告自身も、C住宅自治会の承諾なく当然に本件道路を自動車で通行できるとは考えておらず、本件工事前に様々な約束をしたうえで、工事車両の通行を認めてもらったものであることなどの事実を考慮すると、原告の自動車による通行を確保するために被告土地上に原告の袋地通行権が発生するとは到底認めることができないとしたもの

❼　大阪地岸和田支判平成9年11月20日判タ985号189頁［28040041］

　原告所有の本件通路について、被告らが囲繞地通行権を有することを認めたが、①本件通路の幅は2m余と狭く、車両同士が対向できないこと、②本

件通路は簡易舗装であるため、自動車による日常的通行には耐久性上、安全上も問題があること、③本件通路には、一時点にせよ農機具、運搬車両、収穫物等が置かれることがあること、④本件通路に自動車の通行を認めると、本件通路の通行が混乱すること、⑤被告らが公道に接した駐車場を確保することはさほどの困難でないことなどの諸事情を考慮すれば、本件通路の囲繞地通行権には自動車による通行は含まれないとしたもの

(2) 自動車による囲繞地通行を認めたもの

❽ 福岡高判昭和47年2月28日判時663号71頁 [27431320]

被控訴人は昭和5年頃本件住居において養鶏業を営んでいたが、本件里道のみでは飼料等を馬車、リヤカー等によって運搬することができないため、132番の土地のうち里道沿いの部分約20坪（本件係争地）を当時の所有者から賃借し、これに地盛りをして通路を開設し現在まで利用してきたこと、前記被控訴人所有家屋には合計6世帯の家族が居住していること、被控訴人は前記住居において飼料販売業を営み、飼料の運搬に前記通路を利用するほか、居住者の中には牛乳販売業、氷販売業を営む者もいて営業用自動車の出入りも頻繁であること、そのほか近隣の居住者を併せると約10世帯、40名の住民が通勤、通学、その他日常生活のために前記通路を利用していることが認められ、かかる客観的な利用状況に加えて住民の安全ないし衛生を維持するために消防自動車あるいはし尿汲取車等の出入りを確保すべき社会的な要請を総合勘案すれば、前記のごときわずか幅2尺程度の里道では倒底通路としての合理的な効用を果たし得ないことは明らかであって、被控訴人は前記利用に必要な限度においてなお囲繞地を通行する権利を有するとしたもの

❾ 東京地判昭和52年5月10日判タ348号147頁 [27422946]

本件土地が袋地であり、同土地から最寄りの公道に至るためには本件道路を利用することが必要かつ便宜であることから、原告は同土地の所有者として同道路につき囲繞地通行権を有していたことは明らかであるが、囲繞地通行権の範囲についてみると、本件道路は幅員約5mないし6mの道路の形状をなした土地であるから、単身歩行して通行するには十分すぎる広さがあるけれども、本件土地はその地積、付近の環境に照らせば住宅地として適当な

土地であることが明らかであるところ、近時における自動車保有の普及度は著しく、かつ、社会生活の機能を維持するうえで自動車の果たす効用が飛躍的に増大してきていることに鑑みれば、本件土地の利用に伴ってその所有者及び関係者の自動車による道路の通行が不可欠であること、他方、同道路は、前記のとおり既に大正年代に開設され、爾来周辺住民及び一般人の通行の用に供されてきたものであって、その形状からみて通行の場所とする以外にほとんど使用価値がないばかりでなく、建築基準法の適用を受ける道路としてその使用が極めて限局されているのであるから、同道路を構成する各土地の所有者らは、その全部を通行されても特段の不利益を被るものとは考えられないし、さらに、同道路周辺住民の安全、衛生維持のため消防自動車、屎尿汲取自動車等の出入りを確保すべき社会的要請もまた無視することはできないことからすると、原告は本件土地の所有者として本件道路の全部につき囲繞地通行権を有していたとするもの

❿ 東京地判昭和57年4月28日判時1051号104頁〔27431970〕

　被告ら所有地はいずれも工場敷地として使用されていること、被告₁は、その所有の前記土地上において、ビニール原料製造業を営んでおり、原材料、製品の搬入、搬出に常時4tトラックの運行が必要であること、そのためには、最低4m程度の巾員を有する通路が要求されること、前記4tトラックの通行が不可能となれば、被告₁の操業に重大な支障が生ずること、被告₂所有地上の建物の賃借人Aは同建物において、ボール箱製造業を営んでおり、原材料、製品の運搬のために、自動車の運行を必要としていること、原告は、本件土地を買い受けた後、本件土地上に居住したことはなく、本件土地上の原告所有建物をBに賃貸しているにすぎず、被告らが本件通路を通行することは原告の本件土地利用にさしたる不利益を及ぼすものではないことが認められ、さらに、昭和34、5年当時本件土地周辺の土地はCの所有であったが、同人所有の土地が袋地であったため、DがC所有の甲土地の借地権及び同借地上の工場をEから買い受けるに際して、C所有の土地の借地人及び居住者とCが協議して、C所有の土地内に同土地の南側に接する都有地に通ずる通路を設置することになったこと、被告₁は昭和35年3

月頃前記借地権及び前記工場を買い受けて以来、前記開設された通路を原材料、製品の搬入、搬出のために使用してきており、その使用の型態は、現在におけるそれと異ならないものであったこと、前記Aは、現在まで10年以上の間、本件通路を通行していることが認められるとして、袋地が工場敷地として使用され、原材料、製品の搬入、搬出に常時4tトラックの運行が必要である等の事情から、最低4m程度の幅員を有する通路が必要であるとしたもの

⓫ 高松高判平成元年12月13日判時1366号58頁 ［27807586］

　袋地である農地についても法定の囲繞地通行権が認められるが、その農地に畦畔により人が通行できても、その農地での耕作に関する通常の方法として耕耘機を用いている場合にその耕耘機が通行できる幅員のある通路がなければ、その農地は袋地であるというのを妨げるものではないところ、被上告人が所有の田である甲地（田882m^2）、乙地（田416m^2）を耕作するに当たり、通常耕耘機を運転して本件係争地を通行しており、前記田から幅員約1mの畦畔があり人1人であればこれを通って公道に出られるが、畦畔は本来通路の用に供するものではないうえ、その幅員では耕耘機による通行ができないものであるから、なお、前記田は袋地であるということができるとしたもの

⓬ 大阪高判平成5年4月27日判時1467号51頁 ［27816453］

　第一審原告大阪府において、少なくとも昭和56年以降は、本件道路を車両で通行することが不可欠となっているのに対し、第一審被告らは、袋地所有者の第一審原告大阪府以外の者にも、車両による通行を許諾しているのであって、第一審原告大阪府に対し、車両による通行を認めても、特段の不利益が生ずる状況にはないこと、加えて、本件道路が、第一審被告らの承諾のもとに、第一審原告らの手によって整備されて今日の状態になったものであること、現在第一審被告らが通行を妨害している事情は、本件道路の利用による弊害と直接の関わりがないこと等を総合勘案すれば、第一審原告大阪府において、準袋地である府有地のために、本件道路を車両を使用して通行することも許されるとしたもの

⓭ 東京高判平成19年9月13日判タ1258号228頁［28140428］（最判平成18年3月16日民集60巻3号735頁［28110763］の差戻し後の控訴審判決）

控訴人（原告）寺所有の土地の利用（墓地経営）につき、自動車の通行を認める必要性があること、平成12年1月までは本件道路（旧赤道を整備したものであるが、その頃歩行者専用道路とされた）を利用して自動車により本件一団の土地に出入りすることができたこと、本件土地は緑地の北西端に位置する約20m²の土地であって、210条通行権が認められることにより公共施設としての目的を充分に達し得ないものとはいえないこと、走行車両の増加による住民の不利益は控訴人（原告）寺の自動車通行の必要性を否定すべき程度のものではないことを総合すると、控訴人（原告）寺は、甲土地等のうちその所有土地のために、本件土地につき、自動車による通行を前提とする210条通行権を有するものというべきであるとしたもの

(3) 通行できる自動車の種類を制限したもの

⓮ 東京地判昭和44年10月15日判時585号57頁［27431142］

公道に至る通路が最大4m、最小約2mの場合は袋地通行権として十分で、袋地通行権者が営業上大型トラックの通行を要するとしても、袋地通行権としてはそこまでの権利を認めることは必要ないものと解されるとしたもの

⓯ 東京高判昭和50年1月29日高裁民集28巻1号1頁［27431484］

第1土地については、その巾員は約2.67mあるから、人の通行だけを考えるとその全部について通行権を認める必要もないようであるが、第一審原告の営業のためには、前記程度の巾員の通路があることが必要であり、この必要性は将来もたやすく減少するものとは考えられないこと、他方、第1土地の従来及び現在の使用状況並びに第一審被告所有のビルの現況からすると、第一審被告においては、第1土地を使用できないことによって特に被害、苦痛を被るものとは認め難いこと、第2土地については、この土地を通行できないと、第一審原告においては、その住居の台所への出入りができないこと、しかし、第一審原告が第2土地をも通行していたのは、主として第5土地の賃借人であった者が第2土地を通路としていたことに付随するものであり、また、第一審原告としては、前記台所への出入りができなくても、他の出入

口から出入りできれば、その生活及び営業上特に重大な被害を受けるものとは認められないことからすると、第5土地が既に第一審被告の所有に帰した現在において、第一審原告には、単に前記台所への出入りのためにだけ、第2土地を通行する特段の必要があるものと認めることは困難であることなど、第1、第2土地付近の従前からの使用状況、第一審原被告の各土地に対する必要性、その使用を制限されることによって双方当事者の被る苦痛の程度の比較考量、その他前認定の諸般の事情を総合すると、第一審原告のために、第1土地全部について囲繞地通行権を認めることが必要であり、かつ、これをもって足りるものと判断するのが相当であり、また、第一審原告に認められるべき通行権の内容は、歩行による通行にとどまらず、小型自動車による通行及びその停車を含むが、その駐車を含まないものと認めるのが相当であるとしたもの

> 解説

自動車通行の可否については、当該事案における具体的な事情に基づいて、①袋地の利用状況や目的、公道に通じる通路の幅員や状況等を踏まえた、袋地所有者による自動車による通行の必要性及び妥当性、②自動車による通行を認めることにより囲繞地所有者が被る不利益等を総合考慮して判断することが必要となる。

下級審判例の多くは、最判平成18年3月16日民集60巻3号735頁[28110763]が示したような判断基準に沿って、自動車の通行を前提とする囲繞地通行権の成否及びその具体的内容について判断をしているものということができる（志田原信三・最判解説〈平成18年度（上）〉358頁）。具体的にみてみると、判決❶、❸〜❻、❾、⓯の裁判例は、袋地の利用状況や目的、判決❷〜❹、❾、⓬、⓭、⓯の裁判例は、囲繞地所有者が被る不利益（又はそれがないこと）、判決❼、❽、❿、⓫、⓮は、公道に通じる通路の幅員や状況、判決❽、❿、⓬、⓯は、自動車通行の必要性を、総合考慮の際に重視したものといえる。

(鈴木謙也)

第212条　第210条の規定による通行権を有する者は、その通行する他の土地の損害に対して償金を支払わなければならない。ただし、通路の開設のために生じた損害に対するものを除き、1年ごとにその償金を支払うことができる。

事実認定の対象等

■■ 意義

本条は、囲繞地通行権者に対する償金請求権（本文）及びその支払方法（ただし書）について定める。

■■ 法律要件及び法律効果等

囲繞地通行権者に対する償金請求権の法律要件は、

① ある者が囲繞地通行権を有していること

② 囲繞地通行権に基づく通行による損害の発生及びその額

である。

囲繞地通行権者に対する償金請求権の法律効果は、償金請求権の発生である。

囲繞地通行権に基づく通行による損害については、通路の開設のために生じた損害を除き、1年ごとにその償金を支払うことができるので（本条ただし書）、囲繞地通行権者は、通路の開設のために生じた損害を除き、1年ごとに支払う旨の抗弁を有することになる。

事実認定における問題点

本条に関する事実認定が問題となった裁判例は見当たらない。

（鈴木謙也）

第213条　分割によって公道に通じない土地が生じたときは、その土地の
　　所有者は、公道に至るため、他の分割者の所有地のみを通行することが
　　できる。この場合においては、償金を支払うことを要しない。
　2　前項の規定は、土地の所有者がその土地の一部を譲り渡した場合につ
　　いて準用する。

事実認定の対象等

■■ 意義

　本条は、分割（１項）又は土地の所有者がその土地の一部を譲り渡したこ
と（２項）によって囲繞地が生じた場合における囲繞地通行権について定め
る。

■■ 法律要件及び法律効果等

　本条の定める囲繞地通行権の法律要件は、ある土地の分割（共有物分割）
又は土地の一部の譲渡により、囲繞地が生じたことである。

　本条の定める囲繞地通行権の法律効果は、他の分割者の所有地又は譲渡人
の所有地（残余地）について無償での囲繞地通行権の発生である。

■■ 参考裁判例

　本条の適用範囲に関して、以下の最高裁判例が参考となる。

　(1)　本条１項にいう分割とは、それによって所有権の変動を生ずる場合、
すなわち、共有物分割のような場合をいい、所有関係に何ら変動を生ずるこ
となく単に分筆が行われる場合はこれに当たらない（最判昭和37年10月30日
民集16巻10号2182頁［27002083］）。

　(2)　土地の所有者が１筆の土地全部を同時に分筆譲渡し、よって袋地を生

じた場合において、袋地の譲受人は、本条２項の趣旨に徴し、前記分筆前１筆であった残余の土地についてのみ囲繞地通行権を有するにすぎない（前掲最判昭和37年10月30日）。

(3)　本条２項は、１筆の土地の一部の譲渡に限らず、同一人の所有に属する数筆の土地の一部が譲渡されたことによって袋地が生じた場合にも適用され（最判平成５年12月17日裁判集民170号877頁［27817342］）、同項の譲渡は、それが担保権の実行としての競売によるものであっても異なるところはない（前掲最判平成５年12月17日）。

(4)　本条の規定する囲繞地通行権は、通行の対象となる土地に特定承継が生じた場合にも、消滅するものではなく、袋地所有者は、210条に基づき残余地以外の囲繞地を通行し得るものではない（最判平成２年11月20日民集44巻８号1037頁［27807491］、最判平成５年12月17日裁判集民170号877頁［27817342］）。

(5)　本条の規定は、農地を賃借してその引渡しを受けた者と土地の所有者との間にこれを準用すべきであるが、単なる占有者に対して本条を準用することは許されない（最判昭和36年３月24日民集15巻３号542頁［27002331］）。

なお、公道に面する１筆の土地の所有者が、その土地のうち公道に面しない部分を他に賃貸し、その残余地を自ら使用している場合には、所有者と賃借人との間において通行に関する別段の特約をしていなかったときでも、所有者は賃借人に対し賃貸借契約に基づく賃貸義務の一内容として前記残余地を通行させる義務があり、その賃借地は袋地といえないとする最高裁判決がある（最判昭和44年11月13日裁判集民97号259頁［27431148］）。

事実認定における問題点

本条に関する事実認定が問題となった裁判例は見当たらない。

（鈴木謙也）

（自然水流に対する妨害の禁止）

第214条　土地の所有者は、隣地から水が自然に流れて来るのを妨げては
ならない。

事実認定の対象等

■■ 意義

　本条は、土地の所有者は、人工によらないで隣地から自然に流れてくる水
の疏通を妨げてはならない、すなわち、これを忍容する義務（承水義務）を
負うことを定める。

■■ 法律要件及び法律効果等

　本条は、「土地の所有者」の承水義務を定めるところ、土地の高低を分け
ずに規定しているため、承水義務を負うのは低地所有者に限られない。「水」
については、「自然に流れて来る」水、すなわち自然水に限られるが、雨水
及び泉水に限定されるとの規定はないため、地震によって池の水が溢れた場
合や、地下水にも適用される。

　承水義務の内容は、消極的に自然水の流れを妨げてはならない、すなわち、
土手などによって水をせき止めることをしてはならないということであって、
積極的に疏通を維持する義務を負わせるものではない。承水義務に違反して
土手が作られたときには、隣地所有者は、その除去若しくは損害賠償の請求
をすることができるとするのが通説である。

■■ 参考裁判例

　隣地が土盛りされたために水が流れてくるようになった場合には、自然流
水ではないから、本条の承水義務はない（大判大正10年1月24日民録27輯
221頁［27523197］）。

第214条

　余水通水権であれ自然的排水の受忍義務であれ、その場所、態様等は不変不動のものではなく、ことさらこれを妨害する意図で変更されたものでない限り、周囲の客観的状況や土地利用方法等事情の変化に対応して、その変更や消滅があり得るものと考えられ、農業用水や雨水等の自然的排水を隣地へ通水していた地位が、当該土地が農地でなくなるとともに隣接する市道に新たに側溝が設けられたりしたこと等の事情の変化によって、消滅したと判断した裁判例がある（大分地判昭和61年1月20日訟務月報32巻12号2723頁[27801826]）。

事実認定における問題点

　本条に関する事実認定が問題となった裁判例は見当たらない。

（関根澄子）

（水流の障害の除去）

第215条　水流が天災その他避けることのできない事変により低地におい
て閉塞（そく）したときは、高地の所有者は、自己の費用で、水流の障害を除去
するため必要な工事をすることができる。

事実認定の対象等

■■ 意義

　自然水が、地震、洪水その他低地所有者の責に帰すことのできない事由に
よって低地内で閉塞したときには、高地所有者は、自己の費用で水流の障害
を除去するために必要な工事を行うことができる。低地所有者は、この工事
に必要な範囲において、低地へ立ち入ることができる権利があり、低地所有
者は立入りを受忍する義務を負うと解されている。

■■ 法律要件及び法律効果等

　本条の適用は、自然水に限られ、人工排水の場合は216条の問題になる。

　「閉塞」は、「避けることができない事変」、すなわち、低地所有者の責に
帰すことのできない事由によることを要し、地震、洪水、崖崩れなどがその
例とされる。

　「水流の障害を除去するため」の工事は、必要な範囲に限られ、これを超
える工事に対しては、低地所有者がこれを受忍する義務はなく、続行を拒絶
できると解される。

　高地所有者が工事を実施するためには、低地内に立ち入る必要が出てくる
が、高地所有者には低地に立ち入る権利があり、その立入りに際しては低地
所有者の承諾は必要ないと解されている。この点は、請求権説の理解による
209条の隣地使用請求権の場合とは異なるものと解されている。

222

第215条

事実認定における問題点

本条に関する事実認定が問題となった裁判例は見当たらない。

(関根澄子)

（水流に関する工作物の修繕等）

第216条 他の土地に貯水、排水又は引水のために設けられた工作物の破壊又は閉塞により、自己の土地に損害が及び、又は及ぶおそれがある場合には、その土地の所有者は、当該他の土地の所有者に、工作物の修繕若しくは障害の除去をさせ、又は必要があるときは予防工事をさせることができる。

事実認定の対象等

■■ 意義

　甲地において、貯水・排水又は引水のために設けた工作物の破壊又は閉塞によって乙地に損害を及ぼし、又は及ぼすおそれがあるときは、乙地の所有者は、甲地の所有者に工作物の修繕若しくはその障害の除去をさせ、また、必要があるときは予防工事をさせることができる。土地の所有者は、修繕等の工事をする義務を負うが、損害賠償やその担保の義務を負わず、本条は、占有保持の訴え（198条）及び占有保全の訴え（199条）の特別規定と解することができる。

■■ 法律要件及び法律効果等

　本条は、高地の工作物と低地との間の問題として規定されるのではなく、「他の土地」と「自己の土地」とされている。これは、平坦地においても、逆流によって低地工作物によっても、この種の問題が生じ得るためである。

　「工作物の破壊又は閉塞」は、他の土地の所有者の責に帰すことのできないものでなくてはならない。本条に該当しない破壊又は閉塞については、占有訴権（198条、199条）及び土地工作物責任（717条）の問題となり得る。

　本条は、他の土地の所有者と工作物所有者が同一人である場合を想定した規定となっているが、両者が異なる場合には、工作物所有者を請求の相手方

224

とすべきと解されている。

　工事費用の分担については直接の規定はないが、工事義務者（工作物所有者）が負担すべきとするのが通説である（なお、217条参照）。

事実認定における問題点

本条に関する事実認定が問題となった裁判例は見当たらない。

（関根澄子）

（費用の負担についての慣習）

第217条　前2条の場合において、費用の負担について別段の慣習がある
　　　ときは、その慣習に従う。

事実認定の対象等

意義

　自然水が事変によって低地において閉塞したときには高地所有者が自費で
必要な工事を行うことができ（215条）、工作物の破壊又は閉塞の場合にはそ
の所有者が自己の負担で修繕等の工事をする義務を負う（216条）が、この
ような工事の費用の負担について、費用を分担し合う等の慣習が存在する場
合には、その慣習に従って費用負担の方法を定める。

法律要件及び法律効果等

　本条に定める「慣習」とは、「費用の負担について」の慣習だけであり、
その他の点について反対の慣習が存在しても、それは本条の認めるところで
はない。

事実認定における問題点

　本条に関する事実認定が問題となった裁判例は見当たらない。

（関根澄子）

第218条

（雨水を隣地に注ぐ工作物の設置の禁止）

> 第218条　土地の所有者は、直接に雨水を隣地に注ぐ構造の屋根その他の
> 工作物を設けてはならない。

事実認定の対象等

■■ 意義

　建物は境界線から50cm以上離れて建てることを要するが（234条）、その
要請を順守して建築された建物であっても、土地の所有者は、直接に雨水を
隣地に注ぐ構造の屋根その他の工作物を設けてはならないとの不作為義務を
負う。

■■ 法律要件及び法律効果等

　土地の所有者は、隣地所有者の承水義務（214条）を根拠に、本条の義務
を免れることはできない。

■■ 参考裁判例

　土地の所有者が、本条に違反して雨水を直接隣地へ注いでいる場合には、
受忍限度を超える損害を被った隣地所有者は、損害賠償及び差止めを請求す
ることができると解される。

　隣の建物の屋根からの雨水が原告の住宅の外壁及び敷地内に飛散して占有
を妨害するおそれがあるとして、雨どいの設置を命じた裁判例がある（佐賀
地判昭和32年7月29日下級民集8巻7号1355頁［27420563］）。

事実認定における問題点

　裁判例においては、隣地所有者が本条に基づいて損害賠償及び差止めを請

227

求するに当たり、隣地所有者が受忍限度を超えた損害を被ったといえるかどうかの判断が問題になり、隣地所有者に生じた損害を詳細に認定したものがある。

事実認定についての裁判例と解説

土地の工作物の所有者が、本条に違反して雨水を直接隣地へ注いだことによって、隣地所有者が損害を被ったといえるかどうか ─────

❶ 熊本地玉名支判昭和46年4月15日下級民集22巻3＝4号392頁 [27403650]

原告は、建物（原告建物）を所有し、同建物に居住するとともに旅館業を営むところ、同建物の敷地の隣地を賃借している被告が、原告建物に膚接して木造瓦葺2階建家屋（被告新築家屋）の新築に着手し始め、被告が、被告新築家屋の屋根の軒先を原告建物の屋根に重畳するように突出させているとして、軒先部分を切り取り撤去すること等を求めた。

裁判所は、被告新築家屋が、その西端の1階居間部分に北側（原告側）へ突出するようにして中庇式の鉄板葺屋根を設けているため、この屋根に直接降る雨や、同家屋2階の瓦屋根に降ってその軒先（雨どい未整備）から同鉄板瓦葺屋根に滴下する雨が、同所で最大高さ約60cm、最大水平距離120cm程度跳ね返り、これが原告建物の南西階下壁面に注瀉し同壁面に浸透してその内部を汚損変色して、いわゆるシミを作ったり、畳を湿らせたりしており、将来軒先部分全部に雨どいが設けられても、同鉄板葺屋根を現状より約30cm南側に引かない限り、原告建物への雨水注瀉は解消できないとの事実を認定し、被告は本条により雨水注瀉の工作物の撤去若しくは変更すべき義務を負うとして、中庇式鉄板葺屋根を北側先端から30cm短縮することを命じた。

❷ 東京地判平成4年1月28日判夕808号205頁 [27814601]

原告は、土地（原告土地）及び地上建物（原告建物）を所有し、同建物に居住しているところ、原告土地の南隣の土地（被告土地）の所有者である被告が建物（被告建物）の建築を開始したところ、被告建物の北側屋根（本件

屋根部分）が原告土地との境界に接近しているほか、先端の雨どいが原告土地との境界付近まで突出しているため、降雨時には、被告建物の屋根からの雨水が直接流入したり、雨どいから溢れるなどして原告土地に侵入しているとして、本条に基づき本件屋根部分の切除を求めた。被告は、本件屋根部分の先端から垂直落下する雨水はすべて被告土地内に落ちるし、激しい降雨時に雨水が原告土地に越境するのは落葉で雨どいが閉塞されるためであるところ、被告は、雨どいを掃除したり、落葉防止のためのネットを張ったり、さらには雨どいを内径の大きいものに取り換えたので、原告土地へ雨水が流入することはないと反論した。

　裁判所は、被告建物北側の１階及び２階の屋根の先端部分は、原告土地と被告土地の境界に接近し、被告建物の屋根及びその先端に取り付けられた雨どいが境界にあるブロック塀の上部付近に達しており、この塀の被告土地側壁面の真上から２階部分の雨どいまでの間隔は45mm、１階部分雨どいまでの間隔は85mmとなっており、本件訴訟提起当時、被告建物に降った雨水が、本件屋根部分１階先端の雨どいから溢れるほか、２階先端部から直接流入、飛散するなどして、原告土地に越境したと認定したが、被告が提訴後に１階屋根先端部の雨どいを取り換え、より深い雨どいを設置したこと、その後は、仮に雨水が越境するとしても相当量の降水が集中的にあった場合に限られていると認定し、かかる雨水の流入状況に加え、被告側において雨水の越境を防止するために措置を講じたことをも考慮するなら、本件屋根部分から社会生活上受忍すべき限度を超えて雨水が越境し、原告の所有権が侵害されたとの事実を認めることはできないとして、原告の請求を棄却した。

> 解説

　前記裁判例においては、土地の工作物と隣地との距離、雨水の流入状況や、これによる被害の状況を詳細に認定したうえで、土地の工作物の所有者における雨水の越境を防止するために講じた措置等の事情も考慮し、雨水の越境による損害が、社会生活上、受忍すべき限度を超えているかどうかを評価して、隣地の所有権を侵害したとの事実が認められるかどうかを判断している。

（関根澄子）

（水流の変更）

第219条　溝、堀その他の水流地の所有者は、対岸の土地が他人の所有に
　　属するときは、その水路又は幅員を変更してはならない。
　2　両岸の土地が水流地の所有者に属するときは、その所有者は、水路及
　　び幅員を変更することができる。ただし、水流が隣地と交わる地点にお
　　いて、自然の水路に戻さなければならない。
　3　前2項の規定と異なる慣習があるときは、その慣習に従う。

事実認定の対象等

■■ 意義

　境界線を流れる溝、堀その他の水流の敷地が一方の岸と同一の所有者に属
する場合にも、対岸が他人の所有に属するときは、敷地の所有者はその水路
又は幅員を変更してはならない（本条1項）。対岸の所有者の流水利用権を
害するおそれがあるからである。これに対し、両岸の土地が水流地の所有者
に属する場合は、その所有者が水路及び幅員を変更することができるが、下
流における水利を害しないよう、水流が隣地と交わる地点においては自然の
水路に復旧しなければならない（本条2項）。

　これらの場合について、異なる慣習があるときは、その慣習に従う（本条
3項）。

■■ 法律要件及び法律効果等

　本条は、水流地が私人の所有に属する場合にのみ適用されるものであり、
公有水流である河川には適用されない。水流地の所有者が本条1項に違反し
て水路または幅員を変更した場合は、対岸の土地所有者は本条1項に基づい
て、あるいは所有権妨害予防請求権に基づいて原状回復を請求できるものと
思われる。

事実認定における問題点

本条に関する事実認定が問題となった裁判例は見当たらない。

（関根澄子）

（排水のための低地の通水）

第220条 高地の所有者は、その高地が浸水した場合にこれを乾かすため、又は自家用若しくは農工業用の余水を排出するため、公の水流又は下水道に至るまで、低地に水を通過させることができる。この場合においては、低地のために損害が最も少ない場所及び方法を選ばなければならない。

事実認定の対象等

■■ 意義

本条は、公の水流又は下水道に排水を流すための排水路を、囲繞する他人の土地に求めることができるとの権利を定める。この権利は、隣接土地を直ちに通水に利用できる権利であると解されている（大江・要件事実(2)334頁）。

■■ 法律要件及び法律効果等

排水の種類は、214条の自然水以外のすべてを含む。

ある土地につき、通水権が認められるためには、その土地から、公の水流又は下水道に直接余水を排水することが不可能若しくは著しく困難であることを要する。その土地が公の水流又は下水道に接していても、土地よりも公の水流又は下水道の方が高地に存在する場合で、経済的、技術的に揚水が困難な場合には、本条により低地の通水権を認めるべきと解されている。

水の性質上、通水地は低地であるのが通常であるが、盆地状の袋地の存在も考えられるため、低地であることはそれほど強い意味を持つものではないとされる（川島＝川井編・新版注釈民法(7)〔野村好弘＝小賀野晶一〕350頁）。

通水は、低地のために損害が最も少ない場所及び方法を選ぶことを必要とする（本条後段）。

第220条

■■ 参考裁判例

　最判平成 5 年 9 月24日民集47巻 7 号5035頁［27816461］は、袋地所有者が、同地上の建物の汚水を公共下水道に流入させるため、隣接地に下水管を敷設する必要がある場合において、当該建物が特定行政庁の工事の施工の停止命令を無視し建築基準法に違反して建築されたものであるため除去命令の対象となることが明らかであるときは、隣接地の所有者に対し下水管の敷設工事の承諾及び同工事の妨害禁止を求めることは、権利濫用に当たると判断した。

事実認定における問題点

　裁判例においては、他人の土地又は排水設備を通水することが、その土地や排水設備のために損害が最も少ない場所及び方法といえるかどうかの認定が問題となったものがある。

事実認定についての裁判例と解説

通水する土地や排水設備のために損害が最も少ない場所及び方法といえるかどうか

[裁判例]

❶　横浜地判昭和53年 5 月11日判タ377号116頁［27431737］

　原告の所有する甲地の北側一端と、被告の所有する乙地の南型一端は崖になって接している。被告は昭和19年頃から昭和38年 6 月頃まで、乙地の下水を排泄するため、乙地から甲地の西端を抜け、乙地の南側かつ甲地の西側に位置する訴外 A 所有地に排水管を設置していたが、昭和38年頃、A によりその排水管が除切され、乙地の下水が甲地内に垂れ流されるようになった。原告は、被告に対し、下水を A 所有地排水管に排泄するよう申し入れたが、かえって、被告からは、甲地の排水設備を使わせてくれるよう申入れがあった。原告は、近い将来単独に排水設備を設けるまでの一時的措置として、昭和38年頃、被告が乙地の下水を公共下水道に流出させるため、原告が高地に

233

設置した排水設備を利用すること、このため甲地に被告の排水設備を設置することの合意をし（本件合意）、被告は、その頃、乙地の下水を原告が甲地の北側部分に西から東方向にかけて設置していた排水設備を通じて甲地の東側に接する公路の公共下水道に流出するため、乙地の排水設備の南東端と甲地の排水設備の西端を接続させた。その後、被告は、昭和41年9月、接続部分の排水設備と高地の排水設備を改修した（その排水設備の一部が本件排水管）。被告は以降継続して乙地の下水を本件排水管を通じて甲地及びその排水設備に流出させている。この排水設備は、改修後、乙地の下水のためしばしば溢水し、降雨時には下水が原告所有建物の床下、台所に浸水し、風呂場に汚水が逆流し、悪臭の発生、シロアリの発生、漏電の原因にもなっている。原告は被告に対し、しばしば善処を申し入れたが、被告は前記改修工事を行ったにとどまり、原告の申入れを放置している。乙地は、北側を公路と接し、東側に訴外B所有地、南側にA所有地及び甲地が位置し、公路は、乙地、B所有地及び訴外C所有地の北側を西から東方向に走って、C所有地に接するところで南方向に折れ、甲地の東側を通じて南下する下り坂の道であり、供用の開始された公共下水道が設置されている。乙地はこの公路と接する部分で公路よりも3.4m低地であり、A所有地、甲地よりも4.3m高い。

　原告は、甲地の所有権に基づく妨害排除ないし予防請求として、乙地から甲地への下水の流出禁止及び本件排水管の撤去等を求めたのに対し、被告は、主位的には本件合意に基づき、予備的には、下水道法11条、民法220条、221条に基づく通水権に基づき、原告の排水設備及び甲地の利用を主張した。

　裁判所は、本件合意については解約されたと判断したうえで、通水権が認められるための要件について、通水権利者は、他人の土地又は排水設備に通水する場合、これによって生じる損害が最も少ない場所を選ばなければならないのであるから、通水し得べき土地又は排水設備が所有者を異にして複数考え得るときは、それぞれに通水したとして生ずべき損害を比較し、そのうち、損害の最も少ない土地又は排水設備にのみ通水することができ、さらに、通水権利者の土地から公共下水道に直接排水することが科学技術上可能であ

るときは、この方法によったことによる通水権利者の損失と、通水されることによる損害とを比較し、前者の損失が著しく多大なときに限って、通水権利者は他人の土地又は排水設備に通水することができるとし、本件では、ポンプにより揚水して直接排水する方法、Ａ所有地を通じて排水する方法、甲地の排水設備を利用する方法、Ｂ所有地を利用して通水する方法が考えられ、甲地又はその排水設備について通水によって生ずべき損害が最も少なく、かつ、ポンプ揚水の方法に必要とされる費用が甲地の損害と比較して著しく多大な場合にのみ、被告は原告に対し甲地を通水させる権利があるとした。

　前記要件事実が認定できるかについて、裁判所は以下のとおり、判断した。すなわち、被告は、昭和38年以前、Ａ所有地を通じて排泄しているが、この場合にＡ所有地を通じて排泄した場合のＡについて生ずる損害の証拠を提出せず、Ｂ所有地を通水させたと仮定した場合にＢが被るであろう損害の証拠も提出しない。被告が従前、甲地の排水設備を利用してきたことは、甲地、Ａ所有地、Ｂ所有地のそれぞれで被るであろう損害の比較のための要素となるが、原告が甲地の利用を被告に許すに至った経過、その後に被った様々な損害、これに対応した被告の態度、甲地の排水設備の瑕疵等の事情を考慮すると、被告が甲地の排水設備を利用した事実を過大に評価することは許されず、被告の原告に対する通水権成立のための事実については証明が足りないと判断した。

❷　横浜地決昭和57年5月24日判タ473号192頁［27431975］

　本件私道を所有する債権者が、近接する本件土地上に本件共同住宅を建築しようとしている債務者に対し、債権者所有の土地における下水道管敷設工事禁止の仮処分を申請した事案において、裁判所は、本件土地の周辺には下水道管等の排泄設備がないこと、本件土地の東側、西側、北側の土地は本件土地より約5.5m高くなっているのに対し、本件土地の南側から水路に至る本件私道は本件土地よりも低地であって、かつ、道路として使用していることから、本件共同住宅の生活余水を排泄するためには本件土地から水路に至るまで本件私道に下水道管を埋設して通過させるのが低地のために最も損害の少ない方法であるから、債務者は本条に基づき本件私道に本件下水道管理

設工事をする権利を有すると認めて、仮処分申請を却下した。

❸ 大阪地判昭和60年4月22日判タ560号169頁 [27433051]

　原告土地は、被告土地及び訴外A所有地に囲まれた袋地で、原告土地から生じる下水は、もともと灌漑用に利用されていた給水管を、灌漑に使用しない時には北側端に土のうを埋めて、この給水管を使って公共下水道まで排水されていたが、新たな灌漑用水路を設置した際に、この管をビニール製排水管に付け替えて、新たに排水管として利用されるようになった。ところが、被告が、この排水管の一部を撤去したうえ、コンクリート壁を埋め込んで排水路を閉鎖したため、原告土地から生ずる下水は行き場を失い、原告は、原告土地内に穴を掘ってその中に下水をためるなどしてしのぐ状況になった。そこで、原告が被告に対し、排水管工事に対する妨害排除請求を求めた。

　原告土地から生じる下水道を公共下水道まで排出させるためには、隣接する被告土地又はA所有地のいずれかの地中に排水管を設置し、これを利用せざるを得ない状況にある。裁判所は、袋地所有者が隣地土地の所有者に対し下水通水権を有する場合でも、他人の土地又は排水設備にとって最も損害の少ない場所又は箇所及び方法を選択しなければならず、その損害の大小は、工事を要する区間の長短、隣近土地の利用状況、従前の通水経過等を総合考慮し、通水権者の有する工事費用の点も斟酌したうえで判断すべきであるとした。そのうえで、被告土地にビニール製排水管を設置しこれを原告に利用させることにより被告に生ずべき損害は、排水管設置の距離が短く、かつ、被告土地の北東端に位置して私道として利用されている部分であるため、比較的僅少であり、また、原告が負担すべき工事費用も少額で済むのに対し、原告土地の北側に排水溝を設置し、A土地東側公道沿いに存する排水溝に排水する方法によるとすれば、Aや排水溝所有者の承諾も必要になり、さらに、排水管を設置すべき距離が長大になるため、原告が負担すべき工事費用も多額に上るので、被告土地に排水管を設置することが隣近土地にとって最も損害の少ない方法であるから、被告は原告に対し排水管の設置及び利用を受忍すべき義務があり、工事の妨害は許されないと判断した。

❹ 大阪地判昭和60年11月11日判タ605号60頁 [27801237]

第220条

　原告は本件建物及びその敷地を所有し、被告は隣接する被告土地を所有している
ところ、本件建物の便所から公共汚水桝に屎尿汚水を流入させるため、
原告が、被告に対し、被告土地につき排水設備の設置工事を行うことを承諾
することと、原告が設置工事を行うことの妨害排除を求めた。

　本件建物の敷地は袋地で、本件建物の便所から公共汚水桝に屎尿汚水を流
入させるためには、雨水や生活排水を排出するために他人の土地に設置され
ている既設の排水設備を利用するか、新たに他人の土地に排水設備を設置す
る以外に方法がない。しかし、前者は、設備の老朽化による流下能力の不良
や、一部に空中配管が存在することなどの難点があるうえ、排泄設備が既存
建物の下に埋設されていて事後の維持管理が極めて困難であり、しかも、こ
の排水設備の設置されている土地の所有者の承諾を得られる見込みがない。

　後者については、被告土地西側のＡ所有土地に排水設備を設置するルー
トが考えられるが、Ａは同土地上にマンションを建築するとの理由で承諾
しない。また、他のルートでは、排水設備を設置すべき土地と本件土地との
間に約1.1mの段差があるから桝を設けなければならず、本件建物の敷地を
約1.1m掘削しなければならないが、この工事は困難であり、設備設置後の
維持管理も困難である。

　これに対し、被告土地を通すルートは、排水設備を設置すべき土地の幅員
が広く、かつほぼ平坦であることから、工事の実施及び設置後の維持管理上
最も適切なルートであり、工事期間も短く、費用も安い。この排水設備を設
置すべき各土地の所有者は被告を除いてすべて工事を承諾している。また、
被告土地は、本件建物の居住者などの通路として利用され、既にガス管及び
水道管が設置されているうえ、排水設備工事を行っても、被告土地の一部を
掘削するものにすぎず、排水設備を地下に埋設するだけであるから、被告に
よる土地利用を格別妨げるものではない。したがって、原告は被告に対し設
置工事の承諾を求めることができ、被告は工事を行うことを受忍すべき義務
があり、工事を妨害することは許されないと判断した。

　なお、大分地判昭和61年1月20日訟務月報32巻12号2723頁［27801826］は、
甲地の所有者である原告が開発許可を得るために、都市計画法上、甲地から

排出される計画排水量を有効に受水・排水する接続水路が必要となる場合に、被告所有の乙地（低地）に排水管を設置して水路に接続する工事費用より、乙地を使わずに別の水路に接続するための排水管を設置する工事費用が約5倍高くても、それのみで乙地に通水権を有するとは限らず、原告が行う開発行為の規模や土地利用の高度化の程度により通水権（それに基づく排水管埋設認容請求権）の有無が判断されるとした。

❺ 東京地判昭和61年8月27日判夕640号157頁 ［27801839］

　原告は、原告土地を所有し、地上建物に居住しており、原告土地から生じる汚水や雨水は原告土地南端の崖地の一部の被告土地に排水管として設置してされていた土管によって被告土地を通って排除されており、付近に公共下水道が設置されてからは、この土管から被告土地内の本件経路地に埋設されていた排水渠を経て公共下水道に流入させるようになっていた。

　被告は、被告土地上に被告建物を建てたが、前記土管が被告建物の建築に支障となったので、土管は径10cmのビニール管に変えられ、位置も相当程度東側にずらされて現在の排水管が設置され、また、被告建物から生じる下水を排除するため本件経路地に新たに排水渠を設置し、これに前記排水管を接続したので、原告土地の下水は被告土地の下水をも排除する排水渠を経て公共下水道に流入されるようになった。

　原告は、水洗便所に切り替えることとして、水道局に照会したところ、原告土地上の下水（汚水及び雨水）をすべて公共下水道に排除する必要があり、そのため、現在使用されている内径10cmのビニール製排水管を、内径20cmのものに変更する必要があるとの回答を得た。

　原告土地周辺には別の公共下水道が設置されており、こちらに下水を流入させることとすれば、ほぼ全部を原告所有の土地上に設置し得るが、原告土地は公共下水道より1m以上低地となっており、排水管は下水道よりも低くなるため、ポンプを用いるという困難を伴う。本件下水の排水を自然流下により行うには、現在のように南面崖側を通過し、公共下水道に排水するのが最も合理的である。

　裁判所は、以上の事実を認定したうえで、本件は、被告土地上にある従前

からの排水設備を使用しなければ原告土地の下水を公共下水道に流入させることが困難な場合であり、かつ、同設備を原告主張のように改良することは、被告土地上にある排水設備にとって最も損害の少ない箇所及び方法であるから、原告がその費用で被告土地上に設置してある排水管及び排水渠について改良敷設工事をすること及び同工事を妨害しないことを被告に求めることができると判断した。

❻ 東京地判平成 9 年 7 月10日判タ966号223頁［28030879］

　原告は借地（原告借地）上に原告建物を所有してこれに居住し、被告は借地（被告借地）上に被告建物を所有してこれに居住しているところ、原告借地は囲繞地となっている。原告借地から排水される便所汚水を除いた下水は、原告設置の既設排水管（原告排水管）を通って公共下水道に流入しており、被告借地から排水される下水は、被告所有の既設排水管（被告排水管）を通って公共下水道に流入している。原告は、原告建物の汲み取り式便所を水洗式便所に切り替えるに当たり、その汚水を公共下水道に流入させるため、被告に対し、既設の被告排水管の利用を求めているが、被告はこれを承諾しないため、原告は承諾を求めて提訴した。

　裁判所は、原告借地のような囲繞地の所有者は、下水道法11条及び民法220条、221条等の規定の趣旨に基づき、隣地所有者に対し、その土地又は排水設備の使用を求め得るが、その場合において、通水し得べき土地又は排水設備が所有者を異にして複数考え得るときは、それぞれに通水したとして通常生ずべき損害を比較し、そのうち土地又は排水設備にとって最も損害の少ない場所又は箇所及び方法を選択しなければならず、損害の大小の判断は、工事を行うべき区間の状況と費用の多寡、当該隣人に与えるべき損害の内容と程度、周辺土地の利用状況や従前の通水経緯等を総合して合理的に決すべきとした。

　原告借地から公共下水道への通水は、距離的に見れば被告排水管を経由するのが最短であり、費用としても30万円程度の工事で済むのに対し、被告主張のように、A、B両宅間の通路部分を通って、C、D両氏の所有する私道の地下を通るようにして新たに排水管を設置する方法によった場合は、20万

円程度割高になり、私道の所有者らに対し承諾料等の支出を要することになる可能性があるが、他方で、被告排水管は、被告建物の北側の下を通っており、現状の被告の下水のほかに新たに原告宅の水洗式便所汚水が加わった場合に、その総排水量が被告排水管に与える影響の程度は明らかでなく、管が詰まる可能性もあること、被告主張の私道に排水管を新設する方法をとった場合には、地上に他人の建造物のない道路の下に排水管を埋設することができ、維持管理も比較的容易であり、また、Aと共同して排水管の新設工事を行う場合は、費用も必ずしも割高にならないと認定した。そして、本件では、排水管を新設する方法によった場合に生ずる具体的な支障の内容や金銭的負担の程度が明確ではないことからすれば、原告の請求する被告排水管の利用という方法が、最も損害の少ない合理的な方法であると直ちに認めることは困難であり、被告においてこれを受忍すべきものとまではいえないとして、原告の請求を棄却した。

解説

裁判例においては、通水し得べき土地又は排水設備が所有者を異にして複数考え得るときは、それぞれに通水したとして生ずべき損害を比較し、そのうち、損害の最も少ない土地又は排水設備にのみ通水することができるとされ、通水地の従前の利用状況や利用に至った経緯、排水設備の設置及び維持の難易及び費用の多寡、通水地の土地利用を妨げる程度等の事情を詳細に認定し、これらの事情を総合考慮して、損害が最も小さいといえるかを判断している。このほか、判決❻のように、当事者が、他の選択肢の場合の損害について立証しない限り、最も損害が少ないとは認定できないと判断した裁判例もある。

（関根澄子）

第221条

（通水用工作物の使用）

第221条　土地の所有者は、その所有地の水を通過させるため、高地又は
低地の所有者が設けた工作物を使用することができる。
2　前項の場合には、他人の工作物を使用する者は、その利益を受ける割
合に応じて、工作物の設置及び保存の費用を分担しなければならない。

事実認定の対象等

■■ 意義

　本条は、甲地の所有者が自己の用に供するため排水設備を乙地に設けたと
きは、乙地の所有者もその排水設備を利用することができ（１項）、その場
合、乙地の所有者は、その受ける利益の割合に応じて設備の設置及び保存費
用の一部を分担しなければならない（２項）と定める。乙地の所有者も排水
設備を利用できることとすれば、簡便かつ経済的であるし、乙地所有者に設
備の維持費用の一部を分担させれば工作物所有者にとっても利益であること
による。

■■ 法律要件及び法律効果等

　通水用工作物を使用しようとする場合には、その所有者の承諾を要しない
と解される。工作物の所有者が使用を拒絶するときには、通水妨害の禁止を
請求することができる。本条１項は、乙地の所有者が、甲地所有者の設置し
た工作物を使用することを認めるものであるが、甲地の所有者が乙地に設置
された通水工作物の使用が認められるかが問題となる。

　他人の工作物を使用する者は、本条２項により、利益を受ける割合に応じ
て工作物の設置及び保存の費用を分担しなければならないところ、分担の割
合については、排水量、土地の面積等の諸事情に基づいて決すべきとの見解
（川島＝川井編・新版注釈民法(7)〔野村好弘＝小賀野晶一〕353頁）、主とし
て排水量の程度によるとする見解（安藤一郎『相隣関係・地役権〈新版〉』

241

ぎょうせい（1991年）116頁）がある。

■■ 参考裁判例

1　甲地の所有者が乙地に設置された通水用工作物の使用が認められるか否かについて、東京地判昭和41年9月28日判時467号57頁［27430917］は、高地である甲地所有者は、他に排水路を作ろうとすれば、道程が長大であるばかりでなく、揚水ポンプを用いる等の設備なしには排水路の用をなさないとの事情の下、余水排水のため、低地である乙地所有者が敷設した排水管の使用が認められるとした（なお、川島＝川井編・新版注釈民法(7)〔野村好弘＝小賀野晶一〕353頁は、他に可能な方法がある場合でも通水工作物使用権は認められるべきであり、他に排水路を作ろうとすれば経済的に負担になるとの判示は不必要な理由付けであるとする）。

最判平成14年10月15日民集56巻8号1791頁［28072670］は、宅地の所有者は、他の土地を経由しなければ給排水できない場合において、他人の設置した給排水設備をその給排水のために使用することが他の方法と比べて合理的であるときは、その使用により当該給排水設備に予定される効用を著しく害するなどの特段の事情のない限り、220条、本条の類推適用によって、当該給排水設備を使用することができるものとすることが相当であると判示した。

2　本条2項につき、仙台地判平成5年5月25日判タ854号216頁［27825109］は、低地の所有者が設置した排水設備を使用する高地の所有者は、その利益を受ける割合に応じてその設置保存費用を分担しなければならないが、その分担の割合は、基本的には両土地の排水量を基準とすべきであり、これが不明な場合には、両土地の流域面積又は面積、その他排水量を推計させる諸事情に基づいて決定するのが相当であるとした。

事実認定における問題点

本条に関する事実認定が問題となった裁判例は見当たらない。

（関根澄子）

第222条

（堰<ruby>せき</ruby>の設置及び使用）

第222条　水流地の所有者は、堰<ruby>せき</ruby>を設ける必要がある場合には、対岸の土地が他人の所有に属するときであっても、その堰を対岸に付着させて設けることができる。ただし、これによって生じた損害に対して償金を支払わなければならない。

2　対岸の土地の所有者は、水流地の一部がその所有に属するときは、前項の堰を使用することができる。

3　前条第2項の規定は、前項の場合について準用する。

事実認定の対象等

■■ 意義

　水流地の所有者は、流水を水車、引水等に利用するため、水面を高くする必要がある場合には、堰を設けることになるが、堰は対岸に付着されなければ十分にその効用を発揮できない。そこで、水流地所有者は、対岸を所有しない場合であっても、対岸に堰を付着させることができるとされる（本条1項本文）。ただし、これによって生じた損害に対して償金を支払わなければならない（本条1項ただし書）。なお、対岸の所有者が取得する償金請求権は、209条2項と同じく、法定の損害賠償請求権であり、故意過失の主張・立証は不要であると解されている。

　他方、対岸所有者は、水流地の一部がその所有に属するときは、この堰を利用することができ（本条2項）、その場合、対岸所有者は、その受ける利益の割合に応じて堰の設置及び保存費用の一部を分担しなければならないとされる（本条3項、221条2項）。

■■ 法律要件及び法律効果等

　堰の設置権は「水流地の所有者」に、その利用権は「水流地の一部がその

243

所有に属する」「対岸の土地の所有者」に認められており、対岸地だけを所有し、水流地の一部をも所有しない者は、堰の利用権は認められないことになる。しかし、水利権を有する沿岸者相互の利害関係を調整するとの本条の趣旨に照らすなら、このような所有者であっても、水利権を有する限り、本条の適用対象となり得ると解するのが通説である（川島＝川井編・新版注釈民法⑺〔野村好弘＝小賀野晶一〕355頁、我妻＝有泉・民法講義Ⅱ292頁）。

事実認定における問題点

本条に関する事実認定が問題となった裁判例は見当たらない。

（関根澄子）

第223条

（境界標の設置）

第223条　土地の所有者は、隣地の所有者と共同の費用で、境界標を設けることができる。

事実認定の対象等

■■ 意義

　土地所有者は、隣地の所有者と共同で費用を負担し、境界標を設置することができる。この権利は、隣接する土地の境界が確定していることを前提とする。

■■ 法律要件及び法律効果等

　境界標を設けることができるということの意味については、甲は、まず隣地所有者乙に対して協力を求め、それに応じないときは協力を訴求すべきなのか（民事執行法171条、174条）、それとも協力を得られないときには、甲が単独で境界標を設置し、後に費用の分担を請求すべきなのかが問題となるが、通説は前者と解している（川島＝川井編・新版注釈民法(7)〔野村好弘＝小賀野晶一〕356頁、我妻＝有泉・民法講義Ⅱ293頁、東京地判昭和39年3月17日下級民集15巻3号535頁［27430742］）。これに対し、東京高判昭和51年4月28日判タ340号172頁［27431573］は、高地と低地とが隣接しているときに、低地所有者が高地の土地崩壊を予防するため高地所有者に対し擁壁設置工事を求めた事案について、本条、226条、229条、232条の規定を類推し、相隣者が共同の費用をもってこれを設置すべきであり、その工事について両者の協議が調わないときは、一方がこれを施工したうえで、その費用の補償を求めるべきであるとしている。

　境界標は、境界線上に設置されることになるが、境界を確定する効力を有するものではなく、境界について現に争いがないか若しくは裁判上確定して

245

いることを前提に、後日の紛争を防ぐためのものにすぎない。

■■ 参考裁判例

　最判昭和31年12月28日民集10巻12号1639頁［27002852］は、境界の合意が存在したことは、異筆の土地の間の客観的境界の判定のための一資料として意義を有するにとどまり、証拠によってこれと異なる客観的境界を判定することを妨げるものではないと判示する。

　また、最判昭和42年12月26日民集21巻10号2627頁［27001006］は、隣接土地所有者間に境界についての合意が成立したことのみによって、その合意のとおりの境界を確定することは許されないと判示している。

　土地の境界確定請求権の主体は、隣接地の所有者であり、処分権能を有しない地上権者等は土地境界確定の訴えの当事者適格を持たない（最判昭和57年7月15日裁判集民136号699頁［27682398］）。

　隣接する甲乙両地の各所有者間の境界確定訴訟において、甲地のうち境界の一部に接続する部分につき乙地の所有者の時効取得が認められても、甲地の所有者は、この境界部分についても境界確定を求めることができる（最判昭和58年10月18日民集37巻8号1121頁［27000033］）。

事実認定における問題点

　裁判例においては、境界を確定する際の判断において、境界標の存在を考慮したものが多数存在する。また、境界標の設置を求めることの当否や設置方法を検討した裁判例がある。

　すなわち、事実認定における問題点としては、1　境界確定の判断において境界標の存在等をどのように考慮すべきか、2　境界標の設置を求めることの当否と設置方法の具体的態様がある。

第223条

事実認定についての裁判例と解説

1 境界確定の判断において境界標の存在等をどのように考慮すべきか ──

[裁判例]

❶ 岡山地判昭和35年8月23日下級民集11巻8号1761頁 [27430495]

　原告所有土地と隣接する土地の所有者である被告が、原告所有地内に標石3個を設置したとして、標石の除去を求めた事案である。裁判所は、境界確認調停事件において双方が確約した境界線を前提に、標石のうち2個はこの境界線上ではなく、原告宅地内にあること、同標石は、被告が界標として設けたものであるが、原告との協議を経ずその承諾なくして被告の独断で設置したものであること、標石は堅固な意思で作られ、かつその頭上に正確ではない方位線が刻んであることが認められ、これらの標石はその全体が原告の土地所有権を妨害していると判断し、被告には除去する義務があると判断した。

❷ 東京地判昭和39年3月17日下級民集15巻3号535頁 [27430742]

　原告所有地と被告所有地とは隣接しており、大正6年5月に原告と被告所有地の元所有者が立会いのうえ、境界を確認し、標石2個を設置していたにもかかわらず、被告が標石の1つを抜き取り廃棄し、原告主張の境界を越えて丸太杭を打ち込むなどして、原告の土地を占有したとして、土地の明渡しと標石の埋設を求めた事案である。裁判所は、原告主張の境界線は、公図とも実測上合致し、原告所有地が下、被告所有地が上となる崖地の上縁に当たり、自然的な境界をなしている一方、被告主張の境界に沿う証拠はないとして、大正6年5月に原告と被告所有地の元所有者が境界を確認したうえで標石を埋設したと認定し、被告に対し、境界を越えて占有している部分の明渡しを命じるとともに、本条により原告に対し界標を設置することに協力する義務があるとして、標石の埋設を命じた。

❸ 水戸地判昭和39年3月30日下級民集15巻3号693頁 [27430746]

　原告所有地と被告所有地は隣接しており、その境界線が争われているところ、裁判所は、原告が設置した古い板塀が存するところ、住家の宅地相互の

247

境界を定める場合には、古い塀ないし柵などの位置が極めて重要な手掛かりになる、また、被告が、被告の家の付属建物を被告主張の境界線の被告側に、しかも、原告主張の境界線にまたがって建てられていることも、被告の主張の正当性を裏付ける事実であるとした。他方で、公図の記載は、原告主張の境界の形状に類似している。境界確定訴訟の本来の目的は、公図上記載された境界線の所在を現地において見出すことであるから、公図の記載との比較が重要な基準となるが、公図は必ずしもあてにならない場合もあるから、境界付近の堅固な建物や塀、雨水溝などの位置が、多年関係者が認めてきた両地の境界の所在を示す標識として、実際上極めて重視されるとした。

❹　岡山地判昭和43年7月18日判時550号75頁［27431051］

　甲土地と隣接する段差のある乙土地との境界線に沿って石垣を設け、甲土地の乙土地に向けて出張った部分には石垣上にさらに1列に延石を敷いており、その後、段差が解消されたものの、地上建物によって両土地の境界は明瞭に区別されていたところ、戦災により建物が消失して境界がわからなくなったところ、両土地を管理していた者が立ち会い、焼け跡から従前の境界を探したうえ、当該境界とおぼしき線に沿って積載してあった瓦礫の北側の線をもって境界であることを確認し合い、そこに杭を打って縄を張り、その後、この線上に板塀を建てたという事案において、当該線が境界であると判断した。

❺　福岡高判昭和46年5月17日判時645号82頁［27431266］

　境界線を確定するに当たっては、公図その他の地図、隣接両地の公募面積と実測面積との関係、占有関係、境界標識、林相その他地形等を証拠によって確定し、それらを総合判断したうえで確定すべきところ、境界線を確定することは、直接には隣接土地の所有権の範囲を確定するものではないが、多くの場合これが所有権の範囲に重大な影響を及ぼすものであるから、隣接土地の公募面積と実測面積の関係は、それがなくても境界線を明らかに確定し得るような特別の場合を除いては、必ずこれを明確にして境界確定の資料とすべきと判示した。

❻　東京地判昭和47年1月26日判時671号60頁［21038012］

宅地の境界確定訴訟において、境界の争われている両土地は元被告の所有地で一団の土地であったところ、公図の記載は、一団として見た土地の範囲に関する限りかなり正確と思われるとしたうえで、公図の記載や公簿上の面積との矛盾が著しくなく、過去において行われていた地番の呼称とも合致する直線をもって境界線と定めるのが相当であるとした。

❼ 東京高判昭和48年8月30日判時719号41頁［27431411］

甲土地と乙土地との境界を確定するに当たって、これらの土地が、鉄道会社が軌道用地として買収するために分筆した結果生じた土地であることを認定し、鉄道会社が軌道全線を実測して作成した実測図を拡大して現地に当てはめて、旧軌道の南側境界線を甲土地乙土地の境界と定め、係争地域の占有状況、隣接両地の公簿面積と実測面積の相違を考慮するまでもなく、客観的に存在する境界を認定できるとした原審の判断を是認した。

❽ 東京地判昭和49年6月24日判時762号48頁［27431449］

境界確定の事案で、公図と鑑定実測図を対照すると、原告主張の線を境界とみると公図と同一の形状となるのに対し、被告主張の線を境界とみると公図と現況とが一致しなくなるところ、公図は面積の測定については必ずしも正確に現地の面積を反映しているとはいえないにしても、境界が直線であるか否か、あるいはいかなる線でどの方向に画されるかというような地形的なものは比較的正確なものということができるから、境界画定に当たって重要な資料と考えられ、公図と現況とを対照して境界をみる場合は、両者が一致するような線が境界としてより合理性があるとした。原告側の提出した実測図について、区画整理事務所の職員が行った実測図には、当時存在していた境界石を確認して作成されたものであり、実測の結果を正確に表示したものと認めた。

❾ 名古屋高判昭和51年2月18日判時826号49頁［27431557］

過去に耕地整理が行われており、図面上で区画した後に現地を実測し、耕地整理組合が鉄芯入りコンクリート杭を打ち込んでいる事案において、このコンクリート杭の存在する場所から境界線を検討し、さらに、公図上、実測の距離及び面積を対比した境界線を確定した。

❿　東京高判昭和51年3月30日判タ339号277頁［27431566］

　境界確定訴訟において、一方が主張する境界上の一端に境界標識があると
認定したものの、他の一端にも同様のものがあることを当事者に釈明し、立
証を促さないで、これがあるとの証拠がないとして、その当事者に不利益に
判断をした原審の判断につき、審理不尽、理由不備の違法があるとした。

⓫　東京高判昭和52年2月17日判タ352号185頁［27650636］

　山林の境界確定訴訟において、山林の公図は正確性に問題があり、各土地
の位置関係については大体において誤りがないとしても、各土地の範囲及び
境界線の形状等についてはかなり粗雑な記載が多く必ずしもあてにならない
ことは、裁判所に顕著であると判示した。そのうえで、ヒノキの伐根が境界
木であるとの控訴人の主張を排斥し、境界石が境界標識であると認定し、占
有管理の状況については、その線の南北で林相が異なると認定するなどして、
境界を確認した。

⓬　那覇地判昭和52年3月30日判タ365号311頁［27431643］

　土地の交換をする際に、関係者が立ち会い、生垣を目安として交換対象土
地を特定して分譲し、所有権申告の際に添付された測量図に境界が明示され
ている場合において、実測面積が公簿上の面積と異なっていても、図面の記
載を基準として土地境界を確定した。

⓭　大阪地判昭和54年1月16日判時928号83頁［27431770］

　公用水路敷地につき境界確定が問題となった事案で、原告の主張する境界
線は、境界石の存在するところを境界点にしている点で正確性があり、以前
あった被告の水路の実際の状況と合致しているとして、この線を原告所有地
と被告水路の境界であると確定した。

⓮　東京高判昭和55年3月18日判時963号37頁［27431833］

　国有道路敷地と私有地間の境界確定が問題となった事案で、標識を基準に
市道と土地との振分点を定めて境界を確定した。

⓯　東京地判昭和55年10月31日判時999号75頁［27431866］

　隣接する土地に境界標等の設置は全くなく、境界線が不明な場合の境界に
ついては、縄伸び部分を登記簿の面積に応じ、両地に按分するのはもちろん

250

のこと、特段の事情がない限り、両地の両側境界線の長さに按分して2起点を定め、それを直線で結んだ線を境界とすべきであるとした。

⓰ 東京高判昭和62年8月31日判時1251号103頁［27800476］

公図自体では、係争土地の位置及び区画を現地において具体的に特定する現地復元力を有せず、公図の証拠価値は筆界杭、畦畔等の物的証拠や近隣の人の証言等の人的証拠によってはじめて決まるものであり、かかる物的、人的証拠がないときは、公図のみでは証拠価値を認めることができないと判示した。

⓱ 東京地判平成5年11月30日判夕873号157頁［27827027］

公図上「畦畔」とされている国有地及び市有地と、隣接する原告らの私有地の境界が争われた事案において、公図の作成経緯、作成方法や、公図作成後の地形に変化がないことを認定のうえ、畦畔の位置、利用状況等を詳細に検討して境界を判断した。

［ 解説 ］

裁判例においては、境界を確定するに当たり、公図その他の地図、隣接両地の公募面積と実測面積との関係、占有関係、境界標識、林相その他地形等を証拠によって確定し、それらを総合判断したうえで確定すべきとしており、境界標は、過去において当事者が境界として合意していたことを推認させる手掛かりとして、境界を決定する際の判断材料とされている。

2　境界標の設置を求めることの当否と設置方法の具体的態様 ─────

［ 裁判例 ］

❶ 東京地判平成23年7月15日判時2131号72頁［28180056］

隣接する土地とその地上建物を所有する者相互の間で、一方の他方に対する本条及び225条1項に基づき共同の費用で境界標及び囲障の設置を求めた事案である。被告は原告所有地を通行する権利の確認を求め、当事者間の協議継続が困難となり、原告らが提訴に至ったとの事案において、境界標の設置方法について、境界線上に被告と共同の費用で境界標を設けることができ、原告の希望するコンクリート杭によることが適切でないとは認められないか

ら、これを設置するのが相当とした。

> 解説

　境界標の設置を求めることの当否や設置方法については、境界標の材質、高さ等につき、近隣の慣習も考慮のうえ、判断されている。

（関根澄子）

第224条

（境界標の設置及び保存の費用）

第224条　境界標の設置及び保存の費用は、相隣者が等しい割合で負担する。ただし、測量の費用は、その土地の広狭に応じて分担する。

事実認定の対象等

■■ 意義

　境界標の設置及び保存の費用は、相隣者が平等の割合で負担する（本条1項）が、測量の費用は、土地の広狭に応じて分担する（本条2項）。

■■ 法律要件及び法律効果等

　相隣者は、境界標を設置することについて同一の利益を有するので、境界標の設置及び保存の費用は、各自均等に負担すべきとされるが、両地の境界を確定するための測量の利益は、土地の広狭に対応して異なるので、その広狭に応じて負担を定めた。相隣者の一方が境界標の設置及び保存の費用を負担した場合に、本条の費用分担請求権に基づき、その2分の1の支払を請求できる。また、223条に基づく請求に対し、本条は、権利抗弁として機能する（大江・要件事実(2)344頁）。

■■ 参考裁判例

　東京地判昭和39年3月17日下級民集15巻3号535頁［27430742］は、223条に基づく請求の請求原因事実の中に費用分担を基礎付ける事実が現れていても、被告において、本条の費用分担を原告に求めるとの意思表示（権利主張）がされないと、無条件の判決となるとした。

253

事実認定における問題点

本条に関する事実認定が問題となった裁判例は見当たらない。

（関根澄子）

第225条

（囲障の設置）

第225条 2棟の建物がその所有者を異にし、かつ、その間に空地がある
ときは、各所有者は、他の所有者と共同の費用で、その境界に囲障を設
けることができる。

2 当事者間に協議が調わないときは、前項の囲障は、板塀又は竹垣その
他これらに類する材料のものであって、かつ、高さ2メートルのもので
なければならない。

事実認定の対象等

■■ 意義

2棟の建物が所有者を異にし、かつその間に空地があるときは、各建物の
所有者は、共同の費用で、その境界上に囲障を設けることができる（本条1
項）。囲障の材料及び高さは、当事者間の協議によって定められるべきであ
るが、協議が調わないときは、その囲障は、板塀、竹垣その他これに類する
材料のもので、高さ2mでなければならない（本条2項）。

本条は、建物所有者相互間の関係であって、他の土地所有者間の関係を規
律する相隣関係の規定と異なる。この権利も、隣接する土地の境界が確定し
ていることを前提とする。

■■ 法律要件及び法律効果等

囲障を設置するに当たって、甲は、まず隣地所有者乙に協力を求め、それ
に応じないときは協力を訴求すべきなのか、それとも協力を得られないとき
には、単独で囲障を設置し、後に費用の分担を請求すべきなのか（民事執行
法171条、174条）が問題となるが、通説は前者と解しており、本条2項、
227条の範囲内であっても、単独で囲障を設置し、後に費用の分担を請求す
ることはできないと解される（川島＝川井編・新版注釈民法(7)〔野村好弘＝

255

小賀野晶一〕358頁、我妻＝有泉・民法講義Ⅱ293頁）。

事実認定における問題点

　裁判例においては、　1　本条２項の制限を超える囲障が設けられた場合に、その除去を求めることができるかが問題になったものがある。また、　2　本条２項の制限を超える囲障の設置が認められるかどうかが問題になったものがある。

事実認定についての裁判例と解説

1　本条２項の制限を超える囲障が設けられた場合に、その除去を求めることができるか

［裁判例］

❶　東京地判昭和33年３月22日下級民集９巻３号476頁［27420663］

　被告が隣接する土地との間に、土地の境界線にほぼ接して高さ７尺５寸の板塀を設けたところ、隣接家屋は下部３尺が腰板で、その上部にガラス窓（高さ２尺３寸）があって、そこから採光の弁を得ていたのが、板塀の設置により窓ガラスのうち１尺３寸８部を残して他は板塀のために覆われ、採光の便が悪くなり、生活に支障を及ぼしている場合、かかる板塀の設置が正当の事由に基づく場合のほかは、隣接家屋の占有を妨害するものとして、隣接家屋の占有者は妨害の停止を求めることができ、必要以上に高い板塀を設けた者は適当な高さ（５尺）まで塀の上部を撤去しなければならないとした。

❷　大阪高判昭和42年９月18日判タ214号218頁［27421662］

　被上告人が旧家屋を取り壊して家屋を新築したところ、同家屋には６か所の窓が設けられ、かつ隣地との境界線いっぱいに建てられたため、上告人方の居宅が見通しとなったのに、被上告人が目隠しを設置するなどの処置を講じないで放置していたことから、上告人が、境界線いっぱいに被上告人の家屋にほとんど接着して、その東側の窓の高さを超える、高さ５m82cm、長さ約10mの木製亜鉛鉄板張りの塀を構築し、その結果、被上告人の家屋は

第225条

東側からの通風採光が遮断されたという事案において、相隣者の1人が自己の土地周辺の囲障を設置するに当たって、他の相隣者に損害を及ぼすことを知りながら、あえて囲障としては著しく不当と認められる材料、規模、構造のものをもってこれをなすことは権利行使の範囲を逸脱して許されず、他の相隣者は、本来の用途に必要な限度を超える部分の除去を請求できるとし、この囲障の設置が、隣地居住者が窓に目隠しを設置すべき義務を果たさない場合であっても、除去義務に消長を来さないとした。

［ 解説 ］

裁判例においては、囲障の高さ、材質、構造のみならず、囲障を設置するに至った経緯、隣接者に及ぼす支障の程度やこれについての囲障を設置した者の認識等の事情も考慮したうえで、除去義務の存否を判断している。

2 本条2項の制限を超える囲障の設置が認められるかどうか

［ 裁判例 ］

❶ 東京地判昭和44年7月21日判時574号42頁［27431129］

原被告の両敷地が隣接し、旧塀が存在したところ、被告は、被告敷地を測量した結果に基づく新境界を原告敷地内に設定し、旧塀は被告敷地内にあるとしてこれを取り壊して新塀を築造したという事案において、新塀の築造は原告所有地の土地の侵奪であるから、原告はその所有権に基づき新塀の除去と侵奪のあった土地部分の明渡しを求めることができるとともに、被告が、原被告間の共有に属していた旧塀を取り壊した結果、原被告間はそれぞれ住宅を所有してその間に空地が存する関係となったため、本条1項に基づき相手方と共同の費用をもって、境界線上に囲障を設けることを請求できる。

この場合に、旧塀のごとき材質の塀を構築する慣習があることは認められないが、原告が被告に対し旧塀と同一材質構造の境界塀の設置を求めることが不当であるとは解し難いので、228条にいう慣習ある場合に準じて、そのような塀の設置を求めることができる。

❷ 東京地判昭和59年10月23日判時1158号213頁［27490850］

原告が被告を相手方として、被告の物置のうち、境界を越える部分の収去

257

と、境界線上に塀を築造することについての承諾を求める訴訟を提起し、次いで、境界線から50cm以内の場所に工作物を設置してはならない旨及び被告の建築中の居宅のうち同距離内にある部分を収去することを求める訴訟を提起したこと、これらの併合事件において和解が勧告されたこと、当時、境界線に沿って、原告所有地側に、かつ物置越境部分においてさらに内側に湾曲して、原告の設置した大谷石と竹垣の塀が存在していたこと、被告は物置越境部分の収去等は承諾したが、新たな塀についてはその構造等について折り合いがつかなかったため、塀については「現状においてはそのままとする」旨を定めて和解が成立したという事案において、和解成立後相当期間を経過し、既存の塀が著しく破損し又は朽廃に近い等、現状のまま維持することが相当困難に至った時に、塀の設置について再度協議することが和解成立時において予定されていたとして、原告が被告に対し新たな塀の設置を求めることができるとした。

　原告が設置の承諾を求める塀は、高さにおいて本条2項の規定する制限内にあり、下部を大谷石積みとする点において異なるが、境界の囲障の一部のみについて板塀又は竹垣より良好な材料を用いることも、227条により当事者の一方がその増額分を負担するならば許容されるとした。

❸　東京地判平成23年7月15日判時2131号72頁［28180056］

　囲障については、原告は被告に対し、各建物の間の空き地に共同の費用で囲障の設置を求めることができ、当該地域に板塀等の素材を用いる慣習はなく、従前から設置されている高さ1.62mの既存ブロック塀に並んで設置されるものであるので、同様の高さ及び材料で設けられるのが相当であり、高さ1.62m、幅0.1mの8段積みブロック塀を設置することを認めることができると判断した。

　┌─────┐
　│　解説　│
　└─────┘

　裁判例においては、新たな囲壁を設置する場合に本条2項の制限を超えていても、227条による増加費用の負担を条件として、あるいは、228条による慣習の存在する場合に準じて、その設置を認めているものがある。

（関根澄子）

第226条

（囲障の設置及び保存の費用）

第226条　前条の囲障の設置及び保存の費用は、相隣者が等しい割合で負担する。

事実認定の対象等

■■ 意義
囲障の設置及び保存の費用は、相隣者が均分して負担すべきであるとする。

事実認定における問題点

本条に関する事実認定が問題となった裁判例については、225条の解説を参照されたい。

（関根澄子）

> （相隣者の１人による囲障の設置）

第227条　相隣者の１人は、第225条第２項に規定する材料より良好なもの
を用い、又は同項に規定する高さを増して囲障を設けることができる。
ただし、これによって生ずる費用の増加額を負担しなければならない。

事実認定の対象等

■■ 意義

　本条は、相隣者の１人が、225条の定める材料より良好なものを用いて囲
障を作り、又は２ｍ以上の高さの囲障を作った場合は、２ｍの高さの板塀
又は竹垣を作った場合の２分の１を超える部分は囲障を作った者の負担とな
ることを定める。

■■ 法律要件及び法律効果等

　本条は、増加費用を負担する限りいかなる囲障を設けてもよいということ
までも認めてはおらず、隣地所有者との関係においておのずと一定の制限に
服すべきであると解されている（川島＝川井編・新版注釈民法(7)〔野村好弘
＝小賀野晶一〕360頁）。

事実認定における問題点

　本条に関する事実認定が問題となった裁判例については、225条の解説を
参照されたい。

（関根澄子）

第228条

（囲障の設置等に関する慣習）

第228条　前3条の規定と異なる慣習があるときは、その慣習に従う。

事実認定の対象等

■■ 意義

225～227条の規定は、我が国における従来の慣習を参考にして作られたものであるが、各地方に行われる慣習は、必ずしも同じものではないので、異なった慣習が存在するときには、裁判所は、それに従って裁判をすべきものとされる。

事実認定における問題点

本条に関する事実認定が問題となった裁判例は見当たらない。

（関根澄子）

261

（境界標等の共有の推定）

第229条　境界線上に設けた境界標、囲障、障壁、溝及び堀は、相隣者の
共有に属するものと推定する。

事実認定の対象等

■■ 意義

境界線上に設けられた境界標、囲障、障壁、溝・堀などの所有関係は、契
約によって定めることができるが、民法は、一般に、相隣者の共有に属する
ものと推定した。本条の推定の効果は、これに反する意思表示の存在の証明
によってこれを覆滅することができ、また、230条1項、2項本文の場合に
も、推定の効果を否定することができる。

■■ 法律要件及び法律効果等

これらの境界線上の工作物が共有である場合には、その権利関係について
は共有に関する規定に従うが、共有者は分割請求権を持たず（257条）、また、
共有者の一方が単独で障壁の高さを増すことについては、231条の特則があ
る。

■■ 参考裁判例

東京地判昭和50年1月24日下級民集26巻1＝4号103頁［27431482］は、
同一所有者に属する相隣筆する2筆の土地を甲乙両名にそれぞれ譲渡するに
際し、その境界線上に設けられ、両土地にまたがって存在する囲障（ブロッ
ク塀）については、甲乙はその共有持分権を取得したものと解されるとする。

262

事実認定における問題点

本条に関する事実認定が問題となった裁判例は見当たらない。

（関根澄子）

第230条　１棟の建物の一部を構成する境界線上の障壁については、前条の規定は、適用しない。

2　高さの異なる２棟の隣接する建物を隔てる障壁の高さが、低い建物の高さを超えるときは、その障壁のうち低い建物を超える部分についても、前項と同様とする。ただし、防火障壁については、この限りでない。

事実認定の対象等

意義

　共有推定に関する本条の規定は、１棟の建物の一部を構成する境界線上の障壁には適用されず（本条１項）、その建物の一部として建物所有者の所有に属する。

　高さの異なる２棟の隣接する建物を隔てる障壁の、低い建物を超える部分も、229条の推定を受けない（本条２項本文）。ただし、防火障壁は、高さの異なる建物を隔てるものであっても、全部について共有の推定を受ける（本条２項ただし書）。

事実認定における問題点

　本条に関する事実認定が問題となった裁判例は見当たらない。

（関根澄子）

（共有の障壁の高さを増す工事）

第231条　相隣者の１人は、共有の障壁の高さを増すことができる。ただし、その障壁がその工事に耐えないときは、自己の費用で、必要な工作を加え、又はその障壁を改築しなければならない。

2　前項の規定により障壁の高さを増したときは、その高さを増した部分は、その工事をした者の単独の所有に属する。

事実認定の対象等

■■ 意義

　相隣地の境界線上に設けられた共有障壁については、各相隣地所有者がその障壁の高さを増す工事をすることができ（本条１項本文）、他の相隣地所有者の同意を有しない。ただし、この共有障壁が、高さを増す工事に堪えないときは、工事者は、自己の費用で必要な工作を加えるか、又はそれを改築しなければならない（本条１項ただし書）。工作又は改築を加えた障壁は、依然として相隣者の共有に属するが、高さを増した部分は、その工事をした者の単独所有となる（本条２項）。

事実認定における問題点

　本条に関する事実認定が問題となった裁判例は見当たらない。

（関根澄子）

第232条　前条の場合において、隣人が損害を受けたときは、その償金を
　　　　請求することができる。

事実認定の対象等

意義

　231条の工事によって隣人が損害を受けたときは、隣人は、工事をするも
のに対して償金を請求することができる。

事実認定における問題点

　本条に関する事実認定が問題となった裁判例は見当たらない。

（関根澄子）

第233条

（竹木の枝の切除及び根の切取り）

第233条 隣地の竹木の枝が境界線を越えるときは、その竹木の所有者に、その枝を切除させることができる。

2 隣地の竹木の根が境界線を越えるときは、その根を切り取ることができる。

事実認定の対象等

■■ 意義

本条は、竹木の枝又は根の越境に関する規定である。枝の越境の場合と根の越境の場合を分けて規定している。

■■ 法律要件及び法律効果等

1 法律要件

竹木の枝が隣地に侵入した場合に、隣地所有者（X）が竹木所有者（Y）に対して竹木の枝の剪除を請求するための法律要件は、

① Xが甲地を所有していること

② Yが甲地の隣地（乙地）を所有していること

③ 乙地の竹木の枝が、甲地と乙地の境界線を越えて甲地に侵入していること

である（本条1項）。

この点、「この請求は、いかなる場合にもなしうるものではなくて、隣地所有者が何等かの重大な損害を被ったか、または、被るおそれが存する場合にのみなしうると解すべきである」（川島＝川井編・新版注釈民法(7)〔野村好弘＝小賀野晶一〕364頁）と解するにしても、「③の侵入の事実によりXに損害が生じたこと（又は生じるおそれが存すること）」までが前記請求を認めるための積極的な要件となるわけではなく、何らの損害も受けていない

267

場合に切除の請求をするのは、権利の濫用となる（川島＝川井編・新版注釈民法(7)〔野村好弘＝小賀野晶一〕364頁、我妻＝有泉・民法講義II 295頁）といった限度で、消極的な要件（訴訟では抗弁として作用する）になるというべきである。

2　法律効果

竹木の枝が隣地に侵入したときには、隣地所有者は、竹木所有者に対して竹木の枝の剪除を請求できる（枝の切除請求権）。「根」の場合（本条2項）と異なり、越境された側は勝手にこれを切り取ることはできず、相手方が応じないときには、裁判所に対し、所有者の費用にて第三者に切除させることを請求することになる（民事執行法171条）。

ただし、あくまで枝の切除を求めるのにとどまり、竹木そのものの伐採を求めることはできない（裁判例としては、鑑賞用のヒマラヤ杉3本の枝が公道上まで張り出していたため、隣地で営業する旅館の看板が、見えにくくなり、あるいは車両等の通行の妨害となっていたとしても、当該旅館業を営む者がなし得るのは、枝の剪除にとどまり、木そのものを伐採することは許されないとしたもの（大阪高判平成元年9月14日判タ715号180頁［27805469]）がある）。

事実認定における問題点

本条に関する事実認定が問題となった裁判例は見当たらない。

（森　健二）

第234条

（境界線付近の建築の制限）

> 第234条　建物を築造するには、境界線から50センチメートル以上の距離を保たなければならない。
>
> 2　前項の規定に違反して建築をしようとする者があるときは、隣地の所有者は、その建築を中止させ、又は変更させることができる。ただし、建築に着手した時から1年を経過し、又はその建物が完成した後は、損害賠償の請求のみをすることができる。

事実認定の対象等

■■ 意義

本条は、境界線付近の建物築造に際しての距離保持に関する規定である。1項が、境界付近において建物を建築する者に対し50cm より接近させて建築してはならないという不作為義務を定めるものであり、2項が、1項の定める距離を保たないで建築する者がある場合における、隣地所有者の建築中止変更請求権を定めるものである。

自らの所有する土地であろうとも、境界線いっぱいまで建物を築造できるわけではなく、空気の流通を確保するとか、相隣者が建物の築造又は修繕のために必要な空間を確保するという理由から、一定の不作為義務を土地所有権に伴わせている（遠藤＝鎌田編・基本法コメ〔斉藤博〕105頁）。

■■ 法律要件及び法律効果等

1　法律要件

隣地所有者（X）が、境界線から50cm の距離を保たないで建物を建築しようとする者（Y）に対し、建物の建築の中止又は変更を求めるための法律要件は、

① Xが乙地の隣地（甲地）を所有していること

269

② Yが甲地の隣地（乙地）を所有していること

③ Yが乙地において、甲地との境界線から50cm未満の距離内に建物を建築しつつあること

である（本条2項本文）。②の要件は、本条が相隣関係を前提としていることから必要となる（小磯武男編著『近隣訴訟の実務〈補訂版〉』233頁、大江・要件事実(2)356頁。この点について、安藤一郎『実務法律選書・相隣関係・地役権〈新版〉』ぎょうせい（1991年）207頁は、Yが乙地の「所有権ないし賃借権等の使用権原を有すること」とし、加えて、甲地のXの権原についてもこれと同様に解している。なお、隣地での建物を建築しようとする者が複数いる場合であっても、そのうち1名が所有者であれば②の要件を満たすことを前提とする裁判例（東京地判昭和36年11月30日下級民集12巻11号2895頁［27430580］）がある）。

なお、本条1項の「50センチメートル以上の距離」の意義について、東京高判昭和58年2月7日判タ495号110頁［27432013］は、建物の側壁又はこれと同視すべき出窓その他の張出し部分と境界線との間の最短距離を意味し、建物の屋根又は庇の各先端から鉛直に下した線が地表と交わる点と境界線との最短距離を意味しない、としている。

2 法律効果

境界線から50cm未満の距離に建物を築造する者（Y）があれば、隣地所有者（X）は、その者に対し、建築の中止ないしは変更を求めることができる（本条2項本文）。

ただし、建物を建築する者（Y）が、建築着手の時から1年を経過し、又は、建築完成を主張・立証すれば、隣地所有者（X）は損害賠償の請求しかできなくなる（本条2項ただし書）。建築がかなり進行した後に建築の廃止・変更請求を認めると、相手方の利益を著しく害するからである（川島＝川井編・新版注釈民法(7)〔野村好弘＝小賀野晶一〕368頁）。「建築の着手」とは、相隣者が客観的に着手と認識できる状態になったときであり、単に建築請負契約の成立や設計図の作成だけでは足りないと解され、また、「建築

の完成」とは、建物として完成していれば足り、必ずしも内装工事が完了することまでは必要ないと解される（大畠崇史「建物の建築制限をめぐる訴訟」滝澤孝臣編著『最新裁判実務大系 4 不動産関係訴訟』青林書院（2016年）549頁、柏谷秀男「境界と建築物」塩崎勤＝安藤一郎編『新・裁判実務大系(2)建築関係訴訟法〈改訂版〉』青林書院（2009年）455頁、安藤一郎『実務法律選書・相隣関係・地役権〈新版〉』ぎょうせい（1991年）204頁）。

なお、建築着手の時から 1 年以内に請求があったときは、この請求権は保全されその後 1 年を経過し、又は建築が完成した後であっても、本条 1 項所定の距離保持義務があるというのが判例である（大判昭和 6 年11月27日民集10巻1113頁［27510464］）。

■■ 参考裁判例

本条については、「防火地域又は準防火地域内にある建築物で、外壁が耐火構造のものについては、その外壁を隣地境界線に接して設けることができる」と規定する建築基準法65条との関係が問題となる。いわゆる特則説（建築基準法65条は本条 1 項の特則として優先適用され、建築基準法65条の要件を満たす建物であれば、本条 1 項と異なる慣習（236条）がなくても、50cm離して建築する必要はなく、境界線に接して建築できるとする考え方）と、非特則説（建築基準法65条の要件を満たす建物でも、本条 1 項の規定の適用は排除されないとする考え方）とがあったところ（詳細は、滝澤孝臣・最判解説〈平成元年度〉309頁以下参照）、最判平成元年 9 月19日民集43巻 8 号955頁［27804830］は、「建築基準法65条は、防火地域又は準防火地域内にある外壁が耐火構造の建築物について、その外壁を隣地境界線に接して設けることができる旨規定しているが、これは、同条所定の建築物に限り、その建築については民法234条 1 項の規定の適用が排除される旨を定めたものと解するのが相当である」として、特則説に立つことを明らかにした（伊藤正己裁判官の反対意見がある（同裁判官自身が同反対意見について書きとめたものとして、伊藤正己「裁判官と学者の間」有斐閣（1993年）350頁がある）。なお、原審の大阪高判昭和58年 9 月 6 日民集43巻 8 号982頁［27806383］は、

第一審大阪地判昭和57年8月30日民集43巻8号968頁［27423921］の建築基準法65条が本条1項に優先適用されるのは、相隣者間の合意のある場合、または民法236条の慣習等相隣者間の生活利益を犠牲にしてもなお接境建築を許すだけの合理的理由がある場合に限るとして建築基準法65条の適用を否定する判断を、ほぼ引用する形で是認していた)。

事実認定における問題点

　これまでの裁判例では、隣地の所有者からの本条1項の規定に違反する建築部分の収去請求について、かかる請求が権利濫用となるか否かが問題となったものがある。

事実認定についての裁判例と解説

隣地所有者の請求が権利濫用となるか否か

裁判例

❶　東京地判昭和36年11月30日下級民集12巻11号2895頁［27430580］

　原告の家屋は隣地との境界線上まで建っているが、それは原告被告の家屋がもとは同一棟（2戸建1棟）であった建物を、被告らが自己の所有部分を取り壊したため、あたかも本条に違反して家屋が建てられたのと同様の外観を有するに至った事案において、原告が被告の建築に対してのみ法定の間隔を要求して建築の中止を求めることは権利の濫用といえないとした。

❷　渋谷簡判昭和49年9月25日判時761号103頁［27431465］

　被告の増築建物は本条1項の規定に違反していると主張して原告がその違反部分の収去を請求する事案において、原告が建造した自動車保管用建造物も被告の増築建物もいずれも境界線より50cmの距離を有せず同項に違反している事実を認めたうえで、裁判を求めてくる者は清潔な手で来なければならないことは衡平な解決を求める者が当然に守らなければならない道理であり、自己の違反建造物はそのままとして被告の同種の違反建物のみを収去せ

よと求めることは信義誠実の原則に違反し許されないとした。

❸　東京地判平成 3 年 1 月22日判時1399号61頁［27809744］

　杉並区内の所有地上に居宅を有する原告が、建築基準法の規制に反する隣接建物（建ぺい率・容積率違反で、日影規制には違反しない）の建設業者被告₁及び購入者被告₂に対し、所有権ないし人格権等に基づき、建物の一部撤去等を求める事案において、隣接建物の一部であるブロック塀が本条に違反するところ、本条による建物撤去等の請求の可否は、単に本条の規定する要件のみならず、土地の利用状況、建築物の構造、建築の経緯等を具体的に検討し、当事者間の公平を考慮して判断しなければならないとしたうえで、本件のような傾斜地においてブロック塀自体の設置はやむを得ないこと、隣接建物の違反部分は機能的には土留めの塀と大差なく、土地の有効利用という観点からは違反の程度はさほど大きくないといえること、原告建物自体が本条に違反していること等を考慮して、建物の一部撤去等を認めなかった（なお、本事案では、生活侵害を理由とする建物の撤去請求等は、隣接建物による日照阻害等が受忍限度内であるとして棄却し、本件建物 1 階にあるトイレと洗濯室の窓に目隠しの設置請求は認容されている）。

❹　最判平成 3 年 9 月 3 日裁判集民163号189頁［28206095］

　本条 1 項の規定に違背して建物を築造しようとする者があるときは、隣地の所有者は、建築着手の時から 1 年以内であって建築が竣成しない間は、その廃止又は変更を請求することができ、当該建築をしようとする者は同項所定の距離を保持する義務があるところ、当該建築が同項の規定に違反するため当該期間内に隣地所有者から工事中止の要請を受け、さらに裁判所の建築工事続行禁止の仮処分決定を受けたにもかかわらず、あえて建築を続行してこれを竣成させた者は後日その廃止又は変更の請求を受ける危険を負担してこれをしたものにほかならず、隣地所有者のする違反建築部分の収去請求は、当該建築者において高額の収去費用等の負担を強いられることがあるとしても、権利の濫用にならないと解するのが相当であるとして、本条違反建築部分の収去請求を権利濫用とした原審の判断を破棄した。

解説

　境界線から50cmの距離を保たないで建物を建築するときに、隣地所有者（原告）から建物の建築の中止又は変更を求められた建物建築者（被告）は、原告の請求が権利の濫用になる場合には、これを抗弁として主張し得る（大畠崇史「建物の建築制限をめぐる訴訟」滝澤孝臣編著『最新裁判実務大系4 不動産関係訴訟』青林書院（2016年）549頁）。隣地所有者の請求が権利濫用に当たるか否かは、事柄の性質上、個別事案ごとの事実関係に左右されがちであるが、1つの典型的な類型として、隣地所有者自身が土地の境界線から本条所定の距離を置かずに建築された建物を所有している場合において、その境界線の隣地所有者に対して同項所定の距離を置かなければ建築を許容しない旨主張することは、信義則に違反して許されないとするものがある（クリーンハンズの法理）。判決❷、❸はそのような事案である。また、判決❹も、建物建築者である被告の土地の南側隣接土地の所有者原告₁と同北側隣接土地の所有者原告₂の両名が被告建物のうち各境界線から50cm以内に存在する建物部分の収去を求める事案であったが、前記のクリーンハンズの法理を適用して原告₁の請求を認めなかった原審の判断をそのまま維持している。

　他方で、判決❹は、原告₂の請求をも権利濫用とした原審の判断を覆している。事案は、次のとおりである。すなわち、①原告₂は岩手県遠野市内の約106m²の宅地を、被告は約86m²の隣接土地を各所有している、②被告は、木造・鉄骨造瓦葺3階建居宅（本件建物）の建築を行うべく基礎工事の鉄筋組立工事を開始した、③原告₂は、原告に対し、本件建物を原告₂土地と被告土地との境界線から50cm後退して建築するよう要請した、④しかし、被告がこれを無視して、本件建物の基礎コンクリートを流し込んだため、原告₂は、書面により工事中止を申し入れ、また、盛岡地方裁判所遠野支部は、被告に対し、「原告₂側の境界から50cm以内の場所に建物の建築工事を続行してはならない」旨の工事続行禁止の仮処分決定をした、⑤しかるに、被告は、これをも無視して工事を続行し、本件建物を完成させた、⑥本件建物のある地域は、駅前の商業地域とみられる人家の密集している地域であって、隣地

274

境界線から50cm 以上の距離を置いていない建築物も建築されている、⑦被告は、本件建物を建築する以前被告土地に建てられていた旧建物を解体し、その建っていた位置に本件建物を建てたものであるが、旧建物を解体するに先立って原告₂と境界について協議し、旧建物の雨落線より少し被告側に後退した線を境界線と定めた、⑧原告₂は、原告₂土地を現在駐車場として（以前は製材所として）使用収益している、⑨原告₂は、被告と反対側の隣地所有者 A とは、建物を境界線から30cm 離れた場所に建築することで合意している、というものであった。原審の仙台高裁は、以上の事実関係の下において、境界線から50cm 以内の部分に本件建物が存しているため原告₂において害されている具体的な生活利益と、被告において本条違反建築部分の大きさに比べてこれを取り壊すために要する費用のほかその手直しに掛けなければならない困難さ等とを合わせてみるときは、原告₂の収去請求は権利の濫用であると解されるとしたが、判決❹において、最高裁は、要旨前記のとおり判断して、原告₂の収去請求は正当な権利行使であって権利濫用とならないとした。原審の判断については、「原判決は、本件建物の存する地域における境界線からの距離保持状況、原告₂土地の現在の利用状況、本件違反建築部分の収去費用の額等を掲げるが、被告が原告₂の度々の中止の要請、裁判所の仮処分決定、建築廃止を求める上告人 A₂の本訴提起等をも無視して前記建築を竣成させた経緯に照らせば、右の諸事情は、何ら本件収去請求をもって権利の濫用と目すべき特段の事情ということはできない。たとい収去費用等が高額になったとしても、それは被上告人が裁判所の前記仮処分決定等を無視してまで建築を竣成させた結果にほかならず、これをもって原告₂の請求に関し不利な事情とすることはできない」と判示している。権利濫用の判断に当たり、原審が各当事者の利益の考量という客観的要素のみを考慮していたのに対し、判決❸は、相手方の態度・行動といった主観的要素をも考慮しており、この種事案の認定判断の参考となろう（事案の詳細等について、菅野耕毅「違反建築物の収去請求が権利濫用とされなかった事例」民商法雑誌106巻4号（1992年）526頁以下も参照されたい）。

　判決❶は、本条による建物収去請求が権利濫用にならないとされた事案で

あるが、この事案でも、自身の所有家屋を境界線上に建てている原告からの本条の請求は権利濫用となると争われている。しかし、そのようになったのは、前記のとおり、原告被告の家屋が2戸建1棟の長屋であったものを、被告居住部分を原告が取り壊したため、原告家屋が本条にして建てられたのと同様の外観を呈するに至ったにすぎないとして、被告らからのこの点の権利濫用の主張を退けている。判決❶は、さらに実質的に検討したうえで、原告家屋の本件境界線に面する部分には採光・通風設備がないからといって、収去請求により何の利益も受けないとはいえず、家屋の修理や将来の建替えにとって障害となる被告建物を除去することに大きな利益を受けること、本件境界線より50cm以内に存する原告建物部分の収去に多額の費用がかかるものの、これは、被告が同部分に関する工事禁止の仮処分を受けた後、仮処分の対象以外の部分の建築を続行し、そのために多額の費用の追加を要することになったのであり、この追加費用を除いた本来の収去による損害は、通常予想される損害から外れることはなく、続行工事の遂行当時、仮処分部分を収去せねばならぬ事態の招来することは予期し得たから、工事追行により生ずる収去費用の増加は自ら招いたものとして当然被告が負うべきものであることと判示している。

(森　健二)

第235条　境界線から1メートル未満の距離において他人の宅地を見通すことのできる窓又は縁側（ベランダを含む。次項において同じ。）を設ける者は、目隠しを付けなければならない。

2　前項の距離は、窓又は縁側の最も隣地に近い点から垂直線によって境界線に至るまでを測定して算出する。

事実認定の対象等

■■ 意義

本条は、隣人の私生活の保護から、窓・縁側の目隠しに関する規定である。「見通すことのできる」窓又は縁側は、採光、通風等のために設けられたものであり、他人の宅地を観望するために特に設けられた窓や縁側というものではないが、他人の宅地を観望しようと思えばいつでも観望できる窓ないし縁側を含むと解することができる（遠藤＝鎌田編・基本法コメ〔斉藤博〕106頁）。

「宅地」とは、登記簿に地目を宅地と表示されているかどうかに関係なく、現に住宅が建てられている土地のことであり（川島＝川井編・新版注釈民法(7)〔野村好弘＝小賀野晶一〕371頁、我妻＝有泉・民法講義Ⅱ298頁）。工場、倉庫、事務所に使用されている建物の敷地は「宅地」に含まれない（東京高判平成5年5月31日判時1464号62頁［27815953］）。

なお、平成16年改正（平成16年法律第147号）により、本条の「縁側」に「ベランダ」が含まれることが明示されている（吉田徹編著『改正民法ハンドブック』ぎょうせい（2005年）26頁）。

■■ 法律要件及び法律効果等

1 法律要件

宅地である甲地上に居宅を所有する者（X）が隣接地（乙地）に建物を所有する者（Y）が目隠しの設置を求めるための法律要件は、

① Xが宅地（甲地）上に居宅を所有していること

② 乙地は甲地に隣接した土地であること

③ Yが乙地に建物を所有していること

④ ③の建物には、甲地を見通すことのできる窓又は縁側が設置されていること

⑤ ④の窓又は縁側は、甲地と乙地の境界線から1m未満の距離に存在すること

である（本条1項）。

目隠しの設置義務者は、建物所有者であって土地所有者ではなく、設置を請求できる者も、隣地の所有者ではなく建物所有者であると解されている（我妻＝有泉＝清水＝田山・コメ453頁、大江・要件事実(2)358頁）、裁判例も、隣地に居宅を所有する者が本条の請求権の主体となることを前提としている（例えば、東京地判平成5年3月5日判タ844号178頁 [27820015]）。

2 法律効果

宅地上に居宅を所有する者（X）は、隣接地（乙地）に建物に宅地を見通すことのできる窓又は縁側が設置されており、その窓等が境界線から1m未満の距離に存在する場合には、同建物の所有する者（Y）に対し、その窓等の目隠しの設置を求めることができる。この場合、窓の閉鎖や、縁側の除去を求めることまではできない（安藤一郎『実務法律選書・相隣関係・地役権〈新版〉』ぎょうせい（1991年）219頁）。目隠しの設置命令の判決が出れば、設置義務者の費用をもって第三者に設置工事をさせることができる（民事執行法171条）。設置命令は、民事執行法171条による授権決定の際に問題が生じないよう、目隠しの材質、規模、構造などについて、一義的に特定しておくべきであり、もし特定されていない場合には、裁判所は、建物の構造

等を勘案して、中等程度の材質・価格において目隠し設備の授権決定をすべきである（安藤・前掲219頁）。

なお、境界線に接近して建物を建築した者から既存建物に対し目隠設置を請求することができるかという問題について、「先に建てれば何の義務も負わない、という単純な先占の考え方で割り切るのは、相隣者間の互譲の精神に反する。隣地に家が建てられた時以後は、目隠を設置しなければならない、と解すべきであろう」とする見解がある（川島＝川井編・新版注釈民法(7)〔野村好弘〕266頁）。この点について、XY双方から目隠しの設置が請求された事案において、Y所有建物は境界線より27.5cm、X所有建物は80cm離れている場合に、Y建物がX建物に遅れて建築されているといった事情をも考慮してYの目隠設置請求を認めなかった（Xの目隠設置請求は認めた）裁判例（東京地判昭和60年10月30日判タ593号111頁［27800129］）がある（以上につき、安藤・前掲216頁参照）。

■■ 参考裁判例

本条に直接的に関わる裁判例ではないが、原告が、原告宅と道路を隔てた土地において葬儀場の営業を行っている被告に対し、前記営業により日常的な居住生活の場における宗教的感情の平穏に関する人格権ないし人格的利益を違法に侵害されているなどと主張して、人格権ないし人格的利益に基づき、又は本条を類推適用して、前記葬儀場において目隠しのために設置されている既存のフェンスをさらに1.5m高くすること等を求める事案に関する判例（最判平成22年6月29日裁判集民234号159頁［28161754］）がある。

この事案は、原告の居宅と本件葬儀場との間の道路の幅員は15.3mであり、本件葬儀場の敷地の周囲に設置されている本件フェンスは高さが1.78m（その下にあるコンクリート擁壁を含めると2.92m）であるため、原告の居宅の1階からは本件葬儀場の様子は見えないが、原告の居宅の2階のうち本件葬儀場に面した居室等からは、本件フェンス越しに、本件葬儀場に参列者が参集する様子のみならず、棺が本件葬儀場の建物に搬入される様子や出棺の際に棺が建物から搬出されて玄関先に停車している霊柩車に積み込まれる

279

様子が見え、原告は強いストレスを感じているというものであったが、第一審（京都地判平成20年9月16日平成18年(ワ)1266号裁判所ウェブサイト[28142141]）と原審（大阪高判平成21年6月30日平成20年(ネ)2644号、同3248号公刊物未登載[28170693]）は、原告が受けている被害が受忍限度を超えると判断し、①原告は、他者から自己の欲しない刺激によって心を乱されないで日常生活を送る利益、いわば平穏な生活を送る利益としての人格権ないし人格的利益に基づき、被告に対して本件フェンスをかさ上げする方法で、原告の居宅の2階の各部屋から本件葬儀場建物の玄関への棺の搬入や玄関からの出棺の様子の観望を妨げる遮へい物の設置を求めることができると判断して、本件フェンスを1.2m高くすること、②被告が、原告の被害の事実を知りながら、その遮へい物の設置措置を講じなかったことは、原告に対する不法行為を構成するとして、慰謝料10万円及び弁護士費用相当額10万円の支払を被告に命じた。これに対し、最高裁は、本件葬儀場の様子が居宅から見えることによって原告が強いストレスを感じているとしても、これは専ら原告の主観的な不快感にとどまり、本件葬儀場の営業が、社会生活上受忍すべき程度を超えて原告の平穏に日常生活を送るという利益を侵害しているということはできず、被告は本件フェンスをかさ上げすべき義務を負わないし、本件葬儀場の営業についての不法行為責任も負わないと判断して、原判決中被告の敗訴部分を破棄して、同部分につき原告の請求を認容した第一審判決を取り消し、原告の請求をいずれも棄却した。

　生活妨害を理由とする損害賠償請求及び差止請求のいずれについても、法律上保護される利益が侵害されれば当然に損害賠償請求・妨害排除等請求が認められるのではなく、いわゆる受忍限度論に従って利益衡量を行い、被害が受忍限度を超える場合にそのような請求に理由があるとするのが裁判実務であるところ、本最高裁判決は、利益衡量論に立って、葬儀場の様子が原告の居宅から見える程度、棺の搬入や出棺が行われる時間の長さ、葬儀場の営業等の行政法規への適合性、被告が周辺住民の要望に応じてきた経緯等の事情を考慮して前記の判断をしたものであり、参考になろう。

第235条

事実認定における問題点

これまでの裁判例では、目隠しの設置請求の成否が問題となったものがある。

事実認定についての裁判例と解説

裁判例

1 目隠しの設置請求が認められたもの

❶ 名古屋地判昭和54年10月15日判タ397号56頁［27431808］

原告が昭和15年から名古屋市千種区内に土地建物を所有し、被告が昭和45年に西隣の境界線に接して6階建賃貸マンションを建築し、同マンションの各戸に設置されたベランダから原告建物の内部を見通すことができる状況にある場合に、原告が被告に対して目隠しの設置等を求めた事案において、ベランダの着工自体は原告が黙示的に承諾していたといえること、5階及び6階のベランダの地上からの高さが10m以上で、両ベランダからは原告の私生活が観望にさらされることは極めて少ないこと、ベランダに目隠しを設置した場合の居室の日照・通風等への支障による賃貸マンションとしての価値効用が低下すること等を考慮して、マンション5階・6階のベランダに係る目隠しの設置請求は権利の濫用となるとしてこれを認めなかったが、マンション2階から4階までのベランダに係る目隠しの設置請求は認めた。

❷ 東京地判昭和61年5月27日判タ626号154頁［27801832］

東京都杉並区西永福の所有地内にアパートと居宅を所有する原告が、隣接地の所有者の被告らに対し、被告らが同土地上に2階建居宅を建築し、境界線から1m以内の位置に原告宅地を眺望することのできる窓を取り付けたとして、同窓に目隠しを設置すること等を求める事案において、①境界線上には高さ1.9mのコンクリートブロック塀が設けられていて被告ら建物の1階の窓からの視界の大部分は同塀により遮られているから、1階窓は「他人の宅地を観望すべき窓」とは認められないとし、②2階窓のうち原告所有地

281

側に設置された3個の窓については、原告居宅もアパートも本条の規定を遵守せずに建てられているとの事情はあるが、原告アパートに居住する住民のプライバシー保護の方が目隠しを設置することによる被告らの不利益より優るとして、目隠しの設置を命じた。

2　目隠しの設置請求が認められなかったもの

❸　京都地決昭和61年11月13日判時1239号89頁［27800033］

　京都市内での建築中の7階建分譲マンションについて、主位的に同マンションの建築禁止仮処分を、予備的に同マンション2階から7階までの各窓について目隠しの設置を求めた事案において、本条1項は、相隣者間の不動産相互の利用関係を調整することを目的としたものであって、常人が通常の日常生活を営むに際して、意識しなくても、あるいは、極めて容易に相隣者の宅地を観望し得るような窓につき、相隣者の私生活が絶えず眺められているような不快感を除去することを要求したものと解すべきであって、その目隠しの程度は、常人の日常的な生活行動を前提とし、殊更に窓際に密着したり、又はのぞき込んだりするなどの一時的な異常行動を考慮することは相当ではないとしたうえで、当該程度を超える目隠設置請求は権利の濫用として許されないとした（建築中の7階建分譲共同住宅の隣地居住者が求めた目隠しの設置を命ずる仮処分の申請を一部認容）。

❹　東京地判平成5年3月5日判夕844号178頁［27820015］

　被告が東京都文京区千石の所有土地上に3階建のアパート（被告建物）を建築したところ、同土地に隣接する土地上にそれぞれ居宅を所有する原告$_1$・原告$_2$が、本条等に基づき、被告に対し、原告らの居宅に面する被告建物の窓全部及び2、3階のベランダの手すり部分に目隠しを設置することを求めた事案において、被告建物と原告$_1$建物及び原告$_2$建物との位置関係、本件各窓及びベランダの構造・寸法、当該窓及びベランダから原告$_1$所有土地の方向を向いた際の観望状況等を認定して、浴室及び便所に設置された押し開き式小窓以外の引戸窓及び2階ベランダについて「他人の宅地を観望すべき窓ないし縁側」に該当するとしたうえで、各窓からの原告ら建物の観望状

282

況、原告ら建物の窓自体も境界線から1m以内の位置にあること、被告の側でも窓を曇り硝子にするなどの配慮を示していること等の事情を考慮し、原告₁との関係では、3階の窓及び原告ら建物の壁に面している窓等一部の窓について、原告₂との関係では、全部の窓について、権利濫用として目隠設置請求を否定した（原告₁建物の脱衣所及び居室に面した被告建物1、2階のダイニングキッチンの窓並びに2階ベランダの袖部分についてのみ、原告₁からの目隠設置請求を認容）。

解説

　目隠しの設置を命ずるかどうかは、土地の状態、観望し得る視野の程度、生活状況、建物の使用状況、設置した場合の当事者の利害得失等を総合して判断されている（安藤一郎『実務法律選書・相隣関係・地役権〈新版〉』ぎょうせい（1991年）219頁）。判決❶〜❹においても、形式的に本条の要件に該当すれば直ちに目隠設置請求ができるとはしておらず、前記の諸事情のほか、紛争の経緯も含めて、具体的事案に応じてきめ細やかに目隠設置請求の当否を判断し、真に必要なものに限って認めるというのが実務のようにうかがわれる。その際、特に、観望できるのが隣家の外壁にとどまっていたり、マンションのような高層建物の上層階についてのものであれば、目隠設置請求を否定する重要なファクターとなろう。

（森　健二）

（境界線付近の建築に関する慣習）

第236条　前2条の規定と異なる慣習があるときは、その慣習に従う。

事実認定の対象等

■■ 意義

本条は、境界線からの距離保持（234条）や、窓・縁側の目隠し（235条）について、各条の定めと異なる慣習があるときには、その慣習が優先して適用されることを規定する。

■■ 法律要件及び法律効果等

1　法律要件

隣地所有者（X）が、境界線から50cm の距離を保たないで建物を建築しようとする者（Y）に建物の建築の中止又は変更を求めたのに対し、Y から、234条の規定と異なる慣習の存在を「慣習」の存在を主張して、X の請求を障害するための法律要件は、

① XY の各土地の存する地域には、境界線から50cm の距離を保たずに建物を建築する慣習があること

である。裁判実務上は、当該慣習の適用を受けることによって利益を受ける者が、その存在を主張・立証している（なお、経験則の1つである慣習は、裁判所がいかなる方法によってその知識を得てもよく、鑑定の結果のみでなく、民事訴訟法に証拠として規定された訴訟資料によることも必要ではないとする判例がある（大判昭和11年8月10日新聞4033号12頁［27548287］））。

境界線からの建物保持（234条）と異なる慣習の点については後述するが、目隠しの設置（235条）については、「市街地の建物の密集している地域では、原則として」235条の「規定を厳格に適用することを排除する慣習があると認めていいのではないでしょうか」との指摘がある（遠藤浩＝成田頼明編

284

『建築の法律相談』有斐閣（1974年）〔遠藤浩〕441頁。なお、目隠しについて235条と異なった慣習があると認定した裁判例は見当たらない（安藤一郎『実務法律選書・相隣関係・地役権〈新版〉』ぎょうせい（1991年）223頁参照）。

　慣習は特定の地域における固定的なものと解する必要はなく、以前郊外であったが新しく市街化して市の一部をなすに至った場所においても旧市内に旧市内に慣習（建物が隣地境界線と距離のない者の方が多い）がある場合には、新市街にも、同じ慣習があるものと認めて差し支えない（前掲大判昭和11年8月10日）。ただし、「実際には、今日のごとく都市の急速に膨張する過程にあって、新市街地における建物築造が果たして慣習に基づくものなのか、あるいは、234条・235条に反するものなのかを決定することは容易なことではない」との指摘もされている（遠藤＝鎌田編・基本法コメ〔斉藤博〕106頁）。

2　法律効果

　本条により、234条とは異なる慣習が適用される結果（本条）、234条に基づく中止請求は障害されることになる。

事実認定における問題点

　これまでの裁判例では、係争地付近において、234条1項の定める50cmより距離を狭めて接境建築する慣習があるかどうかが問題となったものがある。

事実認定についての裁判例と解説

係争地付近において、234条1項の定める50cmより距離を狭めて接境建築する習慣があるかどうか

❶　東京地判大正13年10月14日新聞2329号19頁

（旧）東京市京橋区には相互に境界線に接着して建物を建設する慣習があるとした事例

❷　東京地判昭和36年11月30日下級民集12巻11号2895頁［27430580］

東京都品川区の一画につき、旧市内からかなり離れた場所で繁華街に比し地価がかなり低く、繁華街のような慣習は存在しないとした事例

❸　東京地判昭和38年7月24日判時347号22頁［27430699］

東京都の少なくとも防火地域かつ商業地域と指定された区域内では耐火構造の建物に限り隣地との境界線に接して建設する慣習があるとした事例

❹　旭川地判昭和39年9月16日下級民集15巻9号2200頁［27430779］

旭川市の飲食店の多い仲通りで、234条と異なる慣習があるとはされなかった事例

❺　東京高判昭和43年1月31日高裁民集21巻1号27頁［27431016］

東京都世田谷区三宿付近の防火地域かつ商業地域と指定された繁華街において、建物が境界線に接して建設する慣習があるとされた事例

❻　東京地判昭和48年12月27日判タ304号208頁［27431433］

東上線中板橋駅から200m足らずの距離にあり、その周辺は住居地域内本件関係土地周辺の地域においては、その末端が公道に接していない境界線から50cmの距離を置かないで中層建物を建てることができるとの慣習が存在するとは認められないとした事例

┌─────┐
│ 解説 │
└─────┘

234条の規定と異なる慣習が存在するというためには、接境建築がその地域で反復して行われている必要がある（安藤一郎『実務法律選書・相隣関係・地役権〈新版〉』ぎょうせい（1991年）209頁）。しかし、接境建築が反復して行われているからといって、そのような慣習が存在することにはならない。接境建築が行われている理由が相隣関係の円満を考慮して、新家屋建築者にやむなく異議を述べない結果であったり隣地当事者間にその旨の合意があったりする場合があるからである（判決❹はその点を指摘する）。この点について、「地価の高い市街地には境界線から50cmの距離をおかずに建物を建てる慣習があっても不思議ではありませんが、街の郊外において境界

線から50cmの距離をおかずに建物が建っている場合には、たとえその付近一帯がそのような建て方をしていても、慎重に考える必要がありましょう」との指摘（遠藤浩＝成田頼明編『建築の法律相談』有斐閣（1974年）〔斉藤博〕428頁）や、「防火地域または準防火地域に指定されていないところでは、50cmより短くて足りるとする慣習が存在することは認められにくいでしょう」（遠藤＝成田・前掲〔伊藤高義〕436頁）との指摘がされている。

　判決❷は、「社会および相手方の受ける不利益を充分考慮しても、なおその法的効果を認めるべき理由ある場合に限つて民法第234条と異なる慣習に法的効果を与えるというのが、民法第236条の法意と解すべきである」として、（結論先行的な規範のきらいはあるものの）個別の事案における妥当な解決を導くべき場面では、参考となり得る考え方といえよう。

　また、判決❻は、慣習の存否の認定において、境界線に接する建築が低層建物か中・高層建物か、また、末端が公道に接する境界線におけるものか否かを区別し、その者の属する地域社会の他の構成員の大多数の反応評価によって判断したもので、「キメ細かい判断がなされうる基準設定」（石田喜久夫＝田中克志「判批」判例タイムズ310号（1974年）100頁）により、当事者の属する地域社会の他の成員の反応評価という慣習の社会規範性にも対応可能な認定手法を採っており、参考となろう。

　234条と異なる慣習の存在を認定した判決❸、❺では、判決❸が「民法236条の慣習の存在は、当該限られた地域における過去の静的な状態からのみこれを認めるのは妥当でなく、その地域を含めたより広い地域社会……全体の生成発展過程……のうちに動的に把握するのが相当であると考えられる」としたうえで、①係争地が東京都の「商業地域」かつ「防火地域」内にあること、②耐火構造建築の確認がされた後に隣地者との間で234条をめぐる紛争が生じることは滅多にないことから、「防火地域かつ商業地域と指定された区域内では耐火構造の建物に限り隣地との境界線に接して建設する慣習」があるとし、判決❺でも、③付近道路に面する両側は、古くからの商店街で、道路に面する両側の建物のほとんどは、境界線に接着して建てられていること、④土地の時価が高騰のすう勢にあって前記道路の拡張と相まって遠から

ず都心繁華街に近い状態に発展するであろうこと、⑤本件土地商業地域に指定されている、商業地域に指定された地区において、建物が隣地に接触して建築せられたことに由来する紛争の事例は存しないこと等から、係争地一帯には「土地の有効利用を可能ならしめるように図るため建物を境界線に接して敷地一杯に建てる慣習」が存在するとしており、234条と異なる慣習の存在の認定に当たっては、①〜⑤のような事情をその考慮要素として見ることができる。

　なお、判決❸〜❻の各事案ではいずれも、建築が建築基準法にそう耐火構造の建物を建築するに当たり、建築基準法65条が民法234条に優先して適用されるかどうかも、併せて争点となっていたところ（234条の参考裁判例である最判平成元年9月19日民集43巻8号955頁［27804830］参照）、建築基準法65条の存在とも相まって、同規定と同じ内容の慣習の存否が争いとなったのである（我妻＝有泉・民法講義Ⅱ296頁参照）。判決❷、❹及び❻は非特則説に立ち、かつ、本条と異なる慣習の存在も否定したものであり、判決❺は特則説に立ち、かつ、同慣習の存在を肯定したものである。判決❸は、非特則説に立ちつつ、同慣習の存在を肯定したものである。特則説・非特則説のいずれの立場に立つかということと、「慣習」の存否につきどのように認定するかは、論理的なつながりはないものの、当該事案の具体的な結論には同じ影響を及ぼすため、その辺りも留意しつつ、「慣習」の存否に係る認定判断を検討する必要があるように思われる（この点について、石田＝田中・前掲95頁も参照）。

（森　健二）

第237条

（境界線付近の掘削の制限）

> **第237条**　井戸、用水だめ、下水だめ又は肥料だめを掘るには境界線から
> ２メートル以上、池、穴蔵又はし尿だめを掘るには境界線から１メート
> ル以上の距離を保たなければならない。
>
> **2**　導水管を埋め、又は溝若しくは堀を掘るには、境界線からその深さの
> ２分の１以上の距離を保たなければならない。ただし、１メートルを超
> えることを要しない。

事実認定の対象等

■■ 意義

　本条は、境界線付近の掘削に際しての距離保持に関する規定である。本条
は、一定の距離より境界に接近させて掘削してはならないという土地所有者
の不作為義務を直接的には定めるが、こうした距離を保持しない工作物がす
でに設けられている場合でも、隣地所有者は、工作物の所有者に対してその
廃止又は変更を求めることができる（川島＝川井編・新版注釈民法(7)〔野村
好弘＝小賀野晶一〕374頁、遠藤＝鎌田編・基本法コメ〔斉藤博〕107頁）。
隣地所有者が土地所有者に対して距離を保って掘削をすることを求めること
も可能である（大江・要件事実(2)360頁参照）。

■■ 法律要件及び法律効果等

1　法律要件

　土地（甲地）の所有者（X）が、隣接土地（乙地）の所有者（Y）に対し、
用水だめ等の工事の停止を求めるための法律要件は、

① 　X が甲地を所有していること

② 　Y が甲地に隣接する乙地を所有していること

③ 　Y は、甲地と乙地の境界線から２ｍ（１ｍ）未満の乙地に用水だめ等の

289

掘削工事を行ったこと
である。

2　法律効果

　用水だめ等の掘削工事の停止を求めることができる。

　なお、請求の相手方は、常に現在の所有者であり、その者が井戸その他を
掘った者であるかどうかを問わない（我妻＝有泉＝清水＝田山・コメ454頁）。

事実認定における問題点

　本条に関する事実認定が問題となった裁判例は見当たらない。

（森　健二）

（境界線付近の掘削に関する注意義務）

第238条　境界線の付近において前条の工事をするときは、土砂の崩壊又は水若しくは汚液の漏出を防ぐため必要な注意をしなければならない。

事実認定の対象等

■■ 意義

本条は、237条の距離保持の規定に続き、境界線付近の掘削に際しての工事上の注意を規定するものである。

■■ 法律要件及び法律効果等

1　法律要件

土地（甲地）の所有者（X）が、隣接土地（乙地）の所有者（Y）が甲地の崩壊を防止するための相当な措置を講じないで用水だめ等の掘削工事を行おうとした場合に、Yに対し、予防工事をするよう求めるための法律要件は、

①　Xが甲地を所有していること

②　Yが甲地に隣接する乙地を所有していること

③　Yは、甲地と乙地の境界線付近の乙地において、用水だめ等を設置する工事を予定していること

④　③の工事がされると、乙地から甲地へ土砂の崩壊のおそれがあること

である。

2　法律効果

実損害が生じたときには損害賠償を請求し得る。その賠償責任は厳格責任であり、工事者は、必要な注意を怠らなかったことを立証しない限り、それを免れることはできない（川島＝川井編・新版注釈民法(7)〔野村好弘＝小賀野晶一〕374頁）。この責任は、土地所有者が自ら「必要なる注意」を施した

291

ことを立証することによってのみその責めを免れられる、厳格責任と解されている（末弘厳太郎『物権法上巻』一粒社（1960年）370頁、川島＝川井編・新版注釈民法(7)〔野村好弘＝小賀野晶一〕374頁）。

事実認定における問題点

本条に関する事実認定が問題となった裁判例は見当たらない。

（森　健二）

第2節　所有権の取得

（無主物の帰属）

第239条　所有権のない動産は、所有の意思をもって占有することによっ
て、その所有権を取得する。

2　所有者のない不動産は、国庫に帰属する。

事実認定の対象等

■■ 意義

本条1項は、所有権の原始取得の方法として、無主物先占による動産の所
有権取得を規定したものである。これに対し、本条2項は、所有者のない不
動産について、無主物先占を否定し、当該不動産の所有権は国庫に帰属する
ものと規定した。

■■ 法律要件及び法律効果等

1　法律要件

本条1項の無主物先占による動産の所有権取得の法律要件は、

① 無主物であること（後記③の時点で所有者がいなかったこと）

② 動産であること

③ 占有したこと

④ 占有者の所有の意思（前記③について占有者が所有の意思をもっていた
こと）

である。

もっとも、占有者は、所有の意思をもって占有するものと推定されるから

（186条１項）、例えば、無主物先占による所有権確認請求訴訟において、原告は、請求原因として、訴えの利益に加えて、前記①～③を主張・立証すれば足りる。④について争いがあるときは、被告が抗弁として、(i)占有者がその性質上所有の意思のないものとされる権原に基づき占有を取得した事実、又は(ii)占有者が占有中、真の所有者であれば通常はとらない態度を示し、若しくは所有者であれば当然とるべき行動に出なかったなど、外形的客観的にみて占有者が他人の所有権を排斥して占有する意思を有していなかったものと解される事情を主張・立証しなければならない（最判昭和54年７月31日裁判集民127号315頁［27433002］、最判昭和58年３月24日民集37巻２号131頁［27000054］ほか参照）。

前記①について、無主物は、(i)野生動物などのようにいまだかつて人の所有に属さなかったもの、(ii)かつては人の所有に属していたがその所有権が放棄されたもの、に分けられる（川島＝川井編・新版注釈民法(7)〔五十嵐清＝瀬川信久〕378頁）。

前記②について、動産と不動産の区別は、86条の解説を参照されたい。

前記③について、占有の意義は、180条の解説を参照されたい。

2　法律効果

前記「１　法律要件」の要件を満たした場合、無主物先占者が当該動産の所有権を原始的に取得する。

■■ 参考裁判例

占有は事実行為であるから、制限行為無能力者であっても占有することは可能である（最判昭和41年10月７日民集20巻８号1615頁［27001158］参照）。

なお、本条２項に当たる事例としては、所有者不明の山林（和歌山地判大正６年10月26日新聞1340号22頁［28213272］）、相続人不存在の土地（大判大正10年３月８日民録27輯422頁［27523217］）、民法施行前に絶家した場合の不動産（仙台高判昭和32年３月15日下級民集８巻３号478頁［27430293］）、登記漏れの土地（東京高判昭和52年５月31日判タ359号225頁［27441843］）

について、その所有権が国庫に帰属するとされたものがある。これに対し、土地を時効取得したと主張する者が、当該土地は所有者が不明であるから国庫に帰属していたとして、国に対し当該土地の所有権を有することの確認を求める訴えにつき、当該土地の従前の所有権者が不明であったとしても民有地であることは変わらないから、確認の利益を欠くとされた事例（最判平成23年6月3日裁判集民237号9頁［28172939］）がある。

事実認定における問題点

本条1項に関しては、1　無主物の該当性、2　占有の有無について、それらの判断が問題となった裁判例がある。

事実認定についての裁判例と解説

1　無主物の該当性

(1) 野生動物などのようにいまだかつて人の所有に属さなかったもの

裁判例

❶　大判大正11年11月3日刑集1巻622頁［27538933］

他人が専用漁業権を有する漁場の自然の岩石に付着した海草は、漁業権者がその岩石にある種の人工を加え、又はその付近に監守者を置いても、無主物であり、先占者の行為は窃盗を構成しないとしたもの

❷　大判昭和元年12月25日刑集5巻603頁［27550339］

真珠貝養殖業者が稚貝を採捕して放養場に放養した場合は、その真珠貝は自然に発生した海草魚貝と異なって、養殖業者の所有に属するから、他人が権利なくしてこれを捕獲するときは窃盗罪を構成するとしたもの

解説

判決❶は、漁場の自然の岩石に付着した海草は、自然の状態において生育する水産生物であるため、無主物であると認定し、漁業権者がその岩石にある種の人工を加え、又はその付近に監守者を置いただけでは、自然の状態に

295

おいて生育するという事情に変更はないと判断したものである。

　これに対し、判決❷は、放養されている真珠貝は、真珠貝養殖業者が稚貝を採捕して所有権を取得したうえで、その所有する稚貝を放養場に放養したという点で、自然の状態において生育する水産生物とは異なるといえるため、無主物ではないと認定したものである。

(2)　かつては人の所有に属していたがその所有権が放棄されたもの

裁判例

❶　大判大正4年3月9日民録21輯299頁［27521893］

　採掘した鉱物は動産として鉱業権者の所有に属するが、粉砕した鉱石の沈殿池から流出した土灰は、鉱業権者が遺棄したときは、無主の動産として他人が先占取得することを妨げないとしたもの

❷　最判昭和38年5月10日刑集17巻4号261頁［27801005］

　太平洋戦争終了後に日本政府から引き渡されて連合国の所有となった旧日本軍所属の兵器、爆薬、爆発物等のうち、連合国たる米占領軍によって海中に投棄された爆発物件等は、連合国たる米占領軍がその所有権を放棄する意図の下にしたのではなく、日本軍の武装解除の完全履行の目的のために、作戦上の敵対行為の一時的抑制ないし危険性の除去手段として行ったのであるから、その海中投棄をもって連合国がその所有権を放棄し、海中の爆発物件等が無主物となったと解すべきではなく、その爆発物件等の所有権は、海中より引き上げて陸上の指定解撤地域まで運搬する間は占領軍物件として依然連合国に存していたと解するのが相当であり、これらの海底に存在する諸物件は、昭和27年4月28日講和条約が発効するとともに、日本政府に全面的に返還され、以来海底有姿のまま、日本国の所有に帰したと認められるとしたもの

❸　浦和地判昭和58年12月19日判夕521号162頁［27432039］

　原告が、横倒しになっていた本件自転車を発見した当時、本件自転車は、車体全体に錆が生じ、ブレーキ系統の部品が欠損してブレーキが作動せず、後輪からタイヤが外れかかっており、また、スタンドのバネも欠損していたことが認められ、本件自転車は相当期間管理使用されずに放置されていたこ

とが推認できるけれども、これらの事実のみをもってしては、本件自転車が
その発見当時、かつての所有者が、その所有権を放棄した無主物であると認
めることはできず、他にかかる事実を認めるに足りる証拠はないから、本件
自転車が無主物であることを前提に原告がその所有権を先占取得したとはい
えないなどとして、警察署長が本件自転車を遺失物として保管したことが違
法であることを理由とする原告の国家賠償請求が棄却されたもの

❹　最決昭和62年 4 月10日刑集41巻 3 号221頁［27801848］

　ゴルファーが誤ってゴルフ場内の人工池に打ち込み放置したいわゆるロス
トボールは、ゴルフ場側が早晩その回収、再利用を予定していたときは、ゴ
ルフ場側の所有に帰していたのであって、無主物ではなく、かつ、ゴルフ場
の管理者においてこれを占有していたものというべきであるから、窃盗罪の
客体となるとしたもの

［解説］

　判決❶は、粉砕した鉱石の沈殿池から流出した土灰について、鉱業権者が
遺棄したものであり、所有権を放棄したものとして、無主物であると認定し
た。

　これに対し、判決❷、❸は、従前の所有者が動産の所有権を放棄したとは
いえないとして、無主物ではないと認定した。

　また、決定❹は、いわゆるロストボールについて、元の所有者であったゴ
ルファーが所有権を放棄したとしても、ゴルフ場側が早晩その回収、再利用
を予定していたときは、ゴルフ場の管理者においてこれを占有していたもの
というべきであるから、ゴルフ場側の所有に帰していたとして、ゴルフ場側
による無主物先占を認めたものといえる。ただし、同決定は、当該事件の事
実関係の下で、「本件ゴルフボールは、無主物先占によるか権利の承継的な
取得によるかは別として、いずれにせよゴルフ場側の所有に帰していた」と
述べており、ゴルファーがロストボールの処分をゴルフ場側に委ね、ゴルフ
場側がこれを承諾しているため所有権が承継取得される場合もあることを念
頭に置いており、そうではなくゴルファーが所有権を放棄した場合に無主物
先占を認めた点に注意する必要があろう。

2 占有の有無

[裁判例]

❶　大判大正14年 6 月 9 日刑集 4 巻378頁［27539793］

　野生の狸を狭隘な岩窟中に追い込み、石塊でその入口を閉塞し、逸走でき
ないようにしたときは占有に当たるとしたもの

❷　大判昭和10年 9 月 3 日民集14巻1640頁［27500743］

　県知事から海岸地域に存する貝殻払下げの許可を受けた者が、その所定区
域に公示標杭を設置し、かつ監視人を配置したときは、その区域内の海浜に
打ち上げられた貝殻について、現実にこれを握持するまでもなく占有を取得
するとしたもの

❸　東京高判昭和31年11月10日高裁民集 9 巻11号682頁［27430254］

　沈没している軍艦に浮標をつけただけでは、まだ巨大な軍艦を占有したと
いえないから、先占により所有権を取得したものといえないとしたもの

❹　札幌高判昭和34年 4 月14日高裁刑集12巻 3 号249頁［27800999］

　漁業権に基づいてさけを採捕すべく、落網を建込中のものは、ふくろ網の
中で遊泳しているさけに対しても、事実上これを支配、管理しているのであ
って、これらのさけは、水揚げするまでもなく、窃盗罪の客体となるとした
もの

[解説]

　判決❶は、野生の狸を完全に捕獲したといえるかどうかについて、狭隘な
岩窟中に追い込み、石塊でその入口を閉塞し、逸走できないようにしたとき
は占有に当たると認定した。

　次に、判決❷は、現実に貝殻を握持していない状態で占有したといえるか
どうかについて、県知事から海岸地域に存する貝殻払下げの許可を受けた者
が、その所定区域に公示標杭を設置し、かつ監視人を配置したときは、その
区域内の海浜に打ち上げられた貝殻について占有を取得すると認定した。こ
の判決❷は、他人が貝殻を採取することを防止すべく公示標杭を設置し、監
視人を配置したことにより、海浜に打ち上げられた貝殻についての事実上の
支配を肯定したものであるが、前記 1 (1)の判決❶は、漁業権者がその岩石に

ある種の人工を加え、又はその付近に監守者を置いただけでは、漁場の自然の岩石に付着した海草が自然の状態において生育するという点において変わりがないため、漁業権者による当該海草の占有を否定したと考えられる。

また、判決❹は、水揚げ前のふくろ網の中で遊泳しているさけについて、漁業権者が事実上支配、管理しているから占有を取得すると認定した。

これらに対し、判決❸は、沈没船に浮標をつけただけでは、まだ巨大な軍艦を占有したといえないとして、占有の取得を否定した。

（徳増誠一）

（遺失物の拾得）

第240条　遺失物は、遺失物法（平成18年法律第73号）の定めるところに
　　従い公告をした後3箇月以内にその所有者が判明しないときは、これを
　　拾得した者がその所有権を取得する。

事実認定の対象等

■■ 意義

　本条は、所有権の原始取得の方法として、遺失物拾得による動産の所有権
取得を規定したものである。本条の対象は、所有者が存在するが誰が所有者
かが不明な物である点で、239条1項の無主物と異なっている。

■■ 法律要件及び法律効果等

1　法律要件

　本条の遺失物拾得による動産の所有権取得の法律要件は、

① 　遺失物であること

② 　動産であること

③ 　拾得したこと

④ 　拾得者が速やかに拾得物を警察署長に提出したこと

⑤ 　警察署長が公告をしたこと

⑥ 　前記⑤の公告の後、3か月が経過したこと

⑦ 　前記⑥の期間内に遺失者からの届出がないこと

である。

　前記①の遺失物とは、所有者が存在するがその意思によらずにその占有を
離れた物をいう。ただし、準遺失物、すなわち、誤って占有した他人の物、
他人の置き去った物及び逸走した家畜についても本条が準用される（遺失物
法2条1項、3条）。

300

第240条

　前記②について、法令の規定によって所持が禁止されている物（遺失物法35条1号）、個人情報関連物件（同条2〜5号）は、遺失物拾得による所有権取得の対象とならない。

　前記③の拾得とは、遺失物である動産の占有を始めたことであるが、所有の意思は不要である。

　前記④について、遺失物である動産の拾得者は、遺失物法4条1項に従い、当該遺失物を遺失者に返還するか、警察署長に提出しなければならない。拾得者が、施設において遺失物を拾得したときは、速やかに拾得物を当該施設の施設占有者に交付しなければならず（同条2項）、この場合、施設占有者が、当該拾得物を遺失者に返還するか、警察署長に提出しなければならない。遺失者に返還された場合には、拾得者が所有権を取得することはない。施設における拾得者は、前記④に代えて、施設において遺失物を拾得したときに、速やかに拾得物を当該施設の施設占有者に交付したことを主張・立証することができる。

　前記⑦については、遺失物拾得による所有権取得を争う者において主張・立証すべきである。例えば、遺失物拾得による所有権確認請求訴訟において、拾得者である原告は、請求原因として、訴えの利益に加えて、前記①〜⑥を主張・立証すれば足り、前記⑦については、被告が抗弁として、(ⅰ)被告が前記⑥の期間内に警察署長に届出をしたこと、及び(ⅱ)被告が当該拾得物の遺失者（占有者又は所有者）であったこと（遺失物法2条4項）を主張・立証しなければならない。

2　法律効果

　前記「1　法律要件」の要件を満たした場合、遺失物拾得者が当該動産の所有権を原始的に取得する。

事実認定における問題点

　本条に関しては、遺失物か否かの判断が問題となった裁判例がある。

301

事実認定についての裁判例と解説

遺失物か否かの判断

[裁判例]

❶　高松地観音寺支判平成12年7月17日判タ1101号272頁［28072717］

　土地所有者が所有土地の地中に4,000万円の紙幣を入れたクーラーボックスを埋め、その後、探したが発見できないまま、同土地を売却して買主に引き渡した後、買主から同土地上の建物の増築等の工事を請け負った建設会社の作業員が当該紙幣を発見した場合、本件所有者は、当該紙幣について、その意思によらずその占有を失ったものと認めるのが相当であり、当該紙幣は遺失物であるとしたもの

[解説]

　判決❶は、土地所有者が埋めた紙幣を発見できなかったことに加えて、そのような事実を知りながら土地を売却して引き渡したことや、その引渡期日までに当該紙幣を発見できなかったという状況を考慮すると、土地所有者は、引渡しによって同土地の占有を失うとともに、その意思に基づかないで当該紙幣の占有を失ったものと判断した。

（徳増誠一）

第241条

（埋蔵物の発見）

第241条　埋蔵物は、遺失物法の定めるところに従い公告をした後6箇月以内にその所有者が判明しないときは、これを発見した者がその所有権を取得する。ただし、他人の所有する物の中から発見された埋蔵物については、これを発見した者及びその他人が等しい割合でその所有権を取得する。

事実認定の対象等

■■ 意義

　本条は、所有権の原始取得の方法として、埋蔵物発見遺失物拾得による動産の所有権取得を規定したものである。本条の対象は、所有者が存在するが誰が所有者かが不明な物である点で239条1項の無主物と異なっており、240条の遺失物と共通する面がある。

■■ 法律要件及び法律効果等

1　法律要件

　本条の埋蔵物発見による動産の所有権取得の法律要件は、

① 　埋蔵物であること

② 　動産であること

③ 　発見したこと

④ 　発見者が速やかに埋蔵物を警察署長に提出したこと

⑤ 　警察署長が公告をしたこと

⑥ 　前記⑤の公告の後、6か月が経過したこと

⑦ 　前記⑥の期間内に遺失者からの届出がないこと

である。

　前記①の埋蔵物とは、土地その他の包蔵物の中に外部からは容易に目撃で

303

きないような状態に置かれ、誰が所有者であるかが判明しにくい物をいう。不明であるが所有者が存在する点で240条の遺失物と共通するが、包蔵物の中に包蔵されているため発見しにくい状態に置かれている点で遺失物と異なる。ただし、埋蔵物のうち文化財保護法所定の文化財で所有者が不明な物については、本条が適用されず、所有権は国庫又は都道府県に帰属する（文化財保護法101〜105条）。

　前記②について、法令の規定によって所持が禁止されている物（遺失物法35条1号）、個人情報関連物件（同条2〜5号）は、埋蔵物発見による所有権取得の対象とならない。

　前記③の発見とは、埋蔵物の存在を認識したことをいい、占有の取得を要しない。

　前記④について、埋蔵物である動産の発見者は、遺失物法4条1項に従い、当該埋蔵物を遺失者に返還するか、警察署長に提出しなければならない。遺失者に返還された場合には、発見者が所有権を取得することはない。

　前記⑦については、埋蔵物発見による所有権取得を争う者において主張・立証すべきである。例えば、埋蔵物発見による所有権確認請求訴訟において、発見者である原告は、請求原因として、訴えの利益に加えて、前記①〜⑥を主張・立証すれば足り、前記⑦については、被告が抗弁として、(i)被告が前記⑥の期間内に警察署長に届出をしたこと、及び(ii)被告が当該埋蔵物の遺失者（占有者又は所有者）であったこと（遺失物法2条4項）を主張・立証しなければならない。

2　法律効果

　前記「1　法律要件」の要件を満たした場合、埋蔵物発見者が当該動産の所有権を原始的に取得する。

　ただし、埋蔵物発見者が土地など包蔵物の所有者と異なるときは、埋蔵物発見者と包蔵物の所有者とが、等しい割合で当該動産の所有権を原始的に取得（共有）する。

第241条

■■ 参考裁判例

本条所定の埋蔵物とは、土地その他の物の中に外部からは容易に目撃できないような状態に置かれ、しかも現在何人の所有であるかわかりにくい物をいうと解されている（最判昭和37年6月1日訟務月報8巻6号1005頁[27430615]）。

事実認定における問題点

本条に関しては、1　埋蔵物の該当性、2　発見したかどうかについて、それらの判断が問題となった裁判例がある。

事実認定についての裁判例と解説

1　埋蔵物の該当性

裁判例

❶　名古屋高判昭和26年12月6日高裁刑集4巻14号2032頁[27800985]

温湿度保持及び採光のため紡績工場の天窓に使用されていた板ガラスが、軍需工場になって、温度の上昇を防ぐため1枚おきに取り外された後、空襲で破損することをおそれ、当時の工場管理者の指揮により工場敷地内に埋蔵されていたとしても、工場建物の従物であり、工場の建物敷地等の譲渡とともにその所有権が移転したものと解すべきであるから、本条にいわゆる所有者不明の埋蔵物とはいえないとしたもの

❷　最判昭和37年6月1日訟務月報8巻6号1005頁[27430615]

Aにおいて昭和21年1月頃発見したとする本件銀塊29tは、国の所有であって、東京都中央区越中島の日本陸軍糧抹本廠整備部が同所所在の倉庫内に保管していたが、終戦直後、盗難その他第三者により持ち去られることを予防する保管方法として、同糧抹本廠構内のドック水中に格納するため沈めておいたもので、所有者の占有を離れたものではなく、当該銀塊の量や、その所在した場所、Aが発見したという時期からすると、当時当該銀塊の所

305

有者が国であることは容易に識別し得たものであるから、本件銀塊は埋蔵物
とはいえないとしたもの

[解説]

　判決❶は、工場敷地内に埋められていた板ガラスについて、工場建物の従
物であって所有者が不明とはいえないことから埋蔵物に当たらないと判断し
た。

　判決❷は、水中に沈められていた銀塊について、その量や、所在場所、発
見時期からすると、その所有者が容易に識別できたものであり、所有者が不
明とはいえないことから埋蔵物に当たらないと判断した。

2　発見したかどうか

[裁判例]

❶　大阪控判明治39年6月15日新聞371号7頁［27562781］

　道路工事現場において、現場指揮監督者Aの下で使役されていた工夫ら
が古金を掘り起こした事案について、発見者とは現実に埋蔵物を発見した者
をいい、その発見に至る機会はいかなる事由により生じたにかかわらず、そ
の発見の事実に重きを置いて発見者に所有権を取得させたのであって、現実
発見の行為があれば足りると同時に、たとえ自己の指揮命令の下にその使役
する者が発見した場合であっても、指揮監督者において現実発見の行為がな
いときは法の定める発見者ということができず、Aは工夫らに露出してい
た大石を掘り起こすことを指示したというにとどまり現実発見したといえな
いことはもちろん、埋蔵物が存在することを予期しこれを掘り起こさせたと
もいえないから、Aを発見者ということはできないとしたもの

[解説]

　判決❶は、発見とは、現実の発見行為をいうとしたうえで、指揮監督者は、
現実に発見行為をしたり、埋蔵物の存在を予期して掘り起こさせたりしたの
でない限り、発見者とはいえないと判断した。

（徳増誠一）

第242条

（不動産の付合）

第242条　不動産の所有者は、その不動産に従として付合した物の所有権を取得する。ただし、権原によってその物を附属させた他人の権利を妨げない。

事実認定の対象等

■■ 意義

本条は、添付（ある物に他人の物が結合し、又は他人の工作が加えられて、1個の物ができたことをいい、付合、混和、加工の3つの場合がある）と総称される所有権取得原因のうち、不動産の付合による所有権取得を規定したものである。本条本文は、不動産の所有者は、従として付合した物の所有権を取得すると定めているが、ただし書は、他人が権原をもってその物を附属させたときは、その物の所有権を取得できない旨を定めている。

■■ 法律要件及び法律効果等

1　法律要件

(1)　本条本文

本条本文により、不動産の所有者が従として付合した物の所有権を取得するための法律要件は、

① 不動産であること

② ①の不動産を所有していること

③ ①の不動産の従として物が付合したこと

④ ③の物を他人が所有していたこと

である。

前記①の不動産については、86条の解説を参照されたい。

前記②、④の所有については、206条の解説を参照されたい。

307

前記③の付合とは、不動産と附属させられた物とが結合した結果、不動産とその物とを分離することが事実上不可能又は社会経済上著しく不合理な場合、すなわち、分離によって不動産若しくは物が著しく損傷し、又は分離するのに過分の費用を要する場合であると解するのが多数説である。これに対し、取引安全の見地から、付合とは、不動産と附属させられた物とが結合し、取引社会通念上一体となった場合であると解する見解も有力である（川島＝川井編・新版注釈民法(7)〔五十嵐清＝瀬川信久〕396頁以下）。

　なお、前記③について、建物は、土地とは別個の不動産であるから、建物が土地に付合することはないとされる（大判明治37年6月22日民録10輯861頁［27520656］、大判大正3年12月26日民録20輯1208頁［27521857］）。

(2)　**本条ただし書**

　もっとも、本条ただし書のとおり、

⑤　他人が権原をもって物を附属させたこと

が認められたときは、付合は成立せず、附属物に対する他人の所有権が存続する。

　前記⑤については、不動産所有者による附属物の原始取得を否定する他人の側において主張・立証しなければならないと解される。

　前記⑤の権原とは、一般に、不動産に物を附属させてその不動産を利用する権利、具体的には地上権、永小作権、使用借権、賃借権等を指すが、物が独立性を失って不動産の構成部分になった場合（強い付合の場合）と物が独立性を失わず不動産の構成部分にならない場合（弱い付合の場合）とを区別し、後者の場合のみ本条ただし書を適用するという見解（付合二分論）が判例通説といわれている。判例（最判昭和34年2月5日民集13巻1号51頁［27002597］、最判昭和38年5月31日民集17巻4号588頁［27002026］）は、賃借人がした建物増改築部分について、建物と別個独立の存在ではなく、その構成部分になっているときは、増改築部分は建物に付合するとしている。これに対し、不動産と附属物との結合の程度にかかわらず、例えば土地賃借権は権原に当たるが、建物賃借権は権原に当たらないなどとして、権原に該当するか否かは利用権の内容に応じて判断されるべきであるという見解も有力

である（川島＝川井編・新版注釈民法(7)〔五十嵐清＝瀬川信久〕398頁以下、
能見＝加藤編・論点民法 2 〔松尾弘〕293頁以下）。

2　法律効果

　前記「 1　法律要件」の①〜④の要件を満たし、⑤の要件が認められない
場合は、不動産所有者が付合した物の所有権を原始的に取得する。
　これに対し、①〜④の要件を満たしても、⑤の要件が認められる場合は、
例外的に附属物に対する他人の所有権が存続し、不動産所有者は附属物の所
有権を原始取得することができない。

■■　参考裁判例

　本条ただし書により、付合が成立しないとされる場合、その後に不動産の
所有権を譲り受けた第三者に対する関係で、権原を有していた他人が附属物
の所有権を主張することができるか、が問題となる。
　稲立毛については、田地所有者より適法にこれを賃借した耕作者は、賃貸
借の登記なくしてその耕作して得た立稲及び束稲の所有権をもって第三者に
対抗し得ると解されるから、これと同様に、未登記の田地所有者は、田地の
所有権移転登記を受けていなくても、耕作して得た立稲及び束稲の所有権を
差押債権者に対抗できるとの判示がされている（大判昭和17年 2 月24日民集
21巻151頁〔27500083〕）。
　もっとも、立木については、前記判示とは事情を異にするとされており、
前所有者から山林を買って立木を植栽した者が、前所有者から同じ山林を買
ってその所有権移転登記を得た第三者に対する関係で、立木は権原に基づい
て植栽したものであるから本条ただし書を類推すれば立木の地盤への付合は
否定されるが、かかる立木所有権の地盤所有権からの分離は、立木が地盤に
付合したまま移転する本来の物権変動の効果を制限することになるから、第
三者に対抗するためには立木所有権を公示する対抗要件が必要であると解し
たうえで、当該事案では立木の明認方法が消滅していたなどとして、立木所
有権を対抗できないとの判示がされた（最判昭和35年 3 月 1 日民集14巻 3 号

309

307頁［27002493］)。その後、土地所有者の承諾を得て立木を植栽した事案についても、土地を譲り受けた第三者に当該立木所有権を対抗するためには、立木の所有権取得につき明認方法等を備えなければならないとの判示がされている（最判昭和41年10月21日裁判集民84号661頁［28199939］)。

事実認定における問題点

本条に関しては、1　土地に対する付合の有無、2　建物に対する設備等の付合の有無、3　建物に対する増改築部分の付合の有無について、それらの判断が問題となった裁判例がある。

事実認定についての裁判例と解説

1　土地に対する付合の有無

裁判例

❶　大判大正10年6月1日民録27輯1032頁［27523267］

不動産の従として付合した物とは、他人が播種した小麦のごとき物を指し、他人が何らの権原なく播種した小麦は、土地所有者の所有に帰属するとしたもの

❷　最判昭和31年6月19日民集10巻6号678頁［27002913］

土地所有者が他人が播きつけて二葉、三葉程度に生育していた甜瓜の苗を鋤き返したため損害賠償を請求された場合に、播種が当該土地を使用収益する権原を有しなかった他人によってされたのであるから、土地に生育した胡瓜の苗は付合によって土地所有者の所有に帰したとして、損害賠償請求を否定したもの

❸　大判昭和6年10月30日民集10巻982頁［27510451］

田地を転借人が植え付けた稲苗について、田地賃借人が賃貸人の承諾なくして転貸した場合、転借人は賃貸人に対して転借に基づく使用収益の権原を主張することができないと解されるから、権原により田地に附属させたものということはできず、田地所有者が植え付けられた稲苗の所有権を取得する

第242条

としたもの

❹　最判昭和57年6月17日民集36巻5号824頁［27000085］

　公有水面を埋め立てるために土砂を投入したAから、その土砂の所有権の転々譲渡を受けた原告が、その後、当該公有水面の埋立免許を得て埋立工事を完成させた被告に対し、不当利得金等の支払を請求した事案において、公有水面を埋め立てるために投入された土砂は、その投入によって直ちに公有水面の海底の地盤に付合して国の所有となることはなく、原則として、埋立工事の竣功認可の時に埋立権者の取得する埋立地に付合するものであって、その時までは、独立した動産としての存在を失わず、埋立権とは別個にこれを譲渡することができるとしたもの

　解説

　判決❶は、播種された小麦について、判決❷は、播種されて生育した胡瓜の苗について、いずれも土地から分離することが事実上不可能又は社会経済上著しく不合理であるから、土地に付合すると判断した。

　判決❸は、田地に植え付けられた稲苗について、田地から分離することが事実上不可能又は社会経済上著しく不合理であるから、田地に付合するとしたうえで、当該稲苗を植え付けた者が転借人であっても、田地所有者たる賃貸人の承諾がない限り、権原に基づいて附属させたものということはできないと判断した。

　判決❹は、公有水面を埋め立てるため土砂を投入した場合であっても、いまだ埋立場が造成されず公有水面の状態にある段階においては、その土砂は公有水面の地盤と結合しこれと一体化したものとしてその価値に格別の増加をもたらすものではないのが通常であり、また、埋立地が造成されてもそれが公有水面に復元されることなく土地として存続すべきことが確定されるまでは、その土砂は公有水面埋立法所定の原状回復義務の対象となり得ると考えられること、そして、埋立場が造成されて公有水面に復元されることがなくなり土地として存続することが確定するのは、原則として竣功認可の時（ただし昭和48年法律第84号による改正後は竣功認可の告示の時。同号による改正後の公有水面埋立法24条）であることから、その土砂は、その時に埋

311

立地に付合するのであり、その時までは公有水面の海底の地盤に付合することはないと判断したものである。対象となる不動産との関係で付合の成否が時点によって異なるという点で、多様な要素を勘案して検討すべきことを示唆しており、興味深い判断といえよう。

2　建物に対する設備等の付合の有無

[裁判例]

❶　最判昭和61年7月10日裁判集民148号269頁［27802808］

　ビルの共用部分に属する壁面に設置された設備について、本件設備は、区分所有建物たる本件ビルの躯体の一部をなす壁に高さ幅とも約150cmの出窓風の飾り物2個を鉄板及び鉄格子をもって恒久的に固定したものであることが認められ、区分所有建物の躯体たる壁は共用部分に属すると解すべきであるから、本件設備は本件ビルの共用部分に付合し、その所有権は本件ビルの区分所有者全員の共有に帰したとした原審の判断は正当としたもの

❷　東京地判昭和42年11月27日判時516号52頁［27430999］

　鉄筋コンクリート造4階建ビルである本件建物に設置された揚・排水ポンプ、消火設備、換気装置等の設備について、本件設備のうち、ある部分は、これを本件建物から分離することが物理的に必ずしも不可能ではなく、本件建物の床あるいは壁の内部に設備された配管工事等を別にすれば、設備の分離工作によっては、本件建物自体にはほとんど物質的損傷を及ぼさないけれども、前記各ポンプ、各水槽、消火栓箱とその内部部品及び風導管は、本件建物の床ないし壁コンクリートに附着し、さらに、各ポンプ、水槽、及び消火栓設備には、ビニール管や亜鉛鍍鋼管等の配管設備が連結し、その配管の一部分は建物のコンクリート壁及び床の内部に入り込み、完全に建物の構成部分となっているのであって、かような構成部分と化した配管と構造上必然的に結合しその機能を発揮する本件設備も一体となって本件建物に対する附着の結合度を強められていると解せられるばかりでなく、本件建物は事務所及び工場として使用する目的で新築されたものであり、本件設備はその目的に必要な附帯設備として本件建物に設置されたものであるという経緯に鑑み

れば、本件設備を本件建物より分離することは、前記のような使用目的を有する本件建物の経済活動を損わしめ、社会経済上大なる不利益を生ずる反面、たとえ本件設備の一部を建物の物質的損傷を加えずして分離し得たとしても、それはその時において設備たる機能を喪失し、それがいまだ設置される以前に動産として有していた価値に比してさえ著しく低下減少し、廃品に等しくなることから、本件設備は設置されたことにより本件建物に付合し、その建物所有者の所有に帰したと解するとしたもの

❸　大阪地判昭和48年4月23日判タ306号223頁［27424745］

　建物請負工事の注文者が、元請人から、一部を除きほぼ完成した本件建物の引渡しを受けて所有権の移転を受けた約19日後に、元請人が倒産したところ、建物請負工事の下請負人が、設置した窓、建具、扉、電気設備等を元請人に引き渡していなかった場合、設置後その取外しが可能であり、独立の存在を失っていない物は建物に付合せず、設置した下請負人の所有に属するとして、元請人が倒産する約3日前にその設置した工事材料を引き揚げても、注文者は、下請負人らに対し、損害賠償の請求はできないとしたもの

❹　熊本地判昭和54年8月7日下級民集30巻5＝8号367頁［27431802］

　高層マンション新築工事の元請会社からエレベータ一式の設置工事を請け負った原告が、新築工事の注文者であり、本件エレベータ一式を含めて完成したマンションの引渡しを受けた被告に対し、元請会社との所有権留保特約を主張して、本件エレベータ一式の引渡しを請求した事案において、本件エレベータ一式は、4、5日程度で取外しが可能であり、機能を何ら損なうことなく、ほかの建物の昇降機として利用し得るものであり、本件エレベータ一式を取り外される建物も、建物のコンクリート壁に埋め込まれたアンカー・ボルト及び昇降路の空間などが残るのみで、建物自体が取り壊されることはないと認定したうえで、エレベータが設置されている方が、建物利用者にとって便利であることなども勘案しつつ、本件エレベータ一式は、取引上の独立性を失っているとは認められず、建物に付合しないとしたもの

解説

　判決❶は、本件ビルの共用部分である壁に恒久的に固定された設備は、建

物である本件ビルの共用部分に付合したと判断した。

判決❷は、ビルに設置された揚・排水ポンプや消火栓設備などの設備について、取外しが不可能ではないとしながらも、その構造や使用目的、取り外した物の価値の減少などを勘案して、取引通念上の一体性を検討し、建物との独立性を否定して付合を肯定した。なお、判決❷は、請負人は本件建物の利用権を有するものではないから、本条ただし書の権原に基づいて本件設備を設置したとはいえないと判断した。

これに対し、判決❸は、建物請負工事の下請負人が、設置した窓、建具、扉、電気設備等を元請人に引き渡していなかった場合、設置後その取外しが可能であり、独立の存在を失っていない物は建物に付合しないと判断した。これらの物は、取外しが可能であったことに加えて、建物所有者がこれらの物を建物設備として稼働させる前であったという状況を勘案すれば、社会通念上の一体性を否定し、判決❷と異なる判断をしたことも首肯できよう。

判決❹は、マンションに設置された本件エレベータ一式について、建物とエレベータ一式の双方を損傷することなく、取外しが可能であり、エレベータ一式がほかの建物に流用できる点などを勘案して、付合を否定したものである。判決❹では、付合のほかに、被告による本件エレベータ一式の即時取得の成否が判断されたところ、原告代表者が被告代表者に対し、所有権留保特約を示して元請会社に対する支払の際に留意すべきことなどを説明したから、被告は占有開始時点において悪意であったとして即時取得を否定したが、そのような占有開始時点における注文者側の認識といった事情も含めて考察すれば、注文者と原告との関係において、本件エレベータ一式が建物とは社会通念上の独立性を維持しているという判断は首肯できよう。

3 建物に対する増改築部分の付合の有無

(1) 付合を否定した事例

［裁判例］

❶ 最判昭和38年10月29日民集17巻 9 号1236頁 ［27001989］

上告人が本件原家屋の階下南西側の約11坪 1 合の部分を賃借するに当たり、

被上告人から賃借部分を改修して店舗にすることの承諾を受けたが、腐朽が甚だしく、単なる改修、増築の程度では上告人の意図する飲食店としての使用は不可能であると判明したので、被上告人の承諾を得て、賃借部分を取り壊しその跡に上告人の負担で店舗を作ることとしてその工事を業者に請け負わせ、原家屋の一部改築及び増築の確認申請手続をして確認証を得たうえ、約180万円を投じ、賃借部分のうち2本の通し柱及び天井の梁を除くほかの構造物はすべて撤去して原家屋より北西部及び西部に約6坪を拡張し前記柱及び梁を利用して建坪17坪3合の店舗を作り上げたとの事実関係によれば、本件店舗部分は、前記のとおりその一部に原家屋の2階が重なっており、既存の2本の通し柱及び天井の梁を利用している事実があってもなお、上告人が権原によって原家屋に付属させた独立の建物であって、他に特別の事情が存しない限り、上告人の区分所有権の対象となるとしたもの

❷　最判昭和39年1月30日民集18巻1号196頁［27001943］

　木造瓦葺2階建店舗兼居宅に加えられた築造部分は、従前の建物の壁に接続し瓦及び一部鋼板葺木造の2階建地下室付のものでその1階表側はくぐり戸をもって両者を通じ、柱を共通にしており屋階は従前の建物の屋根上に入り込んでおり、さらに屋根も約3尺5寸従前の建物に延ばしてあり、地下室もまた従前の建物の敷地下に築造されている状態であって、新しい築造部分は従前の建物と一体をなしその増築部分を形成するとした原判決を審理不尽、理由不備の違法があるとして破棄し、原審が、従前の建物と築造部分とが相隣接する箇所の全部にわたって柱を共通にしていると認定したことは、証拠の意義、内容を不当に拡張して、これを事実認定の資料に供した違法があるといわなければならず、しかも、従前の建物と築造部分の接合状態に関するその余の原審認定事実のみをもってしては、いまだ、従前の建物と新たな築造部分との一体性を肯認することはできないから、前示違法は判決に影響を及ぼすこと明らかであるといわなければならないとしたうえで、一般に、建物に加えられた築造が従前の建物と一体となって全体として1個の建物を構成するか、あるいは、築造部分が従前の建物とは別個独立の建物となるかは、単に建物の物理的構造のみからこれを決すべきではなく、取引又は利用の対

象として観察した建物の状況もまた勘案しなければならないとして、本件において、従前の建物に加えられた築造部分について、従前の建物との一体性の有無を判断するには、建物の物理的構造の点のみならず、従前の建物と築造部分のそれぞれの種類・構造・面積、造作、周辺の建物との接著の程度、4辺の状況等の客観的事情並びに現在建物が1個の建物として登録・登記されるに至った所有者側の事情を総合し、もって築造部分が従前の建物から独立して取引又は利用され得るか否かの点をも勘案すべきであると判示したもの

❸ 東京高判昭和41年3月10日判夕191号162頁 [27430885]

既存の2階建ての旧建物（店舗兼居宅、建坪15坪、2階15坪）に一部接合した状態で、新たに築造された新建物（地階19坪9合9勺、1、2階各18坪4合4勺、屋階3坪）について、新たに築造された1、2階の各床は従前の建物の1、2階の床よりそれぞれ3尺余ずつ高く出入口も別個に設けられ外観上も別個独立の観を呈していること、新旧両建物は極めて近接して築造され一部共通の壁はあるが他は相互に別個の柱と壁があり柱と柱の間には1寸以上の間隔が保たれていること、両建物への出入りは旧建物から新建物へは身をかがめてようやくなし得るものであり、一方新建物から旧建物への出入りは付近の柱につかまってしなければ足を踏み外す危険がないとはいえない状態であること、電気・ガス・水道等の設備も別個に設けられていること等の事実を認定し、旧建物と新建物は1個の建物として登記はされているが、新建物は旧建物とは別個独立の建物と認められるとしたもの

解説

判決❶〜❸は、付合を否定する判断をしたものである。

判決❶は、賃借人が新たに築造した店舗部分について、既存の2本の通し柱及び天井の梁を利用している事実があっても、建物の他の部分との独立性を有するものと判断し、付合を否定した事例である。ただし、判決❶は、もし新築工事に着手する前に、上告人（賃借人）がその負担において新築する店舗部分の区分所有権を当初から被上告人（賃貸人）に帰属させ、上告人においてこれを賃借する旨の特約があったとすれば、店舗部分は被上告人の所

有に属するとも判示しており、そのような特段の事情についても注意が必要である。

判決❷は、建物の増改築部分について、物理的接合状態を勘案して付合を肯定した原判決を破棄したものであり、物理的構造に加えて取引又は利用の対象として観察した建物の状況をも勘案して判断すべきであるとして、増改築部分の建物に対する付合の判断基準を示したものである。

判決❸は、旧建物と新建物との物理的接合状態のほかに、両建物の出入りや利用状況を検討して付合を否定したものであり、付合を否定した判断事例として参考になる。

(2) 付合を肯定した事例

[裁判例]

❶ 東京高判昭和31年1月30日民集13巻1号58頁 [27203944]

アパート1階の旧建物の区分所有権を取得した被控訴人が、旧建物を店舗に改造して他に賃貸しようと思い、内部の造作類一切を取り外し、周囲の壁も西側のアパートに接着しこれとの仕切りをなす部分を除いて大部分取り壊し、その結果旧建物はアパートの2階を支える柱十数本、建物の基礎工事、庇の一部、北側の壁の一部及び南側の鴨居から上の壁が残存するのみで（以下、これを「既存工作物」という）土間は露出し、内部への出入りは自由になされる状態となったまま相当期間放置されたところ、その後、既存工作物を利用し、周囲の壁、床張りその他造作等一切は控訴人の営業に適するよう自由に自費で取り付け、店舗として使用することができるという約束で賃貸借契約が締結され、控訴人は自己の費用で旧建物よりさらに約2坪南側に拡張し、その部分の屋根を設け、周囲の壁その他の周壁を備え、土間コンクリートを作り、内部造作等一切を取り付けて呉服店向の店舗兼住宅とし、現にこれを使用占有しているという事案において、賃貸借当時は完全な建物から改造後の完全な建物へと移行する過程にあって既存工作物を除外して建物を建築するのはほとんど不可能というべき関係にあり、前後を通じてみれば取引上1個の建物と同視して差し支えなく、かかる取引上1個の建物と同視すべきものについて賃貸借が成立するとしたうえ、旧建物における既存工作物

317

は、それだけを切り離してみるときはそれ自体としては建物としての効用を持つものではなく、周壁その他の造作を加えてはじめて家屋としての本来の効用を満たすに至るべきものであるが、かかる状態における既存工作物は本来家屋たりしものの骨格であるとともに将来家屋たるべきものの骨格をなし、現に土地に定着するものであるから、それ自体動産ではなく、所有権の客体としては一の不動産と目すべきものであり、これに反し控訴人の施した工事によって付加されたものは、既存工作物と相まって一の家屋を構成するその構成部分であり、既存工作物を失えば土地の定着物たる実を失い、かつこれなくしては独立の存在を保ち得ない関係にあるから、前記既存工作物に従として付加された動産とみるべきものであり、しかもこの状態のままではそれは独立して所有権の客体たり得るものではないから、本条により、そのただし書にかかわらず控訴人はこれについて所有権を留保し得ず、現在ある家屋の全体は付合により被控訴人の所有に帰するとしたもの

❷　最判昭和43年6月13日民集22巻6号1183頁［27000950］

　原判決が、本件新築に係る建物のうち甲部分（2坪5合）は、その基礎が主屋部分（従前の建物たる主屋）の基礎から離して設けられており、その柱は主屋部分の柱と接合されておらず、その屋根も防水の関係で主屋部分の屋根の下に差し込めてあるが構造的には両者は分離しているものであり、これに反し、新築建物のうち乙部分（2坪）は、主屋部分の北方一間の線に柱を建て、この柱と主屋部分北側の柱とをたる木でつなぎ、そのたる木は、主屋部分の柱に欠き込みをして接合せしめ、床は全部たたきとして、玄関、浴室、物置に使用され、甲部分と乙部分とは、柱及び屋根が構造的に接合していない事実を認定し、乙部分は主屋部分に付合するが、甲部分は主屋部分に付合せず、主屋部分の前所有者は甲部分の所有権を取得しない旨判示したのに対し、しかし、新たに築造された甲部分が主屋部分及び従前の建物に付合する乙部分に構造的に接合されていないからといって直ちに甲部分が主屋部分に付合していないとすることはできず、原判示によれば、甲部分と主屋部分とは屋根の部分において接着している部分もあるというのであるから、さらに甲部分と主屋部分及び乙部分との接着の程度並びに甲部分の構造、利用方

法を考察し、甲部分が、従前の建物たる主屋部分に接して築造され、構造上建物としての独立性を欠き、従前の建物と一体となって利用され、取引されるべき状態にあるならば、当該部分は従前の建物たる主屋部分に付合したものと解すべきとしたもの

❸　最判昭和44年7月25日民集23巻8号1627頁［27000792］

　本件第3建物は、第2建物の一部の貸借人Aが自己の費用で第2建物の屋上に構築したもので、その構造は、4畳半の部屋と押入各1個からなり、外部への出入りは、第2建物内の6畳間の中にある梯子段を使用するほか方法がないものであるとの事実を前提として、そうとすれば、第3建物は、既存の第2建物の上に増築された2階部分であり、その構造の一部をなすもので、それ自体では取引上の独立性を有せず、建物の区分所有権の対象たる部分には当たらないといわなければならず、たとえAが第3建物を構築するについて第2建物の一部の賃貸人Bの承諾を受けたとしても、本条ただし書の適用はないものと解するのが相当であり、その所有権は構築当初から第2建物の所有者Bに属したものといわなければならないとしたうえで、そして、第3建物についてAの相続人らであるCら名義の所有権保存登記がされていても、このことはその判断を左右するものではないとしたもの

解説

　他方、判決❶～❸は、付合を肯定する判断をしたものである。

　判決❶は、最判昭和34年2月5日民集13巻1号51頁［27002597］の原判決であるが、建物の増改築の過程で賃貸借契約が締結され、賃借人が増築工事を完成させたという事例について、増築部分は旧建物の構成部分となっているから付合したと判断したものである。さらに、判決❶は、物が独立性を失って不動産の構成部分になった場合（強い付合の場合）であるから本条ただし書を適用しないと判断したものと解される。

　判決❷は、原審が、構造的に接合している乙部分の主屋部分に対する付合は認め、構造的に接合されていない甲部分の主屋部分に対する付合を否定したのに対し、甲部分と主屋部分との屋根の部分における接着の程度や、甲部分の構造及び利用方法を勘案して、構造上の独立性を欠き、従前の建物と一

体として利用され、取引されるべき状態にあるかどうかを検討すべきものと判示した。前記(1)に挙げた判決❷と同様に、接合状態のみにとらわれずに、物理的な構造上の独立性と社会通念上の一体性をきめ細かに判断すべき旨の基準を示したものといえよう。

　判決❸は、賃借人が賃貸人兼所有者の承諾を得て平家である第2建物の上に2階部分に当たる第3建物を増築した場合に、その出入りに第2建物内の梯子段を使用するしかないという構造及び利用状況を勘案して、増築部分の独立性がないとして、付合を否定したものである。また、判決❸は、判決❶と同様、物が独立性を失って不動産の構成部分になった場合（強い付合の場合）であるから本条ただし書を適用しないと判断したものと解される。さらに、判決❸は、賃借人の相続人らが第3建物について独立の所有権保存登記を有していたとしても、付合を否定し、本条ただし書の適用がないという判断には影響しないと判示した点に特色があり、公示方法の具備のみを判断基準とはしなかったものである。

（徳増誠一）

第243条

（動産の付合）

第243条　所有者を異にする数個の動産が、付合により、損傷しなければ分離することができなくなったときは、その合成物の所有権は、主たる動産の所有者に帰属する。分離するのに過分の費用を要するときも、同様とする。

事実認定の対象等

■■ 意義

本条は、添付（ある物に他人の物が結合し、又は他人の工作が加えられて、1個の物ができたことをいい、付合、混和、加工の3つの場合がある）と総称される所有権取得原因のうち、動産の付合による所有権取得を規定したものである。本条は、付合による所有権取得である点で242条と共通する面があるが、本条の対象が数個の動産である点で242条と異なっている。

なお、本条は、混和の場合に準用される（245条）。

■■ 法律要件及び法律効果等

1　法律要件

本条により、動産の付合による合成物の所有権をAが取得するための法律要件は、

①　Aが動産を所有していたこと

②　他人が別の動産を所有していたこと

③　①の動産と②の動産が、付合したこと

④　①の動産が主たる物であること

である。

前記①、②の動産については、86条の解説を参照されたい。

前記①、②の所有については、206条の解説を参照されたい。

321

前記③の付合とは、数個の動産が結合した結果、それらを損傷しなければ分離できなくなったこと、又は、分離するのに過分の費用を要することをいう。

前記④について、付合した数個の動産の主従の区別は、物の便益、装飾又は補完のために付合した物は従たる物であり、これによって便益を得る物、装飾又は補完された物は主たる物といえるが、物の機能や価格の比較などを考慮して実質的に判断すべきであろう。

2　法律効果

前記「1　法律要件」の要件を満たした場合、主たる動産の所有者であったＡが、付合によって生じた合成物の所有権を原始的に取得する。

事実認定における問題点

本条に関しては、動産の付合の有無についての判断が問題となった裁判例がある。

事実認定についての裁判例と解説

動産の付合の有無

［裁判例］

❶　東京地判平成２年２月27日金融商事860号24頁［27811421］

更生手続開始決定を受けた株式会社が所有していた船舶に換装工事によって設置されたディーゼルエンジンに関して、原告が更生担保権としての動産先取特権を主張した事案において、本件エンジンを毀損しないで船舶から分離するためには、船体への固定用のボルトを外すのみでは足りず、船舶所有者の承認を得て、その本体を構成しているデッキの４か所に搬出用の開口部を設け、かつ、搬出後にその修復をする必要があるから、本件エンジンの搬出は船舶の毀損なくして行えないものであり、船舶としての本来の機能を発

揮するためにはエンジンが不可欠であるから、本件エンジンを船舶から取り外すとしても、同時に新たなエンジンの設置が不可欠となり、本件エンジンの船舶からの分離は、結局、本件エンジンの設置に要した2億7,140万円に相当する新たな費用の支出を強いることになり、また、その工事に約50日を要し、所有者は、その間、船舶稼働による利益を得られないことになり、他方、本件エンジンは、汎用性のある規格品ではあっても注文製造したものであって市場価額が形成されているものではないから、設置した時点において直ちにこれを取り外し、これを売却したとしても、その交換価値は原告の積算する価額を相当程度下回るものと推測できると認定したうえで、そうすると、本件エンジンの所有権が1度、船舶所有者に移転し、その上に動産売買の先取特権が成立したと仮定しても、本件エンジンと船体という2つの動産は、エンジンと船体という特殊性からしても、換装工事の完了により、船舶又は本件エンジンの一方を毀損しなければこれを分離することができず、又は分離のために過分の費用を要するようになったというべきであるから、その結果、本件エンジンは、社会経済上、船舶の不可分な構成部分になったというべきであって、その時点から本件エンジンに対する所有権は消滅し、動産先取特権も消滅したとしたもの

解説

判決❶は、船体と設置されたエンジンとの関係について、取外しの可否やその費用について詳細に認定したうえで、主たる動産である船体に、従たる動産である本件エンジンが付合したものと判断した事例である。

（徳増誠一）

323

第244条　付合した動産について主従の区別をすることができないときは、各動産の所有者は、その付合の時における価格の割合に応じてその合成物を共有する。

事実認定の対象等

■■ 意義

本条は、動産の付合による所有権取得に関し、合成物の共有となる場合を規定したものである。

なお、本条は、混和の場合に準用される（245条）。

■■ 法律要件及び法律効果等

1　法律要件

本条により、動産の元の所有者であるＡとＢが、動産の付合による合成物を共有取得するための法律要件は、

① 　Ａが動産を所有していたこと

② 　Ｂが別の動産を所有していたこと

③ 　①の動産と②の動産が、付合したこと

④ 　①の動産と②の動産のいずれが主たる物であるかを区別できないことである。

前記①、②の動産については、86条の解説を参照されたい。

前記①、②の所有については、206条の解説を参照されたい。

前記③、④については、243条の解説を参照されたい。

なお、前記④については、合成物の単独所有を主張するＢ（被告）の側において、Ｂの所有していた前記②の動産が主たる物であることを主張・立証しなければならないと解される。

324

2　法律効果

前記「1　法律要件」の要件を満たした場合（①～③の要件が主張・立証され、④について②の動産が主たる物であることの要件が主張・立証されなかった場合）、動産の元の所有者であるAとBが、付合によって生じた合成物の共有持分権を原始的に取得する。その共有持分割合は、元の動産の価格の割合によることになる。

■■ 参考裁判例

動産の付合ではなく、複数の不動産について、互いに主従の関係にない甲乙2棟の建物がその間の隔壁を除去する等の工事により1棟の丙建物となった場合、甲建物又は乙建物を目的として設定されていた抵当権は、丙建物のうちの甲建物又は乙建物の価格の割合に応じた持分を目的とするものとして存続するとされた（最判平成6年1月25日民集48巻1号18頁［27817233］）。主従の関係にない甲乙建物が合体した場合、本条の類推適用により、各所有者が各価格の割合に応じて丙建物を共有することとなるから、甲乙建物に存在していた抵当権は、247条2項の類推適用により対応する丙建物の共有持分上に移行して存続すると解される。

事実認定における問題点

本条に関する事実認定が問題となった裁判例は見当たらない。

（徳増誠一）

（混和）

第245条　前2条の規定は、所有者を異にする物が混和して識別すること
　　ができなくなった場合について準用する。

事実認定の対象等

■■ 意義

　本条は、添付（ある物に他人の物が結合し、又は他人の工作が加えられて、
1個の物ができたことをいい、付合、混和、加工の3つの場合がある）と総
称される所有権取得原因のうち、混和による所有権取得を規定したものであ
る。本条は、動産の付合に関する243条、244条を準用している。

■■ 法律要件及び法律効果等

1　法律要件

　（1）　本条（243条準用）により、混和した物の所有権を A が取得するため
の法律要件は、

① 　A が動産を所有していたこと

② 　他人が別の動産を所有していたこと

③ 　①の動産と②の動産が、混和して識別できなくなったこと

④ 　①の動産が主たる物であること

である。

　前記①、②の動産については、86条の解説を参照されたい。

　前記①、②の所有については、206条の解説を参照されたい。

　前記③の混和とは、穀物や金銭など固形物の混合と、酒や油など流動物の
融和によって、他の物と混交して原物を識別できない状態をいう。

　前記④について、混和した物の主従の区別は、各所有物の物の種類や量、
価格などを考慮して実質的に判断すべきであろう。

第245条

(2)　本条（244条準用）により、物の元の所有者であるＡとＢが、混和した物を共有取得するための法律要件は、

①　Ａが動産を所有していたこと

②　Ｂが別の動産を所有していたこと

③　①の動産と②の動産が、混和して識別できなくなったこと

④　①の動産と②の動産のいずれが主たる物であるかを区別できないこと

である。

　前記①、②の動産については、86条の解説を参照されたい。

　前記①、②の所有については、206条の解説を参照されたい。

　前記③、④は、前記(1)のとおりである。

　なお、前記④については、混和した物の単独所有を主張するＢ（被告）の側において、Ｂの所有していた前記②の動産が主たる物であることを主張・立証しなければならないと解される。

2　法律効果

　前記「1　法律要件」(1)の要件を満たした場合、主たる動産の所有者であったＡが、混和した物の所有権を原始的に取得する。

　前記「1　法律要件」(2)の要件を満たした場合、動産の元の所有者であるＡとＢが、混和した物の共有持分権を原始的に取得する。その共有持分割合は、元の動産の価格の割合によることになる。

■■ 参考裁判例

(1)　金銭は、特別の場合を除いては、物としての個性を有せず、単なる価値そのものと考えるべきであり、価値は金銭の所在に随伴するものであるから、金銭の所有権者は、特段の事情のない限り、その占有者と一致すると解すべきであり、また金銭を現実に支配して占有する者は、それをいかなる理由によって取得したか、またその占有を正当付ける権利を有するか否かにかかわりなく、価値の帰属者すなわち金銭の所有者とみるべきものであると判示されており（最判昭和39年1月24日裁判集民71号331頁［27430727]）、例

327

えば、元の所有者を異にする金銭が混合して識別できなくなった場合でも、一方の所有者が混合した金銭を単独で占有したときは、本条が適用されることなく、その金銭は単独の占有者の所有に帰することになろう。

しかし、金銭が、占有者の所有する他の金銭と区別された状態である限り、当該金銭は必ずしも占有者の所有に帰するとはいえず、本条が適用される場合がある。例えば、甲が、A、B、Cからそれぞれ騙し取った被害金について、甲の手に存する被害物品として差し押さえられたものであるとの事実関係においては、被害者であるA、B、Cは、本条の規定に従い、騙し取られた金額の割合で当該被害金を共有すると判示されている（大判明治36年2月20日刑録9輯232頁［27531368］）。

また、元の所有者を異にする金銭が混合して識別できなくなった場合でも、元の所有者が混合した金銭を共同で占有しているときは、本条が適用される。例えば、賭博の当事者であるA、Bが賭金として同種同額の金銭を出し合わせ、丸い茶壺様の1個の容器に当該金銭を入れて事実上共同保管した場合は、その容器の中で混和した金銭は、A、Bが同額の割合で共有するものであり、Aが領得の意思でBに無断で金銭の一部を抜き取ったときは、窃盗罪を構成すると判示されている（大判昭和13年8月3日刑集17巻624頁［27545903］）。

(2)　Aの山林とBの山林の伐倒木が混合しこれを識別することができなくなった場合でも、その主従の区別により従たる伐倒木の所有者はその所有権を喪失する場合のあることは本条、243条の明定するところであるから、両山林の伐倒木がいかなる割合で主従の区別があるのか、又はその区別ができない場合であるかについて審理のうえこれを明らかにしてはじめて不法伐採によるAの損害賠償請求の当否が決定されるべきであるのに、この点につき意を用いた形跡の認められない原判決の該当部分は破棄を免れないと判示された（最判昭和39年4月17日裁判集民73号179頁［28199153］）。

第245条

事実認定についての裁判例と解説

本条に関する事実認定が問題となった裁判例は見当たらない。

（徳増誠一）

| （加工）

> 第246条　他人の動産に工作を加えた者（以下この条において「加工者」
> という。）があるときは、その加工物の所有権は、材料の所有者に帰属
> する。ただし、工作によって生じた価格が材料の価格を著しく超えると
> きは、加工者がその加工物の所有権を取得する。
>
> 2　前項に規定する場合において、加工者が材料の一部を供したときは、
> その価格に工作によって生じた価格を加えたものが他人の材料の価格を
> 超えるときに限り、加工者がその加工物の所有権を取得する。

事実認定の対象等

■■ 意義

　本条は、添付（ある物に他人の物が結合し、又は他人の工作が加えられて、
1個の物ができたことをいい、付合、混和、加工の3つの場合がある）と総
称される所有権取得原因のうち、加工による所有権取得を規定したものであ
る。

　ただし、本条は任意規定であり、加工物の帰属に関する明示若しくは黙示
の合意又は取引慣行があるときは、その合意又は取引慣行によって加工物の
所有権の帰属が決まることになる。

■■ 法律要件及び法律効果等

1　法律要件

　（1）　本条1項本文により、材料である動産の所有者Aが加工物の所有権
を取得するための法律要件は、

①　Aが材料である動産を所有していたこと

②　他人が①の動産を加工したこと

である。

前記①の動産については、86条の解説を参照されたい。

前記①の所有については、206条の解説を参照されたい。

前記②の加工とは、材料である動産に工作を加えてこれを新たな物とすることをいう。

(2) 本条1項ただし書により、加工者Bが加工物の所有権を取得するための法律要件は、

① Aが材料である動産を所有していたこと

② Bが①の動産を加工したこと

③ ②の工作によって生じた価格が①の動産の価格を著しく超えること

である。

(3) 本条2項により、加工者Bが加工物の所有権を取得するための法律要件は、

① Aが材料である動産を所有していたこと

② Bが材料である動産を所有していたこと

③ Bが①の動産に②の動産を加えて加工したこと

④ ②の動産の価格と③の工作によって生じた価格を合算した価格が①の動産の価格を超えること

である。

2 法律効果

前記「1 法律要件」(1)の要件を満たした場合、材料である動産の所有者Aが加工物の所有権を取得する。

前記「1 法律要件」(2)又は(3)の要件を満たした場合、加工者Bが加工物の所有権を取得する。

■■ 参考裁判例

整地によって生ずる鉱土並びにスクラップは返納することの条件付で土地の一時使用認可予定地域整地作業許可を受けた者が、非鉄金属、鉄屑等を含有する土砂が鉱土に当たることを知りながら、水洗式により笊桶、スコップ

等をもって当該鉱土より非鉄金属、鉄屑等を選別したのは本条の加工に当たらない（最判昭和36年7月21日裁判集民53号305頁［27430555］）。

　建物の建築工事請負人が建築途上においていまだ独立の不動産に至らない建前を築造したままの状態で放置していたのに、第三者がこれに材料を供して工事を施し、独立の不動産である建物に仕上げた場合における建物所有権の帰属は、動産に動産を単純に付合させるだけでそこに施される工作の価値を無視してよい場合と異なり、材料に対して施される工作が特段の価値を有し、仕上げられた建物の価格が原材料のそれよりも相当程度増加するような場合であるから、243条の規定によるのではなく、本条の規定に基づいて決定すべきものと解されている（最判昭和54年1月25日民集33巻1号26頁［27000211］）。

事実認定についての裁判例と解説

　本条に関する事実認定が問題となった裁判例は見当たらない。

（德増誠一）

第247条

（付合、混和又は加工の効果）

第247条　第242条から前条までの規定により物の所有権が消滅したときは、その物について存する他の権利も、消滅する。

2　前項に規定する場合において、物の所有者が、合成物、混和物又は加工物（以下この項において「合成物等」という。）の単独所有者となったときは、その物について存する他の権利は以後その合成物等について存し、物の所有者が合成物等の共有者となったときは、その物について存する他の権利は以後その持分について存する。

事実認定の対象等

■ 意義

本条は、添付（ある物に他人の物が結合し、又は他人の工作が加えられて、1個の物ができたことをいい、付合、混和、加工の3つの場合がある）により元の物の所有権が消滅した場合の効果として、当該所有権について存する他の権利の消長について規定したものである。

なお、本条は強行規定と解されている。

■ 法律要件及び法律効果等

1　本条1項の場合

本条1項によれば、242〜246条に規定されている付合、混和、加工のため、元の動産の所有権が消滅したときは、その動産の上に存在していた先取特権（321条）、質権（342条）等の権利は消滅する。

2　本条2項の場合

⑴　本条2項によれば、242〜246条に規定されている付合、混和、加工のため、元の動産の所有権が消滅したとしても、元の動産の所有者が合成物等

333

の単独所有者となったときは、その動産の上に存在していた先取特権（321条）、質権（342条）等の権利はその合成物等について存続する。

　(2)　本条2項によれば、242〜245条に規定されている付合、混和のため、元の動産の所有権が消滅したとしても、元の動産の所有者が合成物等の共有者となったときは、その動産の上に存在していた先取特権（321条）、質権（342条）等の権利はその合成物等における元の動産所有者の共有持分について存続する。

■■ 参考裁判例

　本条の類推適用に関する判例（最判平成6年1月25日民集48巻1号18頁〔27817233〕）については、244条「参考裁判例」を参照されたい。

事実認定についての裁判例と解説

　本条に関する事実認定が問題となった裁判例は見当たらない。

（徳増誠一）

第248条

（付合、混和又は加工に伴う償金の請求）

第248条　第242条から前条までの規定の適用によって損失を受けた者は、
　　　第703条及び第704条の規定に従い、その償金を請求することができる。

事実認定の対象等

■■ 意義

　本条は、添付（ある物に他人の物が結合し、又は他人の工作が加えられて、
1個の物ができたことをいい、付合、混和、加工の3つの場合がある）によ
り元の物の所有権が消滅した場合などにおける償金請求権について規定した
ものである。

■■ 法律要件及び法律効果等

　本条は、242〜247条に規定されている付合、混和、加工のため、元の動産
の所有権が消滅するなどした結果、損失を受けた者が、703条又は704条の規
定に従って、これにより利得した者に対し、償金請求できる旨を定めている。

　本条の償金請求権は、前記のとおり、703条又は704条の規定によるとされ
ているから、添付は703条所定の「法律上の原因」に該当しないことになる。
もっとも、現実に償金請求権が発生するか否かについては、本条は具体的に
定めていないから、703条又は704条の規定する不当利得の要件が認められて
はじめて、償金請求権が発生することになる。

事実認定についての裁判例と解説

　本条に関する事実認定が問題となった裁判例は見当たらない。

（德増誠一）

335

第3節 共 有

（共有物の使用）

第249条 各共有者は、共有物の全部について、その持分に応じた使用を
することができる。

事実認定の対象等

■■ 意義

　本条は、共有者による共有物の使用について定めたものである。本条によ
れば、各共有者は共有物全体について使用する権利を有するが、例えば、共
有物である土地を数名で分割して利用する場合など、共有者の協議により共
有物を分割利用する場合には、他の共有者の専用部分を使用することはでき
ない。

■■ 法律要件及び法律効果等

1　法律要件

　(1)　本条が定める共有物の使用が妨げられた場合、共有持分権は所有権の
実質を有するものであるから、各共有者は、共有持分権に基づき、共有物の
使用を妨げている者に対し、単独で共有物全体について侵害行為の除去等を
求めることができるが、その場合の法律要件は、

①　請求者が共有物の共有持分権を有すること

②　相手方が共有物に対する侵害行為に及んでいること

　である。

　(2)　前記(1)の法律要件①については、共有関係の成立が前提となるが、共

336

有関係は、当事者の意思に基づく場合（１つの物に対し複数の者が共同で所有するという合意に基づく場合）のほか、当事者の意思にかかわらず、法律上、当然に共有関係が成立する場合もある。後者の場合としては、相隣関係における境界線上の設置物（229条）、数人による無主物の先占（239条）、遺失物拾得（240条）、埋蔵物発見（241条）、動産の付合によって生じた合成物（244条）、物の混和によって生じた混合物（245条）、共同相続財産（898条）等が挙げられる。そのうち共同相続財産の場合については、共同相続人が遺産分割前の遺産を共同所有する法律関係となるが、判例は、このような法律関係につき、基本的には本条以下に規定する共有としての性質を有するものと解している（最判昭和30年５月31日民集９巻６号793頁［27003040］、最判昭和50年11月７日民集29巻10号1525頁［27000349］等）。

　(3)　前記(1)の法律要件②については、第三者によるか他の共有者によるかを問わないが、共有者の１人が共有物の占有を独占して他の共有者による使用収益を妨害している場合には、その者にも共有持分権に基づく使用権原があるため、これを全面的に排除することはできない（最判平成12年４月７日裁判集民198号１頁［28050770］）。仮に共有物の持分の価格が過半数を超える者であっても、共有物を単独で占有する他の共有者に対し、当然には共有物の明渡しを求めることができない（最判昭和41年５月19日民集20巻５号947頁［27001190］）。また、共有者の一部の者から共有物の占有使用を承認された第三者に対して、その余の共有者は、当然には共有物の明渡しを求めることができない（最判昭和63年５月20日裁判集民154号71頁［27801938］）し、多数持分権者が、共有地の一部分についての売買契約を締結し、具体的な土地の範囲を確定しないまま、おおよその部分を買主に引き渡してこれを占有使用させているときは、この占有使用の承認が共有者の協議を経ないものであっても、少数持分権者は、当然には買主に対して前記土地部分の返還を請求することができない（最判昭和57年６月17日裁判集民136号111頁［27405775］）。もっとも、共有者の１人が他の共有者の同意を得ることなく共有物に変更を加えた場合には、他の共有者は、特段の事情がない限り、変更により生じた結果を除去して共有物を原状に復させることを求めることが

できる（最判平成10年3月24日裁判集民187号485頁［28030604]）。

2 法律効果

(1) 各共有者は、前記1の法律要件を充たすと、単独で妨害排除請求権を行使し、侵害行為の態様等に応じて侵害行為の停止や侵害行為の除去等を求めることができる。例えば、共有者は、他の共有者以外の第三者が無権原で目的物を占有する場合、持分権に基づき、その引渡しを請求できる（大阪高決平成6年3月4日高裁民集47巻1号79頁［27825103]）し、共有者の1人に対する債務名義により共有物全部につき強制執行（差押え）がされた場合には、他の共有者は、自己の持分権を主張して、共有物全部への執行の排除を求める第三者異議の訴えを提起できる（大阪高判昭和52年10月11日判時887号86頁［27431680]、東京高判昭和63年11月7日金融法務1224号33頁［27806477]）。

また、各共有者は、自己の共有持分権の侵害に関し損害賠償請求をすることもできるが、共有地が不法に占有されたことを理由として、共有者の全員又はその一部の者が不法占有者に対し損害賠償を求める場合には、共有者は、各自の共有持分の割合に応じて請求すべきものであり、その割合を超えて請求することはできないとするのが判例（最判昭和41年3月3日裁判集民82号639頁［27421462]、最判昭和51年9月7日裁判集民118号423頁［27422841]）である。すなわち、各共有者は、持分の割合に応じて共有物の収益を収受できることから、例えば、共有建物の賃料は各共有者の共有に属し、各共有者は持分の割合に応じた配分を求めることができる（427条）というのと同様の規律である。これに関連して、不動産の共有者の1人が単独で占有していることにより持分に応じた使用が妨げられる他の共有者は、現に占有している共有者に対し、持分の割合に応じて専有部分に係る地代相当額の不当利得返還ないし損害賠償を請求できるとした判例（最判平成12年4月7日裁判集民198号1頁［28050770]）がある。

(2) 登記請求権をめぐっては、①不動産の共有者の1人が、その持分に基づき、当該不動産につき登記簿上所有名義者である者に対して、その登記の

抹消を求めることは、妨害排除の請求にほかならず、いわゆる保存行為に属するものとして、共同相続人の1人が単独で本件不動産に対する所有権移転登記の全部抹消を求め得ると判示した判例（最判昭和31年5月10日民集10巻5号487頁［27002927］）や、②共有不動産に不実の持分移転登記がされている場合には、その登記によって共有不動産に対する妨害状態が生じているといえるから、共有者の1人は、共有不動産について全く実体上の権利を有しないのに持分移転登記を経由している者に対し、単独でその持分移転登記の抹消登記手続を請求することができるとした判例（最判平成15年7月11日民集57巻7号787頁［28081863］）がある。他方で、③共有不動産につき共有者のうちの一部の者が勝手に自己名義で所有権移転登記を経由した場合に、共有者の1人がその共有持分に対する妨害排除として登記を実体的権利に合致させるため前記名義人に対し請求することができるのは、自己の持分についてのみの一部抹消（更正）登記手続であると解するのが相当であるとした判例（最判昭和59年4月24日裁判集民141号603頁［27432048］）、④甲乙の共有に属する不動産につき、甲乙丙を共有者とする所有権保存登記がされている場合において、甲は、丙に対し、甲の持分についての更正登記手続を求めることができるにとどまり、乙の持分についての更正登記手続までを求めることはできないとした判例（最判平成22年4月20日裁判集民234号49頁［28160978］）がある。

　不動産の共有者が当該不動産についてされた不実の登記の抹消登記又は更正登記を求めることができるか否かについては、前記のとおり様々な判例があるが、訴訟類型として見た場合には、共有者の1人から登記名義を有する第三者に対する請求をする場合（以下、「甲類型」という）と、共有者の1人から登記名義を有する他の共有者に対する請求をする場合（以下、「乙類型」という）がある。甲類型の判例としては、前記①②の判例のほか、最判昭和33年7月22日民集12巻12号1805頁［27002642］などがあり、乙類型の判例としては、前記③④の判例のほか、最判昭和38年2月22日民集17巻1号235頁［27002049］、最判昭和44年5月29日裁判集民95号421頁［27431110］などがある。もっとも、甲類型と乙類型との判断の違いについては、原告の

訴訟手続上の請求の立て方や登記手続の制約上、原告の持分を超える部分の一部抹消登記（更正登記）が求められない場合があり、乙類型の判例の事案はいずれもそのようなものであったから、その結論は甲類型の判例と抵触するわけではないと解されている（尾島明・最判解説〈平成15年度（下）〉387頁以下）。

■■ 参考裁判例

1 当事者適格

　共有関係をめぐる訴訟の当事者適格については、いくつかの重要な判例がみられる。すなわち、1個の不動産を共有する数名の者全員が共同原告となり、共有権に基づき、その共有権を争う第三者を相手方として、共有権の確認を求めているときは、その訴訟の形態は固有必要的共同訴訟と解するのが判例（最判昭和46年10月7日民集25巻7号885頁［27000617]）である。そして、境界の確定を求める訴えについても、隣接する土地の一方又は双方が数名の共有に属する場合には、共有者全員が共同してのみ訴え、又は訴えられることを要する固有必要的共同訴訟と解される（最判昭和46年12月9日民集25巻9号1457頁［27000594]）ところ、共有者のうちに境界確定の訴えを提起することに同調しない者がいるときには、その余の共有者は、隣接する土地の所有者とともに訴えの提起に同調しない共有者を被告にして訴えを提起できるものと解する判例（最判平成11年11月9日民集53巻8号1421頁［28042624]）がある。他方で、各共有者は、その持分権に基づき、その土地の一部が自己の所有に属すると主張する第三者に対し、単独で、係争地が自己の共有持分権に属することの確認を求めることができるとする判例（最判昭和40年5月20日民集19巻4号859頁［27001301]）があるが、これは、共有関係そのものの確認を求める訴えではなく、各人の共有持分権の及ぶ範囲が一定の地域であることの確認を求める訴えであるから、固有必要的共同訴訟ではないと解したものである。

　入会権については、権利者である一定の村落住民の総有に属するものとする判例（最判平成6年5月31日民集48巻4号1065頁［27819952]）がある。

そして、共有の性質を有する入会権の確認を求める訴えについては、これを固有必要的共同訴訟であると解するのが判例（最判昭和41年11月25日民集20巻9号1921頁［27001140］）であるところ、特定の土地が入会地であるのか第三者の所有地であるのかについて争いがあり、入会集団の一部の構成員が、当該第三者を被告として当該土地が入会地であることの確認を求めようとする場合において、訴えの提起に同調しない構成員がいるために構成員全員で訴えを提起することができないときは、前記一部の構成員は、訴えの提起に同調しない構成員も被告に加え、構成員全員が訴訟当事者となる形式で、構成員全員が当該土地について入会権を有することの確認を求める訴えを提起することが許され、当事者適格を否定されることはないとするのが判例（最判平成20年7月17日民集62巻7号1994頁［28141707］）である。

2　共有者の登記義務と被告適格

　前記のような共有関係をめぐる訴訟の当事者適格に関連して、共有者の登記義務と被告適格について付言する。例えば、不動産について被相続人との間に締結された契約上の義務の履行を主張して所有権移転登記手続を求める訴訟は、その相続人が数人いるときでも必要的共同訴訟ではないとするのが判例（最判昭和36年12月15日民集15巻11号2865頁［27002220］、最判昭和44年4月17日民集23巻4号785頁［27000826］等）である。被相続人の不動産に係る共同相続人の登記義務は不可分債務であり、共同相続人各自がその債務の履行について全部の責任を負っているところ、共同相続人の1人に対してその登記義務の履行を請求し得るものであるから、共同相続人全員を被告とする必要的共同訴訟の関係に立つものではないと解されている。また、自己の持分を登記上侵害されている共同相続人の1人がこれを侵害している他の複数の共同相続人に対して妨害排除としての実質を有する一部抹消（更正）登記手続を求める訴訟についても、他の共同相続人全員を被告とすべき固有必要的共同訴訟ではないとする判例（最判昭和60年11月29日裁判集民146号197頁［27804321］）がある。

事実認定における問題点

　これまでの裁判例では、本条に関する事実認定として、1　共有関係の成否、2　共有物の使用収益に関する合意の成否・内容、3　共有者による共有物の使用収益が排斥又は制限される場合が問題となったものがある。

事実認定についての裁判例と解説

1　共有関係の成否

[裁判例]

❶　最判昭和43年9月24日民集22巻9号1959頁［27000919］

　従前の2筆の土地に対し1筆の仮換地が指定された事例において、売買契約の対象となった仮換地の特定部分が従前の土地2筆のうちのいずれの土地のどの部分に該当するかを確定できない場合には、仮換地全体の面積に対する当該特定部分の面積の比率に応じた従前の土地の共有持分につき売買契約が締結され、その持分について処分の効果が生ずるとともに、従前の土地についての持分に基づいて仮換地の当該特定部分を使用収益する権能を認める合意があったものと解したもの

❷　最判昭和43年12月24日民集22巻13号3393頁［27000863］

　仮換地の指定後、従前の土地が分割譲渡されて所有者を異にする2筆以上の土地となった場合において、分割された従前の土地の所有権に基づいて各自が使用収益権を専有するものと主張し得べき仮換地の範囲を具体的に確定するためには、仮換地の指定権者たる施行者から各筆に対する仮換地を指定した変更指定処分を受けることを要し、その変更指定がされるまでは、各所有者は、分筆前の土地に対して指定された仮換地全体につき、従前の土地に対する各自の所有地積の割合に応じ使用収益権を共同して行使すべき、いわゆる準共有関係にあるものと解したもの

❸　大阪高判昭和44年6月18日高裁民集22巻3号406頁［27403343］

　仮換地の特定の一部分について売買契約が締結された場合でも、その売買

342

部分に対応する従前の土地についての分筆登記が未了であったため、施行者により従前の土地全体についての換地処分がされたにすぎないときは、その換地は売買当事者の共有に属し、双方間において買主の取得すべき部分を定める合意がない以上、買主は当然にはその換地の特定部分について単独の所有権を取得することはできないとしたもの

❹　最判昭和51年10月26日金融法務808号34頁［27431616］

　共同出資した数名の間でそのうちの1名（A）が単独名義で不動産を競落することを約した後、実際にAが単独名義で競落した場合には、特段の事情のない限り、その余の共同出資者は、Aが競落不動産の所有権を取得すると同時に、自己の出資額の割合に応じた共有持分をAから取得するとしたもの

❺　札幌高判昭和61年6月19日判タ614号70頁［27800458］

　婚姻中夫名義で取得した土地について、妻が共働きをし、いわゆる内助の功を超えて土地の取得に寄与している場合には、夫名義の特有財産とする旨の合意若しくは特段の事情のない限り、夫婦の共有に属するものと解し、各2分の1宛を出捐したものと評価するのが相当としたもの

❻　東京地判平成3年3月11日判タ769号188頁［27809770］

　旧建物に接着して新建物が建築された場合において、その主要な部分につき、その境界部分に隔壁が存在せず、柱と柱が金属性の接合パネルによって接着・固定されており、新建物部分にある階段又はエレベーターを使用しないと旧建物4階、5階へ行くことができないなど新旧建物の利用状態が一体になっていることなどの事実を総合的に考慮すると、新建物部分は、別個独立の建物となることなく、原始的に旧建物に付合したものと認められる事案において、旧建物の所有者（A）が新建物につき別個独立の建物として表示登記をして、これをBに贈与し、Bのために保存登記の手続をした場合には、AはBに対して新建物部分に相当する新旧建物の共有持分権を贈与したものと解するのが相当であり、新旧建物は一体としてAとBの共有となるとしたもの

　解説

　共有は、民法上、当事者の意思に基づく場合（1つの物に対し複数の者が

共同で所有するという合意に基づく場合）のほか、当事者の意思にかかわら
ず、法律上、当然に共有関係が成立する場合もある。また、当事者の意思に
基づき共有関係の成立を認める場合には、背景となる事実関係を踏まえた認
定となっており、どのような場合に当事者の意思に基づく共有関係を認める
のかが問題となる。

　判決❶は、仮換地の特定部分が売買された事例において、契約解釈の問題
として、仮換地の売買を従前の土地の売買と解したうえで、従前の土地のど
の部分に該当する土地の売買かにつき合意等がない場合に、判示の割合によ
る共有持分の売買が締結されたものと解するとともに、共有持分に基づいて
仮換地の当該特定部分を使用収益する権能を認める合意があったものと判示
している。仮換地自体について地上権の設定はできないとの判例（最判昭和
42年6月29日裁判集民87号1377頁［27681479]）があることから、仮換地上
の使用収益権につき当事者間の債権的合意にとどまることを前提にした判示
であるともいえる。判決❷は、仮換地の指定後に従前の土地が分割譲渡され
た場合には、仮換地の変更指定処分があるまでの間における仮換地の使用収
益をめぐる所有者相互の関係につき使用収益権の準共有関係として把握する
のが合理的としたものであるが、判決❶とともに、仮換地指定後における土
地の権利変動に関する法律関係を解明するに際し、従前の土地の共有関係又
は仮換地上の使用収益権の準共有関係を認めた最高裁判例であり、重要な意
義を有するものといえる。判決❸は、仮換地の特定部分が売買された事例に
つき、判決❶と同様の見地から契約解釈を行ったうえ、売買当事者間に共有
関係の成立を認めたものである。

　なお、判決❶❷に関連した判例として、①従前の土地に共有関係が生じ、
また仮換地上の使用収益権につき準共有関係が生じている場合、共有者の1
人が他の共有者との協議により仮換地の一部を特定してその所有とし建物を
建築したときは、他の共有者は従前の土地の共有持分に基づく仮換地上の共
同使用収益権を前記部分につき事実上放棄したのであるから、抵当物件であ
る前記建物を競落した者は、従前の土地に法定地上権を取得し、その法定地
上権に基づいて仮換地上の前記部分を専有する権原を取得すると判示したも

344

の（最判昭和44年11月4日民集23巻11号1968頁［27000774］）、②土地の売買契約が仮換地につきその一部分を特定して締結され、従前の土地そのものにつき買受部分を特定していないときは、特段の事情のない限り、仮換地全体の地積に対する当該特定部分の地積の比率に応じた従前の土地の共有持分について売買契約が締結され、買主と売主とは従前の土地の共有者となるところ、売主は買主のために前記比率の持分権につき移転登記をなすことにより売買契約上の自己の債務を履行することができたのであり、買主が仮換地指定変更願書に押印を拒んだからといって、それが売主による前記債務の履行をなし得ないことの事由となるものではないと判示したもの（最判昭和45年4月10日裁判集民99号21頁［27403494］）がある。

　次に、判決❹は、共有関係の成立に係る当事者の合意につき判示した裁判例である。競落許可決定がされれば、その決定で競落人として表示されている者に対し効力が生じ、当該競落人は、代金納入により競落物件の所有権を取得することになる（民事執行法79条）。しかし、数名の者が共同出資してそのうちの1名の単独名義で不動産を競落することを合意した場合には、原則として、その合意のうちに、単独名義で競落することを任された者（A）が自己名義で物件を競落し、その所有権を取得したときには、出資額の割合に応じた共有持分を他の者に移転するという物権的な合意が含まれていると解するのが相当である。したがって、競落した者の単独所有のままにしておくとの信託的な合意があるときなど特段の事情のない限り、競落人が競売によって所有権を取得すると同時に、その余の共同出資者は、自己の出資額の割合に応じた共有持分の移転を受けることになる。判決❺は、判決❹の事例とは違って、明確な出資額が認められない場合であっても、夫婦が婚姻後に形成した財産に対する妻の実質的な貢献度を踏まえて、共有関係の成立を認めたものである。現在の実務においては、通常の平均的な家庭を前提とすれば、特段の事情がない限り、清算的な財産分与に当たり夫婦双方の寄与度は平等であると扱っており（松原正明編著『人事訴訟の実務』新日本法規（2013年）322頁、東京家事事件研究会編『家事事件・人事訴訟事件の実務―家事事件手続法の趣旨を踏まえて』法曹会（2015年）113頁等）、このような

実務の傾向に沿った判断といえよう。

判決❻は、新旧建物の付合を認めた判断部分に重要な意義を有するが、新旧建物の付合を認めた後の所有関係について、AからBに対する贈与を新建物部分に相当する新旧建物の共有持分権の譲渡であると意思解釈したうえで、新旧建物が一体として共有不動産になるものと解した点においても参考になろう。

2　共有物の使用収益に係る合意の成否・内容

[裁判例]

❶　東京高判昭和63年8月30日判時1292号94頁［27802574］

本件建物について2分の1ずつの持分を有する共有者の一方（A）が、他方（B）に対し本件建物の使用収益を認め、その代わりにその対価の支払が約束される契約は、特段の事情がない限り、その性質上建物賃貸借に準ずる契約と解するのが相当であるところ、CがA・Bそれぞれの持分を取得して本件建物の新所有者となった場合において、持分権を失ったBは、借家法1条1項の準用によりAとの契約の効力を新所有者Cに対抗できるとしたもの

❷　最判平成10年2月26日民集52巻1号255頁［28030544］

共有者は、他の共有者との協議を経ずに当然に共有物を単独で使用収益する権原を有するものではないが、共有者間の合意により共有者の1人が共有物を単独で使用する旨を定めた場合には、前記合意により単独使用を認められた共有者は、前記合意が変更され、又は共有関係が解消されるまでの間は、共有物を単独で使用することができると解したうえ、内縁の夫婦がその共有する不動産を居住又は共同事業のために共同で使用してきたときは、特段の事情のない限り、両者の間において、その一方が死亡した後は他方が前記不動産を単独で使用する旨の合意が成立していたものと推認するのが相当としたもの

[解説]

共有物の具体的な使用収益の方法は、共有者間の協議によって決定され、共有者の1人が単独で使用する旨の合意が共有者間で成立すれば、その共有

者は、他の共有者を排して共有物を独占的に使用収益する権原を取得し、その持分を超える使用について他の共有者に対し不当利得返還義務を負わないと解されるところ、判決❶及び❷は、このような解釈を前提にしたものといえる。このうち判決❶は、建物の使用収益の対価の支払が約束される契約がされている場合において、共有物全部の使用を承認した共有者及び使用を承認された共有者がいずれもその共有持分を喪失したときは、共有持分全部を新たに取得した者に対しても占有使用を対抗できると解し、賃貸借と所有権移転の対抗問題として処理している。また、判決❷は、共有不動産を共同で使用する内縁の夫婦の場合に、当事者の通常の意思に合致することを根拠として、特段の事情のない限り、一方が死亡した後に他方が単独使用する旨の合意の成立が推認されるとしたものである。内縁の夫婦間の合意を基礎として、一方の死亡後の他方配偶者の占有使用を死亡配偶者の相続人に対する関係で保護するものといえるが、前記合意が認められる場合、他の共有者（死亡配偶者の相続人）としては、共有物を自ら使用するために前記合意の変更を求めるか、共有物の分割を求めることになろう。判決❷に関連するものとして、最判平成8年12月17日民集50巻10号2778頁［28020118］は、相続により共同相続人の共有となった建物に相続開始前から被相続人の許諾を得て被相続人と同居し、相続開始後これを単独占有している共同相続人の1人に対し、他の相続人が不法行為又は不当利得を原因として持分に応じた賃料相当額の支払を求めた事案につき、特段の事情のない限り、被相続人と同居相続人との間で、相続開始時を始期とし、遺産分割時を終期とする使用貸借が成立していたと推認されると判示したものである。当事者の通常の意思に合致することを理由として、始期付使用貸借の成立の推認という理論構成を採用した点において、判決❷と相通じるものがあるといえよう。

3 共有者による共有物の使用収益が排斥される場合

裁判例

❶ 仙台高判平成4年1月27日金融商事906号26頁［27826051］

A所有の本件建物は、昭和62年にAが死亡した後、Aの妻原告₁が2分の

1、Aの子原告₂・原告₃・被告が各6分の1の割合で相続し共有することになり、原告₁と原告₃とが使用していたところ、昭和43年頃東京に出てから本件建物に戻ることのなかった被告が、共有者間の協議を経ることなく、仏壇や神棚を取り払い、原告₁の衣類や生活用品を外に出すなど、実力で排除するに等しい方法を用いて、従前から長年にわたり平穏に本件建物を占有してきた原告₁と原告₃の占有を奪ったうえ、本件建物での生活を始めた場合には、被告に持分権があってもその占有使用は権利濫用と評価すべきであって、多数の持分を有する他の共有者からの少数持分権者である被告に対する本件建物の明渡請求は許されるとしたもの

❷　東京高判平成10年2月12日判タ1015号154頁［28050145］

　共有者の1人（A）が共有地を駐車場所として排他的に使用することが、共有持分に基づく共有地の使用として許される範囲を超えるものと認められる場合において、他の共有者ら（Bら）がAに対しその使用が共有持分に基づく使用として許されないことをわからせ、その使用を防止するために、共有土地に柵を設置し、車輌を存置したことが共有物の管理として行われた措置であるとして、AからBらに対する前記措置の排除を求める占有訴権やこれに準じた妨害排除請求権ないし予防請求権の主張を排斥したもの

---解説---

　共有者は共有持分権に基づきそれぞれ共有物を使用できる権原を有しているところ、共有物の持分の過半数を超える者であっても、共有物を単独で占有する他の共有者に対して、当然には共有物の明渡しを請求できないこと（最判昭和41年5月19日民集20巻5号947頁［27001190］、最判昭和63年5月20日裁判集民154号71頁［27801938］等）から、共有物の使用収益についての協議が成立するか、又は共有物の分割が行われるまでは、使用収益の機会を奪われた他の共有者は不当利得返還又は不法行為に基づく損害賠償請求により満足するほかないと解されており（奈良次郎・最判解説〈昭和41年度〉244頁）、これと同様の判示をした裁判例は多い（最判平成12年4月7日裁判集民198号1頁［28050770］のほか、福岡高判昭和51年5月12日判タ341号181頁［27431577］、東京高判昭和58年1月31日判タ495号110頁［27423996］、

348

東京地判平成２年12月14日判タ752号233頁［27808394］等）。しかしながら、共有者間の共有物の占有使用について、いわば早い者勝ちといった様相を呈するのは望ましくなく、特定の共有者が共有物をいわば専有していることによって他の共有者との利害が激しく対立した事案において、特定の共有者による共有物の使用収益を排斥することで落ち着きのよい解決をもたらすことも実務的な処理としては考えられよう。判決❶は、そのような実務的な処理を行ったものであり、判示のような方法で占有取得した被告の態様に照らせば、被告に持分権があっても権利濫用と評価されることはやむを得ず、他の共有者からの明渡請求を認めた事例として参考になると思われる。これと同様に、特定の共有者による使用収益を持分権の濫用として否定した事例として、神戸地判昭和53年７月27日判タ373号92頁［27431750］がある。また、判決❷は、ＡがＢらから容認されて共有地の一部に自動車を駐車させていたにすぎないのに、その容認が得られなくなった後にもなお、従前どおり自動車を駐車しようとしたことから、そのような排他的な使用はＡの持分権に基づく使用として許される範囲を超えるものととらえて、これを防ぐため柵を設けるなどしたＢらの措置を共有物の管理の一環としてやむを得ないものと是認している。特定の共有者の専有を排斥することを目的とした他の共有者の措置を許容した点で特徴的な判断であるが、共有物の使用収益に係る共有者間の対立解消に向けた実務的な処理の一例といえよう。これに関連して、持分各２分の１の共有通路において、一方の共有者が自動車等を放置するほか、張り出した竹木の枝を放置するなど、他方の共有者による自動車の円滑な通行を妨げている場合には、持分に応じた使用の範囲を超えて他方の共有者の持分権を侵害しているとして、他方の共有者による通行妨害禁止及び竹木の枝の剪除請求を認めた裁判例（横浜地判平成３年９月12日判タ778号214頁［27811105］）がある。共有者間の通行妨害係争の事案において、判決❷と同様の観点に基づく判示をしたものといえよう。

4　事実認定に関するその他の参考裁判例

　土地の共有者間において１人の共有者がその賃料を単独で収受することを

容認する旨の黙示の合意が成立するか否かが争われた事案において、これを認めた原審の認定に経験則に違反する違法があるとした裁判例（最判平成23年2月17日判時2161号18頁）がある。この事案は、被相続人Aの遺産に属する本件各土地を相続人の1人である被告が第三者に賃貸して賃料を収受していたところ、他の相続人である原告らが、本件各土地の共有持分権を有するとして、被告に対し、不当利得返還請求権又は不法行為による損害賠償請求権に基づき、被告が収受した賃料のうち原告ら各自の持分相当額の金員の支払を求めたものであるが、Aの相続人の間において、遺産共有状態の解消を終期として、被告が単独で本件各土地を管理しその賃料を収受することを容認する旨の黙示の合意（本件合意）が成立していたか否かが争われた。前記裁判例は、被告が本件各土地の賃料を単独で収受し、他の相続人も長年にわたりこれに異議を述べることがなかったというのであるから、Aの相続人の間において、本件合意が成立していたものとみる余地がないわけではないが、合意の内容として、本件各土地の遺産共有状態が解消されるまで被告による賃料の単独収受を容認するという趣旨も含むとすれば、被告が遺産分割協議の成立に反対するなどして遺産分割が遅延しても、被告が賃料を単独で収受し続けることを他の相続人において承諾したことを意味するのであって、被告にかかる利益を享受させるのを相当とする特段の事情のない限り、他の相続人が前記の趣旨の合意をすることは考え難いと判示した。本件合意は、被告による賃料の単独収受を容認するものであるから、相続人間で遺産をめぐる深刻な争いが生じた後においてまでも妥当するものとは通常考えられず、被告が長年賃料を収受した事実だけをみて本件合意を認定するのは相当ではないと解される。黙示の意思表示を認めるためには、事実認定の対象となる意思表示の内容にも着目したうえで、それがあったとの評価を基礎付ける様々な具体的な事実を総合考慮する必要があるが、このことを端的に示した裁判例として、実務上参考になると思われる。

（上拂大作）

第250条

（共有持分の割合の推定）

第250条　各共有者の持分は、相等しいものと推定する。

事実認定の対象等

■■ 意義

本条は、各共有者が共有物に対して有する持分の割合が明確でないときに、各共有者の持分を相等しいものと推定する規定である。

■■ 法律要件及び法律効果等

1　本条の性質

本条は、法律上の権利推定規定であるが、これにより推定されるのは、法律効果をもたらす要件事実ではなく、現在の権利状態そのものである。本条の推定の効果は、これに反する意思表示の存在を証明することにより、これを覆滅することができる（岩松三郎＝兼子一編『法律実務講座民事訴訟編第4巻』有斐閣（1961年）112、113頁）。

2　共有持分の割合

共有持分の割合については、当事者の意思に基づいて共有関係が生じる場合には当事者の合意内容により決せられ、法律の規定により共有関係が生じる場合には、当該規定の定めによることとなる。後者の例としては、動産の付合により生じた合成物の共有持分は付合当時の各動産の価格の割合により定められること（244条）が挙げられる。

事実認定における問題点

これまでの裁判例では、本条に関する事実認定として、事案の具体的な事

351

情に即した共有持分の割合が問題となったものがある。

事実認定についての裁判例と解説

具体的な事情に即した共有持分の割合

[裁判例]

❶ 東京地判昭和45年12月26日判時639号90頁［27431241］

　家族全員が協力して建築した家屋の所有関係は、それに関する格別の約定がなくとも、建築した目的、家族の年齢、建築資金についての家族の協力の程度、保存登記のされた経緯等、当該建物建築過程にまつわる特段の事情から、その登記簿上の所有名義にかかわらず、新築された当時の家族全員の共有に属するとされる場合もあり、そのような場合の各共有者の持分割合を定めるに当たっては、ある者が建築資金の負担等について格別の役割を果たし、これが他の家族の協力の度合に比して別個に評価できる程度に達している場合は、その者についてはそれ相応の割合による持分を認める一方で、建物建築に係る協力の実質的程度が特に他の家族に比して異なることが認め難い者については、残余の持分を平等に分割した割合に従うものと解するのが相当であるとしたもの

[解説]

　不動産の所有者は、反証のない限り、不動産登記上の所有名義人であると推定される（最判昭和34年1月8日民集13巻1号1頁［27002601］）ところ、判決❶は、建物の所有名義人を定めた理由がその家族の長子であること以外に見当たらないことを前提としつつ、居住用に新築された建物の所有権をめぐる親族間の紛争を公平に解決する見地から、建物の所有権に係る格別の約定の成立を認め得なくとも、建物の建築過程にまつわる特段の事情から、不動産登記上の所有名義にかかわらず、新築された当時の家族全員の共有に属するものと解される場合があることを肯定するとともに、そのような場合において、建築資金を格別に負担した者については、それ相応の割合による持分の取得を認めるとしている。そして、建物建築に係る協力の実質的程度が

第250条

特に他の家族に比して異なることが認め難い者については、残余の持分を相
等しい割合で取得するものと解しており、事案の具体的な事情に即して共有
持分の割合を定めるのが困難である場合に本条の推定に従った処理をした事
例であるといえよう。

（上拂大作）

| （共有物の変更）

第251条　各共有者は、他の共有者の同意を得なければ、共有物に変更を
加えることができない。

事実認定の対象等

■ 意義

　本条は、共有者全員の同意なくしては共有物に変更を加えることができな
い旨定めている。各共有者は、その持分権の効力が共有物全体に不可分的に
及ぶことから、249条により共有物全体を使用する権能を有しているところ、
共有物の変更とは、各共有者の使用権能を制限する結果を招くものである以
上、本条により共有者全員でしなければならないと規定されたものである。

■ 法律要件及び法律効果等

1　法律要件

　(1)　本条に反して共有物に変更が加えられた場合、各共有者は、共有持分
権に基づき、共有物に変更を加えた共有者に対し、単独で侵害行為の除去等
を求めることができるが、その場合の法律要件は、

① 　請求者と相手方が共有物の共有持分権を有すること

② 　相手方が共有物に変更を加える行為に及んでいること

である。

　(2)　本条によれば、共有者が共有物に変更を加えることは原則的に許され
ないが、他の共有者の同意があれば例外的に許容されるものである。したが
って、相手方は、前記(1)②の変更行為について請求者を含めた他の共有者の
同意を得た旨を抗弁として主張することになる。

第251条

2　法律効果

　一部の共有者が、本条に反して、他の共有者の同意を得ることなく共有物に変更を加える行為をしている場合には、他の共有者は、各共有持分権に基づく妨害排除として、単独でその侵害行為の全部の禁止、侵害状態の除去等を請求することができるほか、それにより生じた損害の賠償を請求することもできる（最判平成10年3月24日裁判集民187号485頁［28030604]）。もっとも、侵害行為者である共有者にも共有持分権に基づく利用権原があるから、これを全面的に排除するような形での請求は、当然には認められないことになる。

事実認定における問題点

　これまでの裁判例では、本条に関する事実認定として、1　共有物の変更に当たるとされたもの、2　共有物の変更につき共有者全員の同意が欠けた場合の法律関係、3　共有者全員の同意による共有物の変更があった場合の法律関係が問題となったものがある。

事実認定についての裁判例と解説

1　共有物の変更に当たるとされたもの

[裁判例]

❶　東京地判昭和63年4月15日判時1326号129頁［27805224]

　共有物価格の過半数に満たない持分を有する者が他の共有者らとの協議を経て共有建物の一部を使用していたところ、持分価格が共有物価格の過半数を超える共有者らの協議により共有建物の使用者を変更できるか否かが問題となった事案において、少なくともいったん決定された共有物の使用収益の方法を変更することは、共有者間の占有状態の変更として本条の「変更」に当たるから、共有者全員の同意によらなければならないとしたもの

❷　最判平成5年1月21日裁判集民167号331頁［27815371]

355

無権代理人が本人を他の相続人とともに共同相続した場合において、無権代理行為を追認する権利は、その性質上相続人全員に不可分的に帰属するものであるから、共同相続人全員が共同して無権代理行為を追認しない限り、無権代理人の相続分に相当する部分においても、無権代理人の行為が当然に有効となるものではないとしたもの

❸　東京地判平成14年7月16日金融法務1673号54頁［28081218］

一般に共有物の賃貸借契約において賃料変更の合意は、共有物の管理行為に該当し、賃貸人である共有者の過半数でこれをすることができるものと解されるが、大規模ビルを目的とするサブリース契約においては、賃貸人である建物共有者の権利内容は賃料収受権のみであるといっても過言ではなく、賃料の減額は共有者の権利に重大な変更を加えるものであるから、賃借人との合意により賃料を減額する場合には、賃貸人である共有者全員の同意を得る必要があるとしたもの

❹　東京地判平成14年11月25日判時1816号82頁［28081343］

一般に、共有物について賃貸借契約を締結する行為は、それが改正前の602条の期間を超える場合には、事実上共有物の処分に近い効果をもたらすから、共有者全員の合意が必要であると解されるのに対し、同条の期間を超えない場合には、処分の程度に至らず管理行為に該当するものとして、持分価格の過半数をもって決することができるというべきであるが、契約上の存続期間が同条の期間を超えないとしても、借地借家法等の適用がある賃貸借契約は同条の期間を超える賃貸借契約と同視できると考えられるので、借地借家法等の適用がある賃貸借契約の締結については、共有持分権の過半数によって決することが不相当とはいえない事情があるときを除き、共有者全員の合意なくしては有効に行い得ないというべきであるところ、本件建物が業務用賃貸ビルとして設計され、一部分を除き訴外会社に一括賃貸され、訴外会社が各テナントに転貸して賃料収入を得る方法で使用されていたこと、従前も本件建物の各共有権の行使は、本件建物の運用による収益を分かち合うことを主目的とし、原告（持分4分の1）も本件建物を自己使用せず賃料収入により収益を得ていたことなどの事実関係の下では、持分権の過半数を有

する共有者が新たに締結した本件賃貸借契約は、テナントに賃貸するという本来予定された使用収益方法の範囲内にあり、共有権の行使態様を何ら変更しないとして、前記の不相当とはいえない事情があると認め、たとえ原告の同意がなくとも、本件賃貸借契約を有効と解したもの

❺　東京地判平成18年1月26日金融商事1237号47頁［28110486］

　共有地の共有者の1人が同土地上に建物所有を目的とする使用貸借契約を締結することは、共有物である土地の管理行為とはいえず、その処分行為に該当すると解したうえ、母親とその長男が共有する土地上に母親とその三男との間で締結された同土地の使用貸借契約は、他の共有者である長男の同意を得ておらず、無効であるとしたもの

❻　福岡高判平成22年2月17日金融法務1903号89頁［28162048］

　投資信託の受益権は、相続開始と同時に当然に相続分に応じて各相続人が分割単独債権として取得するものではなく、また、その解約は共有物の変更に当たるため、共同相続人の一部が別個独立に解約権を行使することもできないから、共同相続人の一部が自らの相続分に応じた解約金の支払を請求することはできないとしたもの

[　解説　]

　共有物の変更行為及び処分行為は、各共有者が重大な利害関係を有する行為であるから、これをするためには、本条により全共有者の同意が必要であるのに対し、共有物の管理行為であれば、252条により持分価格の過半数で行うことができる。そして、一般に、本条の「変更」には共有物の物理的変更のほか法律的な処分も含むとするのが通説であり、252条の「管理」とは変更に至らない程度の利用・改良行為を意味すると解されている（川島＝川井編・新版注釈民法(7)〔川井健〕452、455頁）。しかし、具体的な事例において、変更・処分行為と管理行為との区別は微妙な判断を伴うこともあり、この点を争う紛争も多い。その中でも、共有物の占有者を現在の共有者から他の者に変えることについては、249条との関係で特殊な考察を必要とする。同条によれば、持分価格の過半数に満たない者であっても、自己の持分によって共有物を使用収益する権原を有しているが、判決❶は、「少なくとも一

旦決定された共有物の使用収益の方法を変更することは」と判示していることからすると、共有物に既に居住している者を多数決で排除し得ることに疑問を呈して、共有者間で占有者を変えることを本条の「変更」に当たるものと解したように思われる。判決❶の結論は妥当であるが、共有者間で占有者を変更することが本条の「変更」に当たるものと一般化することには、なお慎重な検討を要しよう。

　不動産について無権代理による売却がされ、生前の所有者が追認も追認拒絶もしない間に死亡し共同相続が生じる場合がある。共同相続の場合、無権代理行為を追認するか、追認を拒絶するかの権利は相続人全員の準共有に属するが、この権利は、共有持分の割合に応じて分割行使できる性質のものではなく、264条、本条により相続人全員の同意に基づき1つの権利として行使されるべきものと解するのが相当であり、かつ、無権代理人以外の共同相続人の立場を考慮すると、そのように行使すべきものとすることが信義則に反するともいえない。また、無権代理行為を相続持分に応じて分割しその一部を有効とすることは、他の共同相続人の利益を損なうおそれがあるうえ、法律関係を複雑にするといえる。判決❷は、このような理由から、前記のとおり判示したものであるが、無権代理行為の追認権は、共有物の処分に関わるという意味において、本条の共有物の「変更」に当たることを前提にした判断であると考えられる。これに関連した裁判例として、名古屋地判昭和53年3月24日判タ369号276頁［27431725］は、1人の債務者に対する複数債権者の別異の債権をそれぞれ担保するために債務者所有の同一不動産につき複数債権者を共同の権利者（売買予約完結権者）とする売買予約が締結された場合には、複数債権者は売買予約完結権を準共有する関係にあると解したうえ、このような売買予約完結権の行使は処分行為として、複数債権者全員によって共同して行われるべきであると判示している。

　判決❸は、共有建物の賃料の減額が管理行為（252条）又は変更行為（本条）のいずれに当たるかが争点となった事案において、一般的には賃料変更の合意が共有物の管理に当たるとしても、長期間賃料を得ることを期待されたサブリースとしての大規模共有建物の賃貸借において、賃料減額が共有者

にどのような影響を及ぼすかなど諸般の事情を考慮すると、賃料減額は従来の維持方法と相いれない経済的に重要な不利益行為であるとして、これを変更行為に当たるとしたものである。共有物の賃貸借の実態に即した判断手法を採用したものといえよう。

　共有物を目的とする賃貸借契約の締結が変更・処分行為（本条）又は管理行為（252条）のいずれに当たるかについては、①改正前の602条所定の期間を超えるかを区別せずに管理行為に当たるとした仙台地判昭和32年3月5日下級民集8巻3号424頁［27401057］（期間の定めのない土地賃貸借の事例）、②602条所定の期間を超えるか否かを区別したうえで、管理行為に当たるとした大阪地判昭和38年9月7日判タ152号66頁［28224559］（一時使用の建物賃貸借の事例）、東京高判昭和50年9月29日判時805号67頁［27431527］（期間5年弱の土地賃貸借の事例）、処分行為に当たるとした東京地判昭和39年9月26日判タ169号194頁［27402538］（期間の定めのない建物所有目的の土地賃貸借の事例）がある。なお、最判昭和39年2月25日民集18巻2号329頁［27001938］は、賃貸借契約の解除に関して、これを管理行為に当たるとしている。判決❹は、改正前の602条所定の期間を超えるか否かを区別して、共有物を目的とする賃貸借契約の締結が処分行為又は管理行為のいずれに当たるかを論じ、同条所定の期間を超えない賃貸借契約を締結する場合であっても借地借家法等の適用があるときには、共有持分権の過半数によって決することが不相当とはいえない事情があるときを除き、共有者全員の合意なくしては有効に行い得ないものと判示しているが、テナントに賃貸するという本来予定された使用収益方法の範囲内であり、共有権の行使態様を何ら変更しないことなどから、前記の不相当とはいえない事情があると認めており、共有物を目的とする賃貸借契約締結の有効性を判断するに当たっては、共有物の具体的な使用収益の態様を踏まえた検討を要するものと考えられる。

　これに対し、賃貸借と類似した契約類型である共有物の使用貸借についてみると、共同相続人の1人が相続財産である家屋の使用借主である場合、他の共同相続人がその使用貸借を解除することは管理行為に当たるとする最判昭和29年3月12日民集8巻3号696頁［27003188］があるものの、裁判例に

乏しい状況となっている。判決❺は、本件使用貸借契約について、返還時期の定めがないものの、現建物を所有する目的のみならず堅固な新建物の所有をも目的としていることから、改正前の602条2号所定の5年の期間を当然超える結果となること、使用貸借は賃貸借と異なり対価なく無償で使用させるものであること等を理由に、本件土地に対する使用収益権能を著しく制限するものとして、共有物の管理行為とはいえず、処分行為に当たると判断している。判決❹と同様に、共有物の具体的な使用収益の態様を踏まえた検討を加えたものといえよう。また、土地共有者の1人は、他の共有者全員の同意を得ない限り、共有地全体につき単独で地役権を設定することができない旨判示した裁判例（東京地判昭和48年8月16日判タ301号217頁［27431410］、名古屋地判昭和61年7月18日判タ623号108頁［27801836］）もあるが、判決❺と同じく、設定される用益権により共有地の使用収益権能が制約される程度を踏まえた判断と位置付けられる。

　共同相続された金銭債権その他の可分債権は、相続開始と同時に当然に相続分に応じて分割されるとするのが従来の判例（最判昭和29年4月8日民集8巻4号819頁［27003180］）であり、その妥当性については議論があったところ、最大決平成28年12月19日民集70巻8号2121頁［28244524］は、共同相続された普通預金債権、通常貯金債権及び定期貯金債権は、いずれも相続開始と同時に当然に相続分に応じて分割されることはなく、遺産分割の対象になるなどと判示して、預貯金債権に限り従来の判例に変更を加えており、その他の金銭債権・可分債権（貸金債権や損害賠償請求権など）の取扱いを含めて今後の動向が注目される。もっとも、このような判例変更の前から、投資信託受益権には、収益分配請求権のほか、帳簿閲覧請求権や議決権などの不可分な権利が含まれていることなどを根拠として、共同相続された投資信託受益権は当然には分割されないとするのが判例（最判平成26年2月25日民集68巻2号173頁［28220780］）である。判決❻は、投資信託受益権につき当然分割を否定する前掲最判平成26年2月25日と同様の見解を示したうえ、投資信託の解約金支払請求について、共有物の資産管理ではなく、処分（変更）であると解して、264条、本条により共同相続人全員の同意を要すると

したものである。これに関連して、最判平成26年9月25日判時2258号30頁は、投資信託受益権の共同相続人Ａ・Ｂのうち、Ｂが相続税を滞納し、税務署から当該受益権の一部解約金支払請求権の差押え・取立てを受けたため、ＡがＢに対し、不当利得返還請求権に基づき、当該差押え・取立て分の2分の1相当額の支払を求めた事案において、「当該受益権は相続開始と同時に当然に相続分に応じて分割され、共同相続人の準共有となることがないから、上記差押え・取立てに係る部分はＢの固有財産であり、当該部分の2分の1相当額の不当利得は成立しない」としてＡの請求を棄却した原判決を破棄したうえ、Ａ・Ｂが共同相続した投資信託受益権の差押え・取立てがされたことにより、Ｂは、Ａの法定相続分に相当する額の利益を受け、そのためにＡに損失を及ぼしたとして、Ａの請求を認容すべきものとした。共同相続された投資信託受益権の一部解約金支払請求権の行使の場面においても当然分割が否定されることを示した判例であり、判決❻を是認した判断といえよう。

2　共有物の変更につき共有者全員の同意が欠けた場合の法律関係 ───

裁判例

❶　最判昭和42年2月23日裁判集民86号361頁［27430958］

　共有不動産自体に抵当権を設定するには、本条により共有者全員の同意を必要とするが、抵当権設定契約が共有者全員の同意に欠けるため、共有物自体について抵当権設定の効力を生じない場合であっても、特段の事情のない限り、前記抵当権設定契約をした共有者の各共有持分について各抵当権を設定したものと解する余地があるとしたもの

❷　最判昭和43年4月4日裁判集民90号887頁［27403166］

　共有者の1人が自己の単独所有として共有物を売却した場合においてもその売買契約は有効に成立し、自己の持分を超える部分については他人の権利の売買としての法律関係を生ずるとともに、自己の持分の範囲内では約定に従った履行義務を負うと解したもの

❸　最判平成10年3月24日裁判集民187号485頁［28030604］

　共有者の一部の者が他の共有者の同意を得ることなく共有物に変更を加え

る行為をしている場合には、他の共有者は、各自の共有持分権に基づいて、前記行為の全部の禁止を求めることができるだけでなく、共有物を原状に復することが不能であるなどの特段の事情がある場合を除き、前記行為により生じた結果を除去して共有物を原状に復させることを求めることもできるところ、畑として利用されていた共有地について、共有者の1人が土砂を搬入して地ならしをする宅地造成行為を行って、これを非農地化した行為は、共有地に変更を加えるものであるのに、これにつき他の共有者の同意を得たことの主張・立証がないことから、他の共有者は、宅地造成行為を行った共有者に対し、宅地造成工事の終了後であっても、共有地に搬入された土砂の範囲の特定及びその撤去が可能であるときには、原則として、共有地に搬入された土砂の撤去を求めることができるとしたもの

[解説]

判決❶は、本件抵当権設定契約は共有者の1人が関与していないから、本条により無効になると解しつつも、契約解釈の問題として、抵当権者が契約に関与した共有者の持分に抵当権が成立することを認めるよりも、むしろ全く抵当権が成立しないことを望むような特別の事情がない限り、共有持分上に抵当権の成立を認めたものである。判決❷も、共有者の1人がした共有物の処分について、本条の規律に従って物権的には無効としつつも、債権的には契約が有効に成立しているものとして、自己の持分の範囲内での履行義務を認めたものである。

共有者による共有物の利用ないし使用収益は、共有物の本来的利用ないし共有者の協議で定められた用法に従ったものであることを要するところ、共有物に変更を加える行為は、共有物の使用収益の範ちゅうを逸脱し、共有物の性状を物理的に変更することにより、割合的にではあっても共有物の全部に及んでいる他の共有者の共有持分権に対する侵害行為を構成するものであって、他の共有者の同意を得ない限り、これをすることが許されないものであるから、一部の共有者が他の共有者の同意を得ることなく共有物に変更を加える行為をしている場合には、他の共有者は、各共有持分権に基づく妨害排除として、単独でその侵害行為の全部の禁止、侵害状態の除去等を請求す

ることができる。判決❸は、このような理由から、変更により生じた結果を
除去して共有物を原状に復させることを求めることができる旨判示しており、
畑地を宅地造成する行為が共有物の変更に当たるとした事実認定部分を含め、
大いに参考になる。すなわち、従来の判例（最判昭和41年5月19日民集20巻
5号947頁［27001190]）は、共有者間での共有物の明渡請求の可否が問題と
なった事案において、単独で占有する共有者が少数持分権者であっても、協
議が調う前に他の共有者が共有物の明渡しを求めることは、当然にはできな
い旨判示していたが、判決❸は、共有物に変更が加えられた場合における共
有者間の法律関係（妨害排除請求の可否）について、別個の法理が妥当する
ことを明らかにした点でも、実務上の意義が大きいものと思われる。

3　共有者全員の同意による共有物の変更があった場合の法律関係 ─────

裁判例

❶　最判昭和52年9月19日裁判集民121号247頁［27404771]

　共同相続人が全員の合意によって遺産分割前に遺産を構成する特定不動産
を第三者に売却したときは、その不動産は遺産分割の対象から逸出し、各相
続人は第三者に対し持分に応じた代金債権を取得し、これを個々に請求する
ことができると解したもの

解説

　共同相続人が分割前の遺産を共同所有する法律関係については、共有とみ
るか合有とみるかという争いがあるが、判例（最判昭和30年5月31日民集9
巻6号793頁［27003040]）は、本条以下に規定する共有としての性質を有す
るものと解し、共同相続人の1人から遺産を構成する特定不動産について同
人の有する共有持分権を譲り受けた第三者は、適法にその権利を取得できる
ものと解している（最判昭和38年2月22日民集17巻1号235頁［27002049]）
ところ、判決❶は、これらの判例を前提として、共同相続人全員の合意があ
れば、遺産を構成する特定不動産全体を第三者に対し有効に売却できるもの
と解している。そして、各相続人が第三者に対し持分に応じた代金債権を取
得するものと解しているが、このような解釈は、可分債権の相続について、

法律上当然に分割され、各共同相続人がその相続分に応じて権利を承継するものと解する従来の判例（最判昭和29年4月8日民集8巻4号819頁[27003180]、最判昭和30年5月31日民集9巻6号793頁[27003040]）の延長線上にあるものといえるが、近時の判例では、共同相続された普通預金債権、通常貯金債権及び定期貯金債権は、いずれも相続開始と同時に当然に相続分に応じて分割されることはなく、遺産分割の対象になるなどと解されている（最大決平成28年12月19日民集70巻8号2121頁[28244524]）から、このような近時の判例との整合性については検討を要しよう。

　また、共有物から生じる債権の可分性に関連する裁判例として、共有者3名のうち2名が賃貸人となって共有建物につき賃貸借契約を締結した場合において、賃貸人となっていない残り1名の共有者は、当然には持分割合に応じた分割賃料債権を取得することにはならず、賃借人が賃料を1つの預金口座に全額を振り込んで支払うものとされることなどの事実関係の下では、賃貸人となっている共有者間で賃料債権を不可分債権とする合意（少なくとも黙示の合意）があると認めるのが相当であるとした東京地判平成27年9月30日金融法務2044号75頁[29013972]がある。可分給付たる金銭債権であっても、改正前の428条により特約によっては不可分債権となり得る（この点につき、西村編・注釈民法(11)〔椿寿夫〕30頁を参照されたい。なお、改正後の428条は、「性質上不可分である場合」に限り不可分債権を認めることから、今後は連帯債権として扱われるものと思われる）とした事例判断であるといえよう。

（上拂大作）

第252条

> **（共有物の管理）**
>
> **第252条　共有物の管理に関する事項は、前条の場合を除き、各共有者の持分の価格に従い、その過半数で決する。ただし、保存行為は、各共有者がすることができる。**

事実認定の対象等

■■ 意義

　本条は、共有者による共有物の管理について定めたものである。本条本文は、共有物に変更を加えることを除いた共有物の管理については、各共有者の持分の価格に従い、その過半数で決することができる旨定めている。共有物の管理とは、共有物の変更を伴わないものであって、共有物を利用し、さらに改良してその価値を高めること等を意味するが、このような共有物の管理に関する事項まで251条のように全員一致でなければならないとすると、共有物の適切な管理に支障を来すおそれがあるからである。

　これに対し、本条ただし書は、共有物の保存行為については、共有者全員の利益になることから、各共有者が単独ですることができる旨定めている。保存行為とは、共有物の現状を維持する行為であり、共有物の補修、共有物に対する費用（公租公課や保管料など）の負担、妨害の排除や引渡しの請求等をいう。

■■ 法律要件及び法律効果等

1　法律要件

　(1)　各共有者が単独でなし得る保存行為の例としては、共有物の不法占有者に対する明渡し請求（大判大正7年4月19日民録24輯731頁［27522632］、大判大正10年6月13日民録27輯1155頁［27523276］等）、共有物につき不実の登記を経由した者に対する抹消登記請求（最判昭和31年5月10日民集10巻

365

5号487頁［27002927］等）などがあるが、そのうち、AのBに対する共有持分権に基づく返還請求権としての共有土地明渡請求権を訴訟物とした場合には、その法律要件（請求原因）は、

① Aが共有土地の共有持分を有すること
② Bが共有土地を占有すること

である。

(2)　なお、共有物につき不実の登記を経由した者に対する抹消登記請求に関して、最判昭和31年5月10日民集10巻5号487頁［27002927］は、本条ただし書の「保存行為」に当たることを根拠としているが、共有物に不実の登記がされている場合には、共有物に対する侵害行為があるとの前提に立ち、その侵害を各共有者が共有持分権に基づく妨害排除請求権により排除できると解した判例（最判平成15年7月11日民集57巻7号787頁［28081863］、最判平成17年12月15日裁判集民218号1191頁［28110089］）が近時散見される。本条ただし書の「保存行為」に当たると解さなくとも、共有物に加えられた侵害行為は、各共有者の共有持分権の侵害に当たるから、排除可能であるとの見解に立っているものと思われる。

2　法律効果

各共有者は、本条ただし書の「保存行為」として、単独で、共有物に対する妨害の排除・予防のほか、共有物の明渡し・引渡し、共有不動産にされた不実の登記の抹消等を求めることができる。

なお、前記請求の相手方については、第三者であることを念頭に置いているが、共有者間の物権的請求については注意を要する。例えば、共有物を単独で占有する共有者に対しては、共有持分の価格が過半数を超える者であっても、当然には共有物の明渡しを求めることができないと解されている（最判昭和41年5月19日民集20巻5号947頁［27001190］）。

■■ 参考裁判例

共有関係と固有必要的共同訴訟との関連を判示した裁判例は多いが、その

判示の中で、本条ただし書の「保存行為」に言及したものがある。例えば、最判平成7年7月18日民集49巻7号2684頁［27827573］は、要役地が数人の共有に属する場合、各共有者は、共有物の保存行為として、要役地のために地役権設定登記手続を求める訴えを単独で提起することができると解して、この訴えにつき固有必要的共同訴訟には当たらないと判示している。このような判示がされた主な根拠としては、①設定登記は地役権に対抗要件を付して権利の存続を確実にする行為であること、②地役権の登記は承役地及び要役地の乙区欄に地役権の目的・対応する要役地（承役地）等が記載されるだけであって地役権者は記載されず、地役権に係る権利者・義務者は甲区欄の所有名義人の表示により公示されるから、共有者の一部の者による地役権設定登記訴訟の提起を認めてもこの者が地役権を単独で有するかのような登記上の外観を与えるおそれがないことが挙げられる（野山宏・最判解説〈平成7年（下）〉782頁以下）。

　また、最判平成14年2月22日民集56巻2号348頁［28070375］及び最判平成14年2月28日裁判集民205号825頁［28070469］は、共有に係る商標登録の無効審決がされた場合、これに対する取消訴訟の提起は、商標権の消滅を防ぐ保存行為に当たるから、商標権の共有者は各自単独ですることができるとしたうえ、共有者が共同して又は各別に前記取消訴訟を提起したときには、共有者全員の有する1個の権利の存否を決めるものとして合一確定が要請されるから、類似必要的共同訴訟に当たると解している。これと同様に、最判平成14年3月25日民集56巻3号574頁［28070568］は、特許権の共有者の1人は、共有に係る特許の取消決定がされた場合には、特許権の消滅を防ぐ保存行為として、単独で取消決定の取消訴訟を提起することができる旨判示している。これに対し、拒絶査定不服の審判に対する請求不成立審決の取消訴訟の場合には、その提訴が本条ただし書の「保存行為」に当たるとはせず、権利の共有者が全員で提訴することを要する固有必要的共同訴訟であると解するのが最高裁判例である（最判昭和55年1月18日裁判集民129号43頁［27431817］、最判平成7年3月7日民集49巻3号944頁［27826696］等）。このような取扱いの違いは、いったん権利として成立した特許権の共有の性質

は、特許を受ける権利とは異なると考えていることなどによるものであろう。

事実認定における問題点

　これまでの裁判例では、本条に関する事実認定として、1　共有物の管理行為に当たるとされたもののほか、2　共有物の保存行為に当たるとされたものが挙げられる。

事実認定についての裁判例と解説

1　共有物の管理行為に当たるとされたもの

裁判例

❶　最判昭和39年 2 月25日民集18巻 2 号329頁［27001938］

　共有物を目的とする貸借契約の解除は、共有者によってされる場合、本条ただし書にいう「保存行為」に当たらず、本条本文にいう「共有物の管理に関する事項」に該当すると解すべきであり、この解除については544条 1 項の規定は適用されないとしたもの

❷　東京地判平成 8 年 9 月18日判時1609号120頁［28021725］

　共有土地について共有者全員の同意により改正前の602条所定の期間を超えた賃借権が設定された場合において、当該賃借権の譲渡を承諾する行為は、特段の事情のない限り、共有持分の価格の過半数を有する共有者の同意があれば足りる管理行為というべきであるとしたもの

❸　最判平成 9 年 1 月28日裁判集民181号83頁［28020336］

　有限会社の持分を相続により準共有するに至った共同相続人が、準共有社員としての地位に基づいて社員総会の決議不存在確認の訴えを提起するには、有限会社法（平成17年法律第87号廃止前）22条、商法（平成17年法律第87号改正前）203条 2 項（会社法106条）の規定により、社員の権利を行使すべき者としての指定を受け、その旨を会社に通知することを要するが、この場合に、準共有者間で権利行使者を定めるに当たっては、持分の価格に従いその

368

第252条

過半数をもってこれを決することができると解したもの

❹　最判平成27年２月19日民集69巻１号25頁［28230661］

　会社法106条ただし書の適用が問題となる事業について、共有に属する株式についての議決権の行使は、当該議決権の行使をもって直ちに株式を処分し、又は株式の内容を変更することになるなど特段の事情のない限り、株式の管理に関する行為として、本条本文により、各共有者の持分の価格に従い、その過半数で決せられるとしたもの

[解説]

　共有者による共有物を目的とする貸借契約の解除は、共有物を処分する行為でも、共有物に本質的変更を加える行為でもないから、管理行為に属する（川島＝川井編・新版注釈民法(7)〔川井健〕456頁）。他方で、保存行為とは共有物の現状を維持する行為であるが、貸借契約の解除は共有物の利用方法を変更するものであるから、保存行為ではない。したがって、貸借契約の解除については、必ずしも共有者全員がする必要はなく、持分価格の過半数を有する共有者がすることができる。判決❶は、このような理を示したものである。最判昭和29年３月12日民集８巻３号696頁［27003188］は、共同相続人の１人が相続財産である家屋の使用借主である場合、他の相続人がその使用貸借を解除するのは、本条の管理行為に当たると判示し、最判昭和47年２月18日金融法務647号30頁［27431319］は、共有建物を目的とする賃貸借契約の解除について、共有者である賃貸人によってなされる場合、本条本文にいう管理行為に当たると判示しているが、これらの判例も判決❶と同旨の見解に基づくものである。また、下級審の裁判例をみても、名古屋高判昭和52年５月30日下級民集28巻５＝８号584頁［27404722］は、共有地の賃貸借契約の解除について、本条本文の「共有物の管理」に該当するので、544条１項の適用はなく、前記解除の意思表示は共有物の価格の過半数を有する者の意思決定によってなされるべきであると判示し、東京高判平成２年12月20日判タ751号132頁［27808314］は、共有物を目的とする賃貸借契約の解除の意思決定には、各共有者の持分の価格の過半数を要し、３分の１のみの持分を有するにすぎない者のみで前記賃貸借契約の解除をすることは許されないと

369

判示している。

　判決❷は、共有物を改正前の602条所定の期間を超えて賃貸に供する行為については、賃貸人が長期にわたって目的物の利用につき制約を受け、事実上共有物の権利の処分に近い効果を有することから、共有物についての権利の処分と同視することができ、共有者全員の同意が必要であると解する余地があること（この点については、251条「事実認定についての裁判例と解説」1で挙げた判決❹及びその解説も参照）を前提としている。そのうえで、既に共有物につき共有者全員の同意により602条所定の期間を超えた賃借権が設定された場合において、当該賃借権の譲渡について承諾する行為は、それを承諾していない他の共有者の利益を格別に害するなどの特段の事情のない限り、本条本文の管理行為に当たると解している。そして、当該共有土地が賃借権譲渡の前後一貫してゴルフ場として使用されており、使用形態において変化がみられないこと、周囲をゴルフ場用地に囲まれて、将来もその用途に変化が生じる可能性がほとんどないことなどを考慮すると、前記でいう特段の事情も認められないとしている。処分行為と管理行為の区別には微妙な判断を伴うが、共有物の具体的な使用収益の態様を踏まえ、各共有者の共有物に対する使用収益権能が制約される程度を考慮した判断を要するものといえよう。

　有限会社の持分が数人の準共有に属する場合において、有限会社法（平成17年法律第87号廃止前）22条、商法（平成17年法律第87号改正前）203条2項（会社法106条）の権利行使者の指定については、準共有者全員によって行うことを要するのか否かが問題となるが、権利行使者の指定は、単に会社に対する関係で権利行使の資格者を決定するものにすぎず、それ以外の者も社員であることには変わりがない。また、権利行使者は、第三者との関係で持分の処分権その他の権限を取得するものでもない。そして、準共有者の全員が一致しなければ権利行使者を指定できないとすると、準共有者のうちの1人でも反対すれば全員の社員権の行使が不可能となるのみならず、会社の運営にも支障を来すおそれがあり、会社の事務処理の便宜を考慮して設けられた前記規定の趣旨にも反する結果となる。判決❸は、このような理解に立

370

って、権利行為者の指定行為が管理行為に当たるものとして、準共有者間で権利行使者を定める際には、持分の価格に従い、その過半数をもってこれを決することができると解したものである。これに関連して、最判平成11年12月14日裁判集民195号715頁［28042843］は、株式が相続により数人の準共有に属する場合の権利行使者の指定について、判決❸と同旨の判断を示している。また、大阪高判平成20年11月28日判時2037号137頁［28151401］は、共同相続人間で準共有している株式の権利行使については、会社法106条により、共有者の中から権利行使者を指定しなければならないが、共有者間でこの権利行使者を指定するに当たっては、準共有持分に従い、その過半数をもって決することができるとして、判決❸と同旨の判示をする一方で、共同相続人で全く協議を行わず権利行使者を指定するなど、共同相続人が権利行使の手続の過程でその権利を濫用した場合には、当該権利行使者の指定は無効であると判示している。これは、中小企業株式の共同相続のケースでは、共同相続人間の紛争が激化する傾向にあって、権利行為者の決定が当該企業の実質的な承継者決定を意味し、単なる共有物の管理行為とみることができないため、具体的な事実関係によっては権利行使者の指定が権利濫用として排斥され得ることを示したものである。

　準共有株式についての議決権の行使については、学説の多くは管理行為とみているとされる（青竹正一『閉鎖会社紛争の新展開』信山社（2001年）74頁）が、議決権行使一般につき、会社の法律関係を変動させるものとして、全員の一致がある場合にのみみなし得るとする説（大杉謙一「判批」ジュリスト1214号（2001年）89頁）もあるところ、判決❹は、本件議決権行使の対象となった議案が、①取締役の選任、②代表取締役の選任並びに③本店の所在地を変更する旨の定款の変更及び本店の移転であり、これらが可決されることにより直ちに本件準共有株式が処分され、又はその内容が変更されるなどの特段の事情は認められないから、本件議決権行使につき、本件準共有株式の管理に関する行為として、各共有者の持分の価格に従い、その過半数で決せられるものと判示した。議決権は、株主が株主総会に出席してその決議に加わる権利であるから、本来、その行使自体が直接、株式の処分や株式の内

容の変更をもたらすものではないといえるし、議決権の行使が株式の保存行
為となる場合も通常は想定し難いことから、判決❹は前記のとおり判示した
ものと考えられる。なお、判決❹については、会社法106条本文の規定が民
法264条ただし書にいう「特別の定め」に当たる旨を判示している関係で、
264条の「参考裁判例」でも挙げられているので、そちらも参照されたい。

2 共有物の保存行為に当たるとされたもの

裁判例

❶ 東京高判昭和63年11月7日金融法務1224号33頁［27806477］

　共有者の1人に対する債務名義に基づき、共有物全部に対して強制執行
（差押え）がされた場合、他の共有者は、自己の持分権を主張し、その保存
行為として、共有物全部に対する執行の排除を求める第三者異議の訴えを提
起することができるとしたもの

❷ 大阪高決平成6年3月4日高裁民集47巻1号79頁［27825103］

　各共有者は、他の共有者以外の第三者が目的物を権原なしに占有する場合
には、共有持分権に基づいてその引渡しを請求することができ、かつ、目的
物が1個不可分であるため、不可分債務に関する改正前の428条の類推適用
により、又は保存行為に関する本条ただし書により、単独でこれを請求する
ことができるものというべきであって、不動産の共有持分の買受人も、実体
法上第三者に対し単独で目的不動産の引渡しを請求する権利を有するとした
もの

❸ 最判平成21年1月22日民集63巻1号228頁［28150202］

　金融機関は、預金契約に基づき、預金者の求めに応じて預金口座の取引経
過を開示すべき義務を負うと解したうえ、預金者の共同相続人の1人は、共
同相続人全員に帰属する預金契約上の地位に基づき、被相続人名義の預金口
座の取引経過の開示を求める権利を単独で行使することができるとしたもの

解説

　判決❶は、共有者による共有物全体に対する第三者異議の訴えを肯定した
ものである（同旨の裁判例として、大阪高判昭和52年10月11日判時887号86

頁［27431680］がある）が、その根拠として、本条ただし書の「保存行為」を用いる一方で、「共有持分権は、制限された所有権であつて、所有権と同一の性質を有するものであり、対外的効果も所有権と同一である」などと共有の性質論に言及している点も踏まえると、共有物侵害に対する物権的請求権を具体的な場面に即して認めたものとも理解できる。次に、判決❷は、不動産競売において、建物の共有持分の買受人は、当該建物を権原なく占有する債務者に対し引渡命令を求めることができるとしたものであるが、不動産の共有持分の買受人による引渡命令申立ての可否については、肯定説・否定説の対立があるところ、近時の裁判例・実務は、判決❷をはじめとして肯定説によっている（東京高決平成7年8月2日判タ952号295頁［28022176］、東京高決平成9年5月14日判タ952号293頁［28022177］、東京地方裁判所民事執行センター実務研究会編著『民事執行の実務——不動産執行編（下）〈第3版〉』金融財政事情研究会（2012年）122頁）。判決❷は、不可分債権類似の関係のほか、本条ただし書の「保存行為」を根拠としていることから、判決❶と同様に、物権の効力として、持分権が侵害されれば物権的請求権が認められるとの理解を背景にしたものといえよう。

　共同相続人の1人による被相続人名義の預金口座の取引経過開示請求権の単独行使については、共同相続により分割承継された預金債権の単独行使が可能であることから自らの預金に関する取引経過開示請求権として単独行使を認める考え方もあり得る。しかし、預金債権の行使と取引経過開示請求権の行使を連動させると、預金債権の帰属に争いがあり、これが確定されない間は、共同相続人の1人であるというだけでは取引経過開示請求権の単独行使を肯定することができなくなると思われる。これに対し、共同相続人全員の預金契約上の地位の準共有を観念するならば、預金債権の帰属をめぐる紛争と切り離して共同相続人の1人による取引経過開示請求権の単独行使を認めることが可能である。このような理由から、判決❸は、「預金者が死亡した場合、その共同相続人の1人は、預金債権の一部を相続により取得するにとどまるが、これとは別に、共同相続人全員に帰属する預金契約上の地位に基づき、被相続人名義の預金口座についてその取引経過の開示を求める権利

を単独で行使することができる（同法264条、252条ただし書）」と判示した
ものと考えられる。

（上拂大作）

（共有物に関する負担）

第253条　各共有者は、その持分に応じ、管理の費用を支払い、その他共有物に関する負担を負う。
2　共有者が1年以内に前項の義務を履行しないときは、他の共有者は、相当の償金を支払ってその者の持分を取得することができる。

事実認定の対象等

■■ 意義

本条1項は、各共有者が共有持分の割合に応じて管理の費用その他の共有物の負担をする旨を定めたものである。共有物の維持、改良等のための必要費、有益費は「管理の費用」に該当し、公租公課等は「負担」に該当するものと解される。

本条2項は、共有者が管理費用その他の負担の義務を1年以内に履行しないときには、他の共有者は誰でも、相当の償金を支払って、その者の共有持分を取得することができる旨を定めたものである。この持分取得権は一種の形成権といわれるが、1年の期間の起算点は、費用を立て替えた者から催告があったときと解されるほか、持分の取得のためには、単なる取得の意思表示では足りず、相当の償金を現実に提供することも必要であると解される（川島＝川井編・新版注釈民法(7)〔川井健〕459頁）。

■■ 法律要件及び法律効果等

1　共有物の管理の費用等に関する請求

共有者のうち特定の者（A）が共有物の補修費等を支払った場合、本条1項に基づき、他の共有者（B）に対し、持分割合に応じた支出の分担を求めることができるが、その場合の法律要件は、

①　AとBは、共有物を持分2分の1の割合で共有していること

②　Aは共有物の補修費として○○万円を支払ったこと

である。この場合、Aは、Bに対し、既に支払った共有物の補修費○○万円
の２分の１に相当する金額を請求することができる。

2　持分取得に関する請求

　共有者のうち特定の者（A）が共有物の補修費等を支払った場合、催告を
したにもかかわらず、他の共有者（B）がその義務を履行しないときには、
本条２項に基づき、相当の償金を支払って他の共有者（B）の持分を取得す
ることができるが、その場合の法律要件は、

①　AとBは、共有物を持分２分の１の割合で共有していること

②　Aは共有物の補修費として○○万円を支払ったこと

③　AはBに対し前記②の金額の２分の１の支払を催告したこと

④　③の催告日から１年が経過したこと

⑤　AはBに対し、Bの共有持分に相当する償金を現実に提供して、Bの共
　　有持分の取得の意思表示をしたこと

⑥　Bが前記⑤の償金の受領を拒絶し、Aが前記⑤の償金額を供託したこと
　　である。

　前記④に関して、本条２項は、持分全部に相当する償金を支払った場合の
規定であるから、持分の一部に相当する償金を支払っても、持分の一部を取
得できるものではないと解されている（大判明治42年２月25日民録15輯158
頁［27521304］）。同項の持分取得権は一種の形成権といわれることから、前
記⑤の持分取得の意思表示が必要となる。また、同項に「相当の償金を支払
って」と規定されていることから、現実の提供のみでは足りず、少なくとも
供託まで要すると解すれば、前記⑥も必要となる（大江・要件事実(2)392頁）。

事実認定における問題点

　これまでの裁判例では、本条に関する事実認定として、本条１項所定の
「管理の費用」又は共有物の「負担」に当たる否かが問題となったものがあ

る。

事実認定についての裁判例と解説

「管理の費用」又は共有物の「負担」に当たるか否か ─────

[裁判例]

❶ 東京高判昭和43年5月8日下級民集19巻5＝6号221頁［27431033］

　建物共有者の1人が敷地の所有者として他の建物共有者に対し建物収去土地明渡を求める場合、建物収去費用のうち建物共有持分の割合に応じて自己が負担すべき部分について、他の共有者から取り立てることはできないとしたもの

❷ 東京地判平成14年2月28日判タ1146号294頁［28091252］

　本条1項に規定する「管理の費用」には、共有物の利用・改良のための必要費・有益費が該当し、同項の「負担」には、公租公課等が該当するところ、共有地を管理していた共有者の1人に対する管理報酬は、共有地の管理のために実際に必要とされ支出された費用ではないから、前記にいう「管理の費用」又は「負担」に含まれるか疑問であるとしたもの

[解説]

　具体的な事案においては、何が本条1項所定の「管理の費用」又は共有物の「負担」に当たるかが問題となるところ、判決❶は、共有建物の収去及びその敷地の明渡しが求められた事案において、共有建物の収去費用については、本条1項により、建物共有者が持分割合に応じて負担すべきとしたものである。この事案では、建物共有者の1人が敷地所有者でもあったが、専ら他の建物共有者の負担により共有建物の収去の目的を達することは、本条1項に照らして不公平である旨判示されている。判決❷は、共有地を管理していた共有者の1人に対する管理報酬については、他の共有者との事後の合意により期間を遡って定められたものであるうえ、共有地を管理していた不動産業者に対する管理手数料が別途含まれていたことも考慮すると、共有地の管理のために実際に必要とされ支出された費用ではないとして、本条1項の

377

対象としなかったものである。共有者による共同負担に相応しい費用の支出であるか否かを具体的事例に則して検討したものといえよう。

（上拂大作）

第254条

（共有物についての債権）

第254条　共有者の１人が共有物について他の共有者に対して有する債権
は、その特定承継人に対しても行使することができる。

事実認定の対象等

意義

　共有者の１人が、他の共有者が負担すべき管理費用、公租公課を立て替え
たなどの理由により、他の共有者に対し共有物に関する債権を取得する場合
がある。本条は、共有者の１人が他の共有者に対し共有物に関して有する債
権は、他の共有者の特定承継人に対しても行使できる旨を定めたものである。
「特定承継人に対しても」と規定されているので、譲渡人である旧共有者も
連帯して債務を負担することになる。

法律要件及び法律効果等

　共有者の１人（A）が他の共有者（B）の負担に属すべき共有物の管理費
用を立て替えた場合、AはBに対し立替費用の償還請求権を有するが、本条
に基づき、この債権をBの特定承継人（C）に対して行使する場合の法律要
件は、

①　AとBは、共有物を持分２分の１の割合で共有していること

②　Aは共有物の全部に関する管理費用○○万円を支払ったこと

③　BはCに対し共有物の持分２分の１を譲り渡したこと（例えば、BがC
　　に対して共有物の持分２分の１を代金○○万円で売ったこと）

である。

　前記各要件を満たした場合には、その法律効果として、AはCに対し前記
②の立替費用○○万円の２分の１に相当する金額を請求することができる。

379

事実認定における問題点

　これまでの裁判例では、本条に関する事実認定として、本条所定の共有物についての「債権」に当たるか否かが問題となったものがある。

事実認定についての裁判例と解説

共有物についての「債権」に当たるか否か ─────────

[裁判例]

❶　最判昭和34年11月26日民集13巻12号1550頁［27002519］

　原告及びＡＢＣの４名共有名義の土地について、原告がその一部を分割して原告の単独所有とし、後日分筆可能となった時点で直ちにその旨の登記をする旨を前記４名の間で約していたところ、ＡＢの共有持分を取得してその登記を経由した被告が原告の前記単独所有部分に建物を建築したことから、原告が被告に対し建物収去土地明渡しを求めた事案において、被告は本条の特定承継人に該当することが明らかであり、前記分割契約により前主たるＡＢが負担した義務を承継したものであるから、前記分割契約につき登記を経たものであるか否かにかかわらず、原告は被告に対し前記分割契約上の債権を行使することができ、被告はその行使を妨害してはならないなどと判示して、原告の請求を認容した原判決を維持したもの

❷　東京高判昭和57年11月17日下級民集33巻９＝12号1414頁［27432002］

　共有地の公租公課の折半負担や共有地にある温泉源に係る経常的な管理費の分担など、共有者間の共有物に関する使用収益、管理又は費用の分担についての定めは、その共有者の特定承継人に対しても当然承継されるとしたもの

❸　東京地判平成３年10月25日判時1432号84頁［27813733］

　土地共有物分割請求事件において、土地共有者間における当該土地を通路として利用するとの合意は、共有物分割禁止の合意に当たり登記なくして共有者の特定承継人に対抗できないとしたもの

第254条

解説

　本条所定の共有物についての「債権」の範囲については、これを拡大することにより特定承継人が不測の損害を被り取引の安全を害するなどの理由から、その範囲を限定的に解すべきものとする学説が強い（川島＝川井編・新版注釈民法(7)〔川井健〕462頁）ところ、判決❶は、共有物分割契約上の債権についても、前記「債権」に含まれるとしたものである。不分割契約について登記を要する（256条1項ただし書、不動産登記法59条6号）など物権公示の原則を重視すれば、共有物分割についての物権的合意は登記なくして共有者の特定承継人に対抗することができないものと解されるが、判決❶は、都市区画整理中のために原告が直ちに分筆登記できなかったという特殊事情に配慮して、結果の妥当性を図ったものともいえよう。

　判決❷は、具体的に発生した管理費等の立替債権ではなく、共有者間の共有物に関する特約自体の承継が問題となったものであるが、判決❶が対象とした共有物分割契約上の定めとは異なり、共有物の使用収益、管理又は費用の分担に関する定めについては、共有関係と一体をなし相分離し得ないものであり、それが特定承継人に承継されることを当然の前提として本条が設けられていると解されることからすれば、これを本条所定の「債権」に含めた判決❷の判示には異論がないものと思われる。

　判決❸は、土地共有者間において当該共有地を各共有者がそれぞれ所有している奥の駐車場への自動車の通路とする旨の本件合意について、その内容が共有物の分割禁止に当たるとしたうえ、民法上の共有が分割の自由を本質とし、共有者は分割禁止の契約をすることはできるが、その期間は5年を超えることができないなどと制限され（256条1項ただし書・2項）、不動産についてはその旨登記をしなければ特定承継人に対抗できないとされていること（不動産登記法59条6号）から、本件合意は当該土地の持分を譲り受けた者に対して対抗することができない旨判示している。共有物分割の自由を保障するため、本条所定の「債権」の範囲を制限的に解した裁判例であるといえよう。また、判決❸は、他の共有者が奥の駐車場への通路を失うという結果を招くとしても、分割の自由を本質とする民法上の共有の趣旨からすれば、

381

本件合意に拘束されない特定承継人が行う共有物分割請求が信義則に反して許されないとする特別の事情も認められないと判示しているが、この判示部分については、なお慎重な検討を要しよう。不動産の共有等においては実際に永続的な結合関係を前提にしている場合があり、分割請求権の行使が権利濫用として制約され得ることにも留意すべきである（この点については、256条「事実認定についての裁判例と解説」で挙げた判決❷及びその解説も参照されたい）。

（上拂大作）

第255条

（持分の放棄及び共有者の死亡）

第255条　共有者の1人が、その持分を放棄したとき、又は死亡して相続
　人がないときは、その持分は、他の共有者に帰属する。

事実認定の対象等

■■ 意義

　共有者が持分を放棄した場合には、その持分は無主の財産となって、動産
は先占の対象となり（239条1項）、不動産は国庫に帰属し（同条2項）、共
有者が相続人なくして死亡した場合には、その持分は国庫に帰属すること
（959条）になりそうであるが、本条は、いずれの場合についても、他の共有
者に所有者のない持分が帰属する旨を定めている。共有の弾力性の表れとも
いわれる規定であるが、他の共有者が多数いるときには、その持分の割合に
応じて多数の共有者に帰属することになる。

■■ 法律要件及び法律効果等

1　共有持分の放棄

　本条によれば、共有者の1人が持分を放棄すると、その持分は他の共有者
に帰属する。持分の放棄は、相手方を必要としない意思表示からなる単独行
為であるが、「その放棄によつて直接利益を受ける他の共有者に対する意思
表示によつてもなすことができるものであり、この場合においてその放棄に
つき相手方である共有者と通謀して虚偽の意思表示がなされたときは、94条
を類推適用すべきものと解するのが相当である」と判示した判例（最判昭和
42年6月22日民集21巻6号1479頁［27001067］）がある。

　また、共有登記のなされている不動産につき、その共有者の1人が持分を
放棄し、その結果、他の共有者がその持分を取得するに至った場合において、
その権利の変動を第三者に対抗するには、放棄に係る持分権の移転登記をな

383

すべきであって、放棄された持分権を譲り受けた第三者により既に持分権取得登記がされている場合には、前記持分権取得登記の抹消登記手続を求めることは許されないとするのが判例（最判昭和44年3月27日民集23巻3号619頁［27000833］）である。これと同様に、土地の共有持分の放棄がされた場合において、持分権の放棄者から他の共有者への持分権移転登記手続をすべきとした裁判例（名古屋高判平成9年1月30日行裁例集48巻1＝2号1頁［28022350］）がある。

2 相続人不存在の場合の共有持分

　共有者の1人が相続人なくして死亡したときは、本条により、その持分は他の共有者に帰属するが、共有持分についても、958条の3による特別縁故者への分与の対象となるか否かが問題となる。本条の定めと958条の3の定めとの優劣関係の問題ともいえるが、最判平成元年11月24日民集43巻10号1220頁［27805174］は、「共有者の1人が死亡し、相続人の不存在が確定し、相続債権者や受遺者に対する清算手続が終了したときは、その共有持分は、他の相続財産とともに、法958条の3の規定に基づく特別縁故者に対する財産分与の対象となり、右財産分与がされず、当該共有持分が承継すべき者のないまま相続財産として残存することが確定したときにはじめて、法255条により他の共有者に帰属することになると解すべきである」と判示しており、学説の多数もこれに賛成している（川島＝川井編・新版注釈民法(7)〔川井健〕465頁）。したがって、特別縁故者への財産分与がないときにはじめて、本条の「死亡して相続人がないとき」という要件を満たすことになる。

　また、自己の単独所有物の一定持分を遺贈した者が相続人なくして死亡したことにより、受遺者と相続財産法人との間に共有関係が成立した場合について、本条はもともと共有関係にあった者が持分を放棄ないし相続人なくして死亡した場合が前提になっていると解すべきであって、遺贈の効力発生によってはじめて共有関係が成立した場合には、本条後段の適用ないし類推適用はないとした裁判例（名古屋高判平成元年6月28日高裁民集42巻2号272頁［27805406］）がある。

第255条

事実認定における問題点

本条に関する事実認定が問題となった裁判例は見当たらない。

（上拂大作）

> **（共有物の分割請求）**
>
> 第256条　各共有者は、いつでも共有物の分割を請求することができる。ただし、5年を超えない期間内は分割をしない旨の契約をすることを妨げない。
>
> 2　前項ただし書の契約は、更新することができる。ただし、その期間は、更新の時から5年を超えることができない。

事実認定の対象等

■■ 意義

　本条は、共有物分割請求の自由を認めつつ、これを契約で一定期間制限できる旨を定めたものである。共有においては、持分権が互いに制約し合う関係にあって、共有物の経済的効用を十分発揮できないため、本条1項本文は、所有の原則的形態である単独所有に移行できるように、各共有者に共有物の分割請求権を認めている。この分割請求権の自由に対しては、本条1項ただし書が規定する分割禁止の契約のほかにも、257条（境界線上の設置物）や、改正後の676条3項（清算前の組合財産）、908条（分割を禁止された遺産）といった法律上の例外が若干ある。

　本条1項ただし書は、5年以内の期間に限り、共有物の分割を禁止する契約をすることができる旨定めている。この契約は、更新することができるが、その期間は更新の時から5年を超えることができない。このように分割禁止の契約期間を制限したのは、所有の原則的形態が単独所有であることに照らし、長期間共有のままであることを強いるのは好ましくないと考えたからである。分割禁止の契約は、共有者の特定承継人にも効力を有する（254条）が、共有物が不動産の場合には、これを登記しなければ第三者に対抗することができない（不動産登記法59条6号）。

■■ 法律要件及び法律効果等

1 法律要件

(1) 各共有者は、本条1項本文により、いつでも共有物の分割を請求できることから、共有者であるAが他の共有者であるBに対し共有物分割を求める場合の法律要件（請求原因）は、

① AとBが当該共有物の共有持分を有すること

である。

(2) これに対し、Bは、Aとの間で当該共有物につき分割禁止の契約が成立している旨の抗弁を主張できるが、本条1項ただし書が前記契約につき5年を超えない期間に限定した趣旨に照らすと、前記契約の成立時から既に5年を経過している場合には、契約期間の更新（これも5年を超えることができない）がない限り、前記抗弁を主張しても失当なものとして扱われるであろう。

2 法律効果

共有物分割請求権を行使しても、各共有者の協議が調わなかった場合には、258条に基づき、裁判所による分割を請求することになる（このような共有物分割請求権の法的性質につき、川島＝川井編・新版注釈民法(7)〔川井健〕468頁）。

共有物の分割は、単に所有権の帰属を確認するにとどまるのではなく、共有者相互間において、共有物の各部分につきその有する持分の交換又は売買が行われることであって、各共有者がその取得部分の単独所有権を原始取得するものではない（最判昭和42年8月25日民集21巻7号1729頁［27001052］、最判昭和53年4月11日民集32巻3号583頁［21061641］、川島＝川井編・新版注釈民法(7)〔川井健〕470頁）。

また、共有物分割の法的効果が前記のとおりであることから、1個の不動産が数人の共有に属し、分割の結果各人がその一部ずつについて単独所有者となる場合には、まず分筆の登記をしたうえで、権利の一部移転の登記手続をなすべきである（最判昭和42年8月25日民集21巻7号1729頁［27001052］）。

■■ 参考裁判例

　最大判昭和62年4月22日民集41巻3号408頁［27100065］は、森林経営の安定化などの観点から共有林の分割を制限する旨を定めた旧森林法186条（昭和62年法律第48号削除前）の規定（森林の共有者は、本条1項の規定にかかわらず、共有林の分割を請求できないが、持分価格の過半数をもってする分割の請求は妨げないとするもの）について、財産権の保障を定めた憲法29条に違反した無効なものと判示しており、これを受け、森林法の前記規定が削除されるに至っている。前記判例は、憲法29条との関係で経済規制立法の合憲性判断基準を示したものとして著名な判例であるが、本条の立法の趣旨・目的を考察する中で、共有物分割請求権は、各共有者に近代市民社会における原則的所有形態である単独所有への移行を可能ならしめ、このような公益的目的をも果たすものとして発展した権利であり、共有の本質的属性として、持分権の処分の自由とともに民法において認められるに至ったものと判示しており、共有物分割請求権の重要性を認めた点でも大いに参考になる判例である。

　また、共有物分割の効力に関する裁判例として、東京高判平成21年11月28日金融法務1906号88頁［28162579］は、共有者の1人がその持分の上に抵当権を設定している場合に、その共有物について現物分割がされ、共有者間において持分の移転が生じたとしても、抵当権は同持分について存在するのであり、仮に抵当権者が共有物分割に参加し、あるいは抵当権者が共有者として共有物分割に関与していたとしても、新たな抵当権設定の合意がない限り、抵当権設定者が現物分割により取得した部分に抵当権が集中するということはできないと判示している（なお、前記裁判例の原審である東京地判平成21年6月17日判タ1324号165頁［28161926］も、同様の判示をしている）。共有物における抵当権の集中については、大判昭和17年4月24日民集21巻447頁［27500090］は、抵当権者が共有物の分割に参加したとしてもその承諾なき限り抵当権は抵当権設定者の取得部分に集中するものではないとしており、学説上は、抵当権は持分の限度で効力を維持し、目的物全体にその効力を及ぼすためには、抵当権の目的となっていない他の持分について新たに抵当権

第256条

を設定しなければならないと解するのが通説であるとされている（川島＝川井編・新版注釈民法(7)〔川井健〕470頁、香川保一「共有物分割と持分上の抵当権」金融法務事情269号（1961年）268頁、幾代通『民法研究ノート』（共有持分権の上の担保物権と共有物分割）有斐閣（1986年）102頁等）。

事実認定における問題点

　これまでの裁判例では、本条に関する事実認定として、共有物分割請求が権利濫用に当たるとされたものが挙げられる。

事実認定についての裁判例と解説

共有物分割請求が権利濫用に当たるとされたもの

[裁判例]

❶　大阪高判平成17年6月9日判時1938号80頁［28111980］

　妻（被告）及び子が居住する夫婦共有名義の不動産について、別居中の夫（原告）が共有物分割請求を行った事案において、①離婚に伴う財産分与手続であれば、本件不動産を被告が単独で取得する可能性が高いこと、②原告は、減少傾向にはあるが相当額の収入を得ており、それにもかかわらず被告や精神疾患を有する長女を置き去りにして別居し、婚姻費用をほとんど分担せずに被告を苦境に陥れていること、③被告らは、本件不動産の競売により退去を余儀なくされ、長女の病状が悪化する可能性があるうえ、本件不動産が担保に供されていることから、その分割金では生計を維持できず、また、被告が高齢で通院治療を継続しており、稼働して収入を得ることも困難であって、経済的にもいっそう苦境に陥ること、④原告が余命を考慮して、本件不動産を処分して負債整理をすることについては、金融機関から競売の申立てを受けておらず、負債整理の必要があるとしても他の原告所有不動産を先に売却することも考えられ、被告らを苦境に陥れてまで本件不動産を処分しなければならない理由はないこと等を認定して、原告の共有物分割請求権の

行使が権利の濫用に当たるとしたもの

❷　福岡高判平成19年1月25日判タ1246号186頁［28130400］

　原告と被告の土地それぞれに接しており、原告被告双方の共有となっていた本件通路の共有物分割請求がされた事案において、本件通路の形状、本件通路と原告の自宅及び被告所有地相互の位置関係、これらの土地の公道への接面状況、原告と被告が本件通路を共有するに至った経緯を詳細に吟味して、本件通路につき、原告の自宅及び被告所有地双方からの公道へ至るための共用道路というべきであるとしたうえ、そのような性格や効用が失われたといえるような特段の事情が認められない限り、本件通路を対象とした共有物分割請求は権利の濫用として許されないとしたもの

❸　東京高判平成25年7月25日判時2220号39頁［28222863］

　相続財産である区分建物について、遺産分割協議の結果、相続人原告と被告の各持分2分の1の共有となった後、別居している原告が居住者被告に対し、持分価格の支払による全面的価額賠償の分割を求めたが、同建物が現物分割に適当でなく、被告に賠償金の支払能力が認められなかったので、競売を命ずるほかないところ、原告被告は、被告がその存命中は同建物に居住し、公的年金等をもって生計を維持し、他方、原告は、被告と別居して賃借アパートに居住し、主として生活保護によって生計を維持することを前提として、前記遺産分割協議をしたものと推認することができ、その後現在までの間重大な事情の変更は認められないことから、原告の同建物の共有物分割請求は、原告被告が同建物を双方の共有取得とする際に前提とした同建物の使用関係を合理的理由なく覆すものであって、権利濫用に当たるとして棄却すべきとしたもの

　解説

　本条1項の規定する共有物分割請求権は、各共有者に目的物を自由に支配させ、その経済的効用を十分に発揮させるため、近代市民社会における原則的所有形態である単独所有への移行を可能にするものであり、共有の本質的属性として、持分権の処分の自由とともに、十分尊重に値する財産上の権利である（最大判昭和62年4月22日民集41巻3号408頁［27100065］参照）。し

かしながら、各共有者の分割の自由を貫徹させることが当該共有関係の目的、性質等に照らして著しく不合理であるときには、分割請求権の行使が権利の濫用に当たり得るところ、親族共有名義の不動産について、共有者の1人が当該不動産に居住する他の共有者に対して行った共有物分割請求権の行使が権利の濫用に当たるか否かが争われた裁判例をみると、否定例として、①原告が被告（原告の甥）に対し共有物分割請求をした事案において、原告が管理費用等の債務を支払っていないこと等の事情を考慮しても、権利の濫用には当たらないとした例（大阪地判昭和41年2月28日判時446号50頁［27430882］）があり、肯定例として、②原告が共有の土地・建物に居住する被告$_1$（原告の母）及び被告$_2$（原告の兄）に対し共有物分割請求をした事案において、本件不動産は被告$_1$が余生を送ることを前提に共有持分が定められたこと、競売により高齢の被告$_1$が住居を失うこと、原告は経済的にゆとりがあること等の事情を指摘して、権利の濫用に当たるとした例（東京地判平成3年8月9日金融商事895号22頁［27815241］）、③原告が被告（原告の母）に対し共有物分割請求をした事案において、競売により高齢で慢性肝炎に罹患している被告が住居を失うこと、原告は開業医として十分な経済力を有していること等の事情を指摘して、権利の濫用に当たるとした例（東京地判平成8年7月29日判タ937号181頁［28020922］）がある。もとより分割請求権の行使が権利濫用に当たるとの評価には慎重な考慮を要し、個々の事案の事実関係を詳細に吟味すべきであるが、判決❶は、本件不動産の分割方法として、現物分割や価格賠償を採り得ず、競売による分割を行うしかない状況下において、前記肯定例②③と同様に、共有物分割が実現されることによって原告の受ける利益と被告の被る不利益等の客観的事情を比較して、原告の共有物分割請求権の行使が権利の濫用に当たるとの結論を導いている。また、夫婦である原告被告間に長年にわたる軋轢や感情的対立が見られる中、離婚訴訟ではなく共有物分割請求訴訟をあえて提起した原告の主観的意図等も見据えて判断している点も参考になろう。これに関連して、最判平成7年3月28日裁判集民174号903頁［27826863］は、代表者Aに建物を賃貸していた原告会社が、同建物に居住する被告（Aの妻）に対し、Aとの間の賃貸借

契約を合意解除したとして、所有権に基づき明渡請求をした事案において、その明渡請求が権利の濫用に当たるか否かは、建物明渡しの実現により原告会社が得る利益と被告が被る不利益等の客観的事情のほか、建物明渡しを求める原告会社の意図等の主観的事情をも考慮して決すべきであると判示しているが、このような判断基準は、共有物分割請求に関する事案においても妥当するものと解される。

　判決❸も、判決❶と同じく親族共有名義の不動産に係る共有物分割請求の事案であるが、現物分割も全面的価格賠償の方法も採り得ない状況の下では、競売による分割を命じても、現金の取得を希望していた原告の意思に反することはなかったにもかかわらず、原告の分割請求を権利の濫用を理由に棄却している。判決❸の事案では、資力のない原告には共有持分の換価を実現する必要性があったことから、分割請求者側に分割の実現により得られる利益が相応に認められたという点で判決❶の事案とはやや趣を異にするが、それでも原告の分割請求が権利の濫用に当たるとされたのは、区分建物が原告と被告の共有とされた経緯や被告が同建物を使用する必要性が重視されたことによるものと考えられる。そのほかにも、判決❸の判文によると、原告の居住するアパートの賃料等を被告が代わりに支払っていること、被告が原告の要求に応じて金銭を支払うなどしていることも考慮しているのが明らかであるが、共有物分割請求が権利の濫用に当たるか否かを判断するに当たり共有者間の様々な事情を考慮に入れた裁判例として参考になろう。

　ある土地が、その周辺に隣接する各土地の所有者らの共有であり、かつ、各土地から公道へ至る共用道路（私道）として利用されていることは、住宅地などではごく普通にみられるところである。そして、その土地が共用道路としての性格や効用を失っていない限りは、一部の共有者による共有物分割請求が許されるべきではないという判決❷の結論は妥当なものである。共有の通行地の分割請求に関しては、257条の互有の場合（境界標等に係る分割請求の否定）や建物区分所有に係る敷地共有の場合（区分所有法24条による分割請求の否定）に類似した状況にあるところ、分割を認めた裁判例（254条の「事実認定の裁判例と解説」で挙げた判決❸である東京地判平成3年10

月25日判時1432号84頁［27813733］）や、分割を認めつつも通行地役権の潜在的な合意を認めた裁判例（258条の「事実認定の裁判例と解説」2で挙げた判決❸である東京高判平成4年12月10日判時1450号81頁［27814822］）もあるが、基本的には、通行地としての性質上、分割になじまない特殊な共有であると解するのが相当であろう（能見＝加藤編・論点民法2〔平野裕之〕356頁）。

　判決❷と同様に、共有者全員が私道として使用している共有地の分割請求が許されないとした裁判例として、横浜地判昭和62年6月19日判時1253号96頁［27800705］がある。この裁判例については、共有者間に共通する特定の目的の下に土地の区画が設定されて共有関係が形成され、共有者間で共有物の分割が予定されていない共有物であって、その外形上もそのような関係にあることが明らかな共有物においては、257条、676条に準じて、その権利に内在する制約として、共有関係が設定された共同の目的・機能が失われない間は、他の共有者の意思に反して共有物の分割を求めることは許されないと判示した部分が参考になろう。また、共有の通行地ではないが、土地の利用形態に着目して分割請求の成否を判断した裁判例として、地上建物が共有建物、A所有の区分所有建物、B所有の区分所有建物に区分されているところ、A所有建物の2階の相当部分がB所有建物の1階の上にあり、B所有建物の2階の一部がA所有建物及び共有建物の1階の上にあるというように、同一土地部分上にA所有建物とB所有建物が重層的に存在しているために、同土地部分はこれを敷地とする各区分所有建物にとっては必要不可欠の共用敷地となっており、また、共有建物の敷地も重要な共用部分である場合には、敷地の賃借権を共有する地上の各区分所有建物の所有者は、特段の事由のない限り、敷地の賃借権の分割を請求することはできないとしたもの（東京高判昭和57年12月27日判時1068号60頁［27432008］）がある。

（上拂大作）

第257条　前条の規定は、第229条に規定する共有物については、適用しない。

事実認定の対象等

意義

　本条は、229条に規定する共有物、すなわち、境界線上に設けた境界標、囲障、障壁、溝及び堀が相隣者の共有に属する場合であっても、その性質上、各共有者の分割請求を禁じる規定である。本条は、前記共有物につき分割請求を禁じるだけであるから、その使用・管理等については、256条以外の共有の規定が適用されることになる。

事実認定における問題点

　本条に関する事実認定が問題となった裁判例は見当たらない。

（上拂大作）

第258条

（裁判による共有物の分割）

第258条　共有物の分割について共有者間に協議が調わないときは、その分割を裁判所に請求することができる。

2　前項の場合において、共有物の現物を分割することができないとき、又は分割によってその価格を著しく減少させるおそれがあるときは、裁判所は、その競売を命ずることができる。

事実認定の対象等

■■ 意義

　本条は、共有物分割の協議が調わないときに裁判所による分割を請求することができる旨を定める（本条1項）ほか、裁判所による分割方法について規定している（本条2項）。

■■ 法律要件及び法律効果等

1　裁判所による分割を請求するための要件

　(1)　各共有者が、本条1項により、裁判所に共有物分割の訴えを提起するための要件は、

①　提訴者が共有物の共有持分権を有すること

②　共有者間に協議が調わないこと

である。

　すなわち、各共有者は、分割について共有者間の協議が調わないときに、他の共有者全員を相手方として、裁判所に共有物分割の訴えを提起することができる。共有物分割訴訟では、共有者全員を訴訟当事者としなければならない（大判明治41年9月25日民録14輯931頁［27521251］、大判大正12年12月17日民集2巻684頁［27511072］）。

　また、共有物分割訴訟は、いわゆる形式的形成訴訟であり、非訟事件の性

395

格を有するものであるから、その訴えの提起に当たり、当事者は、単に共有物の分割を求める旨を申し立てれば足り、分割の方法を具体的に指定することは必要でないと解されている（最判昭和57年3月9日裁判集民135号313頁［27431955］）が、分割方法の決定に当たっては、当事者の意思が尊重されるべきであるから、共有物分割の訴えを提起する者は、その希望する分割方法を明示すべきである。しかし、形式的形成訴訟である以上、裁判所は、分割方法に係る当事者の主張に拘束されず、控訴審における不利益変更禁止の原則も適用がなく、裁判所による分割方法が原告の申立てと異なる場合であっても、請求棄却とはならない（大阪高判昭和51年10月28日判タ346号206頁［27431617］）。

(2)　前記(1)の②に関し、最判昭和46年6月18日民集25巻4号550頁［27000631］は、本条1項にいう「共有者間に協議が調わないとき」とは、共有者の一部に共有物分割の協議に応ずる意思がないため共有者全員において協議をすることができない場合をも含むものであり、現実に協議をしたうえで不調に終わった場合に限られるものではないと判示している。そして、協議の不調は、実体法上共有物分割請求権の発生要件ではなく、訴えの要件を示すものであり、協議の成立が共有物分割の訴えの利益を欠くに至らせるものと解される（柳川俊一・最判解説〈昭和46年度〉104頁）。

(3)　共有者が後記2(3)で紹介する全面的価格賠償の方法による分割を求める場合には、前記(1)の①②に加えて、その分割が認められる特段の事情として、後記の2つの要件についても充たす必要がある（最判平成8年10月31日民集50巻9号2563頁［28011421］等）。

③　当該共有物の性質及び形状、共有関係の発生原因、共有者の数及び持分の割合、共有物の利用状況及び分割された場合の経済的価値、分割方法についての当事者の希望及びその合理性の有無等の事情を総合的に考慮し、当該共有物を共有者のうちの特定の者に取得させるのが相当であると認められること

④　当該共有物の価格が適正に評価され、それを取得する者に支払能力があって、他の共有者にはその持分の価格を取得させることとしても共有者間

の実質的公平を害しないと認められること

2 裁判所による分割方法

本条2項によれば、裁判所による分割では、現物分割が原則であり、現物分割が不可能であるとき、又は可能であっても価格を著しく減少させるおそれがあるときには、競売による分割（代金分割）を命じることとされている。しかし、裁判所は、共有物分割訴訟の非訟事件としての性格から、適切な裁量権を行使して分割方法を定めることができるのであり、本条2項は、すべての場合にその分割方法を現物分割又は競売による分割のみに限定し、他の分割を一切否定した趣旨のものとは解されない（最判平成8年10月31日民集50巻9号2563頁［28011421］等）。裁判実務では、後述のとおり、現物分割とその過不足を調整するための価格賠償を行う分割方法（部分的な価格賠償）のほか、全面的価格賠償の方法による分割も活用されている。

(1) 現物分割

共有物を持分の割合に応じて物理的に分割して、各共有者の単独所有とする分割方法である。仮に各共有者が取得する現物の価格に過不足が生じる場合には、持分の価格を超えた現物を取得した共有者に当該超過分の対価を支払わせ、過不足の調整をすること（部分的な価格賠償）も現物分割の一態様として許される（最大判昭和62年4月22日民集41巻3号408頁［27100065]）。現物分割の具体的な方法については、「事実認定についての裁判例と解説」2を参照されたい。

(2) 競売による分割（代金分割）

共有物を競売により売却して、その代金を持分の割合に応じて各共有者に支払う分割方法である。本条2項が定めるとおり、共有物の分割が不可能であるとき、又は現物分割によってその価格を著しく減少させるおそれがあるときに採用される分割方法であるが、前記1(3)で挙げた特段の事情があれば、競売による分割ではなく、後記(3)の全面的価格賠償の方法による分割が採用される。

(3) 価格賠償

価格賠償には、前記(1)の部分的な価格賠償のほかにも、いわゆる全面的価格賠償の方法（共有物を共有者のうちの1人の単独所有又は数人の共有とし、これらの者から他の共有者に対して持分の価格を賠償させる方法）がある。最高裁が全面的価格賠償の方法による分割を許容したこと（前掲最判平成8年10月31日民集50巻9号2563頁［28011421］等）により、裁判実務では、共有物分割の多様化、弾力化が進むことになり、裁判所の適切な裁量によって事案に即した妥当な解決が図られることが期待されている。全面的価格賠償の方法による分割がどのような場合に採用されるかについては、「事実認定についての裁判例と解説」3を参照されたい。

■■ 参考裁判例

1　遺産共有との関係

本条が規定する共有物分割については、遺産共有との関係で、いくつかの重要な判例がみられる。すなわち、898条に規定する相続財産の共有（遺産共有）は、249条以下に規定する通常の共有としての性質を有すると解するのが判例の一貫した立場である（最判昭和30年5月31日民集9巻6号793頁［27003040］、最判昭和50年11月7日民集29巻10号1525頁［27000349］等）が、関係当事者の協議が調わない場合の遺産共有の解消方法は、遺産分割（907条2項）によるべきであって、本条が定める通常の共有物分割によることはできないと解している（最判昭和62年9月4日裁判集民151号645頁［27800475］）。

他方で、判例は、遺産を構成する特定不動産について、共同相続人の一部が自らの共有持分を第三者に譲渡し、その共有持分が遺産から逸出した場合、当該第三者が他の共同相続人との間の共有関係を解消するには、共有物分割によるべきものと解していた（前掲最判昭和50年11月7日）が、このような遺産共有持分と他の共有持分とが併存する共有物に係る共有関係の解消方法をさらに詳しく検討した近時の判例として、最判平成25年11月29日民集67巻8号1736頁［28214060］は、①遺産共有持分と他の共有持分とが併存する共有物について、共有者が遺産共有持分と他の共有持分との間の共有関係の解

消を求める方法として裁判上採るべき手続は本条に基づく共有物分割訴訟であり、共有物分割の判決によって遺産共有持分を有していた者に分与された財産は遺産分割の対象となり、この財産の共有関係の解消については907条に基づく遺産分割によるべきであること、②遺産共有持分を他の共有持分を有する者に取得させ、その価格を賠償させる方法による分割の判決がされた場合には、遺産共有持分を有していた者に支払われる賠償金は、遺産分割によりその帰属が確定されるべきものであり、賠償金の支払を受けた者は、遺産分割がされるまでの間、これを保管する義務を負うこと、③裁判所は、遺産共有持分を他の共有持分を有する者に取得させ、その価格を賠償させてその賠償金を遺産分割の対象とする方法による共有物分割の判決をする場合には、その判決において、遺産共有持分を有していた者らが各自において遺産分割がされるまで保管すべき賠償金の範囲を定めたうえで、同持分を取得する者に対し、各自の保管すべき範囲に応じた額の賠償金を支払うよう命ずることができることを判示している。

　また、遺留分減殺請求の結果、取り戻された財産は受遺者と減殺請求者との物権法上の共有とするのが判例である（最判昭和51年8月30日民集30巻7号768頁［27000313］、最判昭和57年3月4日民集36巻3号241頁［27000101］、最判平成8年1月26日民集50巻1号132頁［27828913］等）とされ、これによれば、その共有関係を解消するための手続は、遺産分割審判ではなく、共有物分割訴訟であるということになるが、その旨を判示した裁判例として、高松高決平成3年11月27日家裁月報44巻12号89頁［27811369］、東京高判平成4年9月29日家裁月報45巻8号39頁［27814222］、東京高決平成5年3月30日家裁月報46巻3号66頁［27815587］がある。

2　持分譲受の登記が未了である場合の共有物分割

　最判昭和46年6月18日民集25巻4号550頁［27000631］は、不動産の共有者の一員が自己の持分を譲渡した場合における譲受人以外の他の共有者は177条にいう「第三者」に該当するから、前記譲渡につき登記が存しないときには、譲受人は、前記持分の取得をもって他の共有者に対抗できないとし

たうえ、共有物分割訴訟は、共有者間の権利関係をその全員について画一的に創設する訴えであるから、持分譲渡があっても、これをもって他の共有者に対抗できないときには、共有者全員に対する関係において、前記持分がなお譲渡人に帰属するものとして共有物分割を命ずべきであると判示している。

事実認定における問題点

これまでの裁判例では、本条に関する事実認定として、1　「共有者間に協議が調わないとき」の意義、2　現物分割の具体的な方法、3　全面的価格賠償の方法による分割の適否が問題となったものがある。

事実認定についての裁判例と解説

1　「共有者間に協議が調わないとき」の意義

裁判例

❶　東京高判平成6年2月2日判タ879号205頁［27826214］

土地建物について共有者間でこれを他に任意売却して売却代金を持分割合に従って配分するとの裁判上の和解が成立していたとしても、その和解において、任意売却の期間及び任意売却できない場合の措置について何らの合意もなく、和解成立後3年半近く経っても任意売却できる見込みがない状態にある場合には、共有者は、分割につき別途の協議がされるなど特段の事情のない限り、分割の協議調わざるものとして、裁判所に対し分割を請求することができるとしたもの

解説

本条1項にいう「共有者間に協議が調わないとき」とは、共有者の一部に共有物分割の協議に応ずる意思がないため共有者全員において協議をすることができない場合をも含むものであって、現実に協議をしたうえで不調に終わった場合に限られるものではないと解されるところ（最判昭和46年6月18日民集25巻4号550頁［27000631］）、判決❶は、任意売却を定める裁判上の

第258条

和解が成立していた事案において、その任意売却が合理的期間内に実現しなかった場合には、前記和解は前提を欠くこととなって効力を失い、改めて任意売却に代わる分割方法を求めることができるものと判示している。いったん和解（協議）ができた場合であっても、その内容の実現が順調に推移しない場合には、協議の不調と同視できるものと解した裁判例として、実務の参考になろう。

2 現物分割の具体的な方法

[裁判例]

❶ 最判昭和45年11月 6 日民集24巻12号1803頁［27000677］

　本条による現物分割は、本来は各個の共有物についての分割方法をいうものと解すべきであるが、数個の建物が 1 筆の土地の上に建てられており外形上一団の建物とみられるときは、そのような数個の共有物を一括して分割の対象とし、共有者がそれぞれ各個の物の単独所有権を取得する方法により分割することも現物分割の方法として許されるとしたもの

❷ 最判平成 4 年 1 月24日裁判集民164号25頁［27811737］

　本条により共有物の現物分割をする場合において、分割請求者が多数であるときは、分割請求の相手方の持分の限度で現物を分割し、その余は分割請求者の共有として残す方法によることも許されるとしたもの

❸ 東京高判平成 4 年12月10日判時1450号81頁［27814822］

　原告らと被告は本件土地の共有者であり、いずれも本件土地に沿接する土地を所有しているところ、原告らと被告の前所有者ら11名は、昭和23年頃、各自の居宅敷地が沿接する本件土地を公道に通じる通路として11軒で使用するため、本件土地を共有として以来、本件土地を通路として利用してきた（その間、建築基準法42条 1 項 5 号による道路位置指定があったものとみなされている）が、原告らは沿接所有地とともに本件土地の持分を取得したうえ、被告に対し、共有物分割及び分割により取得する部分の引渡しを求める訴えを提起した事案において、①本件土地については、前所有者らの間において、本件土地を互いの通路として利用する旨の合意があったと認められる

401

ところ、この合意には、分割時には各自の沿接所有地のための利用を必要と
する限度で、各自が分割により取得する部分に潜在的に通行地役権を設定す
る趣旨を含んでいたものと認められること、②前記通行地役権は、281条の
趣旨に照らし、要役地となる沿接所有地の所有権に付随して移転し、沿接所
有地の移転について登記を具備することにより対抗要件を充たすものと解さ
れること、③本件土地の分割により、前記通行地役権は顕在化し、被告は、
沿接所有地の利用に必要な限度で（自動車の出入りに必要とする範囲）にお
いて、原告らが分割により取得する部分につき通行地役権を取得することな
どを指摘して、原告らの分割請求を権利濫用とした被告の主張を排斥したう
え、原告らの本訴請求のうち、分割請求は認容する一方で、分割地の引渡請
求については一部のみを認容したもの

❹ 東京地判平成9年1月30日判タ968号183頁［28030982］

　原告と被告は3筆の土地と3棟の建物を各持分2分の1の割合で共有して
いるところ、本件不動産の形状に照らして現物分割が可能であり、現物分割
した場合には一括売却した場合に比して10%強程度の価格低下が生じるが、
その程度ではいまだその価格が著しく減少するとまでは認められないとした
うえ、被告の主張する東西分割案は、土地を細長く分割することになる結果、
建物の建築が事実上制限されるなど分割後の土地の経済的効用を阻害する結
果となり、分割後の各土地の資産価値を著しく減じることになりかねないと
して、これを排斥して南北分割案を採用し、本件不動産の現実の利用状況に
照らして原告がその南側部分を取得するのが相当であるとしたもの

　　解説

　最大判昭和62年4月22日民集41巻3号408頁［27100065］（いわゆる森林法
事件大法廷判決）は、次のように多様な現物分割が可能であると説明してい
る。すなわち、「現物分割をするに当たつては、当該共有物の性質・形状・
位置又は分割後の管理・利用の便等を考慮すべきであるから、持分の価格に
応じた分割をするとしても、なお共有者の所得する現物の価格に過不足を来
す事態の生じることは避け難いところであり、このような場合には、持分の
価格以上の現物を取得する共有者に当該超過分の対価を支払わせ、過不足の

調整をすることも現物分割の一態様として許されるものというべきであり、また、分割の対象となる共有物が多数の不動産である場合には、これらの不動産が外形上一団とみられるときはもとより、数か所に分かれて存在するときでも、右不動産を一括して分割の対象とし、分割後のそれぞれの部分を各共有者の単独所有とすることも、現物分割の方法として許されるものというべきところ、かかる場合においても、前示のような事態の生じるときは、右の過不足の調整をすることが許されるものと解すべきである……。また、共有者が多数である場合、その中のただ1人でも分割請求をするときは、直ちにその全部の共有関係が解消されるものと解すべきではなく、当該請求者に対してのみ持分の限度で現物を分割し、その余は他の者の共有として残すことも許されるものと解すべきである」と判示している。

数個の共有物を現物分割する場合には、共有物の各個につき現物分割を行うか否かを検討し、それができない場合には代金分割の方法等を検討することになるようにも思われるが、前記森林法事件大法廷判決でも示されたとおり、判決❶が判示したような状態にある数個の共有物を一括して分割の対象とし、共有者がそれぞれ各個の物の単独所有権を取得する方法により分割することも現物分割の方法として許されよう。判決❶と同旨の判断をした裁判例として、東京高判昭和59年8月30日判時1127号103頁〔27433020〕がある。

前記森林法事件大法廷判決は、多数の共有者中の1人が原告となって分割請求をした場合は、原告に対してのみ持分の限度で現物を分割し、その余は被告らの共有として残すことも許される旨を明らかにしているところ、判決❷は、原告側が多数で、被告が1人という事案において、前記森林法事件大法廷判決の趣旨に照らし、被告側のみならず、原告側についても共有関係の存続を認め得るとしたものである。共有者間に共有物の管理、変更等をめぐって、意見の対立、紛争が生じたときは、共有物の管理、変更等に支障を来し、物の経済的価値が十分に実現されなくなるという事態に陥るので、このような弊害を除去するためには、意見が対立した原告側と被告側との間の共有関係のみを廃止してやれば足りるのであって、意見の対立のない者の相互間を含めて、一律全面的に共有関係を廃止する必要はないと解される（柴田

保幸・最判解説〈昭和62年度〉248頁）。

　共有者全員が通路として使用している共有土地については、基本的には、通路としての性質上、分割になじまない特殊な共有であると解され、その分割請求は権利の濫用として許されないと判示した裁判例（福岡高判平成19年1月25日判タ1246号186頁［28130400］、横浜地判昭和62年6月19日判時1253号96頁［27800705］）もあるところ（詳しくは、256条の「事実認定の裁判例とその解説」で挙げた判決❷及びその解説を参照されたい）、判決❸は、通路である本件土地の分割請求を権利濫用にならないとする一方で、本件土地の現物分割に当たり、本件土地を通路として利用する旨の前所有者間の合意には潜在的な通行地役権設定の趣旨も含まれるものとして、被告に通行地役権の取得を認め、本件土地を通路として利用したい被告の利益にも配慮した判断を示している。本件土地のような通路の現物分割において、1つの解決方法を示したものとして、実務の参考になろう。

　共有物分割は原則として現物分割を行うものであり、絵画のように現物の分割ができない場合や、狭い土地のように分割によってその価格を著しく減少させるおそれがあるときは、現物分割によることなく、競売による分割を命じることになるが、判決❹は、現物分割した場合には一括売却した場合に比して10%強程度の価格低下が生じるが、その程度ではいまだその価格が著しく減少するとまでは認められないとした点に事例的意義がある。また、判決❹は、分割方法を定めるに当たって、共有物の持分の経済的価格を基にして当事者の公平を期するとともに、本件不動産の現実の利用状況を重視して分割を行った点に特徴があるといえる。

　判決❹と同旨の判示をした裁判例として、東京地判平成5年6月30日判タ864号222頁［27826313］は、原告ら3名及び被告ら2名が3筆の土地及び1棟の建物を共有する事案において、同土地を2分割する場合の各部分の価格の合計が分割しない場合の全体の価格より低額になることは明らかであるが、著しくその価格を損ずるおそれがあるとまでは認められないとして、被告ら2名に対し、現に居住する建物とその所在地となる北側の土地を、競売による分割を求めた原告ら3名に対し、南側の土地をそれぞれ共有所得させる分

割方法を判示している。分割対象となる不動産の現実の利用形態を踏まえ、最適といえる現物分割の方法を模索したものであるが、原告側及び被告側の共有を残すことを認めた点では、判決❷の手法も取り入れた裁判例といえよう。

3　全面的価格賠償の方法による分割の適否

[裁判例]

❶　最判平成 8 年10月31日裁判集民180号643頁［28011422］

共有土地の分割をする場合において、共有者の 1 人である A が228分の223の持分を有するのに対し、A 以外の 5 名の共有者の持分は各228分の 1 であり、その持分に相当する土地は、面積の合計が32.1m^{2}にすぎず、本件土地の所在する場所等も併せ考えると社会的、経済的効用が乏しいこと、A は、本件土地を競売に付することなく、自らがこれを単独で取得する全面的価格賠償の方法による分割を希望していること、さらに、本件土地の価格が不動産鑑定士により適正に評価されており、A 以外の共有者に対する持分の価格の賠償が困難であるとは考えられないことなどの事実関係の下においては、本件土地を A に取得させるのが相当であり、かつ、価格賠償の方法によっても共有者間の実質的公平を害するおそれはないものと認められるから、全面的価格賠償の方法により本件土地を分割することが許されるとしたもの

❷　最判平成 8 年10月31日裁判集民180号661頁［28020571］

共有不動産の分割をする場合において、本件不動産が、病院、その附属施設及びそれらの敷地として一体的に病院の運営に供されており、これらを切り離して現物分割をすれば病院運営が困難になることも予想され、また、共有者の 1 人である A が競売による分割を求めているのに対し、他の共有者である B 及び C は、本件不動産を競売に付することなく、自らがこれを取得するいわゆる全面的価格賠償の方法による分割を希望しているところ、本件不動産を B 及び C に取得させるのが相当でないということはできないうえ、B 及び C の支払能力のいかんによっては、本件不動産の適正な評価額

に従ってＡにその持分の価格を取得させることとしても共有者間の実質的
公平を害しないにもかかわらず、全面的価格賠償の方法により当該不動産を
分割することの許される特段の事情の存否について審理判断することなく、
直ちに競売による分割をすべきものとした原審の判断には違法があるとした
もの

❸　最判平成9年4月25日裁判集民183号365頁［28021619］

　Ａ及びＢの共有に属する借地権とその地上建物の分割をする場合におい
て、同借地権等がＡに遺贈され、Ｂがこれに対して遺留分減殺請求権を行
使した結果、共有関係が発生したものであるうえ、6分の1の持分を有する
にすぎないＢが競売による分割を提案しているのに対し、6分の5の持分
を有するＡは、今後も同建物に居住することを希望し、自らがこれを単独
で取得する全面的価格賠償の方法による分割を提案しているところ、同借地
権の存続期間などの事情によっては、必ずしも同借地権等をＡに取得させ
るのが相当でないとはいえず、また、Ａの支払能力次第では、同借地権等
の適正な評価額に従ってＢにその持分の対価を取得させることとしても共
有者間の実質的公平を害しないにもかかわらず、全面的価格賠償の方法によ
り共有物を分割することの許される特段の事情の存否について審理判断する
ことなく、直ちに競売による分割をすべきものとした原審の判断には違法が
あるとしたもの

❹　東京高判平成13年4月26日判タ1106号115頁［28080142］

　被相続人（亡父）の遺産である約1坪の鉱泉地及び鉱泉源泉を相続人原告、
被告₁、被告₂、被告₃が各持分4分の1の割合で共有するとの遺産分割協議
をした後、約8年が経過してから、共有者の1人である原告が共有物分割を
求めた事案において、鉱泉地から湧出する温泉は被告₁がその株式全部を亡
父から単独相続した会社のホテル営業のために利用され、その湯揚施設の管
理は亡父の生前から被告₃が担当しているなどの特段の事情があるときは、
被告₁及び被告₃が平等の割合で原告の持分を取得して、その価格を賠償す
る方法により分割し、被告₁及び被告₃の持分各8分の3、被告₂の持ち分8
分の2の割合による共有とするのが相当であるとしたうえ、被告₁及び被

告₃から原告に対する各持分8分の1の価格に相当する金員の支払と原告から被告₁及び被告₃に対する各持分8分の1についての持分移転登記手続の引換給付を命じたもの

解説

最大判昭和62年4月22日民集41巻3号408頁〔27100065〕（いわゆる森林法事件大法廷判決）は、現物分割の一態様として、持分の価格以上の現物を取得する共有者に当該超過分の対価を支払わせて過不足の調整をすることも許されるとして、部分的な価格賠償の方法を採ることを容認していた。しかし、全面的価格賠償の許否については、明示的な判断をしておらず、その後の下級審判決は積極説と消極説が相半ばする状況にあったところ、判決❶は、本条2項は、すべての場合に分割の方法を現物分割又は競売による分割のみに限定した趣旨のものとは解されないなどとして、共有物分割の選択肢の1つとして全面的価格賠償の方法を正面から肯認するに至っており、全面的価格賠償の方法によることができる特段の事情の要件として、前記「法律要件及び効果」の1(3)③及び④で触れた2つの要件を挙げている。そして、事案の具体的処理としては、共有不動産の現物分割が不可能であり、共有者の1人（A）にとっては同不動産が生活の本拠であることなどから、同不動産をAに取得させるのが相当でないとはいえないとしても、Aに他の共有者に対する賠償金の支払能力がある事実を確定することなく、直ちに全面的価格賠償の方法を採用した原審の判断には違法があると判示している。

判決❶の事案の特徴は、その判示にあるとおり、Aの持分が228分の223を占め、A以外の5名の共有者の持分は各228分の1にすぎないという点である。このように共有者間の持分比率に極端な差がある場合は、全面的価格賠償の方法による分割に親しむ典型例といえるが、判決❶は、持分比率だけを理由として全面的価格賠償を命じたのではなく、土地の面積でみても、A以外の5名の各共有者の持分に相当する面積は6.42m²、それらを合計しても32.1m²にすぎず、係争土地の所在場所等も考慮したうえで、その程度の面積では土地としての効用を十分に果たすことはできないなどとして、全面的価格賠償の方法によることのできる特段の事情を認めたものである。

判決❷は、その判文をみる限り、全面的価格賠償の方法による共有物分割の当否を判断するに当たり、本件不動産が一体として病院経営の用に供されていることを重要な考慮要素としているのは明らかである。本件不動産は、B及びCの先代の時代から、一体として病院の運営に供されており、現在では、B及びCが病院経営を行い、救急病院として地域医療にも貢献しているという事情がある一方で、先代の相続人の1人から本件不動産の持分を買い受けた会社（靴類の製造販売等を目的とする）であるAが競売による分割を求めていたことから、判決❷は、B及びCの支払能力次第では全面的価格賠償によることも許される事案であるとして、この点を審理判断するよう原審に差し戻したものである。また、判決❷は、差戻しをする事情の1つとして、現物分割と価格賠償を併用する方法（病院の経営に不可欠でない不動産をAに与えつつ、価格賠償により過不足を調整する方法）の当否も考慮の対象になる旨判示しており、事案に応じた分割方法を検討する際の参考になろう。

　判決❸は、Bの遺留分減殺請求権の行使により生じた共有関係において、Aが全面的価格賠償の方法による分割を求めた事案であるところ、前記共有関係が物権法上の共有の性質を有する（最判昭和51年8月30日民集30巻7号768頁［27000313］、最判昭和57年3月4日民集36巻3号241頁［27000101］、最判平成8年1月26日民集50巻1号132頁［27828913］等）としても、そもそもBの遺留分は金銭的に償うことが可能であったものであるうえ（1041条）、Bの持分は6分の1にすぎず、本件借地権等をBの持分割合に応じて現物分割するのは不可能であるから、他の共有者であるAが本件建物に居住することを希望している以上、全面的価格賠償の方法による分割になじむ事案であったといえる。しかし、かかる分割方法を採るか否かの具体的な判断に当たっては、借地権の存続期間（本件借地契約は、昭和5年に期間を20年と定めて締結されたものであるが、本件建物は朽廃に近い状態にある一方で、Aは、本件共有物分割訴訟が決着したら、借地非訟の手続により本件建物の改築許可を申し立てる意向であった）のほか、底地をB経営の会社が所有していること、Aの支払能力等の事情を総合的に考慮する必要があ

り、これらを審理判断させるため、原判決を破棄して差し戻したものである。

　また、判決❷、❸と同様に、全面的価格賠償の方法によることができる特段の事情の存否を審理判断させるため、原判決を破棄して差し戻した判例として、①最判平成10年2月27日裁判集民187号207頁［28032468］は、共有不動産の分割をする場合において、共有者の1人であるAが今後も同不動産に居住することを希望しており、また、合計6分の1の持分を有するにすぎないB及びCが競売による分割を希望しているのに対し、A及び他の共有者は、同不動産を競売に付することなく、自らがこれを取得する全面的価格賠償の方法による分割を提案しているところ、同不動産をAらに取得させるのが相当でないということはできず、Aらの支払能力いかんによっては、同不動産の適正な評価額に従ってB及びCにその持分の対価を取得させることとしても共有者間の実質的公平を害しないにもかかわらず、全面的価格賠償の方法により共有物を分割することの許される特段の事情の存否について審理判断することなく、直ちに競売による分割をすべきものとした原審の判断には違法があると判示している。他方で、全面的価格賠償の方法による分割を認めた原判決を是認した判例として、②最判平成11年4月22日裁判集民193号159頁［28040743］は、A土地開発公社とBとの共有に係る面積約1,469m²の土地のうち面積約155m²の部分にBとC町との共有に係る借地権が存在している場合において、AはCの施行する都市計画事業に関し道路拡幅等に使用する目的で同土地の120分の118の持分を取得し、Cは同事業を円滑に施行するために同借地権の3分の2の持分を取得したのであって、A及びCはBの有する各持分の取得を希望しており、Bは現在同土地を使用しておらず、Bの有する土地の持分の適正価格は232万円余、借地権の持分の適正価格は176万円余で、A及びCの前記各金員の支払能力に不安はないなどの事実関係の下においては、A及びCの同土地等の分割請求につき、全面的価格賠償の方法を採用してA及びCにそれぞれ取得させるものとするとともに、AのBに対する同土地の持分についての移転登記手続請求を認容すべきものとした原審の判断は適法であると判示している。

　全面的価格賠償の方法による分割が認められるためには、前述のとおり、

現物取得者に価格賠償金の支払能力があることを要するが、このような支払
能力の有無については、現物取得者の資産状況（預貯金の残高等）を明らか
にする資料により認定可能である。しかし、支払能力がある現物取得者であ
っても賠償金の任意履行を行うとは限らないのであり、対価取得者に対する
賠償金の支払を確保するためにどのような方策が考えられるかが問題となる。
前記①の前掲最判平成10年２月27日における河合伸一裁判官の補足意見は、
この点を指摘するものであり、賠償金の支払と引き換えに持分移転登記手続
を命ずるなどの具体的な方策を提案している。また、前記②の前掲最判平成
11年４月22日における遠藤光男裁判官及び藤井正雄裁判官の補足意見は、対
価取得者が同時履行の抗弁を主張しない場合であっても、共有物分割訴訟の
非訟事件としての性質から、裁判所の適切な裁量により引換給付を命ずるこ
とも不可能ではないとし、同判決における遠藤光男裁判官の追加補足意見は、
分割の目的が借地権である場合などに見られるように賠償金の支払と引換え
になる反対給付が存在しない場合には、現物取得者による賠償金の支払に６
か月程度の期限を付し、対価取得者の持分はその支払がされることを条件と
して現物取得者に移転するものとする方式（支払期限方式）を提案している。
そして、その後の下級審裁判例をみると、①大阪高判平成11年４月23日判時
1709号54頁［28051537］は、全面的価格賠償の方法により被告らに本件不動
産を取得させるに当たり、本件不動産を被告らの各２分の１の割合による共
有としたほか、被告らに対し、原告から本件不動産の持分移転登記手続を受
けるのと引換えに、原告に対し賠償金を支払うことを、原告に対し、被告ら
から賠償金の支払を受けるのと引換えに、被告らに対し持分移転登記手続を
することをそれぞれ命じる旨の判示をし、②札幌地判平成11年７月29日判タ
1053号131頁［28060742］は、全面的価格賠償の方法による分割に当たり、
共有者の１人が判決確定の日から６か月以内に賠償金を支払うことを条件と
して、その者の単独所有とすることとし、対価取得者に対し持分移転登記手
続を命じる一方で、賠償金が６か月以内に支払われない場合には、共有物を
競売に付し、その売得金を共有者らに対し各持分割合に応じて分割するのが
相当であると判示しており、前記各補足意見で提案された方策が実際に採用

されている。

　さらに、全面的価格賠償の方法による分割が認められるためには、前述のとおり、当該共有物の価格が適正に評価される必要があるところ、この点に関する裁判例として、少し特異な事例ではあるが、神戸地尼崎支判平成23年12月27日判時2142号67頁［28180952］は、モディリアーニ作の絵画を共有物とする分割に当たり、多数持分権者から、同絵画をその単独所有とし、少数持分権者に対して持分相当額を支払うとの全面的価格賠償の方法が主張された事案において、世界有数のオークション会社による落札予想額が複数示されているものの、実際の落札額が落札予想額の範囲に収まらない事例が多いうえ、落札予想額の根拠も明確でないこと、国内画廊による鑑定についても、同絵画に作者の特徴があるか否か等の評価手法に疑問があること等を踏まえると、同絵画の適正価格の立証がされたものとは認められないとして、全面的価格賠償の方法を採らず、競売による分割を命じている。

　遺産分割によって特定物が相続人間の共有とされた場合、各共有者が当該特定物の分割を求める手続は、遺産分割審判ではなく、共有物分割訴訟であるとするのが実務の大勢である（大阪高決昭和38年5月20日家裁月報15巻9号192頁［27450950］、札幌高決昭和43年2月15日家裁月報20巻8号52頁［27451449］、東京地判昭和53年3月30日判タ369号237頁［27431727］等）ところ、判決❹も、共有物分割訴訟において、亡父の遺産分割協議により共有となった鉱泉地及び鉱泉源泉の分割を行っている。原告は、金銭を必要として共有物分割を求めたものであるが、本件鉱泉地は、約1坪の広さしかなく、温泉の湧出地としての利用しか考えられないうえ、被告₁の所有地に囲まれており、湯揚施設は被告₁の所有地上に存在しているなどの事情によれば、競売による売却には相当の困難が予想される。そこで、判決❹は、判決❶ないし❸で示された判断枠組みに従い、全面的価格賠償の方法によることができる特段の事情を認めたものであるが、金銭を必要とする原告側の事情にも配慮して、賠償金の支払と持分移転登記手続との引換給付を命じた点も参考になろう。

（上拂大作）

（共有に関する債権の弁済）

第259条　共有者の１人が他の共有者に対して共有に関する債権を有する
　　ときは、分割に際し、債務者に帰属すべき共有物の部分をもって、その
　　弁済に充てることができる。
　２　債権者は、前項の弁済を受けるため債務者に帰属すべき共有物の部分
　　を売却する必要があるときは、その売却を請求することができる。

事実認定の対象等

■■ 意義

　本条は、ある共有者が他の共有者に対し共有に関する債権を有するときは、
分割に際して債務者である他の共有者に帰属すべき共有物の分割部分をもっ
て弁済を受けることができると定め（本条１項）、弁済を受けるために必要
があるときはその部分の売却を請求し、売却代金から弁済を受けることがで
きる旨を規定する（本条２項）。共有関係が続いているのであれば、253条２
項により、債務者である他の共有者の持分を買い取ることができるが、分割
されればこれが不可能となるので、分割により他の共有者に帰属すべき共有
物の分割部分から弁済を受けることができるようにしたものである。

■■ 法律要件及び法律効果等

1　法律要件

　(1)　共有者のうち特定の者（A）が共有物の補修費を支払った場合、本条
１項に基づき、他の共有者（B）に対し、分割によりBに帰属すべき共有物
の部分をもって弁済すべき旨を求めることができるが、その場合の法律要件
は、

①　AとBは、共有物を持分２分の１の割合で共有していること

②　Aは共有物の補修費として○○円を支払ったこと

③　共有物の分割請求があったこと

④　ＡがＢに対し、前記②の補修費○○万円の２分の１に相当する持分部分をもって弁済すべき旨を求めたこと

である。

（2）　本条１項にいう「共有に関する債権」とは、共有物の管理・保存に係る費用や公租公課などの立替債権のほかに、共有物の購入代金の立替債権、共有物の瑕疵により717条により賠償した場合の求償債権などが挙げられる（能見＝加藤編・論点民法２〔平野裕之〕366頁）。前記(1)②の共有物の補修費の支払は、「共有に関する債権」の取得原因となる。

（3）　前記(1)④については、債権者たる共有者が共有物の分割に際して行う単なる事実上の申出と理解することもできようが、分割請求を受けた裁判所は、共有物のどの部分を債務者たる共有者に帰属させるかについては裁量を有しているものの、債務者たる共有者の取得部分が定まれば、前記(1)④の求めに従い、債務者たる共有者の取得部分について、共有に関する債権の弁済に充てるものとして、債権者たる共有者に取得させる判断を判決で示すことになる。その意味では、前記(1)④の法的性質については、債権者と債務者間に具体的に分割により債務者に帰すべき部分をもって弁済実現すべき法律関係を生じさせる意思表示と解することもできる（惣脇春雄「共有に関する債権」宮川種一郎＝中野貞一郎編『民事法の諸問題第５巻』判例タイムズ社（1972年）71頁参照）。なお、債権者たる共有者は、本条２項により売却を求めることができるが、共有物の分割方法に係る当事者の主張は裁判所を拘束しないことに照らすと、事実上の申出にすぎないと解される。

2　法律効果

前記１(1)①～④の各要件を充たした場合、その法律効果として、Ａは、共有物の分割に際し、Ｂが取得する部分のうち、補修費○○万円の２分の１に相当する部分を取得することとなる。

事実認定における問題点

本条に関する事実認定が問題となった裁判例は見当たらない。

（上拂大作）

第260条

（共有物の分割への参加）

第260条　共有物について権利を有する者及び各共有者の債権者は、自己
　の費用で、分割に参加することができる。
2　前項の規定による参加の請求があったにもかかわらず、その請求をし
　た者を参加させないで分割をしたときは、その分割は、その請求をした
　者に対抗することができない。

事実認定の対象等

■■ 意義

　本条１項は、共有物について権利を有する者（地上権者、永小作権者、地
役権者、質権者、抵当権者等）及び各共有者の債権者（共有者に対する一般
債権者等）は、共有物がどのように分割されるかにつき利害関係を有するか
ら、自己の費用負担で分割手続に参加することができる旨を定めている。も
っとも、参加者が分割につき意見を述べても、共有者はそれに拘束されない
し、共有者は参加資格者に対し分割につき通知する必要はないが、本条２項
は、参加の請求があったにもかかわらず参加を待たないで分割した場合には、
その分割を参加請求者に対して対抗することができないと規定している。

事実認定における問題点

　本条に関する事実認定が問題となった裁判例は見当たらない。

（上拂大作）

415

（分割における共有者の担保責任）

第261条　各共有者は、他の共有者が分割によって取得した物について、売主と同じく、その持分に応じて担保の責任を負う。

事実認定の対象等

■■ 意義

　本条は、各共有者は、他の共有者が共有物の分割によって取得した物について、売主の場合と同様に持分割合に応じて担保責任を負う旨を規定する。共有物分割は持分権の売買・交換としての性質を有するところ、559条が売買に関する規定を売買以外の有償契約に準用するので、本条は分割協議との関係では確認規定の位置付けになろうが、契約とは言い難い裁判上の分割に関しては、本条の意義があるといえる。

■■ 法律要件及び法律効果等

1　法律要件

　(1)　共有者のうち特定の者（A）が、他の共有者（B）に対し、本条に基づき、分割協議により取得した共有物につき数量不足があったとして損害賠償を求める場合の法律要件は、

①　AとBは、本件土地（公簿1,000坪）を持分2分の1の割合で共有していること

②　AとBは、Aが本件土地を取得する代わりに、Bに対し2,500万円（1坪5万円で計算）を支払う旨の分割協議が成立したこと（全面的価格賠償の方法による分割）

③　AがBに対し2,500万円を支払ったこと

④　本件土地は実測600坪であったこと

⑤　本件土地の公簿と実測の差400坪の2分の1の価格は1,000万円であるこ

416

と

である。

(2)　これに対し、Bは、抗弁として、AとBは、前記②の際、BがAに対し担保責任を負わない旨の合意をしたこと（改正後の572条の不担保特約）を主張できる。

2　法律効果

担保責任の内容としては、代金減額、損害賠償、解除が考えられるが、裁判上の分割については、解除は許されないと解される（川島＝川井編・新版注釈民法(7)〔川井健〕486頁）。

前記1(1)①～⑤の各要件を充たした場合には、その法律効果として、Aは、Bに対し、1,000万円の損害賠償を求めることができる。

事実認定における問題点

本条に関する事実認定が問題となった裁判例は見当たらない。

（上拂大作）

> （共有物に関する証書）

第262条　分割が完了したときは、各分割者は、その取得した物に関する証書を保存しなければならない。

2　共有者の全員又はそのうちの数人に分割した物に関する証書は、その物の最大の部分を取得した者が保存しなければならない。

3　前項の場合において、最大の部分を取得した者がないときは、分割者間の協議で証書の保存者を定める。協議が調わないときは、裁判所が、これを指定する。

4　証書の保存者は、他の分割者の請求に応じて、その証書を使用させなければならない。

事実認定の対象等

■■ 意義

本条は、共有物分割が終わった後、分割につき疑義が生じるのを防ぐため、分割に関する証書の保存義務を定めたものである。

すなわち、各共有者は、その取得した物に関する証書を保存することを要する（本条1項）が、共有者の全員又は数人の共有者に分割した物に関する証書は、その物の最大部分を受けた者がこれを保存することを要し（本条2項）、最大部分を受けた者がいないときには分割者間の協議により定められた者が、協議が調わないときには裁判所によって指定された者が、証書を保存しなければならない（本条3項）。

以上のいずれの場合であっても、証書の保存者は、他の分割者の請求に応じてその証書を使用させなければならない（本条4項）。この規定により、分割者は、証書保存者に対する文書提出命令の発令を裁判所に求めることができる（民事訴訟法220条2号）。

第262条

事実認定における問題点

本条に関する事実認定が問題となった裁判例は見当たらない。

（上拂大作）

（共有の性質を有する入会権）

第263条　共有の性質を有する入会権については、各地方の慣習に従うほか、この節の規定を適用する。

事実認定の対象等

■■ 意義

　本条は、共有の性質を有する入会権について、各地方の慣習を第一次的法源とし、それが存在しない部分につき共有の規定を適用する旨を規定する。

　ここでいう「慣習」とは、基本的に共有持分の自由な譲渡処分、分割請求の禁止という規範をいうのであるが、入会権の得喪（構成員の資格、範囲）や権利行使の態様が各地方、集落で異なるため、「各地方の慣習に従う」と規定されたものである（川島＝川井編・新版注釈民法(7)〔中尾英俊＝江渕武彦〕500頁）。

　民法は、本条の「共有の性質を有する入会権」と294条の「共有の性質を有しない入会権」の２つの類型を定めているところ、入会権が共有の性質を有するか否かは、入会地の地盤が入会権者の所有に帰属するか否かで区別されるのであり（大判大正９年６月26日民録26輯933頁［27523080］、川島＝川井編・新版注釈民法(7)〔中尾英俊＝江渕武彦〕503頁）、共有の性質を有する入会権は共同所有権の特殊形態ということができる。

■■ 法律要件及び法律効果等

1　法律要件

　入会団体Ａの構成員であるＸらは、入会地である本件土地でリゾート開発を行う事業者Ｙに対し、入会権の確認を求めるとともに、その使用収益権に基づく妨害排除請求をすることが考えられるが、その場合の法律要件は、

①　入会団体Ａが本件土地に入会権を有する旨の慣習の存在

第263条

② Xらは入会団体Aの構成員であること（入会団体Aの構成員全員が訴訟当事者となっていること）

③ Yは、Xらの入会権の存在を争うとともに、Xらの入会権の行使（本件土地の使用収益）を妨害していること

である。

前記①に関し、部落民として入会権を取得したと主張する者が権利取得の原因となる慣習の存在及び内容を立証すべきことについては、一般の権利主張の場合と何ら異なるところはない旨を判示した判例（最判昭和37年11月2日裁判集民63号23頁［28198573］）があるが、入会権をめぐる訴訟の最大の争点は、当該地方の慣習の存否・内容となるケースが多い。また、前記②に関しては、後記「参考裁判例」2を参照されたい。

2　法律効果

入会権の存在が認められると、入会団体の構成員は、共同で土地を管理・使用・収益する権利を有することになる。共有の性質を有する入会権は、土地の共同所有権であり、かつ民法上何らの規制もないから、その使用・収益の内容には制限がないと解される（大判大正6年11月28日民録23輯2018頁［27522543］）。したがって、前記1①～③の各要件を満たせば、XらはYのリゾート開発行為を阻止することができる。

村落集団が山林原野を伐木や薪採取などに共同使用するという入会権が本来的に機能する状況は、現代社会では次第に見出し難くなっているが、前記1のケースのように、リゾート施設や廃棄物処理施設の建設などに伴う環境破壊を阻止するために、入会権又はその内容たる使用収益権を根拠とする訴訟が提起されることも少なくない。

■■ 参考裁判例

1　入会権の性質、内容

入会権については、権利者である一定の村落住民の総有に属するものであり（最判昭和41年11月25日民集20巻9号1921頁［27001140］、最判平成6年

421

5月31日民集48巻4号1065頁［27819952］）、個々の構成員は、入会権そのものの管理処分については村落住民の一員として参与し得る資格を有するだけで、共有におけるような持分又はこれに類する権限を有するものではないが、入会権の内容として入会地を使用収益できる権能を個別的に有し、単独でこれを行使できると解されている（最判昭和57年7月1日民集36巻6号891頁［27000084］、前掲最判平成6年5月31日）。

　入会権は、前記のとおり入会団体に帰属するものである以上、入会団体から離脱した者は、入会地につき登記名義を有する者であったとしても、入会地に権利を有しない（最判昭和40年5月20日民集19巻4号822頁［27001302］）。

　共有の性質を有する入会権の地盤を売却した場合であっても、直ちに入会権が消滅することはなく（大判大正10年11月28日民録27輯2045頁［27523351］）、この場合の売却代金債権は、入会権に関して生じた債権として入会的統制が及んでおり、入会権者全員に総有的に帰属するものと解される（我妻・民法講義Ⅳ379頁）が、この点に関連した判例として、入会権者らの総有に属する入会地を売却するに当たり入会権者らが入会権の放棄をした場合であっても、入会権者らが入会地の管理運営等のための管理会を結成し、その規約等において入会地の処分等を管理会の事業とし、入会地の売却が管理会の決議に基づいて行われ、売却後も入会権者らの有する他の入会地が残存し、管理会も存続しているなどの事実関係の下においては、入会地の売却代金債権は、入会権者らに総有的に帰属するとしたもの（最判平成15年4月11日裁判集民209号481頁［28081130］）がある。

2　入会権をめぐる訴訟の当事者適格

　共有の性質を有する入会権の確認を求める訴えについては、これを固有必要的共同訴訟であると解するのが判例（最判昭和41年11月25日民集20巻9号1921頁［27001140］）であるところ、特定の土地が入会地であるのか第三者の所有地であるのかについて争いがあり、入会集団の一部の構成員が、当該第三者を被告として当該土地が入会地であることの確認を求めようとする場

合において、訴えの提起に同調しない構成員がいるために構成員全員で訴えを提起することができないときは、前記一部の構成員は、訴えの提起に同調しない構成員も被告に加え、構成員全員が訴訟当事者となる形式で、構成員全員が当該土地について入会権を有することの確認を求める訴えを提起することが許され、当事者適格を否定されることはないと解した判例（最判平成20年7月17日民集62巻7号1994頁［28141707］）がある。

これに対し、入会集団の構成員は、自己の有する個別的な使用収益権を根拠として、その使用収益権を争い又はその行使を妨害する者に対し、各自単独で自己の使用収益権の確認や妨害排除請求をすることができる（大判大正7年3月9日民録24輯434頁［27522603］、最判昭和57年7月1日民集36巻6号891頁［27000084］）。

また、入会集団が権利能力なき社団に当たる場合には、入会団体は、構成員全員の総有に属する不動産についての入会権確認請求訴訟の原告適格を有するところ、入会団体の代表者が同訴訟を追行するには入会団体の規約等において同不動産を処分するのに必要とされる総会の議決等による授権を要するものと解される（最判平成6年5月31日民集48巻4号1065頁［27819952］）。

3　入会権と登記

入会権は、慣習上の権利であるため登記することができず（不動産登記法3条）、第三者に対抗するのに登記は不要と解されている（大判明治36年6月19日民録9輯759頁［27520488］、大判大正6年11月28日民録23輯2018頁［27522543］）。他方で、入会地の地盤所有権の登記は可能であるが、法人でも個人でもない入会団体の名義では登記できないため、代表者など個人の単独名義、構成員の一部による共有名義、集落にある寺社の名義等の形式が採られている。この点に関連して、部落民全員が、その総有に属する土地について、入会権者として登記の必要に迫られながら、共有の性質を有する入会権における総有関係を登記する方法がないため、単に登記の便宜から、同部落民の一部の者の共有名義を経由したにすぎない場合には、改正前の94条2項の適用又は類推適用がないとした判例がある（最判昭和43年11月15日裁判

集民93号233頁［27431072］のほか、同旨のものとして最判昭和57年 7 月 1
日民集36巻 6 号891頁［27000084］参照）。また、権利能力なき社団である入
会団体において、規約等に定められた手続により、構成員全員の総有に属す
る不動産につきある構成員個人を登記名義人とすることとされた場合には、
当該構成員は、入会団体の代表者でなくとも、自己の名で同不動産について
の登記手続請求訴訟を追行する原告適格を有するとした判例がある（最判平
成 6 年 5 月31日民集48巻 4 号1065頁［27819952］）。

4 入会権と慣習

　入会権に関して適用される本条所定の「各地方の慣習」に関する判例とし
て、最判平成20年 4 月14日民集62巻 5 号909頁［28140824］は、共有の性質
を有する入会権に関する各地方の慣習の効力は、入会権の処分についても及
び、入会団体の構成員全員の同意を要件としないで同処分を認める慣習であ
っても、公序良俗に反するなどその効力を否定すべき特段の事情が認められ
ない限り、有効であると判示している。また、「地方の慣習」及びこれに基
づく入会団体の会則が現在において公序良俗に違反しないか否かが争われた
事案として、最判平成18年 3 月17日民集60巻 3 号773頁［28110762］は、本
件入会地の入会権の得喪についての本件部落の慣習のうち、各世帯の代表者
にのみ入会権者の地位を認めるという世帯主要件は、入会団体の団体として
の統制の維持という点からも、入会権行使における各世帯間の平等という点
からも、不合理ということはできないが、入会権者の資格を原則として男子
孫に限り、本件部落民以外の男性と婚姻した女子孫は離婚して旧姓に復しな
い限り入会権者の資格を認めないとする男子孫要件は、前記 2 点のいずれか
らも何ら合理性を有さず、男女の本質的平等を定める日本国憲法の基本的理
念に照らし、遅くとも本件で補償金の請求がされている平成 4 年以降におい
ては、性別のみによる不合理な差別として90条の規定により無効であると判
示している。

424

第263条

事実認定における問題点

これまでの裁判例では、本条に関する事実認定として、共有の性質を有する入会権の成立とその消滅が問題となったものがある。

事実認定についての裁判例と解説

共有の性質を有する入会権の成立とその消滅 ─────────

裁判例

❶ 甲府地判平成21年10月27日判時2074号104頁 [28161671]

原告らは、本件山林の共有者であり、産業廃棄物処理施設の建設に賛成しているところ、本件山林に共有の性質を有する入会権が存在すると主張して廃棄物処理施設の建設に反対する被告らに対し、本件山林に入会権が存在しないことの確認を求めた事案において、明治の頃から村落共同体である北川組が、本件山林を所有し、同山林を北川組住民に割り当て、独占的な使用収益を許し、北川組という入会集団で植林造林等の事業を行ってきたから、北川集落の住民の共同体（北川組）が本件山林について共有の性質を有する入会権を有していたものと認めるのが相当であるとしたうえで、本件山林の入会権を消滅させる旨の入会権者全員の合意があったとは認められないし、入会権が解体消滅したと認めることはできないなどとして、原告らの請求を棄却したもの

解説

入会権は、一定の地域の住民の集団が土地に対して総有的な支配を及ぼす慣習法上の物権であるが、その客体として山林原野が最も多く、田畑や宅地など私有財産の対象となるに足る土地に入会権は発生しにくいといえる（山林地に生じた入会権につき、同地が田畑や宅地になっても存在するとした判例として、最判平成6年5月31日民集48巻4号1065頁 [27819952]）。また、入会地の利用が構成員中の特定の者に独占的な使用収益を許すような利用形態に変容した場合には、入会権の存続自体が疑わしいものとなり、このよう

425

な場合の入会権の存在を否定した判例（最判昭和32年9月13日民集11巻9号1518頁［27002772］）もある。判決❶の対象となった本件山林は、北川組において、住民に利用を認め、貸し付けたり、立木を売却したりなどしていたのであるから、北川集落の住民の共同体が入会権を有していたとした判決❶の判断は相当なものである。そして、北川組の構成員が本件山林の保続培養及び森林生産の増進を図ることを目的とした組合契約を締結し、21名の共有名義を経て3名の共有名義の登記をするに至っていることなどから、入会権の消滅が明示的又は黙示的に合意された否かが問題となるところ、前記組合契約の締結や共有名義での登記を行ったのは、そもそも入会権の主体である北川組が登記名義人になることができなかったほか、林業公社との分収造林（地上権設定）契約をスムーズに締結するための方策であり、むしろ、前記組合契約については、従前の入会権をそのまま存続させることを前提に、前記分収造林契約締結のため、従前の入会慣習を明文化したものとみることができるし、前記分収造林契約の内容も、管理委託という形態であって、入会権を有する者の間で収益を分配するものであるから、まさに入会権の行使ともいえる。このような事情を考慮して、入会権の消滅を否定したものである。

（上拂大作）

第264条

（準共有）

第264条　この節の規定は、数人で所有権以外の財産権を有する場合について準用する。ただし、法令に特別の定めがあるときは、この限りでない。

事実認定の対象等

■■ 意義

　所有権以外の財産権（地上権、抵当権、鉱業権、漁業権、著作権、特許権、株式など）が数人に帰属する場合を準共有というが、本条は、準共有についても、法令に特別の定めがない限り、共有の規定が準用される旨を定めたものである。

　民法の共有は、持分処分の自由、分割請求の自由を原則とするが、「法令に特別の定めがある」場合には、何らかの形でこれらの原則に修正を加えたものが多い。民法上の特別の定めとしては、地役権の不可分性（282条、284条、292条）、分割債権の原則（427条）、解除の不可分性（544条）、組合財産の共有（668条、改正後の676条）等がある。また、鉱業権（鉱業法43条）、漁業権（漁業法8条、32条）、著作権（著作権法64条、65条）、特許権（特許法33条3項・4項、38条、73条、77条5項、132条2項・3項）、株式（会社法106条、126条3項・4項）、社債（会社法685条3項・4項、686条）等についても、特別の定めがある。

■■ 参考裁判例

1　共同相続された金銭債権等の分割

　賃借権等の債権については、本条の適用があり準共有の対象となるところ、共同相続人が遺産分割前の遺産を共同所有する法律関係について、基本的には249条以下に規定する共有としての性質を有するものであるから（最判昭

427

和30年5月31日民集9巻6号793頁［27003040］、最判昭和50年11月7日民集29巻10号1525頁［27000349］等)、遺産に含まれる債権についても準共有が成立するが、共同相続された金銭債権その他の可分債権は、相続開始と同時に当然に相続分に応じて分割されるとするのが従来の判例（最判昭和29年4月8日民集8巻4号819頁［27003180］)であった。しかし、従来の判例の妥当性については議論があったところ、近時の判例（最大決平成28年12月19日民集70巻8号2121頁［28244524］)は、共同相続された普通預金債権、通常貯金債権及び定期貯金債権は、いずれも相続開始と同時に当然に相続分に応じて分割されることはなく、遺産分割の対象になるなどと解して、預貯金債権に限り従来の判例を変更しており、他の金銭債権・可分債権（貸金債権や損害賠償請求権など）の取扱いを含めて今後の動向が注目される。もっとも、このような判例変更の前においても、最判平成22年10月8日民集64巻7号1719頁［28163125］は、定額郵便貯金については、一定の据置期間があって、分割払戻しをしないとの条件の下で一定の金額を一時的に預け入れること等により、事務の定型化・簡素化を図っているにもかかわらず、定額郵便貯金債権が相続により分割されると解すると、それに応じた利子を含めた債権額の計算が必要になる事態を生じかねず、定額郵便貯金に係る事務の定型化・簡素化を図るという趣旨に反すること、仮に定額郵便貯金債権が相続により分割されると解したとしても、分割払戻しをしないとの条件が付されている以上、共同相続人は共同して全額の払戻しを求めざるを得ず、単独でこれを行使する余地はないのであるから、前記のように解する意義は乏しいことを指摘して、定額郵便貯金債権は、その預金者が死亡したからといって、相続開始と同時に当然に相続分に応じて分割されることはないなどと判示している。

　個人向け国債については、国債の権利関係が消費貸借類似のものとされていること（村瀬吉彦「国債」雄川一郎＝塩野宏＝園部逸夫編『現代行政法大系⑽財政』有斐閣（1984年）123頁等）からすると、金銭の給付を目的とする可分な債権であるとも考えられるが、最判平成26年2月25日民集68巻2号173頁［28220780］は、個人向け国債の額面金額の最低額が1万円とされ、

その権利の帰属を定めることとなる社債、株式等の振替に関する法律の規定による振替口座簿の記載又は記録は、前記最低額面金額の整数倍の金額によるものとされるなど、法令上、一定額をもって権利の単位が定められ、1単位未満での権利行使が予定されていないという個人向け国債の内容及び性質に照らせば、共同相続された個人向け国債は、相続開始と同時に当然に相続分に応じて分割されることはないなどと判示している。

　また、投資信託受益権については、金銭債権との類似性等を根拠として、相続開始と同時に相続分に応じた口数が当然に分割されるとの見解もあったが、前掲最判平成26年2月25日は、前記受益権には、収益分配請求権のほか、帳簿閲覧請求権や議決権などの不可分な権利が含まれていることなどを根拠として、共同相続された前記受益権は当然には分割されないなどと判示している。そして、最判平成26年12月12日裁判所時報1618号1頁［28224909］は、前掲最判平成26年2月25日の判示を前提に、元本償還金又は収益分配金の交付を受ける権利は前記受益権の内容を構成するものであるから、共同相続された前記受益権につき、相続開始後に元本償還金又は収益分配金が発生し、それが預り金として前記受益権の販売会社における被相続人名義の口座に入金された場合にも、前記預り金の返還を求める債権は当然に相続分に応じて分割されることはなく、共同相続人の1人は、前記販売会社に対し、自己の相続分に相当する金員の支払を請求することはできないなどと判示している。

2　保証人の代位弁済により抵当権の準共有が成立する場合

　最判平成17年1月27日民集59巻1号200頁［28100277］は、不動産を目的とする1個の抵当権が数個の債権を担保し、そのうちの1個の債権のみについての保証人が当該債権に係る残債務全部につき代位弁済した場合は、当該抵当権は債権者と保証人の準共有となり、当該抵当不動産の換価による売却代金が被担保債権のすべてを消滅させるに足りないときには、債権者と保証人は、両者間に前記売却代金からの弁済の受領についての特段の合意がない限り、前記売却代金につき、債権者が有する残債権額と保証人が代位によって取得した債権額に応じて案分して弁済を受けるものと解すべきであるなど

と判示している。その判示を導くに当たっては、前記場合には、改正前の
502条1項所定の債権の一部につき代位弁済がされた場合（最判昭和60年5
月23日民集39巻4号940頁［27100011］）とは異なり、債権者は、前記保証人
が代位によって取得した債権について、抵当権の設定を受け、かつ、保証人
を徴した目的を達して完全な満足を得ており、保証人が当該債権について債
権者に代位して前記売却代金から弁済を受けることによって不利益を被るも
のとはいえず、また、保証人が自己の保証していない債権についてまで債権
者の優先的な満足を受忍しなければならない理由はない旨を指摘している。

3　本条にいう「特別の定め」である会社法106条本文の規定

　会社法106条ただし書の意義については、学説上も必ずしも明確でなかっ
たところ、最判平成27年2月19日民集69巻1号25頁［28230661］は、まず、
同条本文は、共有に属する株式についての権利の行使方法について民法の共
有に関する規定に対する「特別の定め」（本条ただし書）を設けたものと解
することを前提に、会社法106条ただし書は、株式会社が当該権利の行使に
同意をした場合には、権利の行使方法に関する特別の定めである同条本文の
規定の適用が排除されることを定めたものと解したうえで、準共有株式につ
いて同条本文の規定に基づく指定及び通知を欠いたまま当該株式についての
権利が行使された場合において、当該権利の行使が民法の共有に関する規定
に従ったものでないときは、株式会社が同条ただし書の同意をしても、当該
権利の行使は適法となるものではないと判示した。そして、本件で問題とな
る議決権行使は、本件準共有株式の管理に関する行為として、各共有者の持
分の価格に従い、その過半数で決せられるべきである（この判示部分につい
ては、252条の「事実認定についての裁判例と解説」1の判決❹として挙げ
ている）が、本件議決権行使は、持分価格の過半数で決せられているとはい
えず、民法の共有に関する規定（252条本文）に従ったものといえないから、
本件会社がこれに同意しても、適法になるものでないと判示している。

430

事実認定における問題点

　本条に関する事実認定が問題となった裁判例は見当たらない。なお、本条により準共有にも準用される249条以下の規定において、準共有が問題となった事実認定の裁判例も適宜挙げていることから、そちらを参照されたい。

（上拂大作）

第4章　地上権

（地上権の内容）

**第265条　地上権者は、他人の土地において工作物又は竹木を所有するた
め、その土地を使用する権利を有する。**

事実認定の対象等

■■ 意義

本条は、地上権者がいかなる権利を持つかを明らかにするものである。

地上権を取得した者は、他人の土地において、地表の上下を問わず、建設
される一切の「工作物」や植林の目的となる「竹木」を所有するために、そ
の土地を使用する権利を持ち、これを人に貸すことも、売ることもできる。
工作物・竹木の所有という目的の点で永小作権者・地役権者と区別され、ま
た、主として譲渡可能性の点で土地賃借権者と区別される（遠藤＝鎌田編・
基本法コメ〔関彌一郎＝高橋良彰〕136頁）。

工作物とは、建物・道路・橋梁・空中廊下・モノレール・高架線・テレビ
塔・広告塔・記念碑・トンネル・井戸・地下鉄・地下街・駐車場など地上、
空中、地下に建設されるすべての施設をいい、竹木とは、耕作の目的たる草
木（稲、麦、野菜、桑、茶、果樹など永小作権の対象物）を除くすべての植
物をいう（遠藤＝鎌田編・基本法コメ〔中尾英俊〕129頁）。

■■ 法律要件及び法律効果等

1　法律要件

（1）　地上権は、通常、土地所有者と地上権者との間の地上権設定契約によ

って成立するが、388条に基づく法定地上権の成立、都市再開発法88条に基づく地上権設定などがあるほか、取得時効による取得、遺言による設定もある。既に成立している地上権が譲渡や相続により承継されることもある。

(2) 設定契約により地上権を取得する場合の法律要件は、

① 地上権設定者が、地上権者との間で、工作物（又は竹木）を所有する目的で、当該土地に地上権設定契約を締結したこと

② 地上権設定者が、①の当時、当該土地を所有していたこと

である。②の要件は、地上権設定契約が所有権の内容である使用価値の一部分を移転する処分行為（物権契約）であるため、必要となる（大江・要件事実(2)417頁）。判例は、地代は地上権設定の構成要件でなく、地代の定めを欠いている地上権設定契約は無効ではないとする（大判大正2年4月24日民録19輯271頁［27521671］）。もちろん、地上権者もまた土地の所有者に定期の地代を払うことがあるから、このことだけで地上権と賃借権とを区別することはできない（大判明治32年1月22日民録5輯1巻31頁［27520005］）。

2 法律効果

⑴ 地上権の及ぶ範囲

地上権は、工作物・竹木の所有のための権利であるが、これらのものが設置ないし植栽される土地自体以外に、工作物設置ないし竹木植栽に必要なその周囲の土地も、地上権の対象となる。このことは、①当該土地の周囲の土地は、地上権設定契約で特段の定めがない限り、地上権の対象とされているものと推定されること、②そのような周囲の土地は、それ自体の上に工作物設置ないし竹木植栽がなされることが目的とされていなくとも、地上権の対象となり得ることを意味する（川島＝川井編・新版注釈民法(7)〔鈴木禄弥〕872頁）。

この点について、判例は、①工場の所有を目的とする地上権は、工場の敷地のほか、工場附属物、製造品の置場、物品運搬に要する線路等工場所有のために使用される工場敷地四囲の空いている場所にも及ぶ（大判明治34年7月8日民録7輯7巻44頁［27520242］）とか、②1つの法律行為で地上権を

設定したときは、工作物敷地の外その四囲に空地があり工作物使用のため随時必要とする場合は、その空地はその権利中に包含される（大判明治34年10月28日民録 7 輯 9 巻162頁［27520265]）などとする。

(2) 地上権者・土地所有者の権利義務

ア　土地に地上権を設定した場合には、土地所有者は自ら土地を使用する権利を喪失する（大判明治38年 9 月27日民録11輯1226頁［27520849]、大判大正 6 年 9 月 6 日民録23輯1250頁［27522471]）。土地所有者は、地上権者以外の他人に使用させることもできないが、土地所有者の義務は、地上権者の土地使用を妨げ得ないという消極的義務であり、賃貸主のように進んで土地を使用に適する状態におくべき積極的義務ではない（遠藤＝鎌田編・基本法コメ〔関彌一郎＝高橋良彰〕138頁）。

イ　地上権者は、工作物所有・竹木所有の目的に必要な範囲で、土地所有者が有し得るのと同じ支配力をその土地について有する（遠藤＝鎌田編・基本法コメ〔関彌一郎＝高橋良彰〕138頁）。地上権は土地を占有するべき権能を含む物権であるから、地上権者は、地上権に基づき、妨害排除請求権、妨害予防請求権だけでなく、返還請求権も行使できる（能見＝加藤編・論点民法 2 〔秋山靖浩〕375頁）。地上権者は、その権利を譲渡・転貸することができる（大判明治36年12月23日民録 9 輯1472頁［27520561]、大判明治37年 6 月24日民録10輯880頁［27520658]）。

さらに、判例は、地上権者がその所有工作物を他に移転したときは、地上権もともに移転する、としている（大判明治37年12月13日民録10輯1600頁［27520724]、大判明治39年 2 月 6 日民録12輯174頁［27520931]、大判明治40年11月26日法律新聞466号 9 頁［27532704]）。

(3) 地上権の対抗要件

ア　民法

地上権は、不動産に関する物件であるから、地上権の取得を第三者に対抗するためには登記が必要である（177条）。

イ　借地借家法等

建物の所有を目的とする借地権（地上権のほか、賃借権）については、地

主の協力なしに土地使用権者が単独でできる建物登記を利用し、地上権・賃借権の登記がなくても、建物を他人の土地の上に所有しその登記を建物登記簿上に得ている者に限り、特にその土地使用権を土地登記簿に登記することなく第三者に対抗できるとする建物保護ニ関スル法律（明治42年法律第40号）が制定されていた。この対抗力に関しては、借地借家法（平成３年法律第90号）10条に引き継がれている（遠藤＝鎌田編・基本法コメ〔関彌一郎＝高橋良彰〕134頁参照）。

事実認定における問題点

　これまでの裁判例では、１　設定契約によって取得された土地使用権が地上権であるか否か、２　地上権の内容（目的等）、３　地上権の時効取得の成否が問題となったものがある。

事実認定についての裁判例と解説

１　設定契約によって取得された土地使用権が地上権であるか否か ───

裁判例

⑴　地上権と認めたもの

❶　大判大正15年11月３日新聞2636号13頁 ［27550271］

　夫Ａ・妻Ｂの共有の土地建物につき、ＡＢ間で、Ａに建物、Ｂに土地と分割することを合意し、その後、建物が他人に譲渡されたときに土地の所有者であるＢが譲受人に対して当該土地上に建物を有することを承諾した場合において、その前後の状況に鑑みて特別の事情がない限り、共有分割当初に土地の取得者たるＢは建物取得者たるＡに土地の使用を与えたものと認定し、この使用権は、その存続期間及び地代につき特別の合意がなかったことから、地上権の性質を有するものと推認した原審の認定判断を是認した。

❷　大阪地判昭和38年６月18日判タ146号82頁 ［27430685］

　土地と地上建物の所有者が建物のみを使用の目的で他に贈与した場合には、

当該建物のために用益権を設定したものと認められ、その用益権の性質は、388条及び地上権ニ関スル法律１条の法意により地上権と解すべきである。

❸ 福岡高判昭和38年７月18日判時350号23頁［27430697］

父が次男（被告）の障がいを憂え、地上建物で料理屋の営業をさせて自活の途を立てさせようとしたところ、父死亡後に、被告の甥Ａ（亡長男の息子）らと協議の末、その建物のみを被告に分与することとし、土地についてはＡが相続し、その後、Ａが土地を原告に譲渡した事案において、建物の分与に至る経緯等に照らして、Ａと被告との間には、単なる使用貸借上の債権的権利ではなく、地代及び存続期間の定めのない地上権設定契約が黙示的に締結されたものと解される。

❹ 東京地判昭和45年９月８日判時619号64頁［27431214］

土地使用の契約について、契約時地価相当額の対価を支払い、その使用の対価としては、公租公課の11割という通常の賃料とは考えられない低額の金員であること、及びその土地上の建物として木造に比較して堅固なブロック造である建物を建て使用してきたこと等を総合すれば、当該土地使用の契約は地上権設定契約と解するのが相当である。

⑵ **地上権と認めなかったもの**

❺ 東京高判昭和28年３月30日高裁民集６巻３号100頁［21005256］

土地と建物とが同一所有者に属し、建物だけを譲渡した場合、建物を取毀建物として譲渡したという特別事情がなければ、建物譲受人のために、敷地を使用する権利として地上権という強力な権利が設定されるのではなく、通常は賃借権が設定されたものと認めるのが相当である。

❻ 最判昭和47年７月18日裁判集民106号475頁［27403909］

夫婦間での土地の無償使用を許す関係を地上権の設定と認めるためには、当事者間に特に強固な権利を設定したと認める特段の事情がなければならず、特段の事情のない限り、使用貸借と解すべきであるとして、夫婦間における土地の無償使用の関係を地上権とした原審を破棄差戻しとした。

❼ 大阪高判平成12年５月31日税務訴訟資料247号1150頁［28090270］

親族間又はこれに準ずる者との間において無償で不動産の使用を許す関係は、多くは情誼に基づくものと考えられ、明確な契約関係として意識されないか又は使用貸借契約を締結する意思があるにすぎないのが通常であり、無償の地上権のような所有者に大きな負担となる権利の設定を認めるには、当事者が何らかの理由で特に強固な権利を設定することを意図したと認められるべき特段の事情を必要とするところ、本件においてはそのような特段の事情も認められないとして、本件土地の使用関係は使用貸借であると推認するのが相当であるとした。

❽ 東京高判平成12年7月19日判タ1104号205頁［28073007］

親の所有する土地上に子が建物を建築したことにつき、親は子及びその妻に対し土地を敷地として無償で使用することを承諾したと認められるとして、建物所有を目的とする使用貸借契約の成立は認められるが、当該承諾はあくまで親密な親子関係を基礎としたものであるから、地上権を設定したとまで解することはできないとした。

❾ 東京地判平成25年8月22日判時2217号52頁［28222366］

連棟式建物の敷地の権利関係について、敷地が各専有部分の所在する土地ごとに分筆されている場合であっても、共用部分である同建物の基礎・土台部分及び躯体部分が敷地全体にまたがって設置されているときは、各専有部分の区分所有者は、前記共用部分の持分を有することにより、他の区分所有者の土地を占有していることになり、その占有権原の性質は地上権ではなく、賃借権であるとした。

> 解説

(1) 地上権ニ関スル法律（明治33年法律第72号）の施行の日以前から工作物又は竹木を所有するために他人の土地を使用する者は、地上権者と推定される（同法1条、推定地上権）。その使用開始の時期を問わず、今日でもこの推定は行われる（川島＝川井編・新版注釈民法(7)〔鈴木禄弥〕868頁、能見＝加藤編・論点民法2〔秋山靖浩〕372頁。この推定を用いた近時の裁判例として、大津地決平成8年2月15日判例地方自治150号54頁［28011003]）。なお、判例は、工作物所有目的での土地利用権が地上権か賃借権かが争われ

た事案において、地上権ニ関スル法律は、当事者の契約上の意思を知り得ない場合における規定であり、当事者の意思を知り得るときには適用がない、とする（大判明治33年11月12日民録6輯10巻50頁［27520155］）。

(2)　権利関係の存否、権利関係があったとしてその性質が問題となることがあるが、その多くは、土地上に建物を有する場合において、土地の所有者と建物の所有者とが異なるに至った事案である。このような場合、通常は、建物所有のための何らかの権利関係があるものと推認される（最判昭和41年1月20日民集20巻1号22頁［27001235］参照）。したがって、ことの本質は、当該契約関係がいかなる性質のものか（賃貸借契約か、使用貸借契約か、地上権設定契約か等）に収斂される。そして、これはまさに契約の解釈の問題であり、一般には、契約（書）で用いられた文言だけでなく、契約成立当時の事情、契約後の利用状況などを総合的に判断して当事者の意思を合理的に判断すべきとされる（谷口編・新版注釈民法(15)〔望月礼次郎＝水本浩〕161頁、伊藤＝加藤編・判例から学ぶ〔村田渉〕188頁等）。

　土地利用が有償の場合には、賃借権か地上権かが問題となり、譲渡性の有無（地上権には譲渡性がある）、存続期間の長短、修補義務の有無（地上権では土地所有者は土地を利用し得る状態に置く義務、すなわち修補義務を負わない）などが主要な考慮要素となるが、いずれかが決定的なものというわけではなく、当該地方の慣習、使用目的、その他一切の事情を総合して識別することになる（遠藤＝鎌田編・基本法コメ〔関彌一郎＝高橋良彰〕137頁、川島＝川井編・新版注釈民法(7)〔鈴木禄弥〕868頁、能見＝加藤編・論点民法2〔秋山靖浩〕372頁、我妻＝有泉・民法講義Ⅱ349頁等）。なお、都会地の宅地の貸借は、多くの場合に当事者は無条件の譲渡性を認識していないから賃借権であるように思われるとの指摘がある（我妻＝有泉・民法講義Ⅱ349頁）。

　土地利用が無償の場合には、使用借権か地上権かが問題となるが、無償で強力な用益権を設定することは通常は考えにくいから、地上権の設定ととらえるのは慎重であるべきであるというのが一般的な考え方である（伊藤＝加藤編・判例から学ぶ〔村田渉〕191頁、能見＝加藤編・論点民法2〔秋山靖浩〕373頁、川島＝川井編・新版注釈民法(7)〔鈴木禄弥〕870頁等）。このこ

とからすれば、地代は地上権設定の構成要件でないから地上権設定の事実を認定するに当たって地代協定の有無を審案する必要がないとする大審院の判例（大判大正 2 年 4 月24日民録19輯271頁 [27521671]）は、現在では当てはまらないであろう。

(3)　判決❶は、夫婦共有地であった当該土地の譲受人原告が建物譲受人被告に対し、地上権設定仮登記抹消登記手続を求める事案において、もと同一所有者に属していた土地とその上の建物が別々の所有者に移るときに設定された借地権が、建物所有のためになされたこと、存続期間及び地代について特別の合意がなかったこと、夫婦間に設定されたものであること等の諸事情から地上権が設定されたものと認定した原審の判断を維持したものである。

これに対し、判決❻は、地上権の認定をした原審（東京高裁）の認定判断（被告主張を容れて原告請求を棄却）を覆したものである。事案は、夫A所有の土地上に建物を所有していた妻B（戸主）が昭和20年に隠居し、長男原告が家督相続をしたが、当該建物につき所有権取得登記をしないでいたところ、Bは、当該建物及び敷地の「借地権」を長女被告に遺贈する旨の遺言をして昭和35年に死亡し、被告が建物の占有を取得し、かつ、建物の所有権移転登記を経由したという事実関係の下で、原告は、被告に対し、主位的請求として、建物につき、所有権確認・明渡・所有権移転登記手続を請求し、予備的請求として、Aから相続により取得した土地所有権（遺産分割により単独所有）に基づき、建物収去土地明渡しを求め、これに対し、被告は、BがAから建物の敷地につき無償で地上権の設定を受けており、被告はBの遺贈によって建物所有権及び地上権をともに取得したと主張したものである（判タ282号167頁の匿名コメント参照）。判決❻で要約されている原審の認定判断によれば、Bが本件土地につき地上権を有すると認定した理由として、①本件土地の所有者であったAは、Bと夫婦で同居し、戸主のB名義による貸座敷業を協力して営んでいたところ、Bは昭和 9 年10月頃本件土地上に本件建物の建築に着手し、昭和10年 4 月頃これが完成した後は、Aとともに本件建物に移って使用していたのであるから、Bは、Aのため、当該建築着手の頃、本件土地につき建物所有を目的とする借地権を暗黙裡に設定したものと

認められ、②借地権の存続期間及び地料について合意があったとは認められないことから推測すれば、借地権は、使用貸借上の権利と解するよりはむしろ地上権の性質を有するものと解すべきであるとした。しかし、判決❻で最高裁は、「建物所有を目的とする地上権は、その設定登記または地上建物の登記を経ることによつて第三者に対する対抗力を取得し、土地所有者の承諾を要せず譲渡することができ、かつ、相続の対象となるものであり、ことに無償の地上権は土地所有権にとつて著しい負担となるものであるから、このような強力な権利が黙示に設定されたとするためには、当事者がそのような意思を具体的に有するものと推認するにつき、首肯するに足りる理由が示されなければならない。ことに、夫婦その他の親族の間において無償で不動産の使用を許す関係は、主として情義に基づくもので、明確な権利の設定もしくは契約関係の創設として意識されないか、またはせいぜい使用貸借契約を締結する意思によるものにすぎず、無償の地上権のような強力な権利を設定する趣旨でないのが通常であるから、夫婦間で土地の無償使用を許す関係を地上権の設定と認めるためには、当事者がなんらかの理由でとくに強固な権利を設定することを意図したと認めるべき特段の事情が存在することを必要とするものと解すべきである。しかるところ、本件において、原判決の掲げる前示の事情のみをもつてしては、AがBに本件土地を無償で使用することを許諾した事実は肯認することができても、これをもつて使用貸借契約にとどまらず地上権を設定したものと解するに足りる理由を見出すことはできないものというほかはない」と判示して、原審認定の事情のみを理由に、他に特段の事情を判示することなく、Bが本件土地につき地上権を有していたものと認めた原判決には審理不尽・理由不備の違法があるなどとして、原判決につき破棄差戻しとした。この点、後藤勇『民事裁判における経験則――その実証的研究』判例タイムズ社（1990年）238頁は、判決❻の事案が判決❶の事案と類似しており、判決❶の裁判例の考え方からすれば判決❻の事案でも地上権を認める余地が全くないとはいえないかもしれないとしつつも、「親族間や親しい知人・友人間においては、黙示的に土地の使用を認めて使用関係が認定されることがあり、かつ、右使用関係は無償のことが多い。そ

して、このような場合に、地上権は使用貸借上の権利よりはるかに強力な権利であるから、単なる使用貸借ではなく地上権を認めるためには、余程の強い特段の事由が必要であるというべく、現在における一般社会の常識に照らしてみれば、最高裁判決の説示するとおり、せいぜい使用貸借権を設定する趣旨であって、無償の地上権を設定することはあり得ないとみるのが経験則に合致することになろう。前記大審院判決〔引用者注：判決❶のこと〕は、現在の土地使用関係の設定に関する一般的な実情に反するものといえよう」とする。正当な指摘といえよう。

　判決❼及び判決❽は、判決❻の考え方を踏まえたものと評価できる。判決❼は、法人税額を争う中で、原告ら自身が役員となる同族会社に対して所有土地の利用を認めていたところ、その利用権が使用貸借か地上権かが争点となった事案であり、土地建物自体が訴訟の客体となる事案とは趣を異にするが、その認定判断の手法は通常のものと変わらず、地上権を有することを前提とする会計処理をしたこともないこと等も考慮されている（同じく課税対象が争われた事案として、大阪地判昭和43年11月25日訟務月報15巻1号46頁[21029290]がある。同判決は、「物権である地上権が債権である賃借権等に比し土地使用の目的を達するのにより有利であるからといつて親族間における土地使用の関係が常に地上権を設定するものと認めるのは相当でなく、むしろ、親族間における土地利用が愛情等の特殊なきずなによつて結ばれ、その基礎の上に成立したものであればその間に何等利害関係の対立はないのであるから経済的利害について無色ともいうべき使用貸借が最も適合するというべきであつて、地上権のような強力な物権を設定する必要性は毫も存しないといわなければならない」と判示して、土地利用権を地上権として課税した課税当局の処分を取り消した事案であり、興味深い）。

　判決❽の事案は、被告の夫のＡが、母である原告の所有する土地に建物を建築して所有していたが、原告は、Ａの死亡で建物を相続した被告に対し、無断で自己所有地に建物を所有していると主張し、建物収去土地明渡しを求めたものである。被告は、原告はＡに対し、被告が同席しているところで本件土地に建物を建てることを了解したこと、その後も被告とＡは、

本件建物の建築状況を原告に説明していたことなどを挙げ、①原告被告間の、明示又は黙示の建物所有を目的とする使用貸借の成立（Ａが死亡した場合を仮定し、原告被告間に使用貸借を成立させるとの合意があった）、②原告Ａ間の地上権設定契約（Ａの死亡により原告が地上権を相続した）の成立を主張した。判タ1104号の匿名コメントによれば、原判決（第一審判決）は、原告が契約の締結を強く否定していること、Ａは死亡しており詳細な事情を聴けないことなどを理由に、使用借権や地上権の設定を推認することはできないとし、原告の請求を認容したことから、被告が控訴を提起した。判決❽は、原告の供述の不自然性、原告と被告Ａ夫婦の関係は親密であったこと、本件建物の建築確認申請に際し、原告の実印が押なつされた書類や印鑑登録証明書が用いられていることなどから、被告の供述を採用し、原告は、子であるＡに本件土地を居宅敷地として無償で使用することを承諾していたが、それだけでなく、その妻である被告にも同様の承諾を与えたと推認し、原告被告間に使用貸借が成立したとして原判決を取り消し、原告の請求を棄却しており、直接には、土地の占有権原が地上権によるものではないことの認定までは不要であったが、判文では括弧書で地上権でない旨まで説示されている（あえてそのような説示をしたのは、今後の権利関係への配慮があったからではないかと推察される）。

　地上権の認定をした判決❷は、土地と地上建物の所有者であったＡが建物のみをＢに贈与し、その後建物がＣから被告へと譲渡されたところ、土地の譲受人原告が被告に対し建物収去土地明渡しを求めた事案において、ＡがＢに地上建物のみを贈与した際に地上権が設定されたか否かが争点の１つとなったものである。本判決は、ＡＢ間の地上権設定を認定したうえで、被告が建物の譲受とともに当該地上権も譲り受けたとしつつも、結論において、対抗関係で原告に劣後する被告を敗訴させた第一審の判断を維持しており、地上権設定を認定した意義については、そのような点も考慮しておく必要があるであろう。また、抵当権の設定されていない同一の所有者に属する土地及びその上の建物が強制競売の結果所有者を異にするに至った場合について388条の類推適用を認めない判例（最判昭和38年6月25日民集17巻5号

800頁［27711307］）の趣旨に徴すれば、「388条の法意により」地上権と解すべきとした点は、今となっては採ることができないであろう（田中永司・最判解説〈昭和41年度〉25頁参照）。他方で、判決❸は、生計の維持といった事情を重視したものと思われ、結論としては納得できよう（この点、事案の「落ち着き」も考えて安定的な判断の重要性を説くものとして、伊藤＝加藤編・判例から学ぶ〔村田渉〕191頁がある。また、その引用に係る谷口知平「公租公課の負担と使用貸借の認否」民商法雑誌56巻4号（1967年）691頁も、同種事案の事実認定のあり方につき示唆に富む指摘がある）。

2　地上権の内容・範囲

　約定の内容については、地代の有無のほか（前記1参照）、その範囲、目的、存続期間等が、設定行為当時の内容からの変更の有無も含め、争いとなることがある（存続期間については、268条の解説参照）。このうち、借地権者が約定と異なる種類・構造の建物を建築した場合等に、地主が長年異議を述べずに地代を受領していたようなときは、黙示の承諾の有無が問題となることがある（後記の判決❷、❸）。

　裁判例

❶　大判大正14年4月23日新聞2418号15頁［27539737］

　宅地明渡請求事件において、建物所有の目的で地上権を設定した場合には、特別の事情がない限り、建物の敷地及びその付近の土地で建物を所有しかつ利用するのに必要な限度についてのみその設定があったものと推定されるとしたうえで、729坪の宅地上に6坪7合5勺の家屋を所有する場合に、当該家屋を所有・利用するために宅地全部を使用することを必要とする状況があるか、宅地全部について地上権を設定する特別の事情があることを確定しなければ、当該宅地全体に地上権の設定があるとはいえないのに、これを何ら確定することなく宅地全部について地上権の設定を認めて宅地明渡請求を全部排斥した原判決を破棄した。

❷　東京地判昭和40年9月21日判時420号12頁［27430848］

　寺院がその境内に隣接する所有地につき設定した地上権設定契約は、建物

の種類につき明示の定めが置かれていなくても、寺院の風致と調和しないおそれのある石造、煉瓦造、鉄筋コンクリート造等のいわゆる堅固な建物所有を目的としたものと解すべきではない。

❸ 札幌地判昭和50年2月18日判夕330号359頁［27404314］

非堅固建物の所有を目的とする地上建設定契約存続中に、地上権者が堅固建物に建替えを始めたのに、土地所有者が当該建物新築中に訪れ、その工事の状況、おおよその建物の構造、形状を知っていたにもかかわらず、それに対し速やかに異議を申し出ることなく、約10年間放置していたことは、当該建物建築当時において、当該建物の築造をやむを得ないものとして黙認したものと認めるのが相当であるとした（控訴審である札幌高判昭和51年7月19日判夕344号229頁［27431594］も、本判決の認定判断を是認している）。

┌─────┐
│ 解説 │
└─────┘

判決❶の事案は、地上権の及ぶ範囲が問題となったものである。建物所有目的で地上権を設定した宅地は1筆の土地であったが、判決❶は、建物を所有するのに必要な範囲外に属する周囲の広漠な土地に地上権を設定したというのは、当事者の意思に適するとはいえない旨判示するが、地上権の性質からしても当然の判示と思われる。なお、1筆の土地の一部についてのみ地上権を設定することは実体法的に可能であり（大判明治34年10月28日民録7輯9巻162頁［27520265］、我妻＝有泉・民法講義Ⅱ344頁）、昭和35年改正前の不動産登記法下ではその旨の登記も可能であったが、現行法下では、1筆の一部の上の地上権の設定を登記面に正しく公示し対抗力を取得させるには、所要の分筆手続を経て設定登記をする方法しかない（幾代通＝徳本伸一補訂『不動産登記法〈第4版〉』有斐閣（1994年）282頁、我妻＝有泉・民法講義Ⅱ344頁）。

判決❷及び判決❸はいずれも、地上権の目的（堅固建物所有の目的か非堅固建物所有の目的か）が争われた事案である。判決❷は、地上権の客体が寺院境内の隣接地という、やや特殊な事案であり、この点が事実認定上も影響していることはもちろんである。また、借地権者が契約によって定められたものとは異なる種類・構造を有する建物を建築したとしても、地主が長年異

445

議を述べずに地代を受領していたときには、黙示の承諾があったといえる場合も少なくないであろうが、判決❸も、同様の認定判断をするものといえる。

3　時効取得の成否

　地上権の時効取得が成立するためには、土地の継続的な使用という外形的事実が存在するほかに、その使用が地上権行使の意思に基づくものであることが客観的に表現されていることを要するというのが判例である（最判昭和45年5月28日裁判集民99号233頁［27441293]）。地上権の時効取得の成否が問題となった裁判例としては、次のものがある。

［裁判例］

❶　最判昭和46年11月26日裁判集民104号479頁［27441432]

　被上告人家では被上告人の玄祖父Aが、日島村間伏郷滝ヶ原及び同郷石司部落住民の税金を代納した代償として、当時当該両部落住民が使用収益権を有していた本件各土地を杉等の立木を所有する目的をもって専用することを当該両部落住民から許された旨代々言い伝えられてきた事実によれば、被上告人は、昭和3年頃から昭和23年末頃までの間、本件各土地を杉等の立木を所有する目的で継続的に使用してきたものであり、かつ、その使用が当該立木所有のための地上権を行使する意思に基づくものであることが客観的に表現されていたものと解するのが相当であるとして、地上権の時効取得の成立を認めた原審の判断を正当として是認した。

❷　大阪高判平成15年5月22日判夕1151号303頁［28092034]

　控訴人らにおいて、それぞれ被相続人の占有も含めて、本件各係争土地の継続的使用という外形的事実は認められるものの、当該各土地上に建物を建て、京都市との間に給水契約を締結して水道を敷設し、建物につき表示登記ないし所有権保存登記を経ているというにすぎず、地代支払などの地上権行使の意思の表示であると認められる行為は全くされていないから、本件各係争土地の使用が被控訴人らの地上権行使の意思に基づくものであることが客観的に表現されているということはできないとして、控訴人らの地上権の時効取得の主張を排斥した。

第265条

❸ 　名古屋高判平成17年5月30日判タ1232号264頁［28101325］

　原告が、被告市に対し、被告が何ら権限なく原告の所有地（私道）に上水
道の配水管を埋設しているとして不法行為に基づく損害賠償を請求した事件
において、被告が元来宅地分譲用道路である同土地を前主から取得したもの
であり、その際に原告が現に道路として使用されていること及び配水管が将
来設置されるであろうことを認識し、また、その後も原告が配水管の設置及
び無償使用を黙示に承諾していたことが認められるが、仮にこれらの事実が
認められなかったとしても、被告については、前記配水設備を設置し現在に
至るまでこれを管理していることから地下地上権行使としての土地の継続的
使用の外形的事実が存在し、かつ、原告のこれまでの使用料の請求に対して
は明確に拒否していることからその使用が期限の定めのない無償の地上権行
使の意思に基づくものであることが客観的に表現されていると認められるた
め、被告にとって10年又は20年の経過により前記土地についての無償で期限
の定めのない地上権の取得時効が完成するとした。

　　解説

　前掲最判昭和45年5月28日は、地上権の時効取得が法律上可能であること
を前提に、その要件として、①土地の継続的な使用という外形的事実が存在
することのほか、②その使用が地上権行使の意思に基づくものであることが
客観的に表現されていることを要することを明らかにした（賃借権の時効取
得の成立要件に関する最判昭和43年10月8日民集22巻10号2145頁
［27000911］、最判昭和44年7月8日民集23巻8号1374頁［27000801］等も参
照）。この点、地上権の時効取得について②の成立要件を必要としないとす
ると、時効により取得される権利が、所有権か地上権か賃借権かを識別する
ことが困難になるが、前掲最判昭和45年5月28日は、地上権の時効取得の成
立を否定した原判決を支持するものであったため、土地の継続使用が地上
権行使の意思に基づくものであることが客観的に表現されているとは、具体
的にどのような場合かは明確にされていなかった。

　判決❷はこの点の否定事例であるが、判決❶、❸は肯定事例である。

　判決❶は、山林において立木（杉や檜）の所有を目的とするものであるこ

447

と、地盤所有者との間に親族関係等特殊の関係があるわけではないこと、昭和24年頃に杉立木を伐採したが昭和25年頃にはまた杉を植え付けており、半永久的ともいえる使用状況であること等から、地上権行使の意思に基づくことが客観的に表現されたと判断されたという事情もあるとのことであり（判時654号53頁の匿名コメント参照）、地上権の時効取得に関する事実認定の参考となろう。また、判決❸は、所有者である原告に対して、無償の地上権行使の意思を直接表示したことで充足したと解しており、その結論は妥当であろう。

（森　健二）

（地代）

第266条 第274条から第276条までの規定は、地上権者が土地の所有者に定期の地代を支払わなければならない場合について準用する。

2 地代については、前項に規定するもののほか、その性質に反しない限り、賃貸借に関する規定を準用する。

事実認定の対象等

■■ 意義

本条は、地上権者の義務のうち、定期の地代を支払う場合について規定する。地代については、本条1項によって、永小作料についての274条〜276条の規定が準用され、これらの規定が定める以外の点については、本条2項によって、賃貸借に関する規定が準用される。

永小作権に関する規定の準用の中では、276条により「地上権者が引き続き2年以上地代の支払を怠ったときは、土地の所有者は、地上権の消滅を請求することができる」ことになることが重要である。永小作権に関する274条及び275条については、両規定が収益に関するものであるため、主として竹木の植栽を目的とする地上権についてのみ準用される（川島＝川井編・新版注釈民法(7)〔鈴木禄弥〕882頁）。

民法賃貸借中の賃料の規定のうち、609条・610条は、本条1項（274条・275条）により排除され、地代については準用されない。地代について準用される賃貸借の規定の主なものは、611条（土地一部滅失による地代減額請求）、614条（地代支払時期）及び312条以下（地代の先取特権）である（川島＝川井編・新版注釈民法(7)〔鈴木禄弥〕882頁）。

なお、建物所有を目的とする地上権の地代については、借地借家法11条（増減額請求権）及び12条（先取特権）の規定の適用がある。

■■ 法律要件及び法律効果等

1 法律要件

(1) 地代の内容等

ア 地上権は、永小作権が「小作料」を（270条）、賃借権が「賃料」（601条）を要素とする点と異なり、「地代」を要素とするものではない（大判大正2年4月24日民録19輯271頁［27521671]）が、合意で有償とすることができる。また、設定行為で地代が定められた場合には、登記の対象となる（不動産登記法78条2号）。地代は、定期払のものであっても一時払のものであってもよいし、金銭であってもその他のものであってもよい（石田穣『民法大系(2)物権法』信山社（2008年）442頁）。定期払と一時払の併用であっても差し支えなく、この場合には一時払の分は、通常、権利金と呼ばれる（我妻＝有泉・民法講義Ⅱ374頁）。

地代の内容（地代の額や支払時期等）は、原則として当事者間の約定で定まり、かつ約定によってのみ変更できる（遠藤＝鎌田編・基本法コメ〔関彌一郎＝高橋良彰〕140頁）。

イ 土地所有者が定期払の定めのある地上権者に対して一定期間分の地代を請求するための法律要件は、

① 土地所有者が地上権者との間で地上権設定契約の締結したこと

② ①の契約において地代の定期払の合意をしたこと

③ 土地所有者が地上権者に対し、①の契約に基づいて土地を引き渡したこと

④ 一定期間の経過

である。③、④を要件とするのは、地上権設定契約において定期払の定めのある地代は、工作物・竹木を所有する目的の範囲内で土地を排他的に使用する対価として発生するものであると解されるからである。

(2) 地上権の消滅請求

ア 本条の準用する276条の「引き続き2年以上の地代の支払を怠」るというのは、2年分の不払という意味ではなく（大判明治38年3月3日民録11輯287頁［27520760]）、また、単にある期の地代の支払を2年以上にわたっ

て延滞した（延引した）ということでもなく、引き続き2年にわたりその期間の地代の支払を延滞することを指す（大連判明治43年11月26日民録16輯759頁［27521433］、我妻＝有泉・民法講義Ⅱ381頁、川島＝川井編・新版注釈民法(7)〔鈴木禄弥〕882頁）。地上権が移転した場合には、新旧両地上権者の滞納期間が通じて2年を超えれば消滅請求が可能となる（大判大正3年5月9日民録20輯373頁［27521778］、大判昭和12年1月23日評論26巻民法297頁［27544894］。

　イ　土地所有者が276条の規定に従って地上権を消滅させるには、単にその意思表示をもってなせば足り、地上権者に承認させ、あるいはこれを訴求する必要はない（大判明治40年4月29日民録13輯452頁［27521094］）。同条に基づき地上権消滅請求の意思表示をするためには、2年分の地代の不払のほか、この不払につき地上権者の責に帰すべき事由によることが必要である（大判昭和14年8月31日民集18巻1015頁［27819302］、最判昭和56年3月20日民集35巻2号219頁［27000147］、大江・要件事実(2)427頁）。また、一般の解除（541条）と異なり、地上権の消滅請求において催告は必要ない（大判明治40年4月29日民録13輯452頁［27521094］、大判大正元年10月4日民録18輯785頁［27521621］、東京地判昭和46年7月19日判時648号78頁［27431279］）。滞納の期間が2年以上という長期にわたるからである（石田穰『民法大系(2)物権法』信山社（2008年）448頁）。

　ウ　本条の準用する276条による地上権の消滅請求をするための要件は、
①　土地所有者が地上権者との間で地上権設定契約の締結したこと
②　①の契約において地代の定期払の合意をしたこと
③　土地所有者が地上権者に対し、①の契約に基づいて土地を引き渡したこと
④　③の引渡しの後、引続きの2年以上の経過
⑤　④の後、土地使用者の地上権者に対する地上権消滅請求の意思表示
である。なお、地代の不払に係る地上権者の責に帰すべき事由については、その不存在（地上権者による弁済の提供の事実と土地所有者の受領拒絶の事実等）を地上権者が抗弁として主張・立証することになる（倉田卓次監修

「要件事実の証明責任 債権総論」西神田編集室（1986年）46頁、村田＝山野
目30講178頁、大江・要件事実(2)427頁）。

2　法律効果

(1)　地代の内容等

　地上権者が地代を支払う約定をした場合には、土地所有者は、地上権者に
地代を請求することができる。

　地代の定めは地上権の一内容をなし（大判大正5年6月12日民録22輯1189
頁［27522208］、大判昭和4年9月18日新報201号9頁［27551518］）、地上権
の譲受人は将来の地代債務を承継する（我妻＝有泉・民法講義Ⅱ375頁、能
見＝加藤編・論点民法2〔秋山靖浩〕380頁）。なお、法定地上権についてで
あるが、地上権譲渡前の既発生の地代債務は当然には承継しないとする裁判
例がある（最判平成3年10月1日裁判集民163号327頁［27810404］、大阪高
判平成2年9月25日高裁民集43巻3号163頁［27808811］）。しかし、地代の
登記がないときは、土地所有者は、新地上権者に対して、地代債権を対抗し
得ないとする裁判例（大阪控判明治39年12月4日新聞403号10頁
［27562864］）がある（この点、川島＝川井編・新版注釈民法(7)〔鈴木禄弥〕
880頁は、地上権が地代の定期払をしないことはまれである等の実情からし
て「地上権譲受人は……地代についての登記がなくともこの義務をも当然に
承継する、と解すべきではあるまいか」とする）。他方で、地上権譲渡人
（旧地上権者）は、地上権移転登記をしない限り、地上権の移転を土地所有
者に対抗し得ないため、地代債務を免れることができない（前掲大判昭和4
年9月18日、能見＝加藤編・論点民法2〔秋山靖浩〕380頁）。ただし、建物
所有を目的とする地上権については、地上建物の移転登記があれば地上権の
移転も対抗できると解され、この場合に当事者にさらに地上権の登記を求め
るのは妥当でないから、土地所有者は地代の登記なしに新地上権者に地代を
請求できると解される（我妻＝有泉・民法講義Ⅱ376頁、石田穣『民法大系
(2)物権法』信山社（2008年）442頁、能見＝加藤編・論点民法2〔秋山靖浩〕
381頁）。

地上権設定契約において地代に関する定めが登記されていなくても、地上権者は地上権設定の当事者で「第三者」ではないから、土地譲受人は、土地所有権の移転について登記をすれば、地代の定めを地上権者に対抗することができる（前掲大判大正 5 年 6 月12日、我妻＝有泉・民法講義Ⅱ375、376頁）。

(2) 地上権消滅請求

本条により準用される276条による消滅請求により、当該地上権は消滅する。消滅の効力は遡及せず、将来に向かってのみ生ずる（276条の永小作権に関する判例であるが、大判昭和15年11月12日民集19巻2029頁［27500262］は、同条の消滅の請求は将来に向かって永小作権を消滅させるにすぎないとする）。

■■ 参考裁判例

土地所有者が地代の受領を拒絶し又は地上権の存在を否定する等弁済を受領しない意思が明確であるため、地上権者が言語上の提供をするまでもなく地代債務の不履行の責を免れるという事情がある場合であっても、土地所有者は、地上権者が引き続き 2 年以上の地代の支払を怠ったことを理由に地上権消滅請求ができるかという点について、判例は、同様の状況における賃貸借に関する判例（最判昭和45年 8 月20日民集24巻 9 号1243頁［27000697］）の法理がこの場合にも妥当するとして、土地所有者は、自ら受領拒絶の態度を改め、以後地代を提供されればこれを確実に受領すべき旨を明らかにした後相当期間を経過したか、又は相当期間を定めて催告をしたにもかかわらず地上権者が当該期間を徒過した等、自己の受領遅滞又はこれに準ずる事態を解消させる措置を講じた後でなければ本条 1 項・276条に基づく地上権消滅請求の意思表示をすることはできない、とした（最判昭和56年 3 月20日民集35巻 2 号219頁［27000147］）。

また、定期の地代を引き続き 2 年以上滞納しなくても地上権消滅請求を認める旨の特約の有効性については、学説は、276条が強行規定であるから無効とするが（我妻＝有泉・民法講義Ⅱ 381頁等）、判例は強行規定でないと

し（大判明治35年1月29日民録8輯1巻90頁［27520298］）、近時の裁判例で
も、3か月分以上の地代滞納の場合に地上権消滅請求を認める旨の特約につ
いて催告を要するものと解したうえでこれを有効とした東京高判平成4年11
月16日高裁民集45巻3号199頁［27816733］がある。

事実認定における問題点

本条に関する事実認定が問題となった裁判例は見当たらない。

（森　健二）

第267条

（相隣関係の規定の準用）

第267条　前章第1節第2款（相隣関係）の規定は、地上権者間又は地上権者と土地の所有者との間について準用する。ただし、第229条の規定は、境界線上の工作物が地上権の設定後に設けられた場合に限り、地上権者について準用する。

事実認定の対象等

■■ 意義

　本条は、土地所有者が隣接して所有地を利用する場合の相互関係、すなわち相隣関係の規定（209〜238条）が地上権者相互の、又は、地上権者と土地所有者との相隣地利用関係にも準用されることを規定する。「地上権者の土地利用の態様は、所有権者のそれとほとんど異なるところがないから」（遠藤＝鎌田編・基本法コメ〔関彌一郎＝高橋良彰〕142頁）と解される。

　本条ただし書は、境界線上にある物（境界の標識、囲い、溝など）を隣接し合う所有者の共有と推定する規定（229条）が、地上権設定後の工事物についてのみ準用されることを規定する。これは、裏からいえば、地上権設定後の境界標、囲い、溝などは、隣接者と地上権者との共有と推定され、地上権設定前の工事物は、土地所有者と（地上権者とではなくて）相隣者との共有と推定されることを意味する（川島＝川井編・新版注釈民法(7)〔鈴木禄弥〕883頁、遠藤＝鎌田編・基本法コメ〔関彌一郎＝高橋良彰〕142頁）。

■■ 参考裁判例

　係争土地の地上権者は、境界確定訴訟の当事者適格を有しない（最判昭和57年7月15日裁判集民136号597頁〔27431986〕）。

455

事実認定における問題点

本条に関する事実認定が問題となった裁判例は見当たらない。

（森　健二）

第268条

（地上権の存続期間）

第268条 設定行為で地上権の存続期間を定めなかった場合において、別
段の慣習がないときは、地上権者は、いつでもその権利を放棄すること
ができる。ただし、地代を支払うべきときは、１年前に予告をし、又は
期限の到来していない１年分の地代を支払わなければならない。

2 地上権者が前項の規定によりその権利を放棄しないときは、裁判所は、
当事者の請求により、20年以上50年以下の範囲内において、工作物又は
竹木の種類及び状況その他地上権の設定当時の事情を考慮して、その存
続期間を定める。

事実認定の対象等

■■ 意義

本条は、存続期間が設定行為によって定められていない場合の地上権の処
理について規定する。すなわち、地上権の存続期間が定められていない場合
には、地上権者は、原則として、その地上権をいつでも放棄し得る（本条１
項）。他方で、土地所有者は、かかる地上権の消滅を欲するときは、地上権
を存続期間の定めのあるものにして（本条２項）、存続期間を待つのが原則
となる（能見＝加藤編・論点民法２〔秋山靖浩〕384頁、川島＝川井編・新
版注釈民法(7)〔鈴木禄弥〕884頁）。

■■ 法律要件及び法律効果等

1 法律要件

⑴ 設定行為で存続期間を定める場合

地上権の存続期間は、原則として設定行為によって自由に定め得る（大判
明治34年４月17日民録７輯４巻45頁［27520211］、大判明治34年10月21日民
録７輯９巻85頁［27820963］）。民法には最長期間の制限規定はないところ、

457

判例は、存続期間を永久と定める地上権（永代地上権）を肯定し（大判明治36年11月16日民録9輯1244頁［27520545］。なお、我妻＝有泉・民法講義Ⅱ351頁も参照）、最短期間についても、例えば、請求後3か月以内に明け渡す旨の特約も地上権の本質に反しないとする（前掲大判明治34年4月17日）。

土地所有者が地上権の存続期間満了を理由に土地の返還を求めるための法律要件は、

① 土地所有者が地上権者との間で地上権設定契約の締結をしたこと

② ①の契約において一定の存続期間を定める合意をしたこと

③ 土地所有者が地上権者に対し、①の契約に基づいて土地を引き渡したこと

④ ②において定められた存続期間の経過

である。

(2) 設定行為で存続期間を定めない場合

ア 民法（明治29年4月法律第89号。明治31年7月16日施行）施行後に設定された地上権

慣習があれば、それによる（本条1項参照。大判明治32年12月22日民録5輯11巻99頁［27819258］）。例えば、火災によって家屋が消滅した場合に所有者から地上権者に対して土地明渡しを請求できる慣習である（前掲大判明治32年12月22日参照）。

慣習がない場合には、裁判所は、当事者の請求により、20年以上50年以下の範囲内で、工作物や竹木の種類等の事情を考慮して存続期間を定める（本条2項）。裁判所が定める期間は、裁判の時から起算されるのではなく、地上権設定の時から起算される（我妻＝有泉・民法講義Ⅱ353頁、能見＝加藤編・論点民法2〔秋山靖浩〕385頁等）。

土地所有者が地上権に基づき地上権者に対して本条2項の存続期間の指定を裁判所に求めるための法律要件は、

① 土地所有者が地上権者との間で、工作物又は竹木の所有を目的として地上権を設定する契約を締結したこと

② ①の地上権設定契約には期間の定めがないこと

である。地上権者による地上権の放棄（本条2項参照）については、地上権者に放棄の意思がないことは前記の法律要件としては必要なく、地上権を放棄したことが抗弁として作用するものと解される（大江・要件事実(2)429頁参照）。

なお、建物所有を目的とする地上権について存続期間の約定のないときは、借地借家法3条1項本文により法定されている。

イ　民法施行前に設定された地上権

民法施行法（明治31年6月法律第11号）がある。同法は、民法施行前に生じた事項と民法の適用関係を規定する法律であるが（民法施行法1条参照）、同法44条は、民法施行前に設定した地上権の存続期間について、同条2項において「地上権者カ民法施行前ヨリ有シタル建物又ハ竹木アルトキハ地上権ハ其建物ノ朽廃又ハ其竹木ノ伐採期ニ至ルマテ存続ス」とし、同条3項において「地上権者カ前項ノ建物ニ修繕又ハ変更ヲ加ヘタルトキハ地上権ハ原建物ノ朽廃スヘカリシ時ニ於テ消滅ス」とする。また、地上権者が民法施行前より有した建物や竹木がない場合には、同条1項において「民法施行前ニ設定シタル地上権ニシテ存続期間ノ定ナキモノニ付キ当事者カ民法第268条第2項ノ請求ヲ為シタルトキハ裁判所ハ設定ノ時ヨリ20年以上民法施行ノ日ヨリ50年以下ノ範囲内ニ於テ其存続期間ヲ定ム」とする。

2　法律効果

存続期間の定めのある地上権の場合には、その存続期間が経過すれば、土地所有者は地上権者に対して土地の返還を求めることができる。存続期間の定めのない地上権の場合には、慣習がないときには、土地所有者は、裁判所にその存続期間の指定を求めることができる。

■■ 参考裁判例

土地所有者である原告が被告との間で非堅固建物の所有を目的とし存続期間を20年とする地上権設定契約を締結し（更新前地上権）、その後、被告が土地上に存した非堅固建物を取り壊したうえで堅固建物を新築したが、これ

に対して原告が遅滞なき異議を述べなかったため（借地法7条参照）、同条の法定更新により同地上権が存続期間を30年とし堅固建物の所有を目的とするものとなったところ（更新後地上権）、原告は、被告に対し、更新前地上権と更新後地上権の間に同一性はなく更新前地上権は法定更新により消滅しているから、更新前地上権についてされた地上権設定登記は事実に反する無効な登記であるとして、同登記の抹消登記手続を求める事案において、建物所有を目的とする地上権が借地法7条の法定更新により、その存続期間が延長され、かつ非堅固建物所有目的から堅固所有目的へと変更された場合であっても、更新の前後を通じてその地上権は同一性を有しており、更新前の地上権についてなされた地上権設定登記は更新後の地上権の公示方法として有効であるとする裁判例がある（札幌高判昭和58年8月10日判タ516号126頁[27460457]）。その上告審（最判昭和59年4月5日裁判集民141号529頁[27490422]）は、「借地法7条により建物所有を目的とする地上権の存続期間が延長された場合、……期間延長の効力の生ずる前に右地上権についてされた登記は、期間延長の効力が生じた後の地上権についてもこれを表示するものとして、効力を有するものと解すべきである」として、前記高裁の判断を維持した。異論ないであろう。

事実認定における問題点

　前記のとおり判例は永久の地上権も許されるとしているところ、古い裁判例（いずれも旧不動産登記法下のもの）では、「無期限」との定めが「永久」を意味するのか「存続期間の定めのない」ことを意味するのかが問題となったものがある。

事実認定についての裁判例と解説

「無期限」との定めが「永久」を意味するのか「存続期間の定めのない」ことを意味するのか

第268条

裁判例

❶　大判昭和15年6月26日民集19巻1033頁［27500226］

　宅地不動産仮処分決定に対する異議事件で債務者が地上建物を占有するところ、地上権の内容について「建物及竹木ノ所有ヲ目的トシ地代1箇月金3圓71銭1厘毎月30日払無期限ナル旨ノ登記ノ経由セラレアル事実ノ疎明アリ」という事案で、無期限である旨の登記がある地上権は、反証のない限り、存続期間の定めのない地上権と解するのが相当であるとして、永久に存続すべき地上権の意味か期間の定めなき地上権の意味か登記の記載自体からは断定できず地上権の定めなきものとの疎明がないとした原判決を破棄した。

❷　大判昭和16年8月14日民集20巻1074頁［27500163］

　地上権存続期間確定請求事件において、運炭車道用レール敷設の目的で設定された地上権で、地料全額前払済みだけでなく、存続期間無期限という登記があるときは、炭坑経営者に変更があっても特段の事情のない限り、その経営中存続させる趣旨と認めるのが相当であるとした。

❸　大判昭和16年9月11日新聞4749号11頁［27547274］

　地上権消滅確認等請求事件において、炭坑より採掘した石炭搬出のため設けられた運炭車道の地上権の存続期間を「炭坑営業中」、「炭坑終了の時」と定めたときは、特別の事由のない限り炭坑とその運命をともにするものと認めるのが相当であるとした。

解説

　当事者が設定行為でどのような存続期間を定めたかは設定行為の解釈の問題である（石田穣『民法大系(2)物権法』信山社（2008年）435頁）。

　判決❶は、建物及び竹木所有目的の地上権の事案であり、判決❷、❸はいずれも、炭坑における運炭車道用の地上権の事案である。この点、「『無期限』と登記されたものは、反証のない限り、永久ではなく、期間の定めなきものと解するのが相当であろう。もっとも、例えば、運炭車道用レール敷設のためというように目的が定められておれば、その場合の『無期限』は、炭坑経営の継続する限りと解すべきは当然であろう」（我妻＝有泉・民法講義Ⅱ352頁）として、前記各判例の判断の整合を採る見解が有力なようである。

461

これに対し、「通常の用語例として無期限の語は永久を意味し得る」（判例民事法昭和15年度231頁〔三宅正男〕）から、判決❶の判決が無期限の字句のみを根拠として簡単に期間の定めなき地上権と推定したことに疑問を抱くとしたうえで、判決❷の「判決は無期限の字句のみでは存続期間につき何らの判断もなし得ぬものとして、地上権の目的・内容・設定当時の事情等を考察して当事者の意思を推測すべきものとし、前回の判決（判決❶のこと）の行き方は建物及び竹木の所有を目的とする場合だから是認し得るがこれを広く一般の地上権に及ぼすべきではないとしていることは妥当であるとする見解もある（判例民事法昭和16年度301頁〔三宅正男〕）。いずれにせよ、前記各判例はいささか古いものであり、現在ではそのまま妥当しない面があろうことは否定しきれないことには留意すべきと思われる（なお、存続期間を「無期限」とすることは、期限の定めのないものと紛らわしいので、実務上は、「永久」とか、立木一代限りであれば「立木一代限」とかいうふうに、意味明確な記載とすることが勧奨されているとのことである（幾代通＝徳本伸一補訂『不動産登記法〈第4版〉』有斐閣（1994年）281頁参照）。そのうえで、字句のみを根拠とするのではなく、地上権の目的・内容・設定当時の事情等を総合的に見て存続期間に係る当事者の意思を認定するとの事実認定の手法が、汎用性のある相当なものであることには特段の異論はないであろう。

（森　健二）

第269条

（工作物等の収去等）

第269条　地上権者は、その権利が消滅した時に、土地を原状に復してその工作物及び竹木を収去することができる。ただし、土地の所有者が時価相当額を提供してこれを買い取る旨を通知したときは、地上権者は、正当な理由がなければ、これを拒むことができない。

2　前項の規定と異なる慣習があるときは、その慣習に従う。

事実認定の対象等

■■ 意義

本条は、地上権が消滅した場合に、地上権者が、工作物等の収去権を有すると同時に土地の原状回復義務を負うとともに、土地所有者が、工作物等の買取請求権のあることを規定する。

■■ 法律要件及び法律効果等

1　法律要件

本条1項ただし書に基づく、土地所有者の地上権者に対する地上権消滅に伴う工作物等の買取請求の法律要件は、

① 土地所有者と地上権者との間の地上権設定契約の締結

② 地上権の消滅原因

③ 地上権者が土地上に工作物又は竹木を所有していること

④ 土地所有者が地上権者に対して②の工作物又は竹木の時価を提供したこと

⑤ 土地所有者が地上権者に対して②の工作物又は竹木を買い取る旨の意思表示をしたこと

である。なお、「正当な理由」については、本条1項ただし書の規定の仕方からみて、買取請求の抗弁として、地上権者において、この評価根拠事実を

463

主張・立証することになる（大江・要件事実(2)431頁）。

　地上権の消滅原因としては、物権一般の消滅原因と、地上権に特有の消滅原因とがある。前者には、客体たる土地の滅失、存続期間の満了、混同（179条）、消滅時効（167条2項）、第三者による当該土地所有権の時効取得、地上権に優先する抵当権の実行による競売、土地収用（土地収用法101条）などがある。後者には、土地所有者からの解除（266条、276条）、地上権者からの放棄（268条1項）、約定による消滅などがある（以上、我妻＝有泉・民法講義Ⅱ380頁、遠藤＝鎌田編・基本法コメ〔関彌一郎＝高橋良彰〕146頁）。

2　法律効果

　地上権が消滅した場合には、地上権者は、土地所有者に土地を返還する義務を負う。その際、地上物を収去して土地を原状に復する権利義務を有する（269条1項本文・2項）。同時に、使用土地の返還に当たっては、地上権設定当時の原状に復したうえで、これを返還しなければならない（以上、我妻＝有泉・民法講義Ⅱ383頁）。収去に必要な期間は、使用を継続できると解される（我妻＝有泉・民法講義Ⅱ370頁、遠藤＝鎌田編・基本法コメ〔関彌一郎＝高橋良彰〕147頁）。

　土地所有者は、地上物を時価で買い取ることができ（本条1項ただし書）、土地所有者が時価相当額を提供して工作物等の買取りの通知をした場合、時価での売買が成立し（形成権。能見＝加藤編・論点民法2〔秋山靖浩〕388頁）、地上権者の地上物収去権は消滅する（石田穣『民法大系(2)物権法』信山社（2008年）440頁）。ただし、地上権者は、「正当な理由」がある場合には、土地所有者の買取りを拒むことができ、この場合には、地上権者の地上物収去権は消滅しない。「正当な理由」とは、他人に工作物等を譲渡する約束が既にあること、地上権者が工作物等を他に使用する目的があること等である（能見＝加藤編・論点民法2〔秋山靖浩〕388頁）。

　以上について、これと異なる慣習があれば、これによる（本条2項）。

　なお、地上物が「建物」である場合には、借地法、借地借家法によって建

物所有地上権者（借地権者）の地主に対する建物買取請求権が認められることになる（借地法４条２項、借地借家法13条１項)。なお、借地借家法は、この買取請求権を特約で排除できる定期借地権を設けている（同法22条)。

事実認定における問題点

本条に関する事実認定が問題となった裁判例は見当たらない。

（森　健二）

| （地下又は空間を目的とする地上権）

第269条の2　地下又は空間は、工作物を所有するため、上下の範囲を定
　　めて地上権の目的とすることができる。この場合においては、設定行為
　　で、地上権の行使のためにその土地の使用に制限を加えることができる。
　2　前項の地上権は、第三者がその土地の使用又は収益をする権利を有す
　　る場合においても、その権利又はこれを目的とする権利を有するすべて
　　の者の承諾があるときは、設定することができる。この場合において、
　　土地の使用又は収益をする権利を有する者は、その地上権の行使を妨げ
　　ることができない。

事実認定の対象等

■■ 意義

　本条は、借地法等の一部改正に伴う民法の一部改正（昭和41年法律第93
号）による新設規定であり、一定の土地の地下又は空間につき、立体的に上
下の範囲を区分して、その部分のみに地上権を設定し得ることとしたもので
ある（区分地上権。川島＝川井編・新版注釈民法(7)〔鈴木禄弥〕891頁以下、
遠藤＝鎌田編・基本法コメ〔関彌一郎＝高橋良彰〕148頁参照）。

　区分地上権は、土地の上下の一定の区分層のみを客体とする。通常、地下
又は地上○○mから××mまでとされるが、登記に当たっては、平均海面
を基準として、例えば「東京湾平均海面の上（又は下）○○mから上（又
は下）××mの間」という形で示される（我妻＝有泉・民法講義Ⅱ386頁、
能見＝加藤編・論点民法2〔秋山靖浩〕390頁）。

■■ 法律要件及び法律効果等

1　法律要件

　区分地上権設定契約に基づく地上権設定登記手続を求めるための法律要件は、

① 地上権設定者と区分地上権者との間で、土地の地下又は空間の上下の範囲を定めて、工作物を所有するために地上権設定契約を締結したこと

② 地上権設定者が、①の当時、土地を所有していたこと

である。

2 法律効果

区分地上権が設定されれば、区分地上権者は、設定行為で定められた範囲で土地を使用する権利を有し、有効に設定された区分地上権に基づき土地所有者に対して登記請求権もある（我妻＝有泉・民法講義Ⅱ388、390頁）。

他方、区分地上権の及ばない土地の部分について土地所有者は使用権を有するが、設定行為によって土地所有者の使用に制限を加えることができる。例えば、区分地上権者が地下を利用する場合に、土地所有者が地上に一定重量以上の建物を建設しないとの制限である。この特約は、登記をすれば（不動産登記法78条5号）、第三者にも対抗できる（我妻＝有泉・民法講義Ⅱ388頁、能見＝加藤編・論点民法2〔秋山靖浩〕392頁）。

■■ 参考裁判例

共同住宅の浄化槽の設置場所につき、設置する施設の埋設と維持に必要な地下一定の層までの間と、地上の装置の敷設と維持管理に必要な限度で、工作物としての浄化槽設置のため、利用範囲を区分される形での地上権を当事者間で、設定したと認められた事例において、区分地上権の目的範囲内に存する浄化槽の維持管理に対して妨害を形成する場合に、区分地上権に基づく妨害排除請求が認められるとした裁判例（新潟地判昭和52年8月15日判時889号82頁［27431668］）がある。

事実認定における問題点

本条に関する事実認定が問題となった裁判例は見当たらない。

（森　健二）

第5章　永小作権

（永小作権の内容）

第270条　永小作人は、小作料を支払って他人の土地において耕作又は牧畜をする権利を有する。

事実認定の対象等

■■ 意義

本条は、永小作権の内容について定める。

■■ 法律要件及び法律効果等

1　永小作権の内容

永小作権とは、小作料を支払って、他人の土地を使用して、耕作又は牧畜をする物権である。

「小作料」とは、年々その他定期に支払うべき土地の使用料をいう（川島＝川井編・新版注釈民法(7)〔高橋寿一〕917頁）。

「耕作」とは、他人の土地に労力を加えて植物を栽培することをいう。植林は、「竹木」の所有権を目的とするものとして地上権の対象となるが、永小作権の目的とはならない（大判明治33年12月10日民録6輯11巻1頁［27520167]）。

「牧畜」とは、他人の土地で牛馬その他の家畜を飼養することをいう。

耕作及び牧畜のいずれについても、それに付随して工作物又は竹木を所有することが認められている。

2　永小作権の取得

永小作権の取得原因事実としては、①永小作権の設定契約、②譲渡、③相続、④遺言（964条）、⑤時効取得（163条）等がある。

永小作権においては、地上権とは異なり、小作料を定期的に支払うことがその要素とされる（大判大正3年4月9日新聞943号29頁［27534945］）。小作料の額及び支払時期（ただし、支払時期については、その定めがあるとき）は、永小作権の登記の登記事項である（不動産登記法79条1号・2号）。

永小作権は、農地及び採草放牧地（以下「農地等」という。農地法2条1項参照）の利用を目的とする権利といえるから、一定の範囲で農地法の規制に服し、農地等について永小作権を設定又は移転する場合には原則として農業委員会又は都道府県知事の許可を受けることを要し（同法3条1項、5条1項）、前記許可を受けない設定又は移転は、その効力を生じない（同法3条7項、5条3項）。また、農地等をそれ以外のものに転用する場合にも原則として都道府県知事の許可を受けることを要する（同法4条1項）。

永小作権の設定及び移転は、登記をしなければ第三者に対抗することができない（177条。大判明治45年6月1日民録18輯569頁［27521599］）。設定契約において永小作権の目的を限定することは可能であり、登記をすれば第三者（永小作権の譲受人等）に対抗することができる（不動産登記法79条4号）。なお、農地法16条は、農地等の賃借権について、その登記がなくても、農地等の引渡しによって対抗力を有すると規定しているが、永小作権については、永小作人は土地所有者に対して登記請求権を有するから、同法16条は農地等の永小作権には適用されない。

3　永小作権の効力

永小作権は、他人の土地を占有する権能を包含するので、永小作人は、永小作権に基づく使用及び収益を妨げる者に対し、永小作権に基づく物権的請求権として、妨害排除請求及び妨害予防請求のほか、返還請求をすることができる。また、相隣関係に関する規定についても、永小作人間又は永小作人と隣地所有者との間に準用されると解されている。

永小作人は、土地所有者に対して登記請求権を有する。永小作人の土地所有者に対する永小作権に基づく永小作権設定登記請求権の要件は、

① 永小作人は、土地所有者との間で、当該土地につき、耕作を目的とする小作料年額＊円の永小作権設定契約を締結したこと

② 土地所有者は、①の当時、本件土地を所有していたこと

③ ①の永小作権設定契約について農業委員会の許可がされたこと

である。

■■ 参考裁判例

農地法17条及び18条は、農地等の賃貸借の更新及び解約制限について規定しているが、同法17条及び18条の規定は、永小作権には適用又は準用されない（最判昭和34年12月18日民集13巻13号1647頁［27002512］）。

事実認定における問題点

これまでの裁判例では、ある土地が耕作又は牧畜のために使用及び収益されている場合に、それが永小作権に基づくものか、賃借権に基づくものかが問題となったものがある。

事実認定についての裁判例と解説

永小作権に基づくものか、賃借権に基づくものか

裁判例

賃借権に基づくものとされたもの

❶ 大判大正11年3月16日民集1巻109頁［27511089］

永小作権は物権であり、長期の存続期間を有するものであるので、永小作権設定の特別の意思表示がない限り、賃貸借契約と解すべきであるとしたもの

❷ 大判昭和11年4月24日民集15巻790頁［27500602］

「鍬先権」という名称及び譲渡性の有無によって永小作権と賃借権の区別

471

の絶対的標準とすることはできず、「小作期間の定めがなかった」という点に着眼して、法律上永小作権又は賃借権として取り扱うのが妥当であるかを判断しなければならないとして、永小作権を認定した原判決を破棄差戻ししたもの

❸　大判昭和13年５月27日新聞4291号17頁［27545785］

　対価を支払って土地を耕作する場合、永小作権によるものであることを認めるに足りる資料が存しない限り、賃貸借関係によるものと推断するのは当然であるとしたもの

[解説]

　ある土地が耕作又は牧畜のために使用及び収益されている場合に、永小作権に基づくものか、賃借権に基づくものかについては、当事者の意思、設定契約の内容（名称、存続期間、譲渡性の有無、費用負担等）、当該地方の慣習などから総合的に判断されるが（川島＝川井編・新版注釈民法(7)〔高橋寿一〕917頁）、判例は、永小作権の認定には慎重な態度をとっているといえよう（能見＝加藤編・論点民法２〔秋山靖浩〕396頁）。

（鈴木謙也）

第271条

（永小作人による土地の変更の制限）

**第271条　永小作人は、土地に対して、回復することのできない損害を生
ずべき変更を加えることができない。**

事実認定の対象等

■■ 意義

本条は、永小作人による土地の変更の制限について定める。

永小作人は、設定行為によって定められた目的の範囲内で土地を使用・収
益する権利を有するから、その目的の範囲内であれば、土地の形質を変更す
ることも可能である。しかし、永小作人は、本条により、土地に対して回復
することのできない損害を生ずべき変更を加えることができないとされる。

ただし、本条と異なる慣習がある場合には、それに従う（277条）。

■■ 法律要件及び法律効果等

永小作人が本条に違反するときは、土地所有者は、541条により、催告し
たうえで、将来に向かって永小作権を消滅させることができる（我妻＝有
泉・民法講義II 405頁、広中・物権法475頁）。

本条違反により、永小作権を消滅させるための要件は、

① 永小作人が、土地に回復することのできない損害が生ずるような変更を
　加えたこと

② 土地所有者が、永小作人に対し、①の変更を復旧するよう催告したこと

③ ②の催告後、相当期間が経過したこと

④ 土地所有者が、永小作人に対し、永小作権設定契約を解除するとの意思
　表示をしたこと

である。

473

事実認定における問題点

本条に関する事実認定が問題となった裁判例は見当たらない。

（鈴木謙也）

第272条

（永小作権の譲渡又は土地の賃貸）

第272条 永小作人は、その権利を他人に譲り渡し、又はその権利の存続
　　期間内において耕作若しくは牧畜のため土地を賃貸することができる。
　　ただし、設定行為で禁じたときは、この限りでない。

事実認定の対象等

■■ 意義

　本条は、永小作権の譲渡又は土地の賃貸について定める。

　すなわち、永小作人は、土地所有者の承諾を得ることなく、永小作権を他
人に譲渡し、又はその存続期間において耕作若しくは牧畜のために土地を賃
貸することができるが（本条本文）、設定行為で永小作権の譲渡又は土地の
賃貸が禁止されたときは、永小作権の譲渡又は土地の賃貸をすることができ
ない（本条ただし書）。

　ただし、本条と異なる慣習がある場合には、それに従う（277条）。

■■ 法律要件及び法律効果等

　永小作人は、本条により永小作権を譲り渡し又は土地を賃貸することがで
きるほか、永小作権を抵当権及び質権の目的に供することもできる（369条
2項、362条1項）。

　もっとも、農地法により、永小作権の譲渡及び土地の賃貸には、原則とし
て農業委員会又は都道府県知事の許可を受けることが必要となり（同法3条
1項、5条1項）、前記許可を受けないでした永小作権の譲渡及び土地の賃
貸は、その効力を生じない（同法3条7項、5条3項）。

　本条ただし書の譲渡及び賃貸の禁止は、その定めがあるときは永小作権の
登記の登記事項となり、登記をしないと第三者（永小作権の譲受人等）に対
抗することができない（不動産登記法79条3号）。

475

事実認定における問題点

本条に関する事実認定が問題となった裁判例は見当たらない。

（鈴木謙也）

第273条

（賃貸借に関する規定の準用）

第273条　永小作人の義務については、この章の規定及び設定行為で定めるもののほか、その性質に反しない限り、賃貸借に関する規定を準用する。

事実認定の対象等

■■ 意義

本条は、永小作人の義務については、永小作権に関する民法の規定及び設定行為で定めるもののほか、その性質に反しない限り、賃借権に関する規定が準用されることを定める。

ただし、本条と異なる慣習がある場合には、それに従う（277条）。

■■ 法律要件及び法律効果等

(1)　永小作人の義務としては、永小作料の支払義務があるが、本条により、支払時期（614条）、土地の一部滅失による減額請求（611条）、土地所有者の先取特権（312〜316条）の規定が準用される。小作料の減免については、274条があるため、減収による賃料の減額請求について定める609条は準用されない。永小作人が土地を賃貸した場合（272条参照）、本条が準用する613条1項により、土地所有者は、永小作料の範囲内において、賃借人に対し直接に賃料の支払を請求することができると解される（山野目・物権法199頁）。

なお、小作料の支払の立証責任は、その支払義務を負う永小作人にあるものと解されている（大判大正3年4月9日新聞943号29頁［27534945］）。

(2)　本条により、契約又は目的物の性質によって定まった用法に従い、目的物の使用及び収益をする義務の規定（616条、594条1項）も準用され、永小作人は設定行為の定めるところに従って耕作又は牧畜をする義務を負う。

永小作人が、永小作権の目的の範囲外の使用をしたときは、土地所有者は

477

永小作人に対してその違反行為の停止を求める旨の催告をし、永小作人が相当期間内にその違反行為を停止しないときは、土地所有者は、541条に従い、永小作権消滅の通知をすることができる（大判大正9年5月8日民録26輯636頁［27523051］）。

永小作権の目的の範囲外の使用により、永小作権を消滅させるための要件は、

① 永小作人が、永小作権の目的の範囲外の使用をしたこと

② 土地所有者が、永小作人に対し、①の使用を停止するよう催告したこと

③ ②の催告後、相当期間が経過したこと

④ 土地所有者が、永小作人に対し、永小作権設定契約を解除するとの意思表示をしたこと

である。

（3） そのほか、本条により、永小作人は、土地所有者が土地の保存に必要な行為をする場合の認容義務（606条2項）、土地について権利を主張する者がある場合の通知義務（615条）を負う。

事実認定における問題点

本条に関する事実認定が問題となった裁判例は見当たらない。

（鈴木謙也）

（小作料の減免）

**第274条　永小作人は、不可抗力により収益について損失を受けたときで
あっても、小作料の免除又は減額を請求することができない。**

事実認定の対象等

意義

本条は、小作料の減免について定める。すなわち、永小作人は、不可抗力
により収益について損失を受けたときであっても、小作料の免除又は減額を
請求することができない。

ただし、本条と異なる慣習がある場合には、それに従う（277条）。

法律要件及び法律効果等

(1)　小作料の支払については、賃貸借に関する規定が準用されるが（273
条）、本条があるため、不可抗力による減収の場合の賃借人の賃料減額請求
権について定める609条の規定は準用されない。しかし、土地の一部が不可
抗力により滅失した場合には、永小作人は、その滅失した部分の割合に応じ
て小作料の減額を請求することができると解されている（273条、611条。我
妻＝有泉・民法講義Ⅱ403頁）。

なお、農地につき永小作権が設定されている場合の小作料については、農
地法により、一定の条件の下に、小作料の増額又は減額の請求権が認められ
ている（同法20条）。

(2)　本条により、小作料請求訴訟においては、「永小作人が不可抗力によ
って収益について損失を受けたこと」が抗弁とならないことになる。

参考裁判例

本条と異なる慣習（不作の年に小作米を減額して納入する慣習）を認定し

479

たものとして、大判昭和11年 4 月 9 日民集15巻725頁［27500596］がある。

事実認定における問題点

本条に関する事実認定が問題となった裁判例は見当たらない。

（鈴木謙也）

第275条

（永小作権の放棄）

第275条　永小作人は、不可抗力によって、引き続き3年以上全く収益を得ず、又は5年以上小作料より少ない収益を得たときは、その権利を放棄することができる。

事実認定の対象等

■ 意義

本条は、永小作権の放棄について定める。すなわち、永小作人は、不可抗力によって、引き続き3年以上全く収益を得ず、又は5年以上小作料より少ない収益を得たときは、土地所有者に対して永小作権の放棄の意思表示をすることによって、永小作権を消滅させることができる。

本条は、永小作人を保護するための規定といわれるが、収益の有無にかかわらず小作料の支払義務があるところ（274条）、永小作権の放棄まで3年間又は5年間は小作料の支払義務を免れることができない点で、永小作人の保護の意義を有しているとはいえない。

ただし、本条と異なる慣習がある場合には、それに従う（277条）。

■ 法律要件及び法律効果等

永小作人が、本条により、永小作権の放棄をするための要件は、

① 永小作人が、3年間全く永小作権の対象である土地から収益を得なかったこと又は5年間永小作権の対象である土地から小作料より少ない収益しか得なかったこと

② ①が不可抗力によるものであったこと

③ 永小作人が土地所有者に対し、永小作権を放棄するとの意思表示をしたこと

である。

481

事実認定における問題点

本条に関する事実認定が問題となった裁判例は見当たらない。

（鈴木謙也）

第276条

（永小作権の消滅請求）

第276条　永小作人が引き続き 2 年以上小作料の支払を怠ったときは、土
　　地の所有者は、永小作権の消滅を請求することができる。

事実認定の対象等

■■ 意義

　本条は、永小作権に関する土地所有者の消滅請求権について定める。すなわち、永小作人が引き続き 2 年以上小作料の支払を怠ったときは、土地所有者は、一方的な意思表示により、永小作権の消滅を請求することができる。

　ただし、本条と異なる慣習がある場合には、それに従う（277条）。

■■ 法律要件及び法律効果等

1　法律要件

　(1)　土地所有者が、本条により、永小作権の消滅を請求するための要件は、

①　永小作料の支払期限が 2 年間経過したこと

②　土地所有者が永小作人に対し、永小作権の消滅の意思表示をしたこと

である。

　(2)　本条は、「引き続き 2 年以上……怠った」ことを消滅原因として規定するが、永小作料の不払の事実を土地所有者が主張・立証するのではなく、永小作料の支払の事実を永小作人が主張・立証すべきである（大判大正 3 年 4 月 9 日新聞943号29頁〔27534945〕）。

　「引き続き 2 年以上……怠った」とは、永小作人が小作料の支払を怠ることが連続して 2 年以上に及ぶことである。1 年分の小作料を支払わずに 2 年以上経過した場合や、過去に 1 年分の小作料の支払を怠ったことがあり、その後に再び 1 年分の小作料の支払を怠った場合は、「引き続き 2 年以上……怠った」に含まれない（大連判明治43年11月26日民録16輯759頁

483

[27521433])。

　支払を「怠った」とは、遅滞を意味し、永小作人の責めに帰すべき事由があることを要する（川島＝川井編・新版注釈民法(7)〔高橋寿一〕925頁）。

　本条による永小作権の消滅請求には、永小作人の承認を得ることや訴えによって請求することは要せず、また、事前に催告することも要しない（大判大正元年10月4日民録18輯785頁［27521621]）。

2　法律効果等

　本条により永小作権の消滅請求がされた場合、永小作権の消滅は、将来に向かってのみその効力を生じる（川島＝川井編・新版注釈民法(7)〔高橋寿一〕926頁）。

3　強行規定性

　本条が任意規定か強行規定かについては、古い判例には、本条を任意規定と解し、本条と異なる特約を有効とするものがあるが（大判明治37年3月11日民録10輯264頁［27520593]。なお、地上権に関して、東京高判平成4年11月16日高裁民集45巻3号199頁［27816733］参照）、通説は、本条を強行規定と解すべきであるとしている（我妻＝有泉・民法講義Ⅱ405頁、広中・物権法475頁）。

■■ 参考裁判例

　前述のとおり、支払を「怠った」とは、遅滞を意味し、永小作人の責めに帰すべき事由があることを要するところ、不作の年には小作料の減額の慣習がある地域において、永小作人が3割を減じた小作料を土地所有者に持参したが、土地所有者が受領を拒絶し、後に裁判所が2割5分減を相当と判断した場合（大判昭和11年4月9日民集15巻725頁［27500596]）、土地所有者が地代の受領拒否を明言している場合（最判昭和56年3月20日民集35巻2号219頁［27000147]〔地上権の事案〕）には、小作料の支払を怠ったことにはならないとされる。

484

第276条

事実認定における問題点

本条に関する事実認定が問題となった裁判例は見当たらない。

（鈴木謙也）

（永小作権に関する慣習）

第277条　第271条から前条までの規定と異なる慣習があるときは、その慣習に従う。

事実認定の対象等

意義

本条は、271～276条の規定と異なる慣習があるときは、その慣習に従うことを定める。

法律要件及び法律効果等

271～276条の規定と異なる慣習の存在については、当該慣習の適用を受けることによって利益を受ける者が、当該慣習の存在を主張・立証することになろう（大江・要件事実(2)447頁。川島武宜『民法総則』有斐閣（1960年）22頁、川島＝川井編・新版注釈民法(3)〔淡路剛久〕264頁参照）。

事実認定における問題点

本条に関する事実認定が問題となった裁判例は見当たらない。

（鈴木謙也）

第278条

> **（永小作権の存続期間）**
>
> **第278条　永小作権の存続期間は、20年以上50年以下とする。設定行為で50年より長い期間を定めたときであっても、その期間は、50年とする。**
>
> **2　永小作権の設定は、更新することができる。ただし、その存続期間は、更新の時から50年を超えることができない。**
>
> **3　設定行為で永小作権の存続期間を定めなかったときは、その期間は、別段の慣習がある場合を除き、30年とする。**

事実認定の対象等

■■ 意義

本条は、永小作権の存続期間について定める。

本条１項は、設定行為で永小作権の存続期間を定める場合には、20年未満又は50年を超えることができないこと、設定行為で50年を超える期間を定めたときであっても、その期間は50年に短縮されることを定める（民法施行前に設定されていた永小作権については、民法施行法47条１項ただし書参照）。なお、設定行為で永小作権の存続期間を定めた場合には、永小作権の登記の登記事項となり、登記をすることによって第三者に対抗することができる（不動産登記法79条２号）。

本条２項本文は、永小作権の設定は更新することができること、本条２項ただし書は、更新後の永小作権の存続期間は、更新の時から50年を超えることができないことを定める。更新後の存続期間は20年未満でも可能であり、更新に際して存続期間を定めなかった場合には、本条３項によって30年間となる。

本条３項は、設定行為で永小作権の存続期間を定めなかったときは、その期間は別段の慣習がある場合を除き、30年とすることを定める（民法施行前に設定されていた永小作権については、民法施行法47条２項参照）。

487

なお、本条1項、2項は強行規定と解されるので、別段の慣習がある場合であっても、50年が上限となる。

■■ 法律要件及び法律効果等

永小作権の存続期間の経過は永小作権の終了原因となり、永小作権の存続期間の経過により、永小作権の終了という法律効果が発生する。

■■ 参考裁判例

農地及び採草放牧地の賃貸借について法定更新及び解約制限を規定した農地法17条及び18条が永小作権に適用ないし準用されるかについては、判例はこれを否定している（最判昭和34年12月18日民集13巻13号1647頁[27002512]）。

もっとも、学説上、永小作権の存続期間満了後に永小作人が使用を継続しているのに対して、土地所有者が異議を述べないときは、多くの場合、契約が更新されたと認めるべきとされている（我妻＝有泉・民法講義Ⅱ399頁）。

事実認定における問題点

本条に関する事実認定が問題となった裁判例は見当たらない。

（鈴木謙也）

第279条

（工作物等の収去等）

第279条　第269条の規定は、永小作権について準用する。

事実認定の対象等

■■ 意義

　本条は、地上権消滅後の原状回復（地上物の収去権と買取権）に関する269条を永小作権に準用することを定める。

　永小作人は、永小作権が消滅した時に、土地の原状回復義務を負うとともに、地上物の収去権を有する（269条1項本文の準用）。ただし、土地所有者が時価相当額を提供して地上物を買い取る旨を通知したときは、永小作人は、正当な理由がなければ、これを拒むことができない（同項ただし書の準用）。

　以上と異なる慣習がある場合には、その慣習に従う（同条2項の準用）。

■■ 法律要件及び法律効果等

　(1)　土地所有者の永小作人に対する永小作権消滅に伴う地上物の買取権（売渡請求権）の要件は、

① 永小作権の発生原因事実

② 土地所有者が永小作人に対し、①に基づいて土地を引き渡したこと

③ 永小作権の終了原因事実

④ 永小作人が、土地上に植物等を所有していること

⑤ 土地所有者が永小作人に対し、④の植物等の時価相当額を提供したこと

⑥ 土地所有者が永小作人に対し、④の植物等を買い取るとの意思表示をしたこと

である。

　土地所有者の買取権（売渡請求権）は、形成権であり、買い取るとの意思表示が必要となる。

489

前記の買取権（売渡請求権）の行使に対し、「正当な理由」（本条、269条1項ただし書）を基礎付ける事実が抗弁事実となる。

　⑵　土地所有者の買取権（売渡請求権）、永小作人が土地の改良のために投下した必要費及び有益費の償還請求権については、地上権の場合と同様に解されている。なお、永小作人が支出した費用が土地改良法の定める土地改良事業に費やされた有益費に該当する場合には、償還すべき額は増加額とされている（同法59条）。

事実認定における問題点

　本条に関する事実認定が問題となった裁判例は見当たらない。

（鈴木謙也）

第6章　地役権

（地役権の内容）

第280条　地役権者は、設定行為で定めた目的に従い、他人の土地を自己
の土地の便益に供する権利を有する。ただし、第3章第1節（所有権の
限界）の規定（公の秩序に関するものに限る。）に違反しないものでな
ければならない。

事実認定の対象等

■■ 意義

本条は、本文において、地役権の内容を定める。地役権は、設定行為で定
めた目的に従って、他人の土地（承役地）を自己の土地（要役地）の便益に
供する権利であり、土地に設定される用益物権である。地役権については、
土地の使用目的が限定されておらず、設定行為でそれを定めることができる
が、本条ただし書は、その使用目的が第3章第1節「所有権の限界」に規定
する相隣関係中の強行法規に反してはならない旨の制限を定める。

■■ 法律要件及び法律効果等

1　法律要件

地役権は、設定契約、相続、遺言、時効等によって取得される。設定契約
により甲地を要役地、乙地を承役地とする地役権を取得する場合の法律要件
は、

① 　地役権設定者が地役権者との間で、乙地を甲地の便益に供する目的で、
乙地に地役権設定契約を締結したこと

② 地役権者が地役権設定契約締結当時、甲地を所有していたこと

③ 地役権設定者が地役権設定契約締結当時、乙地を所有していたこと

である。

地役権は、自己の土地のための権利であることから、地役権者となり得るのは原則として要役地の土地所有者（その他の者が地役権者となり得るかについては「参考裁判例」(2)を参照）であり、地役権者が地役権を取得するためには、要役地につき地役権者たり得る地位にあることが要件となろう。また、地役権の設定は物権的処分行為であるので、地役権設定契約締結当時、地役権設定者が、承役地の所有者であるなど処分権を有していることが必要である。

なお、地役権は明示の設定契約によることは少なく、黙示の設定契約が主張される場合が多い。この場合は、黙示の意思表示の成立を基礎付ける具体的事実が主要事実となると解するのが妥当である（司研・要件事実(1)39頁、村田＝山野目・30講98頁）。

2 法律効果

地役権取得の法律効果は、地役権者は、地役権の目的を達成するために必要な範囲に限って、承役地を利用することができ、承役地所有者は地役権の行使に必要な範囲で一定の義務を負うというものである。地役権は土地の共同使用を前提とする法的制度であるから、地役権設定による土地使用は制限的で、地役権者が承役地を排他的に支配するのではなく、承役地所有者も、地役権者の権利を害しない限度で、承役地の利用を継続することができる。

地役権は、一定の範囲において承役地を直接に支配する物権であるから、地役権者は、物権的請求権のうち、妨害排除請求権と妨害予防請求権を有するが、承役地を排他的に占有するものではないから、返還請求権は有しない。

■■ 参考裁判例

(1) 慣習による地役権の取得については、判例は、引水目的で他人の土地を使用する権利が慣習上の地役権として認められるかにつき、これを否定し

た（大判昭和 2 年 3 月 8 日新聞2689号10頁［27550421］）。

（2）　地役権者が土地所有権者に限られるか、すなわち、地上権者、永小作人、賃借人等土地所有者以外の者が地役権を設定できるかについては、他人の土地の一部を賃借する者は、その借地の便益に供するために他の部分を継続して通行していた場合であっても、他人の土地を自己の土地の便益に供する者とはいえないため、時効によりその部分の上に通行地役権を取得することはできないとした判例（大判昭和 2 年 4 月22日民集 6 巻198頁［27510690］）がある。その後の下級審裁判例においても、地役権者となることができる者は原則として土地所有者に限り、ただ相隣関係においてこれに準ずべき権利を有するもの、例えば地上権者のような物権者に限り例外として地役権者となることが許されるが、賃借権は債権であるから土地賃借人は地役権者となることはできないとする（東京地判昭和32年 2 月 8 日週刊法律新聞48号12頁［27430285］）など、賃借人は地役権者たり得ないと判断している（東京地判昭和28年 2 月 4 日下級民集 4 巻 2 号156頁［27430071］、鳥取地米子支判昭和29年 2 月 5 日判時24号11頁［27430116］、東京地判昭和30年 9 月21日下級民集 6 巻 9 号2040頁［27430187］、東京地判昭和39年11月25日判時408号38頁［27430788］、東京高判昭和62年 3 月18日判時1228号87頁［27801847］）。

　これに対し、通説は、土地の賃借人も、土地賃借権の物権化を理由に独自に地役権の主体となり得ると解している（川島武宜『民法Ⅰ（総論・物権）』有斐閣（1960年）245頁、我妻＝有泉・民法講義Ⅱ412頁、広中・物権法481頁）。

　なお、平成16年民法改正で条文が現代語化された際に、281条 1 項が、要役地を「地役権者の土地であって、他人の土地から便益を受けるものをいう」と定義したが、これを実質改正ととらえなければ、前記の議論はまだ意味を有し、地役権設定者は所有権者に限らないと解する立場も成り立ち得るであろう（安藤一郎『私道の法律問題〈第 6 版〉』三省堂（2013年）262、310頁）。

（3）　通行地役権に基づく物権的請求権に関して、承役地所有者による通行妨害の事案においては、承役地所有者も通行地役権者の通行を妨げない範囲

で承役地を利用し得るが、承役地所有者の利用が通行地役権者の通行の具体的支障となる場合には、通行地役権者はその妨害の排除を求めることができる（東京高判平成10年10月15日判時1661号96頁［28040645］）。他方、承役地所有者以外の者による通行妨害の事案においては、通行の具体的支障の有無を問わずに、通行地役権の内容が、通行の目的の限度において、通路土地全体を自由に使用できるという場合には、通行地役権者は、車両を通路土地に恒常的に駐車させて通行地役権者の通行を妨害している車両所有者に対して、通行地役権に基づく妨害排除ないし妨害予防請求権に基づき、前記行為の禁止を求めることができる（最判平成17年３月29日裁判集民216号421頁［28100648］）。

　(4)　地役権の設定・移転等は登記をしなければ第三者に対抗することができないのが原則である（177条）。しかし、通行地役権の承役地が譲渡された場合において、譲渡の時に、承役地が要役地の所有者によって継続的に通路として使用されていることがその位置、形状、構造等の物理的状況から客観的に明らかであり、かつ、譲受人がそのことを認識していたか又は認識することが可能であったときは、譲受人は、通行地役権が設定されていることを知らなかったとしても、特段の事情がない限り、地役権設定登記の欠缺を主張するについて正当な利益を有する第三者に当たらない（最判平成10年２月13日民集52巻１号65頁［28030504］）。そして、通行地役権の承役地が担保不動産競売により売却された場合は、最先順位の抵当権の設定時に、既に設定されている通行地役権に係る承役地が要役地の所有者によって継続的に通路として使用されていることがその位置、形状、構造等の物理的状況から客観的に明らかであり、かつ、前記抵当権の抵当権者がそのことを認識していたか又は認識することが可能であったときは、特段の事情がない限り、登記がなくとも、通行地役権は売却によっては消滅せず、通行地役権者は、買受人に対し、当該通行地役権を主張することができる（最判平成25年２月26日民集67巻２号297頁［28210706］）。

　通行地役権の承役地の譲受人が地役権設定登記の欠缺を主張するについて正当な利益を有する第三者に当たらず、通行地役権者が譲受人に対し登記な

くして通行地役権を対抗できる場合には、通行地役権者は、譲受人に対し、通行地役権に基づいて地役権設定登記手続を請求することができ、譲受人はこれに応ずる義務を負う（最判平成10年12月18日民集52巻9号1975頁[28033490]）。

　(5)　地役権の消滅事由としては、契約消滅事由の発生、承役地・要役地の滅失、地役権者の放棄、混同、存続期間の満了、時効による消滅（291〜293条の解説参照）等がある。そのほかに、地役権設定の目的が消滅した場合に地役権が消滅するかについては、承役地は今後その要役地の通行の便益に供することがなくなったとして、通行地役権の通行目的消滅による消滅を認めた裁判例（大阪高判昭和60年7月3日高裁民集38巻2号77頁[27433061]）もあるが、要役地の要役性の喪失による地役権の消滅は、単に地役権の事実上の不行使状態がある程度継続したにすぎない場合には認められず、地役権の行使が永久に不能となった場合又は要役地に供されるべき便益が永続的に消滅した場合に限り、認められるとした裁判例（大阪高判昭和62年3月18日判タ660号132頁[27801351]）がある。

事実認定における問題点

　これまでの裁判例では、1　地役権設定契約の成否、(1)黙示の通行地役権設定契約の成否、(2)通行地役権の内容、2　地役権設定登記の欠缺を主張する正当な利益を有する第三者に当たるか否かが問題となったものがある。

事実認定についての裁判例と解説

1　地役権設定契約の成否

(1)　黙示の通行地役権設定契約の成否

　黙示の地役権設定契約の成否が問題となった裁判例の多くが、通行地役権に関するものである。

> 裁判例

ア　土地の分譲に伴い黙示の通行地役権設定契約の成立を認めたもの

❶　仙台高判昭和55年10月14日下級民集31巻9＝12号911頁［27431863］

　一団の土地の所有者Aがその土地（本件各土地）を細分化して分譲した事案において、本件各土地が細分されて複数の者の所有とされた場合、各土地から公道に通ずる道路が必要であり、しかも本件各土地の周辺の状況からすれば、駅前大通りに通ずるために本件各土地の中央部の3筆の土地の位置にT字型で幅約3mの通路（本件T字路）を設けることが本件各土地を有利に処分するため最も適切であることからすると、Aは、本件各土地を処分・分譲する必要上、3筆の土地を分筆のうえ通路として開設し、この部分は自己の所有として留保し、その余の土地を分譲する都度その相手方又は転得者のために分譲土地を要役地とし、3筆の土地を承役地とする通行地役権を明示ないし黙示に設定していたものであるとしたもの

❷　京都地判昭和60年9月24日判時1173号106頁［27443029］

　分筆前の甲地の原所有者が甲地を細分化して宅地として分譲するに際して、分筆後の各土地が公道に接していないために、分筆と同時に、分筆した各土地の一部分を道路部分として区分し、幅員約4mの私道を開設したという場合に、各私道部分を含む分筆後の土地が原所有者から売却される都度、原所有者と各買受人との間で前記各私道につき相互に通行地役権を設定する旨の黙示の合意が成立し、後に分筆後の土地を買い受けた者は前記通行地役関係を前者から承継し、その結果、分筆後の各土地取得者相互間に交錯的に通行地役権が成立したと認めたもの

❸　京都地判昭和60年12月26日判タ616号81頁［27801825］

　土地の分譲に際して分譲者が開設した私道は、分譲地が各人に取得されて格別の所有者に属するに至ったときは、前記私道に接続する他の土地のため互いにこれを私道として通行する通行地役権が設定されるべきものとして提供されており、分譲により各土地を取得した各所有者は、その関係を承認して取得したものというべきであるから、その各土地を取得する都度自己の土地の私道部分に当たる部分は、前記私道に接する他の土地のための通行地役

権を負担する承役地として、また、自己の土地は他の土地の私道部分につき通行地役権を有する要役地として、相互に交錯する通行地役権を設定したものと認めたもの

❹　東京地判昭和63年 1 月28日判夕664号96頁［27801693］

長屋敷地を長屋の住人に分譲するに際し、分譲を受けた者ら 7 名が長屋敷地の東側に位置し、各住居の裏口から南側の公道に出る通路として使用されていた通路状部分について、現状のままとすることを約定し、その旨の契約書を作成した事実から、これらの者の間で、前記通路状部分を構成する各土地を承役地とし、 7 名の敷地を要役地とする通行地役権の設定契約が締結されたと認めたもの

❺　浦和地判平成元年 3 月20日判時1328号92頁［27805247］

もともと 1 筆の土地であった原告ら所有地と被告所有地が宅地造成後、分筆分譲され、宅地造成のころから、私道部分は隣接土地所有者の通行のための道路として通行の用に供され、その範囲も客観的に識別でき、原告らはこの私道部分を通行しなければ公道に出ることができず、その土地の形状からして容易に通路のための土地と識別できるという場合には、その分譲地の所有者となったものは、互いにその通路部分になっている自己及び他の者の所有地を通行のために提供し合う意思、言い換えると交差的な地役権の設定契約を締結する意思を有していると解するのが合理的であるとしたもの

❻　東京地八王子支判平成元年12月19日判時1354号107頁［27806928］

分譲業者がその所有地を多数筆に分筆して分譲するに当たり、各分譲地がいずれも通路に接面するよう 3 本の通路を開設したうえ、分筆した土地を分譲し、買受人は、分譲業者から買受けに際し、接面する通路を通行することの承諾を受け、以来これを通行の用に供してきたことから、分譲業者は分譲の都度、各分譲地譲受人との間で、分譲地を要役地、これに接面する通路を承役地とする無償の通行地役権を設定する黙示の合意をしていたと認めたもの

❼　大阪高判平成 2 年 6 月26日民集49巻 7 号2709頁［27807195］

地役権が黙示的に設定されたと認めるには、平均人の見地からみて当然地

役権を設定するであろうと認められる客観的事情がなければならないが、分譲マンションの建築主であり、その敷地の元所有者である被告が、マンションの区分所有権及びその敷地の持分権を分譲するに際し、マンション敷地と分譲残地の土地を一体として利用する形状の絵図が記載されたパンフレットを物件説明書として利用するなどし、実際にも分譲残地もマンション敷地の塀の中に取り込み、外観上マンションの玄関に通じる通路として利用できる形状にし、分譲残地を専ら区分所有者のための駐車場とし、区分所有者は駐車に差し支えない限度で同土地を自由に通行してきたという事実があることから、被告は分譲残地をマンション敷地の共有者たる区分所有権者らの通行のために同土地の便益に供したことになるとして、分譲マンションの敷地のために、分譲残地を承役地とする通行地役権が黙示的に設定されたと認めたもの

❽ 東京地判平成2年11月27日判時1397号28頁［27809623］

土地の分譲に当たって、分譲地の元所有者が公道に通ずるための私道を整備し、これを各分譲地のための通路として提供することとし、各分譲地の買主らに、当該提供した土地部分を自由に、かつ、永久に通行して差し支えない旨を説明していたこと、分譲地から公道に通ずる通路は前記通路以外には存在しないなどの事情があるときは、分譲地を要役地、前記土地部分を承役地とする通行地役権が設定されたと認めたもの

❾ 東京高判平成4年11月25日判タ863号199頁［27826234］

不動産業者が分筆して分譲した宅地の中央部に私道があり、各分筆された土地は、その一部を前記道路の敷地に提供し、残部がこの道路に沿ってその両側に相接し又は向かい合って並んでいる場合に、前記道路が戦前から現在とほぼ同じ位置に存在して沿道の居住者や付近の住民の通行に使用されていたもので、不動産業者による分譲も、前記道路に接した各土地（本件接続土地）と前記道路との位置関係に照らすと、前記道路を通行の用に供することを前提になされたものというべきであるから、分譲業者と譲受人との間には、譲渡に当たり、相互に、それぞれの所有地のために、それぞれの所有地のうち前記道路の敷地部分を、本件接続土地の使用者の通行の用に供する旨の黙

498

示の了解があったものと認められ、本件接続土地を要役地、道路敷地部分を承役地とする相互交錯的な地役権設定の黙示の合意があったとされたもの

❿　東京高判平成8年7月23日民集52巻9号2011頁［28011330］

　土地（甲地）を宅地化するに際し、その一部（本件土地）に通路が設置され、付近の関係土地の住人の通行の用に供されるようになった後に、甲地全体を買い受け、これを住宅地として分譲することを計画したAが、甲地から乙地と本件土地の2筆を分筆し、分筆後の甲地を分譲予定地として自己の所有に留保し、乙地と本件土地をBに売却した事案において、Bは、前記売買の際、本件土地について、Aが自己に留保した分筆後の甲地への通行の用に供するために、通行地役権を設定する旨の明示ないし少なくとも黙示の合意をしたものと推認されるとしたもの

⓫　東京地判平成16年4月26日判夕1186号134頁［28102011］

　1筆の土地を甲・乙・丙土地に分筆したうえでなされた甲ないし丙土地の分譲に際して、分譲者が、裏路地として近隣住民の通行のために使用されており、埋設排水管及び排水桝も住民により共同使用されていた通路を甲ないし丙土地に分属するように分筆し、購入者もこれを前提にそれぞれ買い受けたことから、要役地である甲土地及び承役地である乙土地の買主を含む売買契約当事者間においては、通路の利用状況、すなわち通路を近隣住民の通行及び下水道の設置利用に供する状態を継続することが前提とされていたというべきであり、甲ないし丙土地を取得した者は、当該通路につき通行及び下水道の設置利用をする地役権を取得する一方、自己の所有する土地につき同様の地役権の負担を受けるものとする旨の黙示の地役権設定契約が締結されたとしたもの

⓬　東京地判平成20年4月24日判夕1279号219頁［28142174］

　自己所有の宅地や店舗兼居宅用建物を分譲するに当たって、分譲者が、係争地を通路として開設し、これにより、分譲地の南側から北側公衆用道路への通り抜けが可能となり、一般通行人の往来が確保された状態で分譲がされたことを理由に、少なくとも分譲土地・建物の購入者に対し、係争地所有者である被告が係争地に通行地役権を設定し、法律上の義務を負担することが

客観的に合理的であると認められる特別の事情があるとして、黙示の通行地
役権設定を認めたもの

⓭　東京地判平成24年 7 月 5 日判夕1386号223頁［28211380］

　観光リゾート地に所在する被告所有の 4 筆の一連の土地（通路）のいずれ
かに接道する土地を所有する原告らが、被告に対し、原告ら所有地を要役地、
被告所有地を承役地とする通行地役権の確認等を求めた事案において、被告
所有地の従前の所有者である宅地開発業者が、宅地造成、分譲の開発行為の
許可を受けるに当たり、被告所有地を通路として、分譲土地の所有者のみな
らず、周辺住民や観光客等にも一般開放することを約して周辺住民から開発
行為の同意を得、実際にその通行を許可していたこと、宅地開発業者が被告
所有地を譲渡するに際して譲受人に被告所有地を道路として使用し、通行の
妨げとなる工作物等を一切設置しないことなどを確認させていることを理由
に、宅地開発業者と宅地造成後にその土地の分譲を受けた者との間で、通行
地役権設定契約が締結されたと認めたもの

イ　その他の場合で黙示の通行地役権設定契約の成立を認めたもの

⓮　東京地判昭和60年 4 月30日判時1179号85頁［27433054］

　土地賃貸人が賃借人らのために通路として開設した土地（本件通路敷地）
を賃借人の 1 人に譲渡した際に、当該通路が土地賃借人らによって通行され
てきたものであること、当該通路敷地の売却は売却土地に建築確認を得るた
めの必要上された措置であり、それと引換えに、売却に先立ち、譲受人が今
後も他の賃借人らによる従前どおりの通行を認める旨言明したこと、賃貸人
の残地となる土地（本件残地）に接している道路は私道で、その通行には制
限があるため、本件通路敷地につき通行地役権が認められなければ、本件残
地の価値は著しく低下し、土地賃貸人にとっても著しい損失であることから、
土地賃貸人が本件残地のための通行権の負担なしで本件通路敷地を売却する
とは考えられない状況であったとして、土地賃貸人と譲受人との間で、本件
通路敷地を承役地、本件残地を要役地とする黙示の通行地役権設定契約が成
立したと認めたもの

⓯　横浜地判昭和62年11月12日判時1273号90頁［27801778］

第280条

　原告、被告$_1$、被告$_2$間の遺産分割に伴い原告が取得した土地は公道への出入りが困難で、遺産分割の前後を通じて係争地（本件係争地）におおむね一致する旧通路が被告$_1$、被告$_2$によって長期間現実に利用されてきたこと、遺産分割時には本件係争地の利用について被告らから積極的にこれを禁止したい旨の意思の表明は全くなかったこと、前記遺産分割による3名の取得土地の位置及び大きさが被告$_1$に最も有利で、原告及び被告$_2$が本件係争地を通路として利用できないものとすれば、3者の不公平はいっそう増大するのに対し、通路の利用が可能であることを前提とすると3者の優劣差が減少する関係にあることから、原告及び被告らの内心の意思を推認すると、遺産分割時におおむね旧通路のあった部分にそのまま少なくとも原告のために通行地役権を認める旨を黙示的に合意したと認めたもの

⓰　東京地判平成2年2月27日判時1366号65頁［27807588］

　国から払下げにより、甲地と丁地とに分割されA及び被告に帰属することになった通路（本件通路）について、本件通路が払下げ以前から南接する乙地ないし丙地上の居宅から北側指定道路に出るための通路として、長期間継続的に利用されてきたもので、この状態は、払下げ後も続き、その範囲も建物と建物に挟まれた部分として他から明確に区別されていたこと、各土地建物の位置関係や従前の利用状況等に照らせば、本件通路を通路として存続させることを前提に払下げがなされたとみざるを得ないし、乙地や丙地にとり、本件通路が公道に出るための唯一の通路として日常生活上不可欠の存在となった以降も、Aや被告がその事情を十分に知りつつ、原告らによる本件通路の通行を黙認していたばかりか、原告らに対し、積極的にその維持・管理費用等の負担を求めていたことからすると、通行の対価が支払われていないという事実があっても、所有者が費用負担を求めた時点までに乙地及び丙地を要役地とし、本件通路を承役地とする通行地役権が黙示的に設定されたとしたもの

⓱　東京地判平成2年10月29日判夕744号117頁［27807707］

　太平洋戦争前に沿道の土地所有者がその所有土地の一部を提供し合うことによって開設された、建築基準法42条2項による指定を受けた私道（本件私

道）について、その開設経緯から、その沿道の土地の所有者、借地人その他の土地に関する権利者には、私道設定の合意に基づく通行の権利があり、その権利の性質は、債権的な権利にとどまるものでなく、その沿道の土地（要役地）と運命をともにする権利である通行地役権であると解するのが相当としたもの

❶❽　東京地判平成7年8月23日判タ910号140頁［28010790］

　昭和11年頃には既に原形となる通路が開設され、周辺住民の通行の用に供されていた私道について、私道及び周辺土地の形状、位置、所有関係、当該私道がその敷地所有者から何らの異議が出されることなく一般の通行の用に供されてきたことからすると、当該私道敷地の各所有者は、時代を越えて、それぞれ、付近住民の通行に利用されることを認識、認容して、その私道敷地の各所有部分を提供していたと認められ、その通路の敷地所有者2名の間では、明示の契約の存在は認められないものの、それぞれの所有土地を要役地とし、お互いの所有私道敷地部分を他方のための承役地としてその通行を許容する旨の地役権設定の合意が暗黙のうちに成立していたものと推認され、私道の形状が現状のように確定した昭和28年頃には、私道の周辺土地所有者と私道の敷地所有者との間には、相互に自己所有土地を要役地とし、私道敷地部分を承役地とする黙示の通行地役権設定の合意が成立していたとしたもの

ウ　黙示の通行地役権設定契約の成立を認めなかったもの

❶❾　東京高判昭和49年1月23日東高民時報25巻1号7頁［27431434］

　通行地役権の黙示の契約を認めるためには、通行の事実があり、通行地の所有者がこれを黙認しているだけでは足りず、通行地所有者が通行地役権又は通行権を設定し、法律上の義務を負担することが客観的にみても合理性があると考えられるような特別の事情があることが必要であるとして、前記客観的・合理的な特別の事情は認められないとしたもの

❷⓪　東京地判昭和61年7月29日判タ658号120頁［27801299］

　分譲者が、係争地を含む6筆の土地を一体として、分譲地の譲受人の通行に供するため1本の通路として造成を行い、係争地を事実上通行することを

黙認していたが、係争地については、自己に留保した土地の敷地延長として利用する必要があったことから、建築基準法42条1項5号に基づく道路位置指定を受けることを拒否していたなどの事情がある場合に、通行地役権の黙示の設定を否定し、使用借権の黙示の設定を認めたもの

❷❶　東京高判昭和62年6月3日東高民時報38巻4＝6号42頁［27806473］

　1筆の土地が分筆のうえ分譲されたことにより、公道に接しない袋地が生じた場合であっても、係争地の所有者が係争地購入に際し、地役権設定の負担付きであることにつき売主等から何らの説明も受けていないこと、当該分譲地は市街化調整区域で本来住宅建設の許されない地区であること、係争地購入者は本来係争地が必要でないのに、売主から分譲地との一括購入を求められ、両者同一単価で買わされたものであること、本件係争地は幅員約4mで一見道路上の外観を呈するが、下水管が埋設されており、現在通路として利用されているわけでもないことなどから、宅地分譲に際し、各分譲地購入者相互間に交錯的な地役権の黙示による設定契約が認められる場合と事案を異にするとして、通行地役権の設定を認めなかったもの

❷❷　東京地判平成2年11月19日判時1393号105頁［27809274］

　遺産分割で甲地と乙地に分割した際に、乙地につき、幅1.2mの細長い路地状部分を通じて公道に接続するという地形に分割した事案において、当事者が、甲地を通過しないで乙地から直接公道に出ることができるようにするために、乙地の前記路地状部分を残したのであるから、乙地のための通路としてはこれをもって足りる意思であったと解するのが相当であるとして、当事者間に甲地に通行地役権を設定する旨の明示又は黙示の合意は認められないとしたもの

❷❸　京都地判平成6年5月26日判時1542号108頁［27828237］

　被告所有地の一部に開設された通路について、当該通路が被告所有地の一部にすぎず、原告や周辺住民の日常通行のための唯一の通路ではなかったこと、被告の前主が通路を鉄柵で閉鎖していることなど、通路の開設経過、位置、利用の状況等から、黙示の通行地役権設定合意を推認することは困難であり、被告やその前主の好意により原告建物へのトラックの出入りや周辺住

民の通行が黙認されていたにすぎないとしたもの

❷ 東京地判平成23年11月11日判タ1372号135頁 [28181560]

　建築基準法43条１項所定の２m以上の接道要件を満たさない原告所有の土地を分譲者ＡがＢに宅地として売り渡した際に、当該宅地を承役地、Ａが共有していた既設の通路部分を要役地とする通行地役権が設定されたと原告が主張したのに対し、売却当時、Ａが通路部分の一部の所有権をＢに売却していないこと、売却日前後の通路部分の状況が不明であること、原告所有地が1.53mの幅で建築基準法42条２項道路に接していること、Ｂに売却された後の原告所有地の利用状況が明らかでないこと、遅くとも売却から３年後以降、原告所有地から当該通路に出入りできない状況が継続していたことなどから、売却時に当該通路に原告所有地のための通行地役権が設定されたと認めるには十分でないとされたもの

　解説

　黙示の通行地役権設定が認定されるための一般原則として、判決⓳は、承役地所有者が通行地役権の負担を負うことが合理的と認められる客観的事情が必要としているが、いかなる場合にかかる客観的事情が認められるかについて、通行地役権の黙示の設定が認定された裁判例をみると、①客観的にみて要役地のための通路が開設されていること、②その通路開設が通路敷地所有者の意思に基づいているなど、その所有者が通行地役権の負担を容認していることが認定されているといえよう。①の客観的にみて要役地のための通路といえるか否かは、要役地の接道条件（通路がなくとも公道と接しているか否か）、要役地と通路との位置関係、通路開設の目的、現に要役地所有者等によって通路が利用されているかが判断要素になると思われる。②については、通路敷地所有者が単に通行を黙認しているだけでは足りず、通路開設への関与の度合い、通行を積極的に容認する言動の有無、相互受益や対価関係の有無等から、通行地役権者の負担容認の意思を推認していくことになると思われる。

　これまでの裁判例では、土地の分譲に伴い通路が開設された場合に、当該通路につき通行地役権が黙示に設定されたと認められることが多いが、この

うち、判決❶、❻～❽、❿、⓬、⓭は、分譲者が通路敷地の所有権を留保しつつ土地の分譲を行ったケースであり（ただし、判決❿は分譲予定地を留保し、通路敷地を売却したケース）、この場合には、分譲者と分譲地購入者との間で、分譲地を要役地、通路敷地を承役地とする通行地役権の黙示の設定があったとされる。このようなケースでは、分譲地が公道に接していないなどの理由で、分譲に当たって、分譲者によって分譲地のために通路が開設され、購入者にはその通路の通行が認められる。このような場合、通路敷地の所有者たる分譲者は通行地役権の負担を甘受しているといえ、①及び②の要件を満たす典型例である。これに対し、判決❷～❺、❾、⓫は、分譲者が土地を分譲するに際し、通路敷地も分割し、分譲地の各購入者が通路敷地の一部も買い受けているケースであり、この場合には、自己の敷地を要役地、他人の通路敷地部分を承役地とする相互的かつ交錯的な通行地役権の存在が肯定される。このケースには、分譲地の譲受人間に通行地役権の黙示設定があったと認めるもの（判決❸～❺）と、分譲地の最初の譲受人と分譲者との間で地役権の黙示設定があり、その後の分譲地譲受人はそれを分譲者から承継すると認めるもの（判決❷、❾、⓫）とがある。このような場合には、通路敷地を譲り受けることで通路敷地所有者となる者が、当該土地を他人の通行の負担のある土地として取得していると認められることから、②の要件が充足されることになる。

　分譲地に関する事案で、通行地役権の黙示設定が否定された裁判例としては、判決⓴、㉑、㉔があるが、判決㉔は、そもそも分譲地のために通路が開設されたとの要件が認定できない事案であり、判決㉑は、承役地が通路として開設されていたのかにも疑義があるうえ、地役権設定の負担付きであることを所有者が認識して取得したものではないことから、②の要件が否定されたものである。判決⓴のように、分譲者の意思によって通路は開設されているものの、通路敷地所有者に通路としての負担を将来にわたって甘受し続ける意思がないことが明らかにされていることを考慮して通行地役権の黙示の設定を認めなかったものもある。

　土地の分譲を伴わない事案であっても、沿道の土地所有者が土地の一部を

出し合って通路を開設した事案（判決**⑰**、**⑱**）のように、①、②の要件が認定できる場合には、黙示の通行地役権の設定が認められる。また、通路開設の経緯や従前の通路の利用状況とそれに対する通路敷地所有者の言動等から、通行地役権の黙示設定を認めた事案（判決**⑭**〜**⑯**）もある。特に判決**⑯**は、通路敷地所有者が要役地所有者に対し、通路の維持・管理費用等の負担を求めていたことを考慮要素としており、通行の対価とまではいえなくとも、要役地所有者に通行権の保有に伴う何らかの負担がある場合には通行地役権の設定が認められることを示唆している。

　他方、黙示の通行地役権設定が否定された判決**㉒**は、承役地とされる土地に通路も開設されておらず、遺産分割で分筆された土地の形状からも要役地取得者が承役地とされる土地を通行することが想定されていなかったといえるもので、①、②の要件は満たさない。また、判決**㉓**は、通路の開設経過、通路としての必要性の低さや利用状況から、②の要件が認められないとしたものといえる。

(2)　通行地役権の内容

　黙示の通行地役権設定契約に関する裁判例には、通行地役権の内容が自動車通行を含むか否かが問題となったものがある。

[裁判例]

ア　自動車通行を含むとしたもの

❶　東京地判昭和43年10月11日下級民集19巻9＝10号602頁［27431063］

　通行地役権が設定されている私道について、従前公道と段差なく平坦に接続して通行の便益に供されていたこと、その幅員が2.25間あることから、当該私道の通行地役権はかかる地形と幅員とにおいて通常期待できる通行の便益をその内容としているものというべく、かかる幅員を有する道路は人間のみならず車馬の通行も許容されているとみるほかはないとして、通行地役権の内容として自動車の通行も含むと認めたもの

❷　東京高判平成10年10月15日判時1661号96頁［28040645］

　乙土地の売買に際して、売買当事者間で、乙土地を要役地、甲土地のうち通路部分を承役地とする通行地役権が設定されたと認められた事案において、

当該通路部分の幅員が当初から4mほどで車両通行に支障のないものであったこと、買主が乙土地の東側部分に作業所兼倉庫を新築し、その東側部分を業務に必要な車両の駐車場や作業場として確保し、通路を車両通行のために利用していたこと、乙土地をさらに譲り受けた者による乙土地の利用状況に変更はなかったこと、その利用状況につき関係者間でトラブルは生じてこなかったことなどから、通行地役権は当初から自動車通行を含むものとして設定されたと認めたもの

イ　自動車通行は含まれないとしたもの

❸　横浜地判昭和62年11月12日判時1273号90頁［27801778］

遺産分割に伴い、原告取得地のために係争地である旧通路部分に通行地役権が黙示に設定された事案において、旧通路の大部分の幅員が1.7mであり、過去の通路としての利用の仕方が自動車等によって恒常的に1.7mの幅員をいっぱいに利用するということではなく、原告取得地から公道へ達するための人の通行路を確保することに主眼があったこと、一時期原告が旧通路に自動車を通行させていた事実はあるが、それは徐行しながらであったと推認され、原告が、オートバイの販売修理業に転職してからは、家の新築等特別の場合以外は自動車を通路に通行させていないことから、通行地役権の内容及び範囲を定めるのに自動車の通行を前提とするのは相当でないとしたもの

❹　東京地判平成7年8月23日判夕910号140頁［28010790］

前記(1)イ判決⓲の事案において、黙示的に通行地役権が設定された場合には、その内容は、要役地と承役地たる道路との位置関係、当該道路の幅員その他の形状、利用者の利用態様、地域環境等の客観的な状況をもとに、地役権を設定している当事者の合理的意思を推測して判断すべきであるとしたうえで、本件私道には段差があり、昭和42年頃までは、自動車が通行することはほとんどなく、幅員が狭いこともあって、地役権設定当事者間では、地役権の内容として、自動車による通行が含まれるとの認識がなかったと認定し、その後、時代の変化、事情の変更により、暗黙のうちに自動車通行を含める旨の合意が形成されることもあるが、本件の場合は、道路の幅員が最大2.61m、最小2.24mで、本件私道上に電柱、踏石等が設置されているため通

行し得る私道幅は一番狭いところでは1.64m となっていて、自動車通行すると人や自転車と接触する危険性が高いこと、本件私道上で自動車の回転はできず、本件私道は東西で公道に通じているものの東側への通り抜けが事実上困難なため、進入してきた自動車は西側にバックで戻らなければならないことから、自動車により本件私道を通行することは客観的に見ても相当ではなく、通行地役権設定当事者間において、通行地役権の内容に自動車の通行を含む旨の合意が形成されていたとは認められないとし、昭和42年に原告の前主の子が軽自動車を取得して自宅の庭に駐車し、本件私道を通行するようになったが、他に自動車の通行はほとんどなく、平成2年には原告の前主を除く被告らは、本件私道周囲には駐車場を造らず、車の出入りのないようにするとの申合せを行い、現在、本件私道に面する住民で自動車により本件私道を通行しているものはいないのであって、被告らは前記軽自動車の通行を黙認していたにすぎないとし、昭和42年以後、通行地役権の内容として、自動車による通行の権利が含まれるようになったとはいえないとしたもの

ウ　自動車通行に一定の制限を持たせたもの

❺　東京地判平成2年10月29日判タ744号117頁［27807707］

沿道の土地所有者がその所有土地の一部を出し合って開設された私道（本件私道）の通行地役権の内容は、当該道路に関する客観的な状況等を参考として、私道を設定した当時の当事者の意思を推し量るしかないが、その後社会生活等道路をめぐる客観情勢が変化している場合には、それに合わせて、当事者の合理的な意思がどこにあるのか判定しなければならないところ、自動車の利用が一般化したという変化を考慮に入れても、本件私道の幅員は、本件私道を自動車で通行することを広く許容することが可能で、危険もないというにはほど遠いことからすると、本件私道については、必要不可欠な場合にごく例外的に自動車の通行を許容するが、その場合でも、自動車で通行する者がその危険性を認識して、人間が通行している場合は、私道内に進入しないとか、停止するなどの特別の注意を払うことが常に期待できる状況の下でなければ、通行の危険性を排除することができない状況にあるから、その沿道住民が従前利用している限度での自動車通行権が存在するにとどまり、

その許容限度は、沿道敷地内に2台程度の自動車を駐車させ、これをその沿道の住民のように本件私道の危険性を熟知した者が、頻繁とはいえない程度に運行させるという程度にとどまるとしたもの

❻　東京高判平成4年11月25日判タ863号199頁［27826234］

　前記⑴ア判決❾の事案において、地役権の内容は黙示の設定合意の前提になった当時の道路の通行の態様、方法等を基礎として定められるべきで、本件接続土地の居住者の日常生活のために必要な通行等の使用をもって、その内容とするのが相当であること、その内容は、時代の推移に伴う本件接続土地の利用の変化や社会情勢の変動等により変化するが、当初の黙示の合意を基礎とし、承役地である本件接続土地の各所有者の合理的意思を推認し、これに合致し、承認を得られるものでなければならないと判示したうえで、本件の道路は、戦前から、道路に接した土地の居住者や周辺の土地の住民の日常の通行の用に供されてきたもので、戦後、本件接続土地が分譲されてからも現在までこの点は変わらないこと、自動車の通行は、道路の幅員が狭く、道路の両側に塀の続く部分も多いため、通行者にとり危険で、通行の著しい妨げになるが、自動車の一般化に伴い、本件接続土地の所有者等の中にも、自動車を所有して敷地内に駐車させ、道路を自動車で通行する者もいること、居住者のうち、1台を敷地内に駐車させる3名も、家族を運ぶなど家庭生活の必要上時折自動車を使用する程度で、自家営業者で営業用の自動車を道路に面した敷地内に駐車させる者はないこと、自車・他車を問わず、営業車が営業のための自動車の通行に使用することは、重い荷物の場合などごく例外的な場合にすぎず、むしろ、道路に停車して荷物の上げ下ろしをするのは通行妨害になるものとしてできるだけ避けるようにしていること、外部の自動車の出入りは道幅が狭いうえ通り抜けが不可能なこともあってほとんどないことなどから、本件接続土地の所有者等が、自動車をもって本件の道路を使用する態様、方法としては、せいぜい1住宅当たり1台の自動車を敷地内に駐車させて保有し、家庭生活の用に供する程度の頻度で道路を通行することが、本件接続土地の所有者等により承認され、その合理的意思と合致するものとしたもの

❼ 東京高判平成 8 年 7 月23日民集52巻 9 号2011頁 ［28011330］、千葉地判
平成 6 年 9 月28日民集52巻 9 号1987頁 ［28011678］

前記(1)ア判決❿の事案において、A が自己に留保した甲地を住宅地とし
て分譲することを計画していたことやその後の本件土地の通行の状況（徒
歩・自転車はもちろん近年は普通乗用自動車の通行の用にも供されてきた）
に、本件土地の南北の幅員が 2 m であることを合わせ考えると、通行地役
権の内容は、本件土地を徒歩・自転車により通行することのほか、住宅地に
おいて日常生活の用に供される普通乗用自動車程度の大きさの自動車により
通行することまでが許されるものであったとし、引っ越し、建物の建替等の
場合に、資材、荷物等を運搬するに要する貨物自動車等の大型自動車による
通行は含まれないとしたもの

❽ 長崎地佐世保支判平成11年 9 月29日判タ1039号142頁 ［28052327］

マンション建設に際して、マンション敷地に隣接する土地の所有者（原
告）とマンション分譲会社との間で、前記土地所有者にマンション敷地の一
部（通路）の自動車を含む通行を認める通行地役権が設定された場合におい
て、原告が新たに賃貸用駐車場（ 2 階建合計36台の駐車スペース）の建設を
計画したところ、原告の計画は、交通量の増加やそれに伴う交通事故発生の
危険性の増加等の観点からすると、マンションの区分所有者に対する影響が
少なくないこと、当該通路は原告のために開設されたものではなく、マンシ
ョンの区分所有者らが利用することが前提とされていたこと、契約当時、前
記原告所有土地が居住用として利用されており、契約当事者が原告が計画し
ているような多数の自動車が通行することを予定していたとは認められない
ことなどから、その通行地役権の内容は通行地役権者による通行を無制限に
認めたものではなく、多数の自動車が通行することは許容していなかったと
して、原告計画の賃貸用駐車場に出入りする自動車の通行は認められないと
したもの

［ 解説 ］

明示的に通行地役権が設定された場合には、通行地役権の内容はその設定
契約の内容に従うこととなるが、黙示的に通行地役権が設定された場合には、

判決❹のとおり、その内容は、要役地と承役地たる道路との位置関係、道路の幅員その他の形状、利用者の利用態様、地域環境等の客観的な状況をもとに、地役権を設定している当事者の合理的意思を推測して判断することとなる。特に、道路の形状、幅員が自動車通行に適しているものであるか否か、現実に要役地所有者等によって自動車通行に利用されているか、その利用態様を承役地所有者等が許容していたかが重要な考慮要素となる。

　具体的には、判決❶は、道路の形状と幅員から、判決❷は道路の幅員、利用態様から比較的容易に通行地役権の内容として自動車通行を含むと判断しているが、判決❸、❹は、道路の形状・幅員や過去の利用態様を認定し、特に、過去に当該道路について自動車通行がされていた事実があったとしても、それが一時的又は特別な場合に限られていたこと（判決❸）や自動車通行の危険性から当該道路を自動車通行することが客観的に相当でないこと、承役地所有者らが道路への車両の出入りをしないとの申合せをしていたことから自動車通行を地役権の内容とすることを許容していたものではないこと（判決❹）を理由に、自動車通行は通行地役権の内容として含まれないと判断している。

　また、通行地役権設定契約当時に自動車通行が含まれていない場合でも、時代の変化や事情の変更に伴い、通行地役権の内容が変化することもあるとして、現代社会の自動車利用の一般化に鑑みて、内容の変化の有無を検討するのが判決❹〜❻であるが、社会的に自動車利用が一般化した場合でも、当該道路の幅員・形状から自動車通行による危険性や支障がある場合には、内容を変更する合意形成は認められないとするもの（判決❹）、自動車通行を認める場合であっても、住民が従前利用している限度での自動車通行権に限るとして自動車通行の態様に一定の制限を加えるもの（判決❺、❻）など、従前の利用状況を超えて、不特定多数の自動車通行を認めるには至らないのが通例である。また、判決❼、❽は、もともと自動車通行を認める通行地役権が設定されていた場合であっても、道路の幅員、従前の利用態様等から設定当事者が予定し、許容していた自動車通行の範囲を認定して、それを超える自動車通行は通行地役権の内容に含まれないと判断したものである。

2 地役権設定登記の欠缺を主張する正当な利益を有する第三者に当たるか否か

「参考裁判例」(4)で述べたとおり、最判平成10年 2 月13日民集52巻 1 号65頁 [28030504] が、承役地の譲受人が、地役権設定登記の欠缺を主張する正当な利益を有する第三者に当たらないとされる要件を明らかにしたが、その要件を前提として、以後、その要件に該当するか否かについて判断した裁判例には以下のものがある。

[裁判例]

❶ 長崎地佐世保支判平成11年 9 月29日判タ1039号142頁 [28052327]

マンション建設に際して、マンション敷地に隣接する土地の所有者（原告）とマンション分譲会社との間で、前記土地所有者にマンション敷地の一部（舗装され道路状となっている通路）の自動車を含む通行を認める通行地役権が設定された前記 1 (2)ウ判決❽の事案において、マンション分譲業者が原告との合意に基づき、マンション管理規約及び分譲の際の売買契約書に、原告所有土地の居住者及び関係者による通路の通行を認める旨の定めをしていることから、原告は、マンションの区分所有者に対し、前記通行地役権を主張することができるとしたもの

❷ 東京地判平成16年 4 月26日判タ1186号134頁 [28102011]

前記 1 (1)ア判決⓫の事案において、裏路地として通行されていた通路にはコンクリートが敷かれており、その上に洗濯機等が置かれていたものの、これらは敷設コンクリートを覆うものではなく、承役地上には公道に面した扉が設置され、そこには「被告勝手口」と記載された表札が掲げられていたことから、前記通路が被告によって通路として使用されていることは客観的に明らかであったとしたうえ、敷設コンクリートは地表上にあって見える状態であったこと、前記扉が閉まっていたために中に入れなかったとしても、原告が被告を訪ねるなどして土地の状況を確認することは可能であったとして、承役地を買い受けた原告は、承役地の前記利用状況を認識し得たとして、前記第三者に当たらないとしたもの（なお、客観的要件の基準時及び認識の主体は最判平成25年 2 月26日民集67巻 2 号297頁 [28210706] で変更されてい

512

第280条

る）

❸　東京地判平成24年 7 月 5 日判タ1386号223頁［28211380］

　前記 1 ⑴ア判決⓭の事案において、被告所有土地は幅員約 6 m で舗装さ
れており、宅地開発業者による開発行為が行われた以降、被告が鉄柵を設置
するまでの間、被告所有地に接する土地の所有者のみならず、周辺住民や観
光客等に対し、広く一般に開放されていたことから、被告所有土地が通路と
して使用されていることは客観的に明らかであったし、また、被告の代表者
が、地区の副区長から鉄柵の撤去要請を受けた際に、町に被告所有土地を高
値で買い上げてもらう交渉の圧力として通行妨害を行っているとの趣旨の発
言をしていたことから、被告代表者はそのことを認識していたとして、前記
第三者に当たらないとしたもの

［　解説　］

　前掲最判平成10年 2 月13日の地役権設定登記の欠缺を主張することについ
て正当な利益のある第三者に該当するか否かの要件は、①承役地が要役地の
所有者によって継続的に通路として使用されていることが、その位置、形状、
構造等の物理的状況から客観的に明らかであるとの客観的要件と②譲受人が
そのことを認識していたか又は認識することが可能であったとの主観的要件
からなるが、②は①の認識又は認識可能性であるから、通常は①の客観的要
件が充足されれば、②の主観的要件も充足されると解されている（近藤崇
晴・最判解説〈平成10年度（上）〉104頁）。判決❷は、①が認められれば、
主観的要件のうち少なくとも認識可能性は認められると判示しているが、判
決❶は、譲受時の地役権設定者の説明内容から、判決❸は、承役地譲受人の
譲受後の言動から、主観的要件のうち認識していた事実を認定したものと解
される。

　なお、前掲最判の前記①、②の要件があるにもかかわらず、特段の事情が
認められ、第三者に当たると認定された裁判例は見当たらないが、同最判が、
承役地の譲受人が通路としての使用は無権限でされているものと認識してお
り、かつ、そのように認識するについては地役権者の言動がその原因の一半
をなしているといった場合には、特段の事情が認められると判示しているの

513

が参考となる。

（中俣千珠）

第281条

（地役権の付従性）

第281条　地役権は、要役地（地役権者の土地であって、他人の土地から
便益を受けるものをいう。以下同じ。）の所有権に従たるものとして、
その所有権とともに移転し、又は要役地について存する他の権利の目的
となるものとする。ただし、設定行為に別段の定めがあるときは、この
限りでない。
2　地役権は、要役地から分離して譲り渡し、又は他の権利の目的とする
ことができない。

事実認定の対象等

■■ 意義

本条は、地役権の随伴性・付従性を規定する。

要役地の所有権が移転すれば、地役権も当然に移転し、また、要役地上に
地上権、永小作権、賃借権等の用益権を設定すれば、それらの用益権者は地
役権を行使することができ、要役地に抵当権を設定すればその効力は地役権
にも及ぶ（1項）。もっとも、この随伴性は、特約で排除することができる
（1項ただし書）。

地役権は要役地に随伴し、要役地のために存在する権利であるから、要役
地から分離して、地役権のみを譲渡し、又は他の権利の目的とすることはで
きない（2項）。

■■ 法律要件及び法律効果等

1　法律要件

要役地の譲受人が地役権を取得するための法律要件は、

① 地役権設定者が地役権者との間で、乙地を甲地の便益に供する目的で、
乙地に地役権設定契約を締結したこと

515

②　地役権者が地役権設定契約締結当時、甲地を所有していたこと

③　地役権設定者が地役権設定契約締結当時、乙地を所有していたこと

④　地役権者・譲受人間の甲地の所有権移転原因事実

である。④に加えて、地役権者・譲受人間で、地役権の移転につき意思表示をする必要はない（大判大正10年3月23日民録27輯586頁［27523231］）。

2　法律効果

地役権は、要役地の所有権が移転すれば当然に移転する。もっとも、要役地の地上権者等の用益権者が、自己の用益権のために地役権を設定した場合には、地役権はその用益権に随伴する。

また、要役地の用益権者は地役権を行使でき、要役地に設定された抵当権は地役権にもその効力が及ぶ。

■■ 参考裁判例

要役地譲受人は、要役地所有権の移転登記を備えれば、地役権の移転登記がなくとも、地役権の移転を第三者に対抗することができる（大判大正13年3月17日民集3巻169頁［27510936］）。

事実認定における問題点

本条に関する事実認定が問題となった裁判例は見当たらない。

（中俣千珠）

第282条

（地役権の不可分性）

第282条　土地の共有者の１人は、その持分につき、その土地のために又
　はその土地について存する地役権を消滅させることができない。
２　土地の分割又はその一部の譲渡の場合には、地役権は、その各部のた
　めに又はその各部について存する。ただし、地役権がその性質により土
　地の一部のみに関するときは、この限りでない。

事実認定の対象等

■■ 意義

本条は、地役権の不可分性を規定する条項の１つである。

地役権は、要役地の物質的な利用のために存する権利であるから、要役地
の持分のために存在することはできない。したがって、要役地の共有者の１
人が自己の持分に関してその要役地のための地役権を消滅させることはでき
ない。また、地役権は、承役地の物質的利用を目的とする用益物権であるか
ら、持分の上に存在し得ない。したがって、承役地の共有者の１人が自己の
持分に関してその承役地上の地役権を消滅させることはできない。本条１項
はこれらのことを規定する。また、地役権は原則として要役地全部の物質的
利用のために、承役地全部を物質的に利用する権利であることから、本条２
項は、本文で、要役地又は承役地の分割・一部譲渡があっても、地役権は原
則として存続することを規定し、ただし書で、地役権がその性質上土地の一
部のみに関わるときは、地役権はその範囲内で存続するにとどまり、地役権
に関わらない部分のためには、又は、地役権に関わらない部分については、
地役権は部分的に消滅することを規定する（我妻＝有泉・民法講義Ⅱ414頁
以下、能見＝加藤編・論点民法２〔秋山靖浩〕425頁）。

■■ 法律要件及び法律効果等

1 法律要件

　要役地が共有であった場合、地役権を消滅させるための法律要件は、

①　要役地の共有者全員と承役地所有者とが地役権を消滅させる合意をした
　こと

　また、承役地が共有であった場合、地役権を消滅させるための法律要件は、

①　承役地の共有者全員と要役地所有者とが地役権を消滅させる合意をした
　こと

である。

2 法律効果

　本条1項により、要役地又は承役地の共有者の1人が、その持分に関し、要役地のために承役地に設定された地役権を消滅させる合意を相手方としたとしても、その効力は生じないことになる。

　また、本条2項により、要役地が分割又は一部譲渡されたときでも、原則として、地役権はその各部のために存続する。この場合は、地役権は共有状態（準共有）となる。承役地が分割又は一部譲渡されたときでも、原則として、地役権はそれぞれの土地について存続する。ただし、地役権が、その性質上土地の一部だけに関するものであるときは、その例外となる。

■■ 参考裁判例

　本条1項の趣旨は地役権設定についても妥当するとして、土地の共有者の1人が自己の共有持分のみについて地役権を設定することはできないとした裁判例がある（名古屋地判昭和61年7月18日判タ623号108頁［27801836］）。

事実認定における問題点

　本条に関する事実認定が問題となった裁判例は見当たらない。

（中俣千珠）

第283条

（地役権の時効取得）

第283条　地役権は、継続的に行使され、かつ、外形上認識することができるものに限り、時効によって取得することができる。

事実認定の対象等

■■ 意義

　本条は、新たに地役権を時効取得する場合について、継続的に行使され、かつ、外形上認識することができる地役権のみが時効取得の対象となることを規定したものである。継続的に行使されない地役権は、承役地所有者が他人の利用を好意で認めている場合が多く、そのような場合にまで承役地の所有者に地役権を負担させるのは妥当でないし、外形上認識することができない地役権は、承役地所有者がその行使の事実を認識し得ず、時効中断の措置に出ることも期待し得ないし、社会的な公認を受けるものでもないことから、社会的にみて権利性を認めるべき必要性はないとの理由で、地役権を時効取得できる場合を限定したものである。

■■ 法律要件及び法律効果等

1　法律要件

　Ｘが甲地を要役地、乙地を承役地とする地役権を長期時効取得するための法律要件は、

① 　Ｘがある時点で、甲地の便益のために、乙地について継続的かつ外形上認識できる地役権を行使していたこと

② 　Ｘが①の時点から20年経過した時点で、甲地の便益のために、乙地について継続的かつ外形上認識できる地役権を行使していたこと

③ 　Ｘが相手方に対し時効援用の意思表示をしたこと

④ 　Ｘが①の時点で甲地の所有者であったこと

519

である。

163条は、所有権以外の財産権の長期取得時効の要件として、①自己のためにする意思をもって、②平穏かつ公然に、③20年間行使することと規定しているが、同法186条1項（同法205条により準占有にも準用）により、①、②は主張・立証が不要となり（暫定真実）、取得時効を争う側が、その反対事実を主張・立証することになる。もっとも、地役権の取得時効の場合には、Xに自己のためにする意思がないこと、Xの地役権行使が強暴にされたことは抗弁となるが、Xの地役権行使が隠秘に行使されたことは、請求原因に現れる「外形上認識することができるもの」の要件の中に反対事実である「公然」性が包含されることから、抗弁とはならない（遠藤浩ほか『民法注解財産法(2)』青林書院（1997年）〔小野秀誠〕640頁以下）。

③の20年間の行使継続については、186条2項、205条により、前後両時点における地役権行使の事実があれば、行使はその間継続したものと推定されるから、行使開始時と20年経過時の2時点の行使の事実を主張・立証すれば足りる。

また、Xが地役権を時効取得するためには、地役権行使の期間中、Xが要役地の所有者等の地役権者たり得る地位にあることが必要である。もっとも、当初の地役権行使時に所有者であることを主張・立証すれば、相手方がX以外の者の所有権取得原因事実を主張・立証しない限り、20年経過時までその所有権は存在しているものと扱われるため、④を主張・立証すれば足りる。なお、④については、甲地の所有者に限らず、地上権者等地役権者たり得る地位にあることを主張・立証すればよいが（280条参考裁判例(2)参照）、判例は、賃借人は地役権者たり得ないと解しており、賃借人の時効による地役権の取得も認められないことから（大判大正13年3月17日民集3巻169頁〔27510936〕）、賃借人であったことを主張・立証しても失当である。

10年の短期時効取得の法律要件は、前記①〜④の要件（ただし、②については10年経過時の行使）に加え、

⑤　地役権行使開始時に善意であること（自己に地役権があると信じたこと）について無過失であることの評価根拠事実

第283条

を主張・立証することになる。

2　法律効果

　時効により地役権を取得した地役権者は、その基礎となった占有によって定まる内容に従い、その地役権を行使することができる。

■■ 参考裁判例

　(1)　地役権の時効取得の要件である「継続的に行使され」を満たすためには、通行地役権の場合には、①承役地たる他人所有の土地上に通路が開設されていること、②その通路の開設が要役地所有者によってなされることの2つを要する（最判昭和30年12月26日民集9巻14号2097頁［27002956］、最判昭和33年2月14日民集12巻2号268頁［27002708］）。

　(2)　時効による地役権の取得は、時効完成時の承役地所有者及びその一般承継人に対して、登記なくして対抗できる（大判大正13年3月17日民集3巻169頁［27510936］）。これに対し、地役権の時効完成後に承役地を譲り受けた者には登記なくして対抗できないが（大判昭和14年7月19日民集18巻856頁［27500311］）、この場合でも、時効取得される地役権は、「継続かつ表現の地役権」であることから、280条「参考裁判例」(4)の最判平成10年2月13日民集52巻1号65頁［28030504］に従えば、承役地譲受人は地役権設定登記の欠缺を主張するについて正当な利益を有する第三者に当たらないとされる場合が多いであろう。

事実認定における問題点

　これまでの裁判例では、通行地役権における「継続」の要件該当性が問題となったものがある。

事実認定についての裁判例と解説

通行地役権における「継続」の要件該当性

判例は、「継続」の要件について、①通路の開設と②その開設が要役地所有者によってなされることを要するとしているところ、要役地所有者がいかなる行為をすれば要役地所有者が通路を開設したことになるのか、②の要件が認められない場合にも継続の要件が認められるかが問題となった裁判例がある。

裁判例

(1) 要役地所有者による通路の開設を認めたもの

❶ 東京地判昭和48年3月16日判夕306号207頁［27431389］

宗教法人である原告によって、公道から寺院の境内地へ通じる通路（参道）として用いられ、寺内居住者参詣人その他一般の通行の用に供せられていた通路について、原告によってその両側を大谷石又はコンクリートで縁取り、その中央部にみかげ石を敷き、これと両側との間を玉砂利又は土で埋めあるいはコンクリートで張るなどの改修ないし補修が加えられて明確に通路として開設され、維持されていたとして、原告による通行地役権の時効取得を認めたもの

❷ 東京地判昭和48年11月30日下級民集24巻9＝12号876頁［27431429］

通行地役権の時効取得が認められるためには、所有者以外の者である原告が自ら通路を開設したことが要件と解されるが、昭和24年1月末頃、原告が、土地に下水用の排水管を埋め、地上を通路として使えるようにした程度の事実をもって、時効取得の要件としての通路の開設と認めるのが相当としたもの

❸ 東京地判昭和56年2月27日判時1012号87頁［27431887］

被告が、通路部分に塀をめぐらせ、コンクリート敷にして、被告所有地から公道に至る通路として開設し、昭和30年頃から通行を開始していることから、前記通行は継続かつ表現のものということができ、被告は通行地役権を時効取得したと認めたもの

第283条

❹　東京高判昭和58年 4 月27日判タ498号101頁［27432022］

　旧土地所有者から道路用地として無償で提供された土地の所有権が行政上
の適正手続を欠くことにより地方自治体である原告に移転しなかったが、原
告が盛土工事、暗渠工事及び砂利敷工事等の施工により道路として開設して
以来、その道路は広く公衆の通行の用に供され、原告はその管理に属する村
道とともに、当該道路の構造の保全、修理、維持等の管理に時期を失するこ
となく努め、道路の敷地所有者らもこれを容認していたことなどから、原告
は通行地役権を時効取得したとしたもの

❺　最判平成 6 年12月16日裁判集民173号517頁［27826963］

　要役地の所有者らが、要役地から北側公道に出るために通行していた公道
（西側道路）を拡幅するために、承役地所有者に対し、その所有土地の一部
（本件土地）を拡幅用地として提供するよう働きかける一方、自らも、各自
その所有地の一部を同用地として提供するなどの負担をし、要役地所有者ら
のこれら行為の結果として、西側道路全体が拡幅され、本件土地はその一部
として通行の用に供されるようになった場合は、本件土地につき、要役地所
有者らによって通路が開設されたものというべきとしたもの

(2)　要役地所有者による通路の開設ではなくても継続の要件を認めたもの

❻　横浜地判昭和43年11月 6 日判時556号76頁［27431069］

　Ａ がＢから分譲中の土地のうち 2 筆を買い受け、分譲者Ｂによって、分
譲地の通行を確保するため、その所有土地に築工され、幅員約 2 ｍの通路
として開設された通路を継続して通行してきたこと、しかもＡがその通路
の通行を始めるに際して、Ｂから分譲事業の全部につき委任を受けていたＣ
から、当該通路がＡ買受けの土地はもちろん他の分譲地のための通路とし
て確保され、分譲地の所有者は無償で永久に通行できることを知らされ、通
路の敷地の土地の買取交渉を中止して同土地を通路として使用することで満
足し、以来、平穏かつ公然に同土地を通行してきたことから、その通行は通
路を開設した表現の土地を継続してなされていたというべきであるとしたも
の

❼　福岡地判昭和45年12月24日判タ260号294頁［27431240］

分譲者が、分譲売却の際には公路から隔絶されることになる分譲宅地部分の便益のためあらかじめ通路として開設し、分譲宅地の買受居住者らによって継続的に通行の用に供されてきた土地について、その通行は継続かつ表現のものであったとして、時効取得を認めたもの

❽　東京地判昭和51年1月28日下級民集27巻1＝4号7頁［27431553］

　Ａが自己所有地を分譲するに際して買受人のために私道たる通路を開設し、その私道敷についても分譲時に一部ずつ買受人に買い取らせた事案につき、分譲地所有者であり、買受人との間で通路を開設することについての合意をとりつけ、かつ、自ら大谷石塀及び門扉の設置工事をして通路部分の状態を作り出したＡから中間者を経て要役地所有権を取得した者は、自ら通路を開設したのと同視するのが相当であるとしたもの

❾　名古屋地判昭和57年8月25日判タ486号120頁［27431990］

　要役地所有者が通路を開設した場合でなくても、一定区域の土地所有者がこれを分譲する際に分譲地から公道へ出るために通路を開設し、その部分（本件土地）の所有権を自らに留保することによって購入者と通行地役権を設定したことが認められる本件では、かかる道路開設の経緯、本件土地の形状、その後の通行状況に照らして、単に情誼や人情から購入者の通行を容認していたというものではなく、本件土地を道路用地に充てることによってはじめて分譲ができたのであり、一方購入者もたまたま便宜上ここを通行していたというのではなく、これを利用することによってのみ、公道及び他の区画の土地へ行くことができる実情にあったこと、本件土地は要役地所有者によって道路として維持されていることが推認されることから、継続かつ表現の要件を具備するとされたもの

[解説]

　通路の開設行為は、典型的には、承役地部分に砂利を敷いたり、舗装をしたりといった物理的に通路の形状とする工事を行う行為といえ、判決❶〜❹は要役地所有者がそのような行為を行ったことをもって通路開設行為を認定している。これに対し、判決❺の最高裁判決は、外形的に通路として承役地を区分したのは承役地所有者であるものの、要役地所有者の働きかけによっ

て承役地所有者から通路用地の提供が行われ、要役地所有者らの提供した通路用地も含め通路全体が拡幅され、通行の用に供されていることから、要役地所有者による通路開設と認めたもので、通路開設の経緯、要役地所有者の投資・負担の有無及び内容等も判断要素として通路開設行為を認定したものと考えられる。もっとも、判決❺については、判例が従前の厳格な基準を緩和したものと解する見解もある（判決❺に対する学説の反応は、安藤一郎『私道の法律問題〈第6版〉』三省堂（2013年）301頁参照）。

　また、裁判例の中には、(2)に挙げた判決❻〜❾のとおり、土地の分譲に際して、分譲地のために開設された通路について、必ずしも通路の開設者が要役地所有者ではなくても、「継続」の要件を満たすと判断したものも多い。そもそも、判例が、継続の要件として、要役地所有者による通路開設を必要として取得時効を制限的に解しているのは、承役地所有者が好意で近隣の者の通行を黙認している場合にまで時効取得されることがないようにするためであり、通路開設の経緯、通路の形状・位置関係、通路の通行状況等から、承役地所有者が単に情誼や人情から通行を容認していたというものではない事情が認められる場合には、必ずしも通路開設者が要役地所有者ではなくとも、継続の要件を満たすと解する余地があるであろう。判決❻〜❾はいずれも、そのような観点から時効取得を認めたものと解される。

（中俣千珠）

【改正法】

第284条　土地の共有者の１人が時効によって地役権を取得したときは、他の共有者も、これを取得する。

2　共有者に対する時効の<u>更新</u>は、地役権を行使する各共有者に対してしなければ、その効力を生じない。

3　地役権を行使する共有者が数人ある場合には、その１人について時効の<u>完成猶予の事由</u>があっても、時効は、各共有者のために進行する。

【現行法】

第284条　（同上）

2　共有者に対する時効の<u>中断</u>は、地役権を行使する各共有者に対してしなければ、その効力を生じない。

3　地役権を行使する共有者が数人ある場合には、その１人について時効の<u>停止の原因</u>があっても、時効は、各共有者のために進行する。

■■ 改正の趣旨

　時効障害制度に関する改正により、時効の「中断」概念が「更新」に、時効の「停止」概念が「完成猶予」に変更されたことに伴う改正である。「更新」、「完成猶予」の詳細は、『事実認定体系〈民法総則編〉』147条の「改正の趣旨」を参照されたい。

　本条は、従前の概念の表記が変更になったことに伴う改正であり、改正前後で、基本的に、その要件・効果に変更はない。

《条文・判例の位置付け》　　要件・効果の変更なし

事実認定の対象等

■■ 意義

本条も地役権の不可分性に関する規定である。

地役権は要役地のために存在する権利であるから、数人の共有に属する甲地のために乙地を承役地とする地役権が成立すれば、甲地の共有者は全員地役権を取得する。本条1項は、時効取得によって地役権が成立する場合にも、この原則が適用されることを規定したものである。

本条2項、3項は、前記原則の反射としての時効の更新、完成猶予についての規定である。時効の更新や完成猶予の効力は相対的であるから（148条）、共有者の1人に時効の更新事由や完成猶予の事由が生じても他の共有者にはその効力が及ばず、他の共有者に取得時効が完成するから、その結果、共有者全員が地役権を取得する。

■■ 法律要件及び法律効果等

1 法律要件

Ｘが、Ｘ・Ａの共有地である甲地を要役地、乙地を承役地とする地役権をＡが長期時効取得したことによって自らも時効取得するための法律要件は、

① Ａがある時点で、甲地の便益のために、乙地について継続的かつ外形上認識できる地役権を行使していたこと

② Ａが①の時点から20年経過した時点で、甲地の便益のために、乙地について継続的かつ外形上認識できる地役権を行使していたこと

③ Ａが相手方に対し時効援用の意思表示をしたこと

④ Ａが①の時点で甲地の所有者又は共有者であったこと

⑤ Ｘが②の時点で甲地の共有者であること

である。

また、要役地の共有者Ｘ・Ａ双方が地役権を行使し、そのいずれにも地役権の時効完成の要件が具備し得る場合に、その時効完成を更新により阻止するためには、

①　X及びAに対し、時効の更新事由が生じたこと

を主張立証する必要がある。共有者の1人のみに時効の更新事由が発生したことを主張・立証しても、他方に時効取得が完成すれば、本条1項により、全員が時効取得することになるからである。完成猶予の場合も同様である。

2　法律効果

　本条1項により、共有地のために、共有者の1人が地役権を時効取得すれば、全共有者が地役権を時効取得するとの効果が生じる。本条2項、3項により、地役権を行使する共有者の1人に対して、時効の更新や完成猶予の事由が生じても、他の共有者については取得時効が完成し、その結果、共有者全員が地役権を時効取得するとの効果が生じる。

事実認定における問題点

　本条に関する事実認定が問題となった裁判例は見当たらない。

（中俣千珠）

（用水地役権）

第285条 用水地役権の承役地（地役権者以外の者の土地であって、要役地の便益に供されるものをいう。以下同じ。）において、水が要役地及び承役地の需要に比して不足するときは、その各土地の需要に応じて、まずこれを生活用に供し、その残余を他の用途に供するものとする。ただし、設定行為に別段の定めがあるときは、この限りでない。

2　同一の承役地について数個の用水地役権を設定したときは、後の地役権者は、前の地役権者の水の使用を妨げてはならない。

事実認定の対象等

意義

　本条は、用水地役権による水の使用につき、要役地と承役地との関係（1項）、数個の地役権間の関係（2項）を規定したものである。

　地役権は土地の共同使用を可能にする権利であるから、地役権が設定されても、承役地所有者も承役地をともに利用することができるうえ、同一の承役地に、同一又は異なる内容の複数の地役権が設定されることがある。

　本条1項は、用水地役権の水の使用につき、要役地と承役地との間の調節を規律したものである。すなわち、水の量が需要量よりも少ないときは、要役地、承役地ともまず生活用に供し、その残余を他の用途に供することになる。もっとも、設定行為によって別段の定めをすることができる（同項ただし書）。

　本条2項は、同一承役地について複数の用水地役権が設定された場合の地役権相互間の関係を規律したものである。地役権は、排他性のある物権であるから、先に成立した地役権は、後に成立した地役権に優先するのであり、当然の規定である。なお、ここでいう用水地役権設定の前後とは登記の前後をいう。

■■ 法律要件及び法律効果等

1 法律要件

　XがYとの間でX所有の甲地の引水用にY所有の乙地に用水地役権を設定したが、Yが甲地への農業用の送水を妨害している場合に、XはYに対し、妨害排除請求権を行使できるが、その場合に、Yは、本条1項により、

①　乙地の水量が乙地と甲地の生活用の需要を満たすのみの量であること

を抗弁として主張・立証することになる。これに対し、Xは、本条1項ただし書により、

①　XY間の用水地役権設定契約において、乙地の用水を甲地の生活用と農業用の需要のために利用する特約があったこと

を主張・立証することになる（大江・要件事実(2)470頁）。

　Y所有の乙地を承役地として、X及びA所有の各土地のために用水地役権が設定された場合に、AがXに自己が優先する用水地役権者であることを主張するための法律要件は、

①　AがYとの間で、乙地について、用水地役権設定契約を締結したこと

②　YがAに対し、①に基づいて、地役権設定登記手続をしたこと

を主張することになる。

2 法律効果

　用水地役権が設定された場合、特約がない限り、本条1項の規定に従い、水が配分されることになる。用水地役権相互の水の配分は、設定（登記）の前後に従ってされる。

事実認定における問題点

本条に関する事実認定が問題となった裁判例は見当たらない。

（中俣千珠）

第286条

（承役地の所有者の工作物の設置義務等）

第286条　設定行為又は設定後の契約により、承役地の所有者が自己の費
　　　用で地役権の行使のために工作物を設け、又はその修繕をする義務を負
　　　担したときは、承役地の所有者の特定承継人も、その義務を負担する。

事実認定の対象等

■■ 意義

　本条は、承役地所有者が自己の費用で工作物の設置・修繕をする義務を負
う場合に、その義務が承役地の特定承継人に承継されることを定めた規定で
ある。地役権者は、設定行為又はその後の契約により、承役地所有者に対し、
地役権の内容を実現するために必要な施設を設けるなどの一定の積極的な義
務を付随的に負わせることができ、その義務は地役権の内容となる。

　本条は、承役地所有者が地役権の内容として前記義務を負担するときは、
承役地の特定承継人も当然その義務を承継する旨を定めたものである。

■■ 法律要件及び法律効果等

1　法律要件

　承役地の特定承継人が、工作物の設置・修繕義務を負うための法律要件は、

① 　地役権者と承役地所有者との間の工作物の設置・修繕に関する特約の存
　　在

② 　承役地の特定承継の事実

である。

2　法律効果

　承役地所有者が地役権の内容として、自己の費用で地役権行使のための工
作物の設置・修繕義務を負担するときは、承役地の特定承継人もその負担を

531

承継することになる。よって、地役権者は、その特定承継人に対し、前記義務の履行を求めることができる。もっとも、この義務は登記しなければ特定承継人に対抗することはできない。

事実認定における問題点

本条に関する事実認定が問題となった裁判例は見当たらない。

（中俣千珠）

第287条

第287条 承役地の所有者は、いつでも、地役権に必要な土地の部分の所有権を放棄して地役権者に移転し、これにより前条の義務を免れることができる。

事実認定の対象等

■■ 意義

本条は、承役地所有者が、地役権に必要な土地の部分の所有権を放棄して地役権者に移転することにより、286条の義務を免れることができるとした規定である。

承役地所有者が286条の義務を負う場合に、その負担を永続的に負わせることは酷な場合もあることから、承役地所有者が、その一方的意思表示によって、その所有権を放棄して地役権者に帰属させることによって、その義務を免れることができるようにしたものである。

■■ 法律要件及び法律効果等

1　法律要件

承役地の所有者が、本条により工作物の設置・修繕義務を免れるための法律要件は、

① 承役地所有者が、地役権者に対し、承役地のうち地役権に必要な部分の所有権を放棄し、地役権者に移転する旨の意思表示をしたこと

である。

本条の「放棄」は、承役地所有者の一方的意思表示で足り、相手方の承諾を要するものではないが、単なる所有権の放棄ではなく、承役地の所有権を無償で地役権者に移転させる意思表示であることを要する。

533

2 法律効果

承役地の所有者によってこの放棄がされると、承役地所有権が当然に地役権者に移転する。その結果、地役権は、混同（179条1項）により消滅する。

事実認定における問題点

本条に関する事実認定が問題となった裁判例は見当たらない。

（中俣千珠）

第288条

（承役地の所有者の工作物の使用）

第288条　承役地の所有者は、地役権の行使を妨げない範囲内において、その行使のために承役地の上に設けられた工作物を使用することができる。

2　前項の場合には、承役地の所有者は、その利益を受ける割合に応じて、工作物の設置及び保存の費用を分担しなければならない。

事実認定の対象等

■■ 意義

　本条は、285条1項と同様、地役権者と承役地所有者の承役地の共同利用に関して、両者間の調節をした規定である。承役地所有者は、承役地上の工作物を共同使用することができること（1項）、その場合、工作物の設置及び保存の費用は利益を受ける割合に応じて負担しなければならないこと（2項）が規定されている。

■■ 法律要件及び法律効果等

1　法律要件

　承役地の所有者が、地役権行使のために承役地に設けられた工作物を使用するための法律要件は、

① 　自己が承役地の所有者であること

② 　承役地に地役権が設定されたこと

③ 　②の地役権行使のために承役地に工作物が設けられたこと

④ 　承役地所有者による工作物の利用が、地役権者の地役権の行使を妨げないこと

である。

　②の工作物は、地役権者が設けたものか、承役地所有者が設けたものかは

535

問わない。

　また、工作物の設置・保存に要した費用を承役地所有者にその利益を受ける割合に応じて負担（分担）させるための法律要件は、

①　承役地に地役権が設定されたこと

②　①の地役権行使のために承役地に工作物が設けられたこと

③　地役権者が②の工作物の設置又は保存の費用を負担したこと及びその額

④　承役地所有者が②の工作物を使用していること

⑤　承役地所有者が工作物を使用することによって受ける利益の割合

である。

2　法律効果

　承役地所有者は、地役権者の地役権の行使を妨げない範囲で、その行使のために承役地上に設けられた工作物を使用することができる。ただし、その場合には、承役地所有者は、その利益を受ける割合に応じて、工作物の設置及び保存の費用を負担することとなる。

　なお、承役地所有者が286条で自己の費用で工作物の設置・修繕義務を負う場合には、本条2項の適用はない。

事実認定における問題点

　本条に関する事実認定が問題となった裁判例は見当たらない。

（中俣千珠）

第289条

（承役地の時効取得による地役権の消滅）

**第289条　承役地の占有者が取得時効に必要な要件を具備する占有をした
　　ときは、地役権は、これによって消滅する。**

事実認定の対象等

■■ 意義

　本条は、承役地の第三者による時効取得によって、地役権が消滅すること
を規定する。ただし、承役地について、地役権者がその権利を行使しており、
占有者が地役権の存在を容認しながら占有していれば、時効取得の基礎とな
る占有は地役権の制限を受けることになるから、承役地が時効取得されても、
それは地役権が付着した状態での時効取得であり、地役権は消滅しない（我
妻＝有泉・民法講義Ⅱ425頁）。

■■ 法律要件及び法律効果等

1　法律要件

　承役地の時効取得による地役権の消滅の法律要件は、

① 　承役地に地役権が設定されていること

のほかは、162条の時効取得の法律要件と同じであるから、『事実認定体系
〈民法総則編〉』の同条の解説を参照されたい。

2　法律効果

　承役地が第三者に時効取得された場合には、地役権が消滅するとの効果が
生じる。

■■ 参考裁判例

　承役地が第三者に時効取得された場合でも、その占有の事情によっては、

537

地役権が消滅しない場合があることは、前述のとおりであるが、判例も、第三者の権利を認めて制限的に不動産を占有する者は、第三者の権利が付着したまま制限的所有権を取得するにすぎないとしている（大判大正9年7月16日民録26輯1108頁［27523100］）。

事実認定における問題点

本条に関する事実認定が問題となった裁判例は見当たらない。

（中俣千珠）

第290条　前条の規定による地役権の消滅時効は、地役権者がその権利を
　　　行使することによって中断する。

事実認定の対象等

■■ 意義

　本条は、地役権者の地役権の行使が、289条による地役権の消滅時効の中
断事由となることを規定するものである。その趣旨は、承役地の占有者の取
得時効が進行しているときに、地役権者が権利行使すると、以後、その占有
は地役権の存在を容認したものに変わり、承役地占有者は、地役権の負担の
付いた所有権を時効取得するにすぎず、地役権は消滅しないというものであ
って、正確には、消滅時効の中断（時効の完成猶予あるいは更新）に当たる
ものではない。

■■ 法律要件及び法律効果等

1　法律要件

　289条による地役権消滅の主張に対し、地役権者は、

① 　承役地占有者の時効期間中に、地役権者が地役権を行使したこと

を主張・立証することで、地役権の消滅を争うことができる。

2　法律効果

　地役権者の権利行使によって、承役地の取得時効による地役権の消滅が妨
げられるとの効果が生じる。つまり、地役権者の権利行使により、承役地占
有者が地役権の存在を容認したことになり、地役権の付着しない完全な所有
権を時効取得することができなくなるため、その反射的効果として地役権が
消滅するということもなくなるのである。

事実認定における問題点

本条に関する事実認定が問題となった裁判例は見当たらない。

（中俣千珠）

第291条

> ■（地役権の消滅時効）　　　　　　　　　　　　　　　　　【改正法】
>
> 第291条　第166条第 2 項に規定する消滅時効の期間は、継続的でなく行使
> 　　される地役権については最後の行使の時から起算し、継続的に行使され
> 　　る地役権についてはその行使を妨げる事実が生じた時から起算する。

> ■（地役権の消滅時効）　　　　　　　　　　　　　　　　　【現行法】
>
> 第291条　第167条第 2 項に規定する消滅時効の期間は、継続的でなく行使
> 　　される地役権については最後の行使の時から起算し、継続的に行使され
> 　　る地役権についてはその行使を妨げる事実が生じた時から起算する。

■■ 改正の趣旨

　消滅時効に関する規定の条番号が変更されたことに伴う改正である。

　本条は、引用する条番号が変更になったことに伴う改正であり、改正前後
で、その要件・効果に変更はない。

《条文・判例の位置付け》　　要件・効果の変更なし

事実認定の対象等

■■ 意義

　本条は、地役権の消滅時効の起算点を規定したものである。地役権は20年
の消滅時効にかかるところ（167条 2 項）、継続的でなく行使される地役権に
ついては最後の権利行使の時から、継続的に行使される地役権については権
利行使を妨げる事実が生じた時から、それぞれ起算する旨が定められている。
したがって、継続的に行使される地役権については、事実上権利を行使して
いない期間が続いたとしても、時効が進行することはなく、事実上行使でき
なくなった時が起算点となる。

541

■■ 法律要件及び法律効果等

1 法律要件

地役権の消滅時効の法律要件は、継続的でなく行使される地役権については、

① 地役権者がある時点で地役権を行使したこと

② ①から20年が経過したこと

③ 時効援用の意思表示

である。①の行使が最後であること、すなわち、それ以後に地役権行使がないことを、消滅時効を主張する側が主張・立証するのではなく、①以降、②までの間に地役権行使があったことを、消滅時効を争う側が主張・立証するべきである。また、継続的に行使される地役権について、消滅時効を主張する側が前記の①～③を主張・立証した場合には、相手方は、①の地役権が継続的に行使されるものであることを主張・立証することによって、消滅時効の完成を障害することができる。

継続的に行使される地役権についての消滅時効の法律要件は、

① 地役権者の地役権の行使を妨げる事実が生じたこと

② ①から20年が経過したこと

③ 時効援用の意思表示

となる（大江・要件事実(2)478頁）。

継続的に行使される地役権についての①の法律要件に当たる事実の具体例としては、通路を設けた通行地役権や水路を設けた引水地役権において、承役地所有者や第三者の行為により、又は天災等により、通路や水路が閉鎖、損壊、除去されるなどして使用できない事実が生じたことである。

2 法律効果

本条が規定する起算点から20年が経過することにより、地役権の消滅時効が完成し、地役権が消滅する。

第291条

事実認定における問題点

本条に関する事実認定が問題となった裁判例は見当たらない。

（中俣千珠）

【改正法】

第292条　要役地が数人の共有に属する場合において、その１人のために時効の<u>完成猶予又は更新</u>があるときは、その<u>完成猶予又は更新</u>は、他の共有者のためにも、その効力を生ずる。

・・

【現行法】

第292条　要役地が数人の共有に属する場合において、その１人のために時効の<u>中断又は停止</u>があるときは、その<u>中断又は停止</u>は、他の共有者のためにも、その効力を生ずる。

■■ 改正の趣旨

　時効障害制度に関する改正により、時効の「中断」概念が「更新」に、時効の「停止」概念が「完成猶予」に変更されたことに伴う改正である。「更新」、「完成猶予」の詳細は、『事実認定体系〈民法総則編〉』147条の「改正の趣旨」を参照されたい。

　本条は、従前の概念の表記が変更になったことに伴う改正であり、改正前後で、基本的に、その要件・効果に変更はない。

《条文・判例の位置付け》　　要件・効果の変更なし

事実認定の対象等

■■ 意義

　本条は、地役権の消滅時効に関する特則で、地役権の不可分性についての規定である。

　要役地が共有である場合に、共有者の１人のために消滅時効の更新又は完成猶予の事由が生じたときに、その者の地役権だけが消滅せず、他の共有者

544

の地役権が消滅するという状態は地役権の性質上認められないため（282条）、その更新・完成猶予が他の共有者のためにも効力を生じ、消滅時効は共有者全員のために完成しないことを定めたものである。

■■ 法律要件及び法律効果等

1 法律要件

要役地が共有である場合の地役権の消滅時効の更新又は完成猶予の法律要件は、

① 共有者のうちの1人に更新又は完成猶予の事由が発生したこと

であり、共有者全員に更新又は完成猶予の事由が発生したことを主張・立証する必要はない。

2 法律効果

共有の要役地について、共有者の1人についての地役権の消滅時効の更新又は完成猶予は、他の共有者にも効力を生じる。その結果、消滅時効が全共有者のために完成しないことになる。逆にいえば、地役権の消滅時効は、全共有者について完成したときにだけ効力を生じる。

事実認定における問題点

本条に関する事実認定が問題となった裁判例は見当たらない。

（中俣千珠）

第293条　地役権者がその権利の一部を行使しないときは、その部分のみ
　　　　が時効によって消滅する。

事実認定の対象等

■■ 意義

　本条は、地役権者の消滅時効に関する特則で、時効消滅する地役権の範囲
について定めるものである。

　地役権は1筆の土地の一部を承役地とすることも可能であることから、消
滅時効においても、地役権者が設定契約で定められた地役権の一部につき権
利行使をしなかった場合には、その範囲に限って、地役権が消滅時効にかか
ることを規定したものである。

■■ 法律要件及び法律効果等

1　法律要件

　設定された地役権の一部につき、地役権者が途中で権利行使しなくなった
場合、その地役権の一部の消滅時効の法律要件は、

①　地役権者がある時点で、地役権の全部又は一部を行使したこと

②　①から20年が経過したこと

③　地役権の一部（行使しなくなった部分）について時効援用の意思表示

である。前記の場合に、地役権全体について時効援用の意思表示をしたとし
ても、権利行使がされている部分については、①以降②までの間の権利行使
の事実が相手方から主張・立証されることになるから、時効は完成しない。
また、地役権設定契約当初から地役権者が地役権の一部しか権利行使してこ
なかった場合には、「地役権設定契約時から20年が経過したこと」を主張・
立証して、時効援用の意思表示をすることになるであろう。

546

2 法律効果

地役権者が地役権の一部しか行使せず、残部について消滅時効が完成したときは、その部分の地役権が消滅するとの法律効果が生じる。

事実認定における問題点

本条に関する事実認定が問題となった裁判例は見当たらない。

（中俣千珠）

（共有の性質を有しない入会権）

第294条　共有の性質を有しない入会権については、各地方の慣習に従う
　　ほか、この章の規定を準用する。

事実認定の対象等

■■ 意義

　本条は、共有の性質を有しない入会権について、各地方の慣習に従うほか、
地役権の規定を準用することを定めたものである。

　民法上、入会権は共有の性質を有する入会権（263条）と共有の性質を有
しない入会権（294条）とに分類されるところ、入会権が共有の性質を有す
るか否かは、その対象となる土地が入会権者の共有（その形態は総有）に属
するか、それとも第三者の所有に属するかによって区別される（大連判大正
9 年 6 月26日民録26輯933頁［27523080]）。共有の性質を有しない入会権に
ついては、入会地が国有地、公有地である場合が多い。

■■ 法律要件及び法律効果等

1　法律要件

　共有の性質を有しない入会権が認められるための法律要件は、

① 　入会集団による入会慣行の存在

② 　入会権者が入会地を共有せず、第三者が所有すること

である。

2　法律効果

　入会地の地盤が入会部落以外の者の所有である入会権は、地盤の所有者と
の間に、他人の土地を利用する関係を生じ、土地所有者と利用者は共同して
その土地を利用するという地役権に類似する性質を有することから、民法の

地役権の規定が準用される。

■■ 参考裁判例

(1)　慣習上形成された共同利用の物権という入会権の本質から、入会地が入会集団以外の者の所有とされても、入会集団の解消及び入会慣行の廃絶がない限り、入会権は消滅せず、共有の性質を有しない入会権として存続することになる（我妻＝有泉・民法講義Ⅱ439頁）。明治7年の官民区分令により、入会地の多くが国有地となり、その後政府は官有地入会を否定する方針をとり、大審院も国有地上の入会権を否定する判断をしたが（大判大正4年3月16日民録21輯328頁［27521895］）、学説の強い反対を受けて、最高裁が判例変更をし、官有地に編入されたとはいえ、その地上に村民の植栽培養を伴う明確な入会慣行があるため、これが尊重され、従前の慣行がそのまま容認されていた地域では、国有地に入会権が存続することを認めた（最判昭和48年3月13日民集27巻2号271頁［27000505］）。

町村制の整備によって入会地が公有地とされた場合も同様であるが、判例には、市町村の管理が強化されていき、財産区が入会地を管理して使用収益方法を定め、これに従って住民が使用収益をしていた場合につき、入会権の消滅を認めたものもある（最判昭和42年3月17日民集21巻2号388頁［27001101］）。

(2)　入会集団の構成員は、入会地において、各地方の慣習に従って共同収益することができるというのが入会権の本来的効力である。もっとも、近代における社会経済の発展と農村生活の変化に伴って、入会地の利用形態も変化し、構成員の個別的共同収益の形態から、直轄利用形態（入会集団が直接経営する形態）、分割利用形態（入会地を分け地として各構成員に割り当て、その個別的利用を許す形態）、契約利用形態（入会集団が構成員以外の者に対して契約を締結し、入会地の利用を許す形態）が現れるに至った。判例には、特定の個人が独占的に使用収益し、自由に譲渡することが許される「分け地」については特段の事情がない限り入会権は否定されるとして分割利用形態の入会権の存在を否定したもの（最判昭和32年9月13日民集11巻9号

1518頁［27002772］）もあるが、一定の採取行為や期間には分け地の制限がなく構成員が自由に利用できるとか、転出者は分け地も含め山林に関する一切の権利を喪失するといった慣行がある場合につき、入会権を肯定したもの（最判昭和40年5月20日民集19巻4号822頁［27001302］）もある。

　(3)　入会権をめぐる訴訟の当事者適格、入会権と登記については、共有の性質を有する入会権（263条）の「参考裁判例」を参照されたい。

　(4)　入会集団の構成員が入会集団から離脱した場合には、入会権者としての地位を喪失する。判例は、入会地についてたとえ登記名義を有する者であったとしても、入会集落から転出し、構成員としての地位を失った以上は、入会地に権利を有しないとする（前掲最判昭和40年5月20日）。

　入会権の処分や入会地の利用形態の変更には、原則として、入会集団の構成員全員の同意を要するとされている（福岡高那覇支判平成6年3月1日判タ880号216頁［27827713］）が、共有の性質を有する入会権について、入会権の処分について、それと異なる慣習が存する場合には、公序良俗に反するなどの特段の事情が認められない限り、その慣習は効力を有するとした判例がある（最判平成20年4月14日民集62巻5号909頁［28140824］）。

　その他、入会権と慣習については、共有の性質を有する入会権（263条）の参考裁判例を参照されたい。

事実認定における問題点

　これまでの裁判例では、1　入会権の存否、2　入会地の地盤所有権の帰属、3　入会権者としての地位の存否、4　入会権の消滅が問題となったものがある。

第294条

事実認定についての裁判例と解説

1 入会権の存否

[裁判例]

❶ 大阪高判昭和52年9月30日下級民集28巻9＝12号1044頁［27431677］

　本件部落においては、明治時代以前から部落の統制に服しながら、その部落住民は、部落内にある全山林について肥草、落葉、薪用小柴、正月用小松、山菜、松茸等の食用菌類等の自然産物を採取していたものであり、このような事実状態が長年続いたことで、少なくとも明治時代にはこの地方の慣習となっていたものと認められ、本件山林を含む部落内の全山林について、慣習により自然産物の採取を内容とする共有の性質を有しない入会権が成立していたものといえ、その入会権は、本件山林の所有者が神社に移転してもなお存続し、入会権成立後に、その土地に新たに別種類の自然産物が産出するようになった場合、入会権はこれに及び、入会権の利用形態、行使の方法の慣習が個別的利用形態から直轄利用形態に変化しても、入会権は同一性を保ち存続するとしたもの

❷ 最判昭和57年1月22日裁判集民135号83頁［27431946］

　伊豆七島の新島において、明治19年に東京府知事が「一島又ハ一村ノ共有トシテ」島嶼町村制（大正12年内務省令第19号）の施行前の新島本村に下げ渡した山林につき、行政主体としての新島本村の成立過程や当該山林を含む下げ渡された山林原野が代議制をとった村議会等の多数決による議決に基づいて村有財産として管理処分され、あるいは村当局の管理下において村民に利用されてきたなど、当該山林原野の管理利用について部落による共同体的統制の存在を認めるに由ない諸事情に照らすと、当該山林原野について共有の性質を有する入会権はもとより、共有の性質を有しない入会権の存在も認め難いとしたもの

❸ 那覇地判平成6年3月30日判例地方自治130号55頁［28019539］

　硫黄鳥島の国有地以外の土地について、沖縄における島嶼町村制の施行前の部落が有していた土地の所有権は、町村制の実施により、行政村に帰属し

551

たと解されるから共有の性質を有する入会権は認められず、さらに土地の利用状態について、硫黄の採掘が硫黄鳥島の住民によって行われていたが、琉球王国時代は琉球王府の直轄管理のもとで行われたもので、廃藩置県後は国の管理下に置かれたこと、硫黄採掘については、その収入のうち、島民の共有になる部分と個人の労働賃金になる部分があり、前者は事業契約者の都合で減額され得ることがあったというにすぎず、それ以上にどのような入会慣行や入会団体的統制があったのかは明らかでないとして、それらのいずれも認めることができないから、共有の性質を有しない入会権の存在も認められないとしたもの

❹　那覇地判平成 7 年 2 月22日判例地方自治143号54頁［28011643］

　琉球王府所有の杣山として形成され、明治32年の沖縄土地整理法により官有地となり、その後村に払い下げられた本件山林について、琉球王府の指示、監督により、地元部落である村が山林の直接の保護管理に当たり、材木、薪を伐採採取してきており、明治時代以後もその村の地位を承継した権利能力なき社団である原告の統制の下に、監督、造林が行われ、原告構成員の建築資材、薪の採取などの山林利用が行われたことから、原告は、入会集団として、本件山林に管理統制を及ぼし、長期間継続して入会利用してきたということができ、本件山林につき、共有の性質を有しない入会権を取得していたと認めたもの

❺　広島高判平成17年10月20日民集62巻 5 号984頁［28111716］

　部落所有の土地につき、その用途が薪炭林とされていたことからすると、明治22年から25年にかけて当該土地について部落住民の入会的使用収益の慣行が存在したと推認するのが相当であり、昭和30年代頃までは、部落住民は、当該土地周辺で薪炭を採取して利用していた事実が認められることから、明治期から昭和30年代頃まで、部落住民が本件土地を入会地として利用していたことが推認されるとし、100名を超える者による集団的利用について、何の規律もなかったとは考え難いことから、一定の規律の存在が推認されるとして、入会権の存在を認めたもの

❻　広島高判平成25年12月12日平成25年㈹62号公刊物未登載［28220160］

ある土地について共有の性質を有しない入会権の成立が認められるために
は、当該土地に対する入会的使用収益の事実の存することと入会的使用収益
に係るある程度の内部規律の存することが必要であるが、神社所有の土地
（本件土地）についてその氏子である地区住民らが薪の採取を行っていたと
しても、本件土地が神社地の境内から離れた飛地で、その周辺には地区名義
の入会地が存在し、本件土地と入会地を区分する表示物がなかったことに照
らせば、地区住民にとって本件土地が他の個人の土地であるとの意識を強く
持つことはなかったことに由来するものと推察され、それを超えて入会権と
しての実態を有するものが発生していたことまでを推認させず、本件土地が
入会地と明確に区別して呼称されていたことから、基本的には本件土地を個
人的な使用収益に供することは禁じられていたと推認され、当該土地の管理
利用について地区住民らによる共同体的統制の存在を認めるに足りる証拠も
ないとして、薪の採取は、神社地としての管理保全の中で、黙認されていた
にすぎず、地区住民が本件土地を管理保全していたとしても氏子住民の神社
地の管理保全と認められるとして、入会権の成立を否定した差戻第一審であ
る山口地判平成24年12月26日平成22年(ワ)423号公刊物未登載［28210106］の
判断を是認できるとしたもの

┌─────┐
│ 解説 │
└─────┘

　入会権の成立が認められるためには、①当該土地についての入会的使用収
益（使用収益が入会権の行使として行われていること）と②入会的使用収益
に係る内部規律の存することが必要となる。①については、入会集団構成員
による土地の事実上の使用収益が認められるだけでは足りず、その使用収益
が入会権の行使として行われていることが必要である。

　判決❶は、部落の統制による部落住民の自然産物の採取が慣習となってい
たとして入会権の成立を認めたものであるが、その後、入会権の近代的合理
化を図るべく、慣習に変化が生じ、あるいは、入会集団による統制が緩やか
なものから強いものへと移り、部落住民が各自松茸類を採取するとの従来の
慣行を、地盤所有者の承諾を得たうえ、入会集団の構成員たる部落住民の総
意によって明文化した規約を作成することにより、部落が直接採取権を行使

することにしたとしても、入会権は同一性を保ち存続するとした点に特徴がある。判決❷は、山林原野の管理利用について部落による共同体統制の存在が認められない場合には入会権の存在が認められないことを明らかにした最高裁判決であり、村民の山林原野の利用の管理監督者を認定し、入会権の存在を否定したものである。判決❸は、入会権の存在が認められるためには、明確な入会慣行と入会的団体統制が必要であるとしているが、ここでいう入会慣行というのは、①の入会的使用収益の趣旨であると解され、判決❷と同様に、住民による土地の使用収益（硫黄の採掘）の管理主体を検討して、それが入会権の行使とは認められないと判断したものである。判決❹は、入会集団の内部統制の有無の認定に当たって、入会地に対する所有者である琉球王府やその末端行政機関である間切の監理統制は間接的なものであり、直接の保護、管理は入会集団が行っていたとして、入会地に対する行政組織等による間接的統制が入会集団の統制の認定の妨げとならないとしている点が参考となる。判決❺は、入会的使用収益に係る内部規律の内容は明確ではないが、構成員の数からその存在が推認できるとした。判決❻は、入会権成立の要件として、①及び②を挙げ、①について、地区住民の使用収益は黙認されてきた事実上のものにすぎず、仮にそうでなくても、入会権の行使として行われたものとは認められないことと②の要件も認められないことを理由に、入会権の成立を否定したものである。

2 入会地の地盤所有権の帰属

［裁判例］

❶ 東京高判昭和50年12月26日民集36巻 6 号953頁 [27200164]、甲府地判昭和43年 7 月19日民集36巻 6 号919頁 [27200163]

従前村持ちの土地とされ、部落民によって採草、小柴の採取等がされていたが、明治 7 年の官民有区分によって、いったん官有地とされ、現在、登記簿上は神社名義となっている山林につき、官有地に編入された当時においても、部落民が本件土地について有した入会慣行及び入会集団の統制は従前どおり何ら変更がなかったことから、官有地編入処分によって本件入会権は消

滅せず、その後払下げに当たって、払下げ運動は専ら当該部落としてなされ、払下げ代金も当時の当該部落民全員の平等な拠出金によって賄われたこと、部落民の従前の集団的利用行為を確実かつ容易に継続できるようにわざわざ共有名義を避けたこと、神社は払下げには何らの貢献もしていないこと、本件土地上の産物処分の決定権は神社以外の部落内の諸機関にあるとされていることから、神社名義に所有権移転登記が経由されたのは、入会部落が法人格を有せず、払下げを受けるに当たって部落有地としての登記方法がなかったためやむを得ず行ったもので、所有権の信託的譲渡があったものではないとして、当該山林はその実質において実在的総合人である部落の総有に属するとされたもの

❷　広島高判平成17年10月20日民集62巻 5 号984頁［28111716］（前掲 1・判決❺）

　山口県熊毛郡上関町の「四代部落」の所有とされ、土地台帳や登記簿の所有者欄に「四代組」と記載のある土地について、町村制の施行後、部落の所有財産を管理する目的で「四代区」が設立されていること、以後「四代区」がその財産を処分してきたこと、その際部落の全住民の同意を得た形跡がうかがえないことなどから、権利能力なき社団である「四代区」設立時に、「四代部落」の土地を所有し、管理処分する権能は「四代区」に帰属したとして、同土地について四代部落住民の有していた共有の性質を有する入会権は、四代区成立後は、共有の性質を有しない入会権に変化して、存続し続けたとするもの

　解説

　入会地の所有権については、入会権者が共有する場合（263条）と、第三者に帰属する場合（294条）とがあるが、入会地の所有権の帰属は登記上必ずしも明らかではない。市町村や財産区名義の入会地についても、かつて村落集団の共有入会地であったとして入会集団が地盤所有権を主張することもあるし、入会集団の共有である場合でも入会集団の名では登記することができないため、登記名義人と入会集団との間で所有権の帰属が争われる場合がある。

判決❶は、村中入会の土地について、最判昭和48年3月13日民集27巻2号271頁［27000505］に従って、官有地編入によっても入会権は消滅しないとしたうえで、払下げによって、共有の性質を有しない入会権から共有の性質を有する入会権になったとしたものである。払下げ後の所有権の帰属の認定に当たっての考慮要素として、払下げに至る経緯、対価の出捐者、払下げ後の産物の処分権限の所在を挙げるほか、登記が第三者名義となっていることにつき、所有権が入会団体の構成員の総有に属する場合の登記上の制約を考慮する必要があると指摘している。判決❷は、入会権の主体は部落（入会集団）であり、管理権能は部落に、利用権能は部落民に分属するものであるから、町村制施行後、村落の所有財産の管理処分権能を有することとなった権利能力なき社団の所有権を認めたものである。

3　入会権者としての地位の存否

［裁判例］

❶　熊本地宮地支判昭和56年3月30日判時1030号83頁［27431894］

　熊本県阿蘇郡南小国町有財産である入会地につき、黒川部落民が入会集団を構成して、地役権的入会権を有していることは慣習上確立されていたところ、集落に世帯を持つことのみによって、入会集団の構成員になるとの慣習は認められず、入会慣行を検証することによって、入会権者世帯の承継、分家、転入、帰村により永住の意思をもって集落に継続して居住し、入会集団が仲間的共同体の一員として承認することによって、入会集団の構成員たる資格を取得し（入村金の支払はその資格取得を推認させるもの）、入会地の管理義務及び入会集団構成員としての義務を果たすことによって入会権者であり得、入会利用に与ることができ、入会権者の義務を果たさないことによって入会権を喪失したものと判断できるとしたもの

［解説］

　入会権者としての資格及び要件については、入会慣行によって定まるものであるが、判決❶は、共有の性質を有しない入会権について、入会地の管理、利用、入会権者の義務、入会権の取得と喪失、入会権取得の効果等の入会慣

第294条

行を丹念に検証したうえで、原告らが入会権者の地位にあるか否かを明らか
にしたものであり、自給自足的な農村経済のもとで集落の居住者が入会集団
の構成員であった古典的入会権が、貨幣経済の急速な農村への浸透によって
解体、変質し、入会権の主体となるために一定の資格と要件が必要となると
の慣習があると認められたものである。

4　入会権の消滅

[裁判例]

❶　名古屋高判平成 7 年 1 月27日判タ905号189頁 ［28010562］

入会権は、慣習の変化により入会地上の使用収益が入会団体の統制下にあ
ることをやめるに至ったときは、入会慣行は消滅し、これに伴い、入会地に
対する入会団体構成員の総有関係も消滅するが、入会権消滅の判定基準とし
ては、入会権の本質的な特徴、すなわち当該入会地の使用収益等について単
なる共有関係上の制限と異なる入会団体の統制が存するか否か、具体的には、
入会団体の構成員の資格の得喪と使用収益権の得喪が結び付いているか、使
用収益権の譲渡が許されているか等の諸事情によって判断すべきとしたうえ
で、入会団体である組合の構成員による土地の利用形態が直轄利用形態から
契約利用形態に移行しており、その構成員の資格の得喪にも変化がみられる
ものの、現行の規約によっても土地の使用収益は組合により制約され、その
構成員による持分の譲渡は認められず、構成員が地域内より転出した場合に
はその資格を失うものとされていること、新たに構成員になるためには一定
の要件を満たし、かつ、総会の承認を得なければならないとされているとい
った事実関係からは、なお、土地の使用収益は入会団体である組合の共同体
的統制の下にあり、その構成員の資格の得喪と使用収益権の得喪との結び付
きも完全に失われたとはいえず、入会権の性格を失ったとはいえないとする
もの

[解説]

いったん成立した入会権も、入会集団の総意による解体のほか、入会慣行
の消滅によって、消滅する。判決❶は、入会的統制が事実上失われた場合に

557

も入会権は消滅するとして、入会慣行の消滅による入会権の消滅についての具体的判断基準として、入会団体の統制（構成員資格の得喪と使用収益権の得喪の結び付き、使用収益権の譲渡の可否等）の存否を挙げており、参考となる。

　入会地の利用形態の変化に伴って入会権が消滅する場合があるのは、前記「参考裁判例」(2)のとおりであるが、最判昭和40年5月20日民集19巻4号822頁［27001302］のように、分割利用形態が採られた場合でも入会的統制が残存していることによって、なお、入会権の存続が認められる場合もあるといえる。

（中俣千珠）

事項索引

この索引では、裁判例の概要部分に含まれる事項は採録対象としていない。

あ行

悪意の占有者……………………97
遺産共有…………………………398
遺産分割…………………………398
遺産分割審判……………………411
意思主義…………………………13
遺失物………………………127, 300
囲障……………………………255, 260
囲障の設置………………………255
囲障の設置及び保存の費用………259
囲障の設置等に関する慣習………261
1棟の建物の一部を構成する境界
　　線上の障壁…………………264
囲繞地通行権…200, 201, 207, 217-219
入会慣行…………………………549
入会権………………340, 420, 548
　——の消滅………………………550
請負契約…………………………15
永小作権………………469, 470, 471
　——の消滅請求…………………483
　——の存続期間…………………487
　——の放棄………………………481
永代地上権………………………458
枝の切除請求権…………………268

か行

回復請求権………………127, 130
加工………………………………331
　——の効果………………………333
果実…………………………95, 97
果実取得…………………………95
家畜以外の動物…………………132
簡易の引渡し………………49, 63

慣習……………………………284, 420
完成猶予…………………………526
間接占有…………………………161
管理行為…………………………358
管理の費用………………………375
境界標……………………………245
境界標等の共有の推定…………262
境界標の設置……………………245
境界標の設置及び保存の費用……253
境界紛争型………………………179
共有の障壁の高さを増す工事……265
共有の性質を有しない入会権……420
共有の性質を有する入会権……420
共有物
　——の管理………………………365
　——の分割………………………387
　——の変更………………………354
共有物分割………………………398
　——の訴え………………………395
　——の自由………………………381
共有物分割請求権………………390
共有物分割請求の自由…………386
共有物分割訴訟………………395, 411
共有持分…………………………338
共有持分権………………………336
クリーンハンズの法理…………274
形式的形成訴訟…………………395
競売による分割（代金分割）‥397, 407
現況主義…………………………168
堅固建物所有の目的……………445
現実の引渡し………………49, 63
建築基準法65条…………………271
建築の完成………………………270
建築の着手………………………270

559

事項索引

現物分割‥‥‥‥‥‥‥‥‥397, 407	取得時効‥‥‥‥‥‥‥‥‥‥‥30
権利抗弁説‥‥‥‥‥‥‥‥‥‥19	準共有‥‥‥‥‥‥‥‥‥371, 427
権利自白‥‥‥‥‥‥‥‥‥‥‥3	準共有関係‥‥‥‥‥‥‥‥‥344
権利能力なき社団‥‥‥‥‥‥556	準占有‥‥‥‥‥‥‥‥‥‥‥163
権利（の）濫用‥‥‥ 256, 268, 272, 273,	承役地‥‥‥‥‥‥‥‥‥‥‥491
346, 391	——の時効取得‥‥‥‥‥‥537
権利又は利益の侵害‥‥‥‥ 5, 10	償金請求権‥‥‥‥‥‥‥217, 335
工作物‥‥‥‥‥‥‥‥‥‥‥433	使用、収益‥‥‥‥‥‥‥‥‥167
更新‥‥‥‥‥‥‥‥‥‥‥‥526	使用借権‥‥‥‥‥‥‥‥‥‥439
公図‥‥‥‥‥‥‥‥‥‥‥‥180	使用貸借‥‥‥‥‥‥‥‥‥‥347
公図の証拠価値‥‥‥‥‥‥‥180	譲渡担保‥‥‥‥‥‥‥‥‥‥4
合有‥‥‥‥‥‥‥‥‥‥‥‥363	消滅時効‥‥‥‥‥‥‥‥‥‥539
小作料‥‥‥‥‥‥‥‥‥‥‥469	所持‥‥‥‥‥‥‥‥‥‥157, 161
小作料の減免‥‥‥‥‥‥‥‥479	——の有無‥‥‥‥‥‥‥‥58
固有必要的共同訴訟‥‥‥‥‥340	——の主体‥‥‥‥‥‥‥‥59
混同‥‥‥‥‥‥‥‥‥‥ 53, 534	——の喪失‥‥‥‥‥‥159, 161
混和‥‥‥‥‥‥‥‥‥‥307, 326	除斥期間‥‥‥‥‥‥‥‥‥‥128
	処分‥‥‥‥‥‥‥‥‥‥‥‥167
さ行	処分行為‥‥‥‥‥‥‥‥‥‥357
	所有権一部移転型‥‥‥‥‥‥179
裁判所による分割‥‥‥‥‥‥395	所有権と他物権の抵触‥‥‥‥30
差押債権者‥‥‥‥‥‥‥‥‥29	所有権の濫用‥‥‥‥‥‥‥‥184
指図による占有移転‥‥‥‥ 49, 68	所有の意思の有無‥‥‥‥‥‥71
時効完成後の第三者‥‥‥‥‥26	所有の意思の表示‥‥‥‥‥‥74
時効完成前の第三者‥‥‥‥‥26	自力救済‥‥‥‥‥‥‥‥‥‥139
時効取得‥‥‥‥‥‥‥‥‥‥519	推定地上権‥‥‥‥‥‥‥‥‥438
永役地の——‥‥‥‥‥‥537	随伴性‥‥‥‥‥‥‥‥‥‥‥515
地役権の——‥‥‥‥‥‥519	堰‥‥‥‥‥‥‥‥‥‥‥‥‥243
地上権の——‥‥‥‥‥‥446	堰の設置及び使用‥‥‥‥‥‥243
賃貸借の——‥‥‥‥‥‥27	接境建築‥‥‥‥‥‥‥‥‥‥285
自己占有‥‥‥‥‥‥‥‥‥‥157	善意の占有者‥‥‥‥‥‥‥‥95
自己のためにする意思‥‥‥‥59	全面的価格賠償‥‥‥‥392, 397, 407
事実抗弁説‥‥‥‥‥‥‥‥‥18	占有‥‥‥‥‥‥‥‥‥‥‥‥91
自主占有‥‥‥‥‥‥‥‥ 71, 83	——の意思‥‥‥‥‥‥‥157
自主占有の推定‥‥‥‥‥‥‥85	——の訴え‥‥‥‥‥‥139, 156
実体関係と付合しない登記の有効	——の権利表章的機能‥‥‥91
性‥‥‥‥‥‥‥‥‥‥‥‥33	——の交互侵奪‥‥‥‥‥151
集合動産‥‥‥‥‥‥‥‥‥‥4	——の公然性‥‥‥‥‥‥83
出訴期間‥‥‥‥‥‥‥‥‥‥154	

560

事項索引

――の承継‥‥‥‥‥‥‥‥‥‥88
――の態様‥‥‥‥‥‥‥‥‥‥83
――の平穏性‥‥‥‥‥‥‥‥‥83
占有意思‥‥‥‥‥‥‥‥‥‥‥161
占有回収の訴え‥‥‥‥‥‥150, 155
占有改定‥‥‥‥‥‥‥‥‥‥‥66
占有機関‥‥‥‥‥‥‥‥‥‥‥142
占有権の取得要件‥‥‥‥‥‥‥57
占有権の消滅事由‥‥‥‥‥‥‥157
占有者‥‥‥‥‥‥‥‥‥‥91, 140
――の善意‥‥‥‥‥‥‥‥‥‥83
――の損害賠償責任‥‥‥‥‥‥99
――の費用償還請求‥‥‥‥‥134
占有訴権‥‥‥‥‥‥‥‥‥‥‥139
占有保持の訴え‥‥‥‥‥‥145, 154
占有補助者‥‥‥‥‥‥‥‥140, 152
占有保全の訴え‥‥‥‥‥‥148, 155
相続‥‥‥‥‥‥‥‥‥‥‥‥‥29
総有‥‥‥‥‥‥‥‥‥‥‥340, 421
相隣者の1人による囲障の設置‥‥260
即時取得‥‥‥‥‥‥‥102, 127, 130

た行

対抗関係の優劣‥‥‥‥‥‥‥‥28
対抗要件具備による所有権喪失の
　抗弁‥‥‥‥‥‥‥‥‥‥‥‥20
対抗要件具備の再抗弁‥‥‥‥‥19
対抗要件に関する主張・立証責任‥‥18
対抗要件の抗弁‥‥‥‥‥‥‥‥18
第三者
　177条の「――」‥‥‥‥18, 37, 46
　177条の「――」該当性‥‥‥‥28
　177条の――の範囲‥‥‥‥‥‥51
第三者抗弁説‥‥‥‥‥‥‥‥‥18
第三者対抗要件‥‥‥‥‥‥‥‥17
「第三者に対抗することができな
　い」‥‥‥‥‥‥‥‥‥‥‥‥36
貸借権‥‥‥‥‥‥‥‥‥‥‥‥439

代物弁済‥‥‥‥‥‥‥‥‥‥‥14
代理占有‥‥‥‥‥‥‥‥‥‥‥161
諾成契約‥‥‥‥‥‥‥‥‥‥‥15
他主占有‥‥‥‥‥‥‥‥‥‥‥71
他主占有事情の成否‥‥‥‥‥‥86
他主占有者の相続人による占有‥‥76
立木‥‥‥‥‥‥‥‥‥‥‥‥‥31
建物の同一性‥‥‥‥‥‥‥‥5, 33
他人名義登記‥‥‥‥‥‥‥‥‥32
担保請求‥‥‥‥‥‥‥‥‥‥‥149
担保責任‥‥‥‥‥‥‥‥‥‥‥416
地役権‥‥‥‥‥‥‥‥‥‥‥‥491
――の時効取得‥‥‥‥‥‥‥519
――の消滅事由‥‥‥‥‥‥‥495
――の不可分性‥‥‥‥‥‥‥527
地役権設定契約‥‥‥‥‥‥‥‥495
竹木‥‥‥‥‥‥‥‥‥‥‥‥‥433
竹木の枝‥‥‥‥‥‥‥‥‥‥‥267
地上権
――の時効取得‥‥‥‥‥‥‥446
――の消滅請求‥‥‥‥‥‥‥450
中間省略登記‥‥‥‥‥‥‥‥‥32
調査確認義務‥‥‥‥‥‥‥‥‥121
賃借権の時効取得‥‥‥‥‥‥‥27
賃貸借‥‥‥‥‥‥‥‥‥‥‥‥30
追認‥‥‥‥‥‥‥‥‥‥‥‥‥358
追認拒絶‥‥‥‥‥‥‥‥‥‥‥358
通行地役権‥‥‥‥‥‥‥‥45, 494
通水権‥‥‥‥‥‥‥‥‥‥‥‥232
通水用工作物‥‥‥‥‥‥‥241, 242
抵当権‥‥‥‥‥‥‥‥‥‥‥‥30
抵当権の集中‥‥‥‥‥‥‥‥‥388
転得者
――の再々抗弁‥‥‥‥‥‥‥22
――の背信的悪意者‥‥‥‥‥45
――の背信的悪意者の再抗弁‥‥23
添付‥‥‥‥‥‥‥‥‥307, 326, 330
登記義務者‥‥‥‥‥‥‥‥‥‥36

561

事項索引

登記請求権者⋯⋯⋯⋯⋯⋯⋯⋯34
登記（等）の推定力⋯⋯⋯⋯ 92, 169
登記を必要とする物権変動の範囲⋯25
動産の譲渡⋯⋯⋯⋯⋯⋯⋯⋯⋯49
動産の付合⋯⋯⋯⋯⋯⋯⋯⋯321
当事者・包括承継人⋯⋯⋯⋯⋯28
投資信託受益権⋯⋯⋯⋯⋯⋯⋯360
同時履行の抗弁⋯⋯⋯⋯⋯⋯⋯410
盗品⋯⋯⋯⋯⋯⋯⋯⋯⋯⋯⋯127
動物⋯⋯⋯⋯⋯⋯⋯⋯⋯⋯⋯132
特則説⋯⋯⋯⋯⋯⋯⋯⋯⋯⋯271
特定物の売買契約⋯⋯⋯⋯⋯⋯14
特別縁故者⋯⋯⋯⋯⋯⋯⋯⋯384

な行

二重譲渡等⋯⋯⋯⋯⋯⋯⋯⋯⋯29
根の越境⋯⋯⋯⋯⋯⋯⋯⋯⋯267

は行

背信性の評価根拠事実⋯⋯⋯⋯21
背信的悪意者⋯⋯⋯⋯⋯⋯ 21, 43
対立する物権変動が取得時効の場
　　合における――⋯⋯⋯⋯⋯46
　　――の該当性等⋯⋯⋯⋯⋯32
　　――の再抗弁⋯⋯⋯⋯⋯⋯21
引渡し⋯⋯⋯⋯⋯⋯⋯⋯⋯⋯49
非堅固建物所有の目的⋯⋯⋯⋯445
必要費⋯⋯⋯⋯⋯⋯⋯⋯⋯⋯134
非特則説⋯⋯⋯⋯⋯⋯⋯⋯⋯271
費用償還請求権⋯⋯⋯⋯⋯⋯136
不可分債権⋯⋯⋯⋯⋯⋯⋯⋯364
袋地・準袋地⋯⋯⋯⋯⋯ 200-205
付合⋯⋯⋯⋯⋯⋯⋯⋯⋯⋯⋯346
　　動産の――⋯⋯⋯⋯⋯⋯321
　　不動産の――⋯⋯⋯⋯⋯307
付従性⋯⋯⋯⋯⋯⋯⋯⋯⋯⋯515
物権行為の独自性⋯⋯⋯⋯⋯13
物権

――の混同⋯⋯⋯⋯⋯⋯⋯⋯53
――の目的物の特定性⋯⋯⋯⋯4
――の目的物の独立性⋯⋯⋯⋯4
物権的請求権⋯⋯⋯⋯⋯⋯⋯⋯1
　　――の相手方⋯⋯⋯⋯⋯⋯5
　　――の請求権者⋯⋯⋯⋯⋯4
物権的返還請求権⋯⋯⋯⋯⋯⋯1
物権的妨害排除請求権⋯⋯⋯⋯1
物権的妨害予防請求権⋯⋯⋯⋯1
物権変動の効力発生時期⋯⋯⋯ 14, 15
物権法定主義⋯⋯⋯⋯⋯⋯⋯⋯1
不動産の付合⋯⋯⋯⋯⋯⋯⋯307
不特定物の売買契約⋯⋯⋯⋯⋯14
部分的な価格賠償⋯⋯⋯⋯ 397, 407
不法行為者⋯⋯⋯⋯⋯⋯⋯⋯31
変更行為⋯⋯⋯⋯⋯⋯⋯ 357, 358
妨害排除⋯⋯⋯⋯⋯⋯⋯⋯⋯339
妨害排除請求権⋯⋯⋯⋯⋯⋯338
妨害排除請求権の要件⋯⋯⋯⋯5
放棄⋯⋯⋯⋯⋯⋯⋯⋯⋯⋯⋯533
法律上の権利推定⋯⋯⋯⋯⋯91
法律上の権利推定規定⋯⋯⋯⋯351
保存行為⋯⋯⋯⋯⋯⋯⋯ 339, 365
本権の訴え⋯⋯⋯⋯⋯⋯⋯ 95, 156

ま行

埋蔵物⋯⋯⋯⋯⋯⋯⋯⋯⋯⋯303
未完成建物の贈与契約⋯⋯⋯⋯15
無過失の主張・立証責任⋯⋯⋯105
無権利者又は無権利者からの承継
　　人⋯⋯⋯⋯⋯⋯⋯⋯⋯⋯31
無主物先占⋯⋯⋯⋯⋯⋯⋯⋯293
目隠しの設置⋯⋯⋯⋯⋯⋯⋯278
黙示の意思表示⋯⋯⋯⋯⋯⋯350
黙示の合意⋯⋯⋯⋯⋯⋯⋯⋯350
黙示の通行地役権設定契約⋯⋯⋯495
目的物の引渡し⋯⋯⋯⋯⋯⋯63
持分⋯⋯⋯⋯⋯⋯⋯⋯⋯⋯⋯338

事項索引

持分権……………………………… 338

や行

有益費……………………………… 134
要役地……………………………… 491
用水地役権………………………… 529
要物契約……………………………15

予約完結権の行使……………………15

ら行

隣地使用権……………… 196, 197, 198
類推適用
　388条の――……………………… 443

563

判例索引

（年月日順）

明　治

大判明治32年 1 月22日民録 5 輯 1 巻31頁［27520005］…………………… 434

大判明治32年 6 月15日民録 5 輯 6 巻69頁［27520046］…………………… 164

大判明治32年12月22日民録 5 輯11巻99頁［27819258］…………………… 458

大判明治33年11月12日民録 6 輯10巻50頁［27520155］…………………… 439

大判明治33年12月10日民録 6 輯11巻 1 頁［27520167］…………………… 469

大判明治34年 4 月17日民録 7 輯 4 巻45頁［27520211］…………………… 457

大判明治34年 7 月 8 日民録 7 輯 7 巻44頁［27520242］…………………… 434

大判明治34年10月21日民録 7 輯 9 巻85頁［27820963］…………………… 457

大判明治34年10月28日民録 7 輯 9 巻162頁［27520265］…………… 435, 445

大判明治35年 1 月29日民録 8 輯 1 巻90頁［27520298］…………………… 453

大判明治35年 2 月22日民録 8 輯 2 巻93頁［27520309］…………………… 136

大判明治36年 2 月20日刑録 9 輯232頁［27531368］……………………… 328

大判明治36年 6 月19日民録 9 輯759頁［27520488］……………………… 423

大判明治36年11月16日民録 9 輯1244頁［27520545］…………………… 458

大判明治36年12月23日民録 9 輯1472頁［27520561］…………………… 435

大判明治37年 3 月11日民録10輯264頁［27520593］……………………… 484

大判明治37年 6 月22日民録10輯861頁［27520656］……………………… 308

大判明治37年 6 月24日民録10輯880頁［27520658］……………………… 435

大判明治37年12月13日民録10輯1600頁［27520724］…………………… 435

大判明治38年 3 月 3 日民録11輯287頁［27520760］……………………… 450

大判明治38年 6 月 7 日民録11輯898頁［27520822］……………………… 164

大判明治38年 9 月27日民録11輯1226頁［27520849］…………………… 435

大判明治39年 2 月 6 日民録12輯174頁［27520931］……………………… 435

大阪控判明治39年 6 月15日新聞371号 7 頁［27562781］………………… 306

大阪控判明治39年12月 4 日新聞403号10頁［27562864］………………… 452

大判明治39年12月24日民録12輯1721頁［27521052］…………………… 93

大判明治40年 4 月29日民録13輯452頁［27521094］……………………… 451

大判明治40年11月26日新聞466号 9 頁［27532704］……………………… 435

大判明治40年12月 6 日民録13輯1174頁［27521168］…………………… 103

大判明治41年 9 月25日民録14輯931頁［27521251］……………………… 395

大判明治41年12月15日民録14輯1276頁［27521286］…………………… 18

565

判例索引（年月日順）

大判明治42年 2 月25日民録15輯158頁［27521304］‥‥‥‥‥‥‥‥‥‥‥‥ 376
大連判明治43年11月26日民録16輯759頁［27521433］‥‥‥‥‥‥‥‥ 451, 483
大判明治45年 6 月 1 日民録18輯569頁［27521599］‥‥‥‥‥‥‥‥‥‥‥‥ 470

大　正

大判大正元年10月 2 日民録18輯772頁［27521619］‥‥‥‥‥‥‥‥‥‥‥ 104
大判大正元年10月 4 日民録18輯785頁［27521621］‥‥‥‥‥‥‥‥‥ 451, 484
大判大正 2 年 4 月12日民録19輯224頁［27521666］‥‥‥‥‥‥‥‥‥‥‥ 165
大判大正 2 年 4 月24日民録19輯271頁［27521671］‥‥‥‥‥‥ 434, 440, 450
大判大正 3 年 4 月 9 日新聞943号29頁［27534945］‥‥‥‥‥‥ 470, 477, 483
大判大正 3 年 5 月 9 日民録20輯373頁［27521778］‥‥‥‥‥‥‥‥‥‥‥ 451
大判大正 3 年12月26日民録20輯1208頁［27521857］‥‥‥‥‥‥‥‥‥‥ 308
大判大正 4 年 3 月 9 日民録21輯299頁［27521893］‥‥‥‥‥‥‥‥‥‥‥ 296
大判大正 4 年 3 月16日民録21輯328頁［27521895］‥‥‥‥‥‥‥‥‥‥‥ 549
大判大正 4 年 5 月 5 日民録21輯658頁［27521933］‥‥‥‥‥‥‥‥‥‥‥ 156
大判大正 4 年 5 月20日民録21輯730頁［27521940］‥‥‥‥‥‥‥‥‥‥‥ 103
大判大正 5 年 4 月19日民録22輯782頁［27522167］‥‥‥‥‥‥‥‥‥‥‥‥49
大判大正 5 年 6 月12日民録22輯1189頁［27522208］‥‥‥‥‥‥‥‥‥‥ 452
大判大正 5 年 7 月22日民録22輯1585頁［27522250］‥‥‥‥‥‥‥‥‥‥ 146
大判大正 6 年 3 月23日民録23輯392頁［27522380］‥‥‥‥‥‥‥‥‥‥‥ 128
大判大正 6 年 9 月 6 日民録23輯1250頁［27522471］‥‥‥‥‥‥‥‥‥‥ 435
和歌山地判大正 6 年10月26日新聞1340号22頁［28213272］‥‥‥‥‥‥ 294
大判大正 6 年11月28日民録23輯2018頁［27522543］‥‥‥‥‥‥‥ 421, 423
大判大正 7 年 3 月 9 日民録24輯434頁［27522603］‥‥‥‥‥‥‥‥‥‥‥ 423
大判大正 7 年 4 月19日民録24輯731頁［27522632］‥‥‥‥‥‥‥‥‥‥‥ 365
大判大正 7 年11月 8 日民録24輯2138頁［27522743］‥‥‥‥‥‥‥‥‥‥ 116
大判大正 7 年12月 7 日民録24輯2310頁［27522764］‥‥‥‥‥‥‥‥‥‥ 165
大判大正 8 年 3 月 3 日民録25輯356頁［27522799］‥‥‥‥‥‥‥‥‥‥‥ 191
大判大正 8 年 4 月 8 日民録25輯657頁［27522825］‥‥‥‥‥‥‥‥‥‥‥ 151
大判大正 8 年10月 2 日民録25輯1730頁［27522918］‥‥‥‥‥‥‥‥‥‥ 165
大判大正 9 年 5 月 8 日民録26輯636頁［27523051］‥‥‥‥‥‥‥‥‥‥‥ 478
大連判大正 9 年 6 月26日民録26輯933頁［27523080］‥‥‥‥‥‥‥ 420, 548
大判大正 9 年 7 月16日民録26輯1108頁［27523100］‥‥‥‥‥‥‥‥‥‥ 538
大判大正 9 年 7 月26日民録26輯1259頁［27523113］‥‥‥‥‥‥‥‥‥‥ 164
大判大正10年 1 月24日民録27輯221頁［27523197］‥‥‥‥‥‥‥‥ 148, 220
大判大正10年 2 月17日民録27輯329頁［27523207］‥‥‥‥‥‥‥‥‥‥‥ 103
大判大正10年 3 月 8 日民録27輯422頁［27523217］‥‥‥‥‥‥‥‥‥‥‥ 294
大判大正10年 3 月16日民録27輯541頁［27523226］‥‥‥‥‥‥‥‥‥‥‥ 164

判例索引（年月日順）

大判大正10年 3 月23日民録27輯586頁［27523231］‥‥‥‥‥‥‥‥‥‥‥‥‥ 516

大判大正10年 5 月30日民録27輯983頁［27523263］‥‥‥‥‥‥‥‥‥‥‥‥‥ 164

大判大正10年 6 月 1 日民録27輯1032頁［27523267］‥‥‥‥‥‥‥‥‥‥‥‥ 310

大判大正10年 6 月13日民録27輯1155頁［27523276］‥‥‥‥‥‥‥‥‥‥‥‥ 365

大判大正10年 6 月22日民録27輯1223頁［27523279］‥‥‥‥‥‥‥‥‥‥‥‥ 140

大判大正10年 7 月 8 日民録27輯1373頁［27523295］‥‥‥‥‥‥‥‥‥‥‥‥ 128

大判大正10年11月28日民録27輯2045頁［27523351］‥‥‥‥‥‥‥‥‥‥‥‥ 422

大判大正11年 3 月16日民集 1 巻109頁［27511089］‥‥‥‥‥‥‥‥‥‥‥‥‥ 471

大判大正11年 9 月19日評論11巻民法937頁［27538897］‥‥‥‥‥‥‥‥‥‥‥99

大判大正11年11月 3 日刑集 1 巻622頁［27538933］‥‥‥‥‥‥‥‥‥‥‥‥‥ 295

大判大正11年11月27日民集 1 巻692頁［27511167］‥‥‥‥‥‥‥‥‥‥‥‥‥ 150

大判大正12年12月17日民集 2 巻684頁［27511072］‥‥‥‥‥‥‥‥‥‥‥‥‥ 395

大判大正13年 3 月17日民集 3 巻169頁［27510936］‥‥‥‥‥‥‥ 516, 520, 521

大判大正13年 5 月22日民集 3 巻224頁［27510949］‥‥‥‥‥‥‥‥‥‥ 146, 151

大連判大正13年 9 月24日民集 3 巻440頁［27510980］‥‥‥‥‥‥‥‥‥‥‥‥97

東京地判大正13年10月14日新聞2329号19頁‥‥‥‥‥‥‥‥‥‥‥‥‥‥‥‥ 286

大判大正14年 1 月20日民集 4 巻 1 頁［27510836］‥‥‥‥‥‥‥‥‥‥‥‥‥95

大判大正14年 4 月23日新聞2418号15頁［27539737］‥‥‥‥‥‥‥‥‥‥‥‥ 444

大判大正14年 5 月 7 日民集 4 巻249頁［27510866］‥‥‥‥‥‥‥‥‥‥‥‥‥ 151

大判大正14年 6 月 9 日刑集 4 巻378頁［27539793］‥‥‥‥‥‥‥‥‥‥‥‥‥ 298

大判大正14年10月 5 日新聞2521号 9 頁［27539901］‥‥‥‥‥‥‥‥‥‥‥‥ 135

大判大正15年 3 月 5 日民集 5 巻112頁［27510762］‥‥‥‥‥‥‥‥‥‥‥‥‥ 128

大判大正15年10月 8 日刑集 5 巻440頁［27550219］‥‥‥‥‥‥‥‥‥‥‥‥‥ 158

大判大正15年10月12日新聞2631号14頁［27550222］‥‥‥‥‥‥‥‥‥‥‥‥ 135

大判大正15年11月 3 日新聞2636号13頁［27550271］‥‥‥‥‥‥‥‥‥‥‥‥ 436

昭　和

大判昭和元年12月25日刑集 5 巻603頁［27550339］‥‥‥‥‥‥‥‥‥‥‥‥‥ 295

大判昭和 2 年 2 月16日評論16巻商法485頁［27550385］‥‥‥‥‥‥‥‥‥‥‥99

大判昭和 2 年 3 月 8 日新聞2689号10頁［27550421］‥‥‥‥‥‥‥‥‥‥‥‥ 493

大判昭和 2 年 4 月22日民集 6 巻198頁［27510690］‥‥‥‥‥‥‥‥‥‥‥‥‥ 493

大判昭和 2 年 6 月22日民集 6 巻408頁［27510707］‥‥‥‥‥‥‥‥‥‥ 164, 165

大判昭和 3 年 2 月 8 日新聞2847号12頁［27550865］‥‥‥‥‥‥‥‥‥‥‥‥ 151

大判昭和 3 年 5 月30日新聞2892号 9 頁［27551016］‥‥‥‥‥‥‥‥‥‥‥‥ 165

大判昭和 3 年 6 月11日新聞2890号13頁［27551030］‥‥‥‥‥‥‥‥‥‥‥‥ 158

大判昭和 3 年 8 月 8 日新聞2907号 9 頁［27551121］‥‥‥‥‥‥‥‥‥‥‥‥ 103

大判昭和 4 年 9 月18日新報201号 9 頁［27551518］‥‥‥‥‥‥‥‥‥‥‥‥ 452

大判昭和 4 年12月11日民集 8 巻923頁［27510606］‥‥‥‥‥‥‥‥‥‥ 127, 131

567

判例索引（年月日順）

大判昭和 5 年 4 月26日新聞3158号 9 頁［27551794］……………………………… 135
大判昭和 5 年 5 月 3 日民集 9 巻437頁［27510497］………………………………… 151
大判昭和 5 年 5 月 6 日新聞3126号16頁［27551807］……………………………… 158
大判昭和 5 年 5 月10日新聞3145号12頁［27551810］……………………………… 116
大決昭和 5 年 8 月 6 日民集 9 巻772頁［27510523］………………………………… 146
大判昭和 6 年 2 月 2 日新聞3232号 8 頁［27540443］……………………………… 119
大判昭和 6 年10月30日民集10巻982頁［27510451］………………………………… 310
大判昭和 6 年11月27日民集10巻1113頁［27510464］……………………………… 271
大判昭和 7 年 2 月16日民集11巻138頁［27510273］………………………………… 132
大判昭和 7 年 2 月23日民集11巻148頁［27510274］………………………………… 103
大判昭和 7 年 4 月13日新聞3400号14頁［27541417］…………………………… 145, 150
大判昭和 7 年 5 月 9 日民集11巻824頁［27510305］…………………………………… 15
大判昭和 7 年 5 月18日民集11巻1963頁［27510311］……………………………… 103
大判昭和 7 年12月 9 日裁判例 6 巻民334頁［27541934］…………………………… 135
大判昭和 8 年 2 月13日新聞3520号11頁［27542060］……………………………… 106
大判昭和 8 年 4 月25日民集12巻731頁［27510166］………………………………… 156
大判昭和 8 年 7 月20日新聞3591号13頁［27542462］……………………………… 103
大判昭和 9 年 4 月 6 日民集13巻492頁［27819096］………………………………… 104
大判昭和 9 年 5 月28日民集13巻857頁［27510050］…………………………………… 88
大判昭和 9 年10月19日民集13巻1940頁［27510099］……………………………… 146
大判昭和 9 年11月20日民集13巻2302頁［27510109］…………………………… 106, 158
大判昭和10年 2 月16日新聞3812号 7 頁［27543505］……………………………… 145
大判昭和10年 9 月 3 日民集14巻1640頁［27500743］……………………………… 298
大判昭和10年10月 5 日民集14巻1965頁［27500753］……………………………… 192
大判昭和11年 4 月 9 日民集15巻725頁［27500596］…………………………… 480, 484
大判昭和11年 4 月24日民集15巻790頁［27500602］………………………………… 471
大判昭和11年 8 月10日新聞4033号12頁［27548287］…………………………… 284, 285
大判昭和11年11月 9 日民集15巻1959頁［27500659］……………………………… 156
大判昭和12年 1 月23日評論26巻民法297頁［27544894］…………………………… 451
大判昭和12年11月16日民集16巻1615頁［27500546］……………………………… 135
大判昭和12年11月26日民集16巻1665頁［27500550］…………………………… 164, 165
大判昭和13年 4 月12日民集17巻675頁［27500379］…………………………………… 88
大判昭和13年 5 月27日新聞4291号17頁［27545785］……………………………… 472
大判昭和13年 6 月 7 日民集17巻1331頁［27500401］……………………………… 201
大判昭和13年 8 月 3 日刑集17巻624頁［27545903］………………………………… 328
大判昭和13年11月12日民集17巻2205頁［27500442］……………………………… 107
大判昭和13年12月26日民集17巻2835頁［27500465］……………………………… 151
大判昭和14年 6 月24日評論29巻民法 3 頁［27819301］…………………………… 137

568

判例索引（年月日順）

大判昭和14年 7 月19日民集18巻856頁［27500311］‥‥‥‥‥‥‥‥‥‥‥‥ 521

大判昭和14年 8 月31日民集18巻1015頁［27819302］‥‥‥‥‥‥‥‥‥‥‥ 451

大判昭和15年 6 月26日民集19巻1033頁［27500226］‥‥‥‥‥‥‥‥‥‥‥ 460

大判昭和15年10月24日新聞4637号10頁［27546904］‥‥‥‥‥‥‥‥‥‥‥ 145

大判昭和15年11月12日民集19巻2029頁［27500262］‥‥‥‥‥‥‥‥‥‥‥ 453

大判昭和16年 8 月14日民集20巻1074頁［27500163］‥‥‥‥‥‥‥‥‥‥‥ 461

大判昭和16年 9 月11日新聞4749号11頁［27547274］‥‥‥‥‥‥‥‥‥‥‥ 461

大判昭和17年 2 月24日民集21巻151頁［27500083］‥‥‥‥‥‥‥‥‥‥‥‥ 309

大判昭和17年 4 月24日民集21巻447頁［27500090］‥‥‥‥‥‥‥‥‥‥‥‥ 388

大判昭和17年 5 月 9 日法学12巻133頁［27547615］‥‥‥‥‥‥‥‥‥‥‥‥ 117

大判昭和18年 6 月19日民集22巻491頁［27500053］‥‥‥‥‥‥‥‥‥‥ 96, 98

大判昭和19年 2 月18日民集23巻64頁［27500003］‥‥‥‥‥‥‥‥‥‥‥‥ 151

岡山地津山支判（裁判年月日不明）民集13巻 1 号11頁［27203935］‥‥‥‥ 175

最判昭和23年 7 月20日民集 2 巻 9 号205頁［27003610］‥‥‥‥‥‥‥‥‥‥ 33

最判昭和24年 9 月27日民集 3 巻10号424頁［27003554］‥‥‥‥‥‥‥‥‥‥ 31

鳥取地判昭和24年12月16日下級民集 1 巻 1 号121頁［27430008］‥‥‥‥‥ 117

函館地判昭和25年 2 月 3 日下級民集 1 巻 2 号150頁［27410006］‥‥‥‥‥ 117

福井地判昭和25年10月18日下級民集 1 巻10号1663頁［27420026］‥‥‥‥ 189

東京地判昭和25年11月 6 日下級民集 1 巻11号1751頁［27430029］‥‥‥‥ 184

最判昭和25年12月19日民集 4 巻12号660頁［27003498］‥‥‥‥‥‥‥‥‥‥ 31

最判昭和26年11月27日民集 5 巻13号775頁［27003444］‥‥‥‥‥‥‥ 105, 128

東京高判昭和26年12月 4 日下級民集 2 巻12号1390頁［27430047］‥‥‥‥ 119

名古屋高判昭和26年12月 6 日高裁刑集 4 巻14号2032頁［27800985］‥‥‥‥ 305

最判昭和27年 2 月19日民集 6 巻 2 号95頁［27003430］‥‥‥‥‥‥‥‥ 58, 59

最判昭和27年 5 月 6 日民集 6 巻 5 号496頁［27003406］‥‥‥‥‥‥‥ 58, 156

東京地判昭和27年 9 月 8 日下級民集 3 巻 9 号1207頁［27400325］‥‥‥‥ 184

最判昭和28年 1 月 8 日民集 7 巻 1 号 1 頁［27003350］‥‥‥‥‥‥‥‥‥‥ 137

東京地判昭和28年 2 月 4 日下級民集 4 巻 2 号156頁［27430071］‥‥‥‥‥ 493

東京高判昭和28年 3 月30日高裁民集 6 巻 3 号100頁［21005256］‥‥‥‥‥ 437

東京地判昭和28年 3 月31日下級民集 4 巻 3 号458頁［27400389］‥‥‥‥‥ 189

最判昭和28年 4 月24日民集 7 巻 4 号414頁［27003322］‥‥‥‥‥‥‥‥ 59, 64

東京高判昭和28年 8 月24日高裁民集 6 巻 8 号421頁［27430097］‥‥‥‥‥ 117

最判昭和28年 9 月18日民集 7 巻 9 号954頁［27003282］‥‥‥‥‥‥‥‥‥‥ 31

東京高判昭和28年 9 月21日高裁民集 6 巻10号633頁［27430100］‥‥‥‥‥ 120

東京高判昭和28年 9 月28日東高民時報 4 巻 4 号132頁［27430101］‥‥‥‥ 189

最判昭和29年 1 月28日民集 8 巻 1 号276頁［27003217］‥‥‥‥‥‥‥‥‥‥ 33

鳥取地米子支判昭和29年 2 月 5 日判時24号11頁［27430116］‥‥‥‥‥‥‥ 493

最判昭和29年 3 月12日民集 8 巻 3 号696頁［27003188］‥‥‥‥‥‥‥ 359, 369

569

判例索引（年月日順）

東京高判昭和29年 3 月25日下級民集 5 巻 3 号410頁［27430122］························· 201
最判昭和29年 4 月 8 日民集 8 巻 4 号819頁［27003180］·················· 360, 364, 428
最判昭和29年 8 月20日民集 8 巻 8 号1505頁［27003141］······························34
最判昭和29年 8 月31日民集 8 巻 8 号1567頁［27003136］······························51
仙台地判昭和29年10月11日下級民集 5 巻10号1697頁［27430149］·················· 118
最判昭和30年 5 月31日民集 9 巻 6 号793頁［27003040］·········· 337, 363, 364, 398, 427
最判昭和30年 6 月 2 日民集 9 巻 7 号855頁［27003036］······························67
最判昭和30年 7 月 5 日民集 9 巻 9 号1002頁［27003028］······························36
最判昭和30年 7 月19日民集 9 巻 9 号1110頁［27003020］······························58
東京地判昭和30年 9 月10日民集15巻 8 号2179頁［27410273］····················· 120
東京地判昭和30年 9 月21日下級民集 6 巻 9 号2040頁［27430187］················· 493
最判昭和30年11月18日裁判集民20号443頁［27430197］························· 158
最判昭和30年12月26日民集 9 巻14号2097頁［27002956］························· 521
最判昭和31年 1 月27日民集10巻 1 号 1 頁［27002953］·····························15
東京高判昭和31年 1 月30日民集13巻 1 号58頁［27203944］····················· 317
東京地判昭和31年 4 月28日下級民集 7 巻 4 号1079頁［27430219］················· 114
最判昭和31年 5 月10日民集10巻 5 号487頁［27002927］················· 339, 365, 366
最判昭和31年 6 月 5 日民集10巻 6 号643頁［27002916］······························34
最判昭和31年 6 月19日民集10巻 6 号678頁［27002913］····························· 310
最判昭和31年 7 月20日民集10巻 8 号1045頁［27002894］····························33
最判昭和31年 8 月30日裁判集民23号31頁［27430239］····························25
最判昭和31年10月23日民集10巻10号1275頁［27002876］························· 141
東京高判昭和31年11月10日高裁民集 9 巻11号682頁［27430254］················· 298
東京高判昭和31年11月26日下級民集 7 巻11号3360頁［27430258］················· 113
大阪地判昭和31年11月30日下級民集 7 巻11号3488頁［27410366］················· 114
東京地判昭和31年12月22日訟務月報 3 巻 2 号38頁［27401013］················· 114
最判昭和31年12月27日裁判集民24号661頁［27430273］························· 141
最判昭和31年12月28日民集10巻12号1639頁［27002852］························· 246
最判昭和32年 1 月31日民集11巻 1 号170頁［27002842］····························96
東京地判昭和32年 2 月 8 日新聞48号12頁［27430285］························· 493
最判昭和32年 2 月15日民集11巻 2 号270頁［27002835］······························59
最判昭和32年 2 月22日裁判集民25号605頁［27430288］························· 140
仙台地判昭和32年 3 月 5 日下級民集 8 巻 3 号424頁［27401057］················· 359
仙台高判昭和32年 3 月15日下級民集 8 巻 3 号478頁［27430293］················· 294
最判昭和32年 5 月30日民集11巻 5 号843頁［27002810］······························34
最判昭和32年 6 月 7 日民集11巻 6 号999頁［21008892］······························27
最判昭和32年 6 月11日裁判集民26号859頁［28196325］······························37
佐賀地判昭和32年 7 月29日下級民集 8 巻 7 号1355頁［27420563］················· 227

570

判例索引（年月日順）

最判昭和32年 9 月13日民集11巻 9 号1518頁〔27002772〕‥‥‥‥‥‥‥‥‥‥‥ 426, 549

最判昭和32年 9 月19日民集11巻 9 号1574頁〔27002767〕‥‥‥‥‥‥‥‥‥‥‥‥‥18

広島高岡山支判昭和32年12月25日民集13巻 1 号13頁〔27203936〕‥‥‥‥‥‥‥ 175

最判昭和32年12月27日民集11巻14号2485頁〔27002723〕‥‥‥‥‥‥‥‥‥‥‥ 106

東京地判昭和33年 1 月31日判夕77号72頁〔27430342〕‥‥‥‥‥‥‥‥‥‥‥‥ 120

最判昭和33年 2 月14日民集12巻 2 号268頁〔27002708〕‥‥‥‥‥‥‥‥‥‥‥‥ 521

最判昭和33年 3 月14日民集12巻 3 号570頁〔27002694〕‥‥‥‥‥‥‥‥‥‥ 49, 51

東京地判昭和33年 3 月22日下級民集 9 巻 3 号476頁〔27420663〕‥‥‥‥‥‥‥ 256

最判昭和33年 6 月14日民集12巻 9 号1449頁〔27002660〕‥‥‥‥‥‥‥‥‥‥‥‥34

最判昭和33年 6 月14日裁判集民32号231頁〔27430374〕‥‥‥‥‥‥‥‥‥‥‥ 169

最判昭和33年 6 月20日民集12巻10号1585頁〔27002653〕‥‥‥‥‥‥‥‥‥‥‥‥14

最判昭和33年 7 月22日民集12巻12号1805頁〔27002642〕‥‥‥‥‥‥‥‥‥ 34, 339

広島高判昭和33年 8 月 9 日判時164号20頁〔27430385〕‥‥‥‥‥‥‥‥‥‥‥ 185

最判昭和33年 8 月28日民集12巻12号1936頁〔27002634〕‥‥‥‥‥‥‥‥‥‥‥‥26

最判昭和33年10月14日民集12巻14号3111頁〔27002619〕‥‥‥‥‥‥‥‥‥‥ 18, 29

最判昭和34年 1 月 8 日民集13巻 1 号 1 頁〔27002601〕‥‥‥‥‥‥‥ 92, 169, 352

最判昭和34年 1 月 8 日民集13巻 1 号17頁〔27002600〕‥‥‥‥‥‥‥‥‥‥‥‥ 162

最判昭和34年 2 月 5 日民集13巻 1 号51頁〔27002597〕‥‥‥‥‥‥‥‥‥ 308, 319

最判昭和34年 2 月12日民集13巻 2 号91頁〔27002594〕‥‥‥‥‥‥‥‥‥‥ 31, 34

札幌高判昭和34年 4 月14日高裁刑集12巻 3 号249頁〔27800999〕‥‥‥‥‥‥‥ 298

最判昭和34年 4 月15日裁判集民36号61頁〔27430416〕‥‥‥‥‥‥‥‥‥‥‥‥‥58

大阪地判昭和34年 7 月22日下級民集10巻 7 号1519頁〔27430429〕‥‥‥‥‥‥ 118

最判昭和34年 8 月28日民集13巻10号1311頁〔27002531〕‥‥‥‥‥‥‥‥‥‥‥‥69

最判昭和34年 8 月28日民集13巻10号1336頁〔27002530〕‥‥‥‥‥‥‥‥‥‥‥‥67

最判昭和34年11月26日民集13巻12号1550頁〔27002519〕‥‥‥‥‥‥‥‥‥‥‥ 380

最判昭和34年12月18日民集13巻13号1647頁〔27002512〕‥‥‥‥‥‥‥‥‥ 471, 488

最判昭和35年 1 月22日民集14巻 1 号26頁〔27002508〕‥‥‥‥‥‥‥‥‥‥‥‥‥34

最判昭和35年 2 月11日民集14巻 2 号168頁〔27002499〕‥‥‥‥‥‥‥‥‥‥‥ 106

最判昭和35年 3 月 1 日民集14巻 3 号307頁〔27002493〕‥‥‥‥‥‥‥‥‥‥‥ 309

最判昭和35年 3 月 1 日民集14巻 3 号327頁〔27002492〕‥‥‥‥‥‥‥‥‥‥‥‥93

最判昭和35年 3 月17日民集14巻 3 号461頁〔27002484〕‥‥‥‥‥‥‥‥‥‥‥ 168

最判昭和35年 3 月22日民集14巻 4 号501頁〔27002481〕‥‥‥‥‥‥‥‥‥‥‥‥14

最判昭和35年 4 月 7 日民集14巻 5 号751頁〔27002475〕‥‥‥‥‥‥‥‥‥‥‥‥59

東京高判昭和35年 4 月27日下級民集11巻 4 号937頁〔27430478〕‥‥‥‥‥‥‥ 114

最判昭和35年 6 月17日民集14巻 8 号1396頁〔27002443〕‥‥‥‥‥‥‥‥‥‥‥‥58

最判昭和35年 6 月24日民集14巻 8 号1528頁〔27002437〕‥‥‥‥‥‥‥‥‥‥‥‥14

岡山地判昭和35年 8 月23日下級民集11巻 8 号1761頁〔27430495〕‥‥‥‥‥‥ 247

最判昭和35年10月28日裁判集民45号535頁〔27430505〕‥‥‥‥‥‥‥‥‥‥‥‥14

571

判例索引（年月日順）

最判昭和35年11月29日民集14巻13号2869頁［27002376］‥‥‥‥‥‥‥‥‥‥‥‥27

最判昭和36年２月28日民集15巻２号324頁［27002341］‥‥‥‥‥‥‥‥‥‥‥‥‥69

最判昭和36年３月24日民集15巻３号542頁［27002331］‥‥‥‥‥‥‥‥‥‥201, 219

最判昭和36年４月27日民集15巻４号901頁［27002309］‥‥‥‥‥‥‥‥‥‥‥‥‥37

最判昭和36年４月28日民集15巻４号1230頁［27002303］‥‥‥‥‥‥‥‥‥‥‥‥35

最判昭和36年６月６日民集15巻６号1501頁［27002290］‥‥‥‥‥‥‥‥‥‥‥150

最判昭和36年６月６日民集15巻６号1523頁［27002289］‥‥‥‥‥‥‥‥‥‥‥‥36

最判昭和36年７月21日裁判集民53号305頁［27430555］‥‥‥‥‥‥‥‥‥‥‥‥332

最判昭和36年９月15日民集15巻８号2172頁［27002258］‥‥‥‥‥‥‥‥‥‥‥104

最判昭和36年11月24日民集15巻10号2554頁［27002237］‥‥‥‥‥‥‥‥‥‥‥‥30

最判昭和36年11月24日民集15巻10号2573頁［27002236］‥‥‥‥‥‥‥‥‥‥‥‥35

東京地判昭和36年11月30日下級民集12巻11号2895頁［27430580］‥‥‥‥‥270, 272, 286

最判昭和36年12月15日民集15巻11号2865頁［27002220］‥‥‥‥‥‥‥‥‥‥‥341

仙台地判昭和36年12月26日下級民集12巻12号3227頁［27430588］‥‥‥‥‥‥‥‥114

最判昭和37年３月15日民集16巻３号556頁［27002179］‥‥‥‥‥‥‥‥‥‥202, 208

最判昭和37年３月15日裁判集民59号243頁［27430600］‥‥‥‥‥‥‥‥‥‥‥‥‥34

最判昭和37年５月18日民集16巻５号1073頁［27002151］‥‥‥‥‥‥‥‥‥‥‥‥88

最判昭和37年５月29日民集16巻５号1226頁［27002143］‥‥‥‥‥‥‥‥‥‥‥168

最判昭和37年６月１日訟務月報８巻６号1005頁［27430615］‥‥‥‥‥‥‥‥‥‥305

最判昭和37年６月８日民集16巻７号1283頁［27002138］‥‥‥‥‥‥‥‥‥‥‥‥36

最判昭和37年８月21日民集16巻９号1809頁［27002106］‥‥‥‥‥‥‥‥‥‥‥164

最判昭和37年10月30日民集16巻10号2182頁［27002083］‥‥‥‥‥‥‥‥‥‥‥218

最判昭和37年11月２日裁判集民63号23頁［28198573］‥‥‥‥‥‥‥‥‥‥‥‥421

大阪地判昭和38年１月24日判タ145号76頁［27430657］‥‥‥‥‥‥‥‥‥‥‥‥108

最判昭和38年１月25日民集17巻１号41頁［27002060］‥‥‥‥‥‥‥‥‥‥‥‥150

最判昭和38年２月22日民集17巻１号235頁［27002049］‥‥‥‥‥‥‥‥25, 339, 363

横浜地判昭和38年３月25日下級民集14巻３号444頁［27421082］‥‥‥‥‥‥‥‥198

最判昭和38年３月28日民集17巻２号397頁［27002038］‥‥‥‥‥‥‥‥‥‥‥‥29

大阪地判昭和38年４月６日判タ145号83頁［27430672］‥‥‥‥‥‥‥‥‥‥‥154

最判昭和38年５月10日刑集17巻４号261頁［27801005］‥‥‥‥‥‥‥‥‥‥‥296

大阪高決昭和38年５月20日家裁月報15巻９号192頁［27450950］‥‥‥‥‥‥‥411

広島高判昭和38年５月22日高裁民集16巻３号202頁［27430679］‥‥‥‥‥‥‥151

最判昭和38年５月24日民集17巻５号639頁［27002024］‥‥‥‥‥‥‥‥‥‥‥185

最判昭和38年５月31日民集17巻４号588頁［27002026］‥‥‥‥‥‥‥‥‥‥‥308

大阪地判昭和38年６月18日判タ146号82頁［27430685］‥‥‥‥‥‥‥‥‥‥‥436

最判昭和38年６月25日民集17巻５号800頁［27711307］‥‥‥‥‥‥‥‥‥‥‥443

大阪高判昭和38年７月４日高裁民集16巻６号423頁［27430689］‥‥‥‥‥‥‥148

福岡高判昭和38年７月18日判時350号23頁［27430697］‥‥‥‥‥‥‥‥‥‥‥437

判例索引（年月日順）

東京地判昭和38年7月24日判時347号22頁［27430699］················286

大阪地判昭和38年9月7日判タ152号66頁［28224559］················359

東京地判昭和38年9月9日判タ156号91頁［28233237］················208

最判昭和38年10月15日民集17巻11号1497頁［27001974］················92, 173

最判昭和38年10月29日民集17巻9号1236頁［27001989］················314

最判昭和38年12月24日民集17巻12号1720頁［27001962］··············96

最判昭和39年1月23日裁判集民71号133頁［27430725］················171

最判昭和39年1月24日裁判集民71号331頁［27430727］················104, 327

最判昭和39年1月30日民集18巻1号196頁［27001943］················315

最判昭和39年2月25日民集18巻2号329頁［27001938］················359, 368

最判昭和39年3月6日民集18巻3号437頁［27001933］··············29

東京地判昭和39年3月17日下級民集15巻3号535頁［27430742］············245, 247, 253

水戸地判昭和39年3月30日下級民集15巻3号693頁［27430746］················247

最判昭和39年4月17日裁判集民73号179頁［28199153］················328

最判昭和39年5月29日民集18巻4号715頁［27001911］················120

旭川地判昭和39年9月16日下級民集15巻9号2200頁［27430779］················286

東京地判昭和39年9月26日判タ169号194頁［27402538］················359

東京地判昭和39年11月25日判時408号38頁［27430788］················493

大阪地判昭和40年2月10日判タ176号190頁［27430809］················108

最判昭和40年2月23日裁判集民77号549頁［27430811］··············36

最判昭和40年3月4日民集19巻2号197頁［27001328］················156

最判昭和40年3月9日民集19巻2号233頁［27001326］················193

最判昭和40年5月4日民集19巻4号797頁［27001304］··············33

最判昭和40年5月20日民集19巻4号822頁［27001302］················422, 550, 558

最判昭和40年5月20日民集19巻4号859頁［27001301］················340

最判昭和40年9月21日民集19巻6号1560頁［27001270］··············32

東京地判昭和40年9月21日判時420号12頁［27430848］················444

最判昭和40年11月19日民集19巻8号1986頁［27001253］················165

最判昭和40年11月19日民集19巻8号2003頁［27001252］··············14

最判昭和40年12月7日民集19巻9号2101頁［27001246］················142

最判昭和40年12月21日民集19巻9号2221頁［27001240］··············38

最判昭和41年1月13日民集20巻1号1頁［27001236］··············33

最判昭和41年1月20日民集20巻1号22頁［27001235］················439

東京地判昭和41年2月24日金融法務437号6頁［27430880］················118

大阪地判昭和41年2月28日判時446号50頁［27430882］················391

最判昭和41年3月3日裁判集民82号639頁［27421462］················338

東京高判昭和41年3月10日判タ191号162頁［27430885］················316

札幌地判昭和41年4月15日判タ189号180頁［27421487］················189

573

判例索引（年月日順）

最大判昭和41年4月27日民集20巻4号870頁［27001192］‥‥‥‥‥‥‥‥‥‥‥32

東京高判昭和41年4月27日訟務月報12巻7号1045頁［27430894］‥‥‥‥‥‥‥‥118

最判昭和41年5月19日民集20巻5号947頁［27001190］‥‥‥‥‥‥337, 348, 363, 366

最判昭和41年6月9日民集20巻5号1011頁［27001187］‥‥‥‥‥‥‥102, 105, 115

東京地判昭和41年9月28日判時467号57頁［27430917］‥‥‥‥‥‥‥‥‥‥‥‥242

最判昭和41年10月7日民集20巻8号1615頁［27001158］‥‥‥‥‥‥‥‥‥60, 294

最判昭和41年10月21日裁判集民84号661頁［28199939］‥‥‥‥‥‥‥‥‥‥‥310

最判昭和41年11月22日民集20巻9号1901頁［27001142］‥‥‥‥‥‥‥‥‥‥‥26

最判昭和41年11月25日民集20巻9号1921頁［27001140］‥‥‥‥‥341, 421, 422

最判昭和42年1月20日民集21巻1号16頁［27001122］‥‥‥‥‥‥‥‥‥‥‥‥25

最判昭和42年2月23日裁判集民86号361頁［27430958］‥‥‥‥‥‥‥‥‥‥‥361

最判昭和42年3月17日民集21巻2号388頁［27001101］‥‥‥‥‥‥‥‥‥‥‥549

最判昭和42年4月7日民集21巻3号551頁［27001093］‥‥‥‥‥‥‥‥‥‥‥‥26

最判昭和42年4月27日裁判集民87号317頁［27430967］‥‥‥‥‥‥‥‥‥‥‥108

最判昭和42年5月30日民集21巻4号1011頁［27001073］‥‥‥‥‥‥‥‥‥‥‥104

最判昭和42年6月22日民集21巻6号1479頁［27001067］‥‥‥‥‥‥‥‥‥‥‥383

最判昭和42年6月29日裁判集民87号1377頁［27681479］‥‥‥‥‥‥‥‥‥‥‥344

最判昭和42年7月21日民集21巻6号1653頁［27001057］‥‥‥‥‥‥‥‥‥‥‥26

最判昭和42年8月25日民集21巻7号1729頁［27001052］‥‥‥‥‥‥‥‥‥‥‥387

大阪高判昭和42年9月18日判タ214号218頁［27421662］‥‥‥‥‥‥‥‥‥‥‥256

最判昭和42年10月31日民集21巻8号2213頁［27001028］‥‥‥‥‥‥‥‥‥‥‥29

東京地判昭和42年11月27日判時516号52頁［27430999］‥‥‥‥‥‥‥‥‥‥‥312

最判昭和42年12月26日民集21巻10号2627頁［27001006］‥‥‥‥‥‥‥‥‥‥‥246

東京高判昭和43年1月31日高裁民集21巻1号27頁［27431016］‥‥‥‥‥‥‥‥‥286

札幌高決昭和43年2月15日家裁月報20巻8号52頁［27451449］‥‥‥‥‥‥‥‥411

東京高判昭和43年2月27日判タ223号161頁［27431021］‥‥‥‥‥‥‥‥‥‥209

札幌高判昭和43年3月5日判タ219号98頁［27431023］‥‥‥‥‥‥‥‥‥‥‥76

最判昭和43年3月28日裁判集民90号813頁［27431026］‥‥‥‥‥‥‥‥‥‥‥208

最判昭和43年4月4日裁判集民90号887頁［27403166］‥‥‥‥‥‥‥‥‥‥‥361

東京地判昭和43年4月19日判時525号63頁［27403171］‥‥‥‥‥‥‥‥‥‥‥136

東京高判昭和43年5月8日下級民集19巻5＝6号221頁［27431033］‥‥‥‥‥‥377

最判昭和43年6月13日民集22巻6号1183頁［27000950］‥‥‥‥‥‥‥‥‥‥‥318

東京高決昭和43年7月10日高裁民集21巻4号370頁［27431048］‥‥‥‥‥‥‥209

岡山地判昭和43年7月18日判時550号75頁［27431051］‥‥‥‥‥‥‥‥‥‥‥248

甲府地判昭和43年7月19日民集36巻6号919頁［27200163］‥‥‥‥‥‥‥‥‥554

最判昭和43年8月2日民集22巻8号1571頁［27000934］‥‥‥‥‥‥‥‥21, 39

最判昭和43年9月24日民集22巻9号1959頁［27000919］‥‥‥‥‥‥‥‥‥‥‥342

最判昭和43年10月8日民集22巻10号2145頁［27000911］‥‥‥‥‥‥‥‥‥‥‥447

判例索引（年月日順）

東京地判昭和43年10月11日下級民集19巻 9 ＝10号602頁［27431063］‥‥‥‥‥‥‥506
最判昭和43年10月31日民集22巻10号2350頁［27000903］‥‥‥‥‥‥‥‥‥‥‥‥‥‥‥28
横浜地判昭和43年11月 6 日判時556号76頁［27431069］‥‥‥‥‥‥‥‥‥‥‥‥‥‥‥523
最判昭和43年11月15日民集22巻12号2671頁［27000891］‥‥‥‥‥‥‥‥‥‥‥‥‥‥39
最判昭和43年11月15日裁判集民93号233頁［27431072］‥‥‥‥‥‥‥‥‥‥‥‥‥‥423
最判昭和43年11月19日民集22巻12号2692頁［27000890］‥‥‥‥‥‥‥‥‥‥‥‥‥‥30
最判昭和43年11月21日民集22巻12号2765頁［27000886］‥‥‥‥‥‥‥‥‥‥‥‥‥‥39
大阪地判昭和43年11月25日行裁例集19巻12号1877頁［21029290］‥‥‥‥‥‥‥‥442
東京地判昭和43年12月 3 日ジュリ437号 3 頁‥‥‥‥‥‥‥‥‥‥‥‥‥‥‥‥‥‥‥‥‥151
最判昭和43年12月24日民集22巻13号3393頁［27000863］‥‥‥‥‥‥‥‥‥‥‥‥‥342
最判昭和44年 1 月16日民集23巻 1 号18頁［27000855］‥‥‥‥‥‥‥‥‥‥‥‥‥‥‥40
最判昭和44年 3 月25日裁判集民94号629頁［27431093］‥‥‥‥‥‥‥‥‥‥‥‥‥‥‥5
最判昭和44年 3 月27日民集23巻 3 号619頁［27000833］‥‥‥‥‥‥‥‥‥‥‥‥‥‥384
大阪地判昭和44年 3 月28日判タ238号240頁［27431095］‥‥‥‥‥‥‥‥‥‥‥‥‥190
最判昭和44年 4 月17日民集23巻 4 号785頁［27000826］‥‥‥‥‥‥‥‥‥‥‥‥‥‥341
最判昭和44年 4 月18日裁判集民95号157頁［27431101］‥‥‥‥‥‥‥‥‥‥‥‥‥‥30
最判昭和44年 4 月22日民集23巻 4 号815頁［27000825］‥‥‥‥‥‥‥‥‥‥‥‥‥‥36
最判昭和44年 4 月25日民集23巻 4 号904頁［27000822］‥‥‥‥‥‥‥‥‥‥‥‥‥‥40
最判昭和44年 5 月 2 日民集23巻 6 号951頁［27000819］‥‥‥‥‥‥‥‥‥‥‥‥‥‥32
最判昭和44年 5 月27日民集23巻 6 号998頁［27000816］‥‥‥‥‥‥‥‥‥‥‥‥‥‥31
最判昭和44年 5 月29日裁判集民95号421頁［27431110］‥‥‥‥‥‥‥‥‥‥‥‥‥339
最判昭和44年 6 月12日裁判集民95号485頁［27431115］‥‥‥‥‥‥‥‥‥‥‥‥‥‥31
大阪高判昭和44年 6 月18日高裁民集22巻 3 号406頁［27403343］‥‥‥‥‥‥‥‥342
最判昭和44年 7 月 8 日民集23巻 8 号1374頁［27000801］‥‥‥‥‥‥‥‥‥‥‥‥‥447
東京地判昭和44年 7 月21日判時574号42頁［27431129］‥‥‥‥‥‥‥‥‥‥‥‥‥257
最判昭和44年 7 月25日民集23巻 8 号1627頁［27000792］‥‥‥‥‥‥‥‥‥‥‥‥‥319
最判昭和44年 9 月12日裁判集民96号579頁［27403384］‥‥‥‥‥‥‥‥‥‥‥‥‥‥15
東京地判昭和44年10月15日判時585号57頁［27431142］‥‥‥‥‥‥‥‥‥‥‥‥‥215
最判昭和44年10月30日民集23巻10号1881頁［27000778］‥‥‥‥‥‥‥‥‥‥‥‥‥64
最判昭和44年11月 4 日民集23巻11号1968頁［27000774］‥‥‥‥‥‥‥‥‥‥‥‥‥345
最判昭和44年11月13日裁判集民97号259頁［27431148］‥‥‥‥‥‥‥‥‥‥‥‥‥219
最判昭和44年11月21日裁判集民97号433頁［27431152］‥‥‥‥‥‥‥‥‥‥‥‥‥114
最判昭和44年12月 2 日民集23巻12号2333頁［27000760］‥‥‥‥‥‥‥‥‥‥‥‥‥158
最判昭和45年 3 月26日裁判集民98号505頁［27403609］‥‥‥‥‥‥‥‥‥‥‥‥‥‥41
最判昭和45年 4 月10日裁判集民99号21頁［27403494］‥‥‥‥‥‥‥‥‥‥‥‥‥‥345
最判昭和45年 5 月28日裁判集民99号233頁［27441293］‥‥‥‥‥‥‥‥‥‥‥‥‥446
最判昭和45年 6 月18日裁判集民99号375頁［27433001］‥‥‥‥‥‥‥‥‥‥‥71, 73
最判昭和45年 8 月20日民集24巻 9 号1243頁［27000697］‥‥‥‥‥‥‥‥‥‥‥‥‥453

575

判例索引（年月日順）

東京地判昭和45年 9 月 8 日判時619号64頁［27431214］‥‥‥‥‥‥‥‥‥‥‥‥ 437

最大判昭和45年10月21日民集24巻11号1560頁［27000684］‥‥‥‥‥‥‥‥‥‥‥35

最判昭和45年11月 6 日民集24巻12号1803頁［27000677］‥‥‥‥‥‥‥‥‥‥‥ 401

最判昭和45年12月 4 日民集24巻13号1987頁［27000669］‥‥‥‥‥‥‥‥‥ 103, 105

福岡地判昭和45年12月24日判タ260号294頁［27431240］‥‥‥‥‥‥‥‥‥ 165, 523

東京地判昭和45年12月26日判時639号90頁［27431241］‥‥‥‥‥‥‥‥‥‥‥ 352

最判昭和46年 1 月21日民集25巻 1 号25頁［27000654］‥‥‥‥‥‥‥‥‥‥‥‥58

最判昭和46年 1 月26日民集25巻 1 号90頁［27000652］‥‥‥‥‥‥‥‥‥‥‥‥25

最判昭和46年 2 月19日民集25巻 1 号135頁［27000650］‥‥‥‥‥‥‥‥‥‥‥ 137

東京地判昭和46年 2 月24日判時636号68頁［27431248］‥‥‥‥‥‥‥‥‥‥‥ 120

最判昭和46年 3 月 5 日裁判集民102号219頁［27403631］‥‥‥‥‥‥‥‥‥‥‥15

熊本地玉名支判昭和46年 4 月15日下級民集22巻 3 ＝ 4 号392頁［27403650］‥‥‥‥ 228

福岡高判昭和46年 5 月17日判時645号82頁［27431266］‥‥‥‥‥‥‥‥‥‥‥ 248

最判昭和46年 6 月18日民集25巻 4 号550頁［27000631］‥‥‥‥‥‥ 29, 396, 399, 400

最判昭和46年 6 月24日民集25巻 4 号574頁［27000629］‥‥‥‥‥‥‥‥‥‥‥‥4

最判昭和46年 6 月29日判タ264号197頁［27431274］‥‥‥‥‥‥‥‥‥‥‥‥‥ 170

青森地判昭和46年 7 月13日判タ332号158頁‥‥‥‥‥‥‥‥‥‥‥‥‥‥‥‥‥ 186

最判昭和46年 7 月16日民集25巻 5 号779頁［27000621］‥‥‥‥‥‥‥‥‥‥‥‥30

東京地判昭和46年 7 月19日判時648号78頁［27431279］‥‥‥‥‥‥‥‥‥‥‥ 451

最判昭和46年10月 7 日民集25巻 7 号885頁［27000617］‥‥‥‥‥‥‥‥‥‥‥ 340

最判昭和46年10月14日民集25巻 7 号933頁［27000615］‥‥‥‥‥‥‥‥‥‥‥‥55

最判昭和46年11月16日民集25巻 8 号1182頁［27000604］‥‥‥‥‥‥‥‥‥‥‥‥28

最判昭和46年11月26日裁判集民104号479頁［27441432］‥‥‥‥‥‥‥‥‥‥‥ 446

最判昭和46年11月30日民集25巻 8 号1422頁［27000596］‥‥‥‥‥‥‥‥‥‥‥‥35

最判昭和46年11月30日民集25巻 8 号1437頁［27000595］‥‥‥‥‥‥‥‥‥‥ 73, 76

最判昭和46年12月 3 日裁判集民104号557頁［27403775］‥‥‥‥‥‥‥‥‥‥‥‥31

最判昭和46年12月 9 日民集25巻 9 号1457頁［27000594］‥‥‥‥‥‥‥‥‥‥‥ 340

東京地判昭和47年 1 月26日判時671号60頁［21038012］‥‥‥‥‥‥‥‥‥‥‥‥ 248

最判昭和47年 2 月18日金融法務647号30頁［27431319］‥‥‥‥‥‥‥‥‥‥‥‥ 369

福岡高判昭和47年 2 月28日判時663号71頁［27431320］‥‥‥‥‥‥‥‥‥‥‥‥ 212

東京地判昭和47年 3 月24日判時678号62頁［27431326］‥‥‥‥‥‥‥‥‥‥‥‥ 210

最判昭和47年 4 月14日民集26巻 3 号483頁［27000571］‥‥‥‥‥‥‥‥‥‥‥‥ 201

最判昭和47年 6 月27日民集26巻 5 号1067頁［27000552］‥‥‥‥‥‥‥‥‥‥‥ 192

最判昭和47年 7 月18日裁判集民106号475頁［27403909］‥‥‥‥‥‥‥‥‥‥‥ 437

最判昭和47年 9 月 8 日民集26巻 7 号1348頁［27000540］‥‥‥‥‥‥‥‥ 73, 77, 59

大阪地判昭和47年 9 月14日判タ298号394頁［27441500］‥‥‥‥‥‥‥‥‥‥‥ 162

最判昭和47年11月21日民集26巻 9 号1657頁［27000528］‥‥‥‥‥‥‥‥‥‥‥ 106

広島地呉支判昭和47年11月27日判時705号93頁［27424615］‥‥‥‥‥‥‥‥‥‥ 112

576

判例索引（年月日順）

最判昭和47年12月 7 日民集26巻10号1829頁［27000524］‥‥‥‥‥‥‥‥‥‥‥ 5
東京高判昭和48年 3 月 6 日判タ297号227頁［27431387］‥‥‥‥‥‥‥‥‥‥ 201
最判昭和48年 3 月13日民集27巻 2 号271頁［27000505］‥‥‥‥‥‥‥‥‥ 549, 555
東京地判昭和48年 3 月16日判タ306号207頁［27431389］‥‥‥‥‥‥‥‥‥‥ 522
最判昭和48年 3 月29日裁判集民108号533頁［27411508］‥‥‥‥‥‥‥‥‥‥‥69
大阪地判昭和48年 4 月23日判タ306号223頁［27424745］‥‥‥‥‥‥‥‥‥‥ 313
最判昭和48年 7 月17日民集27巻 7 号798頁［27000485］‥‥‥‥‥‥‥‥‥‥ 136
神戸地判昭和48年 7 月23日下級民集24巻 5 ＝ 8 号494頁［27431407］‥‥‥‥‥ 108
東京地判昭和48年 8 月16日判タ301号217頁［27431410］‥‥‥‥‥‥‥‥‥‥ 360
東京高判昭和48年 8 月30日判時719号41頁［27431411］‥‥‥‥‥‥‥‥‥‥‥ 249
最判昭和48年10月 5 日民集27巻 9 号1110頁［27000476］‥‥‥‥‥‥‥‥‥‥‥27
東京地判昭和48年11月30日下級民集24巻 9 ＝12号876頁［27431429］‥‥‥‥‥ 522
東京高判昭和48年12月25日東高民時報24巻12号228頁［27431432］‥‥‥‥‥‥ 210
東京地判昭和48年12月27日判タ304号208頁［27431433］‥‥‥‥‥‥‥‥‥‥ 286
東京高判昭和49年 1 月23日東高民時報25巻 1 号 7 頁［27431434］‥‥‥‥‥‥ 502
最判昭和49年 3 月19日民集28巻 2 号325頁［27000444］‥‥‥‥‥‥‥‥‥‥‥31
最判昭和49年 4 月 9 日裁判集民111号531頁［28201156］‥‥‥‥‥‥‥‥‥‥ 208
東京地判昭和49年 6 月24日判時762号48頁［27431449］‥‥‥‥‥‥‥‥‥ 177, 249
渋谷簡判昭和49年 9 月25日判時761号103頁［27431465］‥‥‥‥‥‥‥‥‥‥ 272
高松高判昭和49年11月28日判タ318号254頁［27431472］‥‥‥‥‥‥‥‥ 197, 198
東京高判昭和49年12月10日下級民集25巻 9 ＝12号1033頁［27431475］‥‥‥‥‥ 109
仙台高判昭和49年12月25日判タ322号158頁［27431478］‥‥‥‥‥‥‥‥‥‥ 185
東京地判昭和50年 1 月24日下級民集26巻 1 ＝ 4 号103頁［27431482］‥‥‥‥‥ 262
東京高判昭和50年 1 月29日高裁民集28巻 1 号 1 頁［27431484］‥‥‥‥‥‥‥ 215
札幌地判昭和50年 2 月18日判タ330号359頁［27404314］‥‥‥‥‥‥‥‥‥‥ 445
東京高判昭和50年 2 月19日判タ326号216頁［27431487］‥‥‥‥‥‥‥‥‥‥‥78
福岡高宮崎支判昭和50年 5 月28日金融商事487号44頁［27431504］‥‥‥‥‥‥ 109
東京地判昭和50年 6 月26日下級民集26巻 5 ＝ 8 号500頁［27404381］‥‥‥‥‥ 118
名古屋地判昭和50年 7 月 4 日判タ332号318頁［27431511］‥‥‥‥‥‥‥‥‥ 151
最判昭和50年 7 月14日裁判集民115号379頁［27431514］‥‥‥‥‥‥‥‥‥‥‥ 6
最判昭和50年 7 月17日民集29巻 6 号1080頁［27000364］‥‥‥‥‥‥‥‥‥‥‥15
東京高判昭和50年 9 月29日判時805号67頁［27431527］‥‥‥‥‥‥‥‥‥‥ 359
最判昭和50年10月24日裁判集民116号375頁［27431532］‥‥‥‥‥‥‥‥‥‥‥29
最判昭和50年11月 7 日民集29巻10号1525頁［27000349］‥‥‥‥‥‥ 337, 398, 428
東京高判昭和50年11月27日判タ336号255頁［27431540］‥‥‥‥‥‥‥‥‥‥ 154
東京高判昭和50年12月26日民集36巻 6 号953頁［27200164］‥‥‥‥‥‥‥‥‥ 554
東京地判昭和51年 1 月28日下級民集27巻 1 ＝ 4 号 7 頁［27431553］‥‥‥‥‥ 524
名古屋高判昭和51年 2 月18日判時826号49頁［27431557］‥‥‥‥‥‥‥‥‥‥ 249

577

判例索引（年月日順）

東京地判昭和51年2月27日判時844号57頁［27431560］‥‥‥‥‥‥‥‥‥78
東京高判昭和51年3月30日判タ339号277頁［27431566］‥‥‥‥‥‥‥‥250
東京高判昭和51年4月28日判タ340号172頁［27431573］‥‥‥‥‥‥‥‥245
福岡高判昭和51年5月12日判タ341号181頁［27431577］‥‥‥‥‥‥‥‥348
札幌高判昭和51年7月19日判タ344号229頁［27431594］‥‥‥‥‥‥‥‥445
最判昭和51年8月30日民集30巻7号768頁［27000313］‥‥‥‥‥‥399, 408
最判昭和51年9月7日裁判集民118号423頁［27422841］‥‥‥‥‥‥‥‥338
最判昭和51年10月26日金融法務808号34頁［27431616］‥‥‥‥‥‥‥‥343
大阪高判昭和51年10月28日判タ346号206頁［27431617］‥‥‥‥‥‥‥396
東京地判昭和51年10月29日下級民集27巻9＝12号734頁［27422873］‥‥186
広島地判昭和51年11月30日判時855号101頁［27431621］‥‥‥‥‥‥‥121
最判昭和51年12月2日民集30巻11号1021頁［27000303］‥‥‥‥‥‥‥‥73
東京高判昭和52年2月17日判タ352号185頁［27650636］‥‥‥‥‥‥‥‥250
最判昭和52年3月3日民集31巻2号157頁［27000291］‥‥‥‥‥‥‥‥‥73
那覇地判昭和52年3月30日判タ365号311頁［27431643］‥‥‥‥‥‥‥‥250
仙台高判昭和52年4月21日判タ357号264頁［27431647］‥‥‥‥‥‥‥‥‥6
東京地判昭和52年5月10日判タ348号147頁［27422946］‥‥‥‥‥‥‥‥212
名古屋高判昭和52年5月30日下級民集28巻5＝8号584頁［27404722］‥‥‥369
東京高判昭和52年5月31日判タ359号222頁［27404726］‥‥‥‥‥‥‥‥‥7
東京高判昭和52年5月31日判タ359号225頁［27441843］‥‥‥‥‥‥‥‥295
東京地判昭和52年5月31日判時871号53頁［27431655］‥‥‥‥‥‥‥‥109
新潟地判昭和52年8月15日判時889号82頁［27431668］‥‥‥‥‥‥‥‥467
最判昭和52年9月19日裁判集民121号247頁［27404771］‥‥‥‥‥‥‥‥363
大阪高判昭和52年9月30日下級民集28巻9＝12号1044頁［27431677］‥‥‥551
大阪高判昭和52年10月11日判時887号86頁［27431680］‥‥‥‥‥‥338, 372
福岡地久留米支判昭和52年12月5日判時885号157頁［27431690］‥‥‥‥186
最判昭和53年3月6日民集32巻2号135頁［27000254］‥‥‥‥‥‥‥‥‥90
名古屋地判昭和53年3月24日判タ369号276頁［27431725］‥‥‥‥‥‥‥358
東京地判昭和53年3月30日判タ369号237頁［27431727］‥‥‥‥‥170, 411
最判昭和53年4月11日民集32巻3号583頁［21061641］‥‥‥‥‥‥‥‥387
横浜地判昭和53年5月11日判タ377号116頁［27431737］‥‥‥‥‥‥‥233
神戸地判昭和53年7月27日判タ373号92頁［27431750］‥‥‥‥‥‥‥‥349
東京高判昭和53年12月26日判時928号66頁［27650777］‥‥‥‥‥‥‥177
大阪地判昭和54年1月16日判時928号83頁［27431770］‥‥‥‥‥‥‥‥250
最判昭和54年1月25日民集33巻1号26頁［27000211］‥‥‥‥‥‥‥‥332
最判昭和54年2月15日民集33巻1号51頁［27000210］‥‥‥‥‥‥‥‥‥4
東京地判昭和54年4月27日判タ392号108頁［27431785］‥‥‥‥‥‥‥‥74
東京高判昭和54年5月30日下級民集30巻5＝8号247頁［27431790］‥‥‥‥205

578

判例索引（年月日順）

最判昭和54年 7 月31日裁判集民127号315頁［27433002］‥‥‥‥‥‥‥‥‥‥‥‥‥‥ 294
熊本地判昭和54年 8 月 7 日下級民集30巻 5 = 8 号367頁［27431802］‥‥‥‥‥‥‥‥ 313
大阪高判昭和54年 8 月16日判時959号83頁［27411894］‥‥‥‥‥‥‥‥‥‥‥‥‥‥ 112
名古屋地判昭和54年10月15日判タ397号56頁［27431808］‥‥‥‥‥‥‥‥‥‥‥‥‥ 281
千葉地判昭和54年11月29日判タ409号127頁［27431813］‥‥‥‥‥‥‥‥‥‥‥‥‥ 109
最判昭和55年 1 月18日裁判集民129号43頁［27431817］‥‥‥‥‥‥‥‥‥‥‥‥‥‥ 367
東京高判昭和55年 3 月18日判時963号37頁［27431833］‥‥‥‥‥‥‥‥‥‥‥‥‥‥ 250
名古屋地判昭和55年 7 月11日判タ426号184頁［27431849］‥‥‥‥‥‥‥‥‥‥‥‥ 110
仙台高判昭和55年10月14日下級民集31巻 9 = 12号911頁［27431863］‥‥‥‥‥‥‥ 496
東京地判昭和55年10月31日判時999号75頁［27431866］‥‥‥‥‥‥‥‥‥‥‥‥‥‥ 250
東京地判昭和55年12月12日判時1002号103頁［27431873］‥‥‥‥‥‥‥‥‥‥‥‥‥ 110
大阪地判昭和56年 1 月29日判タ448号135頁［27431879］‥‥‥‥‥‥‥‥‥‥‥‥‥ 121
大阪地判昭和56年 2 月24日金融商事639号34頁［27431884］‥‥‥‥‥‥‥‥‥‥‥‥ 112
東京地判昭和56年 2 月27日判時1012号87頁［27431887］‥‥‥‥‥‥‥‥‥‥‥‥‥ 522
最判昭和56年 3 月19日民集35巻 2 号171頁［27000148］‥‥‥‥‥‥‥‥‥‥‥‥‥‥ 152
最判昭和56年 3 月20日民集35巻 2 号219頁［27000147］‥‥‥‥‥‥‥‥‥ 451, 453, 484
熊本地宮支判昭和56年 3 月30日判時1030号83頁［27431894］‥‥‥‥‥‥‥‥‥‥‥‥ 556
東京地判昭和56年 6 月17日判タ449号174頁［27423696］‥‥‥‥‥‥‥‥‥‥‥‥‥ 187
東京高判昭和56年 9 月10日判タ455号106頁［27431927］‥‥‥‥‥‥‥‥‥‥‥‥‥‥75
最判昭和56年11月24日裁判集民134号261頁［27431938］‥‥‥‥‥‥‥‥‥‥‥ 26, 30
最判昭和57年 1 月22日裁判集民135号83頁［27431946］‥‥‥‥‥‥‥‥‥‥‥‥‥‥ 551
東京高判昭和57年 2 月25日判時1039号75頁［27423822］‥‥‥‥‥‥‥‥‥‥‥‥‥ 131
最判昭和57年 3 月 4 日民集36巻 3 号241頁［27000101］‥‥‥‥‥‥‥‥‥‥‥ 399, 408
最判昭和57年 3 月 9 日裁判集民135号313頁［27431955］‥‥‥‥‥‥‥‥‥‥‥‥‥ 396
最判昭和57年 3 月30日裁判集民135号553頁［27431959］‥‥‥‥‥‥‥‥‥‥‥‥‥ 152
東京地判昭和57年 4 月28日判時1051号104頁［27431970］‥‥‥‥‥‥‥‥‥‥‥‥‥ 213
横浜地決昭和57年 5 月24日判タ473号192頁［27431975］‥‥‥‥‥‥‥‥‥‥‥‥‥ 235
最判昭和57年 6 月 4 日裁判集民136号39頁［27405770］‥‥‥‥‥‥‥‥‥‥‥‥‥‥14
最判昭和57年 6 月17日民集36巻 5 号824頁［27000085］‥‥‥‥‥‥‥‥‥‥‥‥‥ 311
最判昭和57年 6 月17日裁判集民136号111頁［27405775］‥‥‥‥‥‥‥‥‥‥‥‥‥ 337
最判昭和57年 7 月 1 日民集36巻 6 号891頁［27000084］‥‥‥‥‥‥‥‥‥ 422, 423, 424
最判昭和57年 7 月15日裁判集民136号597頁［27431986］‥‥‥‥‥‥‥‥‥‥‥‥‥ 455
最判昭和57年 7 月15日裁判集民136号699頁［27682398］‥‥‥‥‥‥‥‥‥‥‥‥‥ 246
名古屋地判昭和57年 8 月25日判タ486号120頁［27431990］‥‥‥‥‥‥‥‥‥‥‥‥ 524
大阪地判昭和57年 8 月30日民集43巻 8 号968頁［27423921］‥‥‥‥‥‥‥‥‥‥‥ 272
東京地判昭和57年 8 月31日下級民集34巻 9 = 12号1249頁［27405811］‥‥‥‥‥‥ 178
最判昭和57年 9 月 7 日民集36巻 8 号1527頁［27000076］‥‥‥‥‥‥‥‥‥‥ 70, 106
最判昭和57年 9 月28日裁判集民137号255頁［27431997］‥‥‥‥‥‥‥‥‥‥‥‥‥‥5

579

判例索引（年月日順）

東京高判昭和57年11月17日下級民集33巻9＝12号1414頁〔27432002〕················· 380
東京高判昭和57年12月27日判時1068号60頁〔27432008〕······························· 393
名古屋高判昭和57年12月27日判時1075号127頁〔27432009〕······························74
最判昭和58年1月24日民集37巻1号21頁〔27000058〕···································28
東京高判昭和58年1月31日判タ495号110頁〔27423996〕····························· 348
東京高決昭和58年2月7日判タ495号110頁〔27432013〕····························· 270
最判昭和58年3月24日民集37巻2号131頁〔27000054〕··················· 84, 85, 86, 294
東京高判昭和58年4月27日判タ498号101頁〔27432022〕····························· 523
東京地判昭和58年5月12日判タ506号106頁〔27432024〕····························· 112
大阪高判昭和58年5月31日判タ504号98頁〔27424062〕······························· 110
札幌高判昭和58年6月14日判タ508号114頁〔27432028〕····························· 203
京都地判昭和58年7月7日判タ517号188頁〔27432030〕······························· 203
札幌高判昭和58年8月10日判タ516号126頁〔27460457〕····························· 460
東京高判昭和58年8月30日判時1090号120頁〔27406010〕···························· 171
大阪高判昭和58年9月6日民集43巻8号982頁〔27806383〕························· 271
最判昭和58年10月18日民集37巻8号1121頁〔27000033〕···························· 246
浦和地判昭和58年12月19日判タ521号162頁〔27432039〕··························· 296
福岡高判昭和58年12月22日判タ520号145頁〔27432040〕··························· 211
福岡高判昭和59年3月21日判タ527号111頁〔27432045〕····························· 113
千葉地判昭和59年3月23日判時1128号56頁〔27432046〕···························· 110
最判昭和59年4月5日裁判集民141号529頁〔27490422〕····························· 460
最判昭和59年4月20日裁判集民141号565頁〔27432047〕····················· 127, 128
最判昭和59年4月24日裁判集民141号603頁〔27432048〕···························· 339
東京高判昭和59年4月24日判タ531号158頁〔27432049〕··························· 201
東京高判昭和59年8月30日判時1127号103頁〔27433020〕·························· 403
東京地判昭和59年10月23日判時1158号213頁〔27490850〕························· 257
東京高判昭和59年12月18日判時1141号83頁〔27490595〕··························· 190
最判昭和59年12月20日裁判集民143号467頁〔27433033〕····························32
大阪地判昭和60年4月22日判タ560号169頁〔27433051〕··························· 236
東京地判昭和60年4月30日判時1179号85頁〔27433054〕··························· 500
最判昭和60年5月23日民集39巻4号940頁〔27100011〕····························· 430
大阪高判昭和60年5月31日金融商事727号27頁〔27433058〕······················· 110
大阪高判昭和60年7月3日高裁民集38巻2号77頁〔27433061〕···················· 495
京都地判昭和60年9月24日判時1173号106頁〔27443029〕·························· 496
東京地判昭和60年10月30日判タ593号111頁〔27800129〕····················· 197, 279
大阪地判昭和60年11月11日判タ605号60頁〔27801237〕··························· 236
最判昭和60年11月29日裁判集民146号197頁〔27804321〕·························· 341
京都地判昭和60年12月26日判タ616号81頁〔27801825〕··························· 496

判例索引（年月日順）

大分地判昭和61年1月20日訟務月報32巻12号2723頁［27801826］…………………221, 237

大阪地判昭和61年4月22日判タ629号156頁［27801830］…………………………………135

東京地判昭和61年5月27日判タ626号154頁［27801832］…………………………………281

札幌高判昭和61年6月19日判タ614号70頁［27800458］……………………………………343

最判昭和61年7月10日裁判集民148号269頁［27802808］…………………………………312

名古屋地判昭和61年7月18日判タ623号108頁［27801836］………………………360, 518

東京地判昭和61年7月29日判タ658号120頁［27801299］…………………………………502

東京地判昭和61年8月26日判時1224号26頁［27801838］…………………………………211

東京地判昭和61年8月27日判タ640号157頁［27801839］…………………………………238

東京高判昭和61年9月17日金融商事760号12頁［27801840］……………………………136

京都地決昭和61年11月13日判時1239号89頁［27800033］………………………………282

東京地判昭和61年11月27日金融商事774号46頁［27800259］…………………………111

最判昭和61年12月16日民集40巻7号1236頁［27100055］………………………………195

東京高判昭和62年3月18日判時1228号87頁［27801847］………………………………493

大阪高判昭和62年3月18日判タ660号132頁［27801351］………………………………495

最決昭和62年4月10日刑集41巻3号221頁［27801848］…………………………………297

最大判昭和62年4月22日民集41巻3号408頁［27100065］………388, 390, 397, 402, 407

最判昭和62年4月24日裁判集民150号925頁［27800204］………………………………102

東京高判昭和62年6月3日東高民時報38巻4＝6号42頁［27806473］…………………503

横浜地判昭和62年6月19日判時1253号96頁［27800705］………………………393, 404

東京高判昭和62年8月31日判時1251号103頁［27800476］……………………177, 251

最判昭和62年9月4日裁判集民151号645頁［27800475］………………………………398

最判昭和62年11月12日裁判集民152号177頁［27801182］……………………………28

横浜地判昭和62年11月12日判時1273号90頁［27801778］……………………205, 500

東京地判昭和63年1月28日判タ664号96頁［27801693］………………………………497

東京地判昭和63年4月15日判時1326号129頁［27805224］……………………………355

最判昭和63年5月20日裁判集民154号71頁［27801938］………………………337, 348

東京高判昭和63年8月30日判時1292号94頁［27802574］………………………………346

東京高判昭和63年11月7日金融法務1224号33頁［27806477］…………………338, 372

平　成

浦和地判平成元年3月20日判時1328号92頁［27805247］………………………………497

東京高判平成元年5月24日判タ725号158頁［27806428］…………………………………78

名古屋高判平成元年6月28日高裁民集42巻2号272頁［27805406］……………………384

旭川地判平成元年7月31日判タ718号130頁［27805769］………………………………113

大阪高判平成元年9月14日判タ715号180頁［27805469］………………………………268

最判平成元年9月19日民集43巻8号955頁［27804830］……………………………271, 288

最判平成元年11月24日民集43巻10号1220頁［27805174］……………………………384

581

判例索引（年月日順）

高松高判平成元年12月13日判時1366号58頁［27807586］‥‥‥‥‥‥‥‥‥203, 214
東京地八王子支判平成元年12月19日判時1354号107頁［27806928］‥‥‥‥‥‥‥497
東京地判平成2年2月27日判時1366号65頁［27807588］‥‥‥‥‥‥‥‥‥‥‥‥501
東京地判平成2年2月27日金融商事860号24頁［27811421］‥‥‥‥‥‥‥‥‥‥‥322
大阪高判平成2年6月26日民集49巻7号2709頁［27807195］‥‥‥‥‥‥‥‥‥‥497
大阪高判平成2年9月25日高裁民集43巻3号163頁［27808811］‥‥‥‥‥‥‥‥‥452
東京地判平成2年10月29日判タ744号117頁［27807707］‥‥‥‥‥‥‥‥‥‥501, 508
東京地判平成2年11月19日判時1393号105頁［27809274］‥‥‥‥‥‥‥‥‥‥‥‥503
最判平成2年11月20日民集44巻8号1037頁［27807491］‥‥‥‥‥‥‥‥‥‥‥‥219
東京地判平成2年11月27日判時1397号28頁［27809623］‥‥‥‥‥‥‥‥‥‥‥‥498
東京地判平成2年12月14日判タ752号233頁［27808394］‥‥‥‥‥‥‥‥‥‥‥‥349
東京高判平成2年12月20日判タ751号132頁［27808314］‥‥‥‥‥‥‥‥‥‥‥‥369
東京地判平成3年1月22日判時1399号61頁［27809744］‥‥‥‥‥‥‥‥‥‥‥‥273
大阪高判平成3年2月28日判時1392号86頁［27809250］‥‥‥‥‥‥‥‥‥‥‥‥‥79
東京地判平成3年3月11日判タ769号188頁［27809770］‥‥‥‥‥‥‥‥‥‥‥‥343
東京地判平成3年8月9日金融商事895号22頁［27815241］‥‥‥‥‥‥‥‥‥‥‥391
最判平成3年9月3日裁判集民163号189頁［28206095］‥‥‥‥‥‥‥‥‥‥‥‥273
横浜地判平成3年9月12日判タ778号214頁［27811105］‥‥‥‥‥‥‥‥‥‥‥‥349
最判平成3年10月1日裁判集民163号327頁［27810404］‥‥‥‥‥‥‥‥‥‥‥‥452
東京地判平成3年10月25日判時1432号84頁［27813733］‥‥‥‥‥‥‥‥‥‥380, 392
高松高決平成3年11月27日家裁月報44巻12号89頁［27811369］‥‥‥‥‥‥‥‥‥399
最判平成4年1月24日裁判集民164号25頁［27811737］‥‥‥‥‥‥‥‥‥‥‥‥401
仙台高判平成4年1月27日金融商事906号26頁［27826051］‥‥‥‥‥‥‥‥‥‥‥347
東京地判平成4年1月28日判タ808号205頁［27814601］‥‥‥‥‥‥‥‥‥‥‥‥228
東京地判平成4年9月24日判時1468号108頁［27816503］‥‥‥‥‥‥‥‥‥‥‥‥115
東京高判平成4年9月29日家裁月報45巻8号39頁［27814222］‥‥‥‥‥‥‥‥‥‥399
東京高判平成4年11月16日高裁民集45巻3号199頁［27816733］‥‥‥‥‥‥‥454, 484
東京高判平成4年11月25日判タ863号199頁［27826234］‥‥‥‥‥‥‥‥‥‥498, 509
東京高判平成4年12月10日判時1450号81頁［27814822］‥‥‥‥‥‥‥‥‥‥393, 401
最判平成5年1月21日裁判集民167号331頁［27815371］‥‥‥‥‥‥‥‥‥‥‥‥355
東京地判平成5年3月5日判タ844号178頁［27820015］‥‥‥‥‥‥‥‥‥‥278, 282
東京高決平成5年3月30日家裁月報46巻3号66頁［27815587］‥‥‥‥‥‥‥‥‥‥399
大阪高判平成5年4月27日判時1467号51頁［27816453］‥‥‥‥‥‥‥‥‥‥204, 214
仙台地判平成5年5月25日判タ854号216頁［27825109］‥‥‥‥‥‥‥‥‥‥‥‥242
東京高判平成5年5月31日判時1464号62頁［27815953］‥‥‥‥‥‥‥‥‥‥‥‥277
東京地判平成5年6月30日判タ864号222頁［27826313］‥‥‥‥‥‥‥‥‥‥‥‥404
最判平成5年7月19日裁判集民169号243頁［27826921］‥‥‥‥‥‥‥‥‥‥‥‥‥25
最判平成5年9月24日民集47巻7号5035頁［27816461］‥‥‥‥‥‥‥‥‥‥‥‥233

582

判例索引（年月日順）

東京地判平成 5 年11月30日判タ873号157頁［27827027］ ……………………………… 251
最判平成 5 年12月17日裁判集民170号877頁［27817342］ ………………………………… 219
最判平成 6 年 1 月25日民集48巻 1 号18頁［27817233］ ……………………………… 325, 334
東京高判平成 6 年 2 月 2 日判タ879号205頁［27826214］ ……………………………… 400
最判平成 6 年 2 月 8 日民集48巻 2 号373頁［27817763］ ………………………………………… 5
福岡高那覇支判平成 6 年 3 月 1 日判タ880号216頁［27827713］ ……………………… 550
大阪高決平成 6 年 3 月 4 日高裁民集47巻 1 号79頁［27825103］ ………………… 338, 372
最判平成 6 年 3 月24日裁判集民172号99頁［27825535］ …………………………………… 12
那覇地判平成 6 年 3 月30日判例地方自治130号55頁［28019539］ …………………… 551
京都地判平成 6 年 5 月26日判時1542号108頁［27828237］ …………………………… 503
最判平成 6 年 5 月31日民集48巻 4 号1065頁［27819952］ ………… 340, 421, 423, 424, 425
最判平成 6 年 7 月14日民集48巻 5 号1126頁［27824763］ …………………………………… 25
東京地判平成 6 年 8 月23日判時1538号195頁［27827923］ …………………………… 159
最判平成 6 年 9 月13日裁判集民173号53頁［27826294］ ………………………………… 72, 75
千葉地判平成 6 年 9 月28日民集52巻 9 号1987頁［28011678］ ……………………… 510
最判平成 6 年12月16日裁判集民173号517頁［27826963］ …………………………… 523
最判平成 7 年 1 月19日裁判集民174号 1 頁［27826371］ …………………………………… 34
名古屋高判平成 7 年 1 月27日判タ905号189頁［28010562］ ………………………… 557
那覇地判平成 7 年 2 月22日判例地方自治143号54頁［28011643］ ………………… 552
最判平成 7 年 3 月 7 日民集49巻 3 号944頁［27826696］ ……………………………… 367
最判平成 7 年 3 月28日裁判集民174号903頁［27826863］ …………………………… 391
最判平成 7 年 7 月18日民集49巻 7 号2684頁［27827573］ …………………………… 367
東京高決平成 7 年 8 月 2 日判タ952号295頁［28022176］ …………………………… 373
東京地判平成 7 年 8 月23日判タ910号140頁［28010790］ ……………………… 502, 507
東京地判平成 7 年 9 月25日判タ915号126頁［28011223］ …………………………… 111
最判平成 7 年12月15日民集49巻10号3088頁［22008511］ ……………………………… 85, 86
名古屋地岡崎支判平成 8 年 1 月25日判タ939号160頁［28021147］ ………… 202, 205
最判平成 8 年 1 月26日民集50巻 1 号132頁［27828913］ ……………………… 399, 408
大津地決平成 8 年 2 月15日判例地方自治150号54頁［28011003］ ………………… 438
東京高判平成 8 年 7 月23日民集52巻 9 号2011頁［28011330］ ……………… 499, 510
東京地判平成 8 年 7 月29日判タ937号181頁［28020922］ …………………………… 391
最判平成 8 年 9 月13日判時1598号19頁［28213678］ …………………………………… 178
東京地判平成 8 年 9 月18日判時1609号120頁［28021725］ …………………………… 368
最判平成 8 年10月29日民集50巻 9 号2506頁［28011420］ ……………………………… 22, 42
最判平成 8 年10月31日民集50巻 9 号2563頁［28011421］ ……………………… 396, 397
最判平成 8 年10月31日裁判集民180号643頁［28011422］ …………………………… 405
最判平成 8 年10月31日裁判集民180号661頁［28020571］ …………………………… 405
最判平成 8 年11月12日民集50巻10号2591頁［28011515］ ……………………………… 74, 80

583

判例索引（年月日順）

東京高判平成 8 年12月11日判タ955号174頁［28030118］……………………………… 111

最判平成 8 年12月17日民集50巻10号2778頁［28020118］…………………………… 347

最判平成 9 年 1 月28日裁判集民181号83頁［28020336］……………………………… 368

名古屋高判平成 9 年 1 月30日行裁例集48巻 1 ＝ 2 号 1 頁［28022350］…………… 384

東京地判平成 9 年 1 月30日判タ968号183頁［28030982］…………………………… 402

最判平成 9 年 4 月25日裁判集民183号365頁［28021619］…………………………… 406

東京高決平成 9 年 5 月14日判タ952号293頁［28022177］…………………………… 373

最判平成 9 年 7 月 1 日民集51巻 6 号2251頁［28021390］…………………………… 187

東京地判平成 9 年 7 月10日判タ966号223頁［28030879］…………………………… 239

最判平成 9 年 7 月17日民集51巻 6 号2714頁［28021330］…………………………… 164

大阪地岸和田支判平成 9 年11月20日判タ985号189頁［28040041］………………… 211

福岡高判平成 9 年12月25日判タ989号120頁［28031261］…………………………… 118

東京高判平成10年 2 月12日判タ1015号154頁［28050145］…………………………… 348

最判平成10年 2 月13日民集52巻 1 号38頁［28030503］………………………………… 28

最判平成10年 2 月13日民集52巻 1 号65頁［28030504］…………… 46, 494, 512, 513, 521

最判平成10年 2 月26日民集52巻 1 号255頁［28030544］……………………………… 346

最判平成10年 2 月27日裁判集民187号207頁［28032468］…………………………… 409

最判平成10年 3 月10日裁判集民187号269頁［28030597］………………………… 140, 142

最判平成10年 3 月24日裁判集民187号485頁［28030604］……………… 338, 355, 361

東京高判平成10年10月15日判時1661号96頁［28040645］………………………… 494, 506

最判平成10年12月18日民集52巻 9 号1975頁［28033490］………………………… 48, 495

東京地判平成11年 1 月28日判タ1046号167頁［28042394］…………………………… 199

最判平成11年 3 月 9 日裁判集民192号65頁［28040531］……………………………… 35

最判平成11年 4 月22日裁判集民193号159頁［28040743］…………………………… 409

大阪高判平成11年 4 月23日判時1709号54頁［28051537］…………………………… 410

最判平成11年 7 月13日裁判集民193号427頁［28041220］………………………… 202, 208

東京地判平成11年 7 月27日判タ1077号212頁［28070367］…………………………… 208

札幌地判平成11年 7 月29日判タ1053号131頁［28060742］…………………………… 410

長崎地佐世保支判平成11年 9 月29日判タ1039号142頁［28052327］……………… 510, 512

最判平成11年11月 9 日民集53巻 8 号1421頁［28042624］…………………………… 340

最判平成11年12月14日裁判集民195号715頁［28042843］…………………………… 371

東京高判平成11年12月22日判時1715号23頁［28051925］…………………………… 208

最判平成12年 1 月31日裁判集民196号427頁［28050209］………………………… 140, 142

東京高判平成12年 2 月 3 日民集56巻 8 号2056頁［28051319］……………………… 116

最判平成12年 4 月 7 日裁判集民198号 1 頁［28050770］………………… 337, 338, 348

大阪高判平成12年 5 月31日税務訴訟資料247号1150頁［28090270］………………… 438

最判平成12年 6 月27日民集54巻 5 号1737頁［28051365］…………………………… 131

高松地観音寺支判平成12年 7 月17日判タ1101号272頁［28072717］………………… 302

584

判例索引（年月日順）

東京高判平成12年 7 月19日判タ1104号205頁［28073007］‥‥‥‥‥‥‥‥438

東京高判平成12年 9 月28日判時1736号33頁［28060600］‥‥‥‥‥‥‥‥‥182

東京高判平成12年10月25日判時1759号71頁［28062380］‥‥‥‥‥‥‥‥‥182

東京高決平成13年 2 月 8 日判タ1058号272頁［28060726］‥‥‥‥‥‥‥‥‥8

東京高判平成13年 4 月26日判タ1106号115頁［28080142］‥‥‥‥‥‥‥‥‥406

東京高判平成13年12月26日判時1785号48頁［28071899］‥‥‥‥‥‥‥‥‥‥10

最判平成14年 2 月22日民集56巻 2 号348頁［28070375］‥‥‥‥‥‥‥‥‥‥367

最判平成14年 2 月28日裁判集民205号825頁［28070469］‥‥‥‥‥‥‥‥‥367

東京地判平成14年 2 月28日判タ1146号294頁［28091252］‥‥‥‥‥‥‥‥‥377

最判平成14年 3 月25日民集56巻 3 号574頁［28070568］‥‥‥‥‥‥‥‥‥‥367

最判平成14年 6 月10日裁判集民206号445頁［28071576］‥‥‥‥‥‥‥‥‥‥26

東京地判平成14年 7 月16日金融法務1673号54頁［28081218］‥‥‥‥‥‥‥356

名古屋高判平成14年 9 月10日判時1810号73頁［28080087］‥‥‥‥‥‥‥‥119

最判平成14年10月15日民集56巻 8 号1791頁［28072670］‥‥‥‥‥‥‥‥‥242

最判平成14年10月29日民集56巻 8 号1964頁［28072742］‥‥‥‥‥‥‥‥‥115

東京地判平成14年11月25日判時1816号82頁［28081343］‥‥‥‥‥‥‥‥‥356

横浜地判平成15年 3 月 5 日訟務月報50巻 8 号2297頁［28092467］‥‥‥‥‥9

最判平成15年 4 月11日裁判集民209号481頁［28081130］‥‥‥‥‥‥‥‥‥422

大阪高判平成15年 5 月22日判タ1151号303頁［28092034］‥‥‥‥‥‥‥‥‥446

最判平成15年 7 月11日民集57巻 7 号787頁［28081863］‥‥‥‥‥‥‥339, 366

東京地判平成16年 4 月26日判タ1186号134頁［28102011］‥‥‥‥‥‥499, 512

熊本地宮地支判平成16年 9 月14日判タ1232号337頁［28130947］‥‥‥179, 181

最判平成17年 1 月27日民集59巻 1 号200頁［28100277］‥‥‥‥‥‥‥‥‥429

最判平成17年 3 月29日裁判集民216号421頁［28100648］‥‥‥‥‥‥‥‥‥494

名古屋高判平成17年 5 月30日判タ1232号264頁［28101325］‥‥‥‥‥‥‥447

大阪高判平成17年 6 月 9 日判時1938号80頁［28111980］‥‥‥‥‥‥‥‥‥389

広島高判平成17年10月20日民集62巻 5 号984頁［28111716］‥‥‥‥‥552, 555

最決平成17年11月11日裁判集民218号433頁［28102343］‥‥‥‥‥‥‥‥‥‥55

最判平成17年12月15日裁判集民218号1191頁［28110089］‥‥‥‥‥‥‥‥366

最判平成18年 1 月17日民集60巻 1 号27頁［28110274］‥‥‥‥‥‥‥‥‥‥42

東京地判平成18年 1 月26日金融商事1237号47頁［28110486］‥‥‥‥‥‥‥357

東京高判平成18年 2 月15日判タ1226号157頁［28130276］‥‥‥‥‥‥197, 198

最判平成18年 2 月21日民集60巻 2 号508頁［28110553］‥‥‥‥‥‥‥‥‥‥59

福岡高判平成18年 3 月 2 日判タ1232号329頁［28130946］‥‥‥‥‥‥‥‥179

最判平成18年 3 月16日民集60巻 3 号735頁［28110763］‥‥‥‥202, 209, 215, 216

最判平成18年 3 月17日民集60巻 3 号773頁［28110762］‥‥‥‥‥‥‥‥‥424

東京地判平成18年 3 月17日判タ1221号283頁［28112367］‥‥‥‥‥‥‥‥116

福岡高判平成19年 1 月25日判タ1246号186頁［28130400］‥‥‥‥‥‥390, 404

585

判例索引（年月日順）

東京高判平成19年9月13日判タ1258号228頁［28140428］ ················· 215
最判平成20年4月14日民集62巻5号909頁［28140824］ ············· 424, 550
東京地判平成20年4月24日判タ1279号219頁［28142174］ ··········· 191, 499
横浜地判平成20年6月27日判タ1289号190頁［28150217］ ·················· 159
最判平成20年7月17日民集62巻7号1994頁［28141707］ ············· 341, 423
京都地判平成20年9月16日平成18年（ワ）1266号裁判所ウェブサイト［28142141］
 ·· 280
大阪高判平成20年11月28日判時2037号137頁［28151401］ ················ 371
最判平成21年1月22日民集63巻1号228頁［28150202］ ···················· 372
東京地判平成21年6月17日判タ1324号165頁［28161926］ ················· 388
大阪高判平成21年6月30日平成20年（ネ）2644号、同3248号公刊物未登載
 ［28170693］ ································· 280
大阪地判平成21年7月16日判タ1323号199頁［28161833］ ················· 111
甲府地判平成21年10月27日判時2074号104頁［28161671］ ················ 425
東京高判平成21年11月28日金融法務1906号88頁［28162579］ ············· 388
福岡高判平成22年2月17日金融法務1903号89頁［28162048］ ·············· 357
東京地判平成22年3月18日判タ1340号161頁［28170562］ ··········· 201, 203
最判平成22年4月20日裁判集民234号49頁［28160978］ ··················· 339
最判平成22年6月29日裁判集民234号159頁［28161754］ ·············· 12, 279
最判平成22年10月8日民集64巻7号1719頁［28163125］ ·················· 428
最判平成22年12月16日民集64巻8号2050頁［28163510］ ···················32
最判平成23年1月21日裁判集民236号27頁［28170130］ ····················27
最判平成23年2月17日判時2161号18頁 ································ 350
東京地判平成23年3月17日判時2121号88頁［28174192］ ················· 119
最判平成23年6月3日裁判集民237号9頁［28172939］ ···················· 295
東京地判平成23年7月15日判時2131号72頁［28180056］ ··········· 251, 258
東京地判平成23年11月11日判タ1372号135頁［28181560］ ················ 504
神戸地尼崎支判平成23年12月27日判時2142号67頁［28180952］ ··········· 411
最判平成24年3月16日民集66巻5号2321頁［28180551］ ····················27
東京地判平成24年7月5日判タ1386号223頁［28211380］ ··········· 500, 513
東京地判平成24年11月26日判時2176号44頁［28211198］ ················· 188
山口地判平成24年12月26日平成22年（ワ）423号公刊物未登載［28210106］ ········· 553
最判平成25年2月26日民集67巻2号297頁［28210706］ ·········· 48, 494, 512
東京高判平成25年3月13日判時2199号23頁［28210889］ ···················11
東京地判平成25年3月26日判時2198号87頁［28213823］ ················· 198
最判平成25年4月9日裁判集民243号291頁［28211163］ ··················· 188
東京高判平成25年7月25日判時2220号39頁［28222863］ ················· 390
東京地判平成25年8月22日判時2217号52頁［28222366］ ················· 438

判例索引（年月日順）

大阪高判平成25年11月12日判時2217号41頁［28222364］‥‥‥‥‥‥‥‥‥‥‥‥81
最判平成25年11月29日民集67巻 8 号1736頁［28214060］‥‥‥‥‥‥‥‥‥‥‥‥398
広島高判平成25年12月12日平成25年（ネ）62号公刊物未登載［28220160］‥‥‥‥552
最判平成26年 2 月25日民集68巻 2 号173頁［28220780］‥‥‥‥‥‥‥‥‥‥360, 428
最判平成26年 9 月25日判時2258号30頁‥‥‥‥‥‥‥‥‥‥‥‥‥‥‥‥‥‥‥361
最判平成26年12月12日裁判所時報1618号 1 頁［28224909］‥‥‥‥‥‥‥‥‥‥429
最判平成27年 2 月19日民集69巻 1 号25頁［28230661］‥‥‥‥‥‥‥‥‥‥369, 430
東京地判平成27年 9 月30日金融法務2044号75頁［29013972］‥‥‥‥‥‥‥‥‥364
東京地判平成28年 7 月20日平成27年（ワ）3131号公刊物未登載［29019231］‥‥‥172
最大決平成28年12月19日民集70巻 8 号2121頁［28244524］‥‥‥‥‥‥360, 364, 428

587

判例索引

（審級別）

大審院

大判明治32年 1 月22日民録 5 輯 1 巻31頁［27520005］‥‥‥‥‥‥‥‥‥‥‥‥ 434
大判明治32年 6 月15日民録 5 輯 6 巻69頁［27520046］‥‥‥‥‥‥‥‥‥‥‥‥ 164
大判明治32年12月22日民録 5 輯11巻99頁［27819258］‥‥‥‥‥‥‥‥‥‥‥‥ 458
大判明治33年11月12日民録 6 輯10巻50頁［27520155］‥‥‥‥‥‥‥‥‥‥‥‥ 439
大判明治33年12月10日民録 6 輯11巻 1 頁［27520167］‥‥‥‥‥‥‥‥‥‥‥‥ 469
大判明治34年 4 月17日民録 7 輯 4 巻45頁［27520211］‥‥‥‥‥‥‥‥‥‥‥‥ 457
大判明治34年 7 月 8 日民録 7 輯 7 巻44頁［27520242］‥‥‥‥‥‥‥‥‥‥‥‥ 434
大判明治34年10月21日民録 7 輯 9 巻85頁［27820963］‥‥‥‥‥‥‥‥‥‥‥‥ 457
大判明治34年10月28日民録 7 輯 9 巻162頁［27520265］‥‥‥‥‥‥‥‥ 435, 445
大判明治35年 1 月29日民録 8 輯 1 巻90頁［27520298］‥‥‥‥‥‥‥‥‥‥‥‥ 453
大判明治35年 2 月22日民録 8 輯 2 巻93頁［27520309］‥‥‥‥‥‥‥‥‥‥‥‥ 136
大判明治36年 2 月20日刑録 9 輯232頁［27531368］‥‥‥‥‥‥‥‥‥‥‥‥‥‥ 328
大判明治36年 6 月19日民録 9 輯759頁［27520488］‥‥‥‥‥‥‥‥‥‥‥‥‥‥ 423
大判明治36年11月16日民録 9 輯1244頁［27520545］‥‥‥‥‥‥‥‥‥‥‥‥‥ 458
大判明治36年12月23日民録 9 輯1472頁［27520561］‥‥‥‥‥‥‥‥‥‥‥‥‥ 435
大判明治37年 3 月11日民録10輯264頁［27520593］‥‥‥‥‥‥‥‥‥‥‥‥‥‥ 484
大判明治37年 6 月22日民録10輯861頁［27520656］‥‥‥‥‥‥‥‥‥‥‥‥‥‥ 308
大判明治37年 6 月24日民録10輯880頁［27520658］‥‥‥‥‥‥‥‥‥‥‥‥‥‥ 435
大判明治37年12月13日民録10輯1600頁［27520724］‥‥‥‥‥‥‥‥‥‥‥‥‥ 435
大判明治38年 3 月 3 日民録11輯287頁［27520760］‥‥‥‥‥‥‥‥‥‥‥‥‥‥ 450
大判明治38年 6 月 7 日民録11輯898頁［27520822］‥‥‥‥‥‥‥‥‥‥‥‥‥‥ 164
大判明治38年 9 月27日民録11輯1226頁［27520849］‥‥‥‥‥‥‥‥‥‥‥‥‥ 435
大判明治39年 2 月 6 日民録12輯174頁［27520931］‥‥‥‥‥‥‥‥‥‥‥‥‥‥ 435
大判明治39年12月24日民録12輯1721頁［27521052］‥‥‥‥‥‥‥‥‥‥‥‥‥ ·93
大判明治40年 4 月29日民録13輯452頁［27521094］‥‥‥‥‥‥‥‥‥‥‥‥‥‥ 451
大判明治40年11月26日新聞466号 9 頁［27532704］‥‥‥‥‥‥‥‥‥‥‥‥‥‥ 435
大判明治40年12月 6 日民録13輯1174頁［27521168］‥‥‥‥‥‥‥‥‥‥‥‥‥ 103
大判明治41年 9 月25日民録14輯931頁［27521251］‥‥‥‥‥‥‥‥‥‥‥‥‥‥ 395
大判明治41年12月15日民録14輯1276頁［27521286］‥‥‥‥‥‥‥‥‥‥‥‥‥ ·18
大判明治42年 2 月25日民録15輯158頁［27521304］‥‥‥‥‥‥‥‥‥‥‥‥‥‥ 376
大連判明治43年11月26日民録16輯759頁［27521433］‥‥‥‥‥‥‥‥‥‥ 451, 483

589

判例索引（審級別）

大判明治45年 6 月 1 日民録18輯569頁 ［27521599］ ………………… 470
大判大正元年10月 2 日民録18輯772頁 ［27521619］ ………………… 104
大判大正元年10月 4 日民録18輯785頁 ［27521621］ ……………… 451, 484
大判大正 2 年 4 月12日民録19輯224頁 ［27521666］ ………………… 165
大判大正 2 年 4 月24日民録19輯271頁 ［27521671］ ………… 434, 440, 450
大判大正 3 年 4 月 9 日新聞943号29頁 ［27534945］ ………… 470, 477, 483
大判大正 3 年 5 月 9 日民録20輯373頁 ［27521778］ ………………… 451
大判大正 3 年12月26日民録20輯1208頁 ［27521857］ ………………… 308
大判大正 4 年 3 月 9 日民録21輯299頁 ［27521893］ ………………… 296
大判大正 4 年 3 月16日民録21輯328頁 ［27521895］ ………………… 549
大判大正 4 年 5 月 5 日民録21輯658頁 ［27521933］ ………………… 156
大判大正 4 年 5 月20日民録21輯730頁 ［27521940］ ………………… 103
大判大正 5 年 4 月19日民録22輯782頁 ［27522167］ ………………… 49
大判大正 5 年 6 月12日民録22輯1189頁 ［27522208］ ………………… 452
大判大正 5 年 7 月22日民録22輯1585頁 ［27522250］ ………………… 146
大判大正 6 年 3 月23日民録23輯392頁 ［27522380］ ………………… 128
大判大正 6 年 9 月 6 日民録23輯1250頁 ［27522471］ ………………… 435
大判大正 6 年11月28日民録23輯2018頁 ［27522543］ ……………… 421, 423
大判大正 7 年 3 月 9 日民録24輯434頁 ［27522603］ ………………… 423
大判大正 7 年 4 月19日民録24輯731頁 ［27522632］ ………………… 365
大判大正 7 年11月 8 日民録24輯2138頁 ［27522743］ ………………… 116
大判大正 7 年12月 7 日民録24輯2310頁 ［27522764］ ………………… 165
大判大正 8 年 3 月 3 日民録25輯356頁 ［27522799］ ………………… 191
大判大正 8 年 4 月 8 日民録25輯657頁 ［27522825］ ………………… 151
大判大正 8 年10月 2 日民録25輯1730頁 ［27522918］ ………………… 165
大判大正 9 年 5 月 8 日民録26輯636頁 ［27523051］ ………………… 478
大連判大正 9 年 6 月26日民録26輯933頁 ［27523080］ ……………… 420, 548
大判大正 9 年 7 月16日民録26輯1108頁 ［27523100］ ………………… 538
大判大正 9 年 7 月26日民録26輯1259頁 ［27523113］ ………………… 164
大判大正10年 1 月24日民録27輯221頁 ［27523197］ ……………… 148, 220
大判大正10年 2 月17日民録27輯329頁 ［27523207］ ………………… 103
大判大正10年 3 月 8 日民録27輯422頁 ［27523217］ ………………… 294
大判大正10年 3 月16日民録27輯541頁 ［27523226］ ………………… 164
大判大正10年 3 月23日民録27輯586頁 ［27523231］ ………………… 516
大判大正10年 5 月30日民録27輯983頁 ［27523263］ ………………… 164
大判大正10年 6 月 1 日民録27輯1032頁 ［27523267］ ………………… 310
大判大正10年 6 月13日民録27輯1155頁 ［27523276］ ………………… 365
大判大正10年 6 月22日民録27輯1223頁 ［27523279］ ………………… 140

590

判例索引（審級別）

大判大正10年 7 月 8 日民録27輯1373頁［27523295］‥‥‥‥‥‥‥‥‥‥‥‥‥ 128
大判大正10年11月28日民録27輯2045頁［27523351］‥‥‥‥‥‥‥‥‥‥‥‥ 422
大判大正11年 3 月16日民集 1 巻109頁［27511089］‥‥‥‥‥‥‥‥‥‥‥‥‥ 471
大判大正11年 9 月19日評論11巻民法937頁［27538897］‥‥‥‥‥‥‥‥‥‥‥‥99
大判大正11年11月 3 日刑集 1 巻622頁［27538933］‥‥‥‥‥‥‥‥‥‥‥‥‥ 295
大判大正11年11月27日民集 1 巻692頁［27511167］‥‥‥‥‥‥‥‥‥‥‥‥‥ 150
大判大正12年12月17日民集 2 巻684頁［27511072］‥‥‥‥‥‥‥‥‥‥‥‥‥ 395
大判大正13年 3 月17日民集 3 巻169頁［27510936］‥‥‥‥‥‥‥‥ 516, 520, 521
大判大正13年 5 月22日民集 3 巻224頁［27510949］‥‥‥‥‥‥‥‥‥‥ 146, 151
大連判大正13年 9 月24日民集 3 巻440頁［27510980］‥‥‥‥‥‥‥‥‥‥‥‥97
大判大正14年 1 月20日民集 4 巻 1 頁［27510836］‥‥‥‥‥‥‥‥‥‥‥‥‥‥95
大判大正14年 4 月23日新聞2418号15頁［27539737］‥‥‥‥‥‥‥‥‥‥‥‥ 444
大判大正14年 5 月 7 日民集 4 巻249頁［27510866］‥‥‥‥‥‥‥‥‥‥‥‥‥ 151
大判大正14年 6 月 9 日刑集 4 巻378頁［27539793］‥‥‥‥‥‥‥‥‥‥‥‥‥ 298
大判大正14年10月 5 日新聞2521号 9 頁［27539901］‥‥‥‥‥‥‥‥‥‥‥‥ 135
大判大正15年 3 月 5 日民集 5 巻112頁［27510762］‥‥‥‥‥‥‥‥‥‥‥‥‥ 128
大判大正15年10月 8 日刑集 5 巻440頁［27550219］‥‥‥‥‥‥‥‥‥‥‥‥‥ 158
大判大正15年10月12日新聞2631号14頁［27550222］‥‥‥‥‥‥‥‥‥‥‥‥ 135
大判大正15年11月 3 日新聞2636号13頁［27550271］‥‥‥‥‥‥‥‥‥‥‥‥ 436
大判昭和元年12月25日刑集 5 巻603頁［27550339］‥‥‥‥‥‥‥‥‥‥‥‥‥ 295
大判昭和 2 年 2 月16日評論16巻商法485頁［27550385］‥‥‥‥‥‥‥‥‥‥‥‥99
大判昭和 2 年 3 月 8 日新聞2689号10頁［27550421］‥‥‥‥‥‥‥‥‥‥‥‥ 493
大判昭和 2 年 4 月22日民集 6 巻198頁［27510690］‥‥‥‥‥‥‥‥‥‥‥‥‥ 493
大判昭和 2 年 6 月22日民集 6 巻408頁［27510707］‥‥‥‥‥‥‥‥‥‥ 164, 165
大判昭和 3 年 2 月 8 日新聞2847号12頁［27550865］‥‥‥‥‥‥‥‥‥‥‥‥ 151
大判昭和 3 年 5 月30日新聞2892号 9 頁［27551016］‥‥‥‥‥‥‥‥‥‥‥‥ 165
大判昭和 3 年 6 月11日新聞2890号13頁［27551030］‥‥‥‥‥‥‥‥‥‥‥‥ 158
大判昭和 3 年 8 月 8 日新聞2907号 9 頁［27551121］‥‥‥‥‥‥‥‥‥‥‥‥ 103
大判昭和 4 年 9 月18日新報201号 9 頁［27551518］‥‥‥‥‥‥‥‥‥‥‥‥‥ 452
大判昭和 4 年12月11日民集 8 巻923頁［27510606］‥‥‥‥‥‥‥‥‥‥ 127, 131
大判昭和 5 年 4 月26日新聞3158号 9 頁［27551794］‥‥‥‥‥‥‥‥‥‥‥‥ 135
大判昭和 5 年 5 月 3 日民集 9 巻437頁［27510497］‥‥‥‥‥‥‥‥‥‥‥‥‥ 151
大判昭和 5 年 5 月 6 日新聞3126号16頁［27551807］‥‥‥‥‥‥‥‥‥‥‥‥ 158
大判昭和 5 年 5 月10日新聞3145号12頁［27551810］‥‥‥‥‥‥‥‥‥‥‥‥ 116
大決昭和 5 年 8 月 6 日民集 9 巻772頁［27510523］‥‥‥‥‥‥‥‥‥‥‥‥‥ 146
大判昭和 6 年 2 月 2 日新聞3232号 8 頁［27540443］‥‥‥‥‥‥‥‥‥‥‥‥ 119
大判昭和 6 年10月30日民集10巻982頁［27510451］‥‥‥‥‥‥‥‥‥‥‥‥‥ 310
大判昭和 6 年11月27日民集10巻1113頁［27510464］‥‥‥‥‥‥‥‥‥‥‥‥ 271

591

判例索引（審級別）

大判昭和 7 年 2 月16日民集11巻138頁［27510273］‥‥‥‥‥‥‥‥‥‥ 132

大判昭和 7 年 2 月23日民集11巻148頁［27510274］‥‥‥‥‥‥‥‥‥‥ 103

大判昭和 7 年 4 月13日新聞3400号14頁［27541417］‥‥‥‥‥‥‥ 145, 150

大判昭和 7 年 5 月 9 日民集11巻824頁［27510305］‥‥‥‥‥‥‥‥‥‥‥15

大判昭和 7 年 5 月18日民集11巻1963頁［27510311］‥‥‥‥‥‥‥‥‥ 103

大判昭和 7 年12月 9 日裁判例 6 巻民334頁［27541934］‥‥‥‥‥‥‥‥ 135

大判昭和 8 年 2 月13日新聞3520号11頁［27542060］‥‥‥‥‥‥‥‥‥ 106

大判昭和 8 年 4 月25日民集12巻731頁［27510166］‥‥‥‥‥‥‥‥‥‥ 156

大判昭和 8 年 7 月20日新聞3591号13頁［27542462］‥‥‥‥‥‥‥‥‥ 103

大判昭和 9 年 4 月 6 日民集13巻492頁［27819096］‥‥‥‥‥‥‥‥‥‥ 104

大判昭和 9 年 5 月28日民集13巻857頁［27510050］‥‥‥‥‥‥‥‥‥‥‥88

大判昭和 9 年10月19日民集13巻1940頁［27510099］‥‥‥‥‥‥‥‥‥ 146

大判昭和 9 年11月20日民集13巻2302頁［27510109］‥‥‥‥‥‥‥ 106, 158

大判昭和10年 2 月16日新聞3812号 7 頁［27543505］‥‥‥‥‥‥‥‥‥ 145

大判昭和10年 9 月 3 日民集14巻1640頁［27500743］‥‥‥‥‥‥‥‥‥ 298

大判昭和10年10月 5 日民集14巻1965頁［27500753］‥‥‥‥‥‥‥‥‥ 192

大判昭和11年 4 月 9 日民集15巻725頁［27500596］‥‥‥‥‥‥‥ 480, 484

大判昭和11年 4 月24日民集15巻790頁［27500602］‥‥‥‥‥‥‥‥‥‥ 471

大判昭和11年 8 月10日新聞4033号12頁［27548287］‥‥‥‥‥‥‥ 284, 285

大判昭和11年11月 9 日民集15巻1959頁［27500659］‥‥‥‥‥‥‥‥‥ 156

大判昭和12年 1 月23日評論26巻民法297頁［27544894］‥‥‥‥‥‥‥‥ 451

大判昭和12年11月16日民集16巻1615頁［27500546］‥‥‥‥‥‥‥‥‥ 135

大判昭和12年11月26日民集16巻1665頁［27500550］‥‥‥‥‥‥‥ 164, 165

大判昭和13年 4 月12日民集17巻675頁［27500379］‥‥‥‥‥‥‥‥‥‥‥88

大判昭和13年 5 月27日新聞4291号17頁［27545785］‥‥‥‥‥‥‥‥‥ 472

大判昭和13年 6 月 7 日民集17巻1331頁［27500401］‥‥‥‥‥‥‥‥‥ 201

大判昭和13年 8 月 3 日刑集17巻624頁［27545903］‥‥‥‥‥‥‥‥‥‥ 328

大判昭和13年11月12日民集17巻2205頁［27500442］‥‥‥‥‥‥‥‥‥ 107

大判昭和13年12月26日民集17巻2835頁［27500465］‥‥‥‥‥‥‥‥‥ 151

大判昭和14年 6 月24日評論29巻民法 3 頁［27819301］‥‥‥‥‥‥‥‥ 137

大判昭和14年 7 月19日民集18巻856頁［27500311］‥‥‥‥‥‥‥‥‥‥ 521

大判昭和14年 8 月31日民集18巻1015頁［27819302］‥‥‥‥‥‥‥‥‥ 451

大判昭和15年 6 月26日民集19巻1033頁［27500226］‥‥‥‥‥‥‥‥‥ 460

大判昭和15年10月24日新聞4637号10頁［27546904］‥‥‥‥‥‥‥‥‥ 145

大判昭和15年11月12日民集19巻2029頁［27500262］‥‥‥‥‥‥‥‥‥ 453

大判昭和16年 8 月14日民集20巻1074頁［27500163］‥‥‥‥‥‥‥‥‥ 461

大判昭和16年 9 月11日新聞4749号11頁［27547274］‥‥‥‥‥‥‥‥‥ 461

大判昭和17年 2 月24日民集21巻151頁［27500083］‥‥‥‥‥‥‥‥‥‥ 309

大判昭和17年 4 月24日民集21巻447頁［27500090］‥‥‥‥‥‥‥‥‥‥‥388
大判昭和17年 5 月 9 日法学12巻133頁［27547615］‥‥‥‥‥‥‥‥‥‥‥117
大判昭和18年 6 月19日民集22巻491頁［27500053］‥‥‥‥‥‥‥‥‥96, 98
大判昭和19年 2 月18日民集23巻64頁［27500003］‥‥‥‥‥‥‥‥‥‥‥151

控訴院

大阪控判明治39年 6 月15日新聞371号 7 頁［27562781］‥‥‥‥‥‥‥‥‥306
大阪控判明治39年12月 4 日新聞403号10頁［27562864］‥‥‥‥‥‥‥‥‥452

最高裁判所

最判昭和23年 7 月20日民集 2 巻 9 号205頁［27003610］‥‥‥‥‥‥‥‥‥33
最判昭和24年 9 月27日民集 3 巻10号424頁［27003554］‥‥‥‥‥‥‥‥‥31
最判昭和25年12月19日民集 4 巻12号660頁［27003498］‥‥‥‥‥‥‥‥‥31
最判昭和26年11月27日民集 5 巻13号775頁［27003444］‥‥‥‥‥‥105, 128
最判昭和27年 2 月19日民集 6 巻 2 号95頁［27003430］‥‥‥‥‥‥‥58, 59
最判昭和27年 5 月 6 日民集 6 巻 5 号496頁［27003406］‥‥‥‥‥‥58, 156
最判昭和28年 1 月 8 日民集 7 巻 1 号 1 頁［27003350］‥‥‥‥‥‥‥‥‥137
最判昭和28年 4 月24日民集 7 巻 4 号414頁［27003322］‥‥‥‥‥‥‥59, 64
最判昭和28年 9 月18日民集 7 巻 9 号954頁［27003282］‥‥‥‥‥‥‥‥‥31
最判昭和29年 1 月28日民集 8 巻 1 号276頁［27003217］‥‥‥‥‥‥‥‥‥33
最判昭和29年 3 月12日民集 8 巻 3 号696頁［27003188］‥‥‥‥‥359, 369
最判昭和29年 4 月 8 日民集 8 巻 4 号819頁［27003180］‥‥‥‥360, 364, 428
最判昭和29年 8 月20日民集 8 巻 8 号1505頁［27003141］‥‥‥‥‥‥‥‥‥34
最判昭和29年 8 月31日民集 8 巻 8 号1567頁［27003136］‥‥‥‥‥‥‥‥‥51
最判昭和30年 5 月31日民集 9 巻 6 号793頁［27003040］‥‥‥‥337, 363, 364, 398, 427
最判昭和30年 6 月 2 日民集 9 巻 7 号855頁［27003036］‥‥‥‥‥‥‥‥‥67
最判昭和30年 7 月 5 日民集 9 巻 9 号1002頁［27003028］‥‥‥‥‥‥‥‥‥36
最判昭和30年 7 月19日民集 9 巻 9 号1110頁［27003020］‥‥‥‥‥‥‥‥‥58
最判昭和30年11月18日裁判集民20号443頁［27430197］‥‥‥‥‥‥‥‥‥158
最判昭和30年12月26日民集 9 巻14号2097頁［27002956］‥‥‥‥‥‥‥‥‥521
最判昭和31年 1 月27日民集10巻 1 号 1 頁［27002953］‥‥‥‥‥‥‥‥‥15
最判昭和31年 5 月10日民集10巻 5 号487頁［27002927］‥‥‥‥‥339, 365, 366
最判昭和31年 6 月 5 日民集10巻 6 号643頁［27002916］‥‥‥‥‥‥‥‥‥34
最判昭和31年 6 月19日民集10巻 6 号678頁［27002913］‥‥‥‥‥‥‥‥‥310
最判昭和31年 7 月20日民集10巻 8 号1045頁［27002894］‥‥‥‥‥‥‥‥‥33
最判昭和31年 8 月30日裁判集民23号31頁［27430239］‥‥‥‥‥‥‥‥‥25
最判昭和31年10月23日民集10巻10号1275頁［27002876］‥‥‥‥‥‥‥‥‥141
最判昭和31年12月27日裁判集民24号661頁［27430273］‥‥‥‥‥‥‥‥‥141

判例索引（審級別）

最判昭和31年12月28日民集10巻12号1639頁［27002852］‥‥‥‥‥‥‥‥‥‥‥246

最判昭和32年 1 月31日民集11巻 1 号170頁［27002842］‥‥‥‥‥‥‥‥‥‥‥‥‥96

最判昭和32年 2 月15日民集11巻 2 号270頁［27002835］‥‥‥‥‥‥‥‥‥‥‥‥‥59

最判昭和32年 2 月22日裁判集民25号605頁［27430288］‥‥‥‥‥‥‥‥‥‥‥‥140

最判昭和32年 5 月30日民集11巻 5 号843頁［27002810］‥‥‥‥‥‥‥‥‥‥‥‥‥34

最判昭和32年 6 月 7 日民集11巻 6 号999頁［21008892］‥‥‥‥‥‥‥‥‥‥‥‥‥27

最判昭和32年 6 月11日裁判集民26号859頁［28196325］‥‥‥‥‥‥‥‥‥‥‥‥‥37

最判昭和32年 9 月13日民集11巻 9 号1518頁［27002772］‥‥‥‥‥‥‥‥426, 549

最判昭和32年 9 月19日民集11巻 9 号1574頁［27002767］‥‥‥‥‥‥‥‥‥‥‥‥18

最判昭和32年12月27日民集11巻14号2485頁［27002723］‥‥‥‥‥‥‥‥‥‥‥106

最判昭和33年 2 月14日民集12巻 2 号268頁［27002708］‥‥‥‥‥‥‥‥‥‥‥‥521

最判昭和33年 3 月14日民集12巻 3 号570頁［27002694］‥‥‥‥‥‥‥‥‥‥49, 51

最判昭和33年 6 月14日裁判集民32号231頁［27430374］‥‥‥‥‥‥‥‥‥‥‥‥169

最判昭和33年 6 月14日民集12巻 9 号1449頁［27002660］‥‥‥‥‥‥‥‥‥‥‥‥34

最判昭和33年 6 月20日民集12巻10号1585頁［27002653］‥‥‥‥‥‥‥‥‥‥‥‥14

最判昭和33年 7 月22日民集12巻12号1805頁［27002642］‥‥‥‥‥‥‥‥‥34, 339

最判昭和33年 8 月28日民集12巻12号1936頁［27002634］‥‥‥‥‥‥‥‥‥‥‥‥26

最判昭和33年10月14日民集12巻14号3111頁［27002619］‥‥‥‥‥‥‥‥‥18, 29

最判昭和34年 1 月 8 日民集13巻 1 号 1 頁［27002601］‥‥‥‥‥‥‥92, 169, 352

最判昭和34年 1 月 8 日民集13巻 1 号17頁［27002600］‥‥‥‥‥‥‥‥‥‥‥‥162

最判昭和34年 2 月 5 日民集13巻 1 号51頁［27002597］‥‥‥‥‥‥‥‥‥308, 319

最判昭和34年 2 月12日民集13巻 2 号91頁［27002594］‥‥‥‥‥‥‥‥‥‥31, 34

最判昭和34年 4 月15日裁判集民36号61頁［27430416］‥‥‥‥‥‥‥‥‥‥‥‥‥58

最判昭和34年 8 月28日民集13巻10号1311頁［27002531］‥‥‥‥‥‥‥‥‥‥‥‥69

最判昭和34年 8 月28日民集13巻10号1336頁［27002530］‥‥‥‥‥‥‥‥‥‥‥‥67

最判昭和34年11月26日民集13巻12号1550頁［27002519］‥‥‥‥‥‥‥‥‥‥‥380

最判昭和34年12月18日民集13巻13号1647頁［27002512］‥‥‥‥‥‥‥‥471, 488

最判昭和35年 1 月22日民集14巻 1 号26頁［27002508］‥‥‥‥‥‥‥‥‥‥‥‥‥34

最判昭和35年 2 月11日民集14巻 2 号168頁［27002499］‥‥‥‥‥‥‥‥‥‥‥106

最判昭和35年 3 月 1 日民集14巻 3 号307頁［27002493］‥‥‥‥‥‥‥‥‥‥‥309

最判昭和35年 3 月 1 日民集14巻 3 号327頁［27002492］‥‥‥‥‥‥‥‥‥‥‥‥93

最判昭和35年 3 月17日民集14巻 3 号461頁［27002484］‥‥‥‥‥‥‥‥‥‥‥168

最判昭和35年 3 月22日民集14巻 4 号501頁［27002481］‥‥‥‥‥‥‥‥‥‥‥‥14

最判昭和35年 4 月 7 日民集14巻 5 号751頁［27002475］‥‥‥‥‥‥‥‥‥‥‥‥59

最判昭和35年 6 月17日民集14巻 8 号1396頁［27002443］‥‥‥‥‥‥‥‥‥‥‥‥58

最判昭和35年 6 月24日民集14巻 8 号1528頁［27002437］‥‥‥‥‥‥‥‥‥‥‥‥14

最判昭和35年10月28日裁判集民45号535頁［27430505］‥‥‥‥‥‥‥‥‥‥‥‥14

最判昭和35年11月29日民集14巻13号2869頁［27002376］‥‥‥‥‥‥‥‥‥‥‥‥27

判例索引（審級別）

最判昭和36年 2 月28日民集15巻 2 号324頁［27002341］‥‥‥‥‥‥‥‥‥‥‥‥‥69

最判昭和36年 3 月24日民集15巻 3 号542頁［27002331］‥‥‥‥‥‥‥‥‥‥ 201, 219

最判昭和36年 4 月27日民集15巻 4 号901頁［27002309］‥‥‥‥‥‥‥‥‥‥‥‥‥37

最判昭和36年 4 月28日民集15巻 4 号1230頁［27002303］‥‥‥‥‥‥‥‥‥‥‥‥35

最判昭和36年 6 月 6 日民集15巻 6 号1501頁［27002290］‥‥‥‥‥‥‥‥‥‥ 150

最判昭和36年 6 月 6 日民集15巻 6 号1523頁［27002289］‥‥‥‥‥‥‥‥‥‥‥36

最判昭和36年 7 月21日裁判集民53号305頁［27430555］‥‥‥‥‥‥‥‥‥‥‥ 332

最判昭和36年 9 月15日民集15巻 8 号2172頁［27002258］‥‥‥‥‥‥‥‥‥‥ 104

最判昭和36年11月24日民集15巻10号2554頁［27002237］‥‥‥‥‥‥‥‥‥‥‥30

最判昭和36年11月24日民集15巻10号2573頁［27002236］‥‥‥‥‥‥‥‥‥‥‥35

最判昭和36年12月15日民集15巻11号2865頁［27002220］‥‥‥‥‥‥‥‥‥‥ 341

最判昭和37年 3 月15日裁判集民59号243頁［27430600］‥‥‥‥‥‥‥‥‥‥‥‥34

最判昭和37年 3 月15日民集16巻 3 号556頁［27002179］‥‥‥‥‥‥‥‥‥‥ 202, 208

最判昭和37年 5 月18日民集16巻 5 号1073頁［27002151］‥‥‥‥‥‥‥‥‥‥‥88

最判昭和37年 5 月29日民集16巻 5 号1226頁［27002143］‥‥‥‥‥‥‥‥‥‥ 168

最判昭和37年 6 月 1 日訟務月報 8 巻 6 号1005頁［27430615］‥‥‥‥‥‥‥‥‥ 305

最判昭和37年 6 月 8 日民集16巻 7 号1283頁［27002138］‥‥‥‥‥‥‥‥‥‥‥36

最判昭和37年 8 月21日民集16巻 9 号1809頁［27002106］‥‥‥‥‥‥‥‥‥‥ 164

最判昭和37年10月30日民集16巻10号2182頁［27002083］‥‥‥‥‥‥‥‥‥‥ 218

最判昭和37年11月 2 日裁判集民63号23頁［28198573］‥‥‥‥‥‥‥‥‥‥‥ 421

最判昭和38年 1 月25日民集17巻 1 号41頁［27002060］‥‥‥‥‥‥‥‥‥‥‥ 150

最判昭和38年 2 月22日民集17巻 1 号235頁［27002049］‥‥‥‥‥‥‥ 25, 339, 363

最判昭和38年 3 月28日民集17巻 2 号397頁［27002038］‥‥‥‥‥‥‥‥‥‥‥29

最判昭和38年 5 月10日刑集17巻 4 号261頁［27801005］‥‥‥‥‥‥‥‥‥‥ 296

最判昭和38年 5 月24日民集17巻 5 号639頁［27002024］‥‥‥‥‥‥‥‥‥‥ 185

最判昭和38年 5 月31日民集17巻 4 号588頁［27002026］‥‥‥‥‥‥‥‥‥‥ 308

最判昭和38年 6 月25日民集17巻 5 号800頁［27711307］‥‥‥‥‥‥‥‥‥‥ 443

最判昭和38年10月15日民集17巻11号1497頁［27001974］‥‥‥‥‥‥‥‥ 92, 173

最判昭和38年10月29日民集17巻 9 号1236頁［27001989］‥‥‥‥‥‥‥‥‥‥ 314

最判昭和38年12月24日民集17巻12号1720頁［27001962］‥‥‥‥‥‥‥‥‥‥‥96

最判昭和39年 1 月23日裁判集民71号133頁［27430725］‥‥‥‥‥‥‥‥‥‥ 171

最判昭和39年 1 月24日裁判集民71号331頁［27430727］‥‥‥‥‥‥‥‥‥ 104, 327

最判昭和39年 1 月30日民集18巻 1 号196頁［27001943］‥‥‥‥‥‥‥‥‥‥ 315

最判昭和39年 2 月25日民集18巻 2 号329頁［27001938］‥‥‥‥‥‥‥‥‥ 359, 368

最判昭和39年 3 月 6 日民集18巻 3 号437頁［27001933］‥‥‥‥‥‥‥‥‥‥‥29

最判昭和39年 4 月17日裁判集民73号179頁［28199153］‥‥‥‥‥‥‥‥‥‥ 328

最判昭和39年 5 月29日民集18巻 4 号715頁［27001911］‥‥‥‥‥‥‥‥‥‥ 120

最判昭和40年 2 月23日裁判集民77号549頁［27430811］‥‥‥‥‥‥‥‥‥‥‥36

判例索引（審級別）

最判昭和40年 3 月 4 日民集19巻 2 号197頁［27001328］‥‥‥‥‥‥‥‥‥‥‥‥‥156

最判昭和40年 3 月 9 日民集19巻 2 号233頁［27001326］‥‥‥‥‥‥‥‥‥‥‥‥‥193

最判昭和40年 5 月 4 日民集19巻 4 号797頁［27001304］‥‥‥‥‥‥‥‥‥‥‥‥‥‥33

最判昭和40年 5 月20日民集19巻 4 号822頁［27001302］‥‥‥‥‥‥‥422, 550, 558

最判昭和40年 5 月20日民集19巻 4 号859頁［27001301］‥‥‥‥‥‥‥‥‥‥‥‥‥340

最判昭和40年 9 月21日民集19巻 6 号1560頁［27001270］‥‥‥‥‥‥‥‥‥‥‥‥‥32

最判昭和40年11月19日民集19巻 8 号1986頁［27001253］‥‥‥‥‥‥‥‥‥‥‥‥165

最判昭和40年11月19日民集19巻 8 号2003頁［27001252］‥‥‥‥‥‥‥‥‥‥‥‥‥14

最判昭和40年12月 7 日民集19巻 9 号2101頁［27001246］‥‥‥‥‥‥‥‥‥‥‥‥142

最判昭和40年12月21日民集19巻 9 号2221頁［27001240］‥‥‥‥‥‥‥‥‥‥‥‥‥38

最判昭和41年 1 月13日民集20巻 1 号 1 頁［27001236］‥‥‥‥‥‥‥‥‥‥‥‥‥‥33

最判昭和41年 1 月20日民集20巻 1 号22頁［27001235］‥‥‥‥‥‥‥‥‥‥‥‥‥439

最判昭和41年 3 月 3 日裁判集民82号639頁［27421462］‥‥‥‥‥‥‥‥‥‥‥‥‥338

最大判昭和41年 4 月27日民集20巻 4 号870頁［27001192］‥‥‥‥‥‥‥‥‥‥‥‥‥32

最判昭和41年 5 月19日民集20巻 5 号947頁［27001190］‥‥‥‥‥‥337, 348, 363, 366

最判昭和41年 6 月 9 日民集20巻 5 号1011頁［27001187］‥‥‥‥‥‥‥102, 105, 115

最判昭和41年10月 7 日民集20巻 8 号1615頁［27001158］‥‥‥‥‥‥‥‥‥‥60, 294

最判昭和41年10月21日裁判集民84号661頁［28199939］‥‥‥‥‥‥‥‥‥‥‥‥‥310

最判昭和41年11月22日民集20巻 9 号1901頁［27001142］‥‥‥‥‥‥‥‥‥‥‥‥‥26

最判昭和41年11月25日民集20巻 9 号1921頁［27001140］‥‥‥‥‥‥‥341, 421, 422

最判昭和42年 1 月20日民集21巻 1 号16頁［27001122］‥‥‥‥‥‥‥‥‥‥‥‥‥‥25

最判昭和42年 2 月23日裁判集民86号361頁［27430958］‥‥‥‥‥‥‥‥‥‥‥‥‥361

最判昭和42年 3 月17日民集21巻 2 号388頁［27001101］‥‥‥‥‥‥‥‥‥‥‥‥‥549

最判昭和42年 4 月 7 日民集21巻 3 号551頁［27001093］‥‥‥‥‥‥‥‥‥‥‥‥‥‥26

最判昭和42年 4 月27日裁判集民87号317頁［27430967］‥‥‥‥‥‥‥‥‥‥‥‥‥108

最判昭和42年 5 月30日民集21巻 4 号1011頁［27001073］‥‥‥‥‥‥‥‥‥‥‥‥104

最判昭和42年 6 月22日民集21巻 6 号1479頁［27001067］‥‥‥‥‥‥‥‥‥‥‥‥383

最判昭和42年 6 月29日裁判集民87号1377頁［27681479］‥‥‥‥‥‥‥‥‥‥‥‥344

最判昭和42年 7 月21日民集21巻 6 号1653頁［27001057］‥‥‥‥‥‥‥‥‥‥‥‥‥26

最判昭和42年 8 月25日民集21巻 7 号1729頁［27001052］‥‥‥‥‥‥‥‥‥‥‥‥387

最判昭和42年10月31日民集21巻 8 号2213頁［27001028］‥‥‥‥‥‥‥‥‥‥‥‥‥29

最判昭和42年12月26日民集21巻10号2627頁［27001006］‥‥‥‥‥‥‥‥‥‥‥‥246

最判昭和43年 3 月28日裁判集民90号813頁［27431026］‥‥‥‥‥‥‥‥‥‥‥‥‥208

最判昭和43年 4 月 4 日裁判集民90号887頁［27403166］‥‥‥‥‥‥‥‥‥‥‥‥‥361

最判昭和43年 6 月13日民集22巻 6 号1183頁［27000950］‥‥‥‥‥‥‥‥‥‥‥‥318

最判昭和43年 8 月 2 日民集22巻 8 号1571頁［27000934］‥‥‥‥‥‥‥‥‥‥21, 39

最判昭和43年 9 月24日民集22巻 9 号1959頁［27000919］‥‥‥‥‥‥‥‥‥‥‥‥342

最判昭和43年10月 8 日民集22巻10号2145頁［27000911］‥‥‥‥‥‥‥‥‥‥‥‥447

判例索引｜（審級別）

最判昭和43年10月31日民集22巻10号2350頁［27000903］ ················28
最判昭和43年11月15日民集22巻12号2671頁［27000891］ ···············39
最判昭和43年11月15日裁判集民93号233頁［27431072］ ···············423
最判昭和43年11月19日民集22巻12号2692頁［27000890］ ···············30
最判昭和43年11月21日民集22巻12号2765頁［27000886］ ···············39
最判昭和43年12月24日民集22巻13号3393頁［27000863］ ··············342
最判昭和44年1月16日民集23巻1号18頁［27000855］ ·················40
最判昭和44年3月25日裁判集民94号629頁［27431093］ ··················5
最判昭和44年3月27日民集23巻3号619頁［27000833］ ···············384
最判昭和44年4月17日民集23巻4号785頁［27000826］ ···············341
最判昭和44年4月18日裁判集民95号157頁［27431101］ ···············30
最判昭和44年4月22日民集23巻4号815頁［27000825］ ················36
最判昭和44年4月25日民集23巻4号904頁［27000822］ ················40
最判昭和44年5月2日民集23巻6号951頁［27000819］ ················32
最判昭和44年5月27日民集23巻6号998頁［27000816］ ················31
最判昭和44年5月29日裁判集民95号421頁［27431110］ ··············339
最判昭和44年6月12日裁判集民95号485頁［27431115］ ···············31
最判昭和44年7月8日民集23巻8号1374頁［27000801］ ··············447
最判昭和44年7月25日民集23巻8号1627頁［27000792］ ··············319
最判昭和44年9月12日裁判集民96号579頁［27403384］ ···············15
最判昭和44年10月30日民集23巻10号1881頁［27000778］ ··············64
最判昭和44年11月4日民集23巻11号1968頁［27000774］ ·············345
最判昭和44年11月13日裁判集民97号259頁［27431148］ ·············219
最判昭和44年11月21日裁判集民97号433頁［27431152］ ·············114
最判昭和44年12月2日民集23巻12号2333頁［27000760］ ·············158
最判昭和45年3月26日裁判集民98号505頁［27403609］ ···············41
最判昭和45年4月10日裁判集民99号21頁［27403494］ ··············345
最判昭和45年5月28日裁判集民99号233頁［27441293］ ·············446
最判昭和45年6月18日裁判集民99号375頁［27433001］ ············71, 73
最判昭和45年8月20日民集24巻9号1243頁［27000697］ ············453
最大判昭和45年10月21日民集24巻11号1560頁［27000684］ ···········35
最判昭和45年11月6日民集24巻12号1803頁［27000677］ ············401
最判昭和45年12月4日民集24巻13号1987頁［27000669］ ·········103, 105
最判昭和46年1月21日民集25巻1号25頁［27000654］ ···············58
最判昭和46年1月26日民集25巻1号90頁［27000652］ ···············25
最判昭和46年2月19日民集25巻1号135頁［27000650］ ·············137
最判昭和46年3月5日裁判集民102号219頁［27403631］ ··············15
最判昭和46年6月18日民集25巻4号550頁［27000631］ ·········29, 396, 399, 400

597

判例索引 （審級別）

最判昭和46年 6 月24日民集25巻 4 号574頁 ［27000629］ ·· 4

最判昭和46年 6 月29日判タ264号197頁 ［27431274］ ·· 170

最判昭和46年 7 月16日民集25巻 5 号779頁 ［27000621］ ···30

最判昭和46年10月 7 日民集25巻 7 号885頁 ［27000617］ ·· 340

最判昭和46年10月14日民集25巻 7 号933頁 ［27000615］ ···55

最判昭和46年11月16日民集25巻 8 号1182頁 ［27000604］ ··28

最判昭和46年11月26日裁判集民104号479頁 ［27441432］ ······································ 446

最判昭和46年11月30日民集25巻 8 号1422頁 ［27000596］ ··35

最判昭和46年11月30日民集25巻 8 号1437頁 ［27000595］ ·································· 73, 76

最判昭和46年12月 3 日裁判集民104号557頁 ［27403775］ ···31

最判昭和46年12月 9 日民集25巻 9 号1457頁 ［27000594］ ·· 340

最判昭和47年 2 月18日金融法務647号30頁 ［27431319］ ·· 369

最判昭和47年 4 月14日民集26巻 3 号483頁 ［27000571］ ·· 201

最判昭和47年 6 月27日民集26巻 5 号1067頁 ［27000552］ ·· 192

最判昭和47年 7 月18日裁判集民106号475頁 ［27403909］ ·· 437

最判昭和47年 9 月 8 日民集26巻 7 号1348頁 ［27000540］ ····························· 73, 77, 59

最判昭和47年11月21日民集26巻 9 号1657頁 ［27000528］ ·· 106

最判昭和47年12月 7 日民集26巻10号1829頁 ［27000524］ ·· 5

最判昭和48年 3 月13日民集27巻 2 号271頁 ［27000505］ ·································· 549, 555

最判昭和48年 3 月29日裁判集民108号533頁 ［27411508］ ···69

最判昭和48年 7 月17日民集27巻 7 号798頁 ［27000485］ ·· 136

最判昭和48年10月 5 日民集27巻 9 号1110頁 ［27000476］ ··27

最判昭和49年 3 月19日民集28巻 2 号325頁 ［27000444］ ···31

最判昭和49年 4 月 9 日裁判集民111号531頁 ［28201156］ ·· 208

最判昭和50年 7 月14日裁判集民115号379頁 ［27431514］ ·· 6

最判昭和50年 7 月17日民集29巻 6 号1080頁 ［27000364］ ··15

最判昭和50年10月24日裁判集民116号375頁 ［27431532］ ··29

最判昭和50年11月 7 日民集29巻10号1525頁 ［27000349］ ······························ 337, 398, 428

最判昭和51年 8 月30日民集30巻 7 号768頁 ［27000313］ ·································· 399, 408

最判昭和51年 9 月 7 日裁判集民118号423頁 ［27422841］ ·· 338

最判昭和51年10月26日金融法務808号34頁 ［27431616］ ·· 343

最判昭和51年12月 2 日民集30巻11号1021頁 ［27000303］ ··73

最判昭和52年 3 月 3 日民集31巻 2 号157頁 ［27000291］ ···73

最判昭和52年 9 月19日裁判集民121号247頁 ［27404771］ ·· 363

最判昭和53年 3 月 6 日民集32巻 2 号135頁 ［27000254］ ···90

最判昭和53年 4 月11日民集32巻 3 号583頁 ［21061641］ ·· 387

最判昭和54年 1 月25日民集33巻 1 号26頁 ［27000211］ ·· 332

最判昭和54年 2 月15日民集33巻 1 号51頁 ［27000210］ ·· 4

判例索引（審級別）

最判昭和54年 7 月31日裁判集民127号315頁［27433002］‥‥‥‥‥‥‥‥‥‥‥‥ 294

最判昭和55年 1 月18日裁判集民129号43頁［27431817］‥‥‥‥‥‥‥‥‥‥‥‥‥ 367

最判昭和56年 3 月19日民集35巻 2 号171頁［27000148］‥‥‥‥‥‥‥‥‥‥‥‥‥ 152

最判昭和56年 3 月20日民集35巻 2 号219頁［27000147］‥‥‥‥‥‥‥‥ 451, 453, 484

最判昭和56年11月24日裁判集民134号261頁［27431938］‥‥‥‥‥‥‥‥‥‥ 26, 30

最判昭和57年 1 月22日裁判集民135号83頁［27431946］‥‥‥‥‥‥‥‥‥‥‥‥ 551

最判昭和57年 3 月 4 日民集36巻 3 号241頁［27000101］‥‥‥‥‥‥‥‥‥‥ 399, 408

最判昭和57年 3 月 9 日裁判集民135号313頁［27431955］‥‥‥‥‥‥‥‥‥‥‥ 396

最判昭和57年 3 月30日裁判集民135号553頁［27431959］‥‥‥‥‥‥‥‥‥‥‥ 152

最判昭和57年 6 月 4 日裁判集民136号39頁［27405770］‥‥‥‥‥‥‥‥‥‥‥‥‥14

最判昭和57年 6 月17日民集36巻 5 号824頁［27000085］‥‥‥‥‥‥‥‥‥‥‥‥ 311

最判昭和57年 6 月17日裁判集民136号111頁［27405775］‥‥‥‥‥‥‥‥‥‥‥ 337

最判昭和57年 7 月 1 日民集36巻 6 号891頁［27000084］‥‥‥‥‥‥‥ 422, 423, 424

最判昭和57年 7 月15日裁判集民136号597頁［27431986］‥‥‥‥‥‥‥‥‥‥‥ 455

最判昭和57年 7 月15日裁判集民136号699頁［27682398］‥‥‥‥‥‥‥‥‥‥‥ 246

最判昭和57年 9 月 7 日民集36巻 8 号1527頁［27000076］‥‥‥‥‥‥‥‥‥ 70, 106

最判昭和57年 9 月28日裁判集民137号255頁［27431997］‥‥‥‥‥‥‥‥‥‥‥‥ 5

最判昭和58年 1 月24日民集37巻 1 号21頁［27000058］‥‥‥‥‥‥‥‥‥‥‥‥‥28

最判昭和58年 3 月24日民集37巻 2 号131頁［27000054］‥‥‥‥‥‥‥ 84, 85, 86, 294

最判昭和58年10月18日民集37巻 8 号1121頁［27000033］‥‥‥‥‥‥‥‥‥‥‥ 246

最判昭和59年 4 月 5 日裁判集民141号529頁［27490422］‥‥‥‥‥‥‥‥‥‥‥ 460

最判昭和59年 4 月20日裁判集民141号565頁［27432047］‥‥‥‥‥‥‥‥‥ 127, 128

最判昭和59年 4 月24日裁判集民141号603頁［27432048］‥‥‥‥‥‥‥‥‥‥‥ 339

最判昭和59年12月20日裁判集民143号467頁［27433033］‥‥‥‥‥‥‥‥‥‥‥‥32

最判昭和60年 5 月23日民集39巻 4 号940頁［27100011］‥‥‥‥‥‥‥‥‥‥‥‥ 430

最判昭和60年11月29日裁判集民146号197頁［27804321］‥‥‥‥‥‥‥‥‥‥‥ 341

最判昭和61年 7 月10日裁判集民148号269頁［27802808］‥‥‥‥‥‥‥‥‥‥‥ 312

最判昭和61年12月16日民集40巻 7 号1236頁［27100055］‥‥‥‥‥‥‥‥‥‥‥ 195

最決昭和62年 4 月10日刑集41巻 3 号221頁［27801848］‥‥‥‥‥‥‥‥‥‥‥ 297

最大判昭和62年 4 月22日民集41巻 3 号408頁［27100065］‥‥‥‥ 388, 390, 397, 402, 407

最判昭和62年 4 月24日裁判集民150号925頁［27800204］‥‥‥‥‥‥‥‥‥‥‥ 102

最判昭和62年 9 月 4 日裁判集民151号645頁［27800475］‥‥‥‥‥‥‥‥‥‥‥ 398

最判昭和62年11月12日裁判集民152号177頁［27801182］‥‥‥‥‥‥‥‥‥‥‥‥28

最判昭和63年 5 月20日裁判集民154号71頁［27801938］‥‥‥‥‥‥‥‥‥ 377, 348

最判平成元年 9 月19日民集43巻 8 号955頁［27804830］‥‥‥‥‥‥‥‥‥ 271, 288

最判平成元年11月24日民集43巻10号1220頁［27805174］‥‥‥‥‥‥‥‥‥‥‥ 384

最判平成 2 年11月20日民集44巻 8 号1037頁［27807491］‥‥‥‥‥‥‥‥‥‥‥ 219

最判平成 3 年 9 月 3 日裁判集民163号189頁［28206095］‥‥‥‥‥‥‥‥‥‥‥ 273

599

判例索引（審級別）

最判平成 3 年10月 1 日裁判集民163号327頁 ［27810404］‥‥‥‥‥‥‥‥‥‥‥‥‥452
最判平成 4 年 1 月24日裁判集民164号25頁 ［27811737］‥‥‥‥‥‥‥‥‥‥‥‥‥‥401
最判平成 5 年 1 月21日裁判集民167号331頁 ［27815371］‥‥‥‥‥‥‥‥‥‥‥‥‥355
最判平成 5 年 7 月19日裁判集民169号243頁 ［27826921］‥‥‥‥‥‥‥‥‥‥‥‥‥‥25
最判平成 5 年 9 月24日民集47巻 7 号5035頁 ［27816461］‥‥‥‥‥‥‥‥‥‥‥‥‥233
最判平成 5 年12月17日裁判集民170号877頁 ［27817342］‥‥‥‥‥‥‥‥‥‥‥‥‥219
最判平成 6 年 1 月25日民集48巻 1 号18頁 ［27817233］‥‥‥‥‥‥‥‥‥‥‥325, 334
最判平成 6 年 2 月 8 日民集48巻 2 号373頁 ［27817763］‥‥‥‥‥‥‥‥‥‥‥‥‥‥‥5
最判平成 6 年 3 月24日裁判集民172号99頁 ［27825535］‥‥‥‥‥‥‥‥‥‥‥‥‥‥‥12
最判平成 6 年 5 月31日民集48巻 4 号1065頁 ［27819952］‥‥‥‥‥340, 421, 423, 424, 425
最判平成 6 年 7 月14日民集48巻 5 号1126頁 ［27824763］‥‥‥‥‥‥‥‥‥‥‥‥‥‥25
最判平成 6 年 9 月13日裁判集民173号53頁 ［27826294］‥‥‥‥‥‥‥‥‥‥‥‥72, 75
最判平成 6 年12月16日裁判集民173号517頁 ［27826963］‥‥‥‥‥‥‥‥‥‥‥‥‥523
最判平成 7 年 1 月19日裁判集民174号 1 頁 ［27826371］‥‥‥‥‥‥‥‥‥‥‥‥‥‥‥34
最判平成 7 年 3 月 7 日民集49巻 3 号944頁 ［27826696］‥‥‥‥‥‥‥‥‥‥‥‥‥367
最判平成 7 年 3 月28日裁判集民174号903頁 ［27826863］‥‥‥‥‥‥‥‥‥‥‥‥‥391
最判平成 7 年 7 月18日民集49巻 7 号2684頁 ［27827573］‥‥‥‥‥‥‥‥‥‥‥‥‥367
最判平成 7 年12月15日民集49巻10号3088頁 ［22008511］‥‥‥‥‥‥‥‥‥‥‥‥85, 86
最判平成 8 年 1 月26日民集50巻 1 号132頁 ［27828913］‥‥‥‥‥‥‥‥‥‥‥399, 408
最判平成 8 年 9 月13日判時1598号19頁 ［28213678］‥‥‥‥‥‥‥‥‥‥‥‥‥‥‥178
最判平成 8 年10月29日民集50巻 9 号2506頁 ［28011420］‥‥‥‥‥‥‥‥‥‥‥‥22, 42
最判平成 8 年10月31日民集50巻 9 号2563頁 ［28011421］‥‥‥‥‥‥‥‥‥‥‥396, 397
最判平成 8 年10月31日裁判集民180号643頁 ［28011422］‥‥‥‥‥‥‥‥‥‥‥‥‥405
最判平成 8 年10月31日裁判集民180号661頁 ［28020571］‥‥‥‥‥‥‥‥‥‥‥‥‥405
最判平成 8 年11月12日民集50巻10号2591頁 ［28011515］‥‥‥‥‥‥‥‥‥‥‥‥74, 80
最判平成 8 年12月17日民集50巻10号2778頁 ［28020118］‥‥‥‥‥‥‥‥‥‥‥‥‥347
最判平成 9 年 1 月28日裁判集民181号83頁 ［28020336］‥‥‥‥‥‥‥‥‥‥‥‥‥368
最判平成 9 年 4 月25日裁判集民183号365頁 ［28021619］‥‥‥‥‥‥‥‥‥‥‥‥‥406
最判平成 9 年 7 月 1 日民集51巻 6 号2251頁 ［28021390］‥‥‥‥‥‥‥‥‥‥‥‥‥187
最判平成 9 年 7 月17日民集51巻 6 号2714頁 ［28021330］‥‥‥‥‥‥‥‥‥‥‥‥‥164
最判平成10年 2 月13日民集52巻 1 号38頁 ［28030503］‥‥‥‥‥‥‥‥‥‥‥‥‥‥28
最判平成10年 2 月13日民集52巻 1 号65頁 ［28030504］‥‥‥‥‥‥46, 494, 512, 513, 521
最判平成10年 2 月26日民集52巻 1 号255頁 ［28030544］‥‥‥‥‥‥‥‥‥‥‥‥‥346
最判平成10年 2 月27日裁判集民187号207頁 ［28032468］‥‥‥‥‥‥‥‥‥‥‥‥‥409
最判平成10年 3 月10日裁判集民187号269頁 ［28030597］‥‥‥‥‥‥‥‥‥‥‥140, 142
最判平成10年 3 月24日裁判集民187号485頁 ［28030604］‥‥‥‥‥‥‥‥‥338, 355, 361
最判平成10年12月18日民集52巻 9 号1975頁 ［28033490］‥‥‥‥‥‥‥‥‥‥‥‥48, 495
最判平成11年 3 月 9 日裁判集民192号65頁 ［28040531］‥‥‥‥‥‥‥‥‥‥‥‥‥‥35

600

判例索引（審級別）

最判平成11年 4 月22日裁判集民193号159頁［28040743］……………………… 409
最判平成11年 7 月13日裁判集民193号427頁［28041220］……………………… 202, 208
最判平成11年11月 9 日民集53巻 8 号1421頁［28042624］……………………… 340
最判平成11年12月14日裁判集民195号715頁［28042843］……………………… 371
最判平成12年 1 月31日裁判集民196号427頁［28050209］……………………… 140, 142
最判平成12年 4 月 7 日裁判集民198号 1 頁［28050770］…………………… 337, 338, 348
最判平成12年 6 月27日民集54巻 5 号1737頁［28051365］……………………… 131
最判平成14年 2 月22日民集56巻 2 号348頁［28070375］……………………… 367
最判平成14年 2 月28日裁判集民205号825頁［28070469］……………………… 367
最判平成14年 3 月25日民集56巻 3 号574頁［28070568］……………………… 367
最判平成14年 6 月10日裁判集民206号445頁［28071576］…………………… 26
最判平成14年10月15日民集56巻 8 号1791頁［28072670］……………………… 242
最判平成14年10月29日民集56巻 8 号1964頁［28072742］……………………… 115
最判平成15年 4 月11日裁判集民209号481頁［28081130］……………………… 422
最判平成15年 7 月11日民集57巻 7 号787頁［28081863］…………………… 339, 366
最判平成17年 1 月27日民集59巻 1 号200頁［28100277］……………………… 429
最判平成17年 3 月29日裁判集民216号421頁［28100648］……………………… 494
最決平成17年11月11日裁判集民218号433頁［28102343］…………………… 55
最判平成17年12月15日裁判集民218号1191頁［28110089］……………………… 366
最判平成18年 1 月17日民集60巻 1 号27頁［28110274］…………………… 42
最判平成18年 2 月21日民集60巻 2 号508頁［28110553］…………………… 59
最判平成18年 3 月16日民集60巻 3 号735頁［28110763］……………… 202, 209, 215, 216
最判平成18年 3 月17日民集60巻 3 号773頁［28110762］……………………… 424
最判平成20年 4 月14日民集62巻 5 号909頁［28140824］…………………… 424, 550
最判平成20年 7 月17日民集62巻 7 号1994頁［28141707］…………………… 341, 423
最判平成21年 1 月22日民集63巻 1 号228頁［28150202］……………………… 372
最判平成22年 4 月20日裁判集民234号49頁［28160978］……………………… 339
最判平成22年 6 月29日裁判集民234号159頁［28161754］…………………… 12, 279
最判平成22年10月 8 日民集64巻 7 号1719頁［28163125］……………………… 428
最判平成22年12月16日民集64巻 8 号2050頁［28163510］…………………… 32
最判平成23年 1 月21日裁判集民236号27頁［28170130］…………………… 27
最判平成23年 2 月17日判時2161号18頁……………………………………… 350
最判平成23年 6 月 3 日裁判集民237号 9 頁［28172939］……………………… 295
最判平成24年 3 月16日民集66巻 5 号2321頁［28180551］…………………… 27
最判平成25年 2 月26日民集67巻 2 号297頁［28210706］………………… 48, 494, 512
最判平成25年 4 月 9 日裁判集民243号291頁［28211163］……………………… 188
最判平成25年11月29日民集67巻 8 号1736頁［28214060］……………………… 398
最判平成26年 2 月25日民集68巻 2 号173頁［28220780］…………………… 360, 428

601

判例索引（審級別）

最判平成26年 9 月25日判時2258号30頁‥‥‥‥‥‥‥‥‥‥‥‥‥‥‥‥‥‥‥‥ 361
最判平成26年12月12日裁判所時報1618号 1 頁［28224909］‥‥‥‥‥‥‥‥‥‥‥ 429
最判平成27年 2 月19日民集69巻 1 号25頁［28230661］‥‥‥‥‥‥‥‥‥‥ 369, 430
最大決平成28年12月19日民集70巻 8 号2121頁［28244524］‥‥‥‥‥‥‥ 360, 364, 428

高等裁判所等

東京高判昭和26年12月 4 日下級民集 2 巻12号1390頁［27430047］‥‥‥‥‥‥‥ 119
名古屋高判昭和26年12月 6 日高裁刑集 4 巻14号2032頁［27800985］‥‥‥‥‥ 305
東京高判昭和28年 3 月30日高裁民集 6 巻 3 号100頁［21005256］‥‥‥‥‥‥‥ 437
東京高判昭和28年 8 月24日高裁民集 6 巻 8 号421頁［27430097］‥‥‥‥‥‥‥ 117
東京高判昭和28年 9 月21日高裁民集 6 巻10号633頁［27430100］‥‥‥‥‥‥‥ 120
東京高判昭和28年 9 月28日東高民時報 4 巻 4 号132頁［27430101］‥‥‥‥‥‥ 189
東京高判昭和29年 3 月25日下級民集 5 巻 3 号410頁［27430122］‥‥‥‥‥‥‥ 201
東京高判昭和31年 1 月30日民集13巻 1 号58頁［27203944］‥‥‥‥‥‥‥‥‥‥ 317
東京高判昭和31年11月10日高裁民集 9 巻11号682頁［27430254］‥‥‥‥‥‥‥ 298
東京高判昭和31年11月26日下級民集 7 巻11号3360頁［27430258］‥‥‥‥‥‥ 113
仙台高判昭和32年 3 月15日下級民集 8 巻 3 号478頁［27430293］‥‥‥‥‥‥‥ 294
広島高岡山支判昭和32年12月25日民集13巻 1 号13頁［27203936］‥‥‥‥‥‥ 175
広島高判昭和33年 8 月 9 日判時164号20頁［27430385］‥‥‥‥‥‥‥‥‥‥‥ 185
札幌高判昭和34年 4 月14日高裁刑集12巻 3 号249頁［27800999］‥‥‥‥‥‥‥ 298
東京高判昭和35年 4 月27日下級民集11巻 4 号937頁［27430478］‥‥‥‥‥‥‥ 114
大阪高決昭和38年 5 月20日家庭月報15巻 9 号192頁［27450950］‥‥‥‥‥‥‥ 411
広島高判昭和38年 5 月22日高裁民集16巻 3 号202頁［27430679］‥‥‥‥‥‥‥ 151
大阪高判昭和38年 7 月 4 日高裁民集16巻 6 号423頁［27430689］‥‥‥‥‥‥‥ 148
福岡高判昭和38年 7 月18日判時350号23頁［27430697］‥‥‥‥‥‥‥‥‥‥‥ 437
東京高判昭和41年 3 月10日判タ191号162頁［27430885］‥‥‥‥‥‥‥‥‥‥‥ 316
東京高判昭和41年 4 月27日訟務月報12巻 7 号1045頁［27430894］‥‥‥‥‥‥ 118
大阪高判昭和42年 9 月18日判タ214号218頁［27421662］‥‥‥‥‥‥‥‥‥‥‥ 256
東京高判昭和43年 1 月31日高裁民集21巻 1 号27頁［27431016］‥‥‥‥‥‥‥‥ 286
札幌高決昭和43年 2 月15日家裁月報20巻 8 号52頁［27451449］‥‥‥‥‥‥‥‥ 411
東京高判昭和43年 2 月27日判タ223号161頁［27431021］‥‥‥‥‥‥‥‥‥‥‥ 209
札幌高判昭和43年 3 月 5 日判タ219号98頁［27431023］‥‥‥‥‥‥‥‥‥‥‥‥76
東京高判昭和43年 5 月 8 日下級民集19巻 5 ＝ 6 号221頁［27431033］‥‥‥‥‥ 377
東京高決昭和43年 7 月10日高裁民集21巻 4 号370頁［27431048］‥‥‥‥‥‥‥ 209
大阪高判昭和44年 6 月18日高裁民集22巻 3 号406頁［27403343］‥‥‥‥‥‥‥ 342
福岡高判昭和46年 5 月17日判時645号82頁［27431266］‥‥‥‥‥‥‥‥‥‥‥ 248
福岡高判昭和47年 2 月28日判時663号71頁［27431320］‥‥‥‥‥‥‥‥‥‥‥ 212
東京高判昭和48年 3 月 6 日判タ297号227頁［27431387］‥‥‥‥‥‥‥‥‥‥‥ 201

判例索引（審級別）

東京高判昭和48年 8 月30日判時719号41頁［27431411］‥‥‥‥‥‥‥‥‥‥‥ 249

東京高判昭和48年12月25日東高民時報24巻12号228頁［27431432］‥‥‥‥‥‥‥ 210

東京高判昭和49年 1 月23日東高民時報25巻 1 号 7 頁［27431434］‥‥‥‥‥‥‥ 502

高松高判昭和49年11月28日判タ318号254頁［27431472］‥‥‥‥‥‥‥‥‥ 197, 198

東京高判昭和49年12月10日下級民集25巻 9 ＝12号1033頁［27431475］‥‥‥‥‥ 109

仙台高判昭和49年12月25日判タ322号158頁［27431478］‥‥‥‥‥‥‥‥‥‥‥ 185

東京高判昭和50年 1 月29日高裁民集28巻 1 号 1 頁［27431484］‥‥‥‥‥‥‥‥ 215

東京高判昭和50年 2 月19日判タ326号216頁［27431487］‥‥‥‥‥‥‥‥‥‥‥‥78

福岡高宮崎支判昭和50年 5 月28日金融商事487号44頁［27431504］‥‥‥‥‥‥‥ 109

東京高判昭和50年 9 月29日判時805号67頁［27431527］‥‥‥‥‥‥‥‥‥‥‥‥ 359

東京高判昭和50年11月27日判タ336号255頁［27431540］‥‥‥‥‥‥‥‥‥‥‥ 154

東京高判昭和50年12月26日民集36巻 6 号953頁［27200164］‥‥‥‥‥‥‥‥‥‥ 554

名古屋高判昭和51年 2 月18日判時826号49頁［27431557］‥‥‥‥‥‥‥‥‥‥‥ 249

東京高判昭和51年 3 月30日判タ339号277頁［27431566］‥‥‥‥‥‥‥‥‥‥‥ 250

東京高判昭和51年 4 月28日判タ340号172頁［27431573］‥‥‥‥‥‥‥‥‥‥‥ 245

福岡高判昭和51年 5 月12日判タ341号181頁［27431577］‥‥‥‥‥‥‥‥‥‥‥ 348

札幌高判昭和51年 7 月19日判タ344号229頁［27431594］‥‥‥‥‥‥‥‥‥‥‥ 445

大阪高判昭和51年10月28日判タ346号206頁［27431617］‥‥‥‥‥‥‥‥‥‥‥ 396

東京高判昭和52年 2 月17日判タ352号185頁［27650636］‥‥‥‥‥‥‥‥‥‥‥ 250

仙台高判昭和52年 4 月21日判タ357号264頁［27431647］‥‥‥‥‥‥‥‥‥‥‥‥ 6

名古屋高判昭和52年 5 月30日下級民集28巻 5 ＝ 8 号584頁［27404722］‥‥‥‥‥ 369

東京高判昭和52年 5 月31日判タ359号222頁［27404726］‥‥‥‥‥‥‥‥‥‥‥‥ 7

東京高判昭和52年 5 月31日判タ359号225頁［27441843］‥‥‥‥‥‥‥‥‥‥‥ 295

大阪高判昭和52年 9 月30日下級民集28巻 9 ＝12号1044頁［27431677］‥‥‥‥‥ 551

大阪高判昭和52年10月11日判時887号86頁［27431680］‥‥‥‥‥‥‥‥‥ 338, 372

東京高判昭和53年12月26日判時928号66頁［27650777］‥‥‥‥‥‥‥‥‥‥‥‥ 177

東京高判昭和54年 5 月30日下級民集30巻 5 ＝ 8 号247頁［27431790］‥‥‥‥‥‥ 205

大阪高判昭和54年 8 月16日判時959号83頁［27411894］‥‥‥‥‥‥‥‥‥‥‥‥ 112

東京高判昭和55年 3 月18日判時963号37頁［27431833］‥‥‥‥‥‥‥‥‥‥‥‥ 250

仙台高判昭和55年10月14日下級民集31巻 9 ＝12号911頁［27431863］‥‥‥‥‥‥ 496

東京高判昭和56年 9 月10日判タ455号106頁［27431927］‥‥‥‥‥‥‥‥‥‥‥‥75

東京高判昭和57年 2 月25日判時1039号75頁［27423822］‥‥‥‥‥‥‥‥‥‥‥ 131

東京高判昭和57年11月17日下級民集33巻 9 ＝12号1414頁［27432002］‥‥‥‥‥ 380

東京高判昭和57年12月27日判時1068号60頁［27432008］‥‥‥‥‥‥‥‥‥‥‥ 393

名古屋高判昭和57年12月27日判時1075号127頁［27432009］‥‥‥‥‥‥‥‥‥‥74

東京高判昭和58年 1 月31日判タ495号110頁［27423996］‥‥‥‥‥‥‥‥‥‥‥ 348

東京高決昭和58年 2 月 7 日判タ495号110頁［27432013］‥‥‥‥‥‥‥‥‥‥‥ 270

東京高判昭和58年 4 月27日判タ498号101頁［27432022］‥‥‥‥‥‥‥‥‥‥‥ 523

603

判例索引（審級別）

大阪高判昭和58年 5 月31日判タ504号98頁［27424062］‥‥‥‥‥‥‥‥‥‥‥‥ 110

札幌高判昭和58年 6 月14日判タ508号114頁［27432028］‥‥‥‥‥‥‥‥‥‥‥ 203

札幌高判昭和58年 8 月10日判タ516号126頁［27460457］‥‥‥‥‥‥‥‥‥‥‥ 460

東京高判昭和58年 8 月30日判時1090号120頁［27406010］‥‥‥‥‥‥‥‥‥‥‥ 171

大阪高判昭和58年 9 月 6 日民集43巻 8 号982頁［27806383］‥‥‥‥‥‥‥‥‥ 271

福岡高判昭和58年12月22日判タ520号145頁［27432040］‥‥‥‥‥‥‥‥‥‥‥ 211

福岡高判昭和59年 3 月21日判タ527号111頁［27432045］‥‥‥‥‥‥‥‥‥‥‥ 113

東京高判昭和59年 4 月24日判タ531号158頁［27432049］‥‥‥‥‥‥‥‥‥‥‥ 201

東京高判昭和59年 8 月30日判時1127号103頁［27433020］‥‥‥‥‥‥‥‥‥‥‥ 403

東京高判昭和59年12月18日判時1141号83頁［27490595］‥‥‥‥‥‥‥‥‥‥‥ 190

大阪高判昭和60年 5 月31日金融商事727号27頁［27433058］‥‥‥‥‥‥‥‥‥ 110

大阪高判昭和60年 7 月 3 日高裁民集38巻 2 号77頁［27433061］‥‥‥‥‥‥‥ 495

札幌高判昭和61年 6 月19日判タ614号70頁［27800458］‥‥‥‥‥‥‥‥‥‥‥‥ 343

東京高判昭和61年 9 月17日金融商事760号12頁［27801840］‥‥‥‥‥‥‥‥‥ 136

東京高判昭和62年 3 月18日判時1228号87頁［27801847］‥‥‥‥‥‥‥‥‥‥‥ 493

大阪高判昭和62年 3 月18日判タ660号132頁［27801351］‥‥‥‥‥‥‥‥‥‥‥ 495

東京高判昭和62年 6 月 3 日東高民時報38巻 4 ＝ 6 号42頁［27806473］‥‥‥‥ 503

東京高判昭和62年 8 月31日判時1251号103頁［27800476］‥‥‥‥‥‥‥‥177, 251

東京高判昭和63年 8 月30日判時1292号94頁［27802574］‥‥‥‥‥‥‥‥‥‥‥ 346

東京高判昭和63年11月 7 日金融法務1224号33頁［27806477］‥‥‥‥‥‥338, 372

東京高判平成元年 5 月24日判タ725号158頁［27806428］‥‥‥‥‥‥‥‥‥‥‥‥78

名古屋高判平成元年 6 月28日高裁民集42巻 2 号272頁［27805406］‥‥‥‥‥‥ 384

大阪高判平成元年 9 月14日判タ715号180頁［27805469］‥‥‥‥‥‥‥‥‥‥‥ 268

高松高判平成元年12月13日判時1366号58頁［27807586］‥‥‥‥‥‥‥‥203, 214

大阪高判平成 2 年 6 月26日民集49巻 7 号2709頁［27807195］‥‥‥‥‥‥‥‥ 497

大阪高判平成 2 年 9 月25日高裁民集43巻 3 号163頁［27808811］‥‥‥‥‥‥‥ 452

東京高判平成 2 年12月20日判タ751号132頁［27808314］‥‥‥‥‥‥‥‥‥‥‥ 369

大阪高判平成 3 年 2 月28日判時1392号86頁［27809250］‥‥‥‥‥‥‥‥‥‥‥‥79

高松高決平成 3 年11月27日家裁月報44巻12号89頁［27811369］‥‥‥‥‥‥‥‥ 399

仙台高判平成 4 年 1 月27日金融商事906号26頁［27826051］‥‥‥‥‥‥‥‥‥ 347

東京高判平成 4 年 9 月29日家裁月報45巻 8 号39頁［27814222］‥‥‥‥‥‥‥‥ 399

東京高判平成 4 年11月16日高裁民集45巻 3 号199頁［27816733］‥‥‥‥‥454, 484

東京高判平成 4 年11月25日判タ863号199頁［27826234］‥‥‥‥‥‥‥‥498, 509

東京高判平成 4 年12月10日判時1450号81頁［27814822］‥‥‥‥‥‥‥‥393, 401

東京高決平成 5 年 3 月30日家裁月報46巻 3 号66頁［27815587］‥‥‥‥‥‥‥‥ 399

大阪高判平成 5 年 4 月27日判時1467号51頁［27816453］‥‥‥‥‥‥‥‥204, 214

東京高判平成 5 年 5 月31日判時1464号62頁［27815953］‥‥‥‥‥‥‥‥‥‥‥ 277

東京高判平成 6 年 2 月 2 日判タ879号205頁［27826214］‥‥‥‥‥‥‥‥‥‥‥ 400

判例索引（審級別）

福岡高那覇支判平成 6 年 3 月 1 日判タ880号216頁［27827713］ ························· 550

大阪高決平成 6 年 3 月 4 日高裁民集47巻 1 号79頁［27825103］ ················ 338, 372

名古屋高判平成 7 年 1 月27日判タ905号189頁［28010562］ ························ 557

東京高決平成 7 年 8 月 2 日判タ952号295頁［28022176］ ··························· 373

東京高判平成 8 年 7 月23日民集52巻 9 号2011頁［28011330］ ················ 499, 510

東京高判平成 8 年12月11日判タ955号174頁［28030118］ ·························· 111

名古屋高判平成 9 年 1 月30日行裁例集48巻 1 = 2 号 1 頁［28022350］ ············· 384

東京高決平成 9 年 5 月14日判タ952号293頁［28022177］ ·························· 373

福岡高判平成 9 年12月25日判タ989号120頁［28031261］ ·························· 118

東京高判平成10年 2 月12日判タ1015号154頁［28050145］ ························· 348

東京高判平成10年10月15日判時1661号96頁［28040645］ ···················· 494, 506

大阪高判平成11年 4 月23日判時1709号54頁［28051537］ ·························· 410

東京高判平成11年12月22日判時1715号23頁［28051925］ ························· 208

東京高判平成12年 2 月 3 日民集56巻 8 号2056頁［28051319］ ····················· 116

大阪高判平成12年 5 月31日税務訴訟資料247号1150頁［28090270］ ················ 438

東京高判平成12年 7 月19日判タ1104号205頁［28073007］ ························· 438

東京高判平成12年 9 月28日判時1736号33頁［28060600］ ·························· 182

東京高判平成12年10月25日判時1759号71頁［28062380］ ························· 182

東京高決平成13年 2 月 8 日判タ1058号272頁［28060726］ ·························· 8

東京高判平成13年 4 月26日判タ1106号115頁［28080142］ ························· 406

東京高判平成13年12月26日判時1785号48頁［28071899］ ·························· 10

名古屋高判平成14年 9 月10日判時1810号73頁［28080087］ ······················ 119

大阪高判平成15年 5 月22日判タ1151号303頁［28092034］ ························· 446

名古屋高判平成17年 5 月30日判タ1232号264頁［28101325］ ····················· 447

大阪高判平成17年 6 月 9 日判時1938号80頁［28111980］ ·························· 389

広島高判平成17年10月20日民集62巻 5 号984頁［28111716］ ················· 552, 555

東京高判平成18年 2 月15日判タ1226号157頁［28130276］ ···················· 197, 198

福岡高判平成18年 3 月 2 日判タ1232号329頁［28130946］ ························· 179

福岡高判平成19年 1 月25日判タ1246号186頁［28130400］ ···················· 390, 404

東京高判平成19年 9 月13日判タ1258号228頁［28140428］ ························· 215

大阪高判平成20年11月28日判時2037号137頁［28151401］ ························ 371

大阪高判平成21年 6 月30日平成20年（ネ）2644号、同3248号公刊物未登載

　［28170693］ ··· 280

東京高判平成21年11月28日金融法務1906号88頁［28162579］ ····················· 388

福岡高判平成22年 2 月17日金融法務1903号89頁［28162048］ ····················· 357

東京高判平成25年 3 月13日判時2199号23頁［28210889］ ·························· 11

東京高判平成25年 7 月25日判時2220号39頁［28222863］ ·························· 390

大阪高判平成25年11月12日判時2217号41頁［28222364］ ·························· 81

605

判例索引（審級別）

広島高判平成25年12月12日平成25年（ネ）62号公刊物未登載［28220160］‥‥‥‥552

地方裁判所

和歌山地判大正6年10月26日新聞1340号22頁［28213272］‥‥‥‥‥‥‥‥‥‥‥294
東京地判大正13年10月14日新聞2329号19頁‥‥‥‥‥‥‥‥‥‥‥‥‥‥‥‥‥285
岡山地津山支判（裁判年月日不明）民集13巻1号11頁［27203935］‥‥‥‥‥‥‥‥175
鳥取地判昭和24年12月16日下級民集1巻1号121頁［27430008］‥‥‥‥‥‥‥‥117
函館地判昭和25年2月3日下級民集1巻2号150頁［27410006］‥‥‥‥‥‥‥‥‥117
福井地判昭和25年10月18日下級民集1巻10号1663頁［27420026］‥‥‥‥‥‥‥189
東京地判昭和25年11月6日下級民集1巻11号1751頁［27430029］‥‥‥‥‥‥‥184
東京地判昭和27年9月8日下級民集3巻9号1207頁［27400325］‥‥‥‥‥‥‥‥184
東京地判昭和28年2月4日下級民集4巻2号156頁［27430071］‥‥‥‥‥‥‥‥‥493
東京地判昭和28年3月31日下級民集4巻3号458頁［27400389］‥‥‥‥‥‥‥‥189
鳥取地米子支判昭和29年2月5日判時24号11頁［27430116］‥‥‥‥‥‥‥‥‥‥493
仙台地判昭和29年10月11日下級民集5巻10号1697頁［27430149］‥‥‥‥‥‥‥118
東京地判昭和30年9月10日民集15巻8号2179頁［27410273］‥‥‥‥‥‥‥‥‥120
東京地判昭和30年9月21日下級民集6巻9号2040頁［27430187］‥‥‥‥‥‥‥493
東京地判昭和31年4月28日下級民集7巻4号1079頁［27430219］‥‥‥‥‥‥‥114
大阪地判昭和31年11月30日下級民集7巻11号3488頁［27410366］‥‥‥‥‥‥‥114
東京地判昭和31年12月22日訟務月報3巻2号38頁［27401013］‥‥‥‥‥‥‥‥114
東京地判昭和32年2月8日新聞48号12頁［27430285］‥‥‥‥‥‥‥‥‥‥‥‥493
仙台地判昭和32年3月5日下級民集8巻3号424頁［27401057］‥‥‥‥‥‥‥‥‥359
佐賀地判昭和32年7月29日下級民集8巻7号1355頁［27420563］‥‥‥‥‥‥‥‥227
東京地判昭和33年1月31日判タ77号72頁［27430342］‥‥‥‥‥‥‥‥‥‥‥‥120
東京地判昭和33年3月22日下級民集9巻3号476頁［27420663］‥‥‥‥‥‥‥‥256
大阪地判昭和34年7月22日下級民集10巻7号1519頁［27430429］‥‥‥‥‥‥‥118
岡山地判昭和35年8月23日下級民集11巻8号1761頁［27430495］‥‥‥‥‥‥‥247
東京地判昭和36年11月30日下級民集12巻11号2895頁［27430580］‥‥‥‥270, 272, 286
仙台地判昭和36年12月26日下級民集12巻12号3227頁［27430588］‥‥‥‥‥‥‥114
大阪地判昭和38年1月24日判タ145号76頁［27430657］‥‥‥‥‥‥‥‥‥‥‥108
横浜地判昭和38年3月25日下級民集14巻3号444頁［27421082］‥‥‥‥‥‥‥‥198
大阪地判昭和38年4月6日判タ145号83頁［27430672］‥‥‥‥‥‥‥‥‥‥‥‥154
大阪地判昭和38年6月18日判タ146号82頁［27430685］‥‥‥‥‥‥‥‥‥‥‥436
東京地判昭和38年7月24日判時347号22頁［27430699］‥‥‥‥‥‥‥‥‥‥‥‥286
大阪地判昭和38年9月7日判タ152号66頁［28224559］‥‥‥‥‥‥‥‥‥‥‥‥359
東京地判昭和38年9月9日判タ156号91頁［28233237］‥‥‥‥‥‥‥‥‥‥‥‥208
東京地判昭和39年3月17日下級民集15巻3号535頁［27430742］‥‥‥‥245, 247, 253
水戸地判昭和39年3月30日下級民集15巻3号693頁［27430746］‥‥‥‥‥‥‥‥247

606

判例索引（審級別）

旭川地判昭和39年 9 月16日下級民集15巻 9 号2200頁［27430779］‥‥‥‥‥‥‥‥‥ 286

東京地判昭和39年 9 月26日判タ169号194頁［27402538］‥‥‥‥‥‥‥‥‥‥‥‥ 359

東京地判昭和39年11月25日判時408号38頁［27430788］‥‥‥‥‥‥‥‥‥‥‥‥ 493

大阪地判昭和40年 2 月10日判タ176号190頁［27430809］‥‥‥‥‥‥‥‥‥‥‥ 108

東京地判昭和40年 9 月21日判時420号12頁［27430848］‥‥‥‥‥‥‥‥‥‥‥‥ 444

東京地判昭和41年 2 月24日金融法務437号 6 頁［27430880］‥‥‥‥‥‥‥‥‥‥ 118

大阪地判昭和41年 2 月28日判時446号50頁［27430882］‥‥‥‥‥‥‥‥‥‥‥‥ 391

札幌地判昭和41年 4 月15日判タ189号180頁［27421487］‥‥‥‥‥‥‥‥‥‥‥ 189

東京地判昭和41年 9 月28日判時467号57頁［27430917］‥‥‥‥‥‥‥‥‥‥‥‥ 242

東京地判昭和42年11月27日判時516号52頁［27430999］‥‥‥‥‥‥‥‥‥‥‥‥ 312

東京地判昭和43年 4 月19日判時525号63頁［27403171］‥‥‥‥‥‥‥‥‥‥‥‥ 136

岡山地判昭和43年 7 月18日判時550号75頁［27431051］‥‥‥‥‥‥‥‥‥‥‥‥ 248

甲府地判昭和43年 7 月19日民集36巻 6 号919頁［27200163］‥‥‥‥‥‥‥‥‥‥ 554

東京地判昭和43年10月11日下級民集19巻 9 ＝10号602頁［27431063］‥‥‥‥‥‥‥ 506

横浜地判昭和43年11月 6 日判時556号76頁［27431069］‥‥‥‥‥‥‥‥‥‥‥‥ 523

大阪地判昭和43年11月25日行裁例集19巻12号1877頁［21029290］‥‥‥‥‥‥‥‥ 442

東京地判昭和43年12月 3 日ジュリ437号 3 頁‥‥‥‥‥‥‥‥‥‥‥‥‥‥‥‥‥ 151

大阪地判昭和44年 3 月28日判タ238号240頁［27431095］‥‥‥‥‥‥‥‥‥‥‥ 190

東京地判昭和44年 7 月21日判時574号42頁［27431129］‥‥‥‥‥‥‥‥‥‥‥‥ 257

東京地判昭和44年10月15日判時585号57頁［27431142］‥‥‥‥‥‥‥‥‥‥‥‥ 215

東京地判昭和45年 9 月 8 日判時619号64頁［27431214］‥‥‥‥‥‥‥‥‥‥‥‥ 437

福岡地判昭和45年12月24日判タ260号294頁［27431240］‥‥‥‥‥‥‥‥ 165, 523

東京地判昭和45年12月26日判時639号90頁［27431241］‥‥‥‥‥‥‥‥‥‥‥‥ 352

東京地判昭和46年 2 月24日判時636号68頁［27431248］‥‥‥‥‥‥‥‥‥‥‥‥ 120

熊本地玉名支判昭和46年 4 月15日下級民集22巻 3 ＝ 4 号392頁［27403650］‥‥‥‥ 228

青森地判昭和46年 7 月13日判タ332号158頁‥‥‥‥‥‥‥‥‥‥‥‥‥‥‥‥‥ 186

東京地判昭和46年 7 月19日判時648号78頁［27431279］‥‥‥‥‥‥‥‥‥‥‥‥ 451

東京地判昭和47年 1 月26日判時671号60頁［21038012］‥‥‥‥‥‥‥‥‥‥‥‥ 248

東京地判昭和47年 3 月24日判時678号62頁［27431326］‥‥‥‥‥‥‥‥‥‥‥‥ 210

大阪地判昭和47年 9 月14日判タ298号394頁［27441500］‥‥‥‥‥‥‥‥‥‥‥ 162

広島地呉支判昭和47年11月27日判時705号93頁［27424615］‥‥‥‥‥‥‥‥‥‥ 112

東京地判昭和48年 3 月16日判タ306号207頁［27431389］‥‥‥‥‥‥‥‥‥‥‥ 522

大阪地判昭和48年 4 月23日判タ306号223頁［27424745］‥‥‥‥‥‥‥‥‥‥‥ 313

神戸地判昭和48年 7 月23日下級民集24巻 5 ＝ 8 号494頁［27431407］‥‥‥‥‥‥ 108

東京地判昭和48年 8 月16日判タ301号217頁［27431410］‥‥‥‥‥‥‥‥‥‥‥ 360

東京地判昭和48年11月30日下級民集24巻 9 ＝12号876頁［27431429］‥‥‥‥‥‥ 522

東京地判昭和48年12月27日判タ304号208頁［27431433］‥‥‥‥‥‥‥‥‥‥‥ 286

東京地判昭和49年 6 月24日判時762号48頁［27431449］‥‥‥‥‥‥‥‥‥ 177, 249

607

判例索引（審級別）

東京地判昭和50年 1 月24日下級民集26巻 1 ＝ 4 号103頁［27431482］……………… 262
札幌地判昭和50年 2 月18日判タ330号359頁［27404314］……………………………… 445
東京地判昭和50年 6 月26日下級民集26巻 5 ＝ 8 号500頁［27404381］……………… 118
名古屋地判昭和50年 7 月 4 日判タ332号318頁［27431511］…………………………… 151
東京地判昭和51年 1 月28日下級民集27巻 1 ＝ 4 号 7 頁［27431553］……………… 524
東京地判昭和51年 2 月27日判時844号57頁［27431560］………………………………… 78
東京地判昭和51年10月29日下級民集27巻 9 ＝12号734頁［27422873］……………… 186
広島地判昭和51年11月30日判時855号101頁［27431621］……………………………… 121
那覇地判昭和52年 3 月30日判タ365号311頁［27431643］……………………………… 250
東京地判昭和52年 5 月10日判タ348号147頁［27422946］……………………………… 212
東京地判昭和52年 5 月31日判時871号53頁［27431655］………………………………… 109
新潟地判昭和52年 8 月15日判時889号82頁［27431668］………………………………… 467
福岡地久留米支判昭和52年12月 5 日判時885号157頁［27431690］…………………… 186
名古屋地判昭和53年 3 月24日判タ369号276頁［27431725］…………………………… 358
東京地判昭和53年 3 月30日判タ369号237頁［27431727］………………………… 170, 411
横浜地判昭和53年 5 月11日判タ377号116頁［27431737］……………………………… 233
神戸地判昭和53年 7 月27日判タ373号92頁［27431750］………………………………… 349
大阪地判昭和54年 1 月16日判時928号83頁［27431770］………………………………… 250
東京地判昭和54年 4 月27日判タ392号108頁［27431785］………………………………… 74
熊本地判昭和54年 8 月 7 日下級民集30巻 5 ＝ 8 号367頁［27431802］……………… 313
名古屋地判昭和54年10月15日判タ397号56頁［27431808］……………………………… 281
千葉地判昭和54年11月29日判タ409号127頁［27431813］……………………………… 109
名古屋地判昭和55年 7 月11日判タ426号184頁［27431849］…………………………… 110
東京地判昭和55年10月31日判時999号75頁［27431866］………………………………… 250
東京地判昭和55年12月12日判時1002号103頁［27431873］……………………………… 110
大阪地判昭和56年 1 月29日判タ448号135頁［27431879］……………………………… 121
大阪地判昭和56年 2 月24日金融商事639号34頁［27431884］…………………………… 112
東京地判昭和56年 2 月27日判時1012号87頁［27431887］……………………………… 522
熊本地宮地支判昭和56年 3 月30日判時1030号83頁［27431894］……………………… 556
東京地判昭和56年 6 月17日判タ449号174頁［27423696］……………………………… 187
東京地判昭和57年 4 月28日判時1051号104頁［27431970］……………………………… 213
横浜地決昭和57年 5 月24日判タ473号192頁［27431975］……………………………… 235
名古屋地判昭和57年 8 月25日判タ486号120頁［27431990］…………………………… 524
大阪地判昭和57年 8 月30日民集43巻 8 号968頁［27423921］…………………………… 272
東京地判昭和57年 8 月31日下級民集34巻 9 ＝12号1249頁［27405811］……………… 178
東京地判昭和58年 5 月12日判タ506号106頁［27432024］……………………………… 112
京都地判昭和58年 7 月 7 日判タ517号188頁［27432030］……………………………… 203
浦和地判昭和58年12月19日判タ521号162頁［27432039］……………………………… 296

608

判例索引（審級別）

千葉地判昭和59年3月23日判時1128号56頁［27432046］……………………… 110
東京地判昭和59年10月23日判時1158号213頁［27490850］………………………257
大阪地判昭和60年4月22日判タ560号169頁［27433051］………………………236
東京地判昭和60年4月30日判時1179号85頁［27433054］………………………500
京都地判昭和60年9月24日判時1173号106頁［27443029］………………………496
東京地判昭和60年10月30日判タ593号111頁［27800129］……………………… 197, 279
大阪地判昭和60年11月11日判タ605号60頁［27801237］………………………236
京都地判昭和60年12月26日判タ616号81頁［27801825］………………………496
大分地判昭和61年1月20日訟務月報32巻12号2723頁［27801826］………………221, 237
大阪地判昭和61年4月22日判タ629号156頁［27801830］………………………135
東京地判昭和61年5月27日判タ626号154頁［27801832］………………………281
名古屋地判昭和61年7月18日判タ623号108頁［27801836］……………………… 360, 518
東京地判昭和61年7月29日判タ658号120頁［27801299］………………………502
東京地判昭和61年8月26日判時1224号26頁［27801838］………………………211
東京地判昭和61年8月27日判タ640号157頁［27801839］………………………238
京都地決昭和61年11月13日判時1239号89頁［27800033］………………………282
東京地判昭和61年11月27日金融商事774号46頁［27800259］………………………111
横浜地判昭和62年6月19日判時1253号96頁［27800705］……………………… 393, 404
横浜地判昭和62年11月12日判時1273号90頁［27801778］……………………… 205, 500
東京地判昭和63年1月28日判タ664号96頁［27801693］………………………497
東京地判昭和63年4月15日判時1326号129頁［27805224］………………………355
浦和地判平成元年3月20日判時1328号92頁［27805247］………………………497
旭川地判平成元年7月31日判タ718号130頁［27805769］………………………113
東京地八王子支判平成元年12月19日判時1354号107頁［27806928］………………497
東京地判平成2年2月27日判時1366号65頁［27807588］………………………501
東京地判平成2年2月27日金融商事860号24頁［27811421］………………………322
東京地判平成2年10月29日判タ744号117頁［27807707］……………………… 501, 508
東京地判平成2年11月19日判時1393号105頁［27809274］………………………503
東京地判平成2年11月27日判時1397号28頁［27809623］………………………498
東京地判平成2年12月14日判タ752号233頁［27808394］………………………349
東京地判平成3年1月22日判時1399号61頁［27809744］………………………273
東京地判平成3年3月11日判タ769号188頁［27809770］………………………343
東京地判平成3年8月9日金融商事895号22頁［27815241］………………………391
横浜地判平成3年9月12日判タ778号214頁［27811105］………………………349
東京地判平成3年10月25日判時1432号84頁［27813733］……………………… 380, 392
東京地判平成4年1月28日判タ808号205頁［27814601］………………………228
東京地判平成4年9月24日判時1468号108頁［27816503］………………………115
東京地判平成5年3月5日判タ844号178頁［27820015］……………………… 278, 282

609

判例索引（審級別）

仙台地判平成 5 年 5 月25日判タ854号216頁［27825109］‥‥‥‥‥‥‥‥‥‥ 242

東京地判平成 5 年 6 月30日判タ864号222頁［27826313］‥‥‥‥‥‥‥‥‥‥ 404

東京地判平成 5 年11月30日判タ873号157頁［27827027］‥‥‥‥‥‥‥‥‥‥ 251

那覇地判平成 6 年 3 月30日判例地方自治130号55頁［28019539］‥‥‥‥‥‥ 551

京都地判平成 6 年 5 月26日判時1542号108頁［27828237］‥‥‥‥‥‥‥‥‥ 503

東京地判平成 6 年 8 月23日判時1538号195頁［27827923］‥‥‥‥‥‥‥‥‥ 159

千葉地判平成 6 年 9 月28日民集52巻 9 号1987頁［28011678］‥‥‥‥‥‥‥ 510

那覇地判平成 7 年 2 月22日判例地方自治143号54頁［28011643］‥‥‥‥‥ 552

東京地判平成 7 年 8 月23日判タ910号140頁［28010790］‥‥‥‥‥‥ 502, 507

東京地判平成 7 年 9 月25日判タ915号126頁［28011223］‥‥‥‥‥‥‥‥‥ 111

名古屋地岡崎支判平成 8 年 1 月25日判タ939号160頁［28021147］‥‥‥‥ 202, 205

大津地決平成 8 年 2 月15日判例地方自治150号54頁［28011003］‥‥‥‥‥‥ 438

東京地判平成 8 年 7 月29日判タ937号181頁［28020922］‥‥‥‥‥‥‥‥‥ 391

東京地判平成 8 年 9 月18日判時1609号120頁［28021725］‥‥‥‥‥‥‥‥‥ 368

東京地判平成 9 年 1 月30日判タ968号183頁［28030982］‥‥‥‥‥‥‥‥‥ 402

東京地判平成 9 年 7 月10日判タ966号223頁［28030879］‥‥‥‥‥‥‥‥‥ 239

大阪地岸和田支判平成 9 年11月20日判タ985号189頁［28040041］‥‥‥‥‥ 211

東京地判平成11年 1 月28日判タ1046号167頁［28042394］‥‥‥‥‥‥‥‥‥ 199

東京地判平成11年 7 月27日判タ1077号212頁［28070367］‥‥‥‥‥‥‥‥‥ 208

札幌地判平成11年 7 月29日判タ1053号131頁［28060742］‥‥‥‥‥‥‥‥‥ 410

長崎地佐世保支判平成11年 9 月29日判タ1039号142頁［28052327］‥‥‥‥ 510, 512

高松地観音寺支判平成12年 7 月17日判タ1101号272頁［28072717］‥‥‥‥‥ 302

東京地判平成14年 2 月28日判タ1146号294頁［28091252］‥‥‥‥‥‥‥‥‥ 377

東京地判平成14年 7 月16日金融法務1673号54頁［28081218］‥‥‥‥‥‥‥ 356

東京地判平成14年11月25日判時1816号82頁［28081343］‥‥‥‥‥‥‥‥‥ 356

横浜地判平成15年 3 月 5 日訟務月報50巻 8 号2297頁［28092467］‥‥‥‥‥‥‥ 9

東京地判平成16年 4 月26日判タ1186号134頁［28102011］‥‥‥‥‥‥ 499, 512

熊本地宮地支判平成16年 9 月14日判タ1232号337頁［28130947］‥‥‥‥‥ 179, 181

東京地判平成18年 1 月26日金融商事1237号47頁［28110486］‥‥‥‥‥‥‥ 357

東京地判平成18年 3 月17日判タ1221号283頁［28112367］‥‥‥‥‥‥‥‥‥ 116

東京地判平成20年 4 月24日判タ1279号219頁［28142174］‥‥‥‥‥‥ 191, 499

横浜地判平成20年 6 月27日判タ1289号190頁［28150217］‥‥‥‥‥‥‥‥‥ 159

京都地判平成20年 9 月16日平成18年（ワ）1266号裁判所ウェブサイト［28142141］

‥‥‥‥‥‥‥‥‥‥‥‥‥‥‥‥‥‥‥‥‥‥‥‥‥‥‥‥‥‥‥‥‥‥‥‥‥‥‥ 280

東京地判平成21年 6 月17日判タ1324号165頁［28161926］‥‥‥‥‥‥‥‥‥ 388

大阪地判平成21年 7 月16日判タ1323号199頁［28161833］‥‥‥‥‥‥‥‥‥ 111

甲府地判平成21年10月27日判時2074号104頁［28161671］‥‥‥‥‥‥‥‥‥ 425

東京地判平成22年 3 月18日判タ1340号161頁［28170562］‥‥‥‥‥‥ 201, 203

判例索引（審級別）

東京地判平成23年 3 月17日判時2121号88頁［28174192］‥‥‥‥‥‥‥‥‥‥‥‥‥ 119

東京地判平成23年 7 月15日判時2131号72頁［28180056］‥‥‥‥‥‥‥‥‥‥‥ 251, 258

東京地判平成23年11月11日判タ1372号135頁［28181560］‥‥‥‥‥‥‥‥‥‥‥‥ 504

神戸地尼崎支判平成23年12月27日判時2142号67頁［28180952］‥‥‥‥‥‥‥‥‥ 411

東京地判平成24年 7 月 5 日判タ1386号223頁［28211380］‥‥‥‥‥‥‥‥‥‥ 500, 513

東京地判平成24年11月26日判時2176号44頁［28211198］‥‥‥‥‥‥‥‥‥‥‥‥ 188

山口地判平成24年12月26日平成22年（ワ）423号公刊物未登載［28210106］‥‥‥ 553

東京地判平成25年 3 月26日判時2198号87頁［28213823］‥‥‥‥‥‥‥‥‥‥‥‥ 198

東京地判平成25年 8 月22日判時2217号52頁［28222366］‥‥‥‥‥‥‥‥‥‥‥‥ 438

東京地判平成27年 9 月30日金融法務2044号75頁［29013972］‥‥‥‥‥‥‥‥‥‥ 364

東京地判平成28年 7 月20日平成27年（ワ）3131号公刊物未登載［29019231］‥‥‥ 172

簡易裁判所

渋谷簡判昭和49年 9 月25日判時761号103頁［27431465］‥‥‥‥‥‥‥‥‥‥‥‥ 272

サービス・インフォメーション
――― 通話無料 ―――

①商品に関するご照会・お申込みのご依頼
　　　　TEL 0120(203)694／FAX 0120(302)640
②ご住所・ご名義等各種変更のご連絡
　　　　TEL 0120(203)696／FAX 0120(202)974
③請求・お支払いに関するご照会・ご要望
　　　　TEL 0120(203)695／FAX 0120(202)973

●フリーダイヤル(TEL)の受付時間は、土・日・祝日を除く
　9：00～17：30です。
●FAXは24時間受け付けておりますので、あわせてご利用ください。

事実認定体系〈物権編〉

2017年9月30日　初版発行
2023年8月15日　第3刷発行

編　著　村　田　　　渉
発行者　田　中　英　弥
発行所　第一法規株式会社
　　　　〒107-8560　東京都港区南青山2-11-17
　　　　ホームページ　https://www.daiichihoki.co.jp/
装　丁　篠　　　隆　二

事実認定物権価　ISBN978-4-474-05434-9　C3332　　(6)